Eugen Roth
Sämtliche Werke 5

Eugen Roth
Sämtliche Werke

Fünfter Band
Anekdoten und Erinnerungen

Hanser Verlag

ISBN 3-446-12340-7
Einmalige Sonderausgabe der Harenberg Kommunikation
Alle Rechte vorbehalten
© 1977 für Sämtliche Werke
Carl Hanser Verlag München und Wien
Umschlag Klaus Detjen
Gesamtherstellung
May & Co Nachf., Darmstadt
Printed in Germany

derlei # Lebenslauf in Anekdoten

VORWORT

Ein Lexikon meines Lebens zu schreiben, vom ersten A-a bis zum letzten Zynismus, war noch nie meine Absicht; und da überdies die unerschütterliche Treue meiner Leser bei der Zehnmarkgrenze ins Wanken gerät, ist es wieder einmal bei einem Büchlein geblieben. Dies und das liegt noch als unbewältigte Vergangenheit in der Schublade, anderes wurde verworfen und ein Rest ist auf dem Prokrustesbett der Setzerei verröchelt.

Damit aber die Leser, die es genauer wissen wollen, ein paar Anhaltspunkte haben, setze ich, ganz sachlich, einige Lebensumstände hierher. Ich bin am 24. Januar 1895 in München geboren, in der Augustenstraße 21, das Haus steht noch. Im Erdgeschoß betrieb mein Großvater sein kleines Altertümergeschäft, im vierten Stock wohnten wir, mein Vater als Zeitungsschreiber, mehr und mehr wachsend zu einer stadtbekannten Persönlichkeit. Bei den »Münchner Neuesten Nachrichten« (der heutigen »Süddeutschen Zeitung«) wurde ich später lange Jahre sein Mitarbeiter, zuletzt gar sein »Vorgesetzter«, bis mich 1933, nach ein paar tausend umbrochenen Nummern, selbst der »Umbruch« ereilte.

Ich ging in München, im Kloster Ettal und wieder in München aufs Gymnasium, 1914 zog ich in den Krieg und wurde vor Ypern schwer verwundet. 1922 machte ich meinen Doktor, als Germanist; meine medizinischen Kenntnisse habe ich mir ausschließlich als Patient erworben.

Von 1912 bis 1935 wohnten wir in der Karlstraße 20, bis auch die Roths den Braunen weichen mußten. Ich zog in die Widenmayerstraße – München liegt für mich immer noch an der Isar, nicht an der Würm, deren Umkreis, Gern und Nymphenburg, seit 1945 unsere Heimat geworden ist. 1938, spät genug, heiratete ich; meine Frau Klotilde, geb. Philipp, ist Buchbindermeisterin. Die Kindheit meiner Söhne, Thomas und Stefan, habe ich in »Unter Brüdern« beschrieben.

Die Mitläufer meines Lebenslaufes – von Tausenden tritt jeweils kaum einer in Erscheinung – erklären sich aus sich selbst. Es sind nicht viele, denen ich vieles zu danken hätte. Doch soll dem alten Freund unserer Familie, dem Doktor Otto Billinger, der uns Buben in unermüdlichen Wanderungen die Schönheit Oberbayerns erschloß, ein spätes Wort des Nachruhms gelten.

Die hier zusammengetragenen Geschichten und Anekdoten habe ich im Lauf vieler Jahre, gewissermaßen nebenbei, aufgeschrieben, sie sind die kleineren Geschwister meiner Erzählungen und, wenn man will, Bausteine zu einem Münchner Roman, dessen Entwürfe im letzten Kriegsjahr in Flammen aufgingen.

URFRIEDEN

Der neue Schirm

Meine Mutter, in dem Alter, wo man noch keine junge Dame ist, aber gern eine sein möchte, hatte den alten Regenschirm, den man ihr aufzwang, immer schon aufs grimmigste gehaßt. Als sie aber, an einem wetterwendischen Apriltag mit ihm bewaffnet, dem blonden und mantelflatternden Musiklehrer begegnete, war sie gewillt, sich des Schirms, dieses Schandstückes, zu entledigen.

Nichts einfacher als das: Sie ließ ihn, als gerade die Kunden drängten, unversehens beim Bäcker Hierangl stehen, mit dem festen Vorsatz, sich zu Hause auf Befragen durchaus nicht mehr erinnern zu können, wo sie ihn wohl vergessen habe.

Die Sache schien durchaus geglückt; der Ankauf eines neuen Schirms war schon so gut wie sicher. Da stürzte, drei Tage später, als die ganz junge Dame, bei strahlendem Frühlingswetter, mit einer noch jüngeren jungen Dame höchst fein und wichtig des Weges kam, die Frau Bäckermeister Hierangl persönlich auf die Straße heraus, den Schirm schwingend und: zuerst hätte niemand geglaubt, daß das alte, scheußliche Ding einem so feinen Fräulein gehöre, aber die Wimmer-Babett hätt' den Schirm gleich wieder erkannt und die Fensch-Rosa hätt' auch gesagt, natürlich, hätt' sie gesagt, das ist das Schirmerl von der Fräuln Maurer, ich kenn's an dem Riß und dem abgebrochenen Stangerl und an dem kaputten Griff! So sprudelte die brave Frau ihr süßes Gift heraus, mit seligem Lächeln, und es ist in der Tat bemerkenswert, wie sie alle Mängel des Schirms aufzusagen wußte, ohne ihr eigenes Urteil in die Waagschale werfen zu müssen.

Der häßliche unansehnliche Schirm, ohne Gnade, und vor den hämischen Augen der jüngeren Dame (die natürlich im Geist sofort zu einem dummen Lausaffen herabgewürdigt wurde) zwangsweise überreicht und in seine alten Rechte eingesetzt, war nun nicht mehr auf so einfache Weise loszubringen. Aber gleichwohl, in diesem beschämenden Augenblick ward sein Untergang beschlossen.

Von alten Zauberern wird behauptet, sie vermöchten ihre Wanderstäbe in lebendige Schlangen zu verwandeln; jedenfalls bestand der Schirm die Gegenprobe: er verwandelte sich am Arm meiner Mutter in ein giftiges Reptil, das sie nur mit tiefem Grauen betrachten konnte.

Schon wenige Tage später ward die schwarze Tat ausgeführt; der Schirm wurde buchstäblich zu Tode gequält. Es war ein Wetter, wie gemacht zu solch ruchlosem Unterfangen. Der Sturm ging in heftigen Stößen, Regenschauer fuhren nieder, und in den Gassen fand sich jene erfreuliche Mischung von Nässe und Staub, die der Münchner mit dem Wort »Baaz« bezeichnet, wobei mit dem langen, hellen A die ganze Wonne des Drinherumschlampens zum Ausdruck kommt. Der Schirm wurde also gegen den Wind gehalten, bis er sich umstülpte und dabei ein paar seiner brüchigen Rippen einbüßte. Dann wurde er mit böser Lust durch besagten Baaz geschleift, daß der Dreck nur so spritzte. Und dazu sang meine Mutter mit froher Stimme ein traurig-einfältiges Lied, eine trunkene Totenklage um den sterbenden Erzfeind.

Und jetzt, an der Straßenecke, zehn Schritte vor dem Haus, brachte sie den Schirm wieder leidlich in Ordnung, um statt dessen sich selber mit allen Anzeichen einer holden Verwirrung zu schmücken. Sogar Tränen vom reinsten Wasser begann sie zu weinen, und schluchzend kam sie daheim an, und so überzeugend war ihr Auftreten, daß sie, ohne weiter Rechenschaft über das Unglück ablegen zu müssen, mit mütterlichem Trost empfangen wurde und der Erwerb eines neuen Schirmes eine rasch genehmigte Sache war.

Sie hatte aber die Rechnung ohne den Wirt gemacht, nämlich den Wirt der Gaststätte »zum fröhlichen Militärgericht«, woselbst ihr Vater allabendlich seine drei Quart Dunkles holte und diesmal eine noch dunklere Geschichte mit dreien bekam. Denn während der Wirt ihm die Neige aus dem Faß zapfte und aus den kupfernen Gatzen zusammenschüttete, erzählte er, vielleicht mehr, um von seinem trüben Treiben abzulenken als aus Verklagerei, wie er heute nachmittag ein wunderliches Regenidyll habe beobachten können, das liebe Töchterl nämlich, das singend den Schirm, den gewiß noch pfennigguten Schirm, mit aller Gewalt hingemacht und durch die Rinne geschleift habe.

Und da dem Großvater das schale Bier an diesem Abend noch besonders schlecht schmeckte, mit dem bitteren Wermutstropfen der Erkenntnis darin, daß er eine mißratene und verlogene Tochter habe, so kam das von den beiden Frauen klug eingefädelte Gespräch, ob man nach dem unbezweifelbaren Hintritt des alten einen grauen oder einen grünen Schirm kaufen sollte und daß es beim Salvatori am Rindermarkt ganz entzückende Schirme gebe – und gar nicht so teuer: dieses Gespräch also kam an den Unrechten. Und endete – ohne daß der Zornige über einige finstere Andeutungen, von wannen ihm seine Wissenschaft gekommen, hinauszugehen brauchte – mit dem unanfechtbaren Spruch, der Schirm, der nun so lange gut genug gewesen sei, halte noch gern ein Jahr oder zwei aus, wenn man ihn nur schonend behandle.

Und ohne Gnade mußte meine Mutter nun das

Jammergestell von Schirm geduldig tragen, obwohl sie jetzt wirklich schon eine junge Dame zu werden anfing. Bis sich die Großmutter ihrer erbarmte, den Schirm mit auf eine Reise nahm und ihn kurzerhand stehen ließ, ohne dem zornigen Gatten oder auch der dankbaren Tochter je zu verraten, wo.

Dann erst wurde der neue Schirm gekauft, ein schöner, grauseidener. Der hat dann ein noch romantischeres Ende gefunden, zehn oder zwölf Jahre später: wir Buben haben große, grüne Heupferde in seine Falten geborgen und, wer hätte das auch gedacht, die nichtswürdigen Bestien fraßen sich durch den Stoff hindurch in ihre Freiheit.

BISMARCK

Im Jahr 1892 war mein Vater in Bad Kissingen – er war damals ein junger Mann und Sekretär des Kurvereins – beim Fürsten Bismarck zum Frühstück eingeladen. Neben seinem Gedeck lag zufällig eine tote Fliege, und mein Vater flüsterte seinem Tischnachbarn, dem Leibarzt Schwenninger, zu: das sei doch kurios, eine Fliege, die an der Tafel eines Fürsten verhungert ist! Der als Grobian berüchtigte Geheimrat ergriff die Fliege, hielt sie der gegenüber sitzenden Fürstin vor die Nase – sein Nachbar habe grade einen guten Witz gemacht! Und erzählte ihn, laut, daß jeder es hören mußte, der Fürstin zum Ärger, deren an Geiz grenzende Sparsamkeit allen bekannt war.

Eine Strassenszene

Daß sich ein wohlgekleideter Herr, noch dazu einer, der stadtbekannt ist, in der vornehmen Maximilianstraße an einem hellichten Frühlingsvormittag vor einer Dame auf die Knie wirft, ist zweifellos etwas Ungewöhnliches: mein Vater hats gewagt.
Die Mutter, eine fesche junge Frau, hatte sich mit ihm zerstritten, keine Reue, keine Schmeichelei wollte sie besänftigen. Da tat mein Vater, was der vierte Heinrich in Canossa getan hatte, er tats wie jener Kaiser, aus schlauer Berechnung, aber auch aus dem fröhlichen Übermut der zu tollen Streichen aufgelegten Zeit um die Jahrhundertwende.
Er hielt die sich windende Frau an den Händen fest und schwur, nicht eher aufzustehen, als bis sie ihm verziehen hätte. Was sie denn auch, hochrot vor Scham und ihrerseits bereit, in den Erdboden zu versinken, unverzüglich in hastig hingezischten Worten versprach.

Der Haustyrann

Mein Großvater Ambros Mauerer war nicht reich und war nicht arm. Er war, ein Bauernbub aus Pfreimd in der Oberpfalz, Bereiter beim Grafen Giech gewesen, hatte die Kriege von 1866 und 1870 mitgemacht, ohne ins Gefecht zu kommen; und an der Front des Lebens ist er auch später nie gestanden. Unverhofft sah er sich im Besitz einer kleinen Erbschaft, von der er als »Privatier« lebte. Als solcher steht er noch in den älteren Münchner Adreßbüchern. In den neueren jedoch ist er als Altertumshändler in der Augustenstraße aufgeführt. Er hatte nämlich sein Vermögen gewaltig überschätzt und war seiner Sammelleidenschaft blindlings gefolgt.

die ja durch die zahlreichen Trödellädchen, Versteigerungen und Dulten, die es damals in München gab, immer wieder genährt wurde. Und schließlich hatte er die Wohnung voller Kostüme, Waffen, Porzellan und Walzenkrüge, aber kein Geld mehr.
Und so blieb ihm nichts übrig, als die schönen Sachen wieder zu verkaufen; er setzte sich wie eine Spinne in seinen finsteren Ladenwinkel und wartete, ohne sich viel zu rühren, auf die Leute, die etwas anboten oder haben wollten. Denen, die ein besonders geliebtes Stück erwarben, war er bis an sein Lebensende bös. Wenn er was nicht hergeben wollte, nannte er die unsinnigsten Preise, aber gelegentlich zückte ein Kunde kaltblütig den Betrag und zog mit seinem Kaufe ab.
In seinem Laden hätte auch ich gern was erstanden, denn er hatte nur geringe Kenntnis und handelte nach dem damaligen Brauch: was er für drei Mark erworben hatte, gab er um fünf weiter. Nur die schier unerschöpfliche Fülle des Kunstgutes verbürgte den bescheidenen Gewinn, den zum Schluß das Geschäft doch abwarf.
Uns Heutigen erscheinen jene Zeiten um die Jahrhundertwende wie ein verlorenes Paradies, aber mein Großvater war, genau wie der alte Adam, anderer Ansicht. Da er ja nicht wissen konnte, wie wirkliche Sorgen aussehen, brütete er sich selber alle Tage welche aus und aß unentwegt vom Baum der Erkenntnis, daß es so nicht weitergehen könne. Die Jahre, in denen es dann tatsächlich nicht so weiterging, sondern ganz anders, hat er zum Glück nicht mehr erlebt.
Er war sonst ein umgänglicher Mensch, ein echter Altbayer, die bekanntlich gar nicht merken, wie grob sie oft sind, und sich dann wundern, wie schlecht doch die andern einen Spaß vertragen. Nur um Geld durfte man ihm nicht kommen, da war es aus mit der Gemütlichkeit.

Es war immer ein Leidensgang für seine Frau, wenn sie, spähend und Erkundigungen einziehend, ob er nicht gar zu schlecht aufgelegt sei, in den Laden schleichen mußte, um sich wieder Haushaltsgeld zu erbitten. Im besten Fall griff Herr Mauerer mit finsterer Heiterkeit in die Westentasche; meist aber warf er ihr mit der grollenden Frage: »Ja, frißt denn du das Geld?« ein Zehn- oder Zwanzigmarkstück hin, und mehr als einmal so heftig, daß es am Boden rollte oder sich gar unterm Tisch oder Schrank verschloff, so daß die alte Frau sich bücken oder auf allen vieren im Staub kriechen mußte, eine Demütigung, die der Großvater weidlich genoß, da er sie für eine gerechte Bestrafung der Dreistigkeit hielt, von ihm so mir nichts dir nichts Geld zu verlangen – – für das bißl Fressen, wie er in seinem Zorn sich ausdrückte.

Zugegeben, daß er ein bescheidener Mann war, der nicht rauchte und nicht ins Wirtshaus ging; aber ein gewaltiger Esser war er, der ein handtellergroßes Stück Rindfleisch mit der Gabel zusammenbog und in den Mund schob, es dort zu zermalmen mit kräftigen Zähnen, von denen bis zur Stunde noch nie einer weh getan hatte – später, bei seinem ersten Zahnweh, führte er sich denn auch wie ein Rasender auf. Und einen Kuchenmichel, wie er so nur meiner Großmutter geriet, zu wolkigem Gebilde leicht auffahrend in der raschen Ofenhitze, daß er schier das Rohr sprengte: den aß er ohne Anstrengung allein und meinte in behaglichem Humor, er habe eigentlich nur von der Luft gelebt.

Er hätte es doch wahrhaftig sehen müssen, wofür die Großmutter das Geld brauchte, wenn die Händlerin aus Regensburg kam mit ganzen Kränzen von Knackwürsten, wenn der alte Hausfreund Kerndlmeyer, der Lokomotivführer war und, ohne Transportspesen, von weither die köstlichsten Dinge brachte, drei fränkische

Preßsäcke auf den Tisch legte, daß er sich bog, so schwer waren sie: ein weißer, ein roter und ein gemischter. Wer hätte es denn besser wissen sollen als er, daß Suppenhühner und Hasen, Rebhendl und Hirschziemer Geld kosteten, wenn auch das Paar Tauben damals auf dem flachen Land um dreißig Pfennig feil war, wenn man selber in den Schlag stieg, um sie zu holen. Und wie billig auch alles war, geschenkt kriegte man nicht einmal das Kalbszüngerl oder den Ochsenmaulsalat; das Brot war schwer zu verdienen, drum aß er's nur sparsam, und von all dem Grünzeug wollte er wenig wissen, denn wo ein Gemüs Platz hat, da hat ein Fleisch erst recht Platz. Aber das Fleisch und die Mehlspeisen, die waren »das bißl Fressen«, für das die Großmutter so bescheiden ums Geld betteln mußte und das er ihr, von Verblendung geschlagen, so mürrisch vor die Füße warf.

Eines Tages jedoch brach der Krieg aus. Die Großmutter, von ihrer Tochter, meiner Mutter, aufgestachelt, ging festeren Schrittes als sonst in den Laden, um dem unheilschwanger dort sitzenden Mann das fällige Geld abzuverlangen. Er zückte löwenknurrend ein Goldstück und warf es hin. Es tanzte über den Tisch und klimperte am Boden hin. Mitten im Raum blieb es liegen. Die Großmutter nahm alle Kraft zusammen und ging, ohne ein Wort zu sagen.

Der Vormittag verstrich, kein Bratenduft durchzog die Wohnung. Der Großvater kam, schnupperte in der Küche herum und ging wieder. Der Herd war kalt. Die Frauen aßen heimlich ein Butterbrot und warteten, zwischen Furcht und Triumph zitternd, was nun kommen würde. Die Tochter vertrat der Mutter die Tür, als die fügsame Frau um des lieben Friedens willen doch gehen wollte, das Geld vom Boden zu nehmen.

Wir Kinder jedenfalls nahmen glühenden Anteil an

dem heimlichen Kampfe, der zwischen Küche und Laden entbrannt war und in den wir, ohne alle erzieherischen Rücksichten, als Parteigänger, Späher und Boten einbezogen wurden.
»Was macht er denn?« fragte uns die Großmutter, und wir mußten berichten, daß er in finsterem Groll in seinem Stuhle saß und auf das Goldstück am Boden starrte. »Rührt sich nichts in der Küche?« horchte uns der Großvater aus, und wir teilten ihm mit erheuchelter Kümmernis mit, daß keinerlei Anstalten zu einem Mittagessen getroffen würden.
Es wurde zwölf Uhr, es wurde ein Uhr. Der Großvater sperrte den Laden ab und ging nebenan in die »Walhalla« zum Essen. Seit Jahren hatte er das nicht getan. Der rare Gast mußte erhebliches Aufsehen erregt haben. Wütend kam er zurück. Das Goldstück lag noch, wie es gelegen hatte. Kunden kamen; der Großvater stellte sich mit breitem Stiefel auf das blinkende Metall, aber er hob es nicht auf. Er war entschlossen, den Krieg bis aufs Messer zu führen.
Er hätte ja einen von uns Buben überreden können, der Großmutter das Geld zu bringen. Aber solch ein Ausweg wäre wider seine Ehre gegangen. Als es Abend wurde, zog er wieder ins Wirtshaus ab.
Der nächste Tag verging nicht anders, in bedrohlichem Schweigen, hier in der Furcht vor einem Ausbruch, dort in der Hoffnung auf die Nachgiebigkeit der Großmutter – und für uns Buben in einer wilden Spannung der Zuschauer bei einem Zweikampf.
Die Eierfrau wurde weggeschickt, es sei kein Pfennig Geld im Hause. Sie wußte nicht, was sie davon halten sollte. Nachbarinnen kamen, in scheinheiliger Sorge zu fragen, ob wer krank sei. Die Reputation des Hauses stand auf dem Spiel – aber das Goldstück blieb liegen. Der Großvater, ungefrühstückt und mit Zorn im

Bauch, nichts als Zorn, pfiff mittags den Hunden und
ging weiter fort, in ein fremdes Gasthaus, wo ihn kein
dummes Gerede stören sollte. Die Großmutter zerfloß
in Angst und Mitleid, aber meine Mutter schmiedete
sie mit grausamer Härte: Jetzt oder nie müsse sie dem
Wüterich die Schneid abkaufen.

In München geht die Sage von einem Königlich Bayrischen Kommerzienrat, der in einer ähnlichen Lage, als
ein auf der Burg belagerter Zwingherr, sich kurz entschlossen von einem Dienstmann aus dem nahen Au-
gustinerkeller einen Nierenbraten holen ließ, Tag für
Tag – und der schließlich, an diese Leibspeise gewöhnt,
bis an sein Lebensende, auch nach längst geschlossenem
Hausfrieden, an dem wunderlichen Brauche festhielt.
So eisern war mein Großvater nicht. Am dritten Tag
beugte er sich, brachte das Goldstück in die Küche und
legte es, schweigend zwar, doch artig, auf den Tisch.

Es war wie im Märchen vom Dornröschen – Hausty-
rannei und Verzauberung waren mit einem Schlage gebrochen, das Feuer prasselte im Herd, die Kochlöffel
rührten sich, die Eierfrau bekam ihr Geflügel abgekauft und in allen Töpfen schmorte und brodelte es. Ein
gewaltiges Versöhnungsmahl wurde gerüstet.

Der Bittgang ums Haushaltgeld ward von Stund an um
vieles leichter. Den düsteren Sorgenblick zwar und das
abgrundtiefe Seufzen hat die Großmutter nach wie vor
hinnehmen müssen, denn die Lebensangst, bei vollen
Schüsseln Hungers sterben zu müssen, war dem alten
Mann nicht mehr auszutreiben. Aber nie mehr stellte
er an seine Frau die Frage, ob sie das Geld fresse, und
seine Hand blieb ruhig, wenn er ihr das übliche Goldstück reichte.

Wenn mir heute, wo alles so viel schwerer geworden
ist, meine verehrte Gemahlin einen Hundertmarkschein
um den andern entreißt, juckt's mich auch manchmal

in den Fingern, und die bescheidene Neugier, zu erfahren, wohin all das Geld verschwindet, möchte mich zu häßlichen Fragen verleiten. Aber dann denke ich, nach einem halben Jahrhundert, an den Großvater und winke sogar noch müde ab, wenn mir meine Frau erklären will, wieso und wofür. Credo, quia absurdum est – ich glaube es, so unglaubwürdig es auch sein mag.

Umgang mit Tieren

Im Grunde sind wir alle, auch die Großeltern, tierlieb gewesen; die Mäuse freilich, die mußten gefangen werden, und zwar geschah das in einer umständlichen Wasserfalle, in der die Baukunst des berühmten Franzosen Corbusier vorausgeahnt war. Gleichwohl war mein Großvater immer traurig, wenn das Geschick eines der silbergrauen Tierchen ereilt hatte; und als einmal, bei der morgendlichen Nachschau, das arme Opfer noch angstvollen Blicks an den glatten Blechwänden hinstrampelte, rettete er es mit eigener Hand und ließ uns freudig alle zusehen, wie sich das reizende Fräulein auf dem Fensterbrett trocknete und putzte.
Gegen Menschen, die »keiner Fliege etwas tun können«, habe ich eine heimliche Abneigung, seit sich herausgestellt hat, daß gerade sie oft vor Massenmorden nicht zurückschrecken, wenn es ihren politischen Gegnern gilt. Die marternden Leimstreifen und Fanggläser waren in unserem Hause nie geduldet; wenn die Fliegen zu frech wurden, schlugen wir sie tot, wie ja auch der alte Goethe getan haben mochte, der am Abend tausend erschlagen hatte, um sich am andern Morgen von einer quälen zu lassen.
Daß wir jemals einen Frosch oder Regenwurm geschunden hätten, weiß ich mich nicht zu entsinnen. Eidechsen

fingen wir nur, um sie von den Zecken an ihren Achseln zu befreien (wobei sie wunderbar still hielten); allerlei Getier retteten wir oft unter Gefahr aus Wassernot, die herrlichen Hirschkäfer, die es noch nahe der Stadt in den Eichenwäldern um Allach gab, mußten wir wieder fliegen lassen, und selbst das Haschen von Faltern wurde uns bald wieder ausgetrieben, obgleich es um die Jahrhundertwende der Stolz eines jeden Buben war, einen Kasten voller Schwalbenschwänze, Ordensbänder oder gar Totenköpfe zu besitzen.

Von Läusen und Wanzen braucht die Rede nicht zu sein, von den einen, weil sie so häufig, von den andern, weil sie so selten waren. Ausgerechnet eine vornehme junge Base aus Rußland, die wir bei unserer Nachbarin einquartiert hatten, zeigte uns eines Morgens das unbekannte Käferlein, das sie in ihrem Bett gefunden habe, und nach längerer zoologischer Beratung fanden meine Eltern, daß es, obwohl es nicht sein könne, eine Wanze sein müsse. Worauf sich das junge Mädchen vor Schreck auf seinen kostbaren Pariser Modellhut setzte und dann des Gelächters über dessen drollige Verwandlung kein Ende finden konnte. Zehn Jahre später brachen Krieg und Umsturz über ihre behütete Welt herein, und wie viele Wanzen mag das schöne, verwöhnte Geschöpf noch erlebt haben in den Gefängnissen und auf den Straßen des Elends ...

Zwei Tiervölker jedoch waren bei uns vom Gottesfrieden ausgeschlossen: die Wespen und die Küchenschaben. Die Wespen verfolge ich heute noch, als wäre eine ewige Feindschaft zwischen uns gesetzt. Ich verstehe es meisterhaft, sie in freier Luft zwischen den Händen zu zerklatschen und nur, wenn ich es meinen Gästen vormachen will, fällt mir der schlecht getroffene Flieger in den Rockärmel und bohrt sterbend seinen Stachel in mein Fleisch. Als Buben haben wir die kopfgroßen Papiernester von den Balken der Heuböden gestoßen oder die Erdbauten mit heißem Wasser ausgegossen. Nicht immer gelang uns die Flucht; und sechzehn Stiche, die mir, der ich auf schwankender Leiter zwischen Himmel und Erde hing, die rasende Meute innerhalb weniger Augenblicke versetzte, sind mir in unverwelkter Erinnerung.

Küchenschaben, auch Russen genannt, habe ich seit meiner frühen Kindheit nicht mehr gesehen. Um so unheimlicher erscheinen mir heute die grausam wilden Jagden, die wir von Zeit zu Zeit auf sie machten. Sie hausten, flinke und scheue braune Tiere, im morschen Lehm des Herdes und in den Ritzen des Fußbodens. Sie waren lange Wochen selten zu sehen, und wir dachten ihrer nicht. Plötzlich aber reifte in uns allen, ohne eigentliche Absprache, eine wütende Mordlust und der Plan zu ihrer Ausrottung. Groß und klein beteiligte sich an dem Vernichtungswerk, der Grovater, der uns nie erlaubt hätte, auch nur ein Stöckchen in einen Ameisenhaufen zu stoßen, warf sich zum Oberfeldherrn auf. In der Dämmerung, wenn der Herd noch warm war, klopften wir Wände und Fugen ab, um die braunen Gesellen aus ihren Schlupfwinkeln zu scheuchen. Dann, wenn sie aus allen Ritzen quollen, verlegten wir ihnen mit Papierbränden den Rückweg und verfolgten mit sengendem Kienspan die Flüchtenden. Wir zertrampelten sie auf dem Fußboden, zerquetschten sie mit Pappdeckeln, wir hielten das Feuer unter ihre Leiber, daß sie sich bäumten, knackten und zischten, wir schrieen aufgeregt, wenn wieder ein Schwarm hervorbrach aus Rauch und Flammen, wir kehrten sie in die Glut, daß sie wie Funken zum Himmel fuhren – wir dachten nicht ihrer Qual, es war uns ein Schauspiel für Götter.

Dann war der Rausch zu Ende, die Brände waren verloschen, die Magd holte den Besen; wir schnauften

schwer, der Großvater sah uns funkelnd an und sagte etwas wie: denen haben wir es besorgt! Wir Buben fühlten keine Schuld, wir waren rechte Helden, und das Abendessen, auf dem gereinigten Herde gekocht, schmeckte herrlich wie ein Sühneopfer.
Inzwischen sind zwei große Kriege über uns hinweggegangen, und ich habe viele Menschen gesehen mit eigenen Augen, an denen nicht anders gehandelt worden ist, als wir an den Küchenschaben gehandelt haben: ausgeräuchert, verbrannt, zerschmettert – und ich fürchte und hoffe zugleich, daß viele von denen, die das Feuer und den berstenden Stahl aus den Lüften warfen, brausend über den brennenden Städten, hüben und drüben, fühllos wie Götter waren – oder rätselhaft wie Kinder, die ein totes Vögelchen unter Tränen begraben, einen Igel aus den Zähnen des Hundes retten, einen Falter fliegen lassen – und dann doch voll Mordbegier über die »Russen« oder »Schwaben« herfallen, herzlos, von der sengenden Flamme berauscht, von Tod und Untergang.
Ja, sagt der Verstand, hätten wir sie denn leben lassen sollen, die Küchenschaben, sich vermehren, bis sie uns in Tigel und Teller gefallen wären?
Ich gebe da keine Antwort mehr darauf, denn die, die ich wüßte, wißt Ihr selbst, und eine andre weiß ich nicht; und jeden Tag wird mirs unwahrscheinlicher, daß ich noch eine finde.

*

Die Tiervertrautheit meiner Kinderjahre habe ich verloren, als einen Teil jener Unschuld, die uns im Paradiese leben ließ. Angst hatten wir als Buben vor keinem Lebewesen, höchstens vor Hornissen; aber Krebse, Igel, Forellen und Ringelnattern fingen wir mit der bloßen Hand.

Die Krebse und die Forellen aß unser Vater gerne, unter vielen Ermahnungen, derlei sündige und gefährliche Wilddiebereien künftig zu unterlassen; die Igel tauchten wir in eine Lauge, um sie vom Ungeziefer zu befreien und hielten sie dann den Winter über im Haus, wo sie um Mitternacht polternd durch die Zimmer trabten. Die Schlangen aber dienten uns oft genug als Faustpfand, wenn wir, in der Sommerfrische, zu spät zum Mittagessen kamen.

Wir waren der »alten Anna« anvertraut. Sie war die allmächtige Hüterin des Herdes, und wir fürchteten sie sehr. Aber noch mehr hatte sie selbst Angst vor Schlangen. Wir fingen eine der vielen, die in dem Steinmäuerchen des nächsten Bauernhofes hausten, mit sicheren Griffen, und weder ihre kräftigen Anstrengungen, sich uns zu entwinden, noch der scheußliche Angstgestank, den sie ausschwitzten, hinderte uns, sie nach Hause zu bringen und, im wahrsten Wortsinn mit ihnen bewaffnet, vor die Köchin zu treten.

Wir handelten den Frieden aus, dergestalt, daß sie uns Urfehde schwören mußte, uns weder zu hauen, noch am Essen zu schmälern oder gar zu verklagen. Und erst, wenn sie heilige Eide getan hatte, uns straflos zu lassen, entließen auch wir unsere Schlange, die zischend vor Zorn im Grase entschlüpfte.

DER MÄUSEPRINZ

Salzburg ist gewiß eine der schönsten Städte der Welt; aber so zauberisch konnte sie gar nicht sein, wie im Traum ich sie sah, fünf- oder sechsjährig, als wir im nahen Berchtesgaden zur Sommerfrische waren und die Mutter erzählte, in den nächsten Tagen käme ein Onkel, mit dem dürften wir nach Salzburg fahren, nicht

mit der Bahn, sondern hochherrschaftlich im Zweispänner, über die Grenze, ins Ausland, in das sagenhafte Österreich; und schon die Namen der Gegenden, durch die wir reisen würden, klangen verheißungsvoll: Schellenberg und Hangender Stein. Des erträumten Wunders war kein Ende, die hohe Veste, der Dom, der Residenzplatz mit dem Brunnen, Schloß Mirabell, das Felsentor und zuletzt das Kaffeehaus Tomaselli mit Bergen von Kuchen und Schlagrahm.
Natürlich stellte ich mir alles ganz anders vor, nur aus Tausendundeiner Nacht waren ja meine wolkenhoch entrückten Träume gespeist, es war eine herrliche, eine goldene Stadt, dieses Salzburg! Ich freute mich; der sogenannte Onkel kam wirklich, er war weißbärtig, unnahbar, großartig; daß er da war, das war ein Unterpfand für die Reise nach Salzburg, für unermeßliches Glück. Mit meinem um ein Jahr älteren Bruder redete ich wenig darüber, er wollte mir weismachen, Salzburg sei eben auch eine Stadt und viel kleiner als München – ich ließ mir mein Geheimnis nicht rauben, ich wußte es besser, ich freute mich, ich überfreute mich ...
Am Vorabend des nunmehr unerschütterlich feststehenden Ereignisses – das Wetter war wunderschön und verhieß auf Tage hinaus Beständigkeit, der Wagen war bestellt, unsre frisch gewaschenen Höschen lagen bereit – durften wir mit dem märchenfremden Gast zusammen am Tisch sitzen – nach vielen Jahren erst begriff ich, daß er ein alter, kinderhassender Junggeselle war, der für meine junge Mutter schwärmte und für den wir nur unerwünschte Störenfriede sein konnten. Zum Essen gab es Schinken. Wir zwei wurden zur Artigkeit ermahnt und im Hinblick auf des Schicksals Huld, die durch ungesittetes Benehmen zu verscherzen war, aßen wir brav und mäuschenstill. Mäuschen ... mäuschen?

Ich hatte in einem Bilderbuch die rührende Geschichte von einer Mäusehochzeit gelesen, wo der Mäuseprinz, um recht schön zu sein, sich das Fell mit Speck glänzend reibt.
Was konnte auch ich Würdigeres, zugleich Überschwenglicheres tun für das morgige Fest? Lautlos und unbemerkt glitt ich unter den Tisch und schmierte mir, mit Wonne und der höchsten Wirkung gewiß, eine Speckschwarte über mein Strohdach; und leuchtenden Blicks tauchte ich vor dem entgeisterten Gast und Gönner auf, der sein Mundtuch hinwarf und sich angewidert von seinem Stuhl erhob.
Meine Mutter, peinlich betroffen, rief die alte Anna und befahl ihr, dieses Ferkel sofort zu waschen und ins Bett zu bringen; sie benützte die Gelegenheit, auch meinen Bruder unverzüglich schlafen zu schicken.
Ob ich damals geweint habe oder gleich hinübergeschlummert bin, weiß ich nicht mehr. Aber blitzlichthell steht es, nach mehr als sechzig Jahren, vor mir, wie ich andern Tags aufgewacht bin, in der quellenden Seligkeit des Bewußtseins, jetzt müsse gleich das große Wecken sein für die Zauberfahrt nach Salzburg, nach Salzburg! Und dann – war das Bett des Bruders leer; und dann – rief ich nach meiner Mutter; und dann – war das Haus so still; und dann – kam die alte Anna und auf ihrem Gesicht las ich das Ungeheuerliche: Sie waren fort, fort, fort, fort! Sie hatten mich verschlafen lassen, sie hatten mich schmählich betrogen!
Es dauerte lange, bis die riesige Mauer aus Enttäuschung, Zorn, Haß und Neid einstürzte und jähe Tränenflut die Trümmer der goldnen Stadt überspülte.
Der Herr habe gesagt, ich sei doch wohl noch zu klein!, versuchte die Anna mich zu trösten; aber dem verständigen Leser muß ichs wohl nicht im einzelnen schildern, wie tief dieser Verrat mein Kinderherz verheert hat,

wütend einen endlosen, einsamen Sommertag lang und
noch einmal zu gewittriger Ballung und zuckendem
Trotz sich steigernd bei der spätabendlichen Heimkehr
der Glücklichen. Keine Begütigungen, keine Geschenke,
keine Erzählungen, nichts da! Zornig-freiwilliges Ins-
Bett-Gehen – und endlich! die süßen Tränen des Selbst-
mitleids unter den bittern der Schmach.
Oft und oft habe ich seither Salzburg erlebt, fremden-
durchbraust und winterstill, regenverhangen und prun-
kend in Blau und Gold – aber nie mehr war der Zauber mächtig genug, um mich jene erste ungeheure Erwartung ganz vergessen zu lassen; die gläserne Kugel des Glücks war zersprungen, die Scherben spüre ich
heute noch im Herzen.

Beim Bügeln

Eine meiner frühen Erinnerungen ist das Bügeln. Es ist
unzertrennlich mit dem Gedächtnis an Zahnweh und
schlaflose Nächte verknüpft. Die Köchin, trotz ihrer
kaum dreißig Jahre und ihrer hünenhaften Erscheinung die »alte Anna« geheißen, hatte Zahnweh und
suchte es durch wilde Arbeit zu übertäuben. Ich hatte
auch Zahnweh und war froh, in der Küche sitzen zu
dürfen und zu plaudern, natürlich meistens über das
Zahnweh.
Die Hitze in der Küche hätte jeden Gesunden krank
gemacht; wir Kranken erhofften uns Gesundheit von
ihr. Alles glühte: der mächtig angefeuerte Herd, in dem
die Eisen heiß gemacht wurden, barst schier vor Feuer.
Ich schob mit dem Schürhaken die Kerne hinein und
zog sie wieder heraus, weiß und sternchensprühend. Es
galt, sie mit Geschick in den Mantel, das eigentliche Bü-
geleisen, zu stecken. Der sengende Anhauch des Stahl-

keils, die Aufregung, die Mühe – das alles vertrieb das Zahnweh augenblicklich.

Die Wandlampe brannte, ich hatte aufzupassen, daß sie nicht qualmte; unversehens aber flogen doch die dicken Rußfetzen und schwebten bedrohlich über der dampfenden, blütenweißen Wäsche. Dann fingen Anna und ich die flatternden Flocken wie Schmetterlinge – und auch das war gut gegen das Zahnweh.

Manchmal entschloß sich Anna, mit dem neuen Eisen zu bügeln. Das war beileibe nicht das elektrische, wie eine junge Leserin glauben könnte, sondern das große Holzkohlen-Plätteisen, das mehr und mehr den erhitzten Bolzen verdrängte. Es schien ein Schiff mit hohem Bug zu sein, es glich auch einem scharfzahnigen Krokodilschlund, denn der Deckel mit dem Griff war auf- und zuzuklappen, in den zackig aufgesperrten Rachen wurde die Holzkohle gelegt, mit Spiritus begossen und angezündet. Ich durfte dann das Eisen hin und her schwingen, bis die blauen Flämmchen erstarben und die rote Glut der Kohle zu wabern begann. Einen Rest von Mißtrauen gegen das neumodische Verfahren wurde aber die alte Anna nie los.

Mitunter löste sie um Mitternacht ihr schweres, schwarzes Rabenhaar, das ihr bis in die Kniekehlen hing, und hub zu singen an, nur leise natürlich, in der sausenden, brausenden Stille des schlafenden Hauses. Dann war ich ganz verzaubert, ohne zu wissen, daß es ein Mädchen, daß es das Weibliche war, was mich in seinen Bann zog. Anna war dann auch weicher und zärtlicher als je am Tage; und gefühlvoll waren auch die Lieder, die von ihren Lippen kamen und denen ich lauschte. Sie sang nichts anderes als andere Dienstboten auch, »Still ruht der See« sang sie und das Lied vom Edelweiß, das der abgestürzte Bua noch in blutiger Hand hält, oder eine vielstrophige Ballade aus dem Siebziger

Krieg, die anfing: »Zu Sedan wohl auf der Höhe, da stand ich manche Nacht ...«

Gelegentlich las ich ihr auch aus den »Deutschen Heldensagen« vor; kein anderes Buch wollte sie gelten lassen. Dieses aber, obgleich erst wenige Jahre alt, war völlig zerlesen und mit unser aller Tränen benetzt. Mit immer neuer Ergriffenheit vernahmen wir die Geschichten von Siegfried und Etzel, von Gudrun und dem Kampf auf dem Wülpensand, von Dietrich von Bern und König Alpharts Tod. Ich las und las mit zitternder Stimme, und Anna bügelte, nassen Auges, mit wütendem Eifer.

Oft genug schlief ich auf meinem Platze ein oder wurde ins Bett geschickt. Wenn mich aber, in der ersten Morgenröte, das Zahnweh wieder heraustrieb, dann stand Anna immer noch und schwang das Eisen. Die gebügelte Wäsche lag zu reinlichen Bergen getürmt, und nur ein kleines Häufchen noch, frisch besprengt, deckte den Boden des großen Weidenkorbes. Das Mädchen aber, wie es hochroten Gesichts flink über das weiße Linnen fuhr, glich mir jener Müllerstochter, die in einer Nacht die ganze Stube voller Gold spinnen mußte, und mit scheuen Blicken sah ich mich um, ob ich nicht doch den helfenden Kobold entdeckte ...

SCHWAMMERLSUPPE

In Hochgart bei Berchtesgaden hatten wir auch einen Holzkopf von Kunstmaler als Hausgast, Bachleitner. Der Ausruf: »Harrgott!« war die für alle Gemütsbewegungen gültige Äußerung seines bescheidenen Seelenlebens. Unserm Freund Doktor Billinger war er das, was die Römer einen Klienten nannten: gefütterter armer Hund und verachteter Tellerlecker zugleich, Zielscheibe des Spottes, Abladeplatz jedes dummen Tratsches und jedes Ärgers über die Welt, ja, zum Prüfstein dafür, wie weit man in der Entwürdigung eines Menschen gehen könne; aber auch letzte Zuflucht eines selbst Einsamen.

Später machte dieser so lang erniedrigte und beleidigte Mensch eine reiche Partie und nahm eine nachträgliche Rache, indem er nicht nur seinen einstigen Gönner nicht mehr grüßte, sondern auch uns schnitt, als hätte er uns nie gekannt, obwohl gerade wir ihm nur Gutes – und ohne jeden Stachel – getan hatten.

Steinpilze gab es damals, nach der Jahrhundertwende, auch in Berchtesgaden noch genug, aber meine Mutter, die die Pilze kannte, ließ auch andere gelten, ein Mischgemüse war nach ihrer Ansicht das beste. Und so gingen wir eines Tags begeistert in die Schwammerl, und Bachleitner, der selbst keinen sah, auch wenn er ihm vor der Nase stand, rief staunend: »Harrgott«, wenn wir ihm ein Prachtstück zeigten, und er rief auch »Harrgott!«, als die dampfende Schüssel hereingetragen wurde. Um so erstaunlicher war es, daß er von seinem Gastrecht, sich als erster einen Teller voll herauszuschöpfen, keinen Gebrauch machte, obgleich er doch oft erklärt hatte, daß Schwammerlsuppe zu seinen Leibspeisen zähle.

Als ihn meine Mutter, nachdem wir Kinder schon kräftig am Essen waren und sie selbst sich ihren Anteil genommen hatte, geradezu fragte, ob er denn keine Schwammerlsuppe möge, sagte er: »Harrgott ja! für mein Leben gern – aber wenn ich *abends* um einen Teller bitten dürfte!«

Uns Kindern wurde damals die Unverfrorenheit nicht bewußt, mit der unser Gast eine fünfköpfige Familie zu Versuchskaninchen machen wollte dafür, ob die Pilze giftig seien oder nicht; und meine Mutter bekam zwar einen roten Kopf, aber sie sagte ihm freundlich zu, für

den Abend etwas für ihn aufzuheben; es war ja auch so reichlich übrig, daß sogar wir Buben es nicht hätten bewältigen können.
Und wirklich, als uns der Gast am Abend so munter und ohne eine Spur von Unbehagen am Tisch sitzen sah, tat er sich keinen Zwang mehr an und aß vor unseren Augen mit großer Lust und unter vielen »Harrgotts!« und »köstlich!« nicht nur einen, sondern randvolle zwei Teller der herrlichen Suppe; und es war dann auch gewiß nicht an den Haaren herbeigezogen, daß das Tischgespräch noch weiterhin über den Segen des Waldes ging, über Pilzerfahrungen aller Art; und es klang durchaus nicht wie Bosheit, daß meine Mutter einfließen ließ, das Gefährliche sei, daß der schlimmste Giftschwamm, der Knollenblätterpilz, seine tödliche Wirkung erst nach zwölf, ja oft zwanzig Stunden offenkundig mache. Und nur aus der betonten Liebenswürdigkeit, mit der sie dem blaß verstummten Gast eine gute Nacht wünschte, hätte ein Frauen- (und Schwammerl-)kenner jenen Triumph weiblicher Rache heraushören können, die bekanntlich kalt genossen am besten schmeckt.

Kindliche Erwerbsquellen

So dreist wie zehn Jahre später unser jüngster Bruder trieben wirs doch nicht; der fing alle Besucher schon unten an der Haustür ab und bettelte sie um ein Fünferl an, bis ihn einmal ein erziehungsbeflissener Gast verriet und unsere Eltern dem Wegelagerer das Handwerk legten.
Freilich, recht viel edler war unsere erste Bemühung, zu Geld zu kommen, auch nicht; immerhin boten wir Drei- und Vierjährigen eine Gegenleistung. Wir waren

in Berchtesgaden in der Sommerfrische, in der Ramsau beim »Wimbacher«, nahe der berühmten Klamm. Damals zog freilich noch nicht ein Heerwurm von Fremden an dem alten Bauernhof vorbei, einzeln und in Trüppchen kamen die Leute; und es waren besonders Damen darunter, die sich vor dem Vieh fürchteten und jede weidende Kuh für einen wilden Stier hielten. Sie getrauten sich nicht ohne weiteres, durch die Gatter zu gehen – und da waren wir als rettende Engel bereit: wir trieben die Kühe und Kälber zur Seite, auf Wunsch – und blieben selbst erwartungsvoll stehen: nur selten wurden wir enttäuscht; wenn auch nicht immer bares Geld, ein Stückchen Schokolade schaute fast immer dabei heraus. Um jedoch das Geschäft einträglicher zu gestalten, trieben wir das Vieh jedesmal wieder zum Gatter hin, ja, wir holten es gelegentlich von den nächsten Wiesen: denn je mehr Kühe den Weg zu sperren drohten, um so größer waren Angst und Dankbarkeit der Klammbesucher.

Unser Spielkamerad war der gleichaltrige Wimbachersohn Schorschl, von uns »Sorgel« genannt, weil wir zwei »sch« hintereinander nicht aussprechen konnten; wahrscheinlich war er ein netter Bub, ich habe ihn im Leben nur noch einmal gesehen, da war er ein Zwölfender in Ingolstadt, ein sturer Büffel und gewiß nicht die Wonne seiner Rekruten. Damals jedoch hatten wir zu dritt großartige Pläne; so gruben wir im tosenden Wimbach einen ganzen Sommer lang an einem riesigen Marmorblock herum, den wir zu Tal schaffen und gegen teures Geld verkaufen wollten.

Wir lernten früh, daß nicht alle Blütenträume reifen, das Felsstück liegt wohl heute noch im Geschiebe des Sturzbachs. Weil wir gerade von Blütenträumen reden: eine alte Häuslerin hatte dort einen weit und breit berühmten Nelkenstock vom Balkon hängen, ein

Amerikaner war auf dieses Wunder so versessen, daß er der armen Häuslerin hundert Mark dafür bot; aber sie lachte ihn nur aus. Als wir übers Jahr wiederkamen, war der Stock in dem strengen Winter erfroren.

Daß ich, wie die Bauernkinder, durch den Verkauf von Bergblumen, Schwammerln und Walderdbeeren ehrlich ein paar Pfennige verdiente, versteht sich. Aber, daß ich wenige Jahre später, in Abensberg, unter die Sklavenhalter und Ausbeuter gegangen bin, beschämt mich heute noch. Es war die Zeit, in der sich zwar nicht jedermann, aber jede Frau von der Heilkraft einheimischen Tees Wunder versprach. Ich kam allein mit dem Zupfen von Schwarzbeerblättern dem Bedarf gar nicht mehr nach und trieb ein Dutzend Kinder auf, die auf dem Speicher bei tropischer Hitze für mich arbeiten mußten, nicht anders als die armen Hopfenzupfer, die dort, in Niederbayern, jeden Spätsommer in zigeunerischen Scharen zusammenströmten. Ich paßte scharf auf, daß sauber gepflückt wurde – und ich fürchte, daß ich den Lohn ganz gemein gedrückt habe.

Daß jung gewohnt – alt getan auch zu den Sprichwörtern zählt, die keineswegs immer stimmen, ist durch meine Berufswahl hinlänglich bewiesen; als Kind freilich fragte ich jeden Besucher, vom Hausarzt bis zum Geheimen Kommerzienrat: »Was verdienen Sie pro Tag?«, und je nach ihrer Auskunft war ich entschlossen, dasselbe zu werden, bis ein nächster noch bessere Aussichten bot. Dieser merkantile Zug hat sich aber im Lauf der Jahre verloren, und heute, wo alle Welt sich nur nach dem Geld richtet, vermisse ich ihn sogar mitunter.

Tante Möli

Amalie Schönchen, um die Jahrhundertwende Schauspielerin am berühmten Wiener Burgtheater, war unsre Großtante und verbrachte mehrere Sommer mit uns gemeinsam in Hochgart bei Berchtesgaden.
Die Rolle der »Zwiderwurzen« mußte ihr auf den Leib geschrieben worden sein, uns Kindern jedenfalls war die schrullige alte Frau unheimlich – und auch sie mochte keine Kinder. Als es einmal meinem Bruder, der zu viel Erdbeeren gegessen und hernach zu heftig geschaukelt hatte, zum Erschrecken übel wurde, eilte sie, des armen Buben nicht achtend, an die Unglücksstätte mit dem pathetisch empörten Ruf: »Ach, die schönen Erdbeeren!« Und ein Mädchen, das meine Mutter eingeladen hatte, damit das blasse Großstadtkind auch einmal an die frische Luft käme, zwang sie, da ihr die etwas gequetschte Stimme des Kindes mißfiel, durch die ewige, unfreundliche Ermahnung: »So schneuz dich doch!« zu einer vorzeitigen, tränenreichen Abreise.
Die Tante hatte drei bissige Wesen mitgebracht: eine grantige, herrschsüchtige Haushälterin, die immer umschmeichelt, einen Pinscher, namens Affi, der immer gekämmt werden mußte, und einen Papagei, Lora, ein so kluges Tier, daß die Tante schwor, er habe am Morgen ihres siebzigsten Geburtstages ganz deutlich gesagt: »Ich gratuliere!«
Von den tausend Rücksichten, die auf die Tante zu nehmen waren, galten neunhundert diesem verzogenen, kläffenden Wollknäuel und dem tückischen Vogel, den wir später, nach ihrem Tod, noch lange, bis zu den Bomben des zweiten Weltkriegs, ausgestopft und friedlich, als Zierde unsres Biedermeierzimmers betrachten

durften, wo auch ein Jugendbild der Tante hing, die ein ungewöhnlich schönes Mädchen gewesen sein mußte.
Damals aber, in Berchtesgaden, ging die alte Dame spazieren, den Papagei auf der Schulter, das ängstlich in Tücher gewickelte Hündchen im Arm, mit Kettchen, Lorgnons und Beutelchen behängt, einer Indianerin nicht unähnlich. Eine greise Bäuerin blieb einmal am Wege stehen, beäugte sie eindringlich und sagte treuherzig: »Jetzt bin i doch froh, daß i di amal g'sehn hab – gel, du bist die Narrische, von der's oan allweil so viel verzähln!«

DIE KANONE

Die Kanone war kein Kinderspielzeug, sondern die genaue Nachbildung einer Feldschlange aus dem Dreißigjährigen Krieg, stark verkleinert natürlich, samt Lafette vielleicht eine Elle lang oder anderthalbe – in meiner Erinnerung gewiß größer als in der Wirklichkeit. Jedenfalls, in den beiden Weltkriegen ist sie nicht mehr in Wirkung getreten. Überhaupt ist nur einmal aus ihr geschossen worden, seit sie in unserem Familienbesitz war; aber dieses eine Mal ist mir unvergeßlich.
Um die Jahrhundertwende, mitten im Frieden, war eine waffenfrohe Zeit – vorausgesetzt, daß die Gegenstände historisch waren; Stechzeug und Prunkrüstungen, maßlos überzahlt (oder nachgemacht, oder beides) grüßten in den Vorhallen von Kommerzienräten, Radbüchsen und damaszierte Klingen lagen auf gotischem Samt in Schaukästen, bürgerliche Flure starrten von Hellebarden, Saufedern und Hifthörnern und jedes bessere Wirtshaus hatte seine Veteranenvereinsecke mit Raupenhelmen, Käppis, Chassepots und Zündnadelgewehren. Es gab ganze Malerschulen, die ausschließ-

lich Soldatenszenen anfertigten, leidenschaftliche Sammler reisten die halbe Welt wegen eines Monturstücks aus, und Kenner sagten an Hand eines geprägten Knopfes Standort und Uniform eines Regiments auswendig her.

Auch wir waren daheim schwer gerüstet; kein Wunder, da ja der Großvater mit Kostümen handelte. Eine riesige Trommel war unser Spielzeug, zwei Gewehre mit Bajonetten, aus der napoleonischen Zeit, schleppten wir auf schwachen Kinderschultern durch die Wohnung, schwere Reitersäbel, Galanteriedegen, arabische Flinten (wie sie unweigerlich jedermann mitbrachte, der auch nur einen Fuß nach Tunis gesetzt hatte), Dolche und Pistolen standen uns unbegrenzt zur Verfügung, und auf besonders inständiges Bitten schnallte uns der Vater auch einen bayrischen Küraß um, setzte uns einen roßschweifgezierten Helm auf den Kopf und ließ uns ein Weilchen als kleine Kriesgötter herumstolpern. Daran, daß wir zehn Jahre später alle in den Weltkrieg stolpern würden, dachte kein Mensch.

Das Aufregendste war aber doch die Kanone; so still sie das Jahr über als Zierstück an ihrem Platz stand, gelegentlich rüttelten wir an ihr oder vielmehr an den moralischen Grundfesten unserer Eltern; eine sozusagen echte Kanone müßte man doch auch mit Pulver laden und richtiges Pulver hinwiederum mit einer Lunte anzünden können. Die Mutter erklärte das rundweg für ausgeschlossen, der Vater hielt es für eine scharfsinnige und richtige Annahme, die durch einen Versuch zu beweisen wäre. Mit einem Wort, der »alte Kindskopf« – er war freilich erst sechsunddreißig Jahre alt – war schon fest entschlossen, mit der Kanone zu schießen.

Eines Nachmittags war es so weit. Es dämmerte schon, als unser Vater so beiläufig wie möglich das Geschütz ergriff und uns mitgehen hieß. Er sagte beileibe nichts von Laden und Schießen. Spazierenfahren wollten wir, an die frische Luft müßten wir alle zusammen, wir Stubenhocker. Wir Buben aber rochen natürlich Lunte und sahen uns bedeutungsvoll an. Wie auf Verabredung gingen wir allen Leuten aus dem Wege, der Hauptverschworne trug die Kanone unterm Radmantel.

Wir hätten eigentlich nur in unsern Hof zu gehen brauchen, an den sich ein verwilderter Garten anschloß. Mein Vater mochte jedoch befürchten, die Kanone sei hier schon zu bekannt und ein Schuß unter den Fenstern des Großvaters, der im Erdgeschoß wohnte, nicht ratsam. Wir schlichen daher unter die Toreinfahrt des Nachbarhauses; und während wir Buben regelrecht Spähe standen, schüttete der kühne Artillerist aus einer Tüte Pulver in das Messingrohr, brachte das Geschütz in Front des verlassen daliegenden Hinterhofes in Stellung, entzündete, während wir vor Aufregung von einem Fuß auf den andern tanzten, ein Streichholz und hielt es, mit weitausgestrecktem Arm in die Hocke gehend, an das Zündloch.

Es tat einen ungeheuern, wirklich ohrenzerreißenden Knall, das Geschütz sprang samt Lafette zornig in die Luft, Feuer entfuhr dem Lauf, und ein schwerer Schwaden von Pulverdampf kroch am Boden hin. Die Ladung war zu stark gewesen – aber zu unser aller Glück hatte sie das Rohr nicht zerrissen; es hätte ein übler blutiger Scherz werden können. Ganz verdattert, aber doch blitzschnell ergriff mein Vater das rauchende Ungetüm; und schon standen wir, harmlose Abendspaziergänger, auf der Straße; es war, ohne Worte, eine ausgemachte Sache, daß wir nichts gehört und gesehen hatten, und wir ließen uns denn auch mit Unschuldsmienen die greulichsten Geschichten nebst allen Mutmaßungen erzählen, ehe wir in unsre Wohnung

hinaufstiegen, wo mein Vater die Kanone mit einem Lappen schlecht und recht abrieb. Bald stand sie wieder schweigend auf ihrem Platz.
So billig, wie wir gedacht hatten, sollten wir aber nicht davonkommen. In unsrer Nachbarschaft wohnte ein Metzger, mit dem es stark bergab ging. Geschlachtet hatte er schon seit einer Woche nicht mehr, so daß ihn hämische Freunde fragten, ob er kein Blut mehr sehen könne. Denen war er mit düsteren Redensarten gekommen, Blut gäbe es bald genug zu sehen – und ausgerechnet diesen Abend war sein Geschäft zugesperrt; niemand wußte, wo der Schuß gefallen war, nirgends war der Metzger zu finden; aufgeregte Leute holten einen Schandarm, es stand so gut wie fest, daß der verschuldete Metzger sich umgebracht haben mußte, der Schutzmann fragte die Gegend ab, ehe er den Laden mit Gewalt aufbrechen lassen wollte. Wir saßen beim Abendessen, der noch einmal davongekommene Feuerwerker sang mit jenem dreisten Übermut, der so oft die Untäter bis an die Grenzen des Geständnisses hinreißt: »Wenn der Vater mit dem Sohne auf dem Zündloch der Kanone –« weiter konnte er den alten Biergesang nicht, wir kicherten in uns hinein, und die Mutter schüttelte ob solch ungeheurer Heiterkeit stumm den Kopf: da ereilte uns, von der bierholenden Magd weh- und wollüstig erzählt, das Gerücht.
Mein Vater erblaßte sichtlich, er lief vom Tisch weg auf die Straße hinunter, der fragenden Frau konnte er ja sagen, daß er als Pressemann der Sache nachgehen müsse. Natürlich hatte es unsre Mutter leicht, aus uns Hilflosen derweilen ein Geständnis zu erpressen. Der rasch zurückgekehrte Vater aber nahm die Standpauke mit heiterer Gelassenheit hin. Denn, so berichtete er lachend in die Sturmpause der Mutter hinein, noch ehe er sich einem Verhör über den Schuß habe zu stellen

brauchen, sei der Metzger, ziemlich angetrunken, in einer Bierwirtschaft aufgegriffen worden. Und die Frage des Schutzmanns, ob er sich erschossen habe, oder, wenn nicht, ob sich zu erschießen seine Absicht gewesen sei, habe er, der Metzger, mit jener bayrischen Aufforderung beantwortet, die noch auf ungebrochene Lebenskraft schließen lasse.

Trotz dieses glücklichen Ausgangs wurde die Kanone von meiner Mutter bald verräumt, mit der Begründung, sie sei für den alten Esel noch und für die jungen schon zu gefährlich; Helm und Küraß habe ich erst zwanzig Jahre später wieder einmal getragen, im Fasching. Seither sind, bis auf einen indischen Kris, alle Waffen verschollen, die letzte Windbüchse haben die Amis mitgenommen.

Und daß ich in der Zwischenzeit in zwei Kriegen aus dem Gewehr 98 manchen scharfen Schuß getan habe, das ist, weiß Gott, eine andere Geschichte ...

Der fremde Herr

Mit Hunden sind wir Buben aufgewachsen, der Großvater besaß drei reizende Windspiele, wie sie der Alte Fritz in Sanssouci gehabt hatte – sie scheinen ausgestorben zu sein, nie mehr bin ich solchen Hunden begegnet, vom englischen Schlag, klein, spitzköpfig, gertenschlank und immer ein wenig zitternd, als ob sie's fröre.

Wir lebten lange auf gleicher Ebene mit ihnen, auf dem Fußboden; jeden Tag fuhr der Großvater abends, wenn München wie ausgestorben lag, mit der Pferdebahn und später mit der »Ringlinie« um die Altstadt, damit sie sich auslaufen konnten. Wir sprachen von »Lord«, »Miss« oder »Flock« wie von Familienangehörigen.

Eines Sommertags ging unsere Mutter mit uns zwei Buben und den drei Hunden im Nymphenburger Park spazieren, als ein alter Herr im weißen Bart auf uns zutrat und die schönen Tiere lobte, die ohnehin in der ganzen Stadt berühmt waren. Meine Mutter, die allem Zeremoniellen abhold war, stellte sich unwissend, sie unterhielt sich ganz unbefangen mit dem Greise, bis beim Abschied mein kaum fünfjähriger Bruder die Matrosenmütze zog und laut und fröhlich sagte: »Adieu, Herr Prinzregent!«
Wir begriffen erst viele Jahre später, warum da der alte Herr so herzlich lachte und warum uns die Mutter, wie eine Pfingstrose erglühend, so eilig fortzog.

ERINNERUNGSBLATT

Ich war noch nicht lang in Ettal, in der Klosterschule, um neunzehnhundertzehn mag es gewesen sein, im Herbst, da hieß es, der alte Prinzregent sollte, auf der Fahrt zur Jagd im Ammerwald, vom Kloster und von der Gemeinde feierlich eingeholt werden. Und ich, als ein bereits schulberühmter Poet, sollte ihn, beim kurzen Halt auf der Straße, mit einem selbstverfaßten Gedicht begrüßen.
Von der dreifachen Aufgabe: dichten, auswendig lernen und aufsagen, war gewiß der dritte Teil das bedrohlichste; leutseliger alter Herr hin, harmlose fünf Minuten her – die andern hattens leicht, mir Mut zuzusprechen, ich allein mußte die Sache bestehen, Seiner königlichen Hoheit unter die Augen treten, ihm, dem Landesvater, Verse vortragen, für die ich selber verantwortlich war.
Vielleicht stellt sich der Leser vor, *er* würde dazu ausersehen, oder er entsinnt sich der Anekdote von

Girardi, der, von Franz Josef zum Kaffee eingeladen, ganz verzagt dasaß und auf die etwas enttäuschte Frage, wo er denn all seine Munterkeit gelassen habe, gesagt haben soll: »Jausnern Sie amal mit an Kaiser!«
Jedenfalls, ich sah der Begegnung mit einer Majestät mit gemischten Gefühlen entgegen – und das ist hier keine abgebrauchte Redensart: stolze Freude, fluchtbereite Feigheit und wurmgekrümmte Qual wechselten in mir vom Herzen bis in die Hosen.
Der bedeutungsvolle Tag, die aufregende Stunde kam heran, am Ettaler Berg stand ein Mann mit einem großen roten Taschentuch, um im gegebenen Augenblick zu winken; die Mönche und Laienbrüder, der hochwürdigste Herr Abt an der Spitze, die Gemeinde mit dem Bürgermeister, die Schulkinder und wir Zöglinge trippelten an der Straße hin, der Mann hob sein Taschentuch, alle Glocken läuteten, die Berge standen still, die Sonne loderte mit doppelter Kraft, ich warf einen letzten, heimlichen Blick auf mein Gedicht: »Vater Bayerns, edler Fürst, der du von mir bewillkommt wirst.«
Und da kam schon der Wagen mit dem Regenten daher, gefährlich knapp an mir vorbei stampften und schnaubten die zwei Pferde, das Gefährt hielt, und ich, ein Kind noch, stand am Schlag, es war ein offener Jagdwagen, eine nieder gebaute Kutsche, und wenn ich die Hand ausgestreckt hätte, greifbar nahe wäre mir der Bart des hohen Herrn gewesen – er beugte sich ein wenig vor und lächelte, vielleicht gabs in der engsten Umgebung des Regenten nur wenige Männer, die ihm so nah gestanden sind, Gesicht gegen Gesicht, und ich tat einen tiefen Schnaufer und fing beherzt an: »Vater Bayerns« – aber weiter kam ich nicht – stecken geblieben! denkt der Leser, aber er irrt sich: Der Prinzregent hielt zwei Dackel auf dem Schoß, ich hatte kaum den

Mund aufgemacht, als sie schon mit wütendem Kläffen auf mich losfuhren, sie würgten sich aus den Händen des alten Herrn, sie wutzelten sich aus der Decke, sie krallten sich an den Wagenschlag, wanden sich, vor- und übereinander, mit Schnauze und Pfoten heraus und bellten, immer noch beim Läuten aller Glocken, aber beim jähen Verstummen des Lobsprechers, bedrohlich die Zähne fletschend, auf eine Handbreite Entfernung in mein Gesicht, das vermutlich nicht gerade das festlichste war.

Der Regent und sein Begleiter wurden mit Mühe der Hunde habhaft, stopften sie in die Decke, das Gebell erklang nur noch erstickt, und der Greis ermunterte mich mit einem freundlichen Blick, wieder anzufangen. Diesmal kam ich bis »edler Fürst«, da hatten sich die Dackel frei gestrampelt und hingen, mit wütendem Geschimpfe, über den Wagenschlag heraus; und meine tapfer gesprochenen Worte gingen unter im Hundegebell und in den begütigend-drohenden Zurufen des edlen Fürsten, der von mir bewillkommt werden sollte.

Beim dritten Versuch, wo ich gedachte, mit aller Kraft das Hundegebell zu überschreien, gebärdeten sich die Tiere wie rasend. Der geistesgegenwärtige Musiklehrer sah, wie aussichtslos die Lage war, er hob die Hand und alle stimmten das: »Gott mit dir, du Land der Bayern!« an, der Regent winkte und dankte für den Empfang, die Hunde knurrten nur noch leise.

Ob Seine königliche Hoheit dann noch im Chinesenzimmer des Klosters mit dem Abt eine Tasse Kaffee getrunken hat, vermöchte ich nach fünfzig Jahren nicht mehr zu sagen, und der einzige, der mir noch draufhelfen könnte, der Herr Bischof von Passau, Pater Simon Landersdorfer, weiß es wohl auch nicht mehr. Jedenfalls, ein paar Wochen später hat er mir, als mein damaliger Klaßlehrer, ein blaues Schächtelchen überreicht, in dem, auf Samt gebettet, die silberne Prinzregentenmedaille lag – fast ein Orden. Kann sein, das Andenken, um das ich nicht wenig beneidet wurde, liegt heute noch in einer Schublade; wahrscheinlich aber ists mit allem, was ich besaß, am Ende des zweiten Krieges dahingegangen und zu einer großen silbernen Träne zerschmolzen, einer der Tränen, die wir der Kindheit nachweinen und den unwiederbringlichen Zeiten.

Unverhoffte Antwort

In einem Tiroler Dorf wurde, vor vielen Jahren, die Passion des Herrn aufgeführt. »Na, Zenzi«, fragte mein Vater die Kellnerin, »schaust du dir das Spiel nicht an?« »Naa«, gab sie grinsend zur Antwort, »ich kenn an Christus z' guet, ich müßt z'viel lachn!«

Die Stimme

Die »Regensburger Domspatzen«, um nur einen der berühmten Knabenchöre zu nennen, rühren durch ihren klaren Gesang die Menschen der ganzen Welt – mich aber besonders, in der Erinnerung, daß auch ich als Bub eine solche Stimme hatte, eine Lerchenstimme, kraftvoll und keusch, leicht und doch metallen, in allen Höhen jubelnd, einzig zum Ruhme Gottes, in der Klosterschule, wo ich eigens in den Kartagen zurückgehalten wurde, die liturgischen Weisen zu singen, während meine Kameraden schon in den Ferien weilten.
An Ruhm und öffentliches Auftreten dachte niemand damals, geschweige denn an Rundreisen und klingenden Lohn. Nur, der beste Sänger zu sein, erfüllte mich mit Stolz. Eines Tages freilich kam ein neuer Schüler,

dem der Ruf vorausging, er sänge wie eine Nachtigall. Und so sang er wirklich, süßer als ich, aber es war keine Knabenstimme, eine Weiberstimme war es, und weibisch, in seinem ganzen Gehabe, war auch der kleine Sänger. Ein paar Jahre lang war ein eifersüchtiger Wettstreit zwischen uns beiden, so manchen Hörer betörte der weichere Schmelz, und die Frage, ob es die Nachtigall sei oder die Lerche, blieb unentschieden. Ich kam von der Klosterschule fort, der Stimmbruch stellte sich ein, und es fehlte der Rat eines Kenners, für eine Weile das Singen sein zu lassen. Ein gewaltiger Bariton, wenns nicht gar ein Heldentenor war, begann durchzubrechen – und ich schonte ihn nicht: ein Dutzend und mehr Mitschüler sang ich nieder, wenn wir an Kneipabenden zeigen wollten, was wir schon für Männer wären.
Es dauerte nicht lange, da hatte ich versungen und vertan. Eine Weile trauerte ich dem kühnen Traum nach, wie schön es gewesen wäre, als Lohengrin auf den Brettern zu stehen und ein königlich bayerischer Kammersänger zu werden, von heute aus müßte es heißen, geworden zu sein. Aber wer weiß, obs ganz gereicht hätte, und nirgends sind die halben Talente mehr des Teufels als in der Kunst. So krächze ich denn wie ein Rabe und bins zufrieden – auch die Zeiten, wo mir meine eignen Kinder verboten, die Weihnachtslieder mitzusingen, sind vorübergegangen. Die Lerche steigt nur noch in die Lüfte einer ganz fernen Erinnerung – und auch von der Nachtigall habe ich nie wieder was gehört.

Die Braut

Auf einer Radfahrt, noch vor dem ersten Krieg, kamen wir in einem Dorf so um Tegernsee herum mitten in eine große bäuerliche Hochzeit hinein. Das Wirtshaus quoll über von Männern und Frauen, Burschen und Mädeln. Wir setzten uns auf eine abseitige Bank, und der Doktor Billinger fragte leutselig ein altes Weiberl, das dort hockte, wer denn die Braut sei. »Die Braut, ja mei, die Braut waar i!« Und ehe der Doktor, fassungslos, zu einer Gegenfrage ausholen konnte, kuschelte sich die alte Frau zutraulich und verschmitzt nahe an sein Ohr und wisperte: »Wissen S', i hab a Häuserl!«

Bairische Geschichte

Im Herbst sollte der Prinzregent zur Jagd auf das Wimbachschlößl kommen, das abgelegne Haus wurde für den hohen Gast gerüstet – aber der kam nicht. Da stand nun den ganzen Winter über ein Tragl – andernorts würde man sagen: ein Kasten – Bier im Keller. Als wir im Frühsommer hinter kamen, saß der Forstgehilfe da, mit schmerzverzerrtem Gesicht; viele leere Flaschen standen herum, aber längst noch waren nicht alle vollen ausgetrunken. Meine Mutter fragte teilnahmsvoll, wo es denn fehle. Das Bier sei so viel sauer, erklärte er. Dann dürfe ers ja nicht trinken, meinte meine Mutter, da könne er scheußlich Bauchweh davon bekommen. »Hab i scho!« ächzte er und knallte die nächste Flasche auf; »aber umkemma kann i's do aa net lassen!«

Die Schweinsblasen

Der Metzger Windschiegl ist ein gestandener Mann, ich habe ihn freilich nur im Vorbeigehen in seinem Not-Laden hantieren sehen, den er sich an Stelle des zerstörten Hauses in der Augustenstraße errichtet hat. Er

wird auch schon Mitte der Fünfziger sein, er schaut jetzt genauso aus wie sein Vater damals, als wir Nachbarsbuben waren, ausgeschaut hat: aufgeschwemmt, naßäugig, mit einem blonden Wischer von Schnurrbart ...
Natürlich hat es mich gelockt, hineinzugehen und dem alten Kindheitsgefährten Grüß Gott zu sagen. Aber ich weiß, daß außer einem hilflosen Lächeln und ein paar verlegenen Redensarten nichts herauskommt; allerdings, an die Geschichte mit der Schweinsblasen hätte er sich bestimmt noch erinnert.
Ein richtiger Münchner meines Jahrgangs weiß selbstverständlich, was eine Schweinsblase oder »Bladern« ist; er kann sich auch das Karnevalstreiben um die Jahrhundertwende mühelos ins Gedächtnis zurückrufen, das so ganz anders war als die Umzüge von heute mitsamt dem Prinzenhofstaat, den wir den Kölnern abgeschaut haben. Nur der Bubenfasching ist noch ungefähr derselbe geblieben, mit seinen Wildwestlern und Indianern, die rudelweise in den Straßen auftauchen und manchmal, ein bißchen unbeholfen und verfroren, lustiger sein möchten, als sie sind.
Vor dem ersten Weltkrieg war die Maximilianstraße der Mittelpunkt eines Korsos, in dem reiche Mitbürger in geschmückten Zweispännern fuhren, wohlverproviantiert mit Krapfen und Süßigkeiten, die sie unters Volk warfen, mehr noch freilich mit Konfetti und Luftschlangen, mit denen sie stürmische Schlachten ausfochten. Noch gewaltiger waren die Vorräte der Zuschauer, die aus allen offenen Fenstern quollen, unter denen immer Kinder und Erwachsene drängelten und hüften, um die an einem Schnürchen tanzende Orange oder Wurst zu ergattern. Pierrots und Pierretten, aus der besten Gesellschaft, zogen in weißen Wolken durch die Straßen, die Radfahrervereine hatten ihre berühmten

Artisten gestellt, die in drolligen Verkleidungen die Freitreppen des Hoftheaters auf und nieder fuhren. Das glänzendste Schauspiel aber boten die Offiziere, die auf edlen Pferden heransprengten, als Buren, Hereros, Indianer jeweils echt bis in die Sattelknöpfe und durch ihre noble, fröhliche und oft tollkühne Ritterlichkeit den Ton angebend, den dann auch der sogenannte kleine Mann gerne aufnahm, indem er darüber wachte, daß sich nirgends Unfläterei und Pöbelhaftigkeit einschlich; zu lautem Jubel und ausgelassenem Lärmen neigen die Münchner ohnehin nicht, »stadlustig« waren sie auch damals schon, bis dann alles mehr und mehr, nach dem Kriege, müder wurde und zugleich angestrengter, während aus den Untergründen der wachsenden Großstadt jene Kräfte aufstiegen, die die heitere Harmlosigkeit des Münchner Faschings zerstörten.

Aber nun bin ich endlich die Auskunft über die Schweinsblasen den ungeduldigen Lesern schuldig; soweit sie nicht Altbayern sind, wissen sie ja gar nicht, was diese Schweinsblase mit dem Fasching zu tun hat. Je nun, sie war ein schier unentbehrlicher Begleiter des Straßenstreuners: mit Luft aufgeblasen, zugebunden, mit einem Schnürchen an einem ellenlangen Stock befestigt, war sie ein ebenso harmloser wie wirkungsvoller Schläger, einer Fliegenklatsche vergleichbar. Sie tat – im Gegensatz zu den oft rohen Pritschen aus Holz oder Pappe – nicht weh, machte dafür einen gehörigen Spektakel, und über den Vorwurf, daß sie unappetitlich sei, hätte vor vierzig, fünfzig Jahren noch jedermann gelacht.

Eine Schweinsblase war also die Sehnsucht aller Buben, und als Toni Windschiegl, der Mitschüler, der Metzgerssohn, meinem Bruder und mir eine zu verschaffen antrug, waren wir begeistert und dankbar.

Am Faschingssamstag, beim Mittagessen, herrschte, wir wußten nicht warum, Gewitterluft. Der kleinste Ver-

stoß wurde mit finsteren Andeutungen quittiert; an unserer Stelle, sagte die Mutter, würde sie sich nicht so viel Kraut herausnehmen – was nur bildlich gemeint sein konnte, denn es gab kein Kraut; und der Vater sprach in verdächtiger Geschmerztheit von den großspurigen Herren Söhnen, die wohl nicht wüßten, wie schwer das Geld zu verdienen sei. Wir Brüder schauten einander fragend an, wir fühlten uns wirklich ganz unschuldig.
Wenn wir wieder, rief der Vater jetzt streng und das Geheimnis halb lüftend, uns solche Eigenmächtigkeiten erlauben und mir nichts, dir nichts weiß Gott was für Bestellungen machen wollten, so möchten wir gefälligst dergleichen von unserm Taschengeld – wieso? dachten wir, denn wir hatten keins – bezahlen, statt es auf Barons- und Grafenart ins Haus schicken zu lassen.
Wirklich, langsam erst begriffen wirs, es handelte sich um die zwei Schweinsblasen. Wir hatten gedacht, wir bekämen sie geschenkt, als Schulkameraden, als Söhne und Enkel alter Kundschaft; oder, wenn schon nicht umsonst, so zum Kurswert von Bubengeschäften, Briefmarken, Knallerbsen oder Minzenkugeln. Statt dessen hatte der geschäftstüchtige Sohn seinem Vater einen Auftrag vermittelt, und der Metzgermeister Windschiegl hatte pünktlich die bestellte Ware dem Schriftsteller Roth durch den Gesellen ins Haus geliefert. Die Magd aber, die allein daheim gewesen war, hatte guten Glaubens die beiden Schweinsblasen in Empfang genommen und damit vorerst die Schuld von einer baren Mark anerkannt.
Uns jedoch wurde gerade unsre Unschuld zum Verhängnis; denn unsere Mutter hatte nicht sobald gemerkt, daß man von dem Geschäft noch zurücktreten könnte, als sie uns auch schon unerbittlich den Canossagang antreten hieß: wir sollten dem Metzger die

Schweinsblasen wieder hintragen. Sogar der Vater wollte uns offensichtlich beispringen, aber auf eine Auseinandersetzung mit der erbosten Frau ließ ers doch nicht ankommen und zog sich mit einem matten Geplänkel unverbindlicher Redensarten zurück.

Wir machten uns beklommen und maulend auf den Weg, standen unschlüssig im Treppenhaus herum, zuletzt läuteten wir bei der Großmutter im Erdgeschoß und erzählten ihr die ganze Geschichte.

Sie nahm die zwei Schweinsblasen, ging zum Metzger Windschiegl hinüber, nach einer Weile kam sie wieder, zornrot, mit den Schweinsblasen; wir könnten sie behalten, sagte sie, die Sache sei in Ordnung.

Was sie mit dem Metzger ausgehandelt hat, haben wir nicht erfahren. Sie hat nur böse gelacht, das wäre das letzte Markl gewesen, das der ausgeschämte Kerl an uns verdient hätte. Uns aber haben die Schweinsblasen keinen rechten Spaß mehr gemacht, dem Toni sind wir aus dem Weg gegangen und er uns auch; das Fleisch ist von dem Tag an beim Holzbauer gekauft worden, zehn Häuser weiter. Der Großvater und der Metzgermeister, die einander über die Straße in die Läden schauen konnten, haben sich mit grimmigen Blicken gemessen, zehn Jahre lang und länger – und alles um zwei Schweinsblasen ...

Die Leberknödel

Ein Vetter meiner Großeltern von der Mutter her, ein Altbaier, für den in Augsburg schon das feindliche Ausland begann, wurde von Amts wegen nach Berlin versetzt, nicht für ewige Zeiten, nein – aber schon das Jahr, das ihm dort oben unter lauter Preußen bevorstand, glaubte er nicht überleben zu können, und er

schämte sich der Tränen nicht, die ihm in den Vollbart rollten.
Die Hinterbliebenen trösteten ihn, so gut sie's konnten, und gelobten, ihm auf jede nur mögliche Weise sein schweres Los zu erleichtern. Tatsächlich fehlte nicht viel, und mein Großvater hätte sich aus lauter Rührung hinreißen lassen, ihm eine Postkarte zu schreiben.
Die Großmutter aber tat an dem Unglücklichen ein wirkliches Liebeswerk: Jede Woche schickte sie ihm in einem Eilpaket ein halbes Dutzend Leberknödel, seine Leibspeise. Eines Tages, im Sommer obendrein, verzögerte sich die Sendung, die Knödel waren nicht mehr ganz frisch, aber der Verbannte aß sie trotzdem. Er starb daran. »Wenn mans genau nimmt«, sagte mein erschütterter Großvater, »ist der arme Kerl an Heimweh zugrund gegangen ...«

Gute alte Zeiten...

Es ist schon fünfzig Jahre her, da bekam ich, ein Pennäler in den besten Flegeljahren, von meinen Eltern den Auftrag, einen wertvollen alten Zinnkrug zum Ausbessern zu tragen.
Der wackere Münchner Handwerksmann und Kleingewerbetreibende empfing mich mit jenem hierzulande nicht seltenen mürrischen Augenaufschlag, der ungefähr besagten will: »Ja, muß jetzt der Depp ausgerechnet zu mir kommen, als ob's in der ganzen Stadt keinen andern Zinngießer gäbe!«
Er besah sich den zögernd hingereichten Krug, lange, ohne ein Wort zu sagen. Ich ließ derweil meine Augen durch den finsteren Raum gehen und entdeckte eine Aufschrift in Riesenlettern: »Reparaturen, wo in sechs Wochen nicht abgeholt werden, wird nicht gehaftet!«

Der Meister fing nun tiefsinnig zu grunzen an, es wäre eine saubere Arbeit, und solche Stückln würden jetzt nicht mehr gemacht. Und heutzutage sei die ganze Zinngießerei eine ... worauf ich mich, längere Aufklärungen scheuend, zurückzog.
Die Jahre fliehen pfeilgeschwind. Vom Mädchen reißt sich stolz der Knabe, hat weiß Gott was im Kopf, und so ist es begreiflich, daß auch ich den Zinnkrug völlig vergaß. Aus den Augen, aus dem Sinn – bis eine notwendig gewordene Lötung unserer Suppenschüssel den ganzen zinnernen Komplex unheilvoll an die Oberfläche meines Bewußtseins zerrte.
Schlotternd vor Angst, machte ich mich auf die Suche nach dem Meister. Er konnte ausgezogen oder gestorben sein, ich wußte nur mehr undeutlich, wo er wohnte. Aber siehe da, noch prangte an derselben Stelle die verschmutzte Inschrift: »Alois Hirneis, Zinngießerei«. Und da saß auch der Meister, nur ein wenig gealtert, mürrisch wie einst, auf seinem Platz. Ich stürzte hinein, stotterte, ob er mich noch kenne, ob er sich erinnere, es sei zwar schon lange her ... Er unterbrach meine aufgeregte Rede mit den sachlichen Worten: »Ja, ja, Sie möchten Eahna Zinnkrügl, wo S' mir neulich bracht ham. Da drob'n steht's no!« Ich stieß einen Seufzer der Erleichterung aus, den der gute Mann jedoch offenbar mißdeutete. Denn mit jäher Zornröte im Gesicht sprang er auf und bellte mich an: »Ja, meinen Sie, wegen Eahna kann i mi dastürz'n? I bin no net dazukemma! Na trag'n S' halt Ihr Glump zu wem andern, wenn's Eahna gar so pressiert!« Und holte den Krug herunter, stellte ihn vor mich hin und wandte sich, ohne mich eines weiteren Wortes zu würdigen, seiner Arbeit zu. Meine entgeisterten Blicke hingen aber noch lange an der Inschrift: »Reparaturen, wo in sechs Wochen nicht abgeholt werden ...«

Der Lotterie-Weinkeller

Was mein Vater auch für Tugenden und Schwächen gehabt haben mochte – jedenfalls, vom Wein hat er nichts verstanden. Nicht, daß er als ein Altbayer Biertrinker gewesen wäre; sparsam war er vor allem, und die Leichtigkeit, mit der wir Söhne später, viel später, Flaschen entkorken lernten, war den Münchnern vor dem ersten Weltkrieg fremd.
Ist es nun wirklich so schändlich, vom Wein nichts zu verstehen und keinen im Keller zu haben? Nein, es ist so wenig eine Schande wie Armut, aber weh tut es doch; und es hat keinen Sinn, die andern, die Gesunden, die frohen Zecher, mit dem verächtlichen Wort »Saufbrüder« abzutun. Wer nichts verträgt, wer nicht mittun darf, der ist ausgeschlossen, in mehr als in einer Hinsicht, denn der Stammtisch ist nun einmal die letzte Hochburg der Männer, und auch die wirklich guten Geschäfte werden bei der Flasche gemacht, nicht bei der ersten natürlich. Entrüstet Euch nicht, ihr Nichttrinker, es ist so; und wer aus unseliger Leibesbeschaffenheit sauer werden muß, wenn die andern süß zu werden anfangen und schwer vom Wein, der weiß es, daß ihm ein Paradies versperrt ist; schlecht kann es ihm werden, aber Spitz wird er nie einen kriegen – von einem richtigen Rausch brauchen wir gar nicht reden.
Freilich haben wir manch Kerngesunden in ein frühes Grab sinken sehen, weil er gern getrunken oder, deutlicher gesagt, maßlos gesoffen hat; und mein Vater ist trotz seines schweren Magenleidens, nach zwei Operationen, noch rüstig wie ein Junger fünfundachtzig Jahre alt geworden. Aber stichhaltig ist das auch nicht.
Daß wir übrigens keinen Wein im Keller gehabt hätten, ist natürlich übertrieben. Wir besaßen sogar einen fast mannshohen eisernen Weinkäfig, als Gelegenheits-

kauf billig erworben. Er rostete im finstersten und feuchtesten Winkel seiner Auflösung entgegen. Und nun kommen wir auch der Erklärung seines Namens »Lotterie-Weinkeller« näher. In seinem zerblätternden Gestänge berührten sich die Extreme. Mein Vater selbst besaß nur geringe Sorten, wie sie der Zufall zusammenbrachte. Sie ruhten neben Apfelsekt und Selterswasser, um vielleicht einmal im Fasching oder im Sommer zu einer jener billigen und »ganz leichten« Bowlen gemischt zu werden, die einen übermütigen Gast zu der Bemerkung verlocken konnten: »Durst hätte ich jetzt eigentlich keinen mehr, es wäre Zeit, etwas zu trinken!«
Daneben aber lagerten die edelsten Weine, Ehrengeschenke, mit denen die Stadt oder das Deutsche Museum unsere Festspiele und Vorsprüche abgalt. Infolge der Kellerfeuchtigkeit lösten sich jedoch bald die Zettel von den Flaschen, Stanniolhülsen aber trugen damals auch die minderen Sorten, und nach Jahr und Tag ruhten Moselblümchen und Gimmeldinger ununterscheidbar neben Johannisberger und Deidesheimer Kirchenstück. Von nun an war es Glückssache, ob wir den geeigneten Tropfen herausfanden. Wir feierten die höchsten Familienfeste bei schlichten Tischweinen, setzten erlesenen Gästen schieren Essig vor, kochten unser Blaukraut mit Rauentaler und merkten erst am überschwenglichen Dank des Hausmeisters, daß wir ihm eine Trockenbeerenauslese zum Geburtstag verehrt hatten.
In einer Zeit, in der Schwedenpunsch und Asti spumante die höchsten alkoholischen Genüsse der besseren Münchner waren, empfanden freilich meine Eltern die ganze Abgründigkeit solchen Frevels nicht. Und wir Buben, daß ichs nur gestehe, achteten weit früher auf die Zigarrenkisten unseres Vaters als auf seine Weinflaschen. Viele Jahre später ist dann mein Vater noch

einmal das Opfer seiner völligen Ahnungslosigkeit geworden. Kollege Kunkel hat ihn hereingelegt. Er war ein gewaltiger Trinker, ein Perpetuum mobile gewissermaßen, denn wenn er vor der vierten Flasche saß, hatte er die zwei ersten schon vergessen; der Wein vermochte ihn sozusagen nicht einzuholen. Der nun rühmte sich so gewaltig, der Knabe an der Quelle zu sein, daß er schließlich meinen Vater zu einer größeren Bestellung bewog, der ersten und letzten seines langen Lebens. Arglistig fragte er ihn, ob er auch, für besondere Feste, ein paar Spitzenweine mitschicken lassen dürfte, ein Dutzend Flaschen vielleicht; und mein Vater war gern damit einverstanden – was konnte da schon viel geschehen?

So kamen unverhofft noch ein paar Haupttreffer in unsern Lotterieweinkeller, es war guter Wein, wie wir nach weiteren zehn Jahren feststellten, bei der Goldenen Hochzeit der Eltern, tafelnd unter Luftalarm und Bombenwurf des zweiten Krieges. Damals freilich, als mein Vater die Rechnung bekam, neben den wohlfeilen Pfälzern zu anderthalb Mark noch zwölf Flaschen zwischen zwanzig und dreißig, freute er sich nicht, denn er war ja nicht der Mann, um das herauszutrinken, wie die Fachleute sagen. Ein Kenner, der sich den Himmel auf die Erde zwingt mit jedem Glas, ja mit jedem Tropfen, der trinkts heraus, mehr noch, wenn er sichs nur leisten kann, das Zahlen oder das Schuldigbleiben, denn Spitzenweine gibts, wir erzähltens unserm Vater zum Trost, zu sagenhaften Preisen, fünfzig Mark ist noch lange nicht das teuerste.

Immerhin waren diese zwölf Flaschen die ersten, die, soweit möglich, dem Lotteriebetrieb entzogen wurden. Mit klug ausgedachten Warnsignalen ausgerüstet, wurden sie in die entlegenste Ecke des eisernen Käfigs gesteckt; und wenn der eine oder andre von uns auf den dreisten Gedanken kam, bei ganz großen Anlässen vorzuschlagen, eine zu trinken, wurde er im Familienrat glatt überstimmt. Bis wir Kinder dann, eben bei jener Goldenen Hochzeit, kurzerhand den ganzen Weinschrank ausräumten, ahnend, daß nicht nur die beste, sondern auch die letzte Gelegenheit gekommen sei. Ein halbes Jahr später lag alles in Trümmern.

Die Freundin des Malers

Im zweiten Stock des Hauses in der Karlstraße uns gegenüber, das einem biederen Schlossermeister gehörte, wohnte eine Person, die uns »Buben« – in Wirklichkeit waren wir längst junge Männer geworden – immer wieder in Aufregung versetzte: die rastlos durch die Zimmer wandernde, halbirre Geliebte eines berühmten Münchner Malers, eines Freiherrn, dessen vornehme Erscheinung in einem unbegreiflichen Gegensatz zu der verfallenen, ja, unter dicken fahlen Puderschichten sich geradezu schon auflösenden Frau stand.
Olga hieß sie, mehr wußten wir nicht; aus Wiesbaden stammte sie, aus gutem Hause, hieß es; später sei sie eine große Kokotte gewesen, der Freiherr habe sie nach München gebracht. Seit dreißig Jahren lebte sie allein mit einer Magd in der weitläufigen Wohnung. Der beispiellose Liebhaber jedoch besuchte sie nach wie vor beinahe täglich, auch als sie dem Bild, das er oft und oft von ihr gemalt und gezeichnet hatte, in keiner Weise mehr entsprach.
Meist blieb der Freiherr, ehe er in die Wohnung hinaufging, schräg vor dem Hause stehen, damit die aufgeregte Frau ihn erblicken konnte und auf sein Kommen vorbereitet war; oder auch nach dem Besuch stand er noch ein Weilchen auf der Straße, der große, hagere,

vornehm und nachlässig zugleich gekleidete graue Herr, schwang den weichen Künstlerhut ritterlich in der behandschuhten Hand, spähte durch den an einem schwarzen Band gesicherten Hornzwicker empor, und sogar uns halbwüchsigen Tölpeln kam das Ergreifende zum Bewußtsein, wie da dieses noble, schmale bärtige Greisengesicht unten und der riesige, von Locken umwallte mehlweiße Kopf der Frau sich in halbverloschenen Liebesblicken begegneten, in unverwelkter Treue den Glanz einer Jugend sehend, den außer den beiden niemand mehr sah auf der weiten Welt und den niemand mehr sehen wollte.

Nein, etwas ganz anderes erhofften sich die Nachbarn zu gewinnen, die da, halb hinter Gardinen versteckt, hinüberlugten, oder die Vorübergehenden gar, die stehen blieben auf offener Straße: daß die wunderliche Alte das Fenster aufmache und verliebte, aufgeregte Worte herunterrufe, wie ein Papagei mit Flügeln schlagend in ihrem lose wallenden Schlafrock, und daß der närrische Baron dann, zurückrufend, sie beruhigte und zurechtweise, zärtlich und bekümmert, nicht eher vom Platze weichend, als bis droben die Frau lächelte und das Fenster schloß.

Manchmal und später leider immer häufiger, kam es freilich zu peinlichen Szenen, von deren Ausmaßen der Freiherr wohl nie erfuhr, denn sie ereigneten sich nur, wenn die Frau allein war und ohne Hilfe finsteren Gewalten ausgeliefert.

Vor Gewittern besonders oder unter dem Druck des Föhns, jedenfalls, wenn Luft und Licht auch dem Gesunden nicht ganz geheuer schienen, wurde das Schattenwesen da drüben aufgeregt, die Gestalt wuchs zu einer dämonischen Größe an, sie begann zu wogen, von Fenster zu Fenster gleitend und in bleicher Trauer durch die Scheiben starrend. Und dann riß sie einen

Flügel auf, oder beide – und nun entsprudelten ihrem Munde wüste Selbstgespräche, zu irrem Stammeln verebbend und wieder auflodernd in Qual und Angst. In Anklagen schrie sie sich aus, in Zoten verkicherte sie sich, in hoheitsvoller Gekränktheit stellte sie sich dar. Sie hielt, des wirren grauen Haars und der unbedeckten Brust nicht achtend, mit einem nicht unedlen, aber ins Närrische gesteigerten Spiel der Mienen und Hände große Reden an ein Volk, das sie allein sehen mochte auf leerer Straße.
Die Zustände in Sachsen, rief sie etwa, seien unhaltbar, da müsse man eingreifen ... Und ihr nackter Arm fuhr gebieterisch aus dem Nachtgewande. Eine Weile murmelte sie unverständliches Zeug. Dann schrie sie laut, der Schlossermeister bringe sie noch ums Leben, er habe sie eingesperrt, man möge doch die Polizei verständigen. Und kläglich bettelte sie um Hilfe.
Natürlich nahm weder der Schlosser noch die übrige Nachbarschaft dergleichen ernst; und kam ein Fremder des Wegs, zögernd stehen bleibend, wurde er diensteifrig aus dem nächsten Fenster oder Hausgang darüber belehrt, daß bei der tollen Person da oben eine Schraube locker sei, und kopfschüttelnd ging er weiter – es sei denn, das puderblasse, schwappende Ungeheuer begann mit neuen, schrilleren Tönen einen neuen Auswurf seines zerstörten Gemütes: und ich muß mit Scham bekennen, daß das die Flötenläufe waren, auf die auch wir insgeheim gelauert hatten. In einer unendlichen Melodie gab sie sich selbst und ihre Vergangenheit preis, in schlüpfriger Krötenlust ergoß sie sich noch einmal über ihre verjährten Liebschaften, und es mußte ihr zugestanden werden, daß sie einen schaudernden Reichtum an verschollenen Abenteuern und schlimmen Redensarten auszubreiten wußte. Zwischendurch gab sie sich mit einer fremden Kakadustimme selber Antwort

auf äußerst unfeine Zumutungen, die sie neuerdings an sich gestellt wähnte, und sie rief mit Entrüstung das Urteil aller Welt an, ob sie sich, als eine anständige Frau, dergleichen bieten lassen müsse.
Nach solchen Ausschweifungen versickerte sie in ein undeutliches Gebrodel, oder sie stand, wie ausgelöscht, stumm und schlaff da, als übersähe sie die leere Bühne ihres Lebens, Triumph und Verfall – und wir unerfahrenen jungen Burschen, die wir mit Lust und Grausen solche Geheimnisse hatten ausplaudern hören, wähnten wohl, so sei das Leben und manches Schaudervolle dieser Art müßten wir noch erleben, wenn wir erst die Frauen kennengelernt haben würden – wir kannten sie noch nicht.
Das Leben ist aber dann – so schrecklich auch sonst die fünfzig Jahre waren, die wir seitdem hinter uns gebracht haben – doch stiller und reinlicher an uns vorübergegangen, nie hat es uns in Wirklichkeit jenen schamlos schillernden Abgrund gezeigt, den es uns damals hatte ahnen lassen.
Der Krieg brach aus, der Umsturz kam, durch die Karlstraße gellten die Schüsse, die Inflation wuchs und wuchs, wir lebten in einem Taumel jugendlichen Aufbruchs und begehrten vermessen eines neuen Himmels und einer neuen Erde. Die verrückte Greisin gegenüber kümmerte uns nichts mehr, nur wenn sies gar zu toll trieb, deuteten wir, zwischen Spott und Mitleid, flüchtig hinüber und sagten: Aber heute redet sie wieder wild – ohne daß wir auf das, was sie herunterpredigte und schimpfte, noch neugierig gewesen wären.
Einmal machte uns der Freiherr – er kannte meinen Vater – einen verlegen-höflichen Besuch. Er habe inzwischen erfahren müssen, sagte er, daß Frau Olga mitunter eine unerquickliche Nachbarin sei, er danke uns für unsere Geduld und bitte um weitere Nachsicht.

Hoffentlich sei es nichts Schlimmes, was die verwirrte Frau in ihrer Aufregung sich von der Seele rede. Wir beeilten uns, ihn lächelnd über die Harmlosigkeit des Geschwätzes zu beruhigen, das niemand ernst nehme.
Damals habe ich, beim nahen Anblick des berühmten Malers, des großartigen, greisen Edelmannes, noch einmal eine tiefe Scham empfunden, als ein unziemlicher Belauscher seines geheimen Lebens, wie es oft und oft mit heraufgequollen war in der trüben Flut, die dem Munde der alten Frau entsprudelte. Sie hatte ja, verworrnen Sinnes, auch seiner nicht geschont und seiner Leidenschaften, hatte wahllos alle Erinnerungen ihres Daseines preisgegeben, verjährte Wonnen nachgenießend und in unlösbare Verstrickungen greifend ...
Zum Glücke hat ja jede Menschenbrust, soweit sie selber noch rein ist, auch eine verwandelnde, reinigende Kraft. Und so gewann der Freiherr seinen vollen Rang zurück.
Ob er zuerst dann gestorben ist oder seine Freundin Olga, weiß ich nicht mehr. Jedenfalls verlor ich sie beide völlig aus dem Gedächtnis, und nur gelegentlich, wenn ich in alten Heften blättere, sehe ich eins seiner Gemälde abgebildet – der Ruhm des Malers ist rasch abgesunken, ob zu Recht oder Unrecht, sei dahingestellt. Aber ich sehe dann den hohen, hageren Kavalier mit dem Spitzbart und dem Künstlerhut wieder durch die Straßen streichen, und am Fenster, teiggrau und verschwommen hinterm Glas, taucht das Gesicht der irren Frau aus einsamer Dämmerung.

Sparsame Leute

Ich weiß nicht, ob es so eisern sparsame Leute auch heutzutage noch gibt wie den Obersekretär Iglhaut und seine Frau, die in unserer Nachbarschaft wohnten.
Wenn er die Zündhölzchen spaltete, wärmte er die Suppe über der Petroleumlampe auf, und wenn er ein Pfennigfuchser war, dann war sie eine »Büchselmadam« – eine geringschätzige Bezeichnung der Marktweiber für eine Hausfrau, die jeden Posten ihres Budgets am Monatsersten in ein eignes Schächtelchen tut.
Der Obersekretär lieferte pünktlich sein Gehalt ab und bekam sein Bier- und Tabakgeld von seiner Frau ausgehändigt. Wenn die dann an einem heißen Sommerabend das Gelüsten nach einem Schluck Bier ankam, sagte sie: »Laß mich einmal trinken, ich zahls dann schon!« Und die Tiefe des Trunks wurde von beiden abgeschätzt, und die Frau beglich umgehend ihre Schulden, zwei oder drei Pfennige.

*

An einem scheußlichen Novemberabend ist der alte Doktor Rusch weit draußen in der Vorstadt zu einer kranken Frau gerufen worden. Da muß ein Tränklein verschrieben werden und der Doktor empfiehlt, es bei einem Apotheker in der Stadtmitte holen zu lassen. Soll halt der Maxl mit der Straßenbahn hineinfahren. Und zwar gleich, denn es eilt.
In einer Stunde will der Doktor wieder vorbeischauen, er besucht inzwischen einen anderen Kranken in der Gegend. Wie er aber wiederkommt, ist der Maxl noch nicht von der Apotheke zurück. »Ja, mei«, sagt der Vater, »mir ham d' Großmuatta erscht aufweckn und oziahgn müassen, sie is scho im Bett g'legn.« Der

Doktor Rusch, so erfahren er auch ist, kann sich nicht vorstellen, was das mit der Großmutter zu tun haben soll. Aber er erfährts umgehend: »D' Großmuatta is blind, und da brauchen ma s' zum Trambahnfahrn, weil sie an Ausweis hat, daß s' a Begleitperson mitnehma derf.«

Später Dank

Wenn ich gegen Ende meines Lebens nach dem Tiefpunkt forsche, dann ists nicht der blutige Tag von Ypern, nicht die Nacht des vernichtenden Bombenangriffs, sondern die Stunde des Jahres 1913, in der ich, Schüler der achten Klasse des Münchner Wittelsbacher Gymnasiums, den soeben ausgeteilten Text der Mathematikschulaufgabe überflog und schaudernd begriff, daß ich gerichtet war. Ich war im Griechischen miserabel, im Lateinischen nicht gut und im Französischen nicht viel besser; aber da bestand noch Hoffnung. Diese vorletzte Prüfung in Algebra und in Geometrie war jedoch die Entscheidungsschlacht schlechthin; und sie mußte für verloren gelten, noch ehe sie begonnen hatte.

In Fremdsprachen mag einer herumstopseln und sich den verzweifelten Glauben bewahren, es doch noch leidlich getroffen zu haben; erst hinterher, wenn er zitternd seine Erkundigungen einzieht, dämmerts ihm, daß er oft und oft daneben geschossen hat. In der Mathematik aber steigt das lähmende Entsetzen unverhüllt empor wie der Geist aus der Flasche. Eine Wand steht da, abweisend, unersteigbar.

Und wenn der Mensch wirklich den verzweifelten Mut faßt, sie anzugehen – wie bald hat er sich verstiegen: die Zahlenreihen werden immer länger statt kürzer, unglaubwürdige Ungeheuer von Gleichungen winden sich aus der Tiefe empor, Wurzeln wirren sich zum Wahnsinn; und wenn der Erschöpfte, fiebernd rechnend, gerade glaubt, einen Weg aus dem Wirrsal gefunden zu haben, sieht er den gähnenden Abgrund unter sich, und er weiß nur eins: daß er zurückmuß, von vorne anfangen, während die kostbaren Minuten dahineilen, unwiederbringlich.

In solcher Verzweiflung war ich, als von meinem linken Vordermann Hilfe kam: wunderbar, wie rasch auf seinem Blatte die Zahlen einschmolzen zu herrlichen, Vertrauen erweckenden, immer schlanker werdenden Gebilden: errötend folgte ich ihren Spuren, ohne zu denken, wagte ich das Bedenkliche, ich schrieb ab, gewiß, aber ich schrieb, ich schrieb, bis auch auf meinem Papier die stolze Lösung stand: $x = 5$. Die Zeit war um, zwei Aufgaben waren in den Ansätzen steckengeblieben, aber die dritte war gelöst, zu einem »Genügend« konnte es reichen, das Jahr war gerettet, an diesem Jahr aber hing mein Leben; damals, 1913, war ich verzweifelt entschlossen, aus mehr Gründen als dem der Versetzung alles hinzuwerfen.

Der Tag, die Stunde kam, in der die Schulaufgabe herausgegeben wurde. Der Lehrer, als Stellvertreter des Rektors nach alter Sitte »Konschuß« genannt, betrat mit verschlossener Miene das Klaßzimmer. Er war ein knochentrockner, im Dienst ergrauter Mann ohne Herz und Humor, wie mir damals schien.

Unbewegt, mit seinem schnarrenden Baß, hub er zu reden an: es habe sich, sagte er, bei dieser Schulaufgabe eine Merkwürdigkeit ereignet, wie sie ihm in seiner ganzen Laufbahn noch nicht untergekommen sei. Zwei Schüler, der beste und der schlechteste, hätten die schwere Aufgabe einwandfrei gelöst, aber beide hätten zum Schluß sich in erstaunlicher Weise verrechnet: $a - b$, also $11 - 7$, sei nicht 5, sondern 4. Er sei jedoch erstens

kein Jurist, und zweitens wollte er auch als solcher niemanden nach Indizien zum Tode verurteilen. Bei der nächsten Schulaufgabe werde er aber den Roth in die letzte Bank setzen.
Ich bekam einen Dreier und war gerettet. Es war eine Tat echter Herzensgüte dieses alten Schulmanns. Friede seiner Asche!

Ein Unvergessener

Der alte Doktor Hirth, ein großer Münchner Verleger vor fünfzig, sechzig Jahren, war ein reicher Mann, er war, unterm schlohweißen Haar, auch ein Feuerkopf und, zur rechten Gelegenheit, ein rechtes Schreckenskind – er konnte sichs leisten.
Damals, vor dem ersten Krieg, gab es ungeheure Festessen; erlesene Weine wurden gereicht, und auf riesigen Platten lockten getrüffelte Pasteten, köstliche Salate und Sulzen, kunstvolle Speisentürme, deren Zinnen von prachtvollen, leuchtend roten Hummern bekränzt waren. Die Gäste machten sich tapfer über alles her, untergruben die Bollwerke aus Fisch und Geflügel, räumten die Vorfelder der Austern und Kiebitzeier, aber den Mut, den schweren Panzertieren auf den Leib zu rükken, hatten sie doch nicht. Wie sollten sie, zwischen Porzellan und Gläser gezwängt, von hübschen und empfindsamen Nachbarinnen flankiert, waffenlos den Kampf mit den Ungeheuern wagen?
Die Kellner, so untadelig sie in ihren schwarzen Fräkken hin und herschwirrten, so unterwürfig sie jedem Wink der Gäste gehorchten, in diesem Punkt stellten sie sich blind und taub; sie übersahen den Mangel an Brechwerkzeugen, sie überhörten jeden Wunsch danach. Denn sie hatten längst ausgemacht, die unversehrten

Krustentiere andern Tags wieder zu verkaufen. Sie hatten aber ihre Rechnung ohne den Hirth gemacht. Denn beim Abschied brach sich der fröhliche Greis mit dem gewinnendsten Lächeln von den ihm erreichbaren Hummern die Scheren ab und verteilte sie mit der Versicherung, sie schmeckten auch zum Frühstück ausgezeichnet, an seine Tischnachbarinnen.

*

Bei einem dieser Festessen hatte Doktor Georg Hirth eine Tischdame, die ihm in ermüdender Ausführlichkeit erzählte, wie ihr Vater schon vor Jahren elendiglich zugrunde gegangen und wie ihre Mutter erst jüngst auf traurige Weise gestorben sei. Hirth hörte ihr scheinbar geduldig zu, nicht abweisend, aber, wie sich zeigen sollte, völlig abwesend; denn als man endlich aufstand, verabschiedete er sich mit der herzlichen Frage: Ihren werten Eltern gehts aber gut?

*

Eine leere Sektflasche wird den meisten Leuten ziemlich wertlos scheinen – den Kellnern des Deutschen Theaters tat sie einst unschätzbare Dienste.
Bei den großen Faschingsbällen, beim Pressefest etwa, wurde viel Sekt getrunken, sehr viel Sekt sogar; aber noch viel mehr Sekt wurde bezahlt. Denn die hurtigen Kellner schenkten, in den großen, gastfreien Logen besonders, ständig alle erreichbaren Kelche voll, am liebsten, wenn außer ein paar Schnorrern niemand anwesend war. Die bezahlten Flaschen, so war es damals ausgemacht, wurden unter den Tisch gestellt oder abgeräumt; was auf dem Tisch stand, galt als noch unverrechnet.

Als nun, während einer Française vielleicht, wieder einmal die Logen ziemlich leer standen, kamen die Kellner, flink und beflissen, wie immer, natürlich nur, um nachzusehen, ob alles in Ordnung sei. Niemand schaute ihnen auf die Finger, der abgekämpfte ältere Herr, der einsam vor sich hindöste, war bestimmt nicht zu fürchten – und so griff jeder Kellner im Vorbeigehen blitzschnell unter den Tisch und stellte eine leere Flasche neben den Eiskübel, bis eine stattliche Batterie beisammen war.

Der vermeintliche Schläfer jedoch – er hat es uns später einmal selber erzählt – packte, kaum daß die Herren Ober den Rücken gekehrt hatten, die Flaschen kurzerhand beim Kragen und stellte sie wieder unter den Tisch. Die Gäste strömten zurück, die Kellner eilten herbei, um wieder einmal abzurechnen – sie machten große Augen, wagten aber nicht, aufzubegehren, denn die Schlafmütze von vorhin zeigte plötzlich ein sehr waches Gesicht und ein Lächeln, das ihnen dringend empfahl, gute Miene zum bösen Spiel zu machen ...

*

Doktor Georg Hirth war auch wegen der offenen Hand geschätzt, die er für Künstler und Dichter hatte. Eines Tages, so erzählte der feurige Greis, ließ sich ein Maler bei ihm melden, der beim Eintritt ins Zimmer lange in stummer Ergriffenheit an der Tür verharrte und endlich in die begeisterten Worte ausbrach: »So stehe ich denn wirklich vor dem Manne, dem seit einem Menschenalter meine tiefste Verehrung gilt – was spreche ich von mir! –, dem ganz München, ja ganz Deutschland als einem geistigen Führer, als einem Mäzen verpflichtet ist! Auch ich bin ein Künstler, eine innere Stimme ruft mich nach Italien, ich will Rom sehen, und ich weiß, daß Sie, Hochedler, mir zu diesem Schritt die helfende Hand nicht verweigern werden!«

Der geschmeichelte Gönner hatte schon in seiner Brieftasche nach einem Hundertmarkschein geangelt, drehte sich aber noch vorher zu dem Besucher um und fragte, was der sich eigentlich von ihm erwarte. »Wenn ich Sie«, kam in schöner Inbrunst die Antwort, »um zwei Mark gebeten haben dürfte?«

Seitdem, so berichtete Doktor Hirth, habe er sich angewöhnt, sich nach den Wünschen seiner Bittsteller zu erkundigen, statt blindlings seiner Geberlaune zu folgen. Er habe dadurch viel Geld gespart, damals bare neunzig Mark. Der Maler, mit einem Goldstück entlassen, sei überglücklich gewesen ...

Ludwig Thoma

Einmal im Fasching stand meine Mutter mit Ludwig Thoma plaudernd auf der Galerie des Saales, als drunten sich der Vorhang zum Festspiel des Abends hob. Eine Weile hörten sie zu; als aber der Lärm immer größer und der Text immer unverständlicher wurde, sagte meine Mutter lachend zu Thoma: »Geh zu, den Schmarren brauch'n ma doch net anhör'n!« »Hast recht!« antwortete Thoma und wandte sich zum Gehen, ohne auch nur mit einem Wort anzudeuten, daß das Spiel von ihm verfaßt war.

*

Thoma bot seinen Bauernroman »Andreas Vöst« den Münchner Neuesten Nachrichtem zum Erstdruck an und verlangte zwölftausend Mark – im Urfrieden eine Summe, wie sie der Verlag noch nicht bezahlt hatte.

Direktor Helfreich tat denn auch, als er dem Dichter das Honorar aushändigte, einen tiefen Seufzer und sagte: »Herr Doktor, das ist viel Geld!« »War auch viel Arbeit«, knurrte Thoma und steckte ungerührt die Scheine ein.

Damals...

Selbst an dem sagenhaften Urfriedens-München gemessen, leistete sich unser Vater manch ungewöhnliches Stücklein. So waren wir eines Sonntags zu viert in die Straßenbahn eingestiegen, als mein Vater feststellen mußte, daß er sein »Portemonnaie« vergessen hatte – Brieftaschen mit größeren Scheinen trugen damals nur Kommerzienräte, Frauen oder gar Kinder hatten überhaupt keinen Pfennig bei sich.
Ohne viel Umschweife pumpte mein Vater den Schaffner an, und zwar, um für den ganzen Ausflug nicht mehr in Verlegenheit zu kommen, gleich um zehn Mark.
Zu den vielen Seligkeiten des alten Münchens gehörte eben auch die Vertrauensseligkeit.

ZWISCHEN DEN KRIEGEN

Milch

Während des ersten Weltkriegs durften wir uns jede Woche einmal einen Liter Milch in einer Wirtschaft im Tal holen. Der Herr Opernsänger Schratzenstaller hatte uns die kostbare Gabe vermittelt. Er war ein gescherter Oberländler in der Lederhose, mit einem speckigen, gamsbartgeschmückten Hütl, einem großartigen Hosenträger mit dem Bildnis des Märchenkönigs Ludwig und einem riesigen Hirschgeweih-Hackelstecken. Dick war er wie ein Faß, Schweinsäuglein hatte er und einen hingewichsten Schnurrbart, den er sich aber umgehend abnehmen lassen wollte, falls er eine Rolle bekäme.
Er hatte aber noch nie in einer Oper gesungen, ein »Krawattel-Tenor« war er, auf gut münchnerisch, er hoffte, die Feder meines Vaters als Sprungfeder zu seinem Ruhm gebrauchen zu können, und wir waren – zu unserer Schande sei es gesagt und durch unsere Not entschuldigt – so gewissenlos wie der finstere Ehrenmann, der ihn unentwegt ausbildete, solang seine Mittel reichten, vor allem die Lebensmittel, zu denen er geheime Zugänge zu haben schien. Wir nährten seine Hoffnung, und er nährte unsern Leib, er war stolz darauf, unsere Gönner zu sein.
Wenn das mit der Milchabholung betraute Familienmitglied – wer halt grade Zeit hatte – in der finstern Wirtschaft an das Küchenfenster klopfte, wurde recht geringschätzig in den Hintergrund gerufen: »Die Milch für den Schriftsteller!«
Im Hausgang dieses alten Gasthofs hielt sich ein Vogelhändler auf, mit vielen Kanarien, Sittichen und Finken, die fast alle drei herumflatterten. Dieser wunder-

liche Greis hätte brennend gern gewußt, was so ein Schriftstellereigeschäft sei, wie viel es im Tag abwerfe und ob es mehr zur Schriftsetzerei neige oder zur Vogelstellerei. Meine Mutter erklärte es ihm, so gut es ging, und vielleicht übertrieb sie auch ein bißchen, was da zu verdienen sei. Auf rätselhafte Weise stieg daraufhin der Milchpreis auf das doppelte – was aber reichlich dadurch ausgeglichen wurde, daß es jetzt hieß: »Die Milch für den *Herrn* Schriftsteller!«

Leider nahm das Wunder der weißen-schwarzen Milch ein jähes Ende, just, als wir seiner am meisten bedurft hätten. Wir schickten, allzusicher geworden, eines Tages unser sächsisches Hausmädchen hin, das in jeder Hinsicht landfremd und für einen solchen Auftrag ungerüstet war. Um sie ins Bild zu setzen, an wen sie sich wenden müsse, gab ihr meine Mutter eine äußerst unvorsichtige Beschreibung der Milchspenderin mit; und das Unglückswurm fragte denn auch unverzüglich nach der rothaarigen Köchin mit der Glatze.

Milch brachte unsere Botin keine mit nach Hause; auch die Gelegenheit, neunhundertneunundneunzig Worte Bairisch – vermutlich waren es bare tausend! – in einem Atemzug zu lernen, nahm sie nicht wahr. Der Herr Opernsänger entzog uns sein Wohlwollen, was ich ihm bei ruhiger Überlegung der Umstände nicht verübeln kann. Denn wer weiß, ob nicht durch solch schnöde Kränkung auch sein eignes markenfreies Voressen in ernste Gefahr gekommen war.

GEGLÜCKTE KUR

Im Jahre 1923 war tiefste Inflation – falls es jemand vergessen haben sollte; die Milliarden- und Billionenscheine wurden in Säcken herumgefahren, ohne alle

Vorsichtsmaßregeln, ergraute Bankräuber schauten kaum hin, und selbst der blutigste Anfänger wußte: so schnell konnte er gar nicht davonlaufen wie das Geld.

Damals täglich einkaufen zu müssen, war eine Qual für die Hausfrau; selbst wenn sie das soeben erst empfangene Geld so rasch wie möglich in Ware umsetzen wollte und in aller Frühe auf den Markt und in die Geschäfte eilte – ihre Milliardenscheine hatten nur noch Pfennigwert, und mit halbleerer Einkaufstasche, verzweifelt und oft genug weinend, kam sie zurück, ratlos, was sie mittags auf den Tisch setzen sollte. Dabei war es nicht so, wie's im Kriege gewesen war, wo man kaum auf seine Marken was bekam und wo man schon glücklich war, ein paar gefrorne Dotschen, nach einer Stunde Anstehens, noch ergattert zu haben – im Gegenteil, alle Marktstände, alle Auslagen waren voll der besten Dinge, und offenbar gab es Leute genug, die sich die feinsten Leckerbissen kauften. Aber wer kein Geld hatte – und der spät ausbezahlte Lohn für einen Monat ehrlicher Arbeit war eben kein Geld mehr –, dem blieb der Schnabel sauber. Dumm genug waren all die braven Leute – und sinds heute wieder und werdens morgen noch einmal sein –, die noch in alten Begriffen lebten, die jammerten, daß der Dollar so steige, statt zu begreifen, daß nur die Mark ins Bodenlose sank, die Leute, die noch dem Pfennig nachliefen, während schon die Straßenbahn mit zwölfstelligen Ziffern umsprang und Banklehrlinge sich an Millionenscheinen Zigaretten anzündeten.

Viel gescheiter waren übrigens auch wir nicht, ausgenommen vielleicht meinen jüngsten Bruder, der so manchen Handel rasch abzuwickeln verstand, der freilich für uns schon an der Grenze des Unerlaubten zu tänzeln schien. Aber eines Tages bekam ich von einem

Studienfreund aus Aarau für ein paar Zeitungsbeiträge sage und schreibe einhundert Schweizer Franken geschickt – und ich muß den Leser bitten, sein gesamtes Erinnerungsvermögen oder, was noch schwerer ist, seine letzte Kraft an Phantasie an dieses Ereignis zu verschwenden: in einem braunen, starkpapierigen, reich mit Marken bestückten und oft gestempelten Einschreibebrief, den mir der Postbeamte erst nach eindringlicher Befragung und Erweisung meiner Personalien ausgehändigt hatte, lag ein bunter Geldschein – nichts Ungewöhnliches für den, der ihn abgeschickt hatte, aber das Große Los für den, der ihn empfing.

Daß ichs ganz kurz erzähle: diesen Schein ließ ich wechseln und einen Bruchteil des Geldes, zehn Franken, gab ich meiner Mutter: sie sollte, im Bewußtsein, nur acht Mark in der Tasche zu haben, sich auf der nächsten Bank jene Berge von Papiergeld einlösen, die dem jüngsten Kurs entsprachen – und dann eilends ihre Einkäufe machen, unbeirrt von den verrücktesten Preisen, die verlangt werden würden. Und nicht einen einzigen Geldschein dürfte sie wieder mit nach Hause bringen.

Meine Mutter tat so; und wenn die Papierflut sie zu verschlingen drohte, wenn für die kleinsten Dinge Hunderte Millionen oder Milliarden gar verlangt wurden, sie sagte sich heimlich ihr Zaubersprüchlein zu: »Ich habe ja nur acht Mark in der Tasche!« Und reich beladen kam sie heim, bestürzt über die Fülle – und mit dem rechten Maß gemessen, war alles so lächerlich, so unglaubwürdig billig gewesen, viel, viel billiger als je in der goldenen Friedenszeit.

Natürlich, ein unversiegbarer Schatz waren die Schweizer Franken auch nicht, ein, zwei Jahre später gar war die Renten- und dann die Reichsmark mehr wert – aber damals war, und bis zum Ende des Spuks, der Bann gebrochen; *einmal* hatte meine Mutter den Trug durchschaut, *einmal* war sie, durch den Schaum und Gischt jenes Wahns auf festen Grund gestoßen. Und das war genug, ein Pfeiler wars im Strom der wild dahinbrausenden Zeiten.

RIGOROSUM

Daß ich meine Doktor-Prüfung machen sollte, war seit Kriegsende das ständige Drängen meines Vaters, ohne daß er mir freilich einen greifbaren Vorschlag zur Finanzierung dieses Unternehmens gemacht hätte. Die Inflation griff immer markzerfressender um sich, es galt, zu verdienen, ich schrieb für Zeitungen, ich übernahm die Schriftleitung eines Winkelblättchens und die Hochschule, von der allmählich auch fast alle meine Freunde und Freundinnen abgewandert waren, sah mich nur mehr selten.

Während des Krieges – ich war schon im Herbst 1914 vor Ypern verwundet worden – hatten sich nicht wenige junge Menschen verschworen, eines neuen Himmels und einer neuen Erde zu warten und den alten Ordnungen einen erbitterten Kampf anzusagen. Jetzt aber waren die Zeiten des Aufruhrs vorüber, die bürgerliche Welt holte sich einen Ausreißer um den andern zurück, die Rebellen von gestern wollten wieder brave Beamte mit Pensionsberechtigung werden, die Verfechterinnen der freien Liebe suchten händeringend nach einem Ehemann, und auch ich wies den Gedanken, den Titel eines Dr. phil. zu erwerben, nicht mehr als eine spießerische Zumutung zurück.

Den Stoff der Dissertation fand ich gewissermaßen im leeren Nest unserer verflogenen Ideale: ich gedachte, dem »Gemeinschaftserlebnis des Göttinger Dichterkreises« nachzuspüren, und träumte davon, höchst aufschlußreiche Funde zu machen, wechselseitige Beweise aus eignen Erfahrungen und historischen Dokumenten zu ziehen und so eine ruhmreiche Leistung zu vollbringen.

Zu meinem Erstaunen war Fritz Strich, den ich in zitternder Bescheidenheit aufsuchte, von meinen Bemühungen sehr angetan, und nicht minder schüchtern, so schien mirs, als ich selbst, sprach er nur von ein paar Verbesserungen, die zum »summa cum laude« nötig wären, in drei Wochen könnte ichs schaffen. Ich aber hatte berechtigte Angst, ob ich im Mündlichen überhaupt »rite« bestehen würde, und zu seiner Verwunderung schlug ich das Anerbieten aus.

Mein ursprünglicher Plan war, mich neben Deutsch und Geschichte in Kunstgeschichte prüfen zu lassen. Aber ich hatte bei dem berühmten und gefürchteten Wölfflin wohl die öffentlichen Paradevorlesungen (und auch die selten genug) gehört, war jedoch noch nicht eine Stunde in seinem Seminar gesessen. Gewiegte Adepten des Gewaltigen warnten mich, in die Höhle des Löwen mich zu wagen, und schauerliche Anekdoten schreckten mich ab. So soll Wölfflin einem Zögernden in der Zuschreibung eines Bildes mit finsteren Brauen zugebrummt haben: »Sagen Sie nichts – sonst sehe ich, daß Sie von zweien nichts verstehen!« Kurz, sechs Wochen vor dem Termin sprang ich aus und wandte mich in tollkühner Verblendung der Philosophie zu, von der ich heute noch keine Ahnung habe, dergestalt, daß ich, dem Titel nach ein Gelehrter der Weltweisheit, den Fichte kaum von einer Tanne unterscheiden könnte. Mit dem milden Erich Becher einigte ich mich auf das achtzehnte Jahrhundert, bei dem bodenlosen Nichtwissen war mir jedes recht.

Ich ließ mich an Leitfäden in die unbekannten Tiefen hinab oder suchte auf Eselsbrücken die Abgründe zu überqueren. Mit den Engländern hatte ichs am schwersten, da ich der Sprache nicht mächtig war; und doch – grade dies sollte mich retten, denn als der gütige Prüfer nach zwei oder drei halben Versagern mich die Peinlichkeit der Stille fühlen ließ, ehe er zur nächsten Frage ansetzte, gab ich mich schon verloren. Wie der englische Titel von Humes Hauptwerk heiße, wollte er wissen. Und ich, ganz erlöst, plapperte los: »Enquiry concerning human understanding!« – nie hätte ich mirs gemerkt, wenn mirs nicht eingebläut worden wäre von meiner kleinen Schwester. Und nicht minder begierig stürzte ich mich auf das zwischen uns stehende Wasserglas, die letzten fünf Minuten mit der Erklärung hinziehend, in der Vorstellung von Leibniz bedeute es eine Summe von Monaden. Ich glaube nicht, daß ich den grundgescheiten Becher getäuscht haben konnte; aber ich denke, er war so sehr Philosoph, daß er mir das sokratische: »Ich weiß, daß ich nichts weiß!« hingehen ließ, solange wenigstens die Form von Frage und Antwort gewahrt wurde.

Ernstlich konnte mir nun nichts weiter zustoßen, in Deutsch und Geschichte war es wenigstens kein Ritt überm Bodensee mehr. Der alte Franz Muncker freilich, der geierhälsige Wonnegreis, den ich als letzten gefürchtet hätte, setzte mich gleich in arge Verlegenheit. Ich hatte mit ihm die deutsche Lyrik mit Ausnahme des vorlutherischen Kirchenliedes vereinbart, und da er sichs genau, aber leider falsch gemerkt hatte, krähte er mir strahlend entgegen, er freue sich, daß endlich ein Herr Kandidat sich mit diesem entlegenen Gebiet beschäftigt habe. Nun, ich ließ es darauf ankommen, wir unterhielten uns ausgezeichnet, bis er auf ein anderes Feld übersprang und unvermittelt fragte, was ich von den Sonetten August Wilhelm Schlegels hielte. In der ersten Verwirrung hatte ich keine Ahnung, aber ich sagte dreist, ich hielte nicht viel von ihnen. Es wird von Glücksfällen erzählt, wo ein Kanonier mit dem einzigen Schuß, den er im Rohre hat, den Pulverturm der Festung trifft; so ging es mir. Eine unbeschreibliche Genugtuung leuchtete aus dem alten Gesicht und, ohne daß ich selbst auch nur ein einziges Wort zu sagen brauchte, verfocht er, für den Rest der Prüfungszeit, seine Meinung, die ich noch nie so gerne hatte gelten lassen wollen wie damals.

Nun kam die Geschichte an die Reihe. Geheimrat Erich Marcks, wegen seiner weitschweifigen Variationen um sein einziges Thema von mir kurz »Bismarck« genannt, erschien, ein aufgeblasener Stumpen, schrägen Kopfes und brillenfunkelnd; unfreundlich näselte er mich an. Ich konnte mir denken, daß er mich hineinlegen wollte: zwei Tage vorher hatte ich ihm aufgelauert, um mich, wie üblich, noch einmal vorzustellen. Den Schlüssel schon in der Tür zum Historischen Seminar, hatte er mich, von unten herauf und doch von oben herab – was immer lächerlich sein muß – angeschnauzt, daß er keine Zeit für mich habe. »Nur eine Minute!« flehte ich ihn an; und, was zweifellos ungehörig war: ich vertrat dem grauen Männchen den Weg in das Mauseloch, in das er schlüpfen wollte. Wer ich überhaupt sei, er kenne mich nicht, wie ich mich unterstünde, mich von ihm prüfen lassen zu wollen: noch nie habe er mich in seinem Seminar gesehen ... Ich bin seither ein gutmütiger, oft sogar ein ängstlicher Mensch; aber ich dachte in einer jähen, jugendlichen Wallung: Fahr hin, lammherzige Gelassenheit! und sagte, höflich, ich hoffte, ihm zu beweisen, daß man Geschichte treiben könne, auch ohne das Seminar des Herrn Geheimrats besucht zu haben. Er zahnte und blies mich zornig an, und mit der geschnaubten Drohung, man werde ja sehen!, war der Krieg erklärt, und ich konnte dem schlechten Diplomaten in mir den Vorwurf nicht ersparen, daß ers dümmer hätte kaum machen können. Nicht einmal das wichtige Stichwort »19. Jahrhundert!« war mehr anzubringen.

Ich mußte fürchten, daß der kleine Graue mich nach den Hethitern, Sassaniden oder Hussiten fragen würde; freilich war Geschichte mein Steckenpferd von Kindesbeinen an, durchrasseln würde er mich nicht lassen können; ein stolzes Wort, aber ich wags, es auszusprechen. Ich hätte sogar gewußt, wieso Karl XII. von Schweden ein Wittelsbacher ist oder was es mit dem Krieg der drei Heinriche auf sich hatte, ganz zu schweigen davon, daß ich die römischen Kaiser und die Päpste wie das Paternoster herbeten konnte.

Bismarcks aber, sei es, daß er sichs seinerzeit aufgeschrieben hatte, oder daß er ein so glänzendes Gedächtnis besaß, hielt sich streng an die Abmachung: er wolle sich den Triumph nicht versagen, mich in seinen ureigensten Jagdgründen zur Strecke zu bringen. Er wollte von mir die Entwicklung des preußischen Eisenbahnwesens in den vierziger Jahren wissen, die Folgen des österreichischen Februarpatents dargelegt haben, die Besonderheit und den Wert der Sybelschen Geschichtsschreibung erfahren, meine Meinung über den Vertrag von Olmütz hören – und er hörte sie, auf die Tischplatte trommelnd, bis er, in ärgerlichem Erstaunen, fragte, woher ich das alles wüßte (ohne ihn, ohne sein Seminar! meinte er natürlich). Und ich sagte durchaus artig, ich hätte es in Büchern gelesen.

Ich will mich nicht rühmen, wie Verdienst und Glück sich ketteten; altes Wissen und sehr flüchtig geschüttelte Lesefrüchte waren es, die ich dem Gnomen bot; aber noch war zum Hochmut kein Grund – mein Gegner würde mir keine Minute schenken, und fast zehn waren es noch, als er zu wissen begehrte, wie die verschiedenen Historiker sich zu Persönlichkeit und Politik Friedrich Wilhelm IV. stellten. Mir war im ersten Augenblick wie einem Tarocker, der sein Bettelsolo doch noch verliert. Aber, hier muß ich Fortunas Beistand vollauf bekennen: wenige Wochen vorher war ich, auf Formblätter wartend, nach Jahr und Tag wieder einmal in der Universität gewesen. Ich sah den kleinen Marcks in einem großen Hörsaal verschwinden und dachte, besser als die Gänge entlangspazieren könnte es ja sein, sich hinten auf eine Bank zu setzen. Und ich hörte wirklich mit halbem Ohr, was mich der erboste Zwerg jetzt mit ganzem Nachdruck fragte; den Rest rechnete ich mir aus: wie sollte sich Ranke oder Treitschke stellen? Heute wüßte ichs nicht mehr. Marcks aber ging grußlos hinaus, der bodenloseste Nichtswisser mag ihn nicht so geärgert haben wie ich, den er so gern gedemütigt hätte.

Der letzte Prüfer blieb, und er galt nicht nur mir, sondern den Kandidaten schlechthin als der gefürchtetste: Karl von Kraus, der Germanist. Ich saß ihm beklommen gegenüber oder vielmehr übers Eck des Tisches, an dessen vier Enden mehr oder minder rigoros gefragt und famos geantwortet wurde.

Vier Wochen vorher hatte ich seine Bekanntschaft gemacht; mit den denkwürdigen Worten: »Herr Geheimrat, ich muß gestehen, daß ich Sie heute zum ersten Male sehe!« war ich in sein Zimmer getreten. Das hieß, den Stier bei den Hörnern packen – wobei allerdings das Bild nicht ganz stimmt, denn Kraus war ein großer, dürrer Mann, mit einem gepflegten Schnurrbart, wenn ich mich recht erinnere. Natürlich hatte ich beim alten Hermann Paul und bei ihm belegt; aber so lange ich Zeit gehabt hätte, war ich nicht hingegangen, und während der letzten Jahre, das gestand ich ihm auch treuherzig, war ich durch Berufsarbeit verhindert.

Der strenge Herr trug meine wunderliche Eröffnung gefaßt, beinahe mit Humor; er hatte sich bei der Nennung des Namens verhört und nannte mich Herr Eigenbrot, was ich ihm auch nicht verübeln konnte. Sonst hatten wir uns gut unterhalten.
Nun also kam der spannende Augenblick: welchen Text würde er mir vorlegen? Auf irgendwelche Begrenzung ließ sich Kraus nicht ein; der Prüfling mußte damit rechnen, daß die Stichproben aus dem frühen, dem hohen, ja, dem späten Mittelalter gemacht würden; Lyrik und Epos, Literaturgeschichte und Grammatik waren gleicherweise bereitzuhalten. Ich warf einen Blick auf das offen hingereichte Buch und atmete erleichtert auf: es war ein Gedicht von Walther. Einem Bayern fällt es nicht schwer, dergleichen zu lesen: »Bin ich dir unmaere, das enweiz ich nicht; ich liebe dich ...« Kurz und gut, ich vermochte Rede und Antwort zu stehen, des Meisters Stirn entwölkte sich, ich hatte, um einen alten Militärwitz anzubringen, das in mich gesetzte Mißtrauen verbraucht. Wir gerieten sogar in einen gelinden folkloristischen Streit, die halbe Stunde war im Flug vergangen, er sagte – man verzeihe mir die Eitelkeit, aber herschreiben muß ichs – »Danke, ich war ausnehmend zufrieden!«
Die Prüfung war damit beendet und sichtlich bestanden, dem Übermut dieses entspannenden Augenblicks mag man die Dreistigkeit zugute halten, daß ich lachend herausgab: »Und ich, Herr Geheimrat, bin sehr erstaunt. Ich hatte mirs, bei dem fürchterlichen Ruhm, der Ihnen vorausgeht, weit schlimmer vorgestellt!«
Der ernste Mann war guter Laune, ein paar Minuten waren frei, da sein letzter Prüfling noch in den Fängen eines andern zappelte, und so gab er mir Auskunft. Es stimme schon, sagte er, daß er nach zwei Zeilen Lesen

einen Kandidaten auffordere, das Buch zu schließen und abzutreten. Beim ersten Wort merke ers, was zu erwarten stünde, und die Herren, die glaubten, es genüge, in vierzehn Tagen die Lautverschiebungen durchzupauken, empfinde er als eine persönliche Beleidigung. Er habe es ohnehin schwer, sein Fach den öden Zweckstudenten gegenüber in seiner Würde zu wahren. Und zum Schluß mir die Hand reichend, fragte er geradezu, ob ich nicht Lust hätte, mich ganz den Minnesängern zuzuwenden. Ich kannte meine Grenzen jedoch besser und dankte bescheiden.

Eine Weile hieß es nun noch im Flur herumstehen, die erste Zigarre mag – vielleicht durfte ich sie erst später rauchen – köstlich geschmeckt haben. Dann kam der Glückwunsch des Dekans und, soweit sie noch zur Stelle waren, der Professoren. Und dann ging ich auf die Straße hinaus, die große, breite Ludwigstraße. Ich müßte jetzt schreiben, sie wäre zu eng für mein Glück gewesen, aber da würde ich lügen: meiner Lebtage hat es mir an der Kraft gefehlt, mich gründlich zu freuen.

Niemand wartete auf mich, kein Freund, keine Frau; Geld, um richtig zu feiern, hatte ich auch keins. Zuerst meint man immer, das Glücksgefühl müsse sich an einem Punkte fassen, halten lassen; aber dann merkt man, es ist gleitend, noch von Angst gemischt, noch nicht bewußt – schon vorüber, schon selbstverständlich. Übrigens kam noch dazu, daß mir gar nicht gut war: meine Mutter hatte, in bester Absicht, das magere Mittagessen jener Jahre durch ein fettes Schweinsschnitzel ersetzt – und das ging mit der Angst und Aufregung eine unbekömmliche Verbindung ein.

Zu Hause gabs eine kleine Feier, mein Vater machte Verse aus dem Stegreif – aber meine Sehnsucht ging weit aus dem Familienkreise in eine Welt, die damals schon, im Grund für immer, für mich versunken war.

So verlief mein Doktorexamen, wers genau wissen will, am 3. März 1922. Ich brauchte lange, bis ich mich an die neue Anrede gewöhnte, aber schließlich fiel sie mir nicht mehr auf, und ich gedenke, ohne Ehrgeiz nach einem andern, diesen Allerweltstitel bis zum Tode weiterzuführen.

Das Silbenrätsel

Was ein Silbenrätsel ist, weiß jedes Kind, was aber das Silbenrätselfieber war, in den zwanziger Jahren, kann sich kaum mehr ein Mensch vorstellen; damals versöhnten sich Todfeinde über gemeinsame Mutmaßungen; oder alte Freunde erklärten sich, bei geteilter Ansicht, gegenseitig für Trottel; die einsilbigsten Menschen fragten ohne Scheu nach zweisilbigen Bergen in Griechenland – heute, wo wirs im Schlaf wissen, daß der Papagei(envogel) mit zwei Silben ein Ara ist, wirds uns langweilig – aber damals, wie gesagt, wars anders, solch ein Vieh raubte uns den Schlummer, und ehe das Rätsel nicht gelöst war, fand niemand Ruhe, auch meine Schwester nicht, die mich daher tief in der Nacht noch anrief, daß ich ihr helfen sollte; sie ginge, sagte sie, nichte eher ins Bett, als bis ich sie aus ihren Qualen erlöst hätte.

Ich knusperte also, obgleich ich Wichtigeres zu tun gehabt hätte, eine geraume Weile an dem Teufelsding herum – die Zeitung hatte ja jeder zur Hand – und zuletzt waren so ziemlich alle Chemikalien, weiblichen Vornamen, ägyptischen Gottheiten und Perserkönige soweit entlarvt, daß sich aus den Anfangs- und Endbuchstaben eine wunderschöne Lebensweisheit bilden ließ.

Ich rief, nun schon gegen Mitternacht, meine Schwester an und fiel, ehe sie zu Wort kam, sozusagen mit der

Tür ins Haus: »Eines Tages kommt deine Jugend und klopft an die Türe!« schmetterte ich, »Henrik Ibsen!« gab ich noch drein, und in einem Atem ließ ich, jeden Versuch eines Widerspruchs brechend, die einzelnen Begriffe folgen, der erstaunten Achs und Ohs, Wiesos und Nein-Neins nicht achtend. Den Vorwurf des Verrücktseins wies ich schroff zurück, und als auf meine Erklärung, der spanische Stierkämpfer sei ein Torero, ein heftiges »Falsch!« mir entgegenscholl, wurde ich fuchsteufelswild und fing zu buchstabieren an, um die Widerspenstige zu überzeugen.

Endlich bekam auch, als mein Redestrom für ein paar Sekunden aussetzte, meine Gegenseite Luft, und eine noch in ihrer Gereiztheit reizende Stimme fragte, ob ich völlig übergeschnappt sei. Und nun erst erkannte ich mit Schrecken, daß das nicht die Stimme meiner Schwester war. Eben noch so beredt, rang ich jetzt stotternd nach Worten der Erklärung und Entschuldigung; und daß wir zum Schluß beide herzlich lachten und uns gute Nacht wünschten, das ist noch ungelogen – daß wir uns aber auf so wunderliche Weise kennengelernt und gar verabredet, verliebt und verlobt hätten, um mehr als ein Silbenrätsel zu lösen, das wäre eine Flunkerei, die einer wahren Geschichte nicht ansteht.

DAS POSTAUTO

Daß ich ein schlechter Kerl bin, kann ich mir bei aller Bußfertigkeit nicht vorwerfen, aber einmal – es ist schon viele Jahre her – habe ich doch durch meine (Omni)busfertigkeit unschuldigen Menschen einen üblen Streich gespielt.

Wir fuhren damals, meine Freundin und ich, von Bozen über Cortina nach Venedig im Postauto und hatten

vor, auf dem Pordoi-Joch von der Erlaubnis der Fahrtunterbrechung Gebrauch zu machen. Es war Hochsommer, unter Blitz und Donner kamen wir an, ängstlich, wie ich bin, warnte ich meine Freundin, den sichern Wagen zu verlassen, es war ungewiß, ob wir ein Zimmer bekämen, gleich würde es zu schütten anfangen.
Das Auto war übervoll, schon in Bozen hatte es erbitterte Kämpfe gegeben, als sich ein bezwickerter Zwerg und seine Zweizentnergattin unserer Plätze bemächtigen wollten, unter dem wüsten Geschimpfe der Zurückgebliebenen waren wir abgefahren, am Fuß des Passes hatten in der grausamsten Sonnenhitze ganze Schwärme von Fremden den vollgepfropften Wagen umringt, ein bildhübsches Mädchen hatte so rührend gebettet, daß ein gemütlicher Herr im gefährlichen Alter schmunzelnd den Platz auf seinem Schoß angeboten hatte. Auf dem saß nun, ihrerseits mit zwei Rucksäcken beschwert, eine spitzknochige alte Dame, die, von kräftigen Armen hereingestemmt, das freie Plätzchen in Anspruch nahm an Stelle der Tochter, die unter herzlichen Dankesbezeigungen und in der Hoffnung auf ein Wiedersehen, irgendwo und -wann, zurückgeblieben war.
Das wären also Warnungen genug gewesen, aber meine Freundin schlug alle in den Wind, der sich, just als wir ausstiegen, zu einem knatternden Sturm gesteigert hatte.
Der Postschaffner wurde über unserm Zaudern zornig, der herbeigeeilte Hausknecht teilte uns mit, daß kein Zimmer frei sei – aber da standen wir schon, ich wütend, sie heulend, auf der Straße.
Alles wurde besser, als es sich zuerst angelassen hatte, große Trinkgelder verschafften uns ein kleines Zimmer, und am andern Morgen, beim brausenden Juli über Bergblumenwiesen gegen die Marmolata wandernd,

verziehen wir einander allen Streit und freuen uns des mächtigen Tages.

Gegen Abend wollten wir weiterfahren. Wir stellten uns mit unsern Koffern an die Straße, das Postauto kam, aber es hielt nicht, niemand stieg aus – und einsteigen konnte niemand, übervoll war es von mitleidig-schadenfrohen Menschen.

Um eine lange Leidenszeit kurz zu schildern: so war es am andern Morgen auch, ebenso am Nachmittag, genauso am Abend: die Wagen waren besetzt, eiserne Ablehnung panzerte jedes Gesicht, Grobheit und Spott waren die Antwort auf demütiges, auf verzweifeltes Flehen.

Am dritten Tag unseres zermürbenden Lauerns kam, in einem Mietwagen, ein anderes junges Paar an und setzte sich an unsern Tisch. Die Frau fiel von einem Entzücken ins andre über die hinreißend schöne Landschaft und schwärmte davon, wie herrlich es wäre, hier einen Tag zu bleiben, aber der Mann wies nüchtern darauf hin, daß das nicht möglich sei, da man den Wagen schon bis Cortina bezahlt habe.

Ich spitzte die Ohren und mischte mich harmlos in das Gespräch. Wir seien, sagte ich – und es war ja keine Lüge – entgegen unserm ursprünglichen Plan nun schon den dritten Tag hier, und dies sei wirklich der bezauberndste Punkt der ganzen Fahrt. Heute freilich müßten wir abreisen, mit dem Postauto, weil wir in Cortina schon Zimmer bestellt hätten.

Die neu Angekommenen tuschelten ein Weilchen, und ich wartete mit kaum unterdrückter Spannung, ob mein Pfeil getroffen habe. Es war kein Fehlschluß: der Herr meldete sich mit dem bescheidenen Vorschlag, wir möchten gegen ein kleines Aufgeld den schon abgelohnten Mietwagen benützen und dafür ihm die Fahrscheine für das Postauto überlassen.

So geschah es denn auch. Fröhlich fuhren wir davon, allerdings fühlten wir uns gelegentlich als ziemlich giftige Glückspilze, wenn wir daran dachten, wie die Ärmsten sich früh, mittags und abends mit ihren Koffern auf die Straße stellen müßten, schimpfend, uns verfluchend und auf den nächsten Wagen vertröstend, der ganz gewiß halb leer sei.
Selten genug, aber immerhin gelegentlich, kann der Himmel alles zum Guten wenden. Auch in Cortina fuhren wir unter Gewitterstürmen ein, Schneeregen blies die ganze Nacht, den Monte Cristallo – ohne dessen Anblick Cortina ein fades Nest ist, bekamen wir nicht zu Gesicht, erst in der Ebene vor Venedig dampfte verziehendes Gewölk über braungrünen Hügeln und hohen Bäumen. Tage darauf standen wir vor dem Colleoni, andächtig und ahnungslos; da konnte ich grade noch meiner Freundin zuflüstern: »Fort! Da sind die!«, und wir drückten uns zur Seite, um einer unerfreulichen Begegnung auszuweichen. Aber schon hatte uns der Herr erspäht, die beiden kamen auf uns zu, und wahrhaftig, sie grüßten und winkten. Vorzüglich habe alles geklappt, berichteten sie, gleich im gewünschten Postauto hätten sie, vermutlich wegen des schlechten Wetters, Platz gefunden – und wissen Sie, sagte die junge Frau, wissen Sie, was das Schönste war, noch schöner vielleicht als das Pordoijoch? Der frisch verschneite Monte Cristallo in einem Alpenglühen, wie wir so herrlich noch keines gesehen haben.

VERSPIELTE SEKUNDE

Vielleicht habe ichs schon einmal niedergeschrieben, was mir gestern, nach vier Jahrzehnten, im Verlauf eines politischen Gesprächs, wieder lebendig vor Augen getreten ist. Diesmal, jedenfalls, erscheint es mir so wichtig, daß ichs festhalte: am Abend des neunten Novembers neunzehnhundertdreiundzwanzig habe ich, eine Sekunde lang, das Schicksal der Welt in Händen gehalten und habe es dann doch den Lauf nehmen lassen, den es genommen hat, schaudervoll, wie wir alle wissen, die diese Zeit seither miterlebt haben.

Höchst überraschend hatte an diesem Tag Adolf Hitler, damals vielen noch ein fast Unbekannter, seine Sturmabteilungen in Marsch gesetzt, und am Abend sollte die große Versammlung im Bürgerbräukeller stattfinden, in der Doktor von Kahr, der Generalstaatskommissar, in einer großen Rede seine Pläne zu entwickeln gedachte. Wer das im einzelnen wissen will, möge es an anderer Stelle nachlesen, es ist ja heute längst Geschichte geworden, was damals im Flusse war, sagen wir, was sich wie ein völlig unerwartetes Hochwasser über die Stadt München ergoß, über das Land, das Reich, über die Welt.

Hier soll nur die eigne Erinnerung stehen. Ich wollte an der Versammlung teilnehmen, um auswärtigen Blättern zu berichten, deren Vertreter ich war. Ich war wie vor den Kopf geschlagen, daß mich die Ereignisse so überrumpelt hatten, mein Trost, daß es größeren Kollegen nicht besser gegangen war, half wenig gegen meine üble Stimmung. Ich wußte, daß sich, vor meinen blinden Augen, meinen tauben Ohren die Weltgeschichte verwandelt hatte – genug, von nun an wollte ich, zu spät freilich, als Späher und Horcher auf dem Posten sein.

Und abermals kam ich zu spät. Wir wohnten in der Karlstraße, ungefähr dort, wo zehn Jahre später die Bauten des Dritten Reiches aufgeführt wurden. Ich fuhr mit der Straßenbahn, der Linie vier, bis an die Maximiliansbrücke, es war schon finster, als ich durch

die herbstlichen Anlagen gegen den Gasteig ging. Da sah ich im Dämmern verwegene Gestalten, ins Gebüsch geduckt, sah ich Waffen blinken, hörte halblaute Befehle und Zurufe, vernahm das Klappern von Metall, das Rascheln welken Laubs – kurz, all die Geräusche, wie ich sie vom Feld her so gut kannte, die gedämpfte, klirrende, wispernde Vorbereitung eines Angriffs.
Unangefochten trat ich beim Nikolaikirchlein auf die erleuchteten Straßen heraus und hier, inmitten eines wogenden Volksgewühls, standen, den Rosenheimer Berg hinauf bis zum Kellereingang, die Hitlerleute in Marschordnung, unbewaffnete Männer, zum Teil in Uniformen, die meisten aber in jenem Aufzug, den man »Räuberzivil« nennt, mit verwegenen Hüten und Mützen, mit Windjacken und Wickelgamaschen. Sie standen deutlich zur Schau ihres friedlichen Willens, dergestalt, daß niemand bei ihrem wohlgeordneten Anblick Verdacht schöpfen sollte. Ob diese Männer von den bedenklichen Zurüstungen ihrer finsteren Brüder etwas wußten, ist mir bis heute verborgen geblieben.
In den Saal oder auch nur in seinen Umkreis noch einzudringen, daran war trotz Presseausweis nicht mehr zu denken. Die Polizei hatte abgesperrt und schob die Menschenmassen in die Seitenstraßen ab. Ich hatte keine Lust, in diesem wilden Strom mich mittreiben zu lassen, ich kannte die Gefahren, in eine leidenschaftlich bewegte Masse gepreßt zu werden – ich beschloß, unverzüglich nach Hause zu gehen.
Ich schritt über die Ludwigsbrücke, der düstersten Gedanken voll; die Leute hatten sich verlaufen, etwa auf der Mitte der Brücke war ich, auf der Museumsseite, fast der einzige Fußgänger.
Da kam mir von der Stadt her, in mäßig schneller Fahrt, ein großer Kraftwagen entgegen, er war erleuchtet, und in seinem Grund sah ich deutlich den Herrn

von Kahr im Polster sitzen, den melancholischen Chinesenkopf mit dem Hängeschnurrbart, der nicht zu verkennen war. Er blickte starr vor sich hin.
Ich kannte ihn gut, seit vielen Jahren war er mit meinen Eltern befreundet, und auch ich hatte, ehe er der mächtige Mann in Bayern geworden war, öfters mit ihm gesprochen. Einen Augenblick ging es mir durch den Kopf, schlug es mir rasend durchs Herz: ich wollte dem Fahrer winken, rufen, ihn aufhalten – und wollte an den Mann im Wagen die einzige Frage richten: »Herr Doktor, ist Ihnen bekannt, daß die ganzen Anlagen voller Bewaffneter stecken?«
Aber im selben Nu widersprach mir eine andere Stimme, die mich einen Wichtigtuer schalt, der sich in Dinge mischte, die ihn nichts angingen. Der Doktor von Kahr, der Herr der Polizei, Geheimpolizei und Schutzmannschaft, der Mann, dem die Reichswehr, dem der ganze, in höchster Alarmbereitschaft fiebernde Sicherungsapparat zu Gebote stand, fuhr doch nicht in eine Mausefalle, ohne vorher genauestens sich erkundigt zu haben, was da gespielt wurde ...
Ein huschendes Licht, das Auto war vorüber; von Schutzleuten stramm begrüßt, fuhr es in den schwarzen Kreis der Wartenden hinein, der sich hinter ihm schloß.
Die Tatsachen sind bekannt, jener Abend ist welthistorisch geworden. Ich erlebte jene aufregenden Tage mit, die wütenden Ausbrüche des Jubels und des Hasses, die Schießereien, die sich widersprechenden Aufrufe und Zeitungsberichte, schließlich den Zusammenbruch der Bewegung.
Erst nach Jahr und Tag traf ich den Doktor von Kahr, den stillen, entmachteten und geschmähten Mann, auf einem einsamen Spaziergang an der Isar. Länger als eine Stunde gingen wir zusammen den Fluß entlang, und er erzählte mir, dem so viel Jüngeren, manches aus

jenen Tagen, was vielleicht in keinem Buche steht, er berichtete von vertraulichen Gesprächen mit Hitler und von den verworrenen Ereignissen jenes Abends. Und da stellte ich, zu spät, unwiederbringlich zu spät, die Frage an ihn, die ich damals zur rechten Zeit nicht gewagt hatte, aus Schüchternheit, aus Unfähigkeit, den Augenblick zu ergreifen. Und siehe da, er hatte nichts gewußt von den Bewaffneten in den Anlagen, von den Männern, die der wortbrüchige Hitler im entscheidenden Augenblick in die Waagschale warf. Hätte er, Kahr, davon gehört, er wäre auf der Brücke noch umgekehrt.
Es ist müßig, hinterher sich vorzustellen, wie anders alles hätte kommen können. Aber damals haben wir doch eine Weile geschwiegen, wir Wanderer am Flusse, der große Mitwirkende und der kleine Unbeteiligte – und haben der versäumten Sekunde nachgesonnen. Noch war damals alles in Schwebe, und ob Hitler die Macht ergreifen würde oder nicht, darüber stritten die Leute in Eifer und Hohn. Ein Jahr später lag der alte Mann, den ich den Fluß entlang begleitet hatte, erschlagen im Graben der Dachauer Landstraße ...

AN EINER STRASSENECKE

Die Einmündung der Pappenheim- in die Nymphenburger Straße ist eine Kreuzung wie tausend andere in jeder Großstadt auch; aber ich mache jedesmal, zum mindesten in Gedanken, ein Kreuz, wenn ich vorübergehe.
Im Jahre vierundzwanzig war, an einem Apriltag, soeben in der nahen Infanterieschule der Hitlerprozeß zu Ende gegangen; ich hatte als Berichterstatter daran teilgenommen und kam gerade vom Marsfeld, als die

berittene Polizei mit langen Peitschen die Demonstranten auseinander trieb, die hier die Sperre durchbrechen wollten. Die Menge war rasend vor Wut.
Ich blieb in einiger Entfernung von den tobenden Anhängern Hitlers stehen und wartete auf die Straßenbahn, so still und unbemerkt wie möglich; denn ich wollte mich um keinen Preis auf das hitzige Gezänk einlassen, das wie Stichflammen aus der dumpf wogenden Masse schlug; oft genug war ich in all den Jahren Augenzeuge gewesen, wie ein einziges unbedachtes oder auch nur wohlmeinend beruhigendes Wort mit rohestem Niederschlagen beantwortet wurde. Ich sah also, selbst unbehelligt, dem brodelnden Hexenkessel zu, diesem Wespenschwarm, der bald vor der einhauenden Polizei zurückwich, bald sich bedrohlich um Roß und Reiter ballte.
Da kam eine Bekannte des Wegs, eine ahnungslose junge Person, begrüßte mich und fragte neugierig, was da los wäre. Statt aller Aufklärung bat ich sie sofort inständig, ihres Wegs zu gehen, möglichst auf der andern Straßenseite und sich ja nicht auf Fragen oder gar Auseinandersetzungen einzulassen. Vergebens! Schon hatte sie eine Frau angesprochen, die sich sofort in eine keifende Furie verwandelte, schon traten ein paar Männer dazu, bereit, ihren Zorn am nächstbesten Opfer auszulassen; ich suchte das dumme Geschöpf wegzuzerren, ich beschwor sie, ich schrie sie an, ihren Mund zu halten – zu spät!
Das erste Schimpfwort fiel wie ein Blitz, der Donner pflanzte sich fort, eine Wolke von Pöbel umdrängte uns; die Leute weiter hinten wußten gar nicht, um was es ging, aber sie schrien, man solle die Judenbagage gleich erschlagen. Fäuste hoben sich, das unselige Wesen versuchte noch immer, zu erklären, zu beschwichtigen, die weltfremde Person ahnte nicht, in welcher

Gefahr sie war, in welche scheußliche Lage sie mich gebracht hatte.

Es gelang mir wenigstens, sie in eine Einfahrt abzudrängen und damit zugleich den wütenden Haufen zu teilen; überdies wurde die Menge durch einen neuerlichen Ausfall der Berittenen zerstreut und von dem abseitigen Schauplatz unseres Unheils fortgetrieben.

Aber eine kleine, um so zornigere Schar von Hartnäckigen verfolgte uns unter wüsten Drohungen desto wilder in die Tiefe der Einfahrt hinein, die, wie ich mit Entsetzen sah, durch ein Eisengitter ausweglos versperrt war. Ich gab, also umstellt, nichts mehr für meine gesunden Glieder, ja, für mein Leben, zumal der Anführer der Rotte, ein roher, haßerfüllter Bursche, an mich, der ich das Mädchen mit meinem Leibe zu decken suchte, mit einem höhnischen Grinsen dicht herantrat, die Fäuste zum Hiebe geballt. Ich wußte, wenn er mich nur einmal traf oder gar zu Fall brachte, war ich verloren, ein Dutzend Schläge und Fußtritte würden folgen und Blut würde fließen, ehe die Rasenden ihre Wut an mir gekühlt hätten. Langsam wich ich zurück, eine innere Stimme warnte mich, mich zu ducken oder gar die Arme schützend vor das Gesicht zu halten; gewiß nicht furchtlos, denn ich bebte an allen Gliedern, aber starr blickte ich dem Kerl in die Augen, des Schlages gewärtig.

In diesem Augenblick schwoll draußen der Lärm zu einem tosenden Gebrüll an, die Meute, von der verstärkten Polizei zurückgetrieben, überschwemmte die Nymphenburger Straße. Der Rohling, dessen Gefolge bereits in den Sog der neueren Ereignisse geraten war, maß mich mit von Verachtung und Niedertracht schwimmenden Augen; und mit den höhnischen Worten, einen solchen Dreck rühre er gar nicht an, gab er uns halb den Weg frei.

Ich nahm das Fräulein an der Hand und, den sich Trollenden noch immer scharf beobachtend, entschlüpften wir auf die Straße, die von der tobenden Menge quoll. Aufruhr und Alltag waren, wie so oft in jener Zeit, aufs wunderlichste gemischt: eine Straßenbahn kam, blitzblau und friedlich, vom Stiglmaierplatz, stadtauswärts dahergeschwommen, an der dem Tumult abgelegenen Seite; hier war nur eine Bedarfshaltestelle – aber nie wieder war der Bedarf dringender gewesen. Der Schaffner, der schon abgeläutet hatte, wohl auch, um dem wilden Treiben so rasch wie möglich zu entfliehen, zog auf mein Rufen und Winken heftig die Klingel, die unbegreiflich einfältige Person wollte mir bedeuten, daß sie eigentlich in die andere Richtung, in die Stadt, wolle – jeden Augenblick konnte sich der erbitterte Schwarm wieder an uns hängen! –, ich stieß sie geradezu in den Wagen, der Schaffner half, dicht hinter meinen Fersen schlug die Tür zu, dem ersten johlenden Verfolger vor der Nase.
»Da hamm S' aber Glück g'habt!« sagte der behäbige Mann, »was is' denn da los?!« und erinnerte sich schon selber: »Jessas ja, der Hitlerprozeß!« Ich ließ mich aber auf keine langen Erörterungen ein, und, gottlob, auch meine Begleiterin war verstummt. Denn es war keineswegs ausgemacht, auf welche Seite sich die erregten Fahrgäste schlagen würden. An einer der nächsten Haltestellen stiegen wir aus und trennten uns – für immer, wie es sich seither in einem Menschenalter herausgestellt hat. Vermutlich ahnt die eiserne Jungfrau heute noch nicht, wie gefährlich jene Minuten waren, wohl die ungemütlichsten, die ich in dem gemütlichen München erlebt habe.

Die vergessene Mappe

Mit meinem Schwager, der ab und zu die bayrischen Kreise bereist, um im Auftrag der Regierung die Kirchen und Denkmäler zu besichtigen und zu pflegen, bin ich einmal, vor dem letzten Krieg, vierzehn Tage lang im Kraftwagen durchs obere Franken gefahren. Ich habe schöne Dinge gesehen, vom kleinsten Bildstöckl und Kapellenkind, das verloren am Wegrand vor wogenden Kornfeldern oder an schlanken Buchenwäldern stand, bis zu den wehrhaften Kirchenburgen und den reichen Klöstern, Wallfahrten und Stadtkirchen. Ich mußte alles genau anschauen, denn der Schwager machte es gar gründlich mit Begutachten und Nachfragen, und wenn ich mich auch manchmal derweil in einem Apfelgarten ins Gras legte oder beim nächsten Wirt ein Schöpplein trank, die meiste Zeit mußte ich doch dabei sein mit Rat und Tat und allerlei gelehrten Mutmaßungen, denn ein bißchen versteh ich auch was von der Kunst. Wir sind vom Fränkischen in die Oberpfalz herüber und hinüber gewechselt, haben die lutherischen Landstriche mir nichts dir nichts dreimal an einem Weg mit den katholischen vertauscht, so wie sie dort oben aneinanderstoßen seit dem unseligen Dreißigjährigen Krieg und noch früher. Wir sind bei den kinderreichen Pastoren und den einschichtigen Pfarrern zu Gast gewesen und haben hier wie dort umgängliche Herren und querköpfige Narren kennengelernt, haben in heiterem Frieden unsere Sache erledigt oder in hitzigem Streit gegen die Bretter gehämmert, die der oder jener vorm Hirn hatte.

Es ist ganz hoher Sommer gewesen, so glühend und dürr, wie er im grünen, wasserdurchrauschten Oberbayern, bei uns daheim, gar nicht sein kann, viel Sand und Staub hat auf den Wegen gelegen, und wir sind auf den schlechtesten Sträßlein gefahren, um in irgendein elendes Nest zu kommen, wo dann oft, wie ein Wunder aus einer anderen Welt, die edelsten Bauten von einer verschollenen Zeit geträumt haben.

So fuhren wir auch einmal auf sandigen und holperigen Spuren über einen Heidehügel, es war schon Abend, voll zittriger Hitze noch, aber blau schon rauchend aus den Gründen, und die Sonne glitt riesengroß und dunkelrot in eine veilchenschwere Dämmerung hinunter. Es war hinreißend schön, gewiß, aber es war auch eine elende Fahrerei, und mein Schwager, am Steuer, hat mehr als einen Fluch durch die Zähne gestoßen über die verdammten Wege. Und auf einmal, wer weiß, wie ihm der Gedanke plötzlich an die Oberfläche gerüttelt und geschüttelt worden ist bei dem wüsten Dahinkutschieren, auf einmal sagt er ganz blaß und leise: »Meine Mappe!?« und hält mit einem Ruck den Wagen an.

Richtig, die Mappe ist nicht mehr dagewesen, die schwarze Aktenmappe mit den wichtigen Papieren, und wir haben auch gar nicht lang zu suchen brauchen, denn jetzt, wo es zu spät ist, fällt es meinem Schwager ganz klar und schön ein, daß er sie droben in Heiligenstein hat liegen lassen und daß sie dort noch liegen muß, auf der letzten Kirchenbank links ...

Mißmutig genug drehen wir unseren Wagen um und fahren in die Nacht hinein, den erbärmlichen Weg wieder zurück, mit tausend ängstlichen Vorstellungen im Kopf, wie gerade, vielleicht im letzten Augenblick, ehe wir ankommen, krallige Hände die Mappe ergreifen und ausweiden, wie es, selbst im günstigsten Fall, hundert Scherereien und Rückfragen gibt, bis wir die Mappe wieder haben, das gute, das unersetzliche Stück.

Die Kirche auf dem Berg hat schwarz und still dagestanden. Kein Dieb ist verdächtig drum herumgeschlichen. Die Tür war offen. Vor dem heiligen Antonius ha-

ben golden die Kerzen gebrannt, und ein altes Mütterchen hat ganz eingesunken davor gekniet. Die Mappe aber lag friedlich in der letzten Bank links ... Wir haben sie aufatmend an uns genommen und sind, jetzt schon bei völliger Finsternis, mit tastenden Lichtern, zum viertenmal den Weg gefahren.
In Auerbach haben wir dann ein leidliches Quartier gefunden, und am anderen Tag, als wir auf der großen Straße zügig dahinfuhren, ist die ganze aufregende Geschichte mit der vergessenen Aktenmappe zu einem fast heiteren Reiseabenteuer zusammengeschrumpft.
Wir sind in eine größere Stadt gekommen, eine langweilige Stadt, und mein Schwager hat nur rasch einen Blick in die dortige evangelische Kirche tun wollen, ob eine befohlene Ausbesserungsarbeit an der Orgel auch sinngemäß gemacht worden ist.
Die Kirche ist offen gewesen, weil der Verwalter gerad drin war, um irgend was in Ordnung zu bringen. Wir stellen also unseren Wagen in den Turmschatten und spazieren gemächlich hinein, als Leute, die ein Recht dazu haben, auch am Werktag in die Kirche zu gehen. Aber wir hatten nicht mit dem Machtgefühl des Küsters gerechnet, der, gelbhäutig und stechäugig wie er war, hager und frostig uns in den Weg trat und uns böse fragte, was wir hier zu suchen hätten. Er war der unbeugsamen Meinung, das sah man ihm an: nichts, aber rein gar nichts!
Mein Schwager ist gerad so gut aufgelegt, daß er den galligen Burschen ein bißchen tratzen muß, er zieht also nicht gleich sein Beglaubigungsschreiben aus der Tasche, sondern versucht es mit einer spöttischen Liebenswürdigkeit. Aber der hohlwangige Schwarzbart versteht keinen Spaß, er geht in die Luft wie eine Kette von Knallfröschen, und als wir ihm nun amtlich, schwarz auf weiß, kommen, ist es fast zu spät, er miß-

traut uns gründlich, er behält uns im Auge, wie wir jetzt durch das Schiff wandeln, zur Orgel hinaufsteigen, um den Altar herumpirschen.

Die Sache selbst ist leidlich in Ordnung, wir haben auch keine Lust mehr, uns mit dem Grobian in ein Gespräch einzulassen, das Nötigste kann von München aus schriftlich gemacht werden – kurz, wir empfehlen uns in dem berühmten unbewachten Augenblick, ohne Abschied; aber die schwarze Mappe, die mein heillos vergeßlicher Schwager wieder im Gestühl hat liegen lassen, nehme ich mit, werfe sie, ohne daß er's sieht, hinten auf den freien Sitz des Wagens, und wir brausen los in voller Fahrt diesmal, auf breiter, glatter Straße, in den glühenden Sommertag hinein. Eine halbe Stunde vielleicht sind wir gefahren, da halte ichs nicht mehr aus; ich muß, wenn ich nicht platzen soll, meinen ungeheuren Trumpf ausspielen, und ich frage, so beiläufig, wie mirs gelingt, den aufmerksam Steuernden neben mir, ob er nicht am Ende wieder einmal seine Mappe liegengelassen hätte. Mein Schwager, ohne weiter aufzublicken, sagte gleichgültig, indem er ein Bauernfuhrwerk überholt, die Mappe habe er diesmal gar nicht mit in die Kirche genommen, die liege hinten im Wagen; heute früh wenigstens, davon habe er sich überzeugt, hätte sie noch dort gelegen. Aha, denke ich, der hat was gemerkt und zahlt dir deinen schlechten Spaß heim. Aber unheimlich wird mirs doch, und ich frage ihn noch einmal dringlicher. Und er, schon etwas unwirsch, sagt, ich solle ihn doch mit der saudummen Mappe in Ruhe lassen.

Jetzt ist das Erschrecken an mir, und ich sage, wenn das wahr ist, dann habe ich, Himmelherrschaftseiten, die Mappe von dem galligen Schwarzbart mitgenommen!

Mein Schwager lacht häßlich, er fährt an den Straßen-

rand und zieht die Bremse. Natürlich, jetzt seh ichs auch: Es ist nicht unsere Mappe. Aber das Massenzeug sieht sich ja so ähnlich wie ein Ei dem anderen. Wir schauen in die fremde Mappe hinein, Geld ist darin, viel Geld und ein Rechnungsbogen über vereinnahmte Kirchensteuern, an die tausend Mark.
Wenn so ein Abenteuer einem Geschichtenschreiber in die Hände fällt, der macht einen Roman daraus mit vielen lustigen Verwicklungen und peinlichen Zwischenfällen. Auch ich hätte nicht übel Lust dazu. Aber ich will bei der Wahrheit bleiben – der Roman ist uns erspart geblieben. Wir sind auf der Stelle zurückgefahren, bei jedem Ortseingang haben wir schon bedacht, jetzt steht ein Gendarm da, oder ein Leiterwagen ist quer über die Straße gestellt, um die flüchtigen Banditen aufzuhalten. Aber es ist alles noch gut gegangen, wir haben den finsterbleichen Mann in seinem ersten ratlosen Schrecken abgefangen, als er zur Polizei hat gehen wollen. Es ist nicht leicht gewesen, ihm klar zu machen, daß es sich um ein Versehen gehandelt hat. Er ist aber dann höflich genug gewesen, so zu tun, als ob er uns glaube. Ja, er hat sogar der Versuchung widerstanden, vor unseren Augen das Geld abzuzählen, ob auch nichts daran fehle. Aber für Hochstapler und ausgemachte Spitzbuben, die's dann doch mit der Angst gekriegt hätten, hält er uns sicher heute noch.

Ein Hilferuf

Die Wiener waren, nach 1938, beileibe nicht alle mit dem Anschluß einverstanden. Sie rächten sich mit Nadelstichen an den »Preußen« aus dem Altreich, die ihre Stadt überfluteten – zum Beispiel dadurch, daß sie die Ortsunkundigen in die Irre schickten. Eine unserer

Bekannten brach völlig übermüdet endlich in den Verzweiflungsschrei aus: »Bittschön, ich bin katholisch und aus Bayern – Sagen S' mir doch, wo die Herrengasse ist!«

Die Memoiren

Bei einem Festessen in den zwanziger Jahren kam ich neben einen fröhlichen Greis zu sitzen, der mich aus kleinen wasserblauen Äuglein überaus freundlich anschaute. Soeben erst hatte uns ein Dritter miteinander bekannt gemacht, und ich war eifrig bemüht, ihn wechselnd mit seinen verschiedenen Titeln anzureden; aber schon nach der Suppe – oder waren es die drei Glas Portwein, die er dazu getrunken hatte? – hielt er mir die Hand hin und schmunzelte: Sie gefallen mir, junger Mann, also sagen S' einfach Leitner Franzl zu mir, das geht viel schneller. Wissen S', ich bin siebendundsiebzig Jahr alt, da kann man sich schon wieder das Gemütlichwerden erlauben! – Also, ich schlug ein, denn der Jubelgreis war wirklich ein reizender Kerl. Bedenklich war nur, daß er von einer unheimlichen Gesprächigkeit wurde, sozusagen die Joppe auszog und in einen immer urgemütlicher werdenden Ton fiel. Schließlich beim Sekt fiel er weitum durch den herzlichen Überschwang seines nicht mehr ganz guten Betragens auf. Er hatte mir jetzt schon hundertmal die Hand geschüttelt und mich aufgefordert, ihm in die Augen zu schauen: Wissen Sie, ich bin der Leitner Franzl! Da werden keine Sprüch gemacht vom Ministerialdirektor, nein, junger Freund, das ist gar nicht wichtig! Solche gibt es genug, aber wenn ich einmal die Augen zumache, dann ist der Leitner Franzl nicht mehr da, und das ist ein Original! –

Das kam mir wahrhaft auch so vor, aber mein Lächeln schien ihm nicht kräftig genug gewesen zu sein, denn er griff neuerdings nach meinen Händen, wobei der ganze Tisch in Gefahr kam und sagte unheimlich nah in mein Gesicht hinein: Sie sollten mich erst näher kennenlernen! Das kann Ihnen jeder bezeugen! Der Leitner Franzl ist ein Original! Ja und wissen S', ich bin ein alter Jäger, und ich bin weitum bekannt gewesen und bin es heut noch. Aber Sie haben keine Ahnung, junger Freund, mit was für berühmten Leuten ich schon beisammen war!
Ich horchte auf. Eine Fundgrube von Anekdoten mußte das ja sein, ein Mann von siebenundsiebzig Jahren, der von Amts wegen, am Stammtisch und auf der Jagd so viele bedeutende Menschen kennengelernt hatte! Mein Herz schlug ihm in Erwartung entgegen. Und richtig, er fing zu erzählen an: Wissen Sie, der Thoma Ludwigl, das war ein ganz Spezieller von mir, ein lieber Mensch, den hätten S' kennen sollen. Von dem könnt ich Ihnen allerhand Gschichten erzählen. – Thoma-Anekdoten, jubelte ich im stillen und machte die Ohren weit auf. Er aber ergriff nachdenklich sein Glas und sagte: Jetzt ist er aa schon tot ... ja, allerhand Gschichten! – Ein bißchen enttäuscht, ehrte ich doch die Wehmut des Greises und hoffte auf anderes. – Das hätten Sie auch nicht gedacht – fing er in neuer Frische an –, daß ich den Strindberg recht gut gekannt hab. Da war einmal da droben wo ..., warten S' einmal, nein doch nicht, das war damals gar nicht der Strindberg, den Hamsun mein ich natürlich, das war seinerzeit noch ein ganz junger Dachs, ich hab erst viel später erfahren, daß das ein so berühmter Mann geworden ist. Damals hat er selber noch nichts gewußt davon. Also, das war so ...
Und er besann sich. Aber es fiel ihm nichts ein. Dafür sagte er nur still vor sich hin: Ja, der Leitner Franzl,

den müßten Sie einmal kennenlernen, wenn der einmal seine Memoiren schreiben tät. Ja, Sie müssen nämlich wissen, daß ich dreißig Jahre lang bei der Polizei war; ich bin immer zwischen Paris und Petersburg und Konstantinopel herumgefahren, mich haben sie alle gekannt, die Hochstapler und Attentäter. Ja, das waren die berühmten Geschichten damals.

Mein Gott, wie oft haben sie mir gedroht, sie schießen mich über den Haufen. Aber, schauen Sie mich einmal an! Glauben Sie, der Leitner Franzl hätte Angst gehabt? – Selbstverständlich versicherte ich, ich wäre auf einen solchen Gedanken nie gekommen, und das freute ihn ungemein.

Doktor, auf Ihr Wohl! Sie sind ein lieber Mensch! Haben Sie mich gern? Ja, wenn Sie mich näher kennenlernen! – Er war jetzt nicht mehr ganz bei der Sache und schüttete den Wein auf seine Hemdbrust. Aber er wußte gleich eine lustige Anekdote, um das vergessen zu machen: Da war ich einmal beim Kaiser von Österreich bei der Jagd zum Essen eingeladen. Und da sagt der Kaiser zu mir ... wissen S' der alte Kaiser, Sie haben ihn doch gekannt, er hat Franzl gheißen wie ich. Also sagt er ... nein, das war eine urkomische Situation. Sie müssen sich vorstellen ... der alte Kaiser ... – Der gute Alte fing so zu lachen an, daß er das Erzählen vergaß. Es war nun auch höchste Zeit, daß man ihn wegbrachte. Irgendwer nahm ihn beim Arm, aber er ließ meine Hände nicht los und schaute mir mit einem ungewissen Blick in die Augen: Doktorchen, du gefällst mir! Du bist ein gemütliches Haus! Mein Lieber, du mußt mich einmal besuchen zu einem guten Tropfen, da werden wir allerhand reden. Das wird für Sie großartig werden, junger Freund. Sie können sich einen Namen machen, wenn Sie mich schlachten. Ich stecke bis an den Hals voller Schnurren und Geschichten. Ich mache

Ihnen einen Vorschlag, schreiben Sie meine Memoiren! – Nur die übertrieben herzliche Zusicherung, ich würde gleich in den nächsten Tagen ihn aufsuchen, vermochte ihn zu beruhigen, so daß er sich unter oftmaligem Zurückwenden, Augenzwinkern und mit den Händen winkend endlich fortführen ließ.

Zuerst dachte ich, es sei verlorene Zeit, den guten Mann noch weiter auszufragen. Doch war er vielleicht in nüchternem Zustand ergiebiger, und so ging ich hin. Er hatte eine Riesenfreude, die er sogleich in Feuchtigkeit umsetzte. Er holte ein paar Flaschen aus dem Keller, schenkte mit viel Liebe und Zartgefühl ein und ließ mich nun erst einmal seinen Wein loben: Schauen S' mir in die Augen, junger Freund, und sagen S' mir aufs Wort, ob Sie so einen Wein schon einmal getrunken haben! – Was ich selbstverständlich eifrig verneinte. Endlich hatte ich ihn mit viel List und Geduld wieder auf sein Thema gebracht. Er schaute mich ganz gekränkt an: Wenn Sie meinen, der Leitner Franzl hätte vergessen, was er Ihnen versprochen hat! Gleich werd ich Ihnen ein ganzes Schock Geschichten erzählen, die noch kein Mensch gehört hat. Und eine besser wie die andere. Es ist nur mit dem Gedächtnis so eine Gschicht, drei Sachen kann ich mir nicht mehr recht merken. Keine Namen, keine Zahlen ... und das dritte weiß ich jetzt auch nimmer ... Aber da haben wir gleich etwas ganz Köstliches. Also der Ibsen! – Endlich!, dachte ich und zog heimlich einen Bleistift. – Also der Ibsen, der ist immer im Café Maximilian gesessen, nun ja, das ist ja bekannt. Aber was ich Ihnen jetzt erzähl, das ist zwar schon lang her, aber ... schauen S' mich an, glauben Sie, ich erzähl das einfach so jedem Menschen? – Ich versicherte ihm, daß ich das nicht glaube, und so fuhr er schließlich fort: Also, was wollt ich jetzt gleich sagn, no, das von Ibsen war eigentlich nichts so Besonderes.

... Da war die Begegnung mit Bismarck in Kissingen schon was anders ... oder mein Erlebnis mit Menzel! Ja, der Menzel, ein drolliger Kerl, die kleine Exzellenz haben wir ihn immer genannt, schreiben Sie das ruhig auf! – Ich hütete mich, ihm zu sagen, das sei nicht mehr ganz unbekannt, sondern machte ein Kraxel mit meinem Bleistift. Überhaupt – fuhr er fort – von den Malern, da könnt ich Ihnen etwas erzählen! Ja, ich kann wohl sagn, der Leitner Franzl hat schon viel erlebt. Schauen Sie mir in die Augen! Was meinen S', wen diese Augen schon alles gsehen haben? Ja, wo waren wir jetzt, beim Leibl oder beim Thoma, beim Hans Thoma natürlich, nicht bei meinem Freund, dem Ludwig. Übrigens, habe ich Ihnen neulich die Geschichten alle richtig auserzählt vom Ludwig Thoma? Da ist ja eine gelungener als die andre. Wissen S', wie er noch Rechtsanwalt war, da hab ich ja viel mit ihm zu tun ghabt. Ja, das waren noch Zeiten! –
Er versank wieder in die Tiefen seiner Erinnerung: Ja, aus meinem Leben, da könnt man Memoiren herausholen, ist ja auch kein Wunder. Siebenundsiebzig Jahr alt und immer die Augen offen gehabt und mitten drin im Leben ... Wo sind wir stehen geblieben? Beim Bismarck, glaub ich. Ja, das war ein Mann. Solche täten wir heut brauchen. Ich seh ihn noch vor mir, grad wie ihn der Lenbach gmalt hat. Übrigens, beim Lenbach! Erinnern S' mich daran, damit wir es nicht vergessen, da kann ich die Anekdoten nur so aus dem Ärmel schütteln. Zum Beispiel waren wir da einmal in der Allotria, der Lenbach, der alte Gedon, der Seitz ... wer war da noch dabei? Lassen Sie mich einmal nachdenken ... ja, wenn ich mein Gedächtnis noch hätt. Es ist ja auch gleichgültig, wer noch dabei war ... überhaupt, wir wollten ja vom Bismarck reden, jetzt passn S' auf, jetzt kommt eine Bismarck-Anekdote, von mir erlebt, die

steht in keinem Buch drin ... Meinen Sie, die erzähl ich einfach jedem? Aber Ihnen erzähl ich sie, und noch manches andre, wenn Sie einmal wiederkommen. Sie sind ein lieber Mensch, Doktor! Sie sollen es der Welt bezeugen, daß ich auch ein Kerl war, der einmal etwas erlebt hat! Also, Auf Wiedersehen! Und vergessn S' mir den Leitner Franzl nicht ... Sie solln meine Memoiren schreiben! –
Vergessen habe ich ihn nicht. Aber seine Memoiren habe ich auch nicht geschrieben. Schade!

Der Ruhm

Georg Steinicke, der gemütvolle Inhaber einer Künstlerkneipe im Norden der Stadt München, im berühmten Schwabing also, bekam eines Tages ein Schreiben, darin sich, voll Überhebung und Armseligkeit zugleich, ein Sänger erbot, gegen eine entsprechende Vergütung aufzutreten, was man ihm um so weniger abschlagen dürfe, als er, wie ja auf dem Kopf seines Briefes gedruckt zu lesen sei, sich durch Gastspiele in Nabburg, Ingolstadt, ja selbst in Ulm an der Donau einen Namen gemacht hätte. Zeitungsausschnitte, die seinen vollen Erfolg bestätigen, wolle er auf Wunsch gern vorlegen.
Der Wirt ließ, zuerst mehr des Spaßes halber, den Sänger kommen, und fand in ihm einen angenehmen, weißhaarigen Greis, von Not heimgesucht, aber nicht gebrochen, ja, in aller Großsprecherei von einer geradezu edlen, kindlichen Einfalt, einem Vertrauen in die guten Kräfte der Welt, daß er ihn nicht zu enttäuschen wagte, sondern ihm erlaubte, ungeprüft sich am nächsten Samstag einzufinden. Er wußte, daß in vorgerückter Stunde, bei heiterer Stimmung seine Gäste es mit den Darbietungen nicht mehr allzu genau nahmen, ja, daß oft ge-

nug aus ihrer Mitte einer auf die Bretter stieg, um ohne allzuviel Anspruch etwas vorzutragen; warum sollte er nicht auch dem alten Herrn das Vergnügen machen, ein bißchen mitzutun. Ein Schoppen Wein und ein paar Mark als Ehrensold würden schließlich auch die Welt nicht ausmachen.

Der Sänger freilich sah die Sache bedeutend ernsthafter an, feierlich erschien er in seinem abgetragenen Frack, verging schier in Lampenfieber und zugleich in Begierde, vor die zahlreiche, wohlgelaunte Hörerschaft zu treten, unter der just heute neben Kunstjüngern, Studenten und kleinen Mädchen ein paar ältere Männer saßen, erfolgreiche, berühmt gewordene, die an diesem Abend nichts wollten, als kindlich vergnügt sein, und die – gerade, als der alte Mann auf die Bühne trat und zu singen anhob – die ersten Gläser anklingen ließen. Ein Gott mochte ihm eingegeben haben, daß er nicht, wie er vorgehabt, eine Löweballade sang, auch nicht den »Lenz« von Hildach oder sonst ein verschollenes Paradestück, sondern ein italienisches Lied, ein Volkslied: »O si, o no...«. Er sang es nicht gut, besser konnte er es nicht. Er gab es zum besten, wie man so sagt, und zum besten hielten ihn nun auch die Zuhörer in ihrer tollen Laune; sie dankten ihm mit einem reichen, einem stürmischen, einem tobenden und tosenden Beifall.

Aber der Sänger war glücklich! In seinem Kindergemüt stieg nicht der leiseste Verdacht auf, dieser Jubel könnte nicht echt sein; er verneigte sich, lächelte, ja er leuchtete vor Dankbarkeit. Die Menschen drunten spürten diesen wahrhaften Widerschein ihres Spottlobs, es rührte sie geheimnisvoll an, wie selig der Greis da oben war, und als er nun nochmals sang und ein drittes Mal, da war keiner unter den Gästen, der dem Alten hätte wehtun wollen. Sie rührten ihre Hände kräftig, es war nun schon wirkliche Anerkennung in ihrem Zuruf, ja einer

der Herren von dem Tisch der Berühmten hielt eine kleine witzige Ansprache, eine herzliche Begrüßung bot er dem neuen, dem spät entdeckten Maestro. Er legte, taktvoll genug, einen Geldschein auf einen Teller, andere taten das Ihre dazu, und der Herr überreichte die kleine Summe dem Sänger, der nun seinerseits das Wort ergriff, um das hohe künstlerische Verständnis zu rühmen, das ihm, wie nicht anders zu erwarten war, der feinsinnige Kreis edler Menschen entgegenbrachte. Für das Geld aber danke er vor allem im Namen seiner Frau.
In diesem Augenblick sahen alle, die sehen konnten, die bittere Not, die hinter diesen Worten stand; sie sahen, wie schäbig sein Frack war, wie hohlwangig und vergrämt er selber erschien unter dem flüchtigen Glanz seiner Freude. Und da schämte sich mancher, daß er nicht eine Mark mehr auf den Teller gelegt hatte.
Nur mit einem hohen Einverständnis Fortunas ist das Gelingen einer solchen Spannung zu danken. Es steht auf Messers Schneide, und der wilde Übermut einer heiteren Gesellschaft weidet sich in mitleidslosem Gelächter an der Verwirrung und Scham eines hilflosen Alten, der sich vermessen hat, ihr Urteil herauszufordern. Die Musik der Herzen aber, die hier so schön erklang, daß sie den bescheidenen, ja mangelhaften Gesang des alten Mannes übertönte, kam aus dem kindhaft reinen Ton seiner Seele, einem unbeirrt tapferen Ton, an den sich der ganze Chor, wenn wir so sagen wollen, hielt, da er schon falsch singen wollte.
Der greise Sänger jedenfalls ging an diesem Abend heim in der schönsten, in der seligsten Täuschung seines Lebens. In dem feurigen Bericht, den er spät noch seiner kummervoll und ungläubig wachenden Frau gab, vermischten sich die bescheidenen Erfolge seiner mühseligen Laufbahn, die vermeintlichen Siege von Nabburg,

Ingolstadt und Ulm an der Donau mit dem späten, aber noch nicht allzu späten Triumph in der Hauptstadt selbst; und an diesen ersten Schritt auf einer ihrer kleinsten, aber erlesensten Bühnen knüpfte er die verwegensten Hoffnungen, als stünde er am Anfang seines Weges und nicht am Ende.

Er stand aber näher an des Grabes Rand, als er selbst wußte; und dies war sein letztes und volles Glück. Denn wenn es schon eine Gunst der Stunde war, daß einmal solche Verwandlung gelang, wie müssen wir fürchten, daß bei einem zweiten, einem dritten Auftreten der schöne Wahn zerreißen muß! Und doch: Das Unwahrscheinliche wurde noch einmal möglich und noch einmal. Der Kreis der Stammgäste, wie in einem stillen Einverständnis, dem alten Manne seine Freude zu lassen, zog einen schützenden Ring um ihn, und als einmal ein angeheiterter Neuling roh diesen Bann sprengen wollte, ward er empfindlich zurechtgewiesen. Und doch drohte dem Gefeierten gerade von seinen Freunden das vernichtende Urteil: Durch seine Sicherheit, die durch nichts mehr zu erschüttern schien, kühn und sorglos gemacht, gedachten sie bei nächster Gelegenheit das gewagte Spiel auf die Spitze zu treiben. Mit Lorbeerkränzen, Ansprachen und Ehrungen ungeheuerlichster Art wollten sie den siebzigsten Geburtstag begehen und hatten, alles noch in der besten Absicht, für ihren Schabernack gerüstet. Sie warteten jedoch an diesem Abend vergeblich, der Jubilar blieb aus.

Wie der Wirt anderntags erfuhr und es bei nächster Zusammenkunft seinen Gästen mitteilte, war der Greis, schon im Frack und zum Gange zu seinem Ehrenabend gerüstet, vom Schlage getroffen worden, gerade als er auf den sechsten und letzten Briefkopf, den er noch besaß, mit schöner, zierlicher Hand unter die Anpreisungen verschollener Gastreisen geschrieben hatte: »Mitglied der Schwabinger Künstlerspiele« – als wäre damit ein Ziel erreicht, wert und überwert der Mühsale und Opfer, der Demütigungen und Entbehrungen eines siebzigjährigen Lebens.

DIE RIVALIN

Wie ich noch Junggeselle war, hab ich des öftern in einem Weinhaus zu Abend gegessen, allein oder mit einer Freundin; der Ober kannte uns schon, wir waren ja sozusagen Stammgäste. Eines Tages hatte ich auch meine Schwester hinbestellt, sie kam vor mir, erkundigte sich, ob sie hier recht wäre, und wartete auf mich. Wie ich nun ganz arglos mit meiner Freundin in die Tür trete, fängt mich der Ober ab, todblaß vor Aufregung: »Geben S' obacht, Herr Doktor, es sitzt schon eine drin!« Er war dann sichtlich erleichtert, als es zu keiner Amazonenschlacht kam – aber er wird schon seine Erfahrungen gemacht haben.

STRASSENBAHN

Heutzutag geht alles geschwinder, niemand hat mehr Zeit zu verlieren, außer den Toten – und die werden nicht mehr gefragt. Die Bestattungsbeamten geben sich unauffällig, Leichenwärter und Totengräber wollen sie nicht mehr heißen, selbst dem Prinzen Hamlet fiele es wohl schwer, ein tiefsinniges Gespräch mit ihnen anzufangen. Nach getanem Dienst setzen sie sich hurtig in ihren Kraftwagen, militärisch beinah und brausen davon.
Vor Jahren war das noch anders; vier Totengräber, ein bitterkalter, schneeloser Dezembertag wars obendrein,

stiegen in die Straßenbahn und blieben auf der offnen Plattform stehen, Totengräber, wie sie sein müssen: wunderliche, knochige alte Männer in blaugrauen Umhängen, fröstelnd, hohläugig, einen schwankenden Nasentropfen überm Schnurrbart und dem Stoppelkinn. Stumm stehen sie da, Grabeskälte weht aus ihren Mänteln. Bei der nächsten Haltestelle will ein dicker Mann aussteigen, er versucht, seine gewaltigen, nicht mehr ganz frischen Fleischmassen vorbeizuzwängen, die Männer, obgleich bemüht, zur Seite zu rücken, stehen ihm im Wege, endlich tappt er, hochrot und laut schimpfend, übers Trittbrett hinunter: »Solche G'spenster sollt' man überhaupt net in der Trambahn fahren lassen!«
Die vier Totengräber haben kein Wort gesagt, sie haben ihn nur groß angeschaut. Aber jetzt, wie der Dicke von der Straße aus noch einmal zurückbellt, beugt sich der eine übers Gitter und sagt mit einer dumpfen, wie gefrorenen Stimme: »Reg di net auf, Manderl, du kommst uns aa net aus!«

*

In der Straßenbahn sitzt eine Frau, nicht uneben soweit, rundlich vielmehr, behäbig von Statur, aber behaglich sitzt sie nicht da, sondern unruhig, zappelig, und bei jeder Haltestelle ist sie auf dem Sprung, auszusteigen; der Schaffner, ein geduldiger Mann, hat sie nicht aus den Augen gelassen und: »Bleiben S' nur sitzen!« sagt er und: »I sag's Ihnen nachher schon!«
Und dann kommt endlich doch der Augenblick, wo sie den Wagen verlassen muß. »Die Sachsenstraß«, belehrt sie der Schaffner noch einmal, »ist gleich rechts, brauchen S' bloß da aufs Trottoir gehn und dann ums Eck, rechtsum!«

Die Frau steigt aus, flattert wie eine Henne links herum über die Fahrbahn, bleibt verwirrt stehen und geht dann entschlossen zurück, falscher hätt' sie's gar nicht machen können.
Der Schaffner, während er abläutet, schüttelt den Kopf, blickt die Reihe der Fahrgäste entlang, bleibt an einem dicken Herrn hängen, der auch grad der Frau nachgeschaut hat, und sagt: »Sehn S', deswegen hab i net g'heirat!«

*

In die Trambahn steigt eine dicke, giftige Madame ein, vom ersten Augenblick an masselt sie, nichts paßt ihr, an den Schaffner und an alle Fahrgäste belfert sie hin, aber offenbar ist sie an eine Fuhre von Weisen geraten, alle schauen schweigend über sie hin, wie schwer es ihnen auch fallen mag. Nur ein Mann mit einem Gamsbarthut, einem grünen Gilet und einem Hackelstecken fängt zu bimsen an, wie ein Maikäfer, der fliegen möchte. Und wie er jetzt aussteigt, im Vorbeigehen, sticht er die Frau ganz dreist mit dem Finger an und sagt: »Von Eahna möcht i a Pfund! Als a ganzer waarn S' mir doch z'viel!« Und ist draußen, bevor sich die Frau von ihrer sprachlosen Empörung erholt hat. Den übrigen Fahrtgenossen aber war es gleich darauf vergönnt, tiefe Blicke in eine edle Frauenseele zu tun.

*

»Sie Frau!« sagt ein Münchner gutmütig-verwundert zu einem schwer ausdeutbaren weiblichen Wesen, das ihm, mit einem Mäderl auf dem Schoß, in der Straßenbahn gegenübersitzt, »des is aber schon a b'sonders kloans Kinderl, des Sie da haben!«

»Mei!« antwortet die Frau, nicht herzlos, aber bekümmert, »wissen S', des hätt überhaupt koans wer'n solln!«

ZEPPELIN

Im Spätsommer 1929 sollte ich, von Friedrichshafen aus, die Jungfernfahrt des Luftschiffes »Graf Zeppelin« mitmachen; die »Münchner Neuesten« waren bei diesem Ereignis stark vertreten, Doktor Trefz mit einer Sekretärin, mein Vater und ich hatten sich im Hotel »Kurgarten« eingenistet, das von Presseleuten der ganzen Welt bevölkert war.

Das Wetter war ungünstig, der Aufstieg des Zeppelin verzögerte sich von Tag zu Tag; wir brachten die Zeit mit unerquicklichem Nichtstun hin, nur auf die Nachricht lauernd, daß das Luftschiff startbereit sei. Nicht einmal zum Baden wagte ich zu gehen, denn jeden Augenblick konnte die Meldung eintreffen. Schließlich reisten, des Wartens müde, diese und jene ab und auch die »Neuesten« vertrat nur noch ich allein.

Just in dieser Zeit hatte ich den Plan, mir einen Bart stehen zu lassen; aber das ging noch langsamer, als die Flugvorbereitungen; und nur durch scharfes Ausrasieren konnte ich den Trennungsstrich ziehen zwischen glatter Wange und beabsichtigter Manneszierde; recht wohl fühlte ich mich trotzdem nicht, denn wie sollte ich jedem, der mich mit scheelen Augen ansah, mein Vorhaben erklären – die Zeit der Existenzialistenbärtchen lag noch in weiter Zukunft.

Das Wetter blieb zweifelhaft und ich legte mich getrost zu Bett; wenn das Luftschiff wirklich aufsteigen sollte: der oft und eindringlich ermahnte Hausknecht, der ja wußte, daß wir alle nur um dieses Ereignisses willen in Friedrichshafen weilten, würde uns gewiß rechtzeitig wecken, abgesehen davon, daß der Trubel von zwei Dutzend Pressevertretern gewiß nicht zu überhören sein würde. Meinen Bart aber hatte ich wachsen lassen, um so kurzfristig wie möglich den Verdacht, es handle sich nur um die Stoppeln eines Ungeschabten, durch eine besonders genaue Rasur zu entkräften.

Wer mich am Morgen weckte, war nicht der Hausknecht und nicht der Aufbruchslärm der Kollegen, sondern die Sonne, die schon verdächtig hoch am Himmel stand. Ich fuhr auf und lauschte ahnungsvoll – es war beängstigend still im ganzen Haus und ein Blick auf die Uhr belehrte mich, daß der Zeppelin zur selben Stunde schon aus der Halle gezogen wurde, wenn er nicht überhaupt bereits in den Lüften schwebte, mir vor der Nase davon.

Zum Waschen oder gar zum Rasieren hatte ich keine Zeit, ich schlüpfte in meine Hose, warf den Rock über, den Schlips konnte ich mir unterwegs noch binden, ich raste aus dem Haus, ich lief um mein Leben – es ist eine Redensart, ich weiß es, aber ich nehme es nicht zurück; und da ich ein Schnelläufer war, vom Brummen der Motoren gehetzt wie von einem Hornissenschwarm – nur daß der vor mir brauste statt hinter mir –, kam ich, ausgepumpt, atemlos und mit wild schlagendem Herzen gerade auf dem Flugfeld an, als der graue Riese, aus der Halle gezogen, daherschwebte, an Seilen noch gehalten von vielen schwäbischen Soldaten – und noch mehr Soldaten sperrten den Platz ab gegen das herbeigeeilte Volk, kurz, es war wie in der Bürgschaft von Schiller, ich stand am Tor und sah das Luftschiff schon erhöht, das die Menge gaffend umsteht, an dem Seile schon zog man das Schiff empor – da zertrennte ich gewaltig den dichten Chor, aber nicht »da bin ich!« rief ich, sondern »Lehmann! Lehmann!« Denn ich

hatte den Kapitän Lehmann erblickt, der, keine zwanzig Schritte von mir entfernt, von der Erde aus das Abflugmanöver leitete – erlaube, lieber Leser, daß ich selbst diesen spannenden Augenblick unterbreche, um mich eines Unvergeßlichen zu erinnern, des freundlichsten der Freunde, der dann später bei dem Brande des »Hindenburg« so grausam ums Leben gekommen ist.
Ein Soldat packte mich, den vermeintlich dreisten Schreier oder vielleicht gar Attentäter, grob vor die Brust und wollte mich, ungeachtet des aufgeregt geschwungenen Passierscheins, in die Menge zurückstoßen, da hatte Kapitän Lehmann meine Hilferufe gehört, er erkannte mich, trotz meines verwilderten Aussehens, und wenn ich auch nicht behaupten kann, wir wären uns in den Armen gelegen, ich jedenfalls war nah dran, vor Schmerzen und Freude zu weinen; und gar nicht zu leugnen ist, daß Erstaunen das Volk umher ergriff, als mich verdächtigten Burschen der erste Offizier zu der schwankenden Strickleiter führte und wir beide, zwischen Himmel und Erde, in das Luftschiff stiegen, das eben wiederum – und diesmal endgültig, seine Motoren brummen ließ.
Der Doktor Eckener freilich, der Kommandant, maß mich mit einem vernichtenden Blick: »Was sind denn Sie für einer?« In die Erde hätte ich versinken mögen, aber das ging nicht mehr an, denn die lag bereits hundert und mehr Meter unter uns. So setzte ich mich denn bescheiden auf mein Plätzchen, noch immer schlagenden Herzens und von Schweißausbrüchen überströmt und murmelte über den verdammten Hausknecht Verwünschungen in meinen Bart – aber so bedeutend war der auch wieder nicht, es waren nur die kaum unterscheidbaren kürzeren oder längeren Stoppeln eines Unrasierten. Und daß ausgerechnet die noch immer schöne Lady D. und der pikfeine Mister W., die Vertreter ame-

rikanischer Blätter, meine Nachbarn waren, dergestalt, daß ich, der englischen Sprache unkundig, auch noch als Tölpel gelten mußte, machte mein Mißgeschick noch grausamer – bis wir alle, über den starken Eindruck der Luftreise, unser selbst vergaßen.

Übrigens habe ich an diesem Tag ein zweitesmal eine beachtliche Leistung im Laufen vollbracht: wie ich als der letzte in das Luftschiff gekommen war, so verließ ich es als erster wieder. Es schwebte, vor der Halle, noch zwei, drei Meter über dem Boden, als ich heraussprang und, so schnell mich meine Füße trugen – und das war sehr schnell –, in das Sonderpostamt stürzte und dem wartenden Beamten das halbe Dutzend Zeitungen nannte, denen ich über den Flug zu berichten hatte. Bis die anderen Presseleute vorschriftsmäßig ausgestiegen waren, bis sie ihre abgestellten Wagen gefunden und in Gang gesetzt hatten, war ich schon halb heiser vom Schreien, denn so weit war die Technik noch nicht wie heute, wo mans der Stimme kaum anmerkt, ob sie vom Ort oder von Hamburg oder Berlin kommt. Und als ich endlich, wieder in Schweiß gebadet wie am Morgen, die Zelle verließ, und mitten durch den Schwarm der Kollegen ging, die vor Ungeduld von einem Fuß auf den andern traten, da trafen mich nicht mehr, wie in der Früh, mitleidig-belustigte Blicke, sondern neidvoll-zornige; aber weh taten sie nicht mehr.

Reformen

»Mit Fahne und Musik geleiteten ...« »Ein Mauergrab nahm den im zweiundachtzigsten ...« »Unter zahlreicher Beteiligung wurde...« »Die letzte Ehre gaben gestern ...« »Eine große Schar von Leidtragenden hatte sich eingefunden ...«

Das waren die ein für allemal feststehenden fünf Einleitungen zu den Beerdigungen, sechster Klasse, sozusagen, wie sie tagtäglich im Lokalen oder im Generalanzeiger fällig waren, todesfällig, sozusagen.
Alles, was der Mensch auf lange Zeit hinaus gleichförmig tut, verroht zur Gewohnheit; und so ging auch das Lokale eiskalt mit dem Schicksal um, die Frage: »Ist noch eine Leiche da?« erscholl herzlos durch die Redaktionsstuben, und mancher Dahingegangene wurde grausam umbrochen, die bleischweren Füße wurden ihm abgehackt, in den schmalen Sarg seiner fünf bis zehn Zeilen wurde er gequetscht, und die Witwe nebst Kindern, die er hinterließ, blieb oft ungetröstet zurück, nicht nur im Leben, sondern auch in der Setzerei, eben beim Umbruch, der Fachmann weiß schon.
Die uns die Leichen lieferten, mit den eingangs genannten Sätzen geschmückt, das waren die Beerdigungsberichterstatter, nicht die erste Garnitur der Mitarbeiter, wohl aber eine Gilde für sich; solche Journalisten gibts nicht mehr, ein andermal will ich ein paar von ihnen ausführlich, samt wunderlichen Lebensläufen, beschreiben. Es waren bedeutende Philosophen, Schachmeister und Lateiner unter ihnen.
Nicht jeder konnte an jeder Beerdigung teilnehmen; sie tauschten drum in einer Art Börse ihre Toten wie Briefmarken, ja, da sie doch alles wie im Traum wußten, den Friedhof, den Pfarrer, den Lebenskreis, sogen sie ihn sich aus den Fingern, man könnte fast sagen, aus den Hungerpfoten, denn bezahlt waren sie miserabel.
Unser Willy Rett – »unser« heißt soviel wie der Vertreter der Münchner Neuesten Nachrichten – huschte, grau, klein und glanzäugig wie er war, mäuschenhurtig von Friedhof zu Friedhof, beim ersten Leichenschragen gleich links vertauschte er seinen Schlapphut mit dem

Zylinder, den er dort hinterstellt hatte; und sieben auf einen Streich – nein, das nicht, aber auf einen Tag brachte er unter die Erde oder verbrannte sie, und mitunter schwang er sich sogar zu einer sechsten Abwandlung des Berichts auf: »Reicher Blumenflor schmückte den Sarg des ...«

Eines Tages mußte ein Mann von Einfluß an dem guten alten Brauch Ärgernis genommen und dem Verlagsgewaltigen, dem nie sichtbaren, halbblind in Höhlen hausenden Professor Paul Nicolaus Cossmann etwas davon vermittelt haben; denn es wehte einer der gefürchteten, nur mit C (aber es war das hohe C schlechthin) gezeichneten Zettel in die Lokalredaktion, der Beerdigungsberichterstattunsschlendrian müsse sofort aufhören.

Wir setzten unverzüglich unsre besten Feuilletonisten an, es häuften sich neben Naturkränzen und künstlichen Blumen die Stilblüten; die von der Gewalt des Todes erschütterten oder von der Vergänglichkeit des Irdischen mit Wehmut beschlichenen neuen Verfasser taten ihr Bestes, Schilderungen des nördlichen Friedhofs im Schnee, des südlichen in Sonne verflochten sich mit Berichten über die Trauerfeier von Bäckermeistern und Bezirksinspektoren, und bald wuchsen die Schiffe mit dem zurückgestellten Lokalsatz zu ganzen Flotten an, und der Chef vom Dienst rief um Mitternacht an, ob wir übergeschnappt seien. Ums kurz zu machen: nach einem hoch über dem Lokalen ausgekämpften Geisterkampf zwischen Chefredaktion und Verlagsleitung kehrten wir zum alten Herkommen zurück, und die sechs Einleitungen wurden wieder in ihre Rechte eingesetzt.

Missverständnis

Als ich noch bei der Zeitung war, haben wir einmal, ein Minister war auch dabei, eine große Fabrik besichtigt. Der Betriebsführer ist erfüllt von heißem Bemühen, auf den hohen Gast Eindruck zu machen und es scheint ihm nicht schlecht gelungen zu sein, ihn von seiner Tüchtigkeit zu überzeugen.
»Wo haben Sie Ihre Energie her?« fragt der Minister. Der Mann errötet vor Glück, windet sich geschmeichelt, wirft sich in die Brust und lächelt ein wenig betreten – was soll er sagen?
Da flüstert ihm noch im letzten Augenblick einer zu, der Herr Minister wünsche zu erfahren, woher das Werk den Kraftstrom beziehe. Und der plötzlich blaß und klein Gewordne stottert verlegen: »Von den Innwerken, Herr Minister!«

Der Zwischenruf

In gefährlichen Augenblicken des Lebens kann sich eines Menschen oft eine verzweifelte, aber auch eine heitere Kühnheit bemächtigen und er spricht oder handelt dann, wie im gläsernen Traum, in einer weit über ihn hinauswachsenden Verwegenheit.
Von solchen Augenblicken könnte auch ich erzählen, mehr als einmal habe ich mich durch ein dreistes Wort der Gefahr ausgesetzt; ich will aber nur von einem Fall berichten, der noch gut hinausgegangen ist, ja, der heute und hinterher ganz und gar harmlos erscheint, ders aber damals nicht war, im Jahre fünfunddreißig, als die Schlagetote an der Macht waren und ihre übereifrigen Helfershelfer, die schnell bereit waren, einen unbesonnenen Tellen beim Wort zu nehmen und ihn nicht mehr ungestraft laufen zu lassen.

In Nürnberg beging man das hundertjährige Gedenken der ersten deutschen Eisenbahn; ich hatte das Festspiel geschrieben, als eine Art Ehrengast entließ man mich in die weitläufige Ausstellung, die zu diesem Anlaß eröffnet werden sollte. Allein schlenderte ich durch die Räume, bis an eine abschließende, helle Wand drang ich vor, an die als einziges Zugeständnis an die fragwürdige Gegenwart, ein Künstler das schaffende Volk mit hochgereckten, heilhitlergrußfreudigen Armen in derben Strichen gezeichnet hatte.

Mir fiel das Bild von Cézanne ein und das Wort von ihm oder über ihn, daß ein gut gemalter Arm gar nicht lang genug sein könne; aber diese hundert Arme waren so gut nicht gemalt, sie waren wirklich nur über die Maßen zu lang, liebedienerisch lang waren sie.

Und das sah nicht nur ich allein, das sah auch eine Gruppe von Männern und Herren, SS-Männern nämlich und hohen Herren, die ziemlich unvermutet, aus einem andern Raum gekommen, vor das Bild getreten waren. In ihrer Mitte stand der Reichspropagandaminister Doktor Goebbels; respektvolles Schweigen harrte seines Urteils, dem niemand vorgreifen wollte. Endlich meinte er, spöttisch, die Arme der Leute seien doch wohl zu lang geraten. Und in das neuerliche Schweigen sagte ich, und gewiß grimmiger im Ton, als es ratsam gewesen wäre: »Die werden schon noch so!«

Eisige Stille. Ich begriff im Nu, was ich da zu gewärtigen hatte, wenn das dreiste Wort dem Minister oder auch nur einem aus seinem Gefolge in die falsche oder gar in die richtige Kehle gekommen war. Vermutlich habe ich obendrein ein dummes, ja gereiztes Gesicht gemacht, auf das Schlimmste gefaßt: gleich würde einer der Herren auf mich zutreten: »Sie haben sich soeben in der Gegenwart des Herrn Reichsministers eine unziemliche Bemerkung erlaubt, ich muß Sie um Ihre Per-

sonalien bitten, das weitere werden Sie hören!« Um meine Personalien stand es nicht gut: ich war ein entlassener, beschatteter Schriftsteller, ich würde viel weiteres zu hören bekommen.
Die Schrecksekunde, die Trotzsekunde, die Angstsekunde gingen vorüber, nichts rührte sich, kein Gesicht, keine Hand, kein Fuß. Aber jetzt, mitten in die kalte Erwartungssekunde, platzte ein Gelächter, ein ehrliches Lachen, und es pflanzte sich fort in allen Arten von Gelächter, hölzerne und blecherne, widerwillige, diensttuende und herzliche, in echte und falsche. Und der Minister selber, von dem wir dann viele Jahre, bis ihm das Lachen verging, erfahren mußten, daß er lachen konnte wie ein Teufel und wie ein Engel, hob scharmant die Hand, als entließe er mich huldvoll aus einer Audienz, und ich entfernte mich auch eilig, als ein Unbekannter, der einen guten Witz gemacht hatte, den die meisten gewiß bald vergaßen; aber einige mußten ihn doch in Umlauf gesetzt haben, von Mund zu Mund, wie es damals üblich war. Denn eine Woche später wurde er mir in München erzählt, von einem Bekannten, bereits stark übertrieben und mit der besorgten Bemerkung: »*Ihnen* wäre so was auch zuzutrauen!«

VALENTINS GRUSELKELLER

An den lebendigen und mehr noch an den toten Karl Valentin haben sich so viele Leute angewanzt, die alle behaupten, jahrelang mit ihm aufs engste befreundet gewesen zu sein, daß denen, die ihn wirklich gut gekannt haben, die Lust vergeht, sich dessen zu rühmen. Aber eine von den vielen Geschichten möchte ich doch erzählen.
Ausgerechnet im Frühsommer des Jahres dreiunddrei-

ßig eröffnete Karl Valentin seinen Gruselkeller in der Nähe des Altheimer Ecks und lud mich zu einer Vorbesichtigung ein. Ich kannte den schwarzen Humor des abgründigen Linksdenkers und ging mit Unbehagen hin; aber die Ungeheuerlichkeiten dieses verbohrten Hirns, dieses kranken Gemüts übertrafen weit meine schlimmsten Befürchtungen. Kaum war ich im Finstern auf eine quappige Wasserleiche getreten, sah ich durch ein Eisengitter einen verhungerten Sträfling, wurde ich durch ein schauerliches Gespenst genarrt, mußte ich an scheußlichen Folterknechten vorüber – mir stockte der Atem, mir gefror das Blut, während mein unheimlicher Führer, grausam lächelnd, immer wieder mich bereden wollte, das alles für harmlos und witzig zu nehmen. Zum Schluß, als wir aus dem gräßlichen Spukbereich wieder ans Tageslicht getreten waren, sagte ich ihm rundheraus, daß ich für diese Abart seines Humors nichts übrig hätte, und zur Zeit schon gar nicht, wo eine schaudervolle Wirklichkeit jeden fühlenden Menschen mit Abscheu und Entsetzen erfülle – ob er denn von den Untaten in Dachau und in den Schinderstätten überall noch nichts gehört hätte.
Valentin machte ein dummlistiges Gesicht, pfiff ein kurzes »So!« durch die Zähne und entließ mich, enttäuscht, daß ich an seinen tolldreisten Einfällen kein Vergnügen gefunden hatte.
Nicht lange hernach traf ich ihn auf der Straße, er kam auf mich zu und lachte triumphierend: »Sie, weil Sie g'sagt hamm, daß Ihnen mein Gruselkeller net g'fallt – am selben Nachmittag noch war der Gauleiter Wagner da, was meinen S', wie der g'lacht hat! I hab ihm des erzählt, der Doktor Roth, hab i g'sagt, der hat sich aufg'regt, so was, hat g'sagt, braucht man jetzt net künstlich machen, wo's doch in Dachau und so an der Tagesordnung ist!«

Seitdem bin ich überzeugt, daß der Mensch einen Schutzengel hat und daß er ihn unverhofft brauchen kann – selbst gegen den großen Komiker Karl Valentin.

DER VERWANDELTE FELIX

Die Liebe zu Katzen kann übers Grab hinausgehen; ob das noch recht ist, mag dahingestellt bleiben, aber jedenfalls, Tante Petronilla, von Bomben aus ihrem Heim vertrieben, aufs Land hinaus verjagt, hat ihren Kater Felix VII. mitgenommen, ja, den siebenten unumschränkten Herrscher der Wohnung und des Gartens. Und der ist nun im Exil gestorben, eingegangen, wie wir roheren Mitmenschen sagen würden; und Tante Petronilla war ebenso untröstlich wie fest entschlossen, auch Felix VII. im Erbbegräbnis beizusetzen, im Garten des von Eisensplittern arg mitgenommenen, völlig verstaubten Stadthauses. Und die Reise unverzüglich anzutreten, denn – wie sagte der alte Obersthofzeremonienmeister? – Hoheit hielten sich nicht länger.
Zu einem richtigen Sarg, vor dessen Anschaffung Tante Petronilla keineswegs zurückgeschreckt wäre, reichte es im fünften Kriegsjahr leider nicht; aber eine schöne, starke, buntbedruckte Biskuitschachtel, Friedensblech, wurde wohlriechender Kostbarkeiten entledigt und Felix VII., wenn auch etwas gerollt, darin untergebracht. In Packpapier wohlverschnürt, trat er die letzte Reise an, um neben Felix dem Grausamen, Felix dem Gebissenen, Felix dem Roten und wie sie alle hießen, unter dem Tuffstein beim Springbrunnen für immer zu ruhen als Felix der Unvergeßliche.
Die Tante war von Afra, der alten Magd, begleitet, die beiden Greisinnen wollten nur über Mittag in der Stadt bleiben und am Abend wieder hinausfahren; denn

wozu nahmen sie sonst Mühsale und Entbehrungen der Verbannung auf sich, wenn in der einzigen Nacht, die sie in der Stadt verbrachten, die Flieger kamen? Am liebsten, sagte übrigens Petronilla, wenn das Gespräch auf solche Dinge kam, am liebsten sei ihr eine kleine Sprengbombe.
Die Amerikaner aber kamen an diesem hellen Vormittag mit großen Sprengbomben und zwar in dem Augenblick, als der Zug in den Bahnhof fuhr. Alles griff in den übervollen Wagen nach seinem Gepäck, und Petronilla, weit entfernt, den Kopf zu verlieren, fragte Afra mehr als einmal, ob sie auch Felix den Unvergeßlichen habe, und erst als ihr das immer wieder zugesichert worden war, stieg sie getrost in den Bunker hinab und beklagte nur, daß der arme Felix das noch erleben mußte. Und während es ringsum krachte und heulte, berechnete sie ruhig, wie sie trotz der Verzögerung mit den Beisetzungsfeierlichkeiten noch zurecht kommen würde. Währenddessen fiel, im Halbdunkel des Kellers, ihr Blick auf das Paket und schien ihr kleiner zu sein, und leichter, mit einem Wort, daß es nicht Felix der Unvergeßliche war, sondern daß Afra als eine Pflichtvergessene gehandelt hatte. Tante Petronilla setzte tatkräftig ihr Herz, daß ihr stillzustehen drohte, wieder in Bewegung und spähte um sich, ob nicht etwa Mitreisende aus ihrem Abteil in der Nähe wären. Vergebliche Mühe! Auch nach beendetem Alarm blieben alle Anstrengungen, Rückfragen beim Bahnhofsvorstand und im Fundbüro fruchtlos. Es werde sich doch, war der Tante letzte Hoffnung, in dem Paket selbst ein Anhaltspunkt finden, der die unheilvolle Verwechslung wiedergutmachen ließe. Aber die Umhüllung war ohne jedes Zeichen einer Anschrift; und in der Schachtel, der ein kräftiger Geruch entströmte, befand sich lediglich ein Zettel des Wortlauts: »Anbei 3 Kilo Kaffee, wie ver-

einbart, 1200 Mark«. Und Kaffeeduft war es ja auch, der den Tüten entstieg, so kräftig, daß er schon Leute herbeizulocken drohte, so daß Tante Petronilla hastig den Deckel schloß.

Viel ist nicht mehr zu erzählen. Sollte es unter unsern Lesern Unschuldslämmer geben, die noch nie was von Schwarzhandel gehört haben, so sei es ihnen mitgeteilt, daß dieser Kaffee sogar recht preiswert war, denn es war guter Kaffee, wie wir späterhin öfters feststellen konnten. Denn nachdem die Tante wochenlang gewartet und selbst eine Anzeige in die Zeitung gesetzt hatte, ohne daß sich, begreiflicherweise, der unfreiwillige Besitzer der sterblichen Hülle von Felix dem Unvergeßlichen gemeldet hatte, ließ sie sich erweichen, die kostbare Gabe Fortunas an ihre Nichten und Neffen abzugeben, zuerst wenig, dann aber mehr und mehr. Unglücklich allerdings ist sie geblieben, denn mit Recht hat sie annehmen müssen, daß die Beisetzung von Felix VII., dem Unvergeßlichen, unter besonders unwürdigen Formen vor sich gegangen sein dürfte. Denn, ob nun der Kaffee schon verkauft war oder nicht – stellen Sie sich, verehrte Leser, doch einmal selbst die ohnmächtige Wut und Enttäuschung vor, wenn Sie ein Paket öffnen, in dem Sie mit gutem Grunde Kaffee vermuten, und es liegt ein toter Kater drin, zu dem Sie keinerlei Beziehungen des Herzens hatten.

BÖSE ERINNERUNG

In jenen Jahren des Schreckens waren viele Menschen bedroht, sie suchten nach einer helfenden Hand, die sie aus den Netzen der Verfolgung ziehen könnte.

»Leider«, sagte achselzuckend ein Mächtiger, »leider kann ich nichts für Sie tun!« »Aber Sie sind doch«, beschwor ihn der Verzweifelte, »mit Himmler, wie ich weiß, von früher her gut bekannt ...« »Ja, Himmler!« meinte der andere sorgenvoll, »den wollte ich eigentlich für mich selber aufheben!«

Fleisch

Im Jahr vierundvierzig, im Frühling, fuhr ich ins Schwäbische, ein Bekannter, der dort eine riesige Fleischwarenfabrik betrieb, hatte mich zu einer Besprechung gebeten; und obwohl das Reisen unterm fliegerdurchbrausten Himmel kein Vergnügen war, in übervollen Zügen, auf verstopften Strecken, ungewiß, ob das Ziel je erreicht würde – ich wäre zur Hölle gefahren, damals, angesichts solcher Verlockung, sich einmal satt zu essen und vielleicht gar ein paar Pfund Fleisch mitzukriegen als Gastgeschenk.
Und die bekam ich auch wirklich: einen Viertelzentner, wenn nicht mehr, schieres Fleisch, in einen Pappkarton verpackt, unhandlich, schwer zu tragen, die Finger schmerzhaft in den Draht geklemmt, der das Paket umschloß. »Und ich hab es doch getragen, aber fragt mich nur nicht, wie!«
Spät am Abend nach vielen Alarmen, Aufenthalten und Umleitungen es kaum noch erhoffend, kam ich in München an. Die Stadt war von den Bombern heimgesucht worden; sie sah abscheulich aus. Da und dort brannte es, Häuser waren eingestürzt, die Drähte der Oberleitungen lagen am Boden. Auf Straßenbahnen war nicht zu rechnen; und ich wohnte weit weg, an der Isar. Wie sollte ich die schwere Last nach Hause bringen? Und vielleicht hatte ich Heim und Herd verloren und stünde, die Fülle des Fleisches in Händen, vor den Trümmern des Hauses?

Da kam ich, verzweifelnd schleppend, am Künstlerhaus vorüber und sah beim Pförtner noch Licht. Ich kannte den Mann gut und ging hinein; es waren noch Gäste da – nicht leicht wird einer, ders nicht mitgemacht hat, dieses Nebeneinander von Leben und Tod begreifen, wie es damals alltäglich war, wo dicht an dicht die einen die Leichen aus dem Schutt gruben und die andern sich bei dem unwiderruflich letzten Schoppen Wein trafen, der für die Eingeweihten noch ausgeschenkt wurde.
Ich bat also den Mann – und er war gern bereit dazu, mir bis morgen das Paket aufzuheben, ich wollte es dann, mit einem Rucksack gerüstet, abholen. Von der Last befreit, ging ich durch die lange Maximilianstraße dahin, aber drei Sorgen, ungleich wohl in ihrem Rang, nicht aber in ihrem Gewicht, bedrückten mich: meine Frau lag krank im Mütterheim, mit dem Söhnchen – wie mochte es ihnen gehen? Das Haus, ja die halbe Widenmayerstraße konnte in Flammen stehen oder in Trümmern liegen; und das Paket, unschätzbar in seinem Wert, hätte ich es nicht doch mit letzten Kräften lieber heimtragen sollen, statt es so leichtsinnig fremden Händen – und Nasen anzuvertrauen? Gewiß, es war gediegen verpackt, nur mit einer Beißzange zu öffnen, es war geruchslos und verriet seinen Inhalt nicht. Aber gestohlen konnte es werden, aus Neugierde peinlich untersucht, mit Scharfsinn entlarvt oder von einem Hund gewittert, der sich dort herumtrieb: die Möglichkeiten des Verlustes steigerten sich zur häßlichsten Gewißheit: das Fleisch ist hin, nie mehr wirst du es sehen – du hast es ja überhaupt noch nicht gesehen, nur besessen hast du's, besessen warst du davon: ein Zauber wars, ebenbürtig dem Geist in der Flasche – Fleisch in der Schachtel, sündhaftes Fleisch!
Freilich, Schlimmeres war vorerst zu bestehen: die Isar

rauschte unter der Brücke, ich bog, ihren Fluten entlang, in meine Straße ein: unversehrt stand sie noch, in der Frühlingsnacht dämmernd; unter den Bäumen des Flußufers ging ich dahin, pirschte ich mich heran, von Front zu Front spähend – alles in Ordnung! dachte ich, sollte ausgerechnet ...? Du lieber Gott! seufzte ich ein Stoßgebet und erwürgte es gleich wieder: nur jetzt den lieben Gott nicht bemühen, dachte ich. Und da stand ja auch wirklich das Haus noch, schmal, zwischen zwei erdrückende Nachbarn gepreßt. Und die Tür tat sich auf, freundlich wie immer, das Licht ging an, die Treppe trug mich leicht empor – nur schmutziger wurde sie von Stockwerk zu Stockwerk und jetzt, im fünften, war es Schutt, notdürftig weggeräumt: also doch!

Was soll ich lang erzählen? Ein halber Schlag war es, das Schilf stachelte aus geborstenen Rabitzwänden, die Bücher lagen angesengt in Haufen, der Flügel war mit Brandwunden überspritzt und durchs Dach blinkte ein Stern.

Das Schlafzimmer, rückwärts, war noch ungetroffen, glimpflich war ich davongekommen, ich kroch ins Bett und schlief unverzüglich ein, so müde war ich.

Am andern Morgen erst, dumpf aus Träumen erwacht, in denen sich Weib und Kind, Bombentod und Verklärung des Fleisches zu scheußlichen Knäueln der Angst und Begierde verwirrten, schaute ich mir alles genauer an. Manches war ärger, manches hoffnungsvoller, als ich vermutet hatte. Das Telefon war hin, aber die meisten Lampen brannten noch.

Auch der Flurschrank und der Rucksack darin waren zum Glück unversehrt, und so machte ich mich auf den Weg, das Paket zu holen. Bei erster Gelegenheit rief ich im Mütterheim an, ich erfuhr, daß es meiner Frau leidlich gehe, sie wußte schon mehr als ich selber: ihr Vater,

meldete die Schwester, sei wie durch Fügung des Himmels gleich nach dem Angriff des Wegs gekommen, habe mit der Hausmeisterin und den Nachbarn zusammen gelöscht und den ärgsten Schutt weggeräumt. Leichteren Herzens eilte ich ins Künstlerhaus; so harmlos wie mirs nur gelingen wollte, fragte ich nach meinem Paket. Und siehe, es war wirklich da, wohl aufgehoben, unberührt. Nicht ohne Mühe zwängten wir, der Pförtner und ich, die unhandliche Last in den Rucksack. »Oh mein!« seufzte der Mann, »da sollt' halt jetzt lauter Fleisch drin sein!« Ich sah ihn erschrocken an: hatte er Verdacht geschöpft? Wollte er mit den so verfänglichen Worten eine mitwisserische Erpressung einleiten! Mir blieb der Atem stehen – aber schon schnaufte ich auf: nichts als die träumerische Seligkeit eines, ach, unerfüllbaren Wunsches war aus seinen Zügen zu lesen.
Beinah hätte ich, in einer Aufwallung von Großmut, ein offnes Geständnis abgelegt, hätte dem armen Teufel ein Stück Rindfleisch oder einen Nierenbraten angeboten: aber gerade noch erkannte ich, daß das Wahnsinn gewesen wäre. Und so sagte ich, wehmütig und arglos, wie ers grade gesagt hatte, ja, wie ein Echo seufzte ich »Ja, da sollt' lauter Fleisch drin sein!« Schnürte den Rucksack zu, schwang ihn fesch auf die Schulter, als wäre er leichter, als er war und empfahl mich mit herzlichen Dankesworten.
Den Viertelzentner Fleisch nach Hause zu tragen, dazu reichten meine Kräfte und mein Verstand gerade noch aus. Nun aber war ich ratlos: wie es da aus dem Karton quoll, tiefrot und rosafarben, von Rind und Kalb und Schwein – Fleisch, Fleisch, noch unverdorben, aber wie leicht verderblich! Nicht aufzubewahren, aber auch durch heimliches Fressen nicht zu bewältigen!
Zuerst fuhr ich – die Straßenbahn ging wenigstens

streckenweise wieder – zu meiner Frau, ein prachtvolles Lendenstück siebenmal eingewickelt in der Tasche. Ich wollte sie um Rat fragen: wohin mit all dem Fleisch? Sie wußte es auch nicht. Ja, wenn sie gesund zu Hause gewesen wäre, sie hätte es eingeweckt, gebeizt oder wenigstens angebraten. Sie wollte nicht einmal das Lendenstück nehmen; jedenfalls, mehr dürfte ich ihr nicht bringen, es wäre allzu verdächtig. Wir überlegten, ob wirs an Nachbarn im Hause verschenken oder zu gelegentlich-späterm Tausch anbieten sollten? Um Gotteswillen nein – die Gerüche würden sich zum Gerücht verdichten, wilder Neid würde durch sämtliche Stockwerke geistern und der erste »Unbedachte« würde seinerseits ein unbedachtes Wort fallen lassen, beim Krämer, beim Schuhmacher oder gar beim Blockwart. Freunde in der Stadt – aber wo waren sie? Ausgebombt, unbekannten Aufenthalts, oder weit in den Vorstädten zerstreut. Lediglich den Schwiegereltern konnte ich ein paar Pfund bringen, wenn ich einen halben Tagesmarsch dransetzte. Natürlich, einem Wirte hätte ichs anbieten können, aber welchen kannte ich so gut, daß ich ihm, ohne zum Schwarzhändler mißdeutet zu werden, unter vier Augen meine wunderliche Geschichte zuflüstern durfte?

Der sagenhafte Mann mit der geheimnisreichen Million im Koffer hätte noch leichter sein Geld unter die Leute gebracht, ja, ein Mädchenhändler wäre – wenn wir schon vom Fleisch reden – unverdächtiger seine Ware losgeworden, als ich im Frühjahr vierundvierzig diesen von Tag zu Tag, von Stunde zu Stunde mehr gefährdeten Berg von Filets und Schnitzeln, Rumpsteaks und Schweinsbraten.

Höchst wunderbarerweise wurde ich jedoch binnen der möglichen Frist von meinen Sorgen befreit: Freunde und Verwandte, die schworen, ganz zufällig und

ahnungslos, aus reiner Nächstenliebe gekommen zu sein, stellten sich in auffallender, in unwahrscheinlich wachsender Zahl bei mir ein – ich möchte wetten, daß sie auf rätselhafte Weise das Fleisch, den verlockenden Braten gerochen haben. Und bald ließ ich auch wirklich jede Vorsicht fahren: es ging, in dem einzigen Hafen, den ich noch hatte – fast alles Küchengerät und Geschirr war schon in einer Ausweichwohnung – an ein unendliches Sieden, auf der einzigen Pfanne ein Brutzeln und Schmoren; Teller und Bestecke brauchten wir nicht, und Brot hatten wir keines.
Natürlich waren es nicht immer *die* Freunde, in deren Mägen ich all die Köstlichkeiten liebend gern hätte verschwinden sehen mögen: aber wie hätte ich die Würdigen erreichen und einladen können? Und so mühte ich mich wenigstens, nach Kräften selber mitzuschmausen, wie die Wilden waren wir, die einen Elefanten erlegt haben und ihn nun auffressen, ausgehungert und gierig, wohl wissend, ein solcher Glücksfall würde sich kein zweitesmal mehr ereignen.

Zufall

Ein Augusttag in der Stadt, obendrein im fünften Stock, unterm unbarmherzig angeglühten Blechdach: da kann einer vor dumpfer Hitze rasend werden, gar wenn er was schreiben soll, was bis zum Abend fertig sein muß.
In Hemd und Hose sitze ich da, ächzend, vor den Kopf geschlagen, schweißüberronnen. Der einzige gute Einfall, der mir kommt, ist, mich ganz auszuziehen und in die Badewanne zu steigen, am hellichten Nachmittag.
Meine Frau muß rasch einmal zum Einkaufen gehen, sie findet den Schlüssel nicht gleich, macht nichts, sie wird läuten, wie immer, einmal kurz, einmal lang. Und sonst wird eben niemand hereingelassen.

Splitternackt laufe ich in der heißen Wohnung herum, richtig, da klingelts schon, kurz-lang, wie vereinbart. Ich hüpfe rasch an die Tür, und schiebe den Riegel zurück, laufe in mein Zimmer zurück, ohne abzuwarten, bis meine Frau hereingetreten ist und frage, von meinem Platz aus, in den Flur hinaus, allerhand läppisch-belangloses Zeug, kriege keine Antwort und höre doch das Gewispel im Hausgang – schließlich werde ich zornig, schreie hinaus, was ist denn los?, reiße die Tür auf – und sehe zwei fremde Menschen ratlos zwischen dem Stiegenhaus und dem offenen Flur stehen, eine junge Dame und einen Mann.

Ich springe zurück, haue die Tür zu, stoße mich an der nackten großen Zehe, das tut höllisch weh, aber wenn ich jetzt brülle oder auch nur winsle, halten mich meine unverhofften Besucher für völlig verrückt und holen den Rettungsdienst; ich führe also nur einen kurzen, stummen Schmerzenstanz auf, dann luge ich vorsichtig durch den Türspalt – das Fräulein ist verschwunden, nie habe ich erfahren, wer es gewesen ist, aber der Mann ist ausdauernder, denn er hat, wie ich jetzt zwischen Tür und Angel höre, die feste Absicht, mich zum Bezieher einer Zeitschrift zu machen. Zum Glück kommt jetzt wirklich meine Frau, die eine schätzenswerte Begabung hat, derlei Ansinnen rasch niederzukämpfen.

Wieso ich, fragte sie, in so verfänglichem Zustand, überhaupt aufgemacht hätte? Vermutlich ein Zufall, sage ich, es waren zwei, die sich an der Tür getroffen haben: Das Fräulein hat einmal kurz und der Mann gleich darauf lang geklingelt.

Die Plünderer

Heute bin ich wieder einmal in der Wohnung meiner Eltern gewesen, in der Steinsdorfstraße. Das Haus steht noch, aber das Erdgeschoß ist von einer Sprengbombe zerschlagen. Es ist zwar jetzt März, aber es ist kalt und alles ist dick verschneit; und so hat man gar nicht das Gefühl, als ob so viele Wochen vergangen wären seit dem Angriff vom siebzehnten Dezember. Die schmutzige Trostlosigkeit eines ewigen Winters liegt über der zertrümmerten Stadt. Neue Einschläge haben die Straßen entstellt; für viele zerschmetterte Bäume wird es keinen Frühling mehr geben.
Ich komme mir vor, als wäre ich selber nur einer der zahllosen Plünderer, die sich ständig in den zerstörten Häusern herumtreiben. Ich reiße jedesmal den Wust von Papieren auseinander, grabe nach Schätzen, schütte Schubladen voller Zettel, Durchschläge, Rechnungen und Schriftstücke auf dem Boden aus, hüte mich, weich zu werden. Immer sag ich mir vor: die Welt geht unter, was willst du noch retten? Und werfe einen Pack Briefschaften auf den großen Haufen, auf die Gefahr hin, daß ein Handschreiben von Possart oder Paul Heyse darunter ist.
Zugegeben, mit meiner eigenen Wohnung in der Widenmayerstraße habe ich so viel Arbeit nicht. Sie ist sauber und ohne Rest in Flammen aufgegangen.
Ich bleibe nicht lange allein mit meinem Geschäft. Schritte nähern sich, ich spähe vorsichtig hinaus. Ein Invalide humpelt herbei, an zwei Stöcken; aber gewandter, als man vermuten möchte, besteigt er einen zerbrochenen Stuhl und schraubt an der elektrischen Leitung herum. »Sie da!« ruf ich ihn an, und vor Schreck rumpelt er in den Schutt herunter. Die Fräu-

lein Marie vom dritten Stock, stottert er, habe ihm angeschafft, ein bissl was zu holen von dem Sach, das kein Mensch mehr brauche. Nun, ich kenne die Fräuln Marie nicht, ich weiß nicht, wer aller im Hause meines Vaters gewohnt hat; aber ich muß es wohl gelten lassen: es ist kein gewöhnlicher Plünderer, sondern immerhin ein Beauftragter der Hausgenossen. Er verschwindet allerdings verdächtig rasch, ohne erst in den dritten Stock hinaufzusteigen.
Bald darauf schlurft und poltert es wieder. Ein Wachsoldat, der auf ein Dutzend Engländer aufpassen sollte, die vor dem Haus eine Leitung aufgruben, schnuppert herein wie ein Kinihas. Er hat das Gewehr umgehängt, er macht sich, fiebernd vor Hoffnung, über einen Stapel Zigarrenkisten her. »Armer Irrer«, denk ich mir, »als ob das nicht auch mein erster Gedanke gewesen wäre, vor Erstausgaben und Chinavasen ...« Ich schaue ihm ein Weilchen zu. Plötzlich sieht er mich, wirft, was er grad in Händen hält, mit einer mürrisch-verächtlichen Gebärde weg und entfernt sich, nur von meinem Blick gedemütigt, lautlos. Lied ohne Worte.
Ein jüngerer Mann, fast ein Herr, tritt ein und blickt forschend um sich. Den werde ich mir kaufen, denke ich; aber er sieht mich rechtzeitig, und ohne im geringsten verlegen zu werden, fragt er mich höflich, ob hier der Abort noch benützbar sei. Ich sehe mich daher genötigt, ihm aufs liebenswürdigste zu versichern, daß es hier nur die Möglichkeit gebe, sich des unbewohnten Hofes zu bedienen, und überreiche ihm überdies mit Grandezza eine alte Nummer der Münchener Neuesten Nachrichten, worin in großen Lettern zu lesen ist, daß der Hottentottenattentäter verhaftet ist. Ob er – vielleicht erst auf Grund solch abgesichtigen Lesestoffs – wirklich mußte, habe ich weiter nicht verfolgt, sondern mich mit erneutem Fleiß den Trümmern meines väter-

lichen Erbes und meiner eignen, dort untergestellten Habe zugewendet.

Jetzt schiebt ein Mann herein wie ein Bär, ein Kerl, von dem man glauben möchte, er gehe für gewöhnlich auf allen vieren. Er trägt einen alten, schlaffen Rucksack, einen hungrigen Diebsmagen sozusagen, über dem breiten Buckel. Ich ergreife diesmal doch vorsichtshalber den Eispickel, der in der Ecke bei dem wohlgetarnten Öfchen steht. Übrigens – Öfchen! Sollte der geneigte Leser im Winter nicht die hundert bös qualmenden Röhren aus allen Fenstern des Technischen Rathauses und anderer Dienstgebäude gesehen haben? Die dazu gehörigen Öfen sind zum größten Teil nicht nur Eisen, sondern Dieb-Stahl; und zwar von der Polizei höchsteigen aus den zerstörten Wohnungen mit Lastwagen abgeholt. Ein prächtiges Verfahren: der Ofenbesitzer kriegt keinen Wagen, um das kostbare Ding wegzuschaffen, die Polizei erklärt die Öfen für vogelfrei und verhaftet sie.

Ich ergreife also den Eispickel und lauere. Der die öden Räume durchschweifende Mann schaut sich den und jenen Gegenstand an, prüft ihn auf Tauglichkeit und Gewicht. Ich räuspere mich, er blickt auf. Was er hier suche, frage ich in strengem Ton. Nichts, sagt er drohend, sieht die Waffe in meinen Händen, wechselt blitzschnell seine Haltung und sagt zutraulich: man werde doch einmal schauen dürfen? Ja, mit den Händen schauen, ich kennte das, poltere ich los. Hernach fände man dann alles durcheinandergewühlt und aufgesprengt und die besten Stücke davongetragen. »Geln S'«, meint er treuherzig, »man hörts allenthalben, daß so viel gestohlen wird. Die Leute sind so schlecht heutzutage ...« und er erzählt mir eine Geschichte, wie seiner Frau bei der Bäckerin der Geldbeutel aus der Tasche gemaust worden ist. Meiner Frau ist auch die Marken-

tasche weggekommen; so ergibt sich ein erbauliches Gespräch über die Verderbtheit der Welt, an der wir nicht mitschuldig zu sein begehren. Er wirft noch einen traurigen Blick auf die zerfetzte Wohnung und bestätigt, daß die sauber ausschaue und entfernt sich mit einem herzlichen Grüß Gott. Vermutlich wird er am Abend wieder kommen ...
Da pfeift draußen die Lokomotive der Kleinbahn, und der »rasende Gauleiter« hält vor der Wohnung. Herein tritt der Lokomotivführer, der den längeren Aufenthalt nicht ungenützt verstreichen lassen will. Mit schöner Unbefangenheit, als käme er in einen Laden, erklärt er, daß er sich ein Buch heraussuchen wolle, am liebsten einen Kriminalroman. Da werde es schlecht ausschauen, sage ich und führe ihn vor das Gestell, das freilich immer noch hundertmal reichhaltiger ist als eine zeitgemäße Buchhandlung. Ich berate ihn fachmännisch und gebe ihm auch noch ein Bilderbuch für die Kinder mit. Es freut einen doch, wenn man sieht, wie das einfache Volk zur Literatur strebt und sich zum Guten erziehen läßt. Auch dieser brave Mann, der ja täglich mehrmals vor dem Hause hält und ein Kenner dieser Gegend ist, bestätigt mir, daß die Leute ganz frech hier aus und eingehen, wie in einem Taubenschlag. Erst heute früh hat er seinen Heizer auf einen Kerl aufmerksam gemacht, der mit einem Sack in der Hand herein ist und der ganz gewiß nicht hergehört hat. Ich bewundere das feine Rechtsempfinden des schlichten Mannes und beende gleich nach seinem Weggehen für heute mein Tagewerk. Seit dem Dezember grabe ich nun in diesen Trümmern, verwerfe das Unwichtige und lege das Gute zusammen. Das hat natürlich den Nachteil, daß sich die Plünderer viel leichter tun: sie brauchen nur aus dem bereits mit unendlicher Mühe gesichteten Haufen zu wählen.

Einen letzten Blick werfe ich noch auf das wüste, immer neu gebändigte Chaos, um doch gleich mitzunehmen, was sich irgend tragen und in die Straßenbahn verfrachten läßt. Da liegen, aus der Mappe gerissen, die Deckblätter meiner Handzeichnungen. Die habe ich freilich seinerzeit herausgetan und wohlgeborgen, mein Gott, was man heute bergen heißen kann. Ein einziges Blatt ist mehr wert, als alles, was hier an Büchern und Gerümpel noch herumliegt. Aber sollte ich nicht auch die Mappen noch mitnehmen, für den Tag, da die kostbaren Blätter wieder in ihre Rechte zurückgeführt werden können? Wieviel Mühe hat sich meine Frau gegeben, um die sauberen Pappen zu schneiden?
Ich blättere den Stoß an, verstaubt ist er und von Granaten angefetzt. Aber da – und mir erstarrt das Blut zu Eis – da sind ja noch drei, vier Aquarelle: und ich entsinne mich plötzlich, daß ich sie in ihren Hüllen gelassen hatte, weil sie besonders fest verklebt waren und weil ich sie, in einer Anwandlung von Seelengröße, dem unbekannten Gotte zum Opfer hatte anbieten wollen.
Zwölf Wochen lang sind sie nun hier gelegen, Möbel und Kleiderbürsten, Bücher und Heizkissen, Bilderrahmen und Kochtöpfe sind davongetragen worden, hundert Augen haben gesucht, tausend Füße sind vorbeigetrampelt, aber diese vier Blätter in Wasserfarben, diese unschätzbaren Köstlichkeiten, jeder Sammlung würdig, sind unbeachtet liegen geblieben, mehr noch, sie sind geprüft und verworfen worden, als nicht des Mitnehmens wert. Ich bin nun doch wieder froh, daß die Volksbildung keinen allzugefährlichen Grad erreicht hat.
Mit wollüstigem Grausen packe ich meine Lieblinge in einen mächtigen Plan der Stadt München, und dieses Märchengebilde unzerstörter Straßen, Plätze und Denkmäler erinnert mich an verschollene Friedenszeiten mei-

ner ersten Erwerbungen: so hüllte ich auch damals meine Funde in Altpapier von tieferer Bedeutung.

Es dämmert schon, wie ich das Haus verlasse; da höre ich noch einen späten Wanderer, und es taucht ein Mann auf, schwer mit Holz beladen, die ich als die Reste einer Vitrine erkenne, die ich eigentlich noch hätte richten lassen wollen. Jetzt, denke ich, habe ich endlich den Verbrecher gefaßt, an dem ich meinen Zorn auslassen kann. Ich rufe ihn an, er geht stumm vor mir her, als wäre er taub. »Sie!« sage ich zornig, »was fällt Ihnen eigentlich ein? Sie nehmen ja gleich die Möbel zum Einheizen mit? Sie gehören ja als Plünderer erschossen!« Da dreht sich der Mann um, lächelt mich pfiffig aus seinem Greisengesicht an und sagt: »Fünfundachtzig Jahr bin ich alt!« Und geht still seines Weges weiter. Was soll ich da machen? Fünfundachtzig Jahre – das ist soviel wie ein Jagdschein ...

UND SEITHER...

Ein Erlebnis

Im Sommer 1945 war ich Stadtrat – keine vierzehn Tage, dann war ich »abgeschossen«. Ich kam gerade, nach Ablieferung meiner Amtskette, nach Hause – es hieß, ein Herr warte auf mich. Ein mir völlig Unbekannter streckte mir strahlend beide Hände entgegen; mit vor Rührung bebender Stimme sprach er: »So sehe ich Sie glücklich wieder, lieber, verehrter Freund, nach all den Jahren ...« »Ehe Sie weitersprechen«, sagte ich ahnungsvoll, »möchte ich Ihnen mitteilen, daß ich seit heute nicht mehr Stadtrat bin!« »So!« rief er zornig, »und da laufe ich den weiten Weg bis zu Ihnen heraus bei *der* Hitze!« Und verließ, ohne mich noch eines Blickes zu würdigen, das Zimmer.

Schlechtes Beispiel

Froh, einem sehr dringenden Bedürfnis endlich nachgehen zu können, steige ich in die Tiefe hinab, wo mir die Wartefrau entgegenjammert: »Oh mein, oh mein, die Menschen sind oft keine Menschen nicht!« Um sie über ihr schweres Los zu trösten, gebe ich ihr im voraus ein fürstliches Trinkgeld. Sie aber schaut mich mißtrauisch an und warnt mich, ihr keine Schererein zu machen. »Sehe ich so aus?« frage ich spöttisch. »Ja!« sagt sie, »da ist erst neulich einer gekommen, hat mir ein Markl geschenkt und nachher hat er sich drin aufg'hängt!«

Der Mongole

Während der übelsten Nachkriegszeit, vielleicht im Nachwinter sechsundvierzig, als das Schicksal entweder mit der Breitseite stumpfer Verzweiflung oder der Schärfe durchdringender Gemeinheit auf uns eindrosch, läutete es am späten Nachmittag an der Tür unseres Einfamilienhauses. Auch das ist nur bedingt richtig, denn das Haus beherbergte noch fünf Untermieter und einen Kindergarten, aber zur Zeit war ich mit meiner Frau und dem kleinen Söhnchen allein, die Mieter waren beim Hamstern, der Kindergarten wegen Grippe geschlossen, was weiß ich.

Wenn damals jemand läutete, war es etwas Unangenehmes. Nicht gerade die Gestapo, das wollen wir dankbar anerkennen, aber die Eierfrau wars auch nicht, sondern ein Beamter oder ein Bettler, beide mehr zur Gewalt neigend als zur Höflichkeit. Diesmal war es ein Bettler. Ein großer, zaundürrer Mensch von dreißig Jahren etwa, in einer zu kurzen, verschlissenen schwarzen Montur, mit einem völlig entfleischten, wachsblassen Gesicht und struppigen, tief in die Stirn gewachsenen, geschorenen Haaren. Es wäre eine der besten Masken gewesen, die der berühmte Karl Valentin sich je ersonnen – aber der Bursche war echt.

Ich erwartete nichts anderes, als daß er mich jetzt polnisch oder tatarisch anreden würde, aber als er seine halb eingelernte Bitte vortrug, sprach er das unverfälschteste Münchnerisch, das ich je gehört habe. Dabei tat er den Mund kaum auf, sondern zog nur mit einem starren Grinsen die linke Oberlippe in die Höhe, daß ich seine großen Pferdezähne sah. Er wollte natürlich Geld, er faselte was von einer Reise nach Amberg, wo, wie er gehört habe, seine Zieheltern lebten, die er seit

Kriegsausbruch nicht mehr gesehen habe. Wenn ich eine Arbeit für ihn hätte, Holzmachen oder dergleichen, wäre es ihm am liebsten.
Er sprach völlig tonlos, spielte mit seinen riesigen Händen und hielt während der ganzen Rede einen traurig-stechenden Blick unentwegt auf mich gerichtet. Ich mußte ihn nun doch, obwohl ich ihn gern gleich wieder fortgeschickt hätte, denn mir war es unbehaglich, nein, ich mußte ihn doch fragen, so neugierig war ich, was er für ein Landsmann sei.
»Wissen S'«, sagte er, genauso schwermütig-teilnahmslos, »eigentlich bin i a Mongole. I woaß's aa net genau, i moanat, vom Baikalsee in der Näh'. Wissen S' scho, wie 's geht, meine Eltern san z'letzt anno achtadreißg auf der Wiesn g'wen und wie s' g'hört hamm, daß 's an Krieg gebn soll, san s' auf und davon – ohne mi' versteht si', i bin damals zwölf Jahr alt g'wen.« Und nach einer Weile finsteren Schweigens: »Aufg'wachsn bin i in Giesing. Und zu dene Leut möcht i, sie soll'n nach Amberg verzog'n sein. G'wiß woaß i's aa net.«
Der junge Mann – um zehn Jahre jünger, als ich ihn eingeschätzt hatte – war also ein Schaustellerskind, aus dem tiefsten Asien, von den Eltern in München ausgesetzt: Auch für das Jahr sechsundvierzig, wo man allerhand Neuigkeiten erfuhr, ein ungewöhnlicher Fall.
Noch erstaunlicher fast war es, daß er mit dem Holzhacken ernst machen wollte; alle andern Schnorrer dachten nicht im Traum daran, wirklich zu arbeiten, sie begnügten sich mit dem guten Eindruck, den es immer macht, wenn wer so tut, als ob er was tun möchte. Ich sagte ihm, wir hätten wohl Holz, aber zähes, knorriges Zeug, über das sich noch niemand getraut hätte; ich sah dabei besorgt und ungläubig auf seine dürftige, ausgemergelte Gestalt, während ich ihn zu den mächtigen Fichtenscheitern führte. Er sah sie abschätzig an,

verzog den Mund zu einem unsagbar traurig-verächtlichen Lächeln und sagte: »Morgen früh pack i's!«
Ich wußte nicht recht, ob ich ihn für einen Prahlhans halten sollte oder für eine Gestalt aus einem Märchen, wo sich einer vermißt, einen Berg Brot aufzuessen oder Eichbäume wie Gras zu rupfen. Er verlor nicht einen Augenblick seine trübsinnig-gleichgültige Haltung und, immer den undurchdringlichen Blick auf mich gerichtet, meinte er, genauso eintönig schleppend redend wie immer, ich sollte ihm ein möglichst großes und scharfes Beil hinter die Schuppentür stellen, er fange zeitig an und wolle uns nicht aufwecken.
Und er ging, ohne für den Augenblick Geld, Essen oder Zigaretten zu verlangen, ja, er war verschwunden, ehe es mir selber zum Bewußtsein kam, daß ich ihm wenigstens ein Stück Brot hätte anbieten müssen.
Am Abend stellte ich das Beil hinter die Tür und sagte zu meiner Frau, der Bursche komme ja doch nicht. Aber mitten in der Nacht, ich schlief schon, da rüttelte mich meine Frau auf und das hellichte Entsetzen stand in ihren Augen: ob wir wohl Wahnsinnige wären, rief sie, einem wildfremden Menschen, einem Strolch, einem Asiaten noch die Axt bereitzulegen, daß er uns und die Kinder hinschlachten könnte beim Morgengrauen! Ich machte wirklich ein dummes Gesicht, an so was hatte ich nicht gedacht. Es kam mir jetzt selber so vor, als ob aus den stechenden Augen des mongolischen Ungeheuers die Mordlust gefunkelt hätte. Das furchtbare Geheimnis Asiens schaute mich mit einem eiskalten Blick an – ich mußte auch meiner Frau recht geben, die darauf hinwies, daß Nacht für Nacht ein anderes Anwesen ausgeplündert werde und die zuständige Polizeiwache dreiviertel Wegstunden entfernt sei.
Ich war schon fast entschlossen, die Axt zu holen und in den Keller zu tragen, doch siegte wieder einmal die

Faulheit, die sich gern einreden ließ, ein Stück Eisen, um uns totzuschlagen, fände sich heutzutage an jeder Straßenecke. Immerhin sah ich alle Riegel und Schlösser nach und hielt zur Beruhigung den Eispickel griffbereit, die beste Hieb- und Stichwaffe, die's gibt. Es kam aber zu keinem nächtlichen blutigen Gemetzel, sondern wir schliefen, bis uns der Klang kunstgerechten Holzhackens weckte.

Als wir uns angezogen hatten und in den Garten traten, stand der Mongole in einem Wall frischgeschlagener Scheiter, hoch schwang er das Beil, die groben Klötze daran gepickt, als wären sie glattes Rundholz. Er hatte sein verwetztes schwarzes Jäckchen abgelegt, aus dem zerrissenen Hemd schauten die steckendürren Arme, er schwitzte nicht, er keuchte nicht, er sah mit dem abgründigen Trauerblick auf seine Arbeit und schlug zu, daß der Hackstock hüpfte.

Wir brachten ihm Kaffee und Marmeladebrot, wie wirs selber hatten, er löffelte und schlang alles gleichmütig in sich hinein, bei einer Zigarette suchte ich ihn zum Reden zu bringen, er war aber heute wortkarg, und auf die Frage, wo er die Nacht verbracht hätte, gab er, nur mit den Händen, eine vielsagende Auskunft.

Bis Mittag war er fertig, es schien die bare Zauberei aus dem Märchen zu sein, wir wären kaum erstaunt gewesen, wenn er zum Lohn ein Wunschhütlein verlangt hätte oder sonst ein Wunderding, das wir besäßen, ohne es zu wissen. Er forderte jedoch nichts, er meinte, wir würden es schon recht machen. Das versuchten wir denn auch nach Kräften zu tun mit Speis und Trank und Tabak, wir gaben ihm ein reichliches Zehrgeld und zum Schluß holte ich noch eine alte Jägerjoppe und einen verblichenen Hut aus dem Kasten, die Lederhose, die dazu gehört hätte, war längst schon, in Mehl verwandelt, aufgegessen, aber ein leidliches Hemd fand sich

noch. Unser Heinzelmännchen – nein, der Vergleich paßt doch nicht ganz auf den zaundürren, fahlhäutigen Burschen, aber bringen will ich ihn doch, denn wie im Märchen betrug er sich: er streichelte liebevoll das Gewand, entledigte sich an Ort und Stelle seiner verblichenen Fetzen, im Garten, wo der letzte Schnee vom Dach schmolz und die erste Amsel das Singen übte, und schlüpfte in Hemd und Joppe.
»Bin ich kein Knabe, hübsch und fein, was brauch ich da länger Holzhacker sein!« Fast glitt etwas wie Behagen über sein verschlossenes Gesicht. Er nickte uns zu, lüpfte den neu erworbenen grünen Hut, er ging, die alte Montur in eine Zeitung gewickelt, sonst hatte er kein Gepäck. Er stapfte die Straße hinunter, die vorfrühlingsblasse, sträucherkahle, ein bißchen Sonne huschte über ihn, als er um die Ecke bog, der Münchner Mongole, oder der mongolische Münchner, nie mehr haben wir von ihm gehört. Und einem so fremden Einheimischen sind wir auch nicht wieder begegnet, so reich jene Jahre waren an wunderlichen Menschen.

MISSVERSTÄNDNIS

Am Samstagabend, im Hochsommer, gehts wild auf in dem Bergwirtshaus, in dem ich grad noch eine Kammer zur ebnen Erde zum Übernachten erwischt habe.
An einen Schlaf ist freilich nicht zu denken; zwei Burschen sind, stinkbesoffen, wie sie waren, hinausgeschmissen worden und brüllen jetzt draußen wie röhrende Hirsche. Mit Gewalt möchten sie wieder herein. Sie versuchens an der Haustür mit dem Werfen von Holzscheiteln, sie prüfen mit der Schläue, die mitten im Rausch so gefährlich ist, ob nicht vorn oder hinten ein unverhoffter Einschlupf ist.

Mein Fenster ist zwar vergittert, aber die Lackl sind ja imstand und reißen die Eisenstäbe samt dem Fensterstock heraus; es ist recht ungemütlich, in die Mondnacht hinauszuspähen, zu horchen, ob die Belagerer noch immer nicht abziehen wollen. Endlich, lang nach Mitternacht, machen die von drinnen, weil sie doch auch einmal heim wollen, einen Ausfall, der Lärm der homerisch sich beschimpfenden Helden verliert sich in der Ferne, Totenstille tritt ein. Und am andern Morgen, der warm und strahlend schön sich über die Wiesen, Wälder und Felsen legt, ist das wilde Wirtshaus von gestern die unschuldigste Idylle, die sich denken läßt.
Die junge, dralle Magd bringt mir das Frühstück, und ich sage zu ihr: »No, das war ja a schöne Gaudi heut nacht! Ich hab schon g'meint, sie kommen gleich zu mir ins Bett herein!« Sie errötet, schaut mich geschämig an – und hat mich gründlich mißverstanden: »I waar scho kumma«, sagt sie, »wenn i g'wußt hätt, daß Ihnen das recht ist!«

Der Besuch

Die freundlich-unverbindliche Aufforderung, gelegentlich bei uns vorbeizuschauen, hatte ein weitläufig Bekannter so ernst genommen, daß er schon am nächsten Nachmittag vor der Türe stand. Ich hätte, von Terminen bedrängt, weiß Gott Wichtigeres vorgehabt als ein Plauderstündchen, aber – ein Mann, ein Wort – ich begrüßte den hereingeschneiten Gast mit so viel Wärme, daß er hätte auftauen müssen, wenn er nicht eben ein Eiszapfen gewesen wäre, bei dem alle Schmelzversuche vergeblich waren.
Ich wußte nicht, wozu er gekommen war, einsilbig saß er da, schweigend trank er den Kaffee, den ihm meine

Frau brachte, linkisch stocherte er im Kuchen herum, in stummer Bedächtigkeit rauchte er eine Zigarre, umständlich sog er an seinem Kirschwasser: nichts wußte er zu rühmen. Die Zeit ging und ging, aber ich unterdrückte jede Anwandlung von Ungeduld; der Nachmittag ist sowieso schon hin, dachte ich, also mache ichs gleich ganz ab und sühne meine Leichtfertigkeit. Ein Dutzend von Gesprächen suchte ich einzufädeln, meine Bücher zeigte ich ihm und meine Sammlungen, ich kann es auf meinen Eid nehmen, daß ich selten einen Gast liebreicher und aufmunternder gepflegt habe als diesen Mann, der obendrein Freudensprung hieß. Hätte er mehr Format gehabt, hätte es wenigstens zu einem steinernen Gast gereicht, es blieb aber nur ein hölzerner; ein Pfahl in meinem Fleische. Und als er endlich aufbrach – ich stelle noch einmal fest, daß ich alles an ihn verschwendet hatte, was zu bieten war: Zeit, Kaffee, Kuchen, Zigarre und Schnaps und wiederum Zeit – da tat er es mit den Worten: »Ich sehe schon, daß ich Ihnen heut ungelegen gekommen bin, vielleicht darf ich ein andermal mein Glück versuchen!«

Wunderlicher Abend

Reich bin ich nicht, aber ein paar Mark habe ich immer in der Tasche. Ich muß gestehen, daß ich ein Spießer bin, hilflos ohne Geld, ein Feigling, bar allen Vertrauens auf das Glück. Und lieber würde ich einen Tag lang hungern, als daß ich, leichten Sinns, einen Bekannten (vorausgesetzt, ich träfe ihn) um eine Kleinigkeit ansprechen möchte.
Eines Abends aber stand ich wirklich in der Stadt, mit leerer Brieftasche, einer Mark Kleingeld im Beutel und dem letzten Fahrschein eines Sechserblockes, wie er da-

mals noch üblich war, der wenigstens meine Heimbeförderung in der Straßenbahn sicherstellte. Ich wollte einen Vortrag besuchen, eigens zu diesem Zweck war ich hereingefahren – eine Mark würde der Eintritt kosten; also konnte ich's wagen. Freilich, nicht einmal eine Semmel durfte ich mir kaufen, so hungrig ich auch war.

Ich traf natürlich viele Bekannte in dem Hörsaal, und ich hätte mich nur einem von ihnen anvertrauen müssen – aber wem? Der Rektor der Universität war vor schier vierzig Jahren mein Hauslehrer gewesen, der Rektor der Technischen Hochschule hatte mit mir das Gymnasium besucht. Der Vortragende selbst hatte schon manche gute Flasche bei mir getrunken – aber, zum Teufel, mußten es denn lauter Magnifizenzen und Geheimräte sein, die mir begegneten? So gut ich mit ihnen stand, anpumpen wollte ich sie nicht. Und unter den Jüngeren war gewiß mancher arme Teufel, den ich mit der Bitte, mir fünf Mark für ein Abendessen zu leihen, in arge Verlegenheit gebracht hätte.

So kratzte ich denn die letzte Mark für meinen Platz zusammen, hörte den Vortrag an und blieb, um allen Zufällen aus dem Weg zu gehen, noch sitzen, bis sich der Schwarm verlaufen hatte. Draußen regnete es, was nur vom Himmel ging, aber mir blieb keine Wahl; mit hochgeschlagenem Kragen drückte ich mich an den Häusern entlang, zur nächsten Straßenbahnhaltestelle, den Fahrschein hielt ich in der Hosentasche, er war ja mein höchster Hort.

Da löste sich eine Gestalt aus dem Dunkel, und es trat mir der Doktor Krüller entgegen, ein guter Freund gewiß, wenn man die Leute so nennen will, mit denen man seit dreißig Jahren alle heiligen Zeiten einmal ein paar flüchtige Worte wechselt, des gewiß nicht unehrlichen Bedauerns voll, daß man sich gar so selten sieht.

Jetzt freilich war mir jede Begegnung unerwünscht genug – oder sollte mir der Himmel den Mann geschickt haben, daß er mich speise, wie der Rabe den Elias, nicht mit einem Stück Brot allerdings, wohl aber mit einem Fünfmarkschein, es konnte ein Zehner auch sein?!
Ein Rabe war es, ich sollte es gleich merken, aber keiner, der einen Hungrigen zu atzen herbeifliegt – denn während ich noch überlegte, ob ich ihn eigentlich so gut kennte, daß ich ihn um eine solche Gefälligkeit angehen könnte, hatte er bereits den Mund aufgetan: »Sie schickt mir der Himmel!« rief er, genau wie ich's eben sagen wollte; und: »Können Sie mir nicht ein paar Mark leihen, damit ich wo einen Happen essen kann – ich muß hernach noch in einen anderen Vortrag!«
Zehntausendmal (dreißig Jahre zu dreihundertfünfzig Tagen roh gerechnet) hätte ich mit Freuden sagen können: »Aber gern, mein Lieber!« und wäre froh gewesen, daß jemand nur drei Mark von mir haben wollte und nicht fünfzig oder gar hundert. Und ausgerechnet heute mußte ich ihm gestehen, daß ich selber keinen Pfennig bei mir habe. Oh, schmachvoller, uralter Witz aus den Fliegenden Blättern, unglaubwürdigste, in ihrer Dummdreistigkeit tödlich kränkende Schnorrerabfuhr: »Portemonnaie vergessen? Sie werden lachen: Ich auch!«
Und wenn's wenigstens wirklich ein guter, oft erprobter alter Kumpan gewesen wäre – ohne einen peinlichen Rest von Mißtrauen hätte sich alles in Heiterkeit auflösen lassen. So aber war's unerquicklich genug, wie wir nebeneinander hergingen; wer weiß, wie schwer es auch dem andern gefallen war, mich mit vielleicht nur gespielter Leichtigkeit um ein paar Mark anzuhauen: und die Demütigung einer Fehlbitte blieb, ein Stachel in seinem Herzen, wie hilflos ich mich auch bemühen mochte, ihn herauszuziehen. Er werde eben ungegessen

in seinen Vortrag gehen, meinte der Doktor kläglich, die anderthalb Stunden bis dahin hoffe er schon herumzubringen. Der Regen lasse ohnehin nach. Und ehe ich mich's versah, hatte er sich ziemlich frostig verabschiedet und tauchte in die feuchte Finsternis zurück, ohne meine weiteren Unschuldsbeteuerungen abzuwarten. Ich spürte: er traute mir nicht.

Die Straßenbahn kam, ich stieg ein, im Augenblick, wo ich meinen Fahrschein zum Umsteigen zu meinem weit entfernten Vorort zeichnen ließ, kam mir erst der Gedanke, daß der Ärmste wohl nicht einmal hatte fahren können und nun zu Fuß in der Stadt herumlaufen mußte. Und ausgerechnet jetzt rief mich ein Schulkamerad an, mit der lässigen Fröhlichkeit uralter Vertrautheit; und ich setzte mich zu ihm, und, wie konnte es anders sein, ich erzählte ihm, ohne jeden Hintergedanken, die saudumme Geschichte, die mir soeben begegnet war. Der Schulkamerad zog die Brieftasche, ich wehrte ab, er wollte mir einen Zwanzigmarkschein aufdrängen, nein, sagte ich, die Gelegenheit sei verpaßt, nun sei ich schon entschlossen, nach Hause zu fahren. Ohne Geld, meinte der andere, sei man ein halber Mensch, zehn Mark, fünf wenigstens, müßte ich nehmen, und schließlich sträubte ich mich nicht länger und ließ mir zwei Mark in die Hand drücken. Und stieg am Bahnhof aus.

Schon im Begriff, sofort umzusteigen, überlegte ich mir, daß ich daheim, wo man mit meinem Kommen nicht rechnete, vielleicht keinen Bissen vorfinden würde, und daß es, da ich nun schon die zwei Mark in der Tasche hatte, das Gescheiteste wäre, in der Bahnhofswirtschaft wenigstens ein Paar Würstel zu essen; ganz rasch nur, versteht sich, und ohne den Anspruch auf meinen Umsteige-Fahrschein aufzugeben. Gar so genau werden's die Schaffner nicht nehmen.

Die Wirtschaft war um diese Zeit des Stoßverkehrs überfüllt, so schnell, wie ich gedacht hatte, ging es mit den Würsteln also nicht. Hingegen wurde mir, nach schöner alter Münchner Sitte, ehe ich mich dessen versehen hatte, ein Glas Bier hingestellt, und mehr aus Gewohnheit als aus Durst tat ich einen kräftigen Schluck. Zwischen Lipp und Kelchesrand schwebte der finstern Mächte Hand: ich hatte das Glas noch am Munde und schaute geistesabwesend in die Gegend: da trafen mich zwei Augen, von Hohn und Verachtung glühend, ein spöttisches Lachen zeigte sich auf einem Gesicht, das unzweifelhaft das von Doktor Krüller war.

Ich hielt, völlig erstarrt, das Glas steif in die Luft, ich wollte rufen, der Ton erstarb mir in der Kehle, ich sprang auf – da stellte der Kellner die Würstel vor mich hin und fragte mit höflicher Bestimmtheit, ob er gleich kassieren dürfe – ein Helles, ein Paar Pfälzer mit Kraut, zwei Brot: einsachtzig, mit. Und schon hatte er die zwei Mark ergriffen, zwei Zehnerln tanzten vor mir auf dem Tisch – *ein* Brot, wollte ich verbessern, Herr Ober, nur *ein* Brot! Aber er war schon fort, und wie sollte ein wohlgekleideter besserer Herr vor all den Leuten eine Szene machen wegen eines Stückchens Brot um zehn Pfennige?

Wunderlich genug benahm ich mich wohl ohnehin – in einer Bahnhofswirtschaft mochte es hingehen, wo es manch einem plötzlich höllisch pressiert: ich ließ Bier und Kraut stehen, ergriff Hut und Würstel und rannte davon – vergebliche Eile: Der Doktor war im Gewühl verschwunden, ich fand ihn nicht mehr.

Und wenn ich ihn gefunden hätte, so sagte ich mir zum schlechten Trost, wie hätte ich ihm die Geschichte erzählen sollen, die von meinem Standpunkt aus so eindeutig war, wie sie es für ihn sein mußte – nur im entgegengesetzten Sinn. Er hatte mich, der frech behauptet

hatte, keinen Pfennig in der Tasche zu haben, eine halbe Stunde später trinken und schmausen gesehen; wiederum ein altes Witzblattpäßchen, unumstößlich literarisch erhärtet, weiß Gott nicht mehr neu für einen, der seit fünfzig Jahren in den Dschungeln der Großstadt haust. Nur um eine menschlich-unmenschliche Erfahrung mehr. Ich würde ihm einen Brief schreiben – eine faule Ausrede, mein Lieber, glaube sie, wer will...
Meine Würstel hatte ich gegessen, unfein genug, auf offener Straße. Da kam meine Bahn, ich stieg ein, ich reichte, so selbstgewiß ich's vermochte, dem Schaffner meinen Fahrschein. »Gradaus!« sagte ich leichthin. Der Schaffner, schon im Begriff, den Schein zu entwerten, stutzte: ich möchte wetten, mein schlechtes Gewissen war übertragbar. Mit dem Schein, knurrte er, könnte ich nicht mehr fahren, er zog seine Uhr und sagte, von Satz zu Satz gröber werdend, ob ich vielleicht glaubte, er werde sich bei einer Kontrolle Schereien auf den Hals ziehen wollen. Da kämen – und er hielt bereits einen allgemeinen Vortrag an die schadenfroh aufhorchenden Fahrgäste, so ausgeschämte Leute, die täten unterwegs ganz schnell einmal auf zwei Stunden ins Kino gehen, und dann möchten sie mit derselben Karte noch heimfahren. Und entweder müßte ich einen neuen Schein lösen oder aussteigen.
Dabei schickte er sich schon an, diese neue Karte zu zeichnen – denn unzweifelhaft mußte ihm erscheinen, wie meine Entscheidung ausfiele; und er nahm es denn auch für bare Bosheit, als ich schroff erklärte, lieber aussteigen zu wollen.
Ich weiß schon, auch meine Leser werden den Kopf schütteln und mir hinterher einen Haufen guter Ratschläge geben. Die meisten davon habe ich auf dem langen, langen Heimweg selbst überdacht: ein einigermaßen weltläufiger Mensch wird doch um ein Zehnerl

nicht die Schneid sich abkaufen lassen (ach, es war das Zehnerl, das ich für ein nichtgegessenes Stück Brot bezahlt hatte!). Ich weiß schon, ich hätte mit dem Schaffner verhandeln, ich hätte mit einem fröhlichen Aufruf an mein Volk die zehn Pfennige erbetteln sollen. Und zu Fuß hätte ich auf keinen Fall heimgehen müssen, ein hocherfreuter Taxifahrer hätte mich nach Hause gebracht, und ich wäre nur schnell in die Wohnung gehüpft, um ihm das Geld zu holen.
Aber wer so vernünftig denkt, der vergißt eben, daß es keine fünfaktigen Trauerspiele gäbe, wenn jeder Mensch schlankweg das Richtige täte, unversehrt vom Gifthauch der Dämonen. Und wem, glaubt der Leser, bin ich, die Zufälle dieses Abends behadernd, am meisten gram gewesen? Dem Schulkameraden, der wie ein rettender Engel erschien und mich mit seiner verwünschten Hilfe in den vollen Strudel des Verhängnisses gestoßen hat. Ohne ihn wäre ich brav nach Hause gefahren, geradenwegs, und hätte die wunderlichen Wege des Schicksals nicht mehr gekreuzt.

Der Namensgleiche

Es ist nicht weiter erstaunlich, daß zwei, ja daß hundert und tausend Menschen Karl Müller heißen und wenn dann obendrein beide in einer Kompanie zusammentreffen oder sich in der gleichen Stadt als Anwälte niederlassen, dann hilft man sich leicht mit den römischen Ziffern eins und zwei aus, und wenn gar ein solcher Karl Müller wegen Raubmords ins Zuchthaus gekommen ist, dann läßt ein Dutzend Namensvettern in die Zeitung rücken, daß sie mit diesem weder personengleich noch verwandt sind und daß man also zu ihnen nach wie vor das Zutrauen haben kann, daß sie keinen umbringen.

Aber ich könnte schon mit seltsameren Zufällen aufwarten, just solchen, die mir selber begegnet sind. Daß ich zu ungewohnter Zeit in Taormina der einzige Gast eines großen Hotels war (ein scheußlicher Zustand übrigens, so verloren in einem riesigen Speisesaal täglich sein Menu herunterzuessen und mit jedem Gabelklirren einen Kellner herbeizuzaubern) und daß endlich ein zweiter kam, ein Herr meines Alters, der als Zimmernachbar den geräumigen Balkon mit mir teilte – nein, das ist noch nicht verwunderlich: aber daß er sich am ersten Abend vorstellte: »Roth ist mein Name!« und ich, das Drollige sofort durchschauend, ernst und knapp mich verneigte und auch »Roth« sagte, das ist doch wohl ein wenig spaßhaft. »Jawohl, Roth!« sagte der Herr freundlich, ahnungslos, nur um mir zu bestätigen, daß ich ihn richtig verstanden hätte. Ich ließ ihn noch ein wenig zappeln, er buchstabierte mir schließlich, schon ein bißchen gereizt, den Namen, bis wir mit Gelächter die Komödie der Irrungen auflösten.

Auch auf meinem eigenen Grab bin ich schon einmal gestanden, und ich muß gestehen, daß mir das doch schier grauslich vorgekommen ist. Bei der Beerdigung eines Freundes füllten die Trauergäste den ganzen Umkreis, so daß wir auch auf die umliegenden Gräber traten. Und da sah ich, daß der Stein, an den ich mich gelehnt hatte, die Inschrift trug: Dr. Eugen Roth. Und da ich immerhin, laut Adreßbuch, unter hundert Roths der einzige Doktor Eugen bin, war ich doch einigermaßen betroffen.

Daß es zwischen mir und meinem Vater genug Verwechslungen gab, wird niemanden verwundern, der weiß, daß wir beide Schriftsteller sind, beide Jahre lang an der gleichen Zeitung gearbeitet haben und daß mein Vater, Hermann Roth, weit über München hinaus durch Festspiele und Vorsprüche (vor allem das Münchner

Kindl, das früher bei keiner Tagung oder Feier fehlen durfte) bekannt geworden ist, bis ich ihm auch hier ins Handwerk pfuschte. Nun ist freilich mein Vater mit seinem Kopf, seinem Spitzbart und seinem weißen, flatternden Künstlerschlips eine weitaus bekanntere Erscheinung der blühenden Münchner Zeit gewesen als ich. Und flüchtig, wie die Menschen nun einmal sind, verwechselten sie ohne weiteres die Vornamen und trauten auch die heiteren Gedichte vom Menschen, Wunderdoktor und der Frau in der Weltgeschichte dem sonnigen Humor des alten Herrn weit eher zu als dem weniger verbindlichen Sohn. Kurz, es kam Jahre lang zu Vertauschungen dritten und vierten Grades, gegen die der selige Galletti mit seinem: »Zuerst hielt ich Sie für Ihren Herrn Bruder, dann sah ich, daß Sie es selber waren, und jetzt sind Sie doch Ihr Herr Bruder!« nicht aufkommt.

Trotzdem, der eigentliche Grund, warum ich mich so eingehend mit mir selber beschäftige, ist das auch nicht. Aber lieber Leser, stelle dir vor, du kriegst, wie ich, einen Feldpostbrief, in dem dir ein braver Soldat schreibt, daß er es seinen Kameraden erzählt hat, wie er im Jahre dreiunddreißig mit mir zusammen im Bräuwastl gearbeitet hat und daß mein letzter Auftritt im Jänner »groses aufsehn eregt« hat bei ihnen. Und jetzt möchten sie, daß ich ihnen zwei »Exenplare schiken« soll – von der Frau in der Weltgeschichte und von der Briefmarke!

Daß ich auftrete, hundertmal schon aufgetreten bin und darunter auch gelegentlich mit der ernsten Erzählung von der Briefmarke, läßt sich nicht leugnen, so wenig wie das, daß ich in der oft verballhornten Widenmayerstraße wohne, und somit der Brief des wackeren Schützen richtig auf mich abgezielt scheint. Aber niemals habe ich mit ihm in Niederhausen gearbeitet!

Nach der ersten Verblüffung habe ich gleich gemerkt, wer da die Hand im Spiel hat: Mein Herr Namensvetter, der Komiker Eugen Roth! Er hat eigentlich Rothhäusl geheißen, aber das Häusl kurzerhand abgebrochen. Ich habe ihn noch nie auftreten sehen und wahrscheinlich hat er noch nie meine Bücher gelesen. Aber er war damals ein beliebter Alleinunterhalter, der nach allem, was ich über ihn gehört habe, vieles gekonnt hat, was ich nie und nimmer fertig brächte, schon weil ichs nicht gelernt habe und auch leiblich ganz anders gewachsen bin. Und nun hatte er, gewiß ohne sein Zutun, den großen Vorsprung mir gegenüber, daß niemand mir seine darstellerischen Künste unterschob, ihm aber offenbar viele meine schriftstellerischen. Wer ist dran schuld? Nur der Humor? Würde ich düstere, fünfaktige Trauerspiele schreiben, kein Mensch käme auf den Gedanken, mich mit einem Mann zu verwechseln, der eine Faschingsnase aufsetzt und Klarinette spielt.
Öfter sind Menschen, die mich vorlesen hören wollten, in einen seiner heiteren Abende gegangen und waren nicht wenig verblüfft, was für ein Eugen Roth da vor sie hintrat. Und ich, umgekehrt, bin mindestens einmal das deutliche Opfer einer Verwechslung geworden. Die Veranstalter, unwissende »Kraft durch Freude«-Funktionäre, hatten mich als einen Bringer Münchner Humors angekündigt, und mir ahnte schon Schlimmes, als ich sah, wer da alles in den Wirtshaussaal strömte. Und mit dem ersten Wort, das ich sprach, war ich verraten und verkauft. Nur, wer selbst dergleichen erlebt und erlitten hat, kann sich vorstellen, was es heißt, eine geschlagene Stunde lang einer falschen Hörerschaft Gedichte vorzulesen, sie können so heiter sein, wie sie wollen: Leuten, die mit Kind und Kegel gekommen waren, um eine handgreifliche bayrische Gaudi zu genießen. Genug davon, ich mag gar nicht mehr dran den-

ken, wie jämmerlich mir zumute war und wie erbost die Leute schimpften, die sich um einen lustigen Abend betrogen sahen.

WIEDERSEHEN MIT DEM JUGENDFREUND

»Wenn du wieder mal nach Steinburg kommen solltest, dann weißt du, was deine heiligste Pflicht ist: uns besuchen! Meine Frau und ich, wir wären dir ewig böse, wenn du vorbeiführest. Es kann Mitternacht sein, du mußt uns aufwecken. Wir werden Orgien des Wiedersehens feiern!«
Also schrieb mir mein Jugendfreund Paul, der in Steinburg Bezirksarzt war.
Gewöhnliche Menschen kommen nicht nach Steinburg. Ich kam hin, dreißig Jahre nachdem ich meinen Freund nicht mehr gesehen hatte, aber schon vierzehn Tage nach seiner dringenden Einladung.
Ich kam nicht um Mitternacht, ich kam mittags um halb zwei Uhr, gegessen habend, höchstens auf eine Tasse Kaffee erpicht, ich kam im Wagen meines Vetters, der in der Nähe zu tun hatte und der nicht mehr als eine halbe Stunde für die Orgien des Wiedersehens bewilligen wollte.
Wir erfragten das Haus, eine geschmacklose, aber herzliche und von guter Praxis zeugende Villa, ich schellte, klopfenden Herzens, ob ich den Jubelstürmen der Begegnung gewachsen sein würde.
Eine Frau trat endlich aus der Tür, zweifellos die mir auf Grund eines Lichtbildes bekannte Gattin. Sie fragte, über den Garten weg, was ich wollte. Den Herrn Doktor! Nicht daheim, kam es unwirsch zurück. Wann und wie und wo er zu treffen wäre? Heute nicht mehr. Ich gedachte, glühende Kohlen auf das Haupt dieses

Weibes zu sammeln, und nannte meinen Namen. Sie wird jetzt, wähnte ich, ja, was wird sie alles in ihrer Zerknirschung, in ihrem Jubel tun.
Sie sagte, alles über den Garten hin, ohne die Gittertür zu öffnen: So! Mehr sagte sie vorerst nicht. Dann aber erklärte sie, daß sie leider schon gegessen hätten, daß sie stöbere und mich nicht ins Haus bitten könnte. Und ihr Mann sei zum Fischen.
Nun, dann grüßen Sie ihn, bitte! »Ist recht!«
Meine Aufwartung war beendet, ohne Orgien des Wiedersehens.
Aber, dachte ich, die Frau kann sich freuen, wenn Paul heimkommt. Kaum meinen Namen gehört habend, wird er rasen, sie mit Vorwürfen überhäufen, sich in seinen Wagen werfen, den Telegraphen spielen lassen, die Schandarmerie der umliegenden Bezirksämter verständigen – und am Abend werde ich im Triumph eingeholt sein, und die Orgien werden doch noch fällig.
Das Schicksal wollte uns Freunden aber noch viel wohler. Mitten auf der Strecke, bei einem malerischen Dorf, rasen wir über eine Brücke – halt halt! schreie ich, und mein Vetter haut die Bremse hinein, daß es nur so ächzt und knackt.
An der Brücke steht nämlich, oder vielmehr halbrechts an und unter der Brücke steht mein Freund Paul, Schulkamerad, Bankgenosse, Mitabsolvent, Regimentskamerad; was sage ich: Mitverschworener, Eingeweihter, Aufgabenabschreiber, schwärmerischer Gefährte des Absolvia-Wahlspruches: Licht, Liebe, Leben! Waffenbruder, Blutsbruder, Inbegriff unverwelkbarer Treue, Jugend des Herzens: Paul!
Ich stürze aus dem Auto, ich eile auf ihn zu – die Überraschung könnte ihn töten, er könnte vor freudigem Schreck das Gleichgewicht verlieren und in den Mühl-

schuß fallen. Ich will rufen, aber er hat mich schon beobachtet, er winkt mit der Hand, er legt den Finger an den Mund.
Ich bleibe stehen, wie erstarrt. Er blickt nicht auf. Dann sagt er, ohne Gruß, ohne irgendwelchen Ansatz zu einer Orgie des Wiedersehens, nein, verweisend und gekränkt sagt er: »Beinah hätt einer gebissen!«
Und ich sage: »Auf Wiedersehen!« Und »Petri Heil!« Ich eile zurück, werfe mich in den Wagen und rufe: »Los, fertig!«
Mein Vetter, schon in voller Fahrt, sagt: »Gelt, er war es gar nicht!«
»Nein«, sage ich, »er war es nicht; hat ihm eigentlich nicht einmal ähnlich gesehen!«

Altbairische Wirtshäuser

Ein Gast muß schon an einen besonderen Grobian geraten, um auf seinen herben Tadel hin jene Aufforderung zu hören, die mit dem Nahrungsangebot nicht mehr viel zu tun hat. Weit häufiger geht selbst ein scharf gezielter Schuß daneben, der Wirt oder die Kellnerin fühlen sich nicht betroffen, im Gegenteil, im fröhlichen Bewußtsein ihrer Unschuld pflichten sie dem Nörgler bei.
Verba movent, exempla trahunt – ein paar Beispiele sollen erzählt sein. Im Arzberger Keller, an einem heißen Sommerabend, ist Hochbetrieb. Der dicke Wirt läuft herum, fragt die Stammgäste nach ihrem werten Befinden und wird selbst gefragt: gut gehts ihm, sagt er, bloß die Füß', grad davonlaufen tun sie ihm. Die Kellnerinnen müßten drei Paar Arme haben, um alles herbeizuschleppen, es schwirrt von Bestellungen und Zurufen: Wo bleibt denn mein Nierenbraten? Haben

S' meine Würsteln net vergessen? Wann krieg ich denn meinen Emmentaler? Ein norddeutscher Gast schreit sich heiser nach einer Semmel. Endlich kommt die Fanni oder die Zenzl, hochrot vor Eifer und Hitze, die Hände voller Maßkrüge, Teller in der Armbeuge, bis an die volle Brust bepackt mit Speis und Trank; auch der Herr kriegt seine Semmel. »Fräulein!« ruft er ihr nach, »hören Sie, das Brötchen ist ja ganz feucht!« Die Hebe wendet sich mit einem Blick zwischen Mitleid und Zärtlichkeit und sagt, frohgemut auf ihren wogenden Busen weisend: »Des glaub i schon, da langen S' einmal her, wie i schwitz!«

*

Im Dellinger Hof sage ich, ziemlich grantig – denn das fade Bier hat mir meinen schönen Durst verdorben –, zur Kellnerin: »Sie, euer Bier ist fein auch net berühmt!« Nichts von Widerspruch oder gar von Entschuldigung und Abbitte: Freudig-einverstanden, wie ein Lercherl jubiliert sie: »Geln S', des hab'n schon viel Leut g'sagt!«

*

Um nicht noch grauslichere Sachen zu erzählen, die auch wahr sind: Auf einer Radfahrt, am Ammersee, hab ich mir eine Brotzeit bestellt, einen Limburger, gestehen muß ichs ja doch: halb aus Sparsamkeit, halb zum Vergnügen. Mitten im Essen knirscht es bedrohlich zwischen meinen Zähnen, und äußerst unfroh ziehe ich einen Glassplitter aus dem Mund, einen Zoll lang und spitz wie – nun ja, eben ein Ding, dessen Aufenthalt in einem Käse schwer zu erklären und keinesfalls zu verantworten ist. Ich lege den unerwünschten Fund-

gegenstand auf den Teller und zeige ihn, mit einem entsprechenden Begleittext, dem gerade vorübergehenden Wirt.
Der tut schier einen Freudensprung und beglückwünscht mich mit überströmender Herzlichkeit zu meiner Entdeckung. Ein Schauder ergreift ihn bei dem Gedanken, daß mir der Glassplitter nicht rechtzeitig zwischen die Zähne gekommen hätte sein können. »Sie!« sagt er und prüft, von Entsetzen gepackt, die Messerschärfe und Dolchspitzigkeit des Splitters an seinem Daumen, »g'schluckt wenn S' den hätten, das wär eine schöne G'schicht worden« – und er malt sich und mir alle bauchaufschneiderischen Folgen aus, die aber, Gott sei gelobt, durch den glückhaften Biß verhindert worden sind. Nun möchte ich freilich auch gern wissen, wie der Glassplitter in den Käs hineingekommen ist, aber ich mache mir, indem ich frage, wenig Hoffnung, was zu erfahren – und mit Mutmaßungen und ungreifbaren Beschuldigungen Dritter ist mir auch nicht gedient. Aber der Wirt, erstaunlicherweise, der weiß es ganz genau und erzählt es mit schöner Anschaulichkeit. »Des kann i Ihnen schon sagen«, berichtet er ohne das leiseste Schuldgefühl, »da hat uns am letzten Sonntag a B'suffner in der Speis a Fenster eing'schmissen. Mei' Frau und i, mir haben d' Scherben z'sammg'sucht – hast as alle, hab i s' noch g'fragt und sie hat g'sagt, sie meint schon – und jetzt ist doch einer in' Kas neig'fahrn und hat si' versteckt!« Er schüttelt ob dieses Kuriosums den Kopf, wird aber plötzlich ernst, hebt lehrhaft den Zeigefinger und schließt den Fall ab mit der Mahnung: »Man kann nie genug aufpassen! Wenn Sie den Glassplitter net g'funden hätten, tot könnten S' schon sein oder, zum mindesten, was meinen S', was wir für Schererereien mit Ihnen g'habt hätten!«

In einer wunderschönen Gegend steht ein Wirtshaus, das unsern (wir sind selbdritt) rasch begeisterten Entschluß, hier zu übernachten, gleich wieder ins Wanken bringt – aber fragen wollen wir doch, und so ruft mein Bruder der Wirtin, die grad das blutrote Bettzeug in der Sonne ausbreitet, über den Zaun hin zu, ob sie uns für die Nacht beherbergen könnte.
»Ja, des kann i«, antwortet die Wirtin munter; »des haben S' gut troffen, vorige Woch' ist der Wirt g'storbn. Die Lungensucht hat er g'habt.« Und unsere entgeisterten Blicke gewahrend, setzt sie beruhigend dazu: »Da brauchen S' Ihnen nix denken, Sie sehn ja so, wie ich die Betten lüft, heut schon den dritten Tag!«
Wir sind dann doch lieber um ein Haus weiter gegangen.

*

Wer gehörig Hunger und Durst hat, der nimmt auch das Ungehörige mit in Kauf; und so kehrten wir bei einer Frau Wirtin ein, die eigentlich nur eine abgerackerte Kleinbäuerin war, in einer Stube mit vielen Kindern und Fliegen, in einer wasserarmen, ungewaschenen Gegend. Ein Glas Bier, ein Stück Brot und ein paar weiche Eier, so dachten wir – da kann nicht viel geschehen; und das bestellten wir auch. Daß das Bier müd war, mochte noch hingehen, denn sicher war es schon lange gelaufen; daß es aber in Gläsern kredenzt wurde, die vor unsern Augen mit einer Allzweck-Schürze abgewischt worden waren, übte eine stark durstlöschende Wirkung auf uns aus. Der Brotwecken mußte erst den lieben Kleinen entrissen werden, und es bedurfte starker gegenseitiger Ermunterung, ja, derber Scherze, um unsere Eßlust aufrecht zu erhalten.
Am unverdächtigsten sind die Eier in der Schale; der

liebe Gott selbst hat sie so geschützt, daß sie der koscherste Israelit annehmen darf, denn rein und unberührbar ruht ihr Inneres im Gehäuse. Diese Eier wurden uns schneller aufgetischt, als wir erwartet hatten, und so fragte denn meine Schwester mißtrauisch, ob sie auch wirklich, wie wir der Frau eingeschärft hatten, wachsweich seien. »Freilich sind s' wachsweich!« beschwor die Wirtin mit freudigem Eifer, »hab ja grad mit der Haarnadel in eins 'neing'stochen!«

Zuviel verlangt

Mit einer Gesellschaft, drei Autos voll, bin ich einmal nach Salzburg gefahren, nicht in der Saison, versteht sich, wo man hineinfrißt, was man kriegt, sondern in der stillen Zeit; und da ich ein Altbaier bin, ein Land- und Leutekenner und ein Feinschmecker obendrein, wurde ich zum Führer erwählt.
»Das sicherste«, so predigte ich immer wieder, »das sicherste ist, einen Einheimischen zu fragen, nicht den nächstbesten freilich, sondern einen der so ausschaut, als ob« – und ich beschrieb einen wahren Falstaff als Gewährsmann für gutes Essen und Trinken.
Dieser so Beschriebene, genau so einer, nur in der orts- und zeitgemäßen Verkleidung als salzkammergütlicher Schwerbürger, trottete denn auch die Straße herauf, bäuchig, hängebackig, die Virginier zwischen den Lippen, als unser Spitzenauto zögernd heranfuhr, unschlüssig, in welche Gasse es einbiegen sollte. Die Herrschaften, darunter ein halbes Dutzend Neulinge, wollten das weltberühmte österreichische Gulasch essen, und ich setzte meine Ehre drein, daß es das beste sein müsse. Ich kurbelte das Fenster herunter und fragte, altbairisch-brüderlich, wo man mit Gewißheit ein solches Gulasch erwarten dürfe.

Der Angeredete bohrt zuerst ein Loch in die Luft, als dächte er scharf nach, wiegte dann das schwere Haupt, als wöge er zwei, drei letzte Möglichkeiten gegeneinander ab, dann empfahl er mir, jetzt genau aufzupassen: er erklärte mir nämlich den ziemlich umständlichen Weg zu diesem Glücke – links hinein, dann gradaus, bei dem großen gelben Haus rechts vorbei und dann sähe ich schon das Türschild.

Ich dankte herzlich, nahm die Winkelfahrt auf mich, an manchem Wirtshaus vorbei, wo ich im Lauf der Jahre vielleicht nicht das beste, aber doch ein recht gutes Gulasch gegessen hatte, und kam richtig ans Ziel. So müßten die Beisln sein, ermunterte ich meine vor dem unbehaglichen Anblick zaudernde Gefolgschaft. Vom Fremdenbetrieb noch unberührt war die Gaststätte gewiß, denn wir rundes Dutzend Reisende waren allein in der Stube. Die Bestellung auf zwölf Portionen Gulasch wurde von der alten, nicht gerade sauberen Wirtin mit einem leichten Unterton von Kümmernis entgegengenommen; der Wein, den die Gäste derweil tranken, war leidlich gut und wurde erst durch meine fachmännischen Erläuterungen so weit hinaufgelobt, daß die Wartenden einigermaßen bei Laune blieben. Endlich kam das heiß ersehnte, aber leider nur mäßig warme Gulasch; und ich, der Anfrüher, vermochte nur deshalb zu behaupten, schon ein schlechteres gegessen zu haben, weil mir in der Tat einmal vor Jahren, im Winter, im hintersten Tirol eins vorgesetzt worden war, das seine guten vierzehn Tage auf dem Herd dahingebrodelt hatte.

Aber mir selber mußte ich gestehen, ein gutes Gulasch war es nicht, von einem berühmten, einem unvergeßlichen ganz zu schweigen, wo man von der hellen heißen Soße noch das letzte Tröpfchen mit der schneeweißen Semmel aus dem Teller wischt –

Und in diesem Augenblick ging die Tür auf und herein trat kein andrer als der liebenswürdige Auskunftserteiler, der dicke Mann mit der Virginier und wünschte allseits guten Appetit.
Die Gesellschaft dankte mit Zurückhaltung, und ich konnte es mir nicht versagen, festzustellen, daß das Gulasch hier, offenbar im Stammlokal des Empfehlers, keineswegs so gut gewesen sei, wie man es habe erwarten dürfen.
Wieso Stammlokal? staunte der Dicke und erklärte schlicht, er wär der Wirt hier und es hieße doch zu viel verlangt, wenn er so viele Gäste wo anders hingeschickt hätte als in seine eigne Wirtschaft.

GLÜCK MUSS MAN HABEN

Natürlich ist es eine Kühnheit, mittags in Zürich zu starten und abends sechs Uhr in München dringend und minutengenau verabredet zu sein. Aber – Glück muß man haben! Wir brausen also los, der Wagen läuft gut, die Straßen sind wunderbar. Mein Freund am Steuer rechnet aus, wann wir in München sein können, eine gnädige Schleusung durch die Zollschranken vorausgesetzt. Es hängt alles davon ab, ob wir in Konstanz die Fähre nach Meersburg noch erreichen.
Glück muß man haben – die Pässe sind in Ordnung, die Zigarren bleiben unentdeckt, der Wagen wird nicht beanstandet. Nur der Mann, der uns das hinterlegte Geld auszahlen soll, läßt sich ausgerechnet die Zeit, die wir nicht haben; doch soll man Zöllner nie durch verdächtige Eile reizen, und so stehen wir kostbare Minuten herum, bis ein anderer Beamter, der hört, daß wir noch auf die Fähre wollen, für uns ein gutes Wort einlegt.

Schon sind wir abgefertigt, in Gnaden entlassen, der Gepäckträger – vermutlich einer der bestverdienenden Männer des Abendlandes – ergreift unsere Sieben Sachen, legt sie im Rücksitz zurecht, die Sperrkette fällt, und wir fahren nach Konstanz hinein, so schnell wir können.
Die Bahnhofsuhr beweist uns, daß die Eile vermutlich keinen Sinn mehr hat. Es wäre wohl klüger, hier zu Mittag zu essen. Mein Freund sucht auch, bei unverminderter Fahrt, die Straßen nach einem Parkplatz ab; aber er findet keinen und wer weiß, vielleicht hat die Fähre ein paar Minuten Verspätung? Und schon sind wir, im letzten Augenblick, unter den Bahnschranken durch und über den Rhein; wir jagen die Landzunge hinaus, der Weg ist viel weiter, als wir ihn in der Erinnerung hatten. Lassen wir's sein! Warum denn? Es ist schon gleich, fahren wir zu! Gehts noch, oder gehts nicht mehr?
Glück muß man haben! Die Fähre steht noch da, gerade wollen die Männer das Fallbrett hochwinden. Wir poltern über die Brücke, landen auf dem Verdeck – schon rauscht das Wasser um das schwerfällig fahrende Schiff. Glück muß man haben! Wir schauen uns strahlend an: das hätten wir geschafft!
Jetzt kommt noch ein Wagen angesaust, Leute springen heraus, fuchteln mit den Händen und schreien etwas herüber – zu spät, meine Lieben, es nützt Euch nichts mehr! Im Anblick dieser Aufgeregten spüren wir erst, was für ein Glück wir gehabt haben ...
Gepäck und Mantel liegen in malerischer Unordnung auf den Rücksitzen. Wir haben ja reichlich Zeit jetzt, alles für die große Fahrt zu verstauen. »Hast du? ...« »Ich nicht!« »Zum Teufel, dann ...« Und nach einem verzweifelten Suchen stellen wir fest, daß der Träger nur sechs von unsern Sieben Sachen ergriffen hat

und daß die Aktenmappe noch auf dem Zollamt in Kreuzteufelslingen liegen muß!
Glück muß man haben – wir haben Pech gehabt mit unserm Glück! Statt in Meersburg zu Mittag zu essen, werden wir mit der Fähre gleich wieder umkehren, im vollen Braus durch Konstanz zum Zollamt fahren, wenn wir Glück haben, dort die Mappe unverzüglich ausgehändigt bekommen und dann zurück und die Fähre noch erwischen – wenn wir Glück haben.
Und das haben wir, wahrhaftig! Denn kurz vor Meersburg, steige ich, aus Zufall, nur auf das Oberdeck, und da sehe ich den ungeheuren Andrang der Wagen und Omnibusse, die in Reihen schon warten und alle auf unsere Fähre möchten. Ich stürze also zu meinem Freund hinunter und sage: »Du, wenn wir erst von der Fähre heruntergehen und als die letzten ganz hinten anschließen müssen, kommen wir bestimmt nicht mehr mit. Wir müßten versuchen, gleich hier an Deck zu wenden und so, nach himmlischen Gesetzen, aus den Letzten die Ersten zu werden.«
Gesagt, getan. Wir verständigen uns mit dem Mann der Ordnung, daß er nicht im falschen Augenblick dienstlich wird, und benützen die kurze Zeitspanne, in der das Deck leer ist, zu einer geschickten Wendung. Schon strömen die neuen Fahrzeuge ein, riesige Elefanten machen sich breit, und natürlich habe ich recht gehabt, es bleiben viele Schimpfende zurück, und zu denen hätten auch wir gehört. Glück hat auf die Dauer nur der Tüchtige, denke ich voll Stolz, »das heiße ich corriger la fortune«, sagt mein Freund befriedigt. Wir holen die gewaltigen Schinkenbrote hervor, die uns die Gastfreundin in Zürich mühsam genug aufgedrängt hat. Jetzt sind wir froh um die Wegzehrung. In der Mitte des Sees begegnen wir der zweiten Fähre und winken wehmütig spöttisch hinüber: dort stünden wir, samt

unserer Mappe, wenn wir dieses verdammte Glück nicht gehabt hätten!
Wir landen, wir preschen hinein nach Konstanz, hinaus nach Kreuzlingen! Es geht um die Minuten – Glück muß man haben. Schon verschwindet mein Freund in dem Fuchsbau des Zollamts. Gleich wird er wieder da sein, die Mappe in der Hand. Da ist er schon – mit leeren Händen. »Glück muß man haben!« ruft er, halb lachend, halb erbittert; und fährt los. »Die Mappe?« »Ist längst in Meersburg!« Er hat keine Zeit, viel zu erzählen, mit höllischer Geschwindigkeit schlängelt er sich durch die Kurven von Konstanz. Und hinaus zum Landeplatz und hinein in die Fähre, wieder im letzten Augenblick.
Und jetzt hat mein Freund Muße genug, alles zu berichten: Kaum sind wir weggewesen, hat der Zöllner die liegengebliebene Mappe entdeckt. Und, Glück muß man haben, der Fahrer eines dicht hinter uns abgefertigten Wagens, der auch noch gehofft hat, die Fähre zu erreichen, hat sich erboten, die vergessene mitzunehmen. Entweder, er holte uns noch an der Fähre ein oder er fuhr mit der nächsten – für diesen Fall rief der Zollbeamte in Meersburg am Landeplatz an, man sollte uns beim Verlassen der Fähre abfangen und uns sagen, daß die Mappe unterwegs sei. Es konnte ja gar nicht schief gehen ...
Ging aber doch. Man muß nur Glück haben! ...

UNTER FALSCHEM VERDACHT

Daß es lustig ist, wenn wo eingebrochen wird, kann kein Mensch behaupten. Der Zufall aber, in seiner tollen Laune, macht aus der ärgerlichsten Geschichte närrische Possen, die nach Jahren noch des Erzählens wert sind.

Unser Nachbar, der Professor Karpf, ist noch nicht gar so alt, an die sechzig vielleicht. Aber schwerhörig ist er, mit dem halb einfältigen, halb mißtrauischen Lächeln der Tauben – das macht den Umgang mit ihm mühsam und läßt ihn hinfälliger erscheinen, als er wirklich ist. Er hat uns schon während des Kriegs zur Verzweiflung gebracht, im gemeinsamen Luftschutzkeller, wenn er mit törichtem Grinsen fragte: »Sind sie fort?« – in dem Augenblick, wo unter schweren Würfen die Wände wackelten.

Vielleicht haben auch die Einbrecher gewußt, daß der Professor nichts hört und einen gesunden Schlaf hat – jedenfalls machten sie ihre Sache gründlich und waren dreist genug, auch noch die Kleider des friedlichen Schnarchers aufzuraffen und mitzunehmen, ehe sie durch die von innen leicht zu entriegelnde Haustüre verschwanden. Sie hatten sich, als Leute vom Fach, auf das Erdgeschoß beschränkt, niemand hatte sie von droben gehört, die Untermieter nicht, die Magd nicht, die Frau Professor nicht und der Hausbesuch auch nicht.

Diesen Hausbesuch, eine noch guterhaltene Endvierzigerin mit zwar stark verwischten, aber einem argwöhnischen Auge immer noch erkennbaren Spuren früherer Feschheit, hatte die Frau Professor ungern genug bei sich aufgenommen, aber in jenen Nachkriegsjahren, wo nirgends ein Unterkommen zu finden war, konnte sie es ihrem Mann nicht gut abschlagen, eine durchreisende Bekannte – »Freundin? Wo denkst du hin?« hatte er gesagt – zu beherbergen; sie hatte letzten Herbst dem Professor ja auch in Köln so reizend bei sich Quartier gegeben, eine Begründung, die freilich stichhaltig genug war ...

Und der heftigste dieser Stiche ging der Frau Professor mitten durchs Herz, als sie, am andern Morgen die Treppe heruntersteigend, ihres Gatten Unterhosen auf

dem Flur liegen sah, offensichtlich bei eiligem und heimlichem Nachtmarsch durch das Haus verloren.
Über das Ziel dieser Wanderschaft brauchte die wutwabernde Ehefrau nicht lang nachzudenken, diese Person hatte sie ja sofort durchschaut, und es mischte sich Wonne in ihr Weh, daß sie mit ihrem Verdacht recht behalten hatte.
Hingegen hätte sie ihren Gatten einer solchen Untat in mehr als einer Hinsicht nicht für fähig gehalten; sie wunderte sich über die Häufung von Gemeinheit, Taktlosigkeit und Dummheit, mit der er diesen selten klaren Fall von ertappter Untreue in Szene gesetzt hatte, und wieder schwoll über alle Bitterkeit ein Glücksgefühl, daß ihr der Beweis so leicht und die Rache so süß gemacht worden war.
Sie zeigte sich fest entschlossen, diese Rache so kalt wie möglich zu genießen. Leise schlich sie in das Zimmer ihres Mannes – was sah sie? Die Hosenträger waren in die Tür geklemmt. Hatte denn der alte Sünder völlig den Kopf verloren gehabt? Vermutlich war er soeben erst, unheilvoll verspätet, in sein Zimmer zurückgekehrt, vom Entsetzen gejagt, sie, seine Frau, sei ihm bereits auf den Fersen. Da lag er nun und stellte sich schlafend, großartig machte er das, aber sie ließ sich nicht täuschen. Und wo waren denn seine Kleider, sein Rock, eine Hose? Seit dreißig Jahren hatte er sie über den Stuhl gehängt, und heute waren sie nicht da. Um so schlimmer – um so besser: Dieser verworfene Bursche, dieser weibstolle Schürzenjäger hatte sich nicht entblödet, seinen Anzug droben bei diesem – nein, die Frau Professor schreckte vor dem häßlichen Wort nicht zurück, es war ihr eine Wohltat, es laut auszusprechen, zu wiederholen, als Rezitativ zuerst und als Arie zuletzt, im Bewußtsein der tragischen Bombenrolle, die ihr da zugefallen war.

Der Leser weiß es, er hat leicht lachen, aber die Frau wußte es nicht, sie überlegte, ob sie den Heuchler, der sich da frech schlafend stellte, mit Donnerstimme wecken sollte, oder ob es noch großartiger war, hinaufzugehen, -zurauschen, das Zimmer der Elenden mit dem kalten Glanz des Triumphes zu überschwemmen und dieser Potiphar mit wortloser Vernichtung das Gewand zu entreißen, das ihr unkeuscher Josef in ihren Händen gelassen hatte.

Da jedoch ihr Mann in diesem Augenblick erwachte, blieben ihr weitere Überlegungen erspart. Der alte Wüstling, auf den sie sich jetzt mit zornigen Worten stürzte, spielte seine Rolle mit einer empörenden Unverfrorenheit weiter. Er stellte sich noch tauber, als er war, er tat, als begriffe er überhaupt nicht, was sie von ihm wollte.

Nun denn, zum leise reden war ja dann kein Anlaß mehr. Die Frau Professor schrie, daß wir es im Nachbarhaus noch hören konnten – nicht alles, natürlich, aber einzelne Schimpfworte, Posaunenstöße einer entfesselten Wut. Dann vernahmen wir ein ungeheures Gelächter des Professors, Paukenschläge eines grimmigen Humors. Eine tiefe Stille folgte und nun, aus einer völlig anderen Tonart, ein entsetzliches Heulen, wie mit gestopften Hörnern geblasen.

Und dann kam auch schon die Magd herübergelaufen und jammerte, bei ihnen sei heute nacht eingebrochen worden. Natürlich gingen wir gleich hinüber, später kam auch die Polizei und es stellte sich heraus, daß viel, viel mehr fehlte als die Kleider des Professors. Ich habe aber den Verdacht, daß die Frau diese Verluste leichter verschmerzt hat als ihre Niederlage in dem Augenblick, wo sie den bittersüßen, den sicheren Triumph in der vollen Würde ihrer Schmach auszukosten willens war. Jedenfalls, diese Person haßte sie von Stund an glühender als zuvor – und es ist ja wohl auch die empörendste Frechheit, die handgreiflichsten Beweise auf sich zu versammeln und es dann einfach nicht gewesen zu sein.

Wunderlicher Zufall

Professor Karl Gröber – jener Karl der Dicke, der »mit zwei Zentnern durch den Weltkrieg« ging, aber durch den zweiten nur noch mit anderthalben –, ja, dieser grundgemütliche und gescheite Mann erzählte gelegentlich die Geschichte, wie – nun ja, hören wir ihm zu:
»Ich sollte für einen großen Verlag ein Bildbuch über Palästina zusammenstellen; ich dachte zuerst, das sei ganz einfach (immer hält man dergleichen zuerst für leichter, als es ist, sonst finge man gar nicht an), aber nirgends waren, außer den bekannten christlichen Kitschbildern, Aufnahmen über den arabischen Raum aufzutreiben. So kam ich auf den Gedanken, nach Berlin zu fahren, wo das Orientalische Institut meine letzte Rettung schien.
Ich fuhr mit dem Nachtzug, meine Frau packte vorsorglich eine Flasche Kognak ein, ich warf sie wieder heraus, weil ich keinen trinken wollte, meine Frau stopfte sie wieder in den Koffer, weil ich vielleicht doch einen tränke, kurz und gut, sie behielt recht wie immer, und die Flasche reiste mit.
Mir gegenüber saß ein blasser, unruhiger Herr, ziemlich wortkarg; in Nürnberg, weit nach Mitternacht, rannte er den Bahnsteig entlang, kam aber bald wieder, erschöpft, noch blasser und unruhiger als vorher, zurück und sagte, mehr zu sich selbst als zu mir: ›Jetzt kann ich mich wieder acht Tage ins Bett legen.‹ Und ließ sich seufzend in die Polster fallen.

Auf meine teilnehmend besorgten Fragen erzählte er, daß er schon in München nicht mehr dazu gekommen sei, sich mit Feuerwasser zu versorgen, daß er jetzt, in Nürnberg, gehofft habe, etwas Trinkbares auftreiben zu können. Er wisse aus Erfahrung, daß ihm nächtliche Reisen ohne Alkohol schlecht bekämen, sein Schicksal sei nun besiegelt.
›Wenn es weiter nichts ist‹, sagte ich und holte die Flasche aus dem Koffer. Der fremde Mann trank sie mit einer erstaunlichen Behendigkeit leer und wurde schnell munter und gesprächig. Er fragte mich nach dem Ziel und Anlaß meiner Reise, und ich erzählte ihm, wie ich die Welt nach Lichtbildern von Arabien durchforscht hätte, ganz vergebens, und wie jetzt das Orientalische Institut in Berlin meine letzte Hoffnung sei.
›Wenn's weiter nichts ist‹, sagte er nun seinerseits, und es war wie ein Märchen, ›eine Gefälligkeit ist der andern wert, kommen Sie doch morgen mittag zu mir, da können Sie nach Herzenslust sich solche Bilder aussuchen!‹
Ich ging hin, und wirklich, er zeigte mir ganze Stöße der herrlichsten Bilder, wie sie noch nie ein Fremder hatte aufnehmen können und dürfen: ein Freund, so erzählte der Hausherr, war jahrzehntelang dort unten Apotheker gewesen und hatte sich das Vertrauen der Araber in einem Maße erworben, daß er den sonst so verpönten schwarzen Kasten mit sich führen durfte, wo er wollte; er war sogar so etwas wie ein beglaubigter Hoffotograf. Nun hatte er die Absicht, nach Deutschland zurückzukehren; nur seinen Nachfolger, einen Italiener, wollte er noch in sein Apothekergeschäft einführen. Die Bilder und Platten aber hatte er, der Sicherheit halber, vorausgeschickt.
Der Fotograf ist übrigens nicht mehr zurückgekommen. Der Italiener, mit dem er reiste, hatte irgendwo

in Beduinenzelten Liebschaften angefangen, und die in diesem Punkt sehr kitzlichen Wüstensöhne schlugen ihn tot – und seinen Begleiter auch, weil es in einem hinging.
So waren die wunderbaren Bilder herrenlos, die Platten wurden später dem Orientalischen Institut geschenkt. Aber es muß ein Fluch darauf gelegen haben: als ich nach einem halben Jahr, um noch einiges zu vergleichen und zu ergänzen, im Keller, wohin man sie gebracht hatte, nachsah, waren die Platten erblindet – die von mir ausgesuchten Bilder sind die einzigen geblieben, die sich aus dem vieltausendfältigen Schatz erhalten haben ...«

SCHABERNACK

Mein Vetter Max lebt irgendwo im Rupertiwinkel auf dem Lande und sammelt Volkskunst. Er wohnt in einem uralten Bauernhaus, in dem die Uhren und Holzwürmer um die Wette ticken und das so morsch ist, daß sich die Hausfrau nicht mehr richtig zu stöbern traut, aus Angst, es könnte ihr unter den Händen zerbrechen. Die Besucher nennen das Haus in scheuer Bewunderung ein Schmuckkästlein oder ein Museum, aber die Inwohner liegen oft auf den Knien vor dem harten Manne, um ihn zu erweichen, an Stelle der grausamen Folterwerkzeuge weniger stilvolle, aber bequemere Möbel zu dulden. Aber er bleibt so hart wie seine Stühle.
Sonst ist der Vetter ein lustiger und gemütlicher Mensch, nur eine bestimmte Sorte Preußen mag er nicht. Früher, und noch vor dem (bisher) letzten Krieg haben wir allerhand Scherz miteinander getrieben, einander gründlich überlegte Fallen gestellt, gefälschte Strafbefehle und anonyme Briefe zugeschickt und wunderliche Käuze

auf den Hals gehetzt. Und jetzt, nach dem Krieg, habe ich in einem Anflug toller Laune gedacht, man müßte die guten alten Bräuche wieder aufleben lassen.

Städte sind inzwischen zerstört worden, die halbe Kunst des Abendlandes ist in Schutt und Asche gesunken, auch mir selber sind die schönsten Barockmöbel gestohlen und wertvollsten Blätter und Bücher verbrannt. Aber ein Hausgreuel ist aus aller Vernichtung unvermutet aufgetaucht: ein Jäger, Hut und Alpenstock schwingend, holzgeschnitzt, und als Füße zwei spitzige Gemskrickeln, so daß man ihn als Kleiderhaken gebrauchen kann.

Ich habe dieses Kitscherzeugnis der Fremdenindustrie aus den siebziger Jahren schön eingepackt und dem Vetter geschickt; ich habe, unter dem Decknamen eines Xaver Ziegeltrumm, ihm einen Brief dazu geschrieben, den Ludwig Thoma ungescheut unter seine Filserbriefe hätte aufnehmen können: daß ich gehört hätte, der Herr Regierungsdirektor sammle bairisches Volksgut, und ich möchte das edle Stück auf keinen Fall den Preußen oder Amerikanern in die Hände kommen lassen. Hundert Mark seien wohl nicht zu viel; und ich, Xaver Ziegeltrumm, würde das Geld demnächst persönlich abholen.

Ich ließ dem Paket einen gehörigen Vorsprung und reiste dann selbst ab, um den Vetter zu besuchen, was ich längst hatte tun wollen. Ich freute mich schon auf die Gaudi; aber kein Paket war gekommen. In dem Augenblick erst, wo ich den Hut bereits in der Hand hatte, um wieder Abschied zu nehmen, wurde es von den Nachbarskindern, die die Post besorgten, hereingebracht. Ich erlebte nur noch, wie sich der Vetter wunderte, daß ihm ein völlig fremder Xaver Ziegeltrumm ein Paket schicke, aber es half nichts, ich mußte auf den Zug, ehe ers aufmachen konnte.

Vierzehn Tage später bringt mir der Xaver Ziegeltrumm – den gibts nämlich wirklich, es ist der Schwager unsrer Hausgehilfin und wohnt irgendwo in der Au – das wohlverpackte Hausgreuel wieder und dazu ein höchst ernsthaftes Schreiben, daß es sich bei dem p.p. angebotenen Gegenstand leider nicht um Volkskunst im höheren Sinne handle, sondern um ein Erzeugnis der oberbayerischen Schnitzindustrie, wohl nach 1870 und daß es kein Unglück wäre, wenn dieses Stück an einen Preußen verkauft würde.
Ich muß also tief erschrocken erkennen, daß der Herr Vetter, niedergedrückt von den schweren Zeiten, die luftigen Höhen des Spaßvogels nicht mehr erschwingen konnte. Er hat dann freilich – denn an Humor fehlts ihm nicht – doppelt herzhaft gelacht, als er den ganzen Schabernack erfuhr – und so bald, fürchte ich, werde ich ihn jetzt nicht mehr hereinlegen können.

Bange Augenblicke

Meine Frau ist verreist, der Zimmerherr ist fort, die Kinderschwester ist mit dem Thomas spazierengegangen. Das sonst so unruhige Haus liegt in Sonntagsstille, ich sitze an meinem Schreibtisch, die Helma, auch schon halb zum Ausgehen gerüstet, bewacht in der Küche den Festtagsbraten, und der dreijährige Stefan ist in seinem Zimmer eingesperrt – mag er dort anstellen, was er will, viel Schaden kann er ja nicht tun: das Fenster ist verriegelt, das Spielzeug zertrümmert, die Wände sind ohnehin verschmiert und zerkratzt. Die blonde Bestie ist so gut aufgehoben wie ein Tiger in seinem Käfig. Draußen ist es auch ruhig, in Gärten und Straßen rührt sich kein Mensch, es ist ein urgemütlicher, einsamer, schier ländlicher Vormittag, heraußen vor der

Stadt, Fenster und Türen sind wohl verschlossen, niemand kann stören, sogar gegen unerwünschten Besuch können wir uns totstellen.

Plötzlich zerreißt gräßliches Geschrei die göttliche Ruhe des Hauses: Stefan hat also doch eine unvorherzusehende Möglichkeit gefunden, zu spielen, uns einen Streich zu spielen – ich stürze hinüber, sperre die Tür auf – da hängt der Knirps im halben Klimmzug am Schrank und angelt verzweifelt mit den Beinen nach einem Halt. Er hat einen Stuhl auf das Schaukelpferd gestellt, das schwankende Gebäude ist unter ihm weggerutscht, und nun zappelt er brüllend zwischen Himmel und Erde, bis ich ihn mit raschem Griff umfasse und auf den Boden stelle.

Auch Helma, das junge Hausmädchen, ist auf das Wehgeschrei herbeigelaufen, sie war gerade auf einen Sprung in ihrem Stübchen gewesen, um ihre Verwandlung von einer Werktagsraupe in einen Sonntagsschmetterling fortzusetzen – wie sie geht und steht, saust sie die Treppe herunter; und schnauft erleichtert auf, wie sie den kleinen Bösewicht heulend, aber unbeschädigt am Boden stehen sieht: Mein Gott, was hätte nicht alles geschehen können!

Wir schelten den Burschen, während wir an unserm Geiste alle Unglücksmöglichkeiten schaudernd vorüberziehen lassen, heftig aus, er entzieht sich wieselflink solch unerwünschter Predigt durch die Flucht – »Du bleibst da!« drohe ich, »sofort gehst du her!« ruft ihm Helma nach, wir lachen noch und denken nichts Arges – da hat er schon die Tür hinter sich zugeworfen, wir schießen beide drauf los, drücken die Klinke nieder – zu spät, mit einer unbegreiflichen Fixigkeit hat der Bösewicht den Schlüssel im Schloß umgedreht – wir sind gefangen!

Wir schauen uns an und lachen schallend. Eine lustige

Geschichte, denken wir. Und ich gar, ich alter Esel, überlege mir, ob da nicht Gott Amor höchstselbst in das Büblein gefahren sei, der Schalk. Denn wenn's wahr ist, daß Gelegenheit Liebe macht, was für eine Gelegenheit hat der kleine Kuppler da listig geschaffen! Aber das schäkermütige Wort erstirbt mir im Munde, und meine liederlichen Betrachtungen stellen sich umgehend als höchst unzeitgemäß heraus. Wohl hat auch Helma fleischliche Gedanken, aber ihr Schreckensruf: »Der Kalbsbraten!« weist in eine ganz andere Richtung...

Wir hören Stefans tappende Schritte sich entfernen, wir rütteln an der Tür, wir schreien: »Aufmachen!« Wir hören ein silbernes Lachen, es muß ein Riesenspaß für ihn sein, daß *wir* jetzt als Gefangene toben. »Willst du aufsperren?« »Nein!« klingt es fröhlich aus dem Treppenhaus. Ich versuche es mit Drohungen, Helma setzt mit Sirenengesang ein, wenn mir der Atem ausgeht. Stefan sagt: »Nein!«

Uns beiden wird immer klarer bewußt, wie dumm unsre Lage ist: auf die Rückkehr der Schwester können wir nicht warten. Nachbarn zu erreichen, müßten wir gellend um Hilfe rufen – wer tut das gern? Und sie könnten höchstens uns mit einer Leiter aus dem Zimmer holen – aber ins Haus, in die Küche vor allem, würden wir nicht anders als durch ein eingeschlagenes Fenster gelangen. Und was kann dem Stefan alles zustoßen, wenn er in seiner dreisten Art auf Entdeckungsreisen geht?

Der Braten schmort im Rohr, die Kartoffeln dampfen auf dem Gas, wer weiß, ob noch genug Wasser im Topf ist. Die kostbaren Minuten verrinnen. Wir betteln, wir locken, wir beschwören. Und Stefan jauchzt. Eine solche Heidengaudi hat er noch nicht erlebt. Endlich fällt mir etwas ein: der Bär! Es ist ein ganz kleiner, billiger, arg geschundener, augenloser, schmutziger Wollknäuel –

aber Stefan verehrt ihn abgöttisch. Der muß uns helfen. »Stefan!« rufe ich hinaus und mache ein herzzerreißendes Gestöhne und Gebrumm dazu, »der arme Bär ist so krank, er will dir etwas sagen!« Gottlob, die Kinderschritte tappen näher. Ich schildere die Leiden des armen Tieres und seinen glühenden Wunsch, zum lieben Stefan hinauszukommen, in allen Tönen. Schon scheint's halb gewonnen: der liebe Stefan rüttelt an der Klinke. Noch einmal werden wir blaß, wie, wenn das Kind jetzt zwar öffnen möchte, aber nicht kann? Zusperren ist leichter als aufsperren, auch sonst im Leben ... Endlich, auf die Bitten und Belehrungen des Bären hin, dreht sich der Schlüssel – die Tür ist doppelt verschlossen. »Anders herum!« fleht der Bär. »Geht nicht!« ruft der Stefan von draußen; gleich wird er zu heulen anfangen. Wenn er zappelig wird, ist alles verloren. Aber die Liebe zum Bären, die schafft's. Zweimal knirscht der Schlüssel, wir reißen die Tür auf, und während der Stefan seinen Bären begeistert an sich drückt (und sich weder um meine Zornes- noch Freudenausbrüche schert), rennt Helma in die Küche, um in letzter Minute mit Wassers Schwall die verschmachtenden Kartoffeln und den verbrutzelnden Braten zu retten ...

Der Regenwurm

So einen lieben, zärtlichen Stefan wie heute haben wir schon lang nicht mehr gehabt. Sommer ist's und Sonntag; wie ein munterer, liebreizender Film läuft er ab, ohne Pause, ohne Störung. Stefan hat im Bett mit mir geschäkert, jetzt wäscht er mich als Badeknecht, seift mich ein, duscht mich, trocknet mich ab. Das Frühstück ist voller Zärtlichkeit und Poesie, der Vormittag ver-

geht in liebendem Eifer und in unermüdlicher Hilfsbereitschaft. Er bringt den Liegestuhl in den Garten, er läßt sich Märchen erzählen, er umhüpft und umsorgt mich, ich bin ganz gerührt, wahrhaftig, wie ein Engel sieht er aus, blond und blau, mitten im Grünen, falterleicht spielend zwischen bunten Blumen, selig und sündelos – »mir ist, als ob ich die Hände ums Haupt ihm legen sollt', betend, daß Gott ihn erhalte so rein und schön und hold« – und ganz zufällig greife ich in die Rocktasche, die Hand fährt erschrocken und angewidert zurück, was kann das nur sein? Ich fingere noch einmal herum, es ist was Kaltklebriges, Ekelhaftes und – wahrhaftig, das rührt sich ja! Ich ziehe einen fetten, einen ungeheuren Regenwurm ans Licht.
Selbst ein Münchner Kriminaler würde auf die Vermutung kommen, daß das der Stefan getan haben dürfte – nicht durfte, müßte – nicht mußte; kurz, daß er allein für eine solche Untat in Frage kam.
Hab' ich da fahrlässigerweise oder gar aus Gehässigkeit was gegen die Münchner Kriminaler gesagt? Das kann sich nur auf solche einer fernen Vergangenheit beziehen; bei uns war eingebrochen worden, und wir holten die Polizei, die nach geraumer Zeit in Gestalt eines treuherzig aus wässerigen Augen blickenden Schnauzbarts erschien. Er besah sich genau die unverkennbaren Spuren, hin und her, dann stellte er sich stolz vor uns hin und sprach seine Überzeugung aus, daß hier ein Einbruchsversuch stattgefunden haben müsse. »Deshalb haben wir Sie ja geholt!« sagten wir ganz bescheiden. »Haben Sie«, erkundigte er sich mit selbstgefälligem Scharfsinn, »Freunde oder Bekannte?« »Freilich, Bekannte zu Hunderten, aber wieso ...?« »Sie haben also keinen bestimmten Verdacht?« Wir hatten keinen. »Dann –«, meinte er achselzuckend, »wird sich nicht viel machen lassen.«

Die Sache blieb damals auch wirklich im dunkeln. Aber diesmal hatte ich einen Verdacht. Und trotzdem, trotz der klarsten Indizien, war ich im Zweifel: wie konnte dieses liebe Kind, auch jetzt noch die Unschuld selber, mir dieses gräusliche Regenwurmungeheuer in die Tasche gespielt haben? Und wann vor allem? Lückenlos, so schien mir, war der Tag abgelaufen, nicht eine Minute war dazwischen gewesen, in der er die schwarze Tat hätte vollbringen können.
Ich will nicht sagen, daß nicht auch der Thomas, im gleichen Blütenalter, eines solchen Schabernacks fähig gewesen wäre – aber sein Gewissen hätte ihm keine Ruhe gelassen, er hätte zu kichern angefangen, hundert Andeutungen gemacht, und zum Schluß wäre er geplatzt vor Neugier, Indianertänze hätte er aufgeführt und mich aufgefordert, doch einmal in meine Tasche zu greifen. Der Stefan aber, von keines Gedankens Blässe angekränkelt, zeigte sich lieb und harmlos wie zuvor; und auch ich tat nicht dergleichen, ich ließ den Regenwurm wieder in die Tasche verschwinden und beschloß zu prüfen, welchen Druck sein Gemüt wohl aushalten würde.
Der schlichte Hinweis, daß die Amsel dort vermutlich Regenwürmer suche, ließ ihn völlig ungerührt. Das Stichwort gab ihm keinen Stich. Er hatte sogar die Dreistigkeit, mich in ein Gespräch über den Nutzen des Regenwurms zu verwickeln. »Die Fischer«, sagte ich listig, »wie zum Beispiel der Onkel Bi, brauchen die Regenwürmer zum Angeln – und ich habe das Fischen eigentlich nur deshalb aufgegeben, weil mir der Wurm am Haken so leid getan hat. Dir tut, scheint's, so ein Wurm nicht leid?!« Stefan überhörte die Frage, er berichtete ganz sachlich, daß er am vorigen Sonntag mit dem Onkel Bi und dem Jan und dem Jörg gefischt habe: »Da haben wir unter den alten Brettern Würmer ge-

sucht und in eine Blechschachtel getan.« »Da gehören sie auch hin«, sagte ich drohend – aber ehe ich ihn packen konnte, gab er dem Gespräch blitzschnell eine andere, eine düstere Wendung: »Wenn wir tot sind, gelt, Papi, da fressen uns die Regenwürmer.« »Ja, ja«, knurrte ich, ärgerlich, daß er mir so knapp vor dem Ziel noch einmal entwischt war. Ich ging zum entscheidenden Angriff über: »Du, scheint's, graust dich vor den Regenwürmern nicht?« Jetzt mußte er wohl die Waffen strecken. »Nein«, sagte er – »aber die Chinesen, die essen sogar die Regenwürmer! Das täte ich nicht!« So ein abgefeimter Bursche! Wohl oder übel mußte ich ihn gar noch aufklären, daß das mit den chinesischen Regenwürmern ganz anders sei als bei uns – »Im Salat!« rief er lustig. »Im Salat«, sagte ich streng, »es kann bei aller Aufmerksamkeit einmal vorkommen, daß ein winziges Würmchen sich zwischen die Blätter verschlüpft; dann macht man kein solches Geschrei wie du neulich, sondern trägt ihn ganz still hinaus.« »In den Garten?« fragte er scheinheilig. Jetzt hab' ich genug, der Ärger reißt mich hin. »Ja, jedenfalls steckt man ihn nicht in die Tasche!« rufe ich, »und wie kommt überhaupt ein solches Ungeheuer in meine Rocktasche?!«
Ich zog den gewaltigen Wurm heraus und hielt ihn dem Stefan unter die Nase. »Du weißt es schon!« kicherte er unbehaglich, und wuppdich war er verschwunden. »Du kommst sofort her!« rief ich ihm nach, aber er kam natürlich nicht.
Ich hatte gesiegt, aber es war keine Umfassungsschlacht, keine Cannae, ein ordinärer Sieg war es, genau besehen, ein Pyrrhussieg. Schweigend trug ich den sich windenden Wurm in die hinterste, schattige Gartenecke.

Erinnerungen eines Vergeßlichen

Vorrede

Wegen übler Nachrede kann man sogar gerichtlich belangt werden. Vorreden, wohl oder übel, werden meistens überhaupt nicht gelesen. »Erinnerungen eines Vergeßlichen« – das ist ein bißchen untertrieben. Notfalls habe ich ein Elefantengedächtnis, und ich könnte vieles erzählen, was gewichtiger ist als die harmlosen Geschichten, die ich hier bringe. Aber da käme ich wieder in den Bereich der üblen Nachrede. Über die noch Lebendigen was zu sagen ist gefährlich, über die Toten soll man nichts als Gutes sprechen – also kann man sich das Schimpfen sparen, obwohl der Leser den Klatsch am liebsten hat.

Gemessen an dem, was Zeitgenossen in diesen überwiegend scheußlichen Jahren mitgemacht haben, sind meine Erlebnisse belanglos. Jedes Buch voller Abenteuer, jede Nummer einer Tageszeitung ist spannender und zeigt die Welt, wie sie, leider, ist – ich schildere nur, wie sie war. Und mit den Großen kann ich mich, als Anekdotenerzähler, schon gar nicht messen. Wer aber, dies zur Entschuldigung, gibt heute noch, am Stammtisch etwa, ein rundes Histörchen zum besten, wie es gewiß noch dem Johann Peter Hebel vergönnt war, der dann freilich Goldstücke der deutschen Dichtung daraus machte.

Die Anekdote, so sagt man, entschärft die Welt. Allerdings braucht sie dazu einen naiven Leser, der noch nicht durch die Forderungen der jüngsten Literatur verdorben ist – wie sich ja auch der Schreiber einfältiger stellt, als er ist. Das meiste bezieht sein Recht, gedruckt, gelesen und vielleicht gar gelobt zu werden, aus dem schlichten Umstand, wahr zu sein, im Alltag erlebt, nicht verfremdet und nicht schöngefärbt.

Und noch eins: ohne die Liebe ist alles nichts. Solche

kleinen Geschichten muß man mögen, hochgestochenen Ansprüchen sind sie nicht gewachsen.

URFRIEDEN

Frühe Dienste

»Und gib mir ja acht, daß du die Briefkästen nicht verwechselst!« rief mir mein Vater nach, wenn er mich, die kleinen Hände mit Postsachen überhäufend, an die Straßenecke schickte. Dort war neben dem gelben der Reichspost auch der blaue Kasten der Privat-Stadtpost angebracht. Alle Münchner Sendungen wurden durch diese Anstalt weit billiger (um ein Drittel oder gar um die Hälfte befördert. Es gab auch eigne Marken, ich erinnere mich ihrer wohl, sie trugen in einem Kreis das Münchner Kindl mit der Umschrift: »Courier. Privat-Stadtpost.«
Ich kann es kaum glauben, daß schon am 1. April 1900 diese »Post des armen Mannes« ihr Ende gefunden haben soll – denn ich war damals ja erst fünf Jahre alt.
Nicht viel älter freilich werde ich gewesen sein, als es galt, weit schwierigere Botengänge auszuführen. Auf dem Redaktionsstuhl, den ich ein Vierteljahrhundert später einnehmen sollte, thronte damals Georg Baumgärtner, so finster und so bleich, ein ewiger Nörgler. Die Berichte meines Vaters trug ich nun wieselflink von der Augustenstraße in die fürchterliche Stube am Färbergraben. »Viel zu lang! Viel zu spät«, so lautete das ständige Urteil des unfreundlichen Schwaben, der nie ein Lob für meine Dienste hatte, die mir so manchen Nachmittag oder Abend verdarben. Es gab auch Tage, wo ich zwei- und dreimal den faden und gefährlichen Weg durch die Altstadt laufen mußte.
Auch später war der Gang noch oft zu tun; jedes Familienmitglied, jeden Gast suchte mein Vater dafür ein-

zuspannen; meist kleidete er sein Ansinnen in die Scheinfrage, ob man nicht zufällig in die Gegend komme ...

Neben den »Münchner Neuesten« bediente mein Vater auch noch die andern Blätter der Stadt mit Nachrichten; ich lernte die grauen, freudlosen Winkel kennen, wo die Papier-Maulwürfe alle hausten; an die Zeitungspaläste unsrer Tage darf man da natürlich beileibe nicht denken. Da war der ganz verwahrloste Betrieb der »Neuen freien Volkszeitung« in der Augustenstraße, der düstere Hof des »Bayerischen Kuriers«, gleich hinter den »Neuesten«, die alte »Augsburger Abendzeitung« und die »Münchner Zeitung« beim späteren Holzkirchner Bahnhof und zuletzt die dunkle Treppe des Hauses in der Frauenstraße, in dem die »Bayerische Staatszeitung« untergebracht war. Ich kann wirklich sagen, daß ich von der Pike auf gedient habe.

Besondere »Husarenstückchen« galt es zu vollbringen, wenn, buchstäblich in letzter Minute, Briefe nach auswärts zu bestellen waren. Die ganze Familie, das »Schreibfräulein«, der Sekretär, das Dienstmädchen und womöglich auch ein zufälliger Besucher waren bemüht worden, auf dem Hektographen (ursprünglich dem noch gräßlicheren Schapirographen) die eiligen Niederschriften meines Vaters zu vervielfältigen und in die Umschläge für den »Fränkischen Kurier«, den »Geselligen« in Graudenz und ähnliche Provinzblätter zu stecken, die vielleicht, gegen eine Pauschalgebühr von einer Mark, einen Bericht »ihres Münchner Korrespondenten« abdrucken würden.

Und dann wurde ich losgejagt, das Bahnsteig-Zehnerl und eine Tüte billiger Zigarren in der einen, die Briefe in der andern Hand. Ich sauste nur so durch die Augusten- und Dachauer Straße. Der eiligste Brief – es war schier hoffnungslos, ihn noch an den Mann zu bringen – mußte dem Zug-, notfalls sogar dem Lokomotivführer des Zuges nach Nürnberg übergeben werden, mit einer Zigarre und der flehenden Bitte, ihn doch an Ort und Stelle zu besorgen. Der gemütliche, von Ruß und Schweiß glänzende Kopf des einen oder andern schwarzen Mannes ist mir heut noch im Gedächtnis, wie er sich herunterneigte, wenn er endlich im zischenden Dampf meine atemlose Piepsstimme gehört hatte; grinsend nahm er Brief und Zigarre entgegen – oft freilich aber war's um Sekunden zu spät –, die Räder rollten schon, und vergebens, unter quellenden Tränen ob meines Mißerfolgs, schwenkte ich den Umschlag.

Für den nächsten Zug, etwa nach Kassel, hatte ich dann ein Weilchen Zeit, auszuschnaufen. Er führte auch einen Postwagen mit, und die Schwierigkeit war nur, die bereits eifrig sortierenden Männer aufmerksam zu machen. Der Rest der Briefe aber wurde in die Hopfenstraße getragen, wo freilich damals noch kein öffentlicher Kasten war, sondern wo ich Knirps mich mitten in das Gewühl der Verteiler schleichen mußte, notfalls auch hier mit der Springwurzel einer Zigarre den schnellsten Weg erschließend.

Zwölf Jahre vielleicht war ich alt, als ich meine Sporen als Berichterstatter verdiente. Daß wir unserm Vater schon weit früher jedes gestürzte Droschkenpferd, jeden Wasserrohrbruch und jedes Ausrücken der Feuerwehr meldeten, versteht sich von selbst. Nun aber wurde ich ein richtiger Pressevertreter, oft zu einer Zeit, in der Kinder schon ins Bett gehörten.

Kleine Festlichkeiten und Versammlungen gab es täglich so viele, daß die Zeitungsschreiber nicht mehr mitkamen; aber jeder Veranstalter hatte damals ein verbrieftes Recht, mindestens im »Generalanzeiger« mit ein paar freundlichen Zeilen erwähnt zu werden. Also sprach mein Vater – selbst auf dem Sprung, sich in wichtigere Ereignisse zu stürzen – zu mir: »Da gehst du jetzt vor ins ›Union‹, da findest du am Vorstandstisch einen Mann mit langem weißen Bart, das ist der Herr Feldigel, dem sagst du einen schönen Gruß von mir, läßt dir das Programm geben und fragst, ob alles richtig verlaufen ist; und wenn sich später noch was ändern sollte, dann soll er so gut sein und mich morgen anrufen. Und – schau dich auch selber ein bissl um, ob viel Leut' da sind, ob hübsch dekoriert ist und so weiter.«

Ich war glücklich, wenn ich den Mann mit dem langen weißen Bart entdeckt hatte – und recht viel mehr leisten die kleinen Reporter von heute ja auch nicht, als daß sie sich vergewissern, ob alles nach dem Programm abläuft. Geschah es doch zur Zeit meiner eignen Redakteursherrlichkeit noch, daß diese Nichtswürdigen Sänger hatten auftreten lassen, die verhindert, oder gar Mitbürger zu Grabe getragen, die gar nicht verstorben waren.

Die Begegnung

Mein Vater, ein junger Mann noch, wurde als Berichterstatter zu einem Fremden geschickt, der in dem damals neu eröffneten, riesig und glanzvoll wirkenden Café Luitpold zu einer bestimmten Stunde sitzen sollte. Der Herr, sagte ihm der Redakteur, habe einen ausgesprochenen Birnenschädel, oben kahl, rundum rote Haare. Er schaue mit halbblinden, grünen Augen mühsam aus seinen Sommersprossen heraus; er habe einen langen Hals, faltig wie ein Truthahn; endlich sei er, ungeachtet seiner Stellung und seines Vermögens, derart schlecht und unsauber angezogen, daß man nicht mit einem Stecken ihn anrühren möchte.

Mein Vater betrat das Kaffeehaus, überblickte das Gewühl der Gäste und ging schnurstracks auf den also beschriebenen Herrn los. Der zeigte sich ungemein darüber erfreut, wie gut die Verabredung zweier Unbekannter geklappt habe, und fragte strahlend – so weit er das vermochte: »Und nun sagen Sie mir einmal, wieso Sie mich so rasch gefunden haben!?« Es bedurfte großen diplomatischen Geschickes, ihm das zu erklären ...

Heiratsanträge

Meine Mutter war, auch noch über ihre Jugend hinaus, eine hübsche Frau, und so konnte es nicht ausbleiben, daß mancher Mann ein Auge auf sie warf. Eines Abends saß sie auf einer Anlagenbank, da setzte sich ein weit Jüngerer neben sie und erzählte ihr, nicht grade zudringlich, aber ungefragt von der Leber weg, seine Lebenspläne. Er sei, sagte er, ein Konditorgeselle und habe die Absicht, sich selbständig zu machen.
Nichts fehlte ihm dazu als eine geschäftstüchtige Frau, die auch etwas Geld mitbringe – und sie, meine Mutter, scheine da die Rechte zu sein, denn, daß sie nicht arm sei, sehe man ihr an. Meine Mutter hatte den unverhofften Freier ruhig reden lassen, jetzt aber teilte sie ihm mit, daß sie schon einen Mann und vier Kinder habe. Der Mann machte auf den Bewerber überhaupt keinen Eindruck, er fand ihn des Erwähnens nicht wert. Aber die Kinder? Er rückte vertraulich näher und sagte, ohne jede Wallung des Gemüts: »Die Kinder – die beißen wir schon naus!«
Ein andermal fuhr meine Mutter in der Straßenbahn; je leerer sie stadtauswärts wurde, desto beflissener ging der rüstige Schaffner, durch den Wagen an ihr vor-

über. Endlich, als sich die Reihen der Fahrgäste soweit gelichtet hatten, und auch meine Mutter Anstalten traf, auszusteigen, faßte er sich ein Herz und sprach sie an: »Nix für ungut, Frau: san Sie schon verheirat?« – »Ja, das bin ich!« sagte meine Mutter voll Erstaunen. »Na' san S' mir halt net bös', i hab mir's schon denkt, weil i halt gar koa Glück hab'. Aber wissen S'«, setzte er tieftraurig hinzu, »fragen hab i Eahna müssen, es hätt' mir 's Leben lang as Herz abdruckt, wenn i im Zweifel blieben waar ...«

Erstes Ahnen

»Es sind Schindeln am Dach!« pflegten die Erwachsenen zu warnen, wenn die Kinder ihre Gespräche nicht hören sollten. Die vornehmere Sitte, französisch zu reden, kam bei uns nicht in Betracht. Auch waren unsere Eltern ziemlich unbekümmert, sei es aus schlichter Schlamperei, oder sei es im Glauben, so kleine Burschen verstünden ja doch nichts von Skandalgeschichten. Selbst die Namen der Betroffenen unterdrückten sie nicht.

Zu den Hausfreunden zählte der Maler Mohr, ein schrecklich ungewaschener und struppiger Spießer, der sich für einen Künstler hielt, weil er Professor an der Kunstgewerbeschule war, wo er in einem sagenhaft schmutzigen Atelier hauste. Er wohnte in der Rottmannstraße, in einem düsteren Winkelhäusl, aber seine freie Zeit verbrachte er an Stammtischen, sommers gar in dem berühmten Arzberger Keller oder als Kümmerer bei Bekannten, beispielsweise bei uns.

Die Kümmerer sind so gründlich ausgestorben, daß man sie erklären muß. Es sind die Leute gewesen, die sich um einen kümmerten: einseitige Freunde, die zu

Besuch kamen, ohne viel Ansprache oder gar Bewirtung zu erwarten. Sie waren geduldet, so lang sie nicht störten, Stehgäste meistens, die sich schwatzend oder schweigend herumdrückten, gelegentlich um Auskünfte befragt wurden oder auch kleine Gefälligkeiten und Botengänge übernahmen und die nicht weiter gekränkt waren, wenn niemand Zeit für sie hatte. Niemals oder nur ganz selten erwiderte man ihren Besuch, ja von vielen wußte man kaum, wo sie wohnten. Am ehesten waren sie den römischen Klienten zu vergleichen, nur, daß sie unabhängig waren und von den Schnorrern und Tellerleckern streng unterschieden werden mußten. Blieben sie wirklich zum Abendessen, brachten sie das ihrige selber mit oder ließen vom Dienstmädchen Bier und Braten aus der nächsten Wirtschaft holen.

Ein solcher, fast täglicher Gast war also der Professor Mohr, und es war mehr ein Zufall, daß wir auch seine Frau kannten, von einer Sommerfrische her, in Bichl, wo sich meine Mutter mit ihr etwas anfreundete und wir mit den zwei Kindern spielten, im Wirtsgarten des »Bayrischen Löwen«, in dem ich erst fünfzig Jahre später wieder einmal sitzen sollte.

Aber damals, gleich im Herbst, war von dieser Frau Mohr viel die Rede bei uns, daß die Ehe nicht mehr stimme und daß sie ihren Mann betrüge, wofür unsere Mutter ein unverhohlenes Verständnis zeigte, denn, wie sie sagte, nicht mit einem Steckerl möchte sie den unsauberen Kerl anrühren.

Ganz anders nämlich war die Frau, und es glaube nur niemand, ein Fünfjähriger könnte das nicht erfassen, wie ihr die heiße Lebenslust aus allen Nähten platzte, wie sie fesch, fleischwippend und wohlgeschnürt des Weges kam, mit Augen, schwarz und glühend wie Kohlen und immer Schweißperlen auf der aufgeworfnen, beinah schnurrbärtigen Oberlippe.

Vom Großvater hörten wir, ohne es recht zu verstehen, daß sie ihm alten Mann noch durch die Hosen schaue, von den Eltern, daß sie eine blitzsaubere Person sei und gewiß eine Todsünde wert, ganz niederen Standes vermutlich, keine hiesige – und ungebildet bis dorthinaus. Ihre unbekümmert-drolligen Redensarten übrigens, wie daß es doch egal sei, ob ihr Sohn auf die Regal- oder Realschule komme, waren noch lang bei uns im Schwange, nachdem ihre Urheberin verschollen war.

Damals also ging es, wie vor uns Kindern ohne Scheu erörtert wurde, um nichts Geringeres als darum, wie der Mann seine Frau des mehr als vermuteten Ehebruchs überführen könnte; und unsere Wohnung, unweit der Rottmannstraße, war, wenn nicht Hauptquartier, so doch Vorwerk und Schanze des großen Unternehmens, die verruchte Gattin auf frischer Tat zu ertappen – einer Tat, unter der wir uns recht wenig vorstellen konnten und die für uns Buben nur ein Teil der abenteuerlichen Gaudi war, an der wir teil hatten, weit mehr, als unsere Eltern ahnen mochten.

Denn die Besuche des Professors häuften sich, sie fanden auch zu ungewohnten Tageszeiten statt, in Frühstück und Abendessen platzte er herein. Die Gespräche waren auf einmal voll dunkler Andeutungen, übernächtigt sah der Mann aus, wenn er kam und bloß sagte: »Wieder nichts!« oder »beinah!«, und seine jägerische, seine wildwestische Erregung sprang auf uns über.

Er ließ sich von meinem Vater einen Havelock leihen, einen Zylinder – er versuchte es mit einer Dienstmannsmontur mit roter Mütze, wie sie mein Vater für Faschingsfeste als bequemste Maske bereit hielt; verkleidet schlich er in die Dämmerung oder den Herbsttag hinaus – meine boshafte Mutter meinte (freilich erst, wenn er fort war), er müßte sich nur waschen und

einen saubern Kragen anziehen, dann sei er gewiß völlig unkenntlich.
Endlich, eines Morgens, kam er, bös funkelnden Triumph hinter der Brille: »Heut' hab' ich sie erwischt!« rief er, schon unter der Tür, »mit dem Briefträger bin ich hinein, darauf war sie nicht gefaßt!« Wir Buben hörten noch was von einem unverschämten Kerl, aber gerade als der Bericht so recht spannend zu werden versprach, merkte auch die Mutter, daß es kein Gespräch für Kinder sei, und stamperte uns hinaus.
Im Lauf der nächsten Zeit legte sich die Aufregung, und schon gegen Weihnachten stellte uns der Professor sein neues Weibi vor, ein treudeutsches älteres Mädchen, wie aus Eiche geschnitzt, mit einer Schneckenfrisur und einem Holzgelächter; und viele Wochen hernach, im März, kam die Mutter von der Stadt heim, sie habe Mohrs Verflossene getroffen, schnackerlfidel, sie habe ihren Kellner geheiratet. Dann war sie in der großen Stadt verschollen.

HOFTHEATER-ERINNERUNGEN

Das ist das sicherste Zeichen dafür, daß man alt wird: wenn man gebeten wird, sich an leibhaftige Eindrücke zu erinnern, die eine Mehrzahl der Leser nur vom Hörensagen kennt. Nun ist es freilich so, daß nur das heute noch beachtenswert scheint, was ein sehr junger Mensch gestern noch grade mitgekriegt hat; das königlich bayerische Hoftheater stand ja, als Nationaltheater, bis zu jener Bombennacht vor unser aller Augen.
Da wäre also nichts Besonders zu erzählen; viele von den Jüngeren erinnern sich, daß sie als Studenten auf jenen Augenblick gewartet haben, wo der Start ins Juchhe freigegeben worden ist, viele, freilich nicht mehr

so viele, wie sie als Leutnants die ehrenvollen Parkettstehplätze eingenommen haben. Und ganz alte Damen gedenken gern ihrer festen Abonnementsplätze, lang vor Theatergemeinde und Volksbühne, als der Besuch des Hoftheaters noch ein gesellschaftliches Ereignis war. Noch sind gottlob nicht alle Leute tot, die eine berühmte Uraufführung miterlebt, die den großen Caruso dort singen gehört haben. Die freilich gehören schon zu den Memoiren-Würdigen, und jeden Tag werden sie weniger.

Um es gleich zu gestehen, ich zähle nicht zu ihnen; denn meine Eltern – und die Eltern im allgemeinen – waren nicht so üppig, ihre Söhne ins Theater zu schikken, gar an Tagen, wo es ausdrücklich hieß, daß alle Vergünstigungen aufgehoben seien – ganz zu schweigen von den zwanzig Mark in Gold, die seinerzeit für das Gold in der Kehle des berühmtesten Sängers der Welt bezahlt werden mußten. Von einem solchen Erlebnis hörte ich nur von einem Freunde, der als Statist keine zehn Schritte neben dem Wundermann gestanden war.

Wenn ich mich trotzdem als ein Siebzigjähriger (und was heißt das heute schon?) an ganz frühe Zeiten erinnern kann, dann ist es sozusagen die Verlängerung meines Gedächtnisses durch meinen Vater, der uns Buben schon im Kleinkinderalter von fünf oder sechs Jahren mit den Bühnengrößen um die Jahrhundertwende bekannt machte und der von mir, wenig später, Botengänge aller Art verlangte, die mich Knirpsen nicht nur in alle Redaktionsstuben, sondern öfter als einmal in das gewaltige, vielwinklige Haus am Max-Josefs-Platz führten, so daß ich die Bühne, die Garderoben, den Schnürboden und die Diensträume des Theaters eher kennenlernte als eine Aufführung als Besucher.

Da galt es, dem allgewaltigen Generalintendanten

Ernst von Possart einen Brief zu bringen, den technischen Direktor, den Garderobier um die Überlassung eines Versatzstückes oder einiger Kostüme für ein Wohltätigkeitsfest zu bitten, mit dem Ballettmeister einen Termin zu vereinbaren oder auch beim Hauptkassier nachzufragen, ob die Freikarten, um die mein Vater eingegeben hatte, genehmigt worden seien; sie waren fast immer genehmigt – von der Großzügigkeit jener königlichen Vorkriegsjahre macht man sich heute kaum noch einen Begriff.

Die stärksten Eindrücke hatte ich von der Bühne; es wurde gerade eine Oper geprobt, als man mich quer hinüber führte; unvergeßlich ist mir der eisige Luftzug, der aus ihren Tiefen wehte, das Gewirr von technischen Anlagen, das Licht, die Soffitten, die Kreidestriche auf den Brettern, die nun auch für mich eine neue Welt bedeuteten, die Einsicht in all das, was aus der Nähe zugleich be- und entzauberte, nicht zuletzt natürlich der Anblick der kostümierten und geschminkten Damen und Herren – und das dunkle Schweigen des riesigen Zuschauerraums, der mir wahrhaftig wie ein Abgrund entgegengähnte.

Auch sonst war der Fuchsbau unheimlich genug, wenn etwa eine Aufführung vorbereitet wurde, Lohengrins Schwan in einer finstern Ecke stand, die eingemotteten Kleider zu Bergen gehäuft lagen, ein Spaßvogel mir einen Helm aufsetzte oder Siegfrieds Schwert in die Hand drückte.

Und wenn ich dann gar, wieder in die Bereiche der Generalintendanz zurückgekehrt, vor dem Erhabenen stand, der mir mit einem unvergeßlichen Pathos auftrug, die Augustenstraße einundzwanzig – also nicht etwa meinen Vater allein – von ihm zu grüßen, dann wurde ich noch kleiner, als ich ohnehin war, und wagte erst draußen wieder so richtig aufzuatmen.

Unsere bescheidene Wohnung im vierten Stock besuchten gelegentlich einige Größen des Hoftheaters; der Fischer-Franzl, der bedeutende, aber immer etwas im Schatten stehende Dirigent, zertrümmerte fast unser altes Klavier, und der Sänger Grifft, meines Erinnerns ein Bruder der großen Schauspielerin Therese Giehse, sang, daß die Wände bebten. Frau Emma Berndl, die manchen Festprolog meines Vaters vortrug, war natürlich für mich eine göttliche Erscheinung, ich weiß nicht, ob es sowas von glühender Verehrung heute noch gibt.
Daß ich dann eines Tages als Gymnasiast den »Tell« zu sehen bekam, den ich als eine einzige Folge mir seit Jahren bekannter Zitate erlebte, ist ja nicht des Mitteilens wert, noch weniger, daß ich späterhin Bruno Walter am Pult, Knote, Feinhals oder Bender sah und hörte – denn, wie gesagt, diese Ereignisse gehören schon einer jüngeren Zeit an. Später wurde ich sogar Opernkritiker. Der »Bayerische Kurier« gab, gegen ein Dutzend äußerst vorsichtiger Zeilen, gerne seine Freikarten. Gedenken will ich aber jener Tage des Umsturzes, 1918, als auf der feuerrot drapierten Bühne Goethes sonst nie gespieltes Stück »Des Epimenides Erwachen« über die Bühne ging und der alte, eben noch königlich bayerische Hofschauspieler Matthieu Lützenkirchen sich in einen wilden Revoluzzer verwandelte: damals begriff ich zum erstenmal, was ich später immer wieder erleben sollte: wie schnell das geht! Und zum Schluß gedenke ich jener aufregenden Viertelstunde, als der struppige Kurt Eisner vor den Vorhang trat, den ungeheuren Vorhang; er stellte sich seinem Schicksal, dem betäubenden Lärm der Schreie und Pfiffe, dem Prasseln des Beifalls – was er dann gesagt hat, weiß ich nicht mehr, aber daß er Mut und Würde bewiesen hat, könnte ihm niemand abstreiten.
Viele, viele Jahre sind seitdem vergangen, das oft zi-

tierte neue Leben ist aus den Ruinen erblüht; und wiederum stand ich, als Verfasser des Richtspruchs, zuerst auf der noch unfertigen, verwirrend abgründigen Bühne, ehe ich die Meistersinger »von meinem Platz aus« hören durfte. So gibt es doch Dinge im Leben, die sich auf eine rätselhafte Weise wiederholen.

Ein Schulerlebnis

»Er hat vor dir gezittert – wehe dir!
Daß du ihn schwach gesehn, verzeiht
er nie!«

Also warnt den Wilhelm Tell seine Frau auf den Bericht hin, daß er den vor Angst schlotternden Geßler aus Bergnot errettet hat. Auch ich habe, als Oberprimaner, unsern Schultyrannen vor mir zittern gesehen – aber, um es vorweg zu sagen, schlimme Folgen hat es für mich nicht gehabt, ja, vielleicht bin ich, einer der schlechtesten Schüler, durch meine Hilfsbereitschaft überhaupt durchs Abs gekommen.
Ich stand, des Morgens mit zwei Kameraden ins Pennal fahrend, in der Straßenbahn auf der hinteren Plattform, die damals, 1914, noch offen war; die eisernen Gittertüren waren auf der linken Seite versperrt, rechts zum Ein- und Aussteigen hochzuheben – ältere Leser werden sich daran erinnern. Man konnte, wenn es auch streng verboten war, auf das Trittbrett des fahrenden Wagens springen und, besonders wenn eine hilfreiche Hand das Fallgitter hob, noch mitkommen. Freilich geschah dabei manches Unglück, mehr als einer verfehlte den Sprung, und wenn er nicht gar unter die Räder kam, aufs harte Straßenpflaster fiel er gewiß.
An einer Umsteigstelle sahen wir plötzlich unsern

Professor, den kleinen, scharf bebrillten, verstruppelten Rotbart, schirmbewaffnet, mit fliegenden Rockschößen über den Platz herlaufen, ehe wir's recht begriffen, hing er, auf dem Trittbrett stehend, wohlgemerkt der falschen linken Seite, rüttelte in wütender Verzweiflung an der Gittertür und schrie uns, die ja dicht über ihm standen, zornig zu: »Machen Sie auf! Machen Sie auf!«
Wahrhaftig, es war eine einmalige Gelegenheit, sich an dem Mißgeschick des Tyrannen zu weiden, an seiner Schwäche – und die beiden Kameraden grinsten denn auch höhnisch genug. Daß er auf der falschen, der zugesperrten Seite aufgesprungen sei, war dem Professor nicht klarzumachen, mit Worten nicht und nicht mit Deuten – er mußte unser Verhalten für bare Unverschämtheit halten. Wie ein Gorilla fletschte er uns an – aber blitzschnell hatte ich die Gefahr erkannt: Wenn gar in der nahen Kurve ein Wagen entgegenkam, konnte er den Mann vom Trittbrett streifen: ich griff, was einzig des Schaffners Recht ist, nach der Leine und läutete heftig ab, die Bremsen knirschten, der Wagen kam zum Stehen, der Schaffner eilte herbei, sah, noch ehe er uns Lausbuben beschimpfen konnte, den Fahrgast am Gitter hängen, zog seinen Dreikantschlüssel und sperrte auf. Schwer keuchend, böse und beschämt zugleich durch die Brille funkelnd, stieg unser Professor ein, ging an uns vorbei ins Innere, ohne ein Wort, des Dankes oder des Tadels.
Der Schaffner, seine strenge Dienstmiene ins Menschliche glättend, nickte uns zu und brummte etwas von Glück gehabt haben. Aber auch wir schwiegen.
Eine Viertelstunde später stand der Professor vor uns auf dem Katheder, er ließ sich nichts anmerken von dem peinlichen, dem gefährlichen Zwischenfall; vermutlich war er sich aber doch seiner Unvorsichtigkeit

bewußt geworden, die so schlecht hätte ausgehen können.
Nie mehr kam er auf die Sache zu sprechen, sie blieb eine Art Geheimnis zwischen uns. Er schonte mich seither sichtlich, er bohrte nicht mit bösen Fragen in meiner Unwissenheit. Vielleicht hätte er sich gern an den beiden andern für ihr höhnisches Grinsen gerächt; aber ihnen konnte er nichts anhaben, denn sie waren gute Schüler.

Ein alter Lehrer

Daß es heutzutage noch so schrullige Volksschullehrer gibt, wie zu meiner Kinderzeit, glaube ich nicht. Und gäbe es sie, die Behörden und die Elternbeiräte legten ihnen bald das Handwerk – denn um ein solches drehte sich's ja, wie wir gleich sehen werden.
Der Lehrer Spöttel an der Luisenschule war aber noch ein Pädagogarch im früheren Sinn. Als ich ihn hatte, war er schon ein alter Mann, bereits vor einem Menschenalter war der jüngere Bruder meines Vaters, der Onkel Theodor, sein Opfer gewesen, und der ungeschlachte Braumeister grinste und grunzte hämisch, als er hörte, daß mir das nämliche Schicksal drohe. Auch mein um ein Jahr älterer Bruder Hermann, soeben der Zucht Spöttels entronnen, erging sich in düsteren Weissagungen über meine nächste Zukunft. Ich kam also nicht ungewarnt in die dritte Klasse.
Daß ich mich heute, nach so urlanger Zeit, dieses Lehrers so genau entsinne, hat seinen Grund: ein Schulkamerad von damals hat in einem Brief mein eigenes Gedächtnis aufgefrischt.
Der Lehrer, Andreas, wenn ich mich recht erinnere, war ein großer, eher hagerer Mann, rundköpfig, kurzhaarig,

vermutlich mit einer randlosen Brille. Sein faltiger Hals kam schildkrötenhaft aus dem niedern Kragen. Daß ein Lehrer auch ein bürgerliches Leben führt, irgendwo in der Stadt wohnt, Frau und Kinder hat, wurde uns Buben nicht bewußt. Er war einfach da, um acht Uhr früh, und verschwand um vier Uhr nachmittags wieder, Woche für Woche, zwei Schuljahre lang.

Obwohl der Lehrer Spöttel ein Grobian war, denke ich ohne Bitterkeit an ihn zurück; denn immerhin war er ein Kauz von galligem Humor. Am meisten gefürchtet war die Rechenstunde, mit dem kleinen und großen Einmaleins. Er schrieb, schon vor dem Beginn des Unterrichts, die Namen von zehn Delinquenten an die Tafel, und unser erster banger Blick suchte, ob wir unter den Opfern seien. Die mußten sich auf die vordersten Bänke setzen; Herr Spöttel ergriff den Zeigestab: 5×13 ist? Immer härter schlug der Stecken auf den Kopf des Gefragten, bis die Antwort kam oder die Tränen das einzige blieben, was er aus dem Dummkopf herausbrachte. Schlimmer noch war eine andere Methode: der Schüler mußte die zehn Finger aufs Schulbänklein spreizen, der Quäler deutete mit dem Lineal auf die gewünschte Zahl und verstärkte den Druck bis zum unerträglichen Schmerz am Nagelbett.

Das Schönschreiben brachte er uns auch auf seine grausame Weise bei. Er ging durch die Bankreihen, brummte vor sich hin und sagte mit undurchdringlicher Miene zu dem oder jenem: »Du kannst vorgehen!« Noch wußte keiner, ob das Lob oder Strafe bedeutete. Denn neben den gefürchteten Tatzen gab es auch freudige Überraschungen: der alte Mann kaufte bei seinem Metzger allerhand Abfall, Wurstzipfel oder Leberkäsanschnitte; und unverhofft bekam ein Bub einen solchen Leckerbissen oder auch eine billige alte Ansichtskarte, wie sie der Lehrer stoßweise in seinem Pult liegen hatte.

Brach bei einem Schüler Nasenbluten aus oder klagte er über Zahnweh, so war der Lehrer um kein Hausmittel verlegen. Er zog sein riesiges buntes Schnupftuch aus der Tasche, knotete ein Beutelchen daraus, das er mit Salz füllte, in die Waschschüssel tauchte und dem Patienten unter die Nase schob. Auch ein großer, kalter Hausschlüssel, auf den Nacken gelegt, tat gute Dienste.

Sah er einen Knaben, der als Pausebrot Zuckerwerk verzehren wollte, entriß er's ihm mit finsterer Heiterkeit, öffnete das Fenster in den Schulhof, zerbröselte das seiner Meinung nach ungesunde Zeug und warf es hinaus: »Das ist was für die Vögel, aber nicht für einen Buben!«

Die ärgste Angewohnheit Spöttels aber war, einen Schüler an der Gurgel zu packen, ihn hochzuziehen oder gar, in die Hautfalten verkrallt, bis vors Katheder zu schleppen und dort niederzustoßen; öfter als einmal floß dann das Blut des Gestürzten.

Besonders wütend war er, wenn er uns beim »Federles« erwischte, einem Spiel, das man im Zeitalter des Füllers erklären muß: Man legte die Stahlfedern – immerhin Pfennigwerte – auf die Bank, drückte den Finger drauf und schnellte sie hoch. Fielen sie auf den Rücken, hatte sie der andere gewonnen. Im Eifer bemerkten wir oft nicht, daß uns der Lehrer bereits eine Weile zusah. Plötzlich stürzte der starke Mann wie ein Geier auf uns zu, packte uns am Hals und schlug uns die Köpfe zusammen.

Um freundlicher zu schließen: ein besonderes Fest war es, wenn er zum Singen die Violine aus dem Schrank holte. So sehe ich ihn noch am deutlichsten vor mir: dem Tod, von Rethel, nicht unähnlich, die Geige streichend, längst für mich eine legendäre Gestalt.

SPICKEN

Den Schüler – ein paar Primusse ausgenommen – möchte ich kennenlernen, der nie gespickt, amtlich gesprochen, sich eines Unterschleifs schuldig gemacht hat. Die Sorgen und Ängste der Schulzeit nehmen die Erwachsenen durchwegs zu leicht, höchstens daß ein böser Traum sie manchmal in die ferne Vergangenheit zurückschreckt.

In den ersten Lateinklassen mag es ja so gefährlich nicht sein, noch wird es mehr als Lausbüberei geahndet; aber kurz vor oder gar während dem Abs ist es oft ein Todesurteil, wenn man erwischt wird und der Professor mit kalter Höflichkeit den Schüler auffordert, das fast leere Blatt abzugeben und das Zimmer zu verlassen.

Und doch, ohne Spicken wäre ich nie durchgekommen; mit Hilfe von Eselsbrücken habe ich die Abgründe meines Nichtwissens überschritten. Es sei nun ferne von mir, aus meiner reichen Erfahrung gute Ratschläge zu geben; aber vor jenen berüchtigten kleinen roten Bändchen möchte ich doch warnen, die man damals – und vielleicht heute noch? – an einem Gummischnürchen aus dem Ärmel zog und nach – oft vergeblicher – Befragung wieder zurückschnellen ließ. Ich habe immer ein richtiges Lexikon benützt, auf (freilich zitternde) Knie von der Schulbank gezogen. Es gab wenigstens gründliche Auskünfte.

Lieber Leser, erinnere dich: der Spieß stürmt herein: »Blätter austeilen!« Wehe dem, der völlig überrumpelt war. Der Kluge war seit Tagen schon vorbereitet. »Nehmen Sie Ihren Horaz zur Hand, schlagen Sie auf Seite 98, viertes Buch, Ode sieben ...« Ich ergriff jedoch nicht den lateinischen Text, sondern Reclams untadelige Übersetzung, riß das Blatt heraus und vertauschte jetzt erst die Bücher, während schon der Schulgewaltige brillenblitzenden Auges durch die Reihen

tobte, da und dort die Blätter schüttelte, um dann wieder, listig den Unbeteiligten spielend, aus dem Fenster zu schauen. Plötzlich stand er vor mir, Gefahr war im Verzuge.
Tieren und wohl auch Menschen ist in der Notwehr vieles erlaubt; und doch schäme ich mich, es zu berichten: ich zitterte, ich schwitzte vor Angst, in tiefer Verzweiflung und leise seufzend schaute ich den Professor an. Solch einem Leid konnte sogar ein Schultyrann, ein Unterschleifschnüffler, nicht widerstehen. Fast gütig riet er mir, die Nerven nicht zu verlieren – und ging vorüber. Ein Verzweifelter konnte doch keinen unerlaubten Ausweg gefunden haben.
Klug genug war ich, ein paar Fehler zu machen oder ein Fragezeichen an die Stelle eines Wortes zu setzen; denn eine tadellose Arbeit hätte nachträglich doch den Verdacht auf mich ziehen müssen.
Die eine oder andere Schulgeschichte habe ich schon berichtet, viele noch könnte ich erzählen; aber ich will den Leser nur noch fragen, ob er, als erwachsener Ehrenmann, den Mut hätte, unter den spähenden Augen des Feindes ein solches Wagnis zu bestehen.

Ettaler Jahre

Der Herr Pater Simon, späterhin mein Lebensfreund und Bischof von Passau, war in Ettal unser Ordinarius, der beste Lehrer, den ich je gehabt habe. Er war streng und gerecht, gütig und überlegen, und schon die Ehrfurcht, die wir vor ihm hatten, hätte uns gehindert, je unvorbereitet in die Stunde zu kommen oder uns gar während des Unterrichts auch nur zu mucksen.
Ich saß ganz vorn in der ersten Bank, und der Pater hatte die Gewohnheit, mit festem Knöchel auf das Holz

zu klopfen, um seinen Worten Nachdruck zu verleihen. Nie werde ich mir erklären können, welcher Teufel mich geritten haben mag, ihm, dem schwärmerisch geliebten, bedingungslos angebeteten Mann einen Streich zu spielen. Ich verfertigte aus Draht eine Art spanischen Reiter, mit aufstehender Spitze, und schob ihn, unter einem rätselhaften Zwang, das Böse zu tun, unter seine pochende Faust. Er schlug auf das Pult, zuckte unter dem jähen Schmerz, sah den Stachel zu Boden fallen und begriff meine Untat. Im eigentlichen Sinn begriff freilich er sie so wenig wie ich selber, er schaute mich an, verwundert und im Innersten verwundet, mit einem Blick, vor dem ich hätte sterben mögen. Aber er sagte kein Wort, er fuhr fort in seiner Rede, als ob nichts gewesen wäre, und wirklich schienen die Mitschüler nichts gemerkt zu haben. Ich saß bleich und vernichtet da, ich glaubte, er würde mich nach der Stunde zu sich rufen, aber nein, er ließ mich gehen, und ich ging hinaus und weinte bitterlich.

Ich könnte, ein Siebzigjähriger, den mehr als achtzigjährigen Herrn Bischof darum befragen, aber, wie unbedeutend die Geschichte auch scheinen mag und wie unendlich weit sie ins Vergangene hinabgesunken ist, sie soll ein Geheimnis bleiben zwischen uns, denn erhellen könnten wir sie heute so wenig wie damals.

*

»Der Pater Hilarius ist ein gemeiner Markenjud!« so schrieb ich aus Ettal an meine Eltern, und ich kann schwören, daß das mit Antisemitismus nichts zu tun hatte. Es war ein Ausbruch der Wut über unsern Präfekten, der, ein leidenschaftlicher Briefmarkensammler, uns Grünhörner die unscheinbaren altdeutschen Postwertzeichen gegen großartige Exoten getäuscht hatte, bis wir ihm mit Hilfe eines Katalogs auf die Schliche kamen.

Der Brief wurde, wie üblich, vom Herrn Pater Direktor, Gallus Lamberti, gelesen und zornig zurückgegeben mit der Auflage, einen neuen zu verfassen. Um es kurz zu sagen: Noch nach vier Wochen schrieb ich eine Karte: »Liebe Eltern, mir wurde schon der fünfte Brief zerrissen, weil ich darin mit Recht behauptet habe, daß der Pater Hilarius ein gemeiner Markenjud ist.«

Nichts vermochte meinen Trotz zu brechen, nicht der Entzug der Nachspeise, nicht Vermahnungen und nicht Arreste, nicht die schmähliche weiße Karte für schlechtes Betragen – es gab goldne, rote, grüne und in seltnen Fällen eben weiße. Und meine Hartnäckigkeit war ein seltner Fall. Zuletzt rief mich der Herr Pater Gallus in sein Zimmer, zupfte elegant an seiner Nase und wischte noch eleganter an seiner Soutane herab und eröffnete mir, daß wir beiden Buben einen halben Freiplatz hätten, eine Vergünstigung, die sofort aufhören müßte, wenn ich nicht von meinem Widerspruchsgeist lassen würde. Mich, ein Kind, das von Geld nichts wußte, verließ in diesem Augenblick zwar nicht besagter Widerspruchsgeist, aber alle guten Geister verließen mich – nie wieder in meinem Leben habe ich mich, knirschend vor Wut, aber auch zerknirscht vor Angst, so hoffnungslos vor einem Dämon beugen müssen wie damals.

Den Pater Hilarius begreife ich heute, als alter Sammler, gut – aber dem Pater Gallus, daß ich's nur gestehe, zürne ich noch übers Grab hinaus.

*

Eben dieser Pater Gallus war auch unser Religionslehrer. Ich bin als ein frommes Kind nach Ettal gekommen, das kann ich beschwören. Die wunderbare Kirche, gar im Glanz eines Hochamts oder einer Marienandacht, vermochte mich schier zu Tränen zu rühren. Aber so jung ich war, so wach war doch auch mein Verstand, und wo es um den ging – und nicht ums Gemüt –, ließ ich mich nicht übertölpeln. Und so kam es eines Tages in der Religionsstunde zu einem theologischen Streit, den ich zwar, als kleiner Schulbub, abbrechen mußte, den ich aber doch, fast möchte ich sagen, leider, fürs ganze Leben gewonnen zu haben glaube; er hat die Grundfesten meines Vertrauens erschüttert und war der Anfang jener aufgewühlten heimlichen Knabengespräche, die fortan sich tief unter dem schönen Schein der Frömmigkeit hinzogen.

»Wenn ein bisher untadeliger Mann«, so belehrte uns der Pater, »eine Todsünde begangen hat, und es fällt ihm auf dem Heimweg ein Ziegel auf den Kopf, so daß er tot ist, ehe er Reue und Leid erwecken kann, so ist er verdammt für alle Ewigkeit. Und keine Fürbitte der heiligen Maria kann ihn vor Gottes unerforschlichem Ratschluß retten. Sie weiß es« – setzte er mit selbstgefälligem Lächeln hinzu – »und wird es auch gar nicht versuchen.«

Sieghaft blickte er in die Runde; alle nahmen es hin, nur ich hob den Finger. Gnädig, seiner Überlegenheit gewiß, ließ mir der Pater das Wort. »Es steht doch auch geschrieben«, sagte ich, freilich etwas unsicher, denn so ganz bibelfest war ich ja nicht, »daß kein Spatz vom Dache fällt ohne den Willen des himmlischen Vaters. Warum läßt er dann den Ziegel auf den Mann fallen?« Ich ahnte freilich nur dunkel, daß ich mit dieser Frage an das düsterste Geheimnis des Christentums gerührt hatte.

Wie es ausgegangen ist, weiß ich nicht mehr. Wahrscheinlich bin ich mit kummervollen Worten ob meines

Zweifels abgespeist worden – überzeugt natürlich nicht. Es blieb der Stachel in meiner Brust, der Gerechtigkeit Gottes zu mißtrauen. Zum Glück und Heil meiner Seele sind mir in den vielen Jahren seither auch andere, weisere Hirten begegnet, an denen ich mich nicht habe ärgern müssen.

Literarische Anfänge

Während ich noch die letzten zwei Jahre mich durch die Oberklassen des Wittelsbacher Gymnasiums würgte, machte mein älterer Bruder seine Lehrzeit bei Karl Schüler, dem ewig versoffenen Inhaber der großen Ackermannschen Buchhandlung, in der Maximilianstraße durch.
Einer der Bücherabstauber, an literarischem Ehrgeiz freilich alle Lehrlinge weit überragend, war ein junger Jude, Fredy Cohn, genannt Kaufmann, Sohn einer reichen Witwe in der Widenmayerstraße. Natürlich kannte er alle Dichter und Literaten der Stadt, wußte sich wichtig und nützlich zu machen, begönnerte und ließ sich begönnern, wurde von niemandem ganz ernst genommen, aber nach dem schönen Wort: Nützen können dir nur wenige, schaden alle, ließen ihn die meisten gelten, Schriftsteller gar, die so ängstlich drauf bedacht sind, daß ihrem bißchen guten Ruf niemand schadet. Der kleine Cohn vermittelte Geschäfte und Bekanntschaften, auch Berühmte schlugen nicht aus, seine Gäste zu sein in der prächtigen Wohnung überm Fluß, und überdies war er, das erfuhr ich erst viele Jahre später, den Männern zugetan und nicht den Frauen, er gehörte somit dem mächtigsten Geheimbund an, den die Welt kennt.
Ich erfuhr es, wie gesagt, erst nach Jahren, gemerkt

hätte ich es nie, man muß mich heute noch, einen alten Mann, mit der Nase drauf stoßen, wie man in München zu sagen pflegt; damals aber, ein Achtzehnjähriger, war ich ein gar tumber Knabe, ein Bauernbub, auch wenn ich ein Großstädter schien, ein »Hausmeisterischer«, wie man die schlecht angezogenen, linkischen jungen Leute nennt. Und meiner Mutter bin ich heute noch, über ein Menschenalter und übers Grab hinaus, ein wenig gram, daß sie, selbst in Dingen der Gesellschaft wohlbewandert, uns Buben so fahrlässig in die Welt schickte und uns vielen peinlichen Demütigungen aussetzte, bis wir uns mühsam, spät und in mehr als einer Hinsicht für immer zu spät, leidlich zurechtfinden lernten.

Damals etwa, im Jahre zwölf, war mein Onkel, der feinsinnige Schriftsteller Gerhard Oukama Knoop, gestorben – zu früh, als daß ich durch ihn die Großen der Zeit, George und Rilke, Thomas Mann und wie sie alle hießen, näher als zu flüchtigem Gruß kennengelernt hätte – und meine Tante schenkte mir, dem er leidlich paßte, den Smoking des Verblichenen und auch die Hemden dazu, mit steifer Brust und, was damals hochmodern war, rückwärts zu knöpfen, während man in die drei blinden Knopflöcher vorn Zierknöpfe zu stecken hatte, Diamanten und Perlen, wer sichs's leisten konnte, billige Dinger aus Perlmutter taten es auch.

Aber selbst diese zu beschaffen fand meine Mutter nicht für nötig, aus eignen Mitteln konnte ich sie nicht erwerben, noch als Primaner hatte ich meist keine Mark in der Tasche.

Als ich denn von dem kleinen, überaus geschniegelten und gebügelten Kollegen meines Bruders als angehender Dichter zu einem feinen Abendessen eingeladen war und mich auf den Weg machte, fühlte ich mich in dem in jedem Betracht fremden Gewand reichlich unbehaglich, und der Versicherung meiner Mutter, bei einem jungen Mann nehme man es nicht so genau, mißtraute ich gründlich. Die leeren Knopflöcher waren wie Wunden auf meiner Brust.

Sie wurden denn auch umgehend entdeckt und, in der wohlwollenden Meinung, ich hätte sie vergessen, besprochen; der Abend war mir vergällt. Es waren noch einige andere junge Männer eingeladen, darunter ein piekfeiner Schnösel mit einem Monokel, das er unnachahmlich aus dem Auge fallen zu lassen verstand. Vor ihm hätte ich selbst in einem erstklassigen Schneiderfrack die Waffen gestreckt. Er sprach nicht mit einem, sondern richtete das Wort an ihn, und was mich angeht, mit beispiellosem Erfolg. Denn erst um Jahre zu spät entlarvte ich ihn als eine hohle Witzblattfigur der Art: »Gedicht von Ihnen gelesen, kolossal amüsiert!« damals, ein Tölpel, ließ ich mich von ihm völlig überrumpeln, und seine näselnde Frage: »Novellieren Sie auch?« erschien mir so ungeheuerlich großartig, daß ich, vermeinend, so sprächen die Dichter untereinander, verwirrt ja und nein durcheinander stotterte. Vielleicht wäre ich weniger verlegen geworden, wenn ich gewußt hätte, daß dieses Ekel mich zugleich mit den schamlosen Augen eines Liebhabers ansah; vielleicht aber wäre ich vor Entsetzen davongelaufen, wenn ich auch nur einen Schimmer davon gehabt hätte, was dieses Eindruck schindende, seltsam vertrauliche Getue bedeuten mußte.

Ich weiß nur mehr, daß der große Novellist, von dem dann nie eine Zeile zu lesen war, den Plan einer Erzählung entwickelte, mit der er Heinrich Mann den Lorbeer zu entreißen gedachte. Sie hieß »Die verratene Göttin« und betraf einen jungen Mann in besten Verhältnissen, der in seinem wohleingerichteten Arbeitszimmer eine lebensgroße Venus aus echtem Marmor stehen hat, welche sein bisheriges Liebesideal verkörpert; er wendet sich von diesem jedoch ab; von Gewissensbissen gepeinigt, umschlingt er die Füße der Göttin, sie möge ihm ein Zeichen geben. Infolge der immer dringender werdenden Beschwörungen strauchelt er, ja, er kommt zu Fall, und das wankende, das stürzende Standbild erschlägt ihn.

Alle Anwesenden zeigten sich begeistert, und auch ich, der doch immerhin schon einiges gelesen hatte, war tief beeindruckt; ich hatte an der Geburt der Tragödie unmittelbar teilnehmen dürfen: So also, dachte ich neidvoll, entwerfen die Zwanzigjährigen mit sicherer Hand ihre erfolgreichen Werke.

Der Rest dieses ersten literarischen Ereignisses meines Lebens ist in Dämmerung gehüllt. Nach dem Krieg, den er mit allerhand Krankheiten zu überbrücken wußte, ging Fredy nach Berlin und wurde als Starter des Jockei-Klubs halb weltberühmt – ich habe nie wieder was von ihm gehört; nur in der überspitzten Zeitschrift »Der Querschnitt« sah ich einmal sein Bild, als einen rechten Zierbengel, in Frack und Zylinder – er hatte sichtlich umgesattelt, den Pegasus zu reiten oder auch nur als Stallbursche zu pflegen, trieb es ihn nicht mehr.

Ich will ihm aber doch ein freundlich-dankbares Andenken bewahren, denn ich habe späterhin auch Dichter wie Klabund oder Bruno Frank durch ihn kennengelernt, die meinen ersten Schritten liebevolle Begleiter waren.

Verfehlte Drohung

Der Hanslbauer in Haslach hat fünf Kinder; der älteste Bub war bei den Benediktinern in Metten, ungern genug, jetzt ist er gar im Abitur durchgefallen, er traut sich nicht mehr heim, in München hat er sich wo verkrochen. Die Tochter ist im Kloster Indersdorf und vergeht schier vor Heimweh. Zuhaus sind noch zwei kleine Mädeln und der neunjährige Isi. Zu dem sagt die allgewaltige Oberdirn: »Geh zua, Isi, die Gäns brauchen Brennesseln, und d'Henna müssen aa g'futtert wern!« Der Isi sträubt sich: »Gel«, sagt er, »die andern derfen fort, aber i sollt dahoam die ganz' Arbat macha!« – »Was?« schreit die Dirn, »oa Wort no wennst sagst, derfst aa fort, zu die Pfarrer in Freising!« Und blitzschnell verschwindet der Isi und tut alles, was ihm angeschafft ist, so eifrig wie noch nie ...

Nachhilfe-Unterricht

Bekannte von uns hatten durch Herumfragen einen Nachhilfelehrer für ihren Sohn gesucht. Und da kam ein kleinwinziger Knirps an, läutete an der Tür – die Frau des Hauses ahnte nicht, was er wollte. »Es ist wegen der Nachhilfestunden«, sagte er, so dreist wie schüchtern. »Das ist ein Mißverständnis«, meinte die Frau begütigend, »wir suchen selbst einen Nachhilfelehrer für unsern Sohn.« – »Ich weiß schon«, piepste der Knabe, »in die wievielte Klasse geht er denn?« – »In die vierte!« – »Schade, dann ist es nichts für mich, ich gehe erst in die zweite!« Und sich zum Gehen wendend, meinte er noch bedauernd: »Wenn er in die dritte gegangen wäre, das hätte ich noch gepackt!«

Zauberer

Nur eine Akten-Notiz will ich schreiben über die verschiedenen Zauberer, die mir begegnet sind. Ich war noch ein Kind, als ich eine indische Truppe sah, die das Seil warf, daß es in der Luft stand, und die einen Korb, in dem ein lebendiges Mädchen lag, mit langen Messern scheinbar wahllos durchstieß.

Viele Jahre später wurde Ärzten und Zeitungsschreibern ebenfalls von Indern, Mann und Frau, ein erregendes Schauspiel geboten, gruselig, ja widerwärtig zum Teil – das öffentliche Auftreten wurde dann auch nicht erlaubt. Mann und Frau durchstachen Hals, Arme, Beine mit langen Nadeln, brachten sich Schnittwunden bei, die sie durch einfaches Kneten der Haut wieder völlig verschwinden ließen. Die Frau hielt einen Apfel auf der flachen Hand, der Mann schlug mit zwei blitzschnellen Säbelhieben ein Viertel aus der Frucht. Zuletzt griff der Mann in die Augenhöhle und zog das Auge weit heraus – alles von wenigen Menschen aus nächster Nähe genau zu beobachten.

In einem kleinen, kümmerlichen Wanderzirkus ließ sich der verhärmte, ja schwindsüchtig wirkende Herr Direktor und Alleinunterhalter auf der bloßen Brust große Felsbrocken mit dem Vorschlaghammer zertrümmern – und die Bauernburschen, die er dazu einlud, schlugen grausam zu – unvergeßlich, wie der Mann keuchte, wie ihm seine verfallene leidvolle Frau im lächerlichen Flitter den Schweiß und die Steinsplitter aus dem Gesicht wischte. Zauberhaft allerdings war das nicht – aber heut noch ist mir's unbegreiflich.

Von den eigentlichen Zauberkünstlern brauche ich wohl nichts zu erzählen, ob nun der berühmte Schichtl auf der Wiesen eine lebende Person zersägte oder Bellachini die Kaninchen dutzendweise aus dem Zylinder zog.

Der größte Illusionist war ein Holländer, der unter dem Namen Okito als Chinese reiste und mir unter vier Augen manchen Trick verriet. So das Rundseil, das man zerschneidet und wieder ganz macht (in Wirklichkeit zerschnipfelt man nur ein dazu geschmuggeltes Seil-Endchen) oder die berühmte schwebende Kugel, von der jeder Pfiffige weiß, daß sie aufgehängt ist. Sie schwebt aber in einer Spirale, so daß der Zauberer, von einem mißtrauisch-empörten Zuschauer dazu aufgefordert, lächelnd mit dem haarscharfen Säbel darüber hin, darunter her und kreuz und quer fuchteln kann.

Am lustigsten sind die Magier, wenn sie zu ihrem eignen Vergnügen zaubern. Besagter Okito erzählte mir von Fahrten in D-Zügen, wo er ganz inkognito und als harmloser älterer Herr reiste, aber plötzlich zwei Zigarren rauchte oder den Hut mit einem Stips auf den Haken beförderte. Die Mitreisenden trauten ihren Augen nicht – höchste Zeit, mit den Scherzen aufzuhören: die Ungewißheit, ob man sich nicht doch getäuscht habe, juckt am ärgsten.

Ein Gedenken sei hier eingefügt an einen Kleinmeister der Schwarzkunst, an Derka Hartung, ich kannte ihn viele Jahre, zuletzt sah ich ihn noch in einem der übervollen Züge an die Ostfront, seither ist er verschollen. Er gab mir und meiner Frau manches bezaubernde Privatissimum, mit und ohne Lösung des Rätsels – Geheimnis ist es ja keins! – und ich sah, wie vielfältig (und doch oft so einfältig) die Mittel sind, deren sich sogar die Erzzauberer bedienen, vom technisch-chemischen bis zur dreisten Ablenkung im entscheidenden Augenblick, von der lustigen Lüge bis zur kecken Wahrheit, auf die man erst recht hereinfällt, weil man sie nicht glaubt. Mein Freund Derka war zeitlebens ein armer Teufel, Geld zaubern konnte er nicht; aber durch weite Länder Südamerikas ist er gekommen, ohne

Sprachkenntnisse und ohne einen Peso in der Tasche – eben als Taschenspieler. In Herbergen und an Lagerfeuern fing er, der unbeachtete Fremdling, still vor sich hin zu zaubern an, zuletzt hatte er ganze Dörfer samt Gendarmen und Bürgermeister so verblüfft und begeistert, daß sie ihn gar nicht mehr fortlassen wollten. Daß ich's nur gestehe, ein bißchen kann ich auch zaubern. Das haben wir Buben zum Teil von unserm Vater gelernt, der eine Orange so überzeugend aus dem fahrenden Zug werfen und wieder hereinholen konnte, daß mein Bruder im besten Glauben an solche Künste den neuen Hut hinterherwarf. Natürlich hatten wir auch die billigeren Nummern des »Zauberkönigs« erworben, falsche Finger und magische Eierbecher, aber längst begnüge ich mich mit einer Zündholzschachtel, die ich, heimlich in den Handrücken geklemmt, im Zwielicht auf- und niedersteigen lasse, oder ich reiße mir, »ohne Vorrichtung, ohne Apparat«, kurz entschlossen den Daumen aus. Am ergiebigsten sind ja ohnehin jene Kinder-Jahre der schönen Täuschungen, wo wir atemlos vor Staunen den »Hansl« davonfliegen und die »Gretl« wiederkommen sahen, nicht ahnend, daß die auf den Tisch gelegten, mit einem bunten Fetzchen beklebten Zeigefinger im Hui mit den Mittelfingern vertauscht wurden.

Noch habe ich die eigentlichen, die echten Zauberer nicht genannt. Dem Baron Schrenck-Notzing bin ich, bei Schillers Urenkel, dem Freiherrn von Gleichen, oft begegnet, er schien mir immer selbst ein Materialisationsphänomen von müdester Auflösung. Um ihn und seine teils entlarvten, teils verdächtigen Medien ist es still geworden, sein dickes Buch ist verschollen, und vielleicht bleibt er nur durch seinen Kronzeugen Thomas Mann im Gedächtnis.

Auch über jene ganz andersgearteten Magier, die Hypnotiseure, hat Thomas Mann das beste und gültigste geschrieben: »Mario und der Zauberer« – und neben der Meisterschaft, mit der er den Ablauf einer solchen Veranstaltung geschildert hat, kann sich so leicht nichts hören lassen.

Hypnose war ja wohl auch, seit ältesten Zeiten, das Rüstzeug der Zauberer, sie mochten es noch so tarnen und entwichtigen. Heute sind derlei Vorführungen öffentlich kaum mehr zu sehen, nach dem ersten Krieg, bis in den Anfang der dreißiger Jahre, waren die »Hellseher« und wie sie sich nennen durften, ihres Zulaufs sicher. Auch den berühmt-berüchtigten Hanussen habe ich damals gesehen.

Häufig begannen sie ihre Vorstellungen damit, daß sie die ganze Versammlung aufforderten, die Daumen zu drehen – dann gingen sie beschwörend durch die Reihen: »Sie können nicht mehr aufhören! Sie können nicht mehr aufhören!« Und wirklich blieb da und dort ein armes Fischlein im Zaubernetz hängen, und der Magier wußte gleich, an wen er sich würde zu halten haben.

Die Versuche sind bekannt: die aufs Podium Gerufenen aßen Äpfel als Zwiebel, schrieben ihre ungelenke Kinder- und die künftige zittrige Greisenschrift, liefen vermeintlichen, fortrollenden Goldstücken nach und spielten die längst verlernte Appassionata in die Luft.

Dergleichen ging noch an; aber der dämonische Mann ließ junge Mädchen schamlos einen Floh suchen und erzwang von würdigen Herren unerwünschte Geständnisse – bis eines Tags der faule Zauber kurzerhand polizeilich verboten wurde. Jüngere Menschen kennen dergleichen nur noch vom Hörensagen.

Auf dem Eise

Von Zeit zu Zeit frieren selbst die großen bayrischen Seen zu, beileibe nicht alle Jahre; die scharfe Kälte allein tut's nicht, windstill muß es sein, und im Grunde weiß niemand so recht, was alles zusammenhelfen muß, damit das Naturereignis eintritt. Manchmal schneit es während des Frierens, dann liegt eine gewaltige weiße Fläche da, und trotzdem erscheinen die Entfernungen geringer, so wird's wohl gewesen sein, als der Reiter überm Bodensee dahintrabte und vor Staunen über sein unfreiwilliges Wagestück am andern Ufer tot vom Pferde sank. So fürchtig sind die Leute in Bayern nicht, sie treten Trampelpfade in den Schnee und wandern schnurgerade von Tutzing nach Ammerland oder von Herrsching nach Dießen, Strecken, die bei offenem Wasser mühsames Rudern verlangen oder gar den meilenweiten Umweg um den halben See herum. Und erst, wenn das Eis aufgeht, werden sie vorsichtig, und der und jener, von der Bequemlichkeit verlockt, denkt sich, er versucht's noch einmal, und dann bricht auch einmal einer ein, und die Uferbewohner hören die halbe Nacht schreckliche Schreie, weit draußen; ein bärenstarker Mann, wie der Doktor Paulus einer war, gibt's so schnell nicht auf, aber dann muß er's doch sein lassen und sinkt ins große Schweigen hinunter.
Wenn hingegen klares Wetter ist, gibt es blankes Spiegeleis, mit zierlichen Kristallflocken darauf. Schräg über die Fläche hin schaut es aus wie beschneit. Blickt man senkrecht in die Tiefe, zerstreuen sich die wunderlichen Gebilde, nur noch als einzelne Sternchen sitzen sie auf dem dicken Glase, dem grünlich klaren, das bald von Adern und Sprüngen durchsetzt ist, wie angeschlagen, bald von silbernen Schlieren gesprenkelt, oft aber so rein und unverletzt, daß man den Buckel

eines feisten Karpfens durchschimmern sieht, oder grünes Schlinggewächs das bis an die Oberfläche heraufsteigt.
Dann fanden selbst stumpfe Spießer, die noch nie im Leben so große Worte im Munde geführt haben, dieses Naturwunder phantastisch und märchenhaft, die dichterischen Gemüter aber glaubten mit Gottfried Keller, dicht unter ihren Füßen die Nixe am grünen Eis hintasten zu sehen, ihre weiße Schönheit, Glied um Glied.
Uns Buben traf damals die Nachricht von den zugefrorenen Seen mit Zaubergewalt. Der alte Hausfreund Doktor Billinger, der uns Sonntag für Sonntag in die Umgebung sprengte, auch wenn wir lieber hinter unsern Büchern und Briefmarken sitzen geblieben wären, rüstete zur Fahrt, der Vetter Max kam mit, und sogar der Vater, der sonst selten Zeit fand, hatte seine rostigen Schlittschuhe vom Speicher geholt, über Nacht waren sie in Petroleum gelegt und dann kräftig geputzt worden. Die Mutter aber, ohnehin die beste Eisläuferin von uns allen, freute sich mit uns, wenn sie auch den Doktor närrisch fand, der in seiner altfränkischen Weise während der ganzen Bahnfahrt Klopstocks Ode »Der Eislauf« vorsprach, vom Wasserkothurn schwärmend und des Kristalls Ebene, die uns bald nun winken sollte.
Es war ein blitzender Tag, aus Frost leicht und kühn gebaut, schwereloser, als je im Sommer einer hätte sein können, die Alpen schwebten bläulich in der goldnen Luft, und die Fläche des Sees glitzerte in Trillionen von Kristallen.
Wir schraubten unsere Schlittschuhe an und betraten das Eis, das glasklare, das glassspröde, wir blickten in die schwärzliche Tiefe. Ein unheimlich singender Ton ließ uns aufhorchen, es knackte und knisterte über den weiten Spiegel hin, als wäre er mit Blitzen geladen, und wirklich fuhren auch blitzschnelle Adern von

feinen Sprüngen unter uns dahin, ungeheure Spannungen ruckten und zerrten, ein Knall tönte wie ein scharfer Schuß, und hohl und gräßlich donnerte es aus den gefesselten Abgründen herauf.

Der Doktor schnitt, Arm in Arm verschränkt mit meiner Mutter, herrliche Bögen, mein Vater verbarg sein Unvermögen hinter lehrhaften Betrachtungen und endlosen Reparaturen seiner patentierten Klappschlittschuhe, am Ufer sitzend, und wir Buben traten bereits den Rückzug an. Es war nichts mit unseren Kunststükken, die stumpfen Eisen glitten am Blanken ab, am Gläsernglatten. Und, rund heraus gesagt, wir hatten Angst. Fürs erste forschten wir am Ufer entlang, wo, schilfdurchwachsen, rauhgrünes, körniges Eis sich erstreckte.

Indem wir uns dort herumtrieben, tönte schon der gurgelnde Schrei unseres Vetters; er war eigenbrötlerisch für sich allein dahingeschlittert und in die Nähe einer Bachmündung geraten, wo das Eis dünn und wahrscheinlich das Wasser sogar offen war. Zum Glück schien er Grund unter den Füßen zu spüren; ehe wir, die ihm kaum hätten helfen können, die Erstarrung des Schreckens abgeschüttelt hatten, war er, leichte Platten wie Fensterscheiben zerschlagend, ins Seichtere vorgedrungen und zog sich nun, wild um sich krallend, an eingefrorenen Binsenresten vollends heraus.

Jetzt ging alles sehr schnell. Mein Vater half dem völlig Durchnäßten der Schlittschuhe sich zu entledigen, der Doktor und meine Mutter flogen im Zauberschwunge herbei, in Eile schraubten wir alle unsre Eisen ab und trabten dem nahen Dorf zu. Geredet wurde nicht viel; der Vetter, zuerst noch leidlich munter, begann zu vergletschern, er lief in erstarrenden, knirschenden Kleidern und suchte, teilnehmend gefragt, vergeblich mit schnatternden Kiefern zu beteuern, er friere nicht.

Das Wirtshaus war ein elender, muffiger Bierausschank, aber tatkräftig und umsichtig sorgte meine Mutter für ein Zimmer und ein Bett, das freilich gähnte vor feuchter Kälte. Wirt und Wirtin waren eifrig, frischten das Feuer im Herd, machten Steine heiß, zündeten das Öfchen an; aber der Vetter, zähneklappernd, konnte sich nicht erwärmen. Der Doktor bestellte beim Wirt einen starken Glühwein, jawohl, einen Glühwein, nickte der Wirt, gleich werde er es der Frau sagen. Die Mutter lief mit mir zur Krämerei, Unterwäsche zu kaufen. Die Frau, obwohl wir ihr den Fall rasch und deutlich erklärten, äugte mit unerschüttertem Seelenfrieden hinter ihrer Brille hervor, sie hätte gern Ausführlicheres gehört und begriff unsre Eile nicht, während sie laut überlegte, ob sie überhaupt etwas Geeignetes habe und wenn, wo? Endlich kam sie mit einem Flanellhemd, wie ich es nur auf der Oktoberwiese vor der Bude der Riesendame gesehen hatte, wo es die Besucher von den Fleischesmassen seiner Trägerin überzeugen sollte, und mit einer Unterhose, die seit dreißig Jahren unverkäuflich war, weil selbst die stärksten Männer der Gegend sich nicht zutrauten, sie auszufüllen. Wir aber in unserer Not griffen zu und liefen, unter dem herzlichen Wunsch der Frau, sie bald wieder zu beehren, schleunig davon.

Der Glühwein war immer noch nicht gebracht worden, als wir ankamen. Also ging die Mutter in die Küche hinunter, mit Nachdruck zu fragen, wo er, der wirklich heiß ersehnte, so lange bleibe. Ja, der Glühwein, meinte auch der Wirt besorgt-geschäftig und schob mit einem Kopfheben seiner Frau die Verantwortung zu. Die Wirtin ihrerseits aber gab den Vorwurf zurück, drohend den Mann fragend, was denn mit dem Glühwein sei. So ging es noch zwei-, dreimal hin und her, bis die Wirtin sich ein Herz faßte: Sie hätte in der ganzen Nach-

barschaft herumgefragt, was denn das sei, ein Glühwein, aber niemand hätte es ihnen sagen können.
Endlich dampfte das heiße Getränk, der Vetter taute auf und wurde leidlich trocken angezogen.
Es war beißend kalt, als wir zur Bahn gingen, auch uns Buben, die wir gar nicht ins Wasser gefallen waren, fror es erbärmlich. Die Schlittschuhe klirrten eisig; auf den See, über den bläuliche Abendschatten fielen und aus dessen verdämmernder Weite das Krachen prallenden und berstenden Eises scholl, warfen wir kaum einen Blick. Frost stieg aus der Erde, Frost fiel vom Himmel. Kaum, daß wir im geheizten Zug uns wieder erwärmten. Nie mehr seitdem sind wir auf einem der großen Seen Schlittschuh gelaufen.

EINE STORCHENGESCHICHTE

Störche standen in unsrer Kinderzeit noch viele auf den Wiesen und an Weihern, sie klapperten von den steilen Dächern der Dörfer und kleinen Städte; aber daß ihrer mehr als ein Dutzend über die Gassen hinflog, das war auch damals, um die Jahrhundertwende, ein ungewohntes, herrliches Schauspiel und des Alarms wert, der von Haus zu Haus ging und uns Kinder auf die Speicher trieb, durch deren Luken wir die riesigen Vögel rauschend nah an uns vorüberschweben sahen.
»Die Störche! Die Störche!« riefen wir aufgeregt einander zu und deuteten auf den wunderbaren Zug am tiefblauen Himmel, der nur allzurasch der begrenzten Sicht aus der Dachöffnung entschwand.
Sollte sich da ein Bub von elf Jahren begnügen mit so flüchtigem Blick, wo doch ein Schwung auf das Dach selbst eine lange und ungehinderte Sicht auf die atemberaubenden Flugspiele der Störche verhieß? Die Spei-

cherluke stand offen im Sommer, das Fenster, sonst von drei Flügelschrauben gehalten, lehnte am Kamin. Oft schon waren mein Bruder und ich mit Hilfe eines Schemels durch die halbkreisrunde Öffnung geschlüpft – gerade heute, so es auf jede Sekunde ankam, war der Schemel nirgends zu sehen: was tat's, als guter Turner gedachte ich's auch vom Boden aus mit Schwung zu machen, ich griff nach dem in Augenhöhe stehenden Fensterbrett mit beiden Händen und sprang.
Ich spürte einen gewaltigen dumpfen Schlag auf die Schädeldecke, ich hörte, im Taumel, ein knirschendes Geräusch, mit einem Wehlaut glitt ich auf den Boden zurück, ich griff mir an den brausenden Kopf – da rann schon das Blut. Wieso Blut? dachte ich, strömendes, unstillbares Blut, durch die Finger hindurch, die Haare herab, übers Gesicht, in den Hals hinein, Blut auf den Kleidern, am Boden, schwer hingetropftes, dunkles Blut.
Mein Bruder und ein Vetter, die jetzt heraufgestürzt kamen, sahen mich so stehen, vor Schmerz gekrümmt, blutüberronnen. Mein Bruder begriff es zuerst; ein Blick auf die Luke zeigte es ihm – ich war mit voller Gewalt in die obere, scharfgeschmiedete Flügelschraube, in die Fensterreibe, wie wir sie nannten, war ich hineingesprungen. Und jetzt fühlte ich's auch, durch den dicken Haarschopf: die Kopfhaut war aufgeschlitzt, wer weiß, wie weit, ich wollte es lieber gar nicht wissen. Bruder und Vetter standen ratlos herum, kramten nach ihren Taschentüchern, verzichteten jedoch nach ihrer Besichtigung, sie mir als erste Hilfe anzubieten.
Ich lief, eine Blutspur hinterlassend, durch das Haus, in die Küche hinunter, jammernd sah die alte Magd das Unglück. Handtücher holte sie eilig, ein mürbes Bettlaken zerriß sie herzhaft zu Binden – vergebens: aus dem dick umwickelten Kopf suchte das Blut seine Bahn,

rann über Augen und Nase, netzte die Kleider, klebte an den Händen.

Welch ein Glück, daß gleich gegenüber ein junger Arzt erst vor kurzem seine Praxis eröffnet hatte. Zu dem führte mich mein Vetter hinüber, taumelig war ich und halb blind, aber das sah ich, daß der Vetter grasgrün war vor Angst, als er die Glocke zog. Es währte eine Ewigkeit, bis die Frau Doktor aufmachte; sie war eine farblose Person, unbeholfen und ahnungslos. Ihr Mann, nein, der sei nicht zu Hause, eine Stunde könne es wohl dauern, bis er zurückkäme; wir sollten derweilen ins Wartezimmer gehen. Und sie öffnete die Tür zu einem düstern Raum.

Das Blut sickerte und tropfte; ich war als elfjähriger Bub gescheiter als die Frau, entschlossener als der Vetter, der schon folgsam auf einem Holzstuhl Platz genommen hatte. Ich lief davon, lief, den Vetter hinter mir lassend, die heiße Straße hinauf gegen den Marktplatz zu, und ohne Besinnen, damit nicht vorher der Mut mich verließe, stürzte ich in den Laden des Friseurs und approbierten Baders – wie hieß er denn nur? –, der zum Glück anwesend war und bei meinem Anblick einen halbrasierten Kunden mitten im Seifenschaum sitzen ließ.

Der kundige Mann, der gewiß schon manchem Bauern, der sich auf dem »Gillamoos«, dem Jahrmarkt, Hieb oder Stich zugezogen hatte, mit sanfter Gewalt hilfreich gewesen war, machte auch mit mir nicht viele Umstände, er wickelte mir die Verbände ab, pfiff zwischen den Zähnen und schabte mir zuerst eine schöne Mönchstonsur, ehe er sich, drückend und waschend, mit der Wunde selbst befaßte. »Des wer'n ma' nahn müassen!« sagte er, pfiff abermals und kramte ein verdächtiges Besteck hervor.

Mir war sehr kläglich zumute, aber ich biß die Zähne

zusammen und richtete den starren Blick nach draußen, wo mein Vetter stand und stier durch die Auslage auf mich hereinglotzte, über ein Glas mit Blutegeln hinweg, denen ich eine krampfhafte Aufmerksamkeit widmete. Sieben Nadeln, schön eine nach der andern, zog mir der Bader durch die knirschende Schwarte.
Wohlverbunden, jodbepinselt und karbolduftend verließ ich den Meister, dem ich mich freilich, wenn auch nicht mehr so schmerzhaft, noch oft und oft anvertrauen mußte.
Meine Mutter war während dieses Ereignisses in München gewesen, wir erwarteten sie, acht Tage später, auf dem Bahnhof. Wir hatten einen Eid getan, ihr nichts zu erzählen; aber sie schnupperte gleich herum, und unsre dreiste Beteuerung, wir röchen nichts, half wenig; als sie mich fragte, ob ich Spatzen unter der Mütze hätte, mußte ich mit der Sprache herausrücken: »Spatzen nicht, aber Störche!« sagte ich, tat die Mütze herunter und beichtete, so beiläufig es sich nur machen ließ, die ganze Geschichte.

DER KELHEIMER FÜRSTENTAG

Wer, wie ich, noch im Ausgang des vorigen Jahrhunderts geboren ist, der hat wenigstens den letzten Zipfel einer Welt erhascht, die uns heute schier unglaubwürdig erscheinen muß. Ist doch die »gute alte Zeit« in langsamen Strömen aus dem Biedermeier bis an die jähen Klippen des Ersten Weltkrieges geflossen, haben Jahrzehnte damals ihr Gesicht weniger verändert, als seitdem Jahre, ja selbst Tage.
Denke ich gar meines Vaters, der 1950 vierundachtzigjährig gestorben ist, dann erschrecke ich vor so viel persönlich erlebter Geschichte, ganz zu schweigen von

seinen immerhin noch unmittelbaren Erinnerungen an Ludwig II., Bismarck, ja den Einzug der siegreichen Truppen, 1871. Den Krieg von 1866 freilich hatte er, kurz vorher geboren, selbst nur als »Einjähriger mitgemacht«, wie er im Scherz sich ausdrückte. Doch habe ich mir, ein halbes Jahrhundert und länger hernach, von manchem Kriegsteilnehmer, wie dem Doktor Georg Hirth, noch viel aus jener Zeit erzählen lassen.

An festlichen Ereignissen hat es in München vor dem Weltkrieg nicht gefehlt, es sei nur der Grundsteinlegung des Deutschen Museums gedacht, wo ich den Kaiser aus nächster Nähe sah, mitten in militärischem Glanz und großbürgerlicher Würde. Den höchsten Punkt aber, den Schwanengesang des alten Deutschen Reiches und seiner sechsunddreißig Herrscher erlebte ich im Sommer 1913, als ich, ein Achtzehnjähriger und wohl der jüngste Berichterstatter, dem Fürstentag in Kehlheim beiwohnen durfte.

Damals hatte die Stadt München als eine großartige Neuerung Omnibusse mit einem offenen Oberdeck angeschafft, und mit einem solchen blitzblauen Fahrzeug rumpelten wir die Ingolstädter Landstraße hinaus, wir Jungen natürlich hoch droben. Man hatte jedoch nicht bedacht, daß zu beiden Seiten der Straße Apfelbäume gepflanzt waren, und deren Zweige, vom fahrenden Omnibus wie eine Schleuder gespannt, schnellten über die ungeschützte Plattform und schütteten Hagelstöße der unreifen Früchte über uns.

Das war aber vermutlich das einzige, was man zu erwägen versäumt hatte, denn im übrigen war alles bis in die winzigste Kleinigkeit geregelt; galt es doch der Sicherheit einer Versammlung von gekrönten Häuptern, wie sie seit Versailles (1871) nicht wieder zu sehen gewesen war. Jeder von uns, auch der Wagenlenker, führte einen ganzen Packen von Ausweisen mit sich, von denen einer sich auf den andern bezog. Selbst die Geheimpolizisten, ja sogar die Schutzleute in Uniform mußten Bescheinigungen vorzeigen, daß sie echte Beamte waren; damit nicht genug, brauchten sie noch Papiere, aus denen einwandfrei hervorging, daß die Pässe, mit denen sie sich auswiesen, nicht gefälscht waren.

Die ganze Umgebung, das Städtchen, die Donau- und Altmühlufer waren durchsetzt von Spitzeln, die aufeinander aufpaßten; der Berg war seit Wochen von Pionieren bewacht, die ihn sowie die Befreiungshalle selbst beklopften und behorchten, ob nicht doch eine Sprengladung in Schlüften und Kammern verborgen sein könnte; und Bezirksamtmann Narziß, ein Freund unsrer Eltern, mag selbst in Afrika, wo er lange Jahre Dienst getan hatte, nicht so geschwitzt haben unter der Tropensonne, wie in diesen zwei, drei Tagen als Verantwortlicher unter der Zwangsvorstellung, daß irgendwo mit Donnergepolter ein Kaiser und ein paar Könige in die Luft flögen.

Im übrigen ließ auch die Sonnenhitze im Städtchen Kelheim nichts zu wünschen übrig; wer es kennt, der weiß, daß das gemütliche Nest rund wie ein Kuchen daliegt, von den zwei sich kreuzenden Straßenzügen in saubere Viertel aufgeteilt. Der eine Straßenzug nun wurde während der Festtage einfach durch eine Mauer von lebendigen »Leibern« abgesperrt, so daß die Bürgerschaft in zwei Lager gespalten war, selbst Verliebte nicht zueinander kommen konnten und es unmöglich war, das Bier über die Gasse zu holen. Ein heißer Männergeruch, wie wir ihn dann im Kriege Jahre lang atmen sollten, erfüllte die Stadt, der bayrisch-blaue Wall stieg hinauf in die grünen Laubhaine des Michaelsberges, bis an die Stufen der Befreiungshalle, die, aus honiggelbem Marmor, in edlen Massen schimmernd, über-

all, oft unvermutet, über den alten Giebeln emporragte.
Besonders gut wurden natürlich die maikäferhäuslkleinen Tore bewacht und die Brücke, auf der schon einmal, wenn's auch fast siebenhundert Jahre her war, ein Wittelsbacher Ludwig ermordet worden war.
Der Fürstentag jedoch, gleich sei's zur Beruhigung gesagt, verlief ohne Zwischenfall. Das Volk murrte wohl ein wenig, hinter der dreifachen Wand des Spaliers auf den Zehen tänzelnd, und auf Hockerchen und Leiterchen turnend, aber zu schauen gab es trotzdem genug bei dieser Abschiedsvorstellung des alten Europas. Wollte ich die Uniformen und Galakleider alle einmal aufzählen, ich müßte in verschollenen dicken Büchern erst nachschlagen, und ob sie dort verzeichnet wären, ist noch die Frage. Daß der Prunk einer alten Zeit mit seiner Erhabenheit gelegentlich schon das Lächerliche streifte, bewies mir die Auffahrt eines, wenn ich mich recht erinnere, Fürsten Fugger-Glött, der in einem weinroten Staatsgewand krötenfett schier aus seiner Chaise heraushing und, wohl ein Mann von Humor, für die brausenden, von Spottgelächter unterströmten Kundgebungen mit heiterem Gesicht und leutselig watschelnden Händen dankte.
Die Feier selbst, droben im festlich geschmückten Rundtempel, war von edelster Kraft. Der klassische Bau in romantischer Landschaft ist ohnehin von seltsam tiefgreifender Wirkung. Eine mächtige, farbige Woge von Menschen – der politische Zweck trat völlig gegen das Schaubild zurück – wallte die Stufen empor, ergoß sich in die schweigende, von Erz und Marmor kalt glänzende Halle.
Und plötzlich, wie von einem andern Stern herab, klang aus der Höhe Musik, Hände in Harfen, eine dunkle Stimme sang eine Weise von Händel. Der un-

geheure Raum, der schon die mißtönendsten Laute in reines Silber verwandelt, warf die herrlichen Töne mit Zaubergewalt zurück; und nach einem Menschenalter, in dem die innigsten und großartigsten Anrufungen mein Herz trafen, erinnere ich mich dieses Erlebnisses so klar, daß ich nur die Augen zu schließen brauche, um mich von der ganzen süßen Gewalt jener Töne durchströmen zu lassen.

Die übrigen Einzelheiten des Festakts habe ich vergessen. Ich sehe nur noch den Kaiser in der Gardeuniform mit dem blinkenden Helm vor mir, wie er in stolzer Pose, aber den kurzen Arm kaum verbergend, mit seinem glänzenden Gefolge aus der Halle trat und die Stufen hinab an die Rampe stieg; wobei, um dem Ernst das Satyrspiel folgen zu lassen, Ludwig von Bayern, auch an diesem Ehrentag in General-Korkzieherhosen, Mühe hatte, mit seinem adlerblickenden, überstramm dahinstiefelnden Gast Schritt zu halten.

Die Rundsicht von dort oben ist unvergleichlich; die Donau bricht durch die weißgrauen Jurafelsen, von Weltenburg her, die laubgrünen Kuppen verlaufen sich ins flache Land. Und tief drunten das fahnenbunte, menschenwimmelnde Städtchen Kelheim. Nur einen Makel hatte damals schon die Gegend aufzuweisen – Ludwig I. würde sich bei dem Anblick im Grab umgedreht haben, heute freilich würde er nur noch müde abwinken – die Zellstoff-Fabrik. Ihren stinkenden Qualm hatte sie allerdings für die paar Tage nicht von sich geben dürfen; aber die ganze Anlage wirkte wie die Faust aufs Auge. Und so war man höheren Orts auf den pfiffigen Gedanken gekommen, alles zu tarnen – vierzig Jahre vor den nicht minder kläglichen, aber kostspieligeren Rezepten, die Flieger irrezuführen. Der schlaue Versuch scheiterte auch schon damals elendiglich. Ein Wald war umgehauen worden, um mit grünen Zweigen das verschandelnde Werk zu verhüllen. Aber zwischen Ausführung und Wirksamkeit lagen drei glühende Augusttage, und der wirre Haufen mißfarbenen dürren Laubes sah noch häßlicher aus und zog, gleich einem schlecht verhohlenen Fleck auf einem sauberen Tischtuch, teuflisch alle Augen auf die verwünschte Stelle.

Die Festtafel, die in einem reich geschmückten Bretterhaus auf grünem Wiesenplan aufgeschlagen war, durften wir natürlich nur als Zaungäste flüchtig betrachten – die Wittelsbacher hatten als reiche Wirte ihr kostbarstes Silber und ihr berühmtestes Porzellan herbeigeschafft, und wir blickten in ein beispielloses Blumenwuchern, in einen fast wilden Prunk von Aufsätzen und Schaugerichten.

Noch einmal, vor ihrem so unverhofften Ende, tranken die Kaiser, Könige und Fürsten einander zu; wir Zeitungsschreiber aber, selbst wenn uns wer eingeladen hätte, mitzuzechen und zu schmausen, hätten nicht die Zeit gehabt, es zu tun, fiebernd tauschten wir Namen und Eindrücke, schon unterwegs in die Stadt und zu den Omnibussen. Wir mußten uns an das Kaiserwort halten, daß die Wurst am besten aus der Faust schmeckt und froh sein, in dem ausgefressenen Kelheim noch einen Bissen zu ergattern...

Georg Queri

»Wo Queri war, saß Altbayern mit seinem breiten Lachen und seinem schlagfertigen Witz am Tisch ...« rühmt Ludwig Thoma seinen Freund, den Queri-Girgl, den ich selber recht gut gekannt habe.

Einmal – und oft – saß er auch an der Tafel des Doktors Georg Hirth in Sankt Quirin am Tegernsee, wo viele Berühmte, wie Ludwig Thoma oder Leo Slezak, sich zu unvergeßlich schönen Gartenfesten eingefunden hatten. Damals gab es türkische Zigaretten in großen Schachteln zu tausend Stück; und eine solche stand auch auf dem reichgedeckten Tisch

Frau Wally Hirth forderte einen Gast auf, zu rauchen, aber die bewußte Schachtel war nirgends zu finden. Ohne sich auch nur einen Augenblick zu besinnen, rief die Hausfrau: »Queri, tun S' die Zigaretten wieder her!« Und der Girgl holte, völlig unbefangen grinsend, die Packung unter dem Tisch hervor.

Zeitweise war Queri – die Geschichte ist wohl schon öfter erzählt worden – Gerichtsberichterstatter der Münchner Zeitung. Der Generaldirektor Buchner, mit den Beiträgen unzufrieden, ging eines Tages selbst in eine Verhandlung und entdeckte seinen Mitarbeiter, wie er in der letzten Bank seinen Rausch verschnarchte. Unsanft tupfte er ihn auf die Schulter: »Sie sind fristlos entlassen!« Queri faßte sich schnell: »Des is ma grad recht, was i bei eahna verdean, verdean i im Schlaf!«

Das stimmte und stimmte nicht. Queri und andere seines Schlages hatten oft keinen Pfennig in der Tasche, und dann wieder kam ein fürstliches Honorar vom Simpl oder von der Jugend, in klingendem Golde ausbezahlt. Dieser Glücksfall hatte sich einen Tag vorher ereignet, als Queri, in seinem Hinterhausquartier an der Hundskugel in aller Herrgottsfrüh die ihm durch viele Besuche wohlbekannten Schritte des Gerichtsvollziehers erlauschte.

Wohin mit dem Geld? So schlau war der Girgl auch, daß die vermeintlich sichersten Verstecke die sind, die just ein erfahrener Vollstreckungssekretär mit seinem sechsten Sinn sofort findet. Er warf also die Goldstücke in den Nachttopf und bedeckte sie in aller Eile mit jenem Eigenerzeugnis, das man erst in unsern Tagen frei-

weg aus dem Munde edler Damen mit Namen nennen hören oder in besten Büchern gedruckt lesen kann.
Der Gerichtsvollzieher schnüffelte in dem wüst verwahrlosten Zimmer in allen Winkeln herum, aber er fand nichts, was zu pfänden gewesen wäre; verdrossen ging er zur Tür. Queri, übermütig und schadenfroh, hielt ihm den Topf unter die Nase: »Wollen S' vielleicht auch da noch nachschauen?!« Angewidert und beamtenbeleidigt räumte der Mann das Feld. Wie sich Queri gleich darauf als Goldwäscher betätigte, wollen wir nicht weiter schildern.

BAYRISCHE ANEKDOTE

Prinz Ludwig, der spätere König Ludwig III., lebte recht einfach. In Leutstetten im Würmtal, nahe am Starnberger See, oblag er der Viehzucht. Gelegentlich wurde aber auch ein Künstler zum Abendessen gebeten; da holte dann der Diener das Bier in der nahen Schloßwirtschaft.
Ein Maler, der in der Umgegend landschaftete, wo der Prinz landwirtschaftete, war sogar schon zum drittenmal während des Sommers eingeladen worden. Er hatte dabei das Gemüt des Verwalters soweit erschlossen, daß er ihn vertraulich fragen konnte, ob denn der Küchenzettel so eintönig oder ob es ein Zufall sei, daß man ihm nun schon dreimal Hackbraten mit Kartoffelsalat vorgesetzt habe; und er ließ deutlich durchblicken, daß er sich von der Tafel eines Prinzen feinere Genüsse erwartet hätte. Der Verwalter aber war baß erstaunt: »Deswegen werden Sie ja am Donnerstag eingeladen, weil es da einen Hackbraten gibt!«

Als Spion verhaftet

Zum Ausspähen fremder Geheimnisse, politischer oder militärischer gar, bin ich wohl der unbrauchbarste Mensch unter der Sonne – von Nacht und Nebel ganz zu schweigen. So unschuldig kann ich gar nicht sein, daß mich nicht das auf mich gerichtete Auge des Gesetzes, und wäre es nur das eines Zöllners, erzittern ließe. Und doch bin ich zweimal als Spion verhaftet worden, so glimpflich, wie bei Goethe, ja fast heiter, in Malcesine, ist es nicht abgegangen.

Im August 1914, in den ersten Kriegstagen, sollte ich für die Münchner Neuesten einen Stimmungsbericht über den Ausmarsch der Truppen schreiben; ich schlenderte also um die Anlagen des Glaspalastes herum, wo sich gerade eine Artillerieabteilung reisefertig machte. Ab und zu, denn alles konnte ich ja nicht im Kopf behalten, kritzelte ich, ohne jede Heimlichkeit, ein paar Stichworte hin – ein echter Spion hätte das nie getan. Mich aber hielt ein Vorübergehender für einen solchen, drohend stellte er mich zur Rede, und dem Don Pedrillo in Kleists Erzählung vom Erdbeben in Chili ähnlich, verfolgte er mich hartnäckig und rief auch die Leute von der Straße auf, mich nicht aus den Augen zu lassen.

Zuerst schien mir sein Eifer nur lästig und ich gedachte, den Zudringlichen abzuschütteln; aber bald war ich von allen Seiten eingekreist, das Volksgemurmel wurde zum hysterischen Geschrei und schon flog der erste Stein. Nun begriff ich das Bedrohliche meiner Lage. Die Gittertür zum alten botanischen Garten stand mir als letzter Ausweg offen; ich flüchtete mitten in die Soldaten, die, mit ihren eignen Arbeiten beschäftigt, erst jetzt des aufgeregten Schwarms gewahr wurden, der mir nachdrängte, der schrie, mich als Spion festzunehmen, aber freilich nicht mehr wagte, mit Steinen zu werfen: weniger des Glashauses wegen, als der Soldaten. Ein Glücksfall rettete mich: ein früherer Schulkamerad, der jetzt Leutnant oder auch nur Junker war, begrüßte mich mit lachendem Erstaunen: »Wie kommst denn du da her?« Als er die wunderlichen Zusammenhänge erfahren hatte, ließ er die erboste Menge vertreiben und das Gitter schließen. Aber die zur Wut entflammte Menge wich und wankte nicht, fanatische Mordknechte rüttelten wie Tiger an den Eisenstäben, wild gewordene Weiber schrien gellend, man solle mich herausgeben; das Grinsen der Soldaten erbitterte sie bis zum Taumel. Ich blieb bis zum Abend in der Schutzhaft der Truppe, bis der letzte meiner Verfolger, des Wartens und Geiferns müde geworden, sich entfernt hatte. Dann erst konnte ich mich, verstohlen und angstvoll genug, auf die Straße wagen und eilig in unsere nahe Wohnung fliehen. Für einen Bericht war es natürlich zu spät geworden; nachträglich erst wurde ich mir der Gefahr bewußt, in der ich geschwebt hatte.

Der Leser, besonders der jüngere, wird diesen Bericht für lächerlich übertrieben halten. Er kann sich die Spionenfurcht jener ersten Kriegstage nicht vorstellen – tue ich doch selbst mich schwer, diese Fieberstimmung wieder heraufzubeschwören, von der sonst ganz harmlose Bürger ergriffen wurden: Bombenwerfer, Brunnenvergifter, Verräter wurden überall gewittert, Mönche und Nonnen galten als verkleidete Spione, jedes Auto war verdächtig, Feinde und Goldschätze über die Grenze zu schmuggeln. Manchen Unschuldigen ging es übler als mir; und wer immer noch das Märchen von der edlen Begeisterung glaubt, die einzig das Volk bewegte, der hat gewiß den besoffenen Pöbel nicht gesehen, die zertrümmerten Fensterscheiben und die rohen, ja oft blutigen Szenen, die sich da und dort abspielten.

Das andere Abenteuer dieser Art erlebte ich viele Jahre später, wieder als Pressemann, bei einem Manöver, kurz vor dem Zweiten Weltkrieg, irgendwo in Oberbayern. Die Herren vom Stab begrüßten uns Zeitungsleute mit einer herzlichen, ja liebedienerischen Höflichkeit, ihnen mußte ja an wehrfreudigen Berichten gelegen sein; ein Kamerdschaftsabend krönte den Empfang. Andern Tags wurden wir, etwa ein Dutzend Berichterstatter, einem Major anvertraut, der uns durch das Gelände führen sollte. Wir hatten völlige Berichtsfreiheit, einzig das Fotografieren neuer Geräte aus unmittelbarer Nähe war von der Erlaubnis des Begleitoffiziers abhängig gemacht, technische Einzelheiten durften nicht zu erkennen sein.

Der Major war die Liebenswürdigkeit selbst, wir gingen und fuhren die Stellungen ab, wir brausten im Geländewagen, wir holperten in den hoch sich werfenden Fahrzeugen der Panzerabwehr, wir stiegen in die stählernen Ungeheuer der Panzer, wir sahen Schützenzüge und Pferde, Kanonen und – das riesige, mehrere Meter lange Richtgerät der Artillerie.

Es stand, weit genug entfernt, über einer Ackerwelle voller Strohhaufen, schwarz, undeutlich, aber ungemein malerisch gegen das Hügelland und das Gebirge: es müßte ein prächtiges Bild werden.

Ich fragte den Herrn Major – natürlich, auf die Entfernung! Ich hob mein Kästchen ans Auge, aber kaum hatte es klick gemacht, stürzten aus zwei, drei Strohhaufen schwarze SS-Männer hervor, stürmten auf mich los, entrissen mir den Apparat, schlugen mir die Pranken auf die Schulter und verhafteten mich wegen Spionage. Der Major stand blaß daneben und sagte kein einziges Wort; auch als ich ihm zurief, er habe doch die Erlaubnis gegeben, stotterte er nur etwas Unverbindliches. Ich will gewiß nicht sagen, daß alle Offiziere so feig gewesen wären, aber wie die Machtverhältnisse lagen, konnte ich und konnten die erschrockenen Kollegen leicht einsehen.

Wieder war mir das Glück günstig: ein mutiger, kleiner, dicker Herr wies sich, gar nicht schüchtern, als Verbindungsmann zwischen Presse und Partei aus und verhinderte wenigstens, daß ich gleich abgeführt wurde. Die Besichtigung wurde abgebrochen, wir marschierten zum Stabe zurück, ich voran mit den schwarzen Gesellen, der Major, kläglich schweigend, hinterdrein.

Der freundliche, der piekfeine, der schneidige Oberst von gestern abend, der hosenrote Generalstäbler war plötzlich eiskalt, schnarrend erklärte er, der vor wenigen Stunden das Glas noch auf die Presse erhoben hatte, er sei hier nicht zuständig – und wieder war es der tapfere Kollege, der wenigstens erreichte, daß wir unverzüglich zum Generalkommando nach München fahren durften. Mein Film wurde dort entwickelt, die Aufnahme für unbedenklich erklärt, mit lahmer Höflichkeit wurde ich entlassen.

Also wieder eine Geschichte ohne Pointe; denn das Unbehagen, das ich empfand, macht gewiß auf den Leser keinen Eindruck, sei es, daß er weit schlimmere Abenteuer selber miterlebt, sei es, daß er, ein Friedens- und Wirtschaftswunderkind, von dergleichen keine Ahnung hat.

Parsifal

Nach meiner schweren Verwundung, im Herbst 1914 vor Ypern, und nach einem langen Lazarett-Winter kam ich im Frühling 1915 in ein Genesungsheim in Berchtesgaden. Es hieß Stockerlehen. Ich war einer der jüngsten Insassen, knapp zwanzig Jahre alt, von der

Mitwelt im ersten Kriegsfrühling noch als junger Held gefeiert. Grade hatte ich einen Tapferkeitsorden bekommen, und ein Gedicht von mir war in der weltberühmten »Jugend« erschienen. Ich war, genauer gesagt, ein Jüngling vom reinsten Wasser, wie es wohl hernach keinen mehr gab, ein tumber Parsifal.

Das Heim wurde »betreut« (das Wort gab's damals noch nicht) von einer steinreichen Gräfin und ihrer Schwester, deren Mann als General im Feld stand. Wenige auserwählte Verwundete wurden gelegentlich in die prächtige Villa geladen, oder sie durften mit einer der Damen, der Generalin insbesondere, spazieren gehen. Daß es Frauen im gefährlichen Alter gibt, wußte ich damals noch nicht. Als die immer schöne und elegante Dame zum Abschied eine Narzisse pflückte und sie mir mit vielsagendem Blick überreichte: »Meine Lieblingsblume, die Blume der Leidenschaft!« da wußte ich in meiner – leider gar nicht süßen – Verwirrung nichts weiter zu antworten, als: »So?!«

Wohl ging mir nachträglich ein Licht auf, wenn ich auch immer wieder dachte, daß nicht sein kann, was nicht sein darf. Und erst, als ich andern Tags, zum schon vereinbarten Spaziergang mich meldend, die schroffe Auskunft erhielt, die gnädige Frau empfange nicht, begriff ich, was für ein Tölpel ich gewesen war.

Mit dem feuchten Auge der Erinnerung betrachtet, mag solch ein Nicht-Erlebnis recht heiter sein, und es haben auch alle, denen ich nach Jahr und Tag die kleine Geschichte erzählt habe, schallend über mich gelacht. Aber vielleicht ist doch unter den Lesern der eine oder andre, der ein bißchen ehrliches Mitleid mit dem Jüngling hat. Damals hätte ich es zornig zurückgewiesen, aber heute, nach zwei Menschenaltern, wäre ich dankbar dafür.

Amundsens Neffe

Eines Tages, gleich nach dem Ersten Weltkrieg, brachte mein Vater einen liebenswürdigen jungen Mann zum Essen mit – und so hungrig wir selber damals waren, diesem Gast gönnte jeder seinen bescheidenen Anteil; denn er war, wie wir mit ehrfürchtigem Staunen vernahmen, der Neffe des berühmten Polarforschers Amundsen. Er wußte viel zu erzählen, was er von seinem Onkel gehört hatte, wir Buben hingen an seinem Mund; über die gegenwärtige Expedition freilich konnte er nichts sagen, er war, versteht sich, wie alle Welt auf die Mutmaßungen und die dürftigen Nachrichten der Presse angewiesen.

Er kam oft und öfter zu uns, die kärglichste Mahlzeit war ihm gut genug; er drängte sich nie auf, aber er nahm fröhlich an, wenn er eingeladen wurde. Was er sonst trieb, wußten wir alle nicht, es war uns ja auch genug zu wissen, daß er der Neffe Amundsens war. Nie ist uns ein Verdacht aufgestiegen, nie haben wir geprüft, ob er der norwegischen Sprache mächtig war, wie sollten wir auch, da wir ja selbst nicht norwegisch konnten. Über seines weltberühmten Onkels Lebenslauf wußte er viel zu erzählen, wir bedachten nicht, daß er das alles aus Büchern und Zeitungen gelesen haben konnte, ja ein gewöhnliches Konversationslexikon hätte ausgereicht, um unsern Wissensdurst zu stillen; und daß der liebenswürdige, anspruchslose junge Herr über den gegenwärtigen Aufenthalt seines Onkels auch nur auf die Meldungen der Presse angewiesen war, das war durchaus begreiflich, denn wer wollte erwarten, daß der Mann, der von den Neusibirischen Inseln aus zum Nordpol vorstoßen wollte, an seine ganze Verwandtschaft Briefe und Ansichtskarten schrieb.

Dem Fuchs, dem schlauen Tier, wird nachgesagt, daß

er nie im Umkreis seines Baues räubere, um keinen Verdacht zu erwecken. Ein solcher Fuchsbau war für Amundsens Neffen unsere Familie, sein Aushängeschild der in der ganzen Stadt gültige Name meines Vaters. Nie hat uns der stets willkommene Hausfreund angeschnorrt, auch in der tiefsten Inflation nicht. Daß er es aber, unter Berufung auf seine, jederzeit gern von uns bestätigte, nahe Beziehung zu uns andernorts mit größter Gerissenheit tat, erfuhren wir erst, als die Goldmark wieder gekommen war, die dann nicht mehr so locker saß wie ein paar Milliardenscheine.

Ein Glücksfall

Daß Gott am nächsten ist, wenn die Not am höchsten, ist ein schlechter Reim, aber doch oft eine gute Wahrheit. Anno siebzehn, als es gar nichts mehr zu essen gab, auch auf dem Lande nicht mehr viel, war ich zum Hamstern unterwegs auf einem Bauernhof und streifte recht hoffnungsvoll durch die Gegend.
Plötzlich sah ich, halb im Gebüsch verdeckt, ein Hühnerei liegen – wo eins ist, können auch zwei oder drei sein: es wurde aber ein halbes Schock, ich konnte den Segen kaum in meinem Hut bergen. Vermutlich hatten mehrere Hennen dort unter den Stauden, gegen die Dienstvorschrift, ihre Eier verlagert; und die Bäuerin mag sich über ihre faulen Mistkratzer nicht schlecht geärgert haben. Mir aber und den Meinen ward es zum Himmelssegen – kaum ein Verleger hat mir später so viel Freude gemacht, wie damals diese Verleger-innen. Freilich war eine ganze Anzahl der Eier schon hinübergegangen, aber wir waren nicht wählerisch seinerzeit – und was nicht zu jenem gütigen Himmel stank, kam in die Pfanne. Nie vorher und nachher haben wir Rühreier mit tieferer Rührung gegessen.

ZWISCHEN DEN KRIEGEN

Ernst Toller

Wie mancherlei ich auch sammle, Autographen zählen nicht dazu; so blätterte ich, im November 1966, auch ziemlich flüchtig den Katalog einer Münchner Versteigerung durch, bis mein Blick auf meinen eignen Namen fiel: Ein Jugendfreund hatte die ihm von mir geschenkten Briefe von Klabund, Wolfskehl, Bruno Frank und andern zum Verkauf ausbieten lassen. Auch von Ernst Toller waren zwei darunter.

Am meisten kränkte mich, daß ich in den Verdacht kommen mußte, selbst so persönliche Erinnerungsstücke verschachert zu haben; mein Trost war, daß diese Schriften ja doch 1945 verbrannt wären, wie so viele, weit wichtigere Zeugnisse jener Zeit.

Jedenfalls, mit einem Schlag stieg eine versunkene Welt der Jugend in mir auf, als ich in dem Katalog las: An den Gefreiten Eugen Roth: dankt er im ersten Brief für Bücher, so bittet er im zweiten, bei einem Fräulein Huber seine Skier abholen zu lassen. »Wenn ich dann nach München komme, hole ich sie mir. Vorerst müssen sie aber bestimmt von Fräulein Huber fortkommen. Aus guten Gründen !! Laß Dir die Hand drücken und streck dabei nicht die Zunge 'raus!«

Dieser Brief – auf den ersten Blick gewiß nicht wichtig – kommt aus Heidelberg, im Oktober 1917; er deutet schon an, daß sich Ernst Toller in die Politik gestürzt hat und »aus guten Gründen« seine Münchner Spuren verwischen will.

Ich möchte, das sei vorweg gesagt, hier weder über die Politik noch über die Literatur viel erzählen, sondern nur kurz von dem Stück Weges berichten, auf dem ich Ernst Toller begleitet habe.

Ernst Toller kam, nicht schwer verwundet, sondern mit den Nerven am Ende, aus dem Felde und Lazarett 1916 nach München; er war ein Regimentskamerad meines Bruders bei der schweren bayrischen Artillerie gewesen. Wir waren beide junge Dichter, im Kutscherkreis freundeten wir uns an; zu Weihnachten spielte er in Otto Falckenbergs Stück den heiligen Joseph, ich mußte mich mit der Rolle eines alten Bauern begnügen. Als ein Engel erschien uns Hanna Kiel, noch ganz ein freideutsches Mädchen, in das wir beide verliebt waren, ich auf Lebenszeit hoffnungslos, wie weit Toller, der große Frauenfreund, kam, weiß ich nicht. Damals jedenfalls redeten wir halbe Nächte lang von ihr kaum weniger als von der Literatur; von der Politik so gut wie gar nicht.

Im Frühjahr 1917 ging Ernst Toller nach Heidelberg; in den Osterferien besuchte er mich in Bad Wörishofen, und es ist mir unvergeßlich, wie er daherkam, in einer Art Trachten-Räuberzivil, einen grünen Hut auf dem Kopf und einen gewaltigen Hirschgeweih-Spazierstock in der einen Hand, während er in der andern den von mir entliehenen Band »Der Aufbruch« von Ernst Stadler trug, zwischen dessen Seiten er, als einziges Gepäck, seine Zahnbürste geklemmt hatte.

Natürlich wäre es falsch, nach diesem Aufzug, den er vielleicht dem bayrischen Landbesuch schuldig zu sein glaubte, seine sonstige, durchaus gepflegte Erscheinung zu beurteilen. Er war ein schöner junger Mann und wußte es auch; schwarzglänzenden Haares, dunkelgelblich von Gesichtsfarbe, mit unvergeßlich großen, glühenden Augen konnte er wie ein Prinz aus Tausendundeiner Nacht aussehen, sein Zorn war blitzend, sein Lächeln bezaubernd, seine Schwermut ergreifend. Ich könnte freilich auch sein Geltungsbedürfnis, seine blinde Eitelkeit anführen, aber darüber haben sich ja schon zuviele geäußert. Im Grunde war er ein scheuer Mensch, den Gefühlen mißtrauend. Im Januar 1918 brach der Streik der Munitonsarbeiter in München aus; Toller war einer der ersten, die herbeieilten und sich auf die Rednerbühne schwangen, in Sälen, unter freiem Himmel, im Gewühl der Massen. »Still, der Student spricht!« hörte ich neben mir, fast andächtig, eine alte Frau rufen, und wirklich lauschte die Menge, so lange er sprach, feurig und überzeugend, so lang es, damals, nur um Worte ging, große und schöne Worte. Ein Hauch edler Freiheit, ein Klang guten Willens ging von ihm aus.

Der Streik wurde niedergeschlagen, der Krieg ging weiter. Schon lange zuvor hatte Toller, als wir auf der Straße einmal einem Gefesselten begegneten, wehmütig-spöttisch zu mir gesagt: »Ihr dürft alle wegschauen, wenn ich so in Handschellen ins Gefängnis geführt werde« – jetzt war es soweit. Toller kam in die Militärstrafanstalt in der Leonrodstraße, von den Münchnern kurz »Franzl« genannt. In seinen Erinnerungen behauptet er, niemand sei zu ihm gekommen; das stimmt nicht, zweimal habe ich ihn besucht, er saß zwischen Bergen von Büchern, er schrieb an seiner »Wandlung«, er war, den Umständen entsprechend, eigentlich ganz guter Dinge, er hatte doch wohl ein paar Vergünstigungen gegenüber anderen Gefangenen, denen es schlecht genug gehen mochte. Und Kriegsbrot und Graupensuppe aßen wir schließlich damals alle.

Im Mai 1918 bekam ich eine Vorladung vom Landgericht als Zeuge in Sachen »Eisner und Genossen wegen versuchten Landesverrats«. Der Untersuchungsrichter, mit dem passenden Namen Schraub, war gewiß nicht unfreundlich, er kannte meinen Vater; er war aber zäh darauf aus, daß ich Toller für verrückt erklären sollte; obwohl ich sofort sah, daß das vielleicht nicht der schlechteste Ausweg wäre, konnte ich mich nicht entschließen, meinen Freund glatt für unzurechnungsfähig zu halten; es wurde ein sehr gewundenes Protokoll, unter das ich, nach einigen Verwahrungen, meine Unterschrift setzte.

Ich hörte dann geraume Zeit nicht viel von Toller; nie darf der Leser vergessen, daß ja inzwischen das eigne Leben weiterlief, auf vielen Bahnen. Im Sommer 1917 war ich als Feuerwachmann in die Entlausungsanstalt Rosenheim eingezogen worden, im Winter 1918 war ich Schreiber im stellvertretenden Generalkommando München, gewiß keine erfreulichen Tätigkeiten. Daneben aber gab es allerhand Ermunterungen, Kurt Wolff hatte meinen ersten Gedichtband für die Reihe: »Der jüngste Tag« angeommen, ich wurde als hoffnungsvoller Dichter herumgereicht, lernte, im Hofgarten etwa, bedeutende Autoren kennen; im Januar wurde bei Kutscher »Der junge Mensch« von Hanns Johst uraufgeführt und, von heute aus, über Jahrzehnte hin, ist es gar nicht so abwegig, zu sagen, Johst hätte grad so gut nach links umfallen können, schwankend, wie er war.

Es kam, im November 1918, die Revolution unter Kurt Eisner; Toller war, so viel ich weiß, in Berlin. Er war aber schon auf dem Wege von St. Moritz nach München, als er die Kunde von Eisners Tod erfuhr.

Die Männer der Revolution habe ich fast alle gekannt oder wenigstens gesehen und reden gehört: Versammlungen, rechts, links, oft wußte man's nicht, bis das Gebrüll begann und einer über die Köpfe weg hinausflog, wie der schmierige Otto Zarek, der auf die drohende Frage, ob er im Felde gewesen sei, die dreiste Antwort gab, er habe Wichtigeres zu tun gehabt.

Unvergeßlich bleibt mir, wie Max Weber mit den ehernen Worten begann: »Wir haben einen Krieg verloren!« Keiner in dem Riesensaal, der's nicht schon gewußt hätte: aber erst in diesem Posaunenstoß erschütterte uns die schreckliche Wahrheit. Bei einem fast noch akademischen Vortrag des Finanzministers Jaffé stand, befremdend genug, Rainer Maria Rilke an einer Säule; schwermütig lächelnd, wußte er selbst nicht recht zu sagen, was er hier suche. Kurt Eisner, bei dessen Begräbnis ich dann selbst mitmarschierte, hörte ich oft sprechen, am kühnsten vor dem gewaltigen roten Vorhang des Nationaltheaters, wo er sich seinen Freunden und Feinden stellte. Gustav Landauer ist wohl die tragischste Gestalt jener Wochen gewesen: er überbot Eisners wirrhaarige Erscheinung noch um ein Beträchtliches; wie eine aus ihrer Höhle gescheuchte Eule flatterte er durch diese aufgeregte Welt, erkannte rasch, daß es die seiner Träume nicht war, und war dann doch der Unglückliche, der es mit grausamem Tod büßen mußte, daß er sich mit ihr eingelassen hatte.

Erich Mühsam, auch eine Schwabinger Urgestalt, war als Anarchist nie ganz ernst genommen worden. Ich hatte ihn zuletzt in einem Hinterstübchen einer Wirtschaft an der Schillerstraße getroffen; es war eine höchst geheimnisvolle, nur auf Losungswort zugängliche Verschwörerversammlung, bei der dann aber recht bürgerlich über die Teuerung gesprochen wurde. Harmlos schien er, harmlos waren ja so viele, bis ihr Wort Blut geworden war und alle Schrecken heraufbeschwor.

Toller habe ich in diesen wildbewegten Nachwinter- und Frühlingswochen wiederholt gesehen und gesprochen, wenngleich er, pausenlos zum Führer erhoben, wieder abgesetzt, verhaftet und neuerdings berufen, nur schwer zu treffen war. Er wohnte nicht mehr in der Akademiestraße, sondern in einer kleinen Pension am Anfang der Ludwigstraße, beim Leuchtenbergpalais, in einem bescheidenen Zimmer im vierten Stock.

Von wann an er eine Uniform trug, mit einer seidenen roten Armbinde, wüßte ich nicht mehr zu sagen. Jedenfalls stand vor dem Hause oft sein riesiger Dienstwagen, und zwei gewaltige, schwerbewaffnete Matrosen waren seine Leibwache. Mit diesen fuhr er auch eines Nachts bei der verehrten Hanna Kiel vor, die über solchen Besuch nicht wenig erschrocken war.
Einmal begegnete ich ihm auf der Straße, als er, soeben auf dem Höhepunkt seiner Macht, das Flugblatt der Räterepublik »an das werktätige Volk Bayerns« hatte hinausflattern lassen. »Den Aufruf hätte ich nicht unterschrieben!« sagte ich ziemlich spöttisch; er wollte aufbrausen; »weil er in einem so miserablen Deutsch abgefaßt ist«, fuhr ich ungerührt fort und zitierte: »Die Riesengewinne des Krieges dürfen nicht mehr als eine Last auf Bauern und Arbeitern liegen!« Das hat ihn, den Dichter, vielleicht tiefer getroffen als jeder Einwand gegen seine verworrene Politik.
Zuletzt sah ich ihn, allein in dem riesigen Wagen durch die aufgeregte Stadt brausen, den Heerführer wider Willen, den Sieger von Dachau. Wie unvorsichtig Toller selbst war, hörte ich erst später. In tiefer, lautloser Nacht läutete er Freunde heraus, die erstaunt aus dem Fenster blickten. »Lassen Sie mich herein, ich bin der Toller!« rief er schmetternd hinauf.
Über die letzten April- und die ersten Maitage, wie sie die allgemeine Münchner Bevölkerung erlebte, gibt es wunderlicherweise keinen gültigen Bericht, wenn wir von Josef Hofmillers unerfreulichem Revolutionstagebuch absehen wollen, das uns nur beweist, wie selbst hochgebildete, geistige Männer von blindem Haß geschlagen waren. Auch ich kann mich bei der Schilderung dieser tollen Zeit nicht lange aufhalten, bei diesem oft ineinandergehenden Gemisch von Alltag und Weltgeschichte – denn das hätte es ums Haar werden können.

Wir studierten, die paar stürmischsten Tage abgerechnet, es gab Vortrags- und Tanzabende, heimliche, wilde Faschingsfeste in der Pension Fürmann und in Schwabinger Ateliers. Am Karsamstag, dem 19. April, standen wir um Karten zur Matthäuspassion an, während von ganz nah die Schüsse krachten. Alles war auf einen gewissen sechsten Sinn abgestellt, dafür, ob etwas noch möglich sei oder nicht, ob man's wagen sollte oder bleibenlassen; dabei bezogen die meisten Menschen ihren Mut aus der völligen Ahnungslosigkeit; wer gewitzt war, hielt sich der brodelnden Masse fern, ja er vermied das harmloseste Gespräch: ein falsches Wort, und schon hagelten die Schläge. Alte Feldzügler kannten den Bienenton der Geschosse, warfen sich zu Boden oder duckten sich hinter Mauern; aber andere schauten so verdutzt, wie wir 1914 vor Ypern geschaut hatten, als die ersten Kugeln pfiffen.

Als die weißen Garden in Schwabing einzogen, saßen wir in der Wohnung von Hans Ludwig Held beisammen zu einer Besprechung über die doch immerhin rosarote »Gesellschaft für Neue Erziehung« – wir hätten uns weiß Gott eine günstigere Zeit dafür heraussuchen können. Als wir vom Fenster aus sahen, wie die Soldaten auf der Suche nach Dachschützen und Verstecken in die Häuser drangen, wurde uns doch etwas schwül; wir mimten eine fröhliche Kaffeepartie – aber geholfen hätte uns diese Tarnung wohl wenig. Zum Glück blieben wir unbehelligt.

Die Ereignisse, die Stimmung nur in Stichworten: Immer wieder macht man die Erfahrung, daß man in weitläufigen Großstädten die Ereignisse spät und nur gerüchtweise hört, vor allem, wenn es keine Zeitungen gibt. Die grauenhaften Vorgänge in Münchens südlicher Umgebung, die erbitterten Kämpfe in den Vororten und Arbeitervierteln erfuhren wir erst nach und nach;

nur spätere Besichtigungen der Schauplätze und Vervollständigung des Eindrucks durch Mitteilungen von Augenzeugen ergeben das Bild, das man allzugern als eigene Erinnerung aufbewahrt.

Immerhin durcheilte die Schreckenskunde vom Geiselmord im Luitpoldgymnasium, aber auch des blutigen Wütens der Weißen in Obergiesing und im Schlachthofviertel, mit Windeseile die Stadt. Die Spuren der wilden Straßenkämpfe am Stachus, an der Hackerbrücke und im Umkreis der Löwenbrauerei sah ich erst nach Tagen.

Durch die Karlstraße, in der wir wohnten, peitschten die Schüsse, die Kugeln schlugen Feuer aus den Pflastersteinen. Wohl blieben wir während der gefährlichsten Stunden zuhause, aber gelegentlich wagten wir, mein Bruder und ich, uns doch an den Rand des Gefechtsfeldes vor, etwa zum Wittelsbacher Brunnen, wo die Weißen ein Maschinengewehr aufgestellt hatten und die Roten nicht nur dem Steinbild des Stiers ein Horn abgeschossen hatten, sondern vor unsern Augen einen allzu vorwitzigen Schlachtenbummler tödlich trafen.

Viele Bürger verhielten sich, in schmerzlichem Begreifen des unseligen Kampfes, still und würdig; andre begrüßten die Befreier stürmisch; es gab aber auch häßliche Szenen, wo gutgekleidete Herren und Damen mit Stöcken und Schirmen auf die gefangenen Rotgardisten einschlugen, die, die Hände hoch, wehrlos durch die Straßen abgeführt wurden, viele Unschuldige waren unter ihnen, von üblen Giftmäulern bezichtigt und ohne viel Federlesens erschossen. Wie erschrak ich, als ich in einem solchen Trupp einen guten Bekannten erblickte, einen Redakteur der »Münchner Post«, der gewiß niemandem etwas getan hatte. »Um Gottes willen!« rief ich ihn an, »wie kommen Sie in diese Lage?« Ich lief neben ihm her, ich versuchte, einen verantwortlichen Führer der Weißen auszuspähen – vergebens! Ein roher Bursche stieß mich zurück, und wirklich war es geraten, nicht zu nah an dem Zug des Unglücklichen zu bleiben, leicht hätte der rasende, schimpfende und spuckende Pöbel einen in die Reihe stoßen können.

Am späten Abend kam eine Studentin in unsere Wohnung geschlichen, ich kannte sie kaum; in wilder Verzweiflung flehte sie mich an, ihr für einen mir völlig fremden Herrn Katzenstein meinen Personalausweis zu leihen; er müsse heute noch über die Grenze. Ich gab ihr das Papier – und war heilfroh, als ich es nach Wochen auf Umwegen aus der Schweiz zurückbekam.

Am dritten oder vierten Mai holte mich ein Kriminaler ab; stehenden Fußes mußte ich mitkommen: ich sollte, als ein naher Bekannter von Toller, im Ostfriedhof eine unbekannte Leiche daraufhin prüfen, ob es der gesuchte Rädelsführer sei.

Das grauenvolle Bild des Friedhofs im einzelnen zu schildern, soll mir nicht zugemutet werden. Die toten Kommunisten lagen gestapelt übereinander, zerschossen, zerlumpt, verzerrt; manche halbnackt, bloßfüßig; wo es nur anging, am Hals, an den Zehen hatten sie Zettel mit ihren Personalien hängen. Blut war unter den Leichenbergen weggeflossen, jetzt bedeckte es schwärzlich den Boden.

Im Schauhaus hatte man die Leichen von Menschen aufgebahrt, die, entweder als vermutliche Führer der Revolution oder als offensichtlich unbeteiligte Opfer aus bürgerlichen Kreisen, abgesondert worden waren. Der Kriminaler führte mich vor einen Schragen, auf dem ein junger Mann in feldgrauer Uniform mit roter Armbinde lag; ich sah in ein friedliches, nobles Gesicht, auf schöne, schlanke Hände. Der Jüngling hatte braunes, fast blondes Haar. Ich sah auf den ersten Blick, daß es Toller nicht sein konnte; aber ich wußte auch, daß es dem vielleicht noch Lebenden einen Vorsprung gab, wenn ich diesen Toten für den Gesuchten erklärte. Ich sagte also dem Kriminaler, daß ich's nicht mit Bestimmtheit feststellen, wohl aber für möglich, ja wahrscheinlich halten könnte.

Der Mai verging, die Stadt und auch unser Leben beruhigten sich äußerlich; es gärte aber noch heftig überall; die rohe Erschießung von einundzwanzig unschuldigen Handwerksgesellen hatte auch weite Kreise der ursprünglich den weißen Befreiern zugetanen Bürgerschaft ernüchtert. Lange noch wurden nächtliche Haussuchungen auf brutalste Weise durchgeführt, in den Arbeitervierteln Handgranaten in den Betten der Frauen gefunden, in der Innenstadt und besonders in Schwabing Juden und Intellektuelle überhaupt aufgestöbert. Die haßerfüllten Verdächtigungen nahmen kein Ende. Daneben lief das tägliche Leben weiter.

Ich ging durch die Ludwigstraße, da trat geheimnisvoll ein Herr Lippmann auf mich zu: Ich müsse Toller verbergen, seine bisherigen Verstecke seien zu unsicher geworden. Als ich ihm aber erklärte, wie unmöglich es sei, in einer vielköpfigen Familie, in der es zugehe wie in einem Taubenschlag, unterzuschlüpfen, abgesehen davon, daß ja auch ich in den Kreis der Verdächtigen gehöre, sah er das ein, wollte aber, daß ich Toller selbst davon überzeugen sollte.

So sah ich denn meinen Freund wieder, in einer Wohnung an der Franz-Joseph-Straße; erkannt hätte ich ihn freilich nicht. Seine Haare waren brandrot gefärbt, eine blaue Brille verbarg seine Augen, und auch sonst waren allerhand Verkleidungskünste an ihm vorgenommen worden. Später wurde mir erzählt, er habe sich nach dieser Verwandlung eitel vor den Spiegel gestellt mit der Frage, ob ihn nun wohl die Frauen noch möchten ... er sei freilich dann derb zurechtgewiesen worden, daß er in der Stunde, wo Hunderte vielleicht um seinetwillen erschossen würden, sich in solchen Hanswurstiaden gefiele.

Es vergingen Tage und Wochen, Toller, auf dessen Kopf die Regierung einen Preis von zehntausend Mark gesetzt hatte und dessen Bild von allen Litfaßsäulen blickte, war verschwunden, und auch ich wußte nicht, wo er sich verborgen hielt; in München oder vielleicht schon jenseits der Grenze.

Eines späten Abends – ich war über Land gewesen – fand ich einen Zettel auf meinem Bett, ich müsse unverzüglich zu einem Hauptmann Mayer von der Weißen Garde kommen. Mit schwerem Herzen ging ich hin. Der Mann war nicht unfreundlich. »Sie wissen, wo Toller steckt!« Er wollte mir's auf den Kopf zusagen. Ich beschwor's mit dem verlangten Ehrenwort, keine Ahnung zu haben. Er glaubte mir; er sagte: »Wir wissen, daß er sich in Schwabing verbirgt; er ist so gut wie umstellt; wenn ihn die Soldaten aufspüren, schlagen sie ihn tot. Es liegt an Ihnen, das zu verhindern; suchen Sie Verbindung mit ihm aufzunehmen, raten Sie ihm, sich freiwillig zu stellen, noch heute nacht; morgen schon kann ich diesen Vorschlag vielleicht nicht mehr aufrecht halten. Ich gebe Ihnen freie Hand, ich werde niemanden auf Ihre Spur setzen!«

Welch scheußliche Lage! Wollte der Offizier, und sei's auch nur aus Ehrgeiz, Toller wirklich vor dem Tode retten und sich meiner als eines ehrlichen Mittlers bedienen? Wollte er mich als Spürhund mißbrauchen, daß ich meinen Freund verriete, auf dessen Kopf obendrein der Judaslohn von zehntausend Mark gesetzt war?

Die Qual der Entscheidung will ich, schier fünfzig Jahre später, nicht schildern; allzuleicht könnte heute jedermann behaupten, er hätte sich, auf jede Gefahr hin,

geweigert; zumal er seither weiß, daß Toller entdeckt und nicht sofort umgelegt wurde. Aber war nicht, aus bloßem Irrtum, ein Kriminaler auf den Ruf hin, »das ist Toller!« von einer andern Streife erschossen worden?
Kurzum, ich machte mich auf den Weg, den schwersten Gang meines Lebens. Die Straßen waren leer und endlos; niemand begegnete mir, niemand, das stellte ich angstvoll um mich spähend fest, beschattete mich. Schreckliche Überwindung, an fremden Türen zu läuten, um zwei Uhr nachts, in jener Zeit der Durchsuchungen und Überfälle, gräßliche Beschämung, verstörten, mißtrauischen Menschen mein Anliegen zu erklären, das dem eines Polizeispitzels verflucht ähnlich sah – und doch ein Opfergang war, zum Glück ein vergeblicher. Ich hatte getan, was ich für meine Pflicht hielt, nun mochte das Schicksal seinen Lauf nehmen. Der Hauptmann, dem ich im Morgengrauen meine Meldung machte, zuckte nur die Achseln, er entließ mich, ohne zu fragen, wo ich gewesen war. Ich bin heute noch der Meinung, daß er kein falsches Spiel getrieben hat.
Tollers Verhaftung, zwei, drei Wochen später, habe ich in der Zeitung gelesen, wie jeder andre Münchner auch. Sofort beschloß ich, ihn im Gefängnis Stadelheim zu besuchen; erstaunlich leicht bekam ich die Erlaubnis. In Giesing waren noch überall die Spuren der furchtbaren Straßenkämpfe zu sehen; zerschossene Häuser waren damals, ein Vierteljahrhundert vor den Bombenzerstörungen, ein bestürzender Anblick. Aber schrecklicher noch war die dumpfe, lastende Qual, die über der ganzen Gegend lag.
Die einsam, fast auf freiem Felde liegende Strafanstalt, die gewiß in den letzten Wochen der Schauplatz entsetzlicher Greuel gewesen war, hatte das eisige

Schweigen des Alltags wieder aufgenommen. Ordnungsgemäß wurde ich durch Gänge und Gitter in den Sprechraum geführt, schier unvermutet stand mir Ernst Toller gegenüber. Er sah nicht schlecht aus; nur seine Haare waren wunderlich, die Spitzen noch rot, der nachgewachsene Schopf tiefschwarz. Wir konnten nur wenige Worte wechseln; er hatte gehört, daß ich ihn hatte suchen sollen, er begriff meine peinliche Lage, er dankte mir für den guten Willen.

Ich habe Ernst Toller nicht wiedergesehen; als er verhandelt wurde, war ich krank. Aus Niederschönenfeld, wohin ich ihm manches Buch schickte, kamen spärliche Briefe, darunter auch die Einladung zur Uraufführung seiner »Wandlung« in Nürnberg. Ich konnte nicht hinfahren.

Jahre später war ich schon Schriftleiter der »Münchner Neuesten Nachrichten«; ich hatte Nachtdienst, der Fernsprecher summte; ich meldete mich, eine Stimme, die ich sofort erkannte, fragte, ob ich allein sei. Ernst Toller, auf dem Weg ins Ausland, wollte mich noch einmal sehen. Es war nicht möglich, der Metteur wartete mit dem Umbruch, unglücklicherweise hatte ich auch noch einen Kollegen zu vertreten, einen Ersatzmann aufzutreiben war aussichtslos. So blieb es bei wenigen, herzergreifenden Abschiedsworten; unwirklich, wie mit Geisterstimme schienen sie mir gesprochen, ein Traum, den dann erst der lärmende Betrieb des Setzersaales zerblies.

Reisegeld

Nach dem ersten Krieg traf ich in einer Gesellschaft einen russischen Emigranten, dem es, verglichen mit seinen Leidensgenossen, ganz gut zu gehen schien. Und

es ging ihm auch gut, wie ich sogleich aus der kleinen Geschichte erfuhr, die er mir in mühsamem Deutsch erzählte. »Ich bin«, sagte er, »im Frühjahr 1914 auf eine längere Reise in den Westen gegangen; anfangs Juli war ich in Rom und wollte über die Schweiz nach Paris. Da habe ich das Gefühl gehabt, das Geld könnte mir knapp werden. Großfürst bin ich keiner, nur ein Kaufmann, aber, verzeihen Sie, reich bin ich gewesen, sehr reich. Und da habe ich mir, nur der Sicherheit halber, fünfzigtausend Franken auf die Nationalbank in Zürich überweisen lassen. Daß es Krieg geben könnte, habe ich nicht gedacht, aber er ist dann schneller gekommen, als ich nach Zürich gekommen bin. Ich bin noch mit der letzten Gelegenheit über Schweden nach Moskau gereist. Sie können sagen, Heimweh ist Dummheit, aber ich habe müssen, hinein in die Mausefalle, wo ich hätte bleiben können in Lugano oder Stockholm, als ein armer, aber freier Mann.
Ich habe alles mitgemacht, den Krieg und die Revolution, alles – das ist sehr viel, andere erzählen davon, ich schweige. Zuletzt bin ich doch geflohen, über die finnische Grenze. Ich bin in Berlin gelandet, ein Bettler; ich habe mein ganzes Leben vergessen, alles. Es ist zu viel gewesen, bitte, keine Erinnerung – nichts. Und trotzdem, plötzlich ist mir eingefallen, du hast ja Geld schicken lassen, damals, in die Schweiz. Ich habe keine Hoffnung gehabt, natürlich, aber versuchen kann ich's ja. Habe mir das Reisegeld zusammengefleht, alle haben mich ausgelacht, aber sie haben so viel gegeben, daß es gereicht hat. Und was denken Sie: ich komme nach Zürich, gehe auf die Bank, und das Geld liegt da.
Wenn meine Papiere überprüft sind, in acht Tagen, kann ich es abholen. Eine qualvolle Woche, noch so arm und vielleicht schon so reich. Das Geld ist mir ausbezahlt worden, ich lebe davon, in München; einen Franken

gebe ich aus im Tag, höchstens zwei. Denn ...«, schloß er lächelnd, »es muß reichen für mein ganzes Leben. Ich wüßte nicht, wo ich sonst auch nur eine Kopeke auftreiben könnte.«

Inflation

Im Jahr dreiundzwanzig, in der tiefsten Inflation, entschlossen wir uns, das Klavier zu verkaufen. Noch ehe die Anzeige erschienen war, kam ein dicker, widerwärtiger Kerl, der offenbar die besten Beziehungen zu den Zeitungssetzern hatte, drang, den Hut auf dem Kopf, ohne Umstände ins Wohnzimmer, hob den Deckel auf, warf einen Blick auf die Tasten, schlug den Deckel wieder zu und sagte: »G'hört schon mir!« Während er, um seine Entschlossenheit zu beweisen, gewaltige Pakken von Geldscheinen mit schmierigen Pranken aus verwetzten Taschen grub, fragten wir schüchtern, ob er denn das Instrument nicht erst prüfen wolle? »Braucht's net«, sagte er. »Hab's schon g'sehn, echte Zähn' hat's!« Wir begriffen, daß er das Elfenbein der Tasten meinte. »Aber«, warf meine Mutter bescheiden ein, »Ihr Kunde will doch sicher zuerst ...« – »Nix will er«, unterbrach sie der Mann schroff, »des sollt si' oaner traun, den schmeiß i glei naus!«

Ein Strauss Rosen

Als junger Mann bin ich in den zwanziger Jahren zum erstenmal allein in Berlin gewesen, und für einen Hinterwäldler, wie ich einer war, war das auch ohne eigentliches Abenteuer abenteuerlich genug. Alles wollte ich sehen, gewaltige Fußmärsche machte ich, vom Humboldthain bis zur Hasenheide, vom Lietzensee bis zur Frankfurter Chaussee, gar nicht zu reden von der Innenstadt, vom Tiergarten, Alexanderplatz und den vielen Museen.

Wieder einmal war ich nach unersättlichen Wanderungen durch endlose grade Straßen spät abends in einem Kaffeehaus gelandet; ein kümmerliches Weiblein bot, von Tisch zu Tisch fragend, Rosen an – sie tat mir leid, aber was sollte ich Einsamer mit Blumen? Da fiel mir ein, daß in einem nicht allzuweit entfernten Kabarettchen eine mir von München her bekannte Sängerin auftrat, keine große Künstlerin, gewiß nicht, aber grade deshalb sicher doppelt dankbar dafür, sich vor dem Publikum mit einem Strauß vor der Brust verbeugen zu können: Seht her, mir fehlt's nicht an Verehrern, die mich mit Rosen überschütten!

Mit der Frau, die schon betrübt ihres Weges gehen wollte, wurde ich rasch handelseinig, sie konnte es erst gar nicht fassen, als ich sie fragte, was alle Rosen kosten sollten, sie waren am Abend dieses Hochsommertages billiger, als ich mir's überschlagen hatte; vielleicht wußte die Verkäuferin auch, daß die eben noch leidlich frischen Blüten andern Tags nicht mehr abzusetzen wären.

Selbst das Tingeltangel zu besuchen war ich zu müde, pflastermüde, verstaubt, unfrisch – aber abgeben wollte ich sie, die Rosen, zartsinnig mich selbst ankündigend für einen der nächsten Abende. Ich ging also hin und suchte so was wie einen Bühneneingang, als mir aus der halben Finsternis eine feindselige Stimme entgegenschnarrte: »Nee, Männeken, det machen wa selber!« Ehe ich begriff, was dieser Zuruf bedeuten sollte, hatte der Türhüter sich mir in den Weg gestellt, barsch fuhr er mich an: »Hier Blumen verkoofen, is nicht!« Eine so schnöde Verkennung eines Rosenkavaliers brachte mich in Zorn, und ich herrschte den schäbigen Kerl, der mich unverfroren durch seine Nickelbrille anstarrte, höhnisch an, ob ich denn so aussähe. »Jawohl!« sagte er ungerührt, »so sehen Sie aus!« Und es bedurfte vieler guter Worte und eines noch besseren Trnkgeldes, bis sein Mißtrauen geschmolzen war und er den Auftrag übernahm, den Rosenstrauß dem bewußten Fräulein auf die Bühne zu bringen.

UNVERHOFFTE BEKANNTSCHAFT

Im Frühjahr 1925 wollte ich, zum erstenmal, nach Paris fahren, aber das französische Generalkonsulat ließ einen Schriftsteller nicht hin. Ja, wenn ich Kaufmann gewesen wäre! Nichts einfacher als das, meinte der mir befreundete Innenminister und erbot sich, mir über das Polizeipräsidium einen unverdächtigen Paß als Max Meier, Handelsvertreter, ausstellen zu lassen.
Ich war aber für solch ein Wagnis zu feige und fand zum Glück noch einen andern Weg: eine amerikanische Presse-Agentur, die ich in München vertrat, forderte mich zu einer Besprechung an. Freilich waren nur acht Tage vorerst genehmigt, doch sollte das Ministerium des Auswärtigen in Paris, bei dem ich mich zu melden hatte, den Paß auf die gewünschten vier Wochen verlängern.
Mit nichts gerüstet als meinem bescheidenen Schul-Französisch, kam ich angstvoll durch die Vorzimmer – aber wie erleichtert atmete ich auf, als mich der leitende Beamte in bestem Deutsch ansprach und, nach einem Blick in meinen Paß sofort ein Fragegespräch über den Stand unserer Literatur begann, bei dem er, ich muß es schamvoll gestehen, weit beschlagener war als ich. Die Paßangelegenheit, nur nebenbei behandelt, versprach er rasch zu erledigen, ich solle getrost in mein

Hotel zurückkehren und abwarten. Erst, wenn ich binnen acht Tagen nichts hörte, sollte ich ihn wieder aufsuchen. Wir verabschiedeten uns herzlich.
Kaum, daß ich wieder draußen war, froh beschwingt, wie sich denken läßt, fiel mir ein, daß ich gar nicht wußte, mit wem ich gesprochen hatte. Mit dem Pressechef des Ministeriums halt, dachte ich, der als Germanist einmal in Deutschland war und den Stand unserer Literatur kennenlernen wollte. Doch erfragte ich nachträglich, daß es kein Geringerer gewesen sein mußte als Jean Giraudoux, dessen Stern schon damals im Steigen war und dessen Ruhm zehn Jahre später die Welt erfüllte.
Voller Vorfreude auf eine zweite Begegnung ging ich nach Ablauf der Frist wieder hin – aber welche Enttäuschung: ein tückisch-höflicher Herr erklärte mir, kurz angebunden, der Chef sei krank, die Erledigung meiner Angelegenheit solle ich im Hotel abwarten. Er sprach, natürlich, französisch, aber so fließend, daß ich nicht mitkam. Erst als ich, wups, hinauskomplimentiert war, horchte ich seinen Worten wie einem Echo nach und reimte mir auch alles richtig zusammen. Ich blieb noch ohne Paß in dem oft recht ungemütlichen Paris, in letzter Stunde erst brachte ein Bote meine Papiere – den liebenswerten Dichter habe ich nicht mehr gesehen.

Der Brand des Glaspalastes

Viele Jahrzehnte sind vergangen, Schreckliches haben wir durchlebt, ganze Städte sind in Feuer und Schutt versunken, unwiederbringlicher Glanz der Erinnerung ist verloschen – oft genug stehen gesichtslose Riesenhäuser an dem Platze abendländischen Ruhms. Die

Welt wandelt sich weiter. Und doch scheinen mir die Flammen des Münchner Glaspalastes, in der Nacht auf den 6. Juni 1931, heute noch ein Fanal kommenden Unheils gewesen zu sein, ein erstes Brandmal auf der Stirn unserer Stadt.

Mir fällt beim Sichten alter Schriften ein vergilbtes Zeitungsblatt in die Hand, mit der fünfspaltigen Fanfare: »Der Münchner Glaspalast ein Raub der Flammen!« und einem von mir aufgenommenen Lichtbild, das trotz aller seither miterlebten Riesenbrände so schauerlich wirkt wie damals, wo freilich das aus noch heiterem Friedenshimmel treffende Unglück ein heute kaum mehr vorstellbares Unglück von entsetzlicher, lähmender Gewalt war.

Ich war seinerzeit Schriftleiter der »Neuesten«, ich wohnte keine zweihundert Schritte von der Brandstelle; eilig, in die Setzmaschine hinein, mußte der Bericht geschrieben werden, denn schon am Mittag sollte das Sonntagsblatt erscheinen. Ich gebe nun, ohne eine Zeile zu ändern, meine Schilderung – auch eine Anekdote meines Lebenslaufs. Der Leser mag, als eines von vielen Beispielen, ermessen, was für schwierige Aufgaben einem »Zeitungsschreiber« gestellt waren, unterm Zwang der Stunde, ja der Minute das Ungeheure ins feste Wort zu binden.

Eine herrliche Sommernacht, weich und tief, duftend in Jasmin, Holunder und Robinien. Die Brunnen rauschen und die Bäume, am Lenbachplatz, im alten Botanischen Garten. Und wie verzaubert schläft die Stadt.

Und die dunkle Masse des Glaspalastes ragt vor dem späten Heimkehrer auf, ein sicherer Besitz, daran ich vorübergehe in der Vorfreude langen Genießens. Einen ganzen Sommer hindurch werde ich das flüchtig Geschaute betrachten können, die edle Kostbarkeit der Romantiker, ein seit vielen Jahren nicht mehr gesehener

Reichtum deutscher und abendländischer Kunst. Vor wenigen Tagen erst ist das festliche Haus erschlossen worden. Und die jubelnden Klänge des Meistersinger-Vorspiels scheinen noch durch die Nacht zu klingen, der Stille verschwistert und dem Rauschen der Wipfel.

Aus erstem, tiefem Schlaf schreckt die Unruhe wüsten Traums. Der ist ausgelöst worden durch das Klingeln des Fernsprechers, geöffnete Türen, schlürfende Schritte. Aber ich bin schon längst aus dem Bett gesprungen, ich weiß zwar nicht, was geschehen ist, aber es ist ein seltsames Licht im Zimmer, und ein unheimliches Rauschen geht durch die Luft, wie von schweren Flügeln. Ein Blick aus dem Fenster: im rosagrauen Morgenschein regnet Asche, schwirren Funken. Und mein Bruder kommt: *Der Glaspalast brennt!*

Hiobsbotschaften solchen Ausmaßes sind zu furchtbar, als daß man sie im ersten Augenblick begriffe. Es hätte ebensogut heißen können: München brennt. Es wächst nur die Begierde, mit eigenen Augen zu sehen, was der Verstand nicht fassen kann.

Unberührt von der Erregung des Herzens bleibt die kühle Sachlichkeit der beruflichen Verantwortung. Ein alter Anzug, dem ein paar Brandlöcher nichts schaden, der Presseausweis, der die Absperrung erschließt, die Leica für rasche Aufnahmen. Dazwischen ein paar Anrufe – alles geht in fliegender Hast. Der Filmstreifen will nicht in die Kassette, es ist aufregend wie Ladehemmung beim Angriff. Aber fünf Minuten nach dem Alarm stehe ich auf der Straße, hundert Schritte von der Unglücksstätte entfernt.

Ein sanfter rosenfarbener Hauch weht in weiten Schleiern. Ein Rauschen ist in den Lüften, ein Knacken und leises Brodeln durch den grau erwachenden Morgenhimmel. Es ist genau halb vier Uhr.

Durch einen Regen von Ruß, Asche und glühendem Holz laufe ich die Karlstraße entlang gegen die Arcisstraße, dem mächtig lohenden Feuerschein zu. An der Straßenkreuzung steht ein Häuflein Menschen, ein paar Schutzleute, drei, vier Feuerwehrmänner, im Widerschein der Flammen.
Und jetzt öffnet sich die schwarze Kulisse der Häuser und zeigt uns ein schaurig-schönes, ein ungeheuerliches, grauenvolles Bild: Der ganze Glaspalast steht in Flammen.
Schwarzes Gestänge aus Eisen, wie das Gerüst zu einem halbabgebrannten Feuerwerk, ragt in die lodernde Luft: die Nordfront des riesigen Gebäudes. Dahinter, durch Rauch und Flammen sichtbar, die noch aufrechte Südwand.
Der Blick irrt über das Feuermeer. Züngelnd schlägt es herauf, wie Brandung donnert es heran, sinkt hinunter, braust wieder empor, funkelnd, zerstiebend und verzuckend, mit breiten Zungen fressend, feige zurückgeduckt vor dem schmetternden Wasserstrahl und sofort wieder tausendfach anlaufend, höhnisch tanzend und winkend und wirbelnd.
Durch Dämpfe sticht das Feuer quer, an stürzende Trümmer klammert es sich und saust mit in die Tiefe, aufgewehte Fetzen verläßt es nicht im Fluge, den Schutt zerreißt es in berstenden Entladungen, holt sich Luft mit gierigem, pfeifendem Atem, zerbläst das Wasser zu Nebel, jauchzt neu empor, gebiert sich hundertfach aus sich selber. Von überall her saugt es sich an, in wabernden Lohen verflackert die Glut, in zischenden Dämpfen, in Schwaden zerwölkt der Rauch, in tausend Farbtönen spielt es, vom magischen Blau der huschenden Flämmchen, vom wehenden, singenden Reigen gelbflatternder Feuergewänder bis zum düstern Rot glühender Trümmer, zum Veilchendunkel schwelenden

Rauches, zum hoffnungslosen Schwarz verkohlter Balken. Wenn je das Wort wahr wurde, daß die Elemente das Gebild der Menschenhand hassen, so ist es hier. Gebild der Menschenhand: Was da brodelt und braust, was da in Fetzen über den Morgenhimmel weht, was da knisternd birst und glühend schmilzt, begraben im Schutt, ein Nichts im Nichts, es war gestern noch der Ruhm der Nation, die Hoffnung und das Glück der Schaffenden, war vor allem kostbarstes Erbe deutscher Vergangenheit.

Die wenigen Schaulustigen, die in dieser frühen Morgenstunde an den Straßenzugängen stehen, werden von den Schutzleuten leicht in Schach gehalten. Die sengende Hitze und der wirbelnde Regen glimmenden Holzes und spritzender Glut hält sie mehr zurück als alle Verbote.

Der Presseausweis öffnet den Kreis. Auf der leeren Arcisstraße laufe ich nach vorn, dem trockenen, rauschenden Atem der Glut entgegen, im Funkentreiben, das dichter und dichter niedertanzt. An der Ecke Arcis-Sophienstraße halte ich, an die Hauswand geduckt. Vor mir, nah auf zehn Schritte, die schwelende, stürzende, rumpelnde Front des stählernen Gefüges. Rechts die Feuerwehrmänner, die bemüht sind, das kleine Haus zu retten, das sich, im Schatten der Glaswände, so reizvoll in den Bogen der Straße geschmiegt hat. Eine graue, schwarze, glutrote Kaskade, fällt soeben im zischenden Strahl des Wassers eine Wand ein, poltert mit morschem Gemäuer, verbogenem Eisen, schmelzendem und splitterndem Glas und im Geriesel von Schutt und ausgeglühtem Gips in das grauenhafte Gewirr übereinandergetürmter Trümmer.

Aber das ist nur ein rasch aufgefangenes Bild, weit greller sticht es von links her in die ohnehin schon geblendeten, von Hitze und beizendem Qualm ange-

hauchten Augen. Dieser Flügel des Gebäudes, gegen den Lenbachplatz zu, ist gerade jetzt der vollen Wut des rasenden Elements preisgegeben. Eine Feuergarbe, blitzend wie aus ungeheuerstem Gebläse angefacht, aus unsichtbaren Röhren gestoßen, aus Schlünden der Hölle gespien, zerschmeißt im Hui die Fenster, spuckt glühende Holzstücke wirbelnd in die Luft, die in einem Hexentanz quirlenden Rauchs zerfliegen; Feuer ringt das stöhnende Eisen nieder, daß es sich biegt und windet, leckt aus jeder Fuge neue Nahrung, Kitt und Farbe, Holz und Leinwand. Rasselnd und prasselnd fallen Glas und Gebälk, ein Platzregen von Feuer plätschert herab, in den steil, immer wieder neuen Brandes, sausende Fontänen schießen.
Die Bäume ächzen im Sturmesatem des Elements, die Stirnen der Häuser gegenüber schimmern in ausgestrahlter Glut. Der Funkenfall trommelt als ein leises, eintöniges Rauschen auf die Straße, auf die Dächer. Das ist ein Feuerwerk für sich, wie diese kleinen geflügelten Flammenwespen herumsurren, im aufgescheuchten Schwarm, gefährliche Sendboten des großen Unheils.
Die Hausdächer werden von den Einwohnern wie von der Feuerwehr bewacht. Die Leute tragen Wasser in den Speicher, achten darauf, daß sich nirgends die Glut in Sparren und Ritzen einzunisten vermag. Da und dort gelingt es gerade noch im letzten Augenblick, schon aufzüngelnde Lohe zu ersticken.
Die Hitze an diesem vorgeschobenen Posten wird unerträglich. Die Straßen sind, innerhalb der Absperrung, leer. Die prallen roten Schlangen der Schlauchleitungen liegen quer über dem nassen Asphalt. Und so riesig ist der Brandherd, daß das bedeutende Aufgebot der Feuerwehr kaum in Erscheinung tritt. Nur da und dort, das ist der äußere Eindruck, stehen ein paar Männer

an den Spritzen – daß sie alle auf einem verlorenen Posten stehen, ist nur allzu klar.

War es auf der nördlichen Seite mehr das erschütternde, jeden Nerv erregende Bild schrecklicher Zerstörung, so bietet sich von der Südseite, wo zahlreiche Menschen auf der Freitreppe des Justizpalastes stehen, der schauerlich-schöne Anblick eines gewaltigen und wundervollen Schauspiels. Die ganze Breite der Glaspalastfront, umrahmt von den herrlichen Bäumen des alten Parks, ist aufgestellt wie ein Brillantfeuerwerk. In dem mächtigen Eisengerippe züngeln, bis in die höchsten Firsten hinauf, die bunten Flämmchen des brennenden Ölanstrichs. Die brausenden Orgeln lodernder Glut, deren zuckenden Ausbruch wir von der anderen Seite mit Grausen gesehen, schlagen im Innern und so gewissermaßen im Hintergrund der beinahe spielerisch irrlichternden Front. Nun wieder senkt sich, fast wie flügelschlagend zuerst, immer rascher berstend, platzend und hinschmetternd, ein Teil des Daches in die Flammentiefe, und klirrend zerschellen die großen Glasscheiben, reihenweise, in die tosende Brandung des Falles.

Dagegen hält das Gefüge der Südwand, trotz Hitze, Qualm und Erschütterung, noch aus, und selbst Fenster bleiben blind und rauchgeschwärzt in der Vernichtung.

Grau und veilchentief ziehen in schweren Schwaden die vom Morgenrot und vom Glast der Lohe beleuchteten Rauchwolken gegen Norden. Aufgeregte Taubenschwärme flattern immer wieder in den Hexenkessel der Zerstörung. Die Tiere suchen ihre Brutstätten, vergeblich.

Der Tag wächst, zärtlich steht er über der ahnungslos schlafenden Stadt, als ich mich wieder der Nordseite des Feuerherdes zuwende, wo mit noch ungebrochener Gewalt der Wahnsinn wütet.

Hinter dem rosigen Qualm schimmert verblassend bleich der halbe Mond. Polternd stürzen Wände um Wände. Ein ungewohntes Bild erscheint: von der Arcisstraße aus ist nun der neue Justizpalast sichtbar. Ausgebrannt noch da und dort ein phantastisch hoher, schwankender Eisenpfosten, ein Stück Gerippe. In der Mitte die Türrahmen des Haupteingangs, um die welk und halb versengt der Lorbeer steht, der gestern noch deutscher Kunst galt. Die Masten ragen ohne Fahnen, aber wie zum Hohn klebt an einem Stück erhaltengebliebener Außenwand zerfetzt das Plakat: »Kunstausstellung München, 1931, Glaspalast ...«

Alex Braun

Eine unvergeßliche Erscheinung der Münchner Lokalpresse war die Schriftstellerin Braunschild, die ihre Aufsätze und Besprechungen mit Alex Braun zeichnete. Woher sie kam, verliert sich im Dämmern vielfachen Gemunkels, zu meiner Kinderzeit war sie *schon*, zu meiner Schriftstellerzeit war sie *noch* da, eine alterslose Alte, mit einem »Pflegesohn«, der ihr wie aus dem Gesicht geschnitten war, und mit einem unvorstellbaren Aufwand von Jäckchen, Tüchern, Überwürfen, Pelzchen und Krimskrams behängt, mit silbernen Kettchen verschnürt, an denen ihr Lorgnon, ihre Uhr, ihre Döschen und wer weiß was sonst noch hingen, in geheimnisvolle Täschchen und Gürtel genestelt; dazu trug sie immer mehrere Ridiküle, gestrickte Segerer und dergleichen Behälter voller grauenhafter Unordnung und Schlamperei.

Sie trat hoheitsvoll wie eine Zigeunerfürstin auf, verlangte den größten Respekt, war mit keinem Platze zufrieden und quoll von den bittersten Bemerkungen über.

Mehr als einmal bin ich als Anfänger auf sie hereingefallen, wenn sie an einer Veranstaltung kein gutes Haar ließ und mich aufforderte, gleich ihr eine vernichtende Kritik über derartige Bodenlosigkeit zu schreiben, es sei die heilige Pflicht der Presse, im Namen der Kunststadt München gegen Kunststümperei und gesellschaftliche Zumutungen aufzutreten.
Ich schrieb dann mutig, im Vertrauen auf solche (Braun-)Schildgenossenschaft, in den »Neuesten« einen geharnischten Bericht, um am gleichen Vormittag in der »Münchner Zeitung« eine zuckersüße Lobhudelei über das reizend gelungene Fest zu lesen.
Solch klaffender Widerspruch zwischen Wort und Tat kann einem freilich bei weitaus ernster zu nehmenden Menschen begegnen: ich habe in meiner graden Art mich schon mit manchem nicht mehr an den Tisch gesetzt, der einen meiner Freunde gekränkt hatte – und sah dann, als der einzige Abseitige, alle meine Freunde wieder am Tisch des eben Verfemten sitzen, wenn es was zu schmausen gab ...

Die Postmeisterin

Irgendwo in den bayrischen Bergen liegt ein stattliches Dorf, und rings herum auf den Höfen hausen längst nicht mehr lauter Bauern, sondern städtische Ansiedler aller Art, Flüchtlinge und Großindustrielle, Filmdivas und Kunstmaler, abgedankte Offiziere und Schriftsteller.
Da ist es mit der Post nicht mehr so einfach wie vor dreißig Jahren, wo alle heiligen Zeiten ein Holzknecht oder ein Einödbauer einen aufregenden Brief gekriegt hat, womöglich »eingeschrieben«, aus München, aus Berlin oder gar von drüben, aus Amerika.

Die Gemeindesachen hat's halt gegeben, die Ladschreiben vom Landgericht oder Bezirkskommando und die gewöhnlichen Briefe und Karten für die paar Handwerker und Geschäftsleute. Und natürlich, die Lokalzeitung war das Alltägliche, der »Rosenheimer Anzeiger«.

Die durch den Bevölkerungszuwachs und die Umschichtung der Postbezieher gesteigerte Arbeit machten der behäbigen Frau, die in einem Stübchen ihres Hauses den Dienst versah, viel zu schaffen. Schwierig war's vor allem, immer auf dem laufenden zu bleiben, die Postkarten zu lesen, die Zusammenhänge zu erschnüffeln, kurz, bis an den Rand des Briefgeheimnisses alles zu erfahren, was von Wichtigkeit war und wert, als Neuigkeit in der Umgebung verbreitet zu werden. Nie verließ ein Kunde den kleinen Schalterraum ohne seelische Bereicherung, und die teilnahmsvolle, zweifellos einer Postkarte zu verdankende Frage etwa, ob sich der Schnupfen der Frau Gemahlin schon gebessert habe, mußte jeden rühren, der selbst ein gutes Herz hatte, und ihn zu weitläufigen Auskünften bereit machen.

Von den postalischen Schwierigkeiten, die jede ungewöhnliche Sendung mit sich brachte, wollen wir gar nicht reden, von der richtigen Freimachung, vom endlosen Blättern in den Dienstvorschriften und von den zweifelhaften Rechenkünsten – »jetzt hab i mi doch täuscht!« sagte die Postmeisterin treuherzig, nach langem Hin- und Herreden.

Hingegen wußte sie genau, wer für bestimmte Poststücke zuständig war: »Was a Roll'n is, g'hört an Herrn Architekt!« sagte sie, ohne lang auf die Anschrift zu blicken; und gab es getrost den Kindern mit, die sowieso an unserm abgelegenen Haus vorbeikamen. Leider war Irrtum nicht ausgeschlossen, und die Rück- und Umleitung war dann schwierig. »Man

glaubt's nicht, wie schnell was liegen bleibt!« jammerte sie, wenn sie einem einen längst überfälligen Brief aushändigte – aber da war beileibe keine reumütige Entschuldigung herauszuhören, sondern nur eine Anklage gegen die Tücke des Objekts. Und selbst als mein Schwager, eben jener Architekt, dem alles gehörte, was eine Rolle ist, zum drittenmal nach einer dringend erwarteten Nachricht fragte und schon wieder im Weggehen war, rief sie ihm, ohne jedes Dienstversäumnisbewußtsein, ja, in freudiger Erleuchtung zurück: »Warten S' amal, Herr Doktor, da muß si' wo a Telegrammerl verschlupft haben!«
Und trotzdem trauern viele der guten alten Postmeisterin nach. Es gibt jetzt, nahe beim Bahnhof, in einem Neubau ein richtiges Postamt mit Bundesadler und gelbem Blechbriefkasten; und in die Arbeit, die früher die Frau allein gemacht hat, teilen sich nun zwei: eine fade Nocken, die sich für hübsch hält und an nichts denkt als an den Dienstschluß, und ein Jüngling (den zu schildern unweigerlich zur Beamtenbeleidigung führen müßte), der diesen Gedanken in endlosen Gesprächen ausspinnt, auch wenn der auf seine Abfertigung (»hier bedient Sie *Herr* Klagerer!«) wartende Kunde schon zum drittenmal zornig ans Schalterfenster geklopft hat.

MUNCKER

Wer je den greisen Geheimrat Franz Muncker gesehen hat, im Hochsommer gar, in einem altfränkischen Gehrock, hellgrau, ein verwittertes Strohhütchen auf dem kahlen Schädel, den Truthahnhals aus dem niederen Kragen wiegend, die große Nase schnuffelnd in die Luft gestreckt, der hat ein unvergeßliches Bild eines deutschen Universitätsprofessors älterer Ordnung fürs

Leben mitbekommen. Aber er mußte ihn auch gehört haben, wenn er, dem goethischen Sänger gleich, mit eingedrückten Augen uns das »Rosenband« von Klopstock vorjubelte, mit dem Kopf wackelnd, selig lächelnd, zwischen den Zeilen manches Hoho und Höhö hinausstoßend oder einschlürfend, mit einem Wort, ganz der Wonnebrunzer, wie ihn die Studenten nannten, seit vielen, vielen Semestern.

Es war ein glühend dumpfer Nachmittag, wir schauten nicht mutig drein, wie dazumal die Ritter, sondern schläfrig verstohlen auf die Uhr, und ob die Schönen, unsere Kommilitoninnen also, in den Schoß geschaut hatten, weiß ich nicht mehr zu sagen, jedenfalls, eine schlummersüchtige Langeweile ergriff uns alle, bis auf den muntern Greis, der sich, von seinem Pult herab, wie ein Jüngling gebärdete.

Endlich war auch diese Stunde vorübergegangen, der Hörsaal leerte sich, ein Studienfreund, neben mir hinausgehend, machte laut seinem Ärger Luft, »dieses Geschwätz, es war unerträglich!« – als er mit Schrecken bemerkte, daß der Geheimrat dicht hinter ihm stand. Und bei diesem Mann sollte er in acht Tagen sein Examen machen!

Aber der harmlose Alte, mit dem Strohhut sich fächelnd, nickte uns strahlend an: »Nicht wahr, die Hitze war unerträglich! Ganz unerträglich!« Und entließ uns mit einem freudig einverständigen Höhö ...

*

Ein Studienfreund war anfangs der zwanziger Jahre daran, seinen Doktor zu machen, über Goeze, Johann Melchior Goeze, den starrköpfigen Gegner Lessings, sollte er schreiben; und beim Fahnden nach unbekannten Belegen kam er auch zum alten, grundgütigen Ge-

heimrat Franz Muncker, um ihn zu fragen, ob er nicht ein Osternest wüßte, aus dem ein paar farbige Eier zu holen wären – Briefe zum Beispiel, die irgendwo versteckt sein könnten.
Der alte Herr sah ein Weilchen wie blind in das Nichts, hob den faltigen Hals aus dem Kragen: »Warten Sie!« krähte er mit seiner gebrochenen Stimme, schnüffelte in eine ferne Vergangenheit, duckte sich und streckte den Arm aus, als ob er's griffe, was ihm da vorschwebte, und dann sang er, ohne zu stocken, heiser und wohllautend zugleich: »Sechs Goezebriefe sind 1894 bei Holberg und Graupe in Berlin versteigert worden, und erworben hat sie ein Professor Anspitzer in Halle, Schillerstraße zwanzig« – und hielt inne, mit fast demütigem Blick, um sich für sein schwaches Gedächtnis zu entschuldigen – »es kann auch einundzwanzig sein!«

GEDÄCHTNIS

Bei einem Bummel durch Rom haben wir, meine Frau, meine Schwester und ich, in einem kleinen Ristorante an der Treppe zur Trajanssäule gegessen. Zuhause merkt meine Frau, daß sie ihren Schirm irgendwo stehengelassen hat. Aber erst nach Wochen fällt ihr ein, daß auch die Gaststätte als Versteck des Verlorenen in Frage kommen könnte. Ich selbst bin schon wieder abgereist, aber dafür ist mein Sohn in Rom, und mit dem geht sie nun dorthin und fragt den Padrone, ob er sich nicht erinnere, daß sie schon einmal da war und ob sie nicht den Schirm hier habe stehen gelassen. Der alte Mann kann sich nicht entsinnen, denn allzuviele Gäste sind unterdes daggewesen – aber dann fällt's ihm plötzlich doch ein: »War das nicht der Herr, der nur Spaghetti gegessen hat?!«

Fräulein Asta

Die Kirche weiß schon, warum sie die Heiligen, die dii minores, gelten läßt. Den Petrus mag einer beschimpfen, wenn das Wetter scheußlich ist: er würde sich nicht getrauen, den Herrgott zu lästern, aber dem Petrus kann er seine Meinung sagen und schlimmsten Falles damit rechnen, daß der etwas wunderliche Himmelspförtner doch auch Humor hat.

Den heiligen Antonius darf er anbetteln, ihm das verlorene Taschenmesser wieder zu verschaffen, Gottvater oder unseren Heiland möchte er mit solch einer Lappalie nicht belästigen. Und wie wäre anders, unter christgläubigen Bauern, eine solche Meinung denkbar, wie die: »Was as Viech angeht, kann ja der Wendelin ganz gut sein, aber was die Roß betrifft, kann er an Leonhard net in' Arsch neischaugn!«

Nun dürfen wir freilich das Vertrauen zu den Heiligen nicht so weit treiben, wie es eine Bekannte von uns, kurz Fräulein Asta genannt, getan hat; sie war einmal eine recht gute Lehrerin gewesen, zuletzt war sie eine schrullige alte Jungfer, ein frommes Gemüt, sämtlicher vierzehn Nothelfer sicher und darüber hinaus noch manches Schutzpatrons, den unsereins gar nicht kennt.

Sie war berüchtigt wegen ihrer Vergeßlichkeit, aber wirklich muß sie im Himmel eine gute Fürsprache gehabt haben, denn alle Schirme, Brillen, Täschchen, Paketlein und Papiere, die sie irgendwo hatte liegen lassen, bekam sie mühelos zurück, die Fundämter warteten schon auf sie und begrüßten sie herzlich als alte Kundin.

Eines Tages wollte sie, bereits ein bejahrtes Mädchen, nach Amerika reisen, um ihren Bruder zu besuchen. Sie hob auf der Bank ihr ganzes Geld ab, um die Überfahrt zu bezahlen. Auf dem Heimweg jedoch, die vielen Scheine in der Handtasche, wurde sie unschlüssig, ob sie sich denn wirklich noch so weit in die Welt wagen sollte; sie gedachte den kühnen Plan noch einmal zu überschlafen.

Aber – wohin mit dem Geld? Es zuhause zu verwahren schien ihr zu bedenklich. Da führte sie der Weg am Bürgersaal vorbei, jenem schönen Bethaus in der Münchner Neuhauserstraße, darin der wundervolle Schutzengel von Ignaz Günther steht, zu dem sie schon oft ihre andächtige Zuflucht genommen hatte. Dies schien ihr ein Wink des Schicksals zu sein. Sie legte den Umschlag mit den Banknoten einem Heiligen zu Füßen; immerhin stützte sie ihr Gottvertrauen so weit durch irdische Überlegung, daß sie ihn in einer Nische verbarg. Andern Tags wollte sie das dem Himmel anvertraute Gut wieder abholen.

Allein, der Mensch denkt und Gott lenkt. Er lenkte ein Auto auf sie, so daß sie das Denken für eine Weile aufgab und mit einem gebrochenen Bein ins Spital gebracht wurde. Dort blieb sie viele Wochen, ohne, als ihr die Erinnerung zurückkehrte, irgendwen in ihr Geheimnis einzuweihen. Dann humpelte sie wieder in den Bürgersaal, schon selbst zweifelnd, ob der heilige Bankhalter ihr Vermögen so lange habe aufbewahren können. Sie griff in die Nische – und siehe, der Umschlag war noch da, unbeäugt von den tausend Blicken, die ihn so nahe gestreift hatten, unberührt von den Händen der Schnüffler oder der Putzweiber. Liegengelassen hätte das Geld ja die ehrlichste Seele nicht, der Pfarrer selbst hätte es freudig an sich genommen, im frommen Glauben, ein Sünder habe heimlich für schwere Schuld Buße getan.

Ein Frommer mag's für ein Wunder halten, ein Weltkind für einen Zufall, der abgeneigte Leser überhaupt für eine Flunkerei; aber ich werde doch nicht für ein paar tausend Mark, die mir obendrein gar nicht zustehen, meine Glaubwürdigkeit aufs Spiel setzen. Hingegen möchte ich, wie gesagt, selbst den vertrauensseligsten Menschen abraten, die Heiligen so zu überfordern. Oft ist ja nicht einmal bei der Apollonia drauf Verlaß, daß sie einem das Zahnweh vertreibt.

Die Wirtin

Der steinalte, aber muntere Doktor Pichler in Moosing ist am Samstag wie seit Jahrzehnten zum Schafkopfen in die »Post« gegangen, hat mit Glück gespielt und nebenher ein Paar Regensburger in Essig und Öl verspeist und drei Halbe Bier getrunken. Er hat einen graden, sauberen Strich unter die Spielziffern gezogen und schmunzelnd seinen Gewinn ausgerechnet. Dann hat er die Hände auf den Tisch und den Kopf auf die Seite gelegt – und mausetot war er auf der Stelle – ein schönes, altbayrisches Schlagerl.
Am Dienstag ist er beerdigt worden, es gab hernach, wieder in der »Post«, einen guten Leichen-Umtrunk, an die hundert Mark hat danach der Schwiegersohn der Wirtin hingelegt; sie hat das Geld liebevoll eingestrichen und ganz beiläufig gesagt: »Da wären dann noch zwei Mark sechzig Pfennig für ein Paar Würst und drei Halbe, die hat der Selige nimmer zahlen können!«

Verwünschtes Glück

Auf dem Münchner Oktoberfest werden alljährlich Rekorde in den schroffsten Gegensätzen aufgestellt, die sich denken lassen: in unerschütterlicher Ruhe und in rasender Bewegung. Den Beharrungsrekord – ich glaube nicht, daß er überboten worden ist – hat voriges Jahr ein bayrischer Minister gehalten, der von zwölf Uhr mittags bis drei Uhr früh nur einmal den Stuhl gewechselt hat; und auch das nur, weil die Fischer-Vroni gegen Mitternacht schließen hat müssen und bloß noch ein verstecktes Weinstüberl den ganz Seßhaften Asyl gewährt hat.

Den Rekord aber in Bewegung habe vermutlich ich selbst gebrochen – o ahnungsvolles Wortspiel! Gebrochen habe ich leider nicht, aber drei Tage ist es mir schlecht gewesen wie einer vergifteten Ratte; doch davon später. An allem ist meine Wiesenbraut Konstanze schuld gewesen – verwünschtes Glück, das mich einsamen und bereits verdrossen mit dem Heimgehen ringenden Wiesengast in die Hände einer ganzen Blasen von Bekannten hat fallen lassen und – gleich bei der ersten Achterbahnfahrt in die Arme dieses Mädchens von harmlos-heiterer Gemütsart, unbändiger Lachlust und hemmungslosem Unternehmungsgeist – wer möchte auf der Wies'n höhere geistige Forderungen stellen? Und daß sie auch von angenehmem Fleische war, muß ich doch wohl bekennen.

Wenn einem alten Esel zu wohl ist, geht er aufs Oktoberfest. Mir war, als einem Mann in den besten Jahren, auch auf der Wies'n noch wohl, nur allzu wohl ist mir gewesen in dem Lachgeplätscher und Gruselgequietsche meiner zutraulichen Begleiterin, aber unterirdisch, das heißt, tief unter so überirdischem Glück, ist mir immer unwohler geworden, denn das holde Wesen schleppte mich jauchzend von einer Fahrgelegenheit zur andern, in immer höllischeres Musikgedudel und wilderes Gewirbel, vom Kettenkarussell in die Schiffschaukel, von der Stufenbahn in die rollenden Röhren, bis in all den Zentrifugen die Milch meiner frommen Denkungsart mir schon ganz deutlich als ein Butterklumpen im Magen schwappte.

Aber ein älterer Herr muß einem jungen Mädchen halt unter allen Umständen beweisen, daß er kein fader Kerl, sondern ein fescher Bursche ist – und daß man einem weiblichen Wesen nie so rasch und gründlich nahe kommt, wie in einer Schleudertonne auf der Wies'n, wo erlaubt ist, was gefällt, und durcheinanderpurzelt, und wo man sich täppischer stellen darf, als man ist – nun, meine Lieben, das brauche ich euch ja nicht zu erzählen.

Zum Schluß ist uns noch das Teufelsrad geblieben: es ist ein glattpolierter Schleuderkreisel, ganz flach, man setzt sich auf die schräge Rundfläche, der Kreisel beginnt sich zu drehen, jeder sucht sich zu halten, notfalls durch einen listig-lustig-lüstigen Griff, der manchmal ein Mißgriff, meist aber ein Übergriff ist: die geringste Gewichtsverschiebung fegt einen herunter, an den Rand hinaus, wo sich, zu scheußlichen Klumpen geballt, kreischend die Besiegten ein Weilchen wälzen, bis das Rad wieder stillsteht und der nächste Schub an die Reihe kommt.

Nur einen Punkt gibt es, von dem aus man der Schleuderwirkung zu trotzen vermag, das ist die Mitte. Wer da geschickt sein Gewicht in der Waage hält und ein bißchen Glück hat, der kann sich im wildesten Schwung behaupten – und dieses Glück, dieses dreimal verwünschte Glück habe ich gehabt. Alle waren herabgefegt, nur ich saß, zu meinem eignen Erstaunen, noch obenauf wie der Kopf auf dem Kirchturm. Es sauste und brauste, mir schwamm es vor den Augen, ich hörte, durch Schwaden von Übelkeit und stoßweisen Verlust des Bewußtseins das anfeuernde Jubelgebrüll der Menge, ich sah, in einem Schwirren von Farben und Formen, auftauchend und wieder weggewischt, den

Feuerblick Konstanzes starr auf mich geheftet – dann drehte sich alles wie in einem Zauberkristall.
Schwindelnd saß ich, bog ich mich, duckte mich, krallte mich fest. Durchhalten! schrie es um mich, in mir – mein Hirn war leer, meine letzten Gedanken klatschten wirbelnd an die Wände. Nur mein Magen stieg in den Hals herauf, ich mußte ihn mit Gewalt immer wieder hinunterschlucken.
Zuletzt kam, unter dem tobenden Geheul der Zuschauer, der Sandsack. Er ist die letzte Waffe des Unternehmers gegen programmwidrige Dauerfahrgäste. Er wird von oben auf den Kopf gezielt – wer den Kopf wegtut, verliert unweigerlich das Gleichgewicht und wird von der Fliehkraft des Rades erfaßt. Dröhnend schlug mir der Sack ins Genick, einmal, zweimal, dreimal – ich hielt aus, das Rad stand still, der Unternehmer gab sich geschlagen, er überreichte mir einen großen Teddybären, ich war Sieger.
Der König Pyrrhus, seinerseits, ist, mit mir verglichen, in einer beneidenswerten Lage gewesen. »Noch ein solcher Sieg«, hat er damals gesagt, »und ich bin verloren.« Ich aber brauchte auf keinen weiteren Sieg mehr zu warten: ich *war* bereits verloren! Oh, hätte mich doch der erste Schwung hinweggerafft! Am sanften Busen Konstanzes wäre ich noch ein paar Runden dahingetrieben, leidlich munter hätte ich die Teufelsbude verlassen, und wer weiß, welch glückhafte Wiesenabenteuer mich und meine Holde noch erwartet hätten!
So aber winkte ich, stolperte, taumelte ich hinaus, glasigen Blicks, ins Musik- und Lichtmeer der Wiesenstadt. Ich hatte den Rechtsdrall und tappte im Kreis herum – »Wo willst du denn hin?« fragte mich das Mädchen, aber ich wußte es selbst nicht. Die Hendl- und Steckerlfischgerüche würgten mich. Aber ich war viel zu krank,

als daß mir noch ehrlich hätte schlecht werden können. Dumpfe Uh-Laute entrangen sich meiner Brust, soweit mein verwüstetes Innere überhaupt noch diesen Namen verdiente. In lichteren Augenblicken schimpfte ich mich selbst den heillosesten Narren, den die Erde, oder wenigstens das Teufelsrad, je getragen. Dann stieg wieder in Blasen alles herauf, ich schnappte nach Luft, das Gehirn kreiselte davon, die bunte Welt hob und senkte sich, »hoher Seegang« meckerte mich einer an, »Schlagseite« grinste ein zweiter. Ich steuerte wirklich mit letzter Kraft dem Ausgang zu.
Sterben hätte ich mögen, es wäre mir gleichgültig gewesen, wenn mich einer für den Lukas gehalten und mir den Holzschlegel auf den Kopf gehauen hätte. Unter Drangabe meines Siegespreises, des großen Teddybären, verabschiedete ich mich von meiner Wiesenbraut, die nach kurzen und herzlosen Mitleids- oder vielmehr Verachtungsäußerungen unverzüglich am Arm eines wieder aufgetauchten Bekannten den nächsten Toboggan erkletterte. Ich aber marschierte heim. Unsicheren, aber doch ausdauernden Schritts, Straße um Straße; keiner Trambahn, keinem Taxi hätte ich mich anzuvertrauen gewagt, denn von Zeit zu Zeit mußte ich stehenbleiben, von wilden Wellen überstürzt. Und wovon ich die Nacht und noch die nächsten zwei Nächte geträumt habe, könnt ihr euch denken: *nur* von meinem Siege!

VERGESSLICHKEIT

Niemanden freut es, wenn er bemerken muß, daß ihn ein sicher geglaubter alter Freund nicht mehr recht erkennt, oder gar ihm offen erklärt, er wisse nicht recht, wo er ihn hintun müsse.

Der Doktor Georg Hirth empfahl für solche Fälle, zur Entschärfung aller Peinlichkeit, sich mit der Selbstanklage zu verabschieden: »Drei Dinge kann ich mir gar nicht mehr merken: keine Namen, keine Zahlen – und das dritte habe ich jetzt auch vergessen!«
In heiterer Herzlichkeit ist, wenn auch nur bis zum nächstenmal, die Leitung wieder geflickt. Wehe aber, wenn die Verkalkung wirklich zu weit fortgeschritten ist! Ein alter Herr, willens, das probate Wundermittel anzuwenden, begann richtig mit treuherziger Pfiffigkeit: »Drei Sachen kann ich mir gar nicht mehr merken: keine Namen, keine Zahlen ...«, aber kläglich schloß er, nach einer vermeintlichen Kunstpause, »jetzt bringe ich den Witz auch nicht mehr zusammen!«

Der Bergführer

Mitunter ist eine Unverfrorenheit gar keine, wenn man näher hinschaut: In Berchtesgaden, ein Bergführer – mein Vater hat's mir erzählt, ob's auch er aus zweitem Mund hat oder gar aus drittem, weiß ich nicht – der Bergführer also hat einen Herrn auf den Watzmann begleitet, keine schwierige Tour; und wie ihn der Herr am Unterkunftshaus ablohnt, mehr eine Hütte war's damals noch, um die Jahrhundertwende, kein Hotel, wie jetzt, da gibt er ihm in seiner Freude ein funkelnagelneues goldnes Zehnmarkstück, viel, viel mehr, als der Führer hätte erwarten oder gar verlangen dürfen. Der Mann grinste übers ganze Gesicht, aber plötzlich bleibt er stehen und schaut zum Abschied den Herrn schier traurig-bittend an. Der fragt, die Türklinke schon in der Hand, ziemlich streng über die Schulter, ob das nicht genug sei. »Naa, naa, eher z'viel!« beschwichtigt ihn der Führer, aber treuherzig setzt er hinzu:

»Wenn S' mir halt noch a Maß zahln täten, damit i des Goldstückl net anreißen muß!«

Hüttengeschichte

Ich bin einmal in aller Hergottsfrüh von der Taxer Hütte aufgebrochen, um die Südkante des Törlkopfs zu besteigen; bis Mittag hab' ich leicht wieder zurück sein können, und drum hab' ich mir was Gutes bestellen wollen und hab' die Wirtin gefragt, was es gibt: Einen Schweinsbraten mit Kartoffelsalat, sagt sie freundlich, und ich schrei gleich Huhu und sag', sie soll mir bestimmt eine Portion aufheben, weil das meine Leibspeis' ist. Aber sie wiegt bedenklich den Kopf und meint, da müßte sie schon zuerst wissen, wo ich hinwollte. Auf die Südkante, sag ich verwundert; aber da schüttelt sie auch schon die Hand und erklärt barsch, nein, da werde nichts aufgehoben, da könnte einer zu leicht herunterfallen, und sie stünde dann da mit ihrem Schweinsbraten!

Stein vom Herzen

Wenn ich auf Lesereise unterwegs bin, weiß eigentlich nur meine Frau, wo ich an dem oder dem Tag erreicht werden kann. Und so erwarte ich denn auch keinerlei Nachrichten, bis ich, nach einer Woche oder mehr, wieder daheim bin. In einer rheinischen Stadt war ich eben im Begriff, gesammelten Geistes und angespannter Nerven, vor meine Hörer zu treten – erst wenn ich sitze und zu sprechen beginne, weicht die Aufregung von mir –, da stürzt der Veranstalter auf mich zu, schrekkensbleich, vermutlich in letzter Minute um seinen

Abend bangend: »Ein Telegramm für Sie!« Mir wanken die Knie, das kann nur eine Hiobsbotschaft sein, von zuhause! Ich reiße das Telegramm auf, starre auf den Text – und der sprichwörtliche Stein fällt mir vom wild klopfenden Herzen: »Wünschen Sie Tisch oder Pult?« steht da – der Leiter des morgigen Vortrages, überbeflissen, hat offenbar durch eine Reihe von Ferngesprächen meinen Aufenthalt ausgekundschaftet, um mir diese wichtige Frage zu stellen, die ich ihm noch anderntags rechtzeitig hätte beantworten können.

Der Harmlose

Daß sich die Altbayern, wenn's drauf ankommt, dümmer stellen können, als sie sind, das ist nichts Neues; aber die dreisteste Geschichte hat mir einmal ein Assessor von Traunstein erzählt.
Da wird ein Fischerknecht vom Chiemsee ins Gericht eingeliefert, der unter dem Verdacht, einen Kameraden umgebracht zu haben, verhaftet worden ist. »So«, sagt der Untersuchungsrichter, »jetzt erzählen Sie einmal den ganzen Hergang!« – »Herr Amtsrichter«, sagt der Bursche treuherzig, »die Sach' ist so g'wesen: Der Jackl und i, mir haben miteinander ein Madl gern g'sehn. Und da samma neulich amal miteinander, der Jackl und i, übern See ummi gfahrn – und da hab eahm i an Renner gebn. Und i hab mir selber scho denkt, es wird eahm do' nix zugestoss'n sei, weil i'n seit dera Zeit nimmer gsehn hab'.«

Ein Erinnerungsblatt

So nobel werde ich die Weinstraße wohl nicht mehr befahren, wie damals, vor fast vierzig Jahren, kurz vor der »Machtergreifung«. Die Rheinpfalz war noch bayerisch, und es fand so was wie ein Staatsbesuch aus München statt, an dem ich als Vertreter der »Münchner Neuesten Nachrichten« teilnahm. Höchst vornehm saß ich als »dritter Mann« – den Schofför nicht mitgerechnet – mit dem Innenminister Doktor Stützel und dem Justizminister Doktor Gürtner im Wagen, das Wetter war prächtig, die Landschaft bezaubernd, und unsere Gespräche waren, fernab jeder Politik, heiter und gemütlich.
Gleichwohl bleibt das Goethewort wahr, daß nichts schwerer zu ertragen ist, als eine Reihe von guten Tagen. Anstrengend waren sie, diese Tage, wo wir schon am hellichten Vormittag bei einem Geheimen Landesökonomierat vorfuhren, der uns zuerst ein Eigengewächs vorsetzte, einen halben Liter im dort üblichen Schoppenglas, und dann keine Ruhe gab, bis wir nicht auch den Besten kosteten, den er im Keller hatte, einen Forster, Deidesheimer oder Ruppertsberger.
Mittags war dann ein Festbankett, den Dämmerschoppen tranken wir bei einer Winzergenossenschaft, und abends gab es, zum Beispiel im Weinmuseum in Speyer, eine Weinprobe, die sich bis Mitternacht ausdehnte. Wenn auch die berühmten Pfälzer Bratwürste ein unübertrefflicher Magentrost sind – das alles wollte getrunken und vertragen sein, das »mauern«, nippen und ablehnen half bei so trinkfesten Gastgebern auch wenig, und daß ich's nur gestehe, drei, vier Tage lang kam ich aus einem bedenklichen »Spitzel« nicht heraus, und wie ich überhaupt als Berichterstatter eine Zeile schreiben oder einen vernünftigen Satz telefonieren konnte, ist mir heut noch ein Rätsel.

München gilt als eine Bierstadt, aber als ein inzwischen Weitgereister – durch meine Vorlesungen kam ich in viele Städte und Gaue Deutschlands – darf ich behaupten, daß wir Münchner auch vom Wein mehr verstehen, als man gemeinhin glaubt; und neben »Hopfen und Malz!« gilt auch der Spruch: »Bayern und Pfalz!« immer noch viel bei uns. Wer's nicht wahrhaben möchte, braucht nur in die Pfälzer Weinstuben in der Residenz zu gehen, oder gar an einer Sitzung erfahrener Weinbeißer teilzunehmen, die einen Oberhaardter von einem Unter-, ja selbst Mittelhaardter freiweg unterscheiden können. Mit der weltberühmten Weinkarte des Ratskellers in Bremen können wir uns nicht messen, aber so einfach wie anderswo (wo, verrate ich aus Höflichkeit nicht, es geht oft bis dicht an die Weinberge heran!) hat es der Herr Ober in München nicht, daß er nur zu fragen braucht: »Rot oder weiß?!« – wir in München wollen schon genauer wissen, was wir trinken – selbst wenn man's manchmal nicht so genau weiß.
Jedenfalls, auch meine Herren Minister waren ein Herz und eine Seele, wenn es um das Lob eines besonders guten Tropfens ging. Aber an dem Spruch »in vino veritas« muß ich seit jener unvergeßlichen Weinreise doch zweifeln. Denn nicht viele Monate später ließ der (weiterhin zum Reichsjustizminister gewordne) Doktor Gürtner seinen standhaften Kollegen Doktor Stützel aus dem Bett prügeln und ins Gefängnis abführen, als hätte er nie mit ihm, wess' ich ja Zeuge war, so manches Glas auch auf sein Wohl getrunken.

PEINLICHE VERWECHSLUNGEN

Ein Opfer von Verwechslungen zu werden ist, wie schon das Wort Opfer andeutet, keine angenehme Sache. Selbst wenn wir, als der vermeintliche Geliebte, in der Dämmerung einen Überraschungskuß bekommen, ist es mehr peinlich als beglückend, und wenn ein Schalterbeamter, wohlwollend zerstreut, tausend Mark vor uns hinblättert, die erst dem Herrn hinter uns zustehen, ist es schier demütigend, ihn auf den Irrtum hinzuweisen.

Aber es gibt ernstere, ja gefährlichere Fälle. Als man noch Spazierstöcke trug, vor einem Menschenalter, stieg ich, ein junger Mann, mit einem solchen bewaffnet, ahnungslos in eine Straßenbahn; bewaffnet ist hier keine schal gewordene Redensart: mein Stock war eine Keule, silbertauschiertes Hartholz, ein Geschenk meiner russischen Tante, in Tula als Massenartikel hergestellt, in München freilich selten zu sehen.

Kaum, daß ich saß, stürzte eine aufgeregt kreischende alte Dame auf mich los, griff nach dem Stock und schrie gellend durch den voll besetzten Wagen, triumphierend, endlich habe sie den Dieb erwischt, der den Stock ihres Bruders gestohlen habe. Wir wollen uns nicht lange aufhalten, eine harmlose Geschichte, so ähnlich gewiß manchem Leser auch schon zugestoßen, mit Massenware, die sich ähnlich sieht wie ein Ei dem andern.

Aber kurz nach dem zweiten Krieg, das war schon abscheulicher: Wieder in der Straßenbahn, der rumpelnden, überfüllten, stinkenden; Mensch an Mensch gepreßt und ich ausgerechnet gegen einen schmutzigen, hohlwangigen, zahnfäuligen Kerl gedrückt, der seine stechenden Augen unverschämt in mich bohrte und plötzlich losplärrte, er, an meiner Stelle, würde sich nicht mehr unter die Leute trauen, als ein Schinder und Mörder, den man auf der Stelle aufhängen müsse.

Es waren üble, bösartige Zeiten damals, sie sind heute denen schwer zu erklären, die sie nicht mitgemacht haben. Die Mitfahrer, trotz der qualvollen Enge, rückten von mir ab, ein paar Männer nahmen eine drohende Haltung gegen mich ein, gleich würde der erste Schlag fallen – noch lächelte ich krampfhaft, versuchte, meine Wut, meinen Schrecken verbergend, mit bebender Stimme dem Manne wie den Umstehenden zu erklären, daß hier ein verhängnisvoller Irrtum im Spiele sei – aber der Rasende überschrie mich: nichts von einem Irrtum, er kenne mich genau, schließlich habe er jahrelang Zeit gehabt dazu, im Kazett in Dachau, wo ich Kapo gewesen sei und einer der gemeinsten. Und es helfe mir nichts, daß ich mir den Schnurrbart abrasiert hätte.

Das mit dem Schnurrbart schien den Leuten auf eine infame Art einzuleuchten, sie wurden noch aufsässiger, meine Lage schien aussichtslos. Die sogenannten Gutgesinnten duckten die Köpfe oder starrten angespannt aus dem Fenster, was ging sie die Gaudi an, jeden Tag gab's solche Scherereien, heim wollten sie, sonst nichts. Die Bösen aber, und deren gab's viele – längst sind sie wieder gesittete Fahrgäste geworden, aber morgen schon wieder können sie Schimpfer und Schläger sein – die Bösen wollten es weitergetrieben sehen, bis aufs Blut; und schon schrie eine Stimme aus dem Hintergrund, man solle doch den verdammten Nazi hinausschmeißen.

Wenn ich je dankbar dafür war, ein stadtbekannter Münchner zu sein, dann war's in dieser Sekunde: ein Mann, mächtig wie ein Schrank, lüpfte sich von seinem Sitz. »Jessas, des is ja der Doktor Roth!« rief er mir fast fröhlich zu und wischte, wie beiläufig, meinen Peiniger zur Seite, um mir die riesige Hand zu reichen. »Hätt Eahna bald nimmer kennt!« sagte er gemüt-

lich, »samma halt a bissel mager worn. Und Sie«, pfauchte er den immer noch aufbegehrenden Kerl an, »Sie san jetzt stad, sonst kriagn Sie's mit mir z'toan.« Die Volksmeinung hatte sich rasch gewandelt, die giftigen Blicke galten nun meinem Verleumder, und eine alte Frau fand sogar den Mut, zu zetern, es sei eine Unverfrorenheit, einen anständigen Herrn so zu verdächtigen.
Trotzdem, bei der nächsten Haltestelle stiegen wir aus, mein unbekannter Retter, weil er sein Fahrziel erreicht hatte, ich, weil es mir doch noch unbehaglich war, mit dem üblen Burschen weiterzufahren. Er konnte ja, haßerfüllt, wie er war, mir an der Endstation auflauern und schwerlich würde ich ein zweitesmal einen so gewichtigen Zeugen meiner Unschuld finden.
»Des hätt saudumm 'nausgehn könna«, sagte mein Retter zum Abschied, »a so a Sauhund, wenn si' in oan verbeißt, den schüttelt ma' so leicht net ab – und Sie schon gar net« – wobei er einen abschätzigen Blick auf meine schmächtige Figur warf.
Auf dem langen Heimweg zu Fuß begriff ich erst schaudernd, welcher Gefahr ich entronnen war.

Ein Schicksal

Der Doktor Grauert, Sie kennen ihn, er ist einmal der lustige Doktor Grauert gewesen, wie wir noch in seligen Zeiten beim Weinwirt Neuner beisammengesessen sind jeden Donnerstag, der hat sich vergiftet, mitsamt seiner Frau. Er hat es oft schon vorgehabt, aber dann hat er sich immer wieder erfangen und hat gemeint, er müßt das Dritte Reich noch überleben. Und jetzt hat er sich umgebracht, und es ist eigentlich nur ein verhängnisvoller Irrtum gewesen, dem er zum Opfer gefallen ist.

Seine Frau ist eine Jüdin; da wissen Sie ohnehin, was er in all den Jahren mitgemacht hat. Vorladungen und Drohungen, Haussuchungen und Schchereien – aber er hat alles tapfer ausgehalten, im Grund hat er doch gern gelebt. Seine zwei Söhne sind in Amerika, da hat er gehofft, daß er auch einmal hinüber kann, wenn es soweit ist, und daß ihn dann die ganze Sache hier in Deutschland nichts mehr angeht.

Vor acht Tagen ist in seinem Blockhäusl in Grünwald eingebrochen worden. Und da kommt die Polizei zu ihm in die Wohnung, ganz sachlich und brav, um Erkundigungen einzuziehen. Wie er vom Fenster aus den Uniformierten aus dem Wagen steigen sieht und hört, daß er bei ihm anläutet, da faßt ihn eine plötzliche Angst, ein Überdruß, er rennt zu seiner Frau hinüber und sagt, jetzt hat er genug, das macht er nicht mehr mit; denn er denkt nicht an den Einbruch, sondern meint nichts anderes, als daß er oder die Frau jetzt abgeholt wird und daß ihn neue, scheußliche Qualen erwarten. Und er ist halt schon ganz zermürbt gewesen von den vielen Aufregungen.

Und zieht das Gift aus der Tasche und fragt seine Frau, ob sie mitwill, und die sagt schaudernd: Ja! und sie trinken das Gift aus. Aber es wirkt schlecht, und der Polizist findet sie noch lebend und begreift natürlich nicht, was da los ist.

Der Mann ist nach ein paar Stunden gestorben, aber die Frau, die Jüdin, ist – gerettet worden. Ich brauche Ihnen weiter nichts zu sagen, aber das sind Schicksale, eines von Tausenden, wie sie jetzt gang und gäbe geworden sind auf dieser grausamen und wunderlichen Welt...

Das grüne Tischlein

Wer mir die Geschichte erzählt hat, weiß ich nicht mehr, wir wollen aber hoffen, daß sie lang genug zurückliegt, um keinen Lebendigen mehr weh zu tun. Es ist keine Geschichte vom grünen Tisch schlechthin, wie er zur Redensart geworden ist, sondern von einem allerliebsten, apfelgrünen Rokokotischlein, einer ganz außerordentlichen Schreinerarbeit, an der jedermann seine Freude haben konnte, auch der Staatsminister Wimmer, dem das reizende Möbel aus den Beständen der ehemaligen Hofhaltung zur Verfügung gestellt worden war, dergestalt, daß es nun schon seit einiger Zeit eine Zierde seines Vorzimmers bildete.

Der Minister, aus einfachen Verhältnissen kommend, verstand von der höheren Kunst nicht viel, aber schließlich wollte er sich keine Blöße geben; und als nun der und jener seiner Bekannten ihn drängte, er sollte doch das Tischlein, damit es besser zu den weißen Stühlen passe, auch weiß überstreichen lassen, wandte er sich an den Museumskonservator Doktor Haberl, der es geliefert hatte, um ein fachmännisches Urteil, ob eine solche Übermalung den Kunstwert des erlesenen Möbels beeinträchtige. Doktor Haberl, längst auf die zur Zeit unbesetzte Stelle als Museumsleiter erpicht, hörte mit feinem Ohr den heimlichen Wunsch des Herrn Staatsministers heraus und versicherte sofort in liebedienerischer Beflissenheit, daß vom kunsthistorischen Standpunkt aus gegen eine solche Verwandlung des grünen Tischleins in ein weißes nicht das geringste einzuwenden sei. Worauf der Minister unbesorgt das Weitere veranlaßte und das erlesene Möbel mit einer dicken und dauerhaften weißen Kruste versehen ließ.

Ein Staatsminister ist gut, ein Reichsminister noch besser. Ein solcher, nennen wir ihn Mausgraber, und es

gab ja so viele seinerzeit, daß niemand sich betroffen fühlen muß, hatte auch Vorzimmerschmerzen und wandte sich an den gefälligen Doktor Haberl. Er verstand vielleicht nicht viel vom Reichsregieren, aber von der Kunst verstand er etwas, und so ersuchte er den Konservator um nichts Geringeres als um einen der berühmten Wandteppiche, die dieser in Verwahrung hatte. Doktor Haberl machte sein Gewissen so weit, als es nur irgend anging und ließ dem Herrn Reichsminister das kostbare Stück postwendend zugehen, nicht ohne deutlich auf die unbesetzte Stelle hinzuweisen und zu verstehen zu geben, daß eine Liebe der andern wert sei. Die Sache klappte vorzüglich, der Reichsminister setzte sich umgehend mit dem Staatsminister ins Benehmen, den er von früher persönlich gut kannte. Alsbald sickerte es durch, daß an einer Ernennung des Doktor Haberl zum Museumsleiter nicht zu zweifeln sei.
Um ein übriges zu tun, sprach der Reichsminister, als er ohnehin auf der Ferienreise durch München kam, beim Herrn Staatsminister vor, und die Sache wurde so gut wie abgemacht. Im Hinausgehen sah der Reichsninister das verschandelte Tischlein im Vorzimmer stehen, und da er, wie gesagt, ein großer Kunstfreund war, der nicht leicht was Schönes vergißt, was er einmal ins Auge gefaßt hat, fragte er bestürzt, ob das am Ende das entzückende Tischlein sein sollte, das in seiner ursprünglichen grünen Bemalung so unschätzbar und selten gewesen sei, und wer denn zu solch einer Barbarei die Hand geboten habe.
Der Staatsminister, ärgerlich genug, mußte zugeben, jawohl, dies sei das Tischlein, erwähnte jedoch den unglücklichen Doktor Haberl mit keinem Worte. Kaum aber, daß ihn der Reichsminister verlassen hatte, rief er seinen Sachbearbeiter und befahl ihm, mit sofortiger

Wirkung den Doktor Haberl wegen Umgehung des Dienstweges in die Provinz strafzuversetzen.

Der von solchem Unheil Betroffene saß ahnungslos mit seiner Frau beim Frühstück und stellte die herzerfreuendsten Erwägungen an, was er, ein so gut wie schon ernannter Museumsleiter, als nächsten Schritt zum Generaldirektor zu tun habe; die Frau, die Morgenausgabe überfliegend, rief freudig, da stehe es ja schon in der Zeitung – und ließ, wie von einer Wespe gestochen, mit einem Wehlaut das Blatt sinken. Um so öfter las Doktor Haberl selbst die Nachricht, seinen Augen nicht trauend, fassungslos, mit wackelndem Kopfe.

Dies ist und will nicht mehr sein als eine wahre Geschichte, die dartut, wie leicht ein Mensch unterwegs verunglücken kann und daß selbst wehrlos scheinende Dinge sich zu rächen vermögen an einem, der ihren inneren Adel aufopfert für schnöde Streberei.

SAMMELSURIUM

Eines der schönsten Aquarelle von Wilhelm Kobell ist, ganz nahe an mir vorbei, in die Hände des Doktor Geyer gefallen: mein Bruder Hermann war Altertumshändler, von Bildern oder gar von Blättern hat er nichts verstanden. Aber den Kobell, der ihm angeboten wurde, den hat er gekauft, so billig muß der gewesen sein und so bezaubernd, daß auch ein Laie den Handel wagen konnte. Vielleicht, ja ganz gewiß hatte der Bruder ihn mir zugedacht, dem Sammler, mit kleinem Gewinn, wie es eben Brauch ist unter Brüdern.

Das war im April dreiunddreißig und ich kam heim mit der Meldung, daß ich fristlos entlassen sei, an die Luft gesetzt binnen einer Stunde, ohne die kleinste Hoffnung, als ein Verfemter irgendwo ein Stück Brot zu verdienen.

Mein Bruder glaubte, das rechte zu tun: er zeigte mir, dem jäh Verarmten, den Kobell gar nicht, er trug ihn zum Doktor Geyer, der ihn mit Freuden nahm um hundert Mark oder etwas mehr. Ich hätte das Blatt, meinem Sturze zum Trotz, sofort erworben, hätte ein Dutzend geringerer Blätter abgestoßen, um es zu behalten oder, wenn ich es schon hätte verkaufen müssen, vom Erlös zwei Monate leben können.

Enttäuschungen

An einem verregneten Augustsonntag ist auch ein Mensch und Christ auf den Himmel nicht gut zu sprechen; die Nerven lassen aus. Eine wildfremde Frau rief mich an, sie habe gehört, ich sei ein Fachmann für Spitzenbilder, sie verstehe nichts davon, habe jedoch eine größere Zahl von Heiligenbildern erworben, ob sie mir die zeigen dürfe. Natürlich, bitte sehr, sofort.
Ich bekam, eine Stunde später, einen Klebeband zu sehen, prall gefüllt mit den wunderbarsten, unglaubwürdigsten, märchenhaftesten – lieber Leser, setze getrost diese abgegriffenen Beiwörter fort! – Pergamentblättchen. Was ich in dreißig mühseligen Sammlerjahren nicht entdeckt hatte, ein blindes Huhn, was sag' ich, eine Gans hatte es gefunden, in Südtirol, just dort, wo ich oft schon, vergebens, herumgespirscht hatte. Eine uralte Dame war der Ahnungslosen verraten worden, um ein Spottgeld hatte sie der Zögernden den Band abgelassen; die wußte auch jetzt nicht, was für einen Fang sie gemacht hatte.
Ich vergilbte vor Neid, ich haderte mit dem Schicksal, ich stürzte mich in das Schwert meiner Verzweiflung. Am Montag früh, nach einer schlecht verschlafenen Nacht, war schönes Wetter, die Post brachte einen Brief,

von einer unbekannten Gräfin, sicher wollte die nur ein Autogramm – aber nein: sie sei nun sehr alt, schrieb sie, ihr Leben lang habe sie Heiligenbildchen aller Art gesammelt, jetzt suche sie eine Heimat für diese kleinen Kostbarkeiten, nicht verkaufen, verschenken wolle sie alles, nur daß sie getrost sterben könne im Bewußtsein, daß dieser Schatz gut aufgehoben sei.

Ich haderte mit dem Himmel nicht mehr, ich schämte mich, es je getan zu haben, gestern erst besonders heftig; ich pries die wunderbaren Wege der Vorsehung – eine alte Gräfin, die ihr Leben lang gesammelt hatte, das mußte ja eine unschätzbare Gabe sein! In freudiger Zuversicht, den oft gerechtfertigten Argwohn unterdrückend im Jubel des beinah schon sicheren Besitzes, in Träumen schwelgend, fieberte ich der nahen Erfüllung entgegen. Gütiger Himmel, der mir hundertfältig das bringen wollte, was er mir vorbehalten zu haben schien!

Du fürchtest mit mir, geliebter Leser, daß die Sendung nie kam, daß die Gräfin gestorben war, ehe sie das Füllhorn auf mich ausgeschüttet hatte, daß ein frommer Pater dazwischen seine Klauen gebracht hatte, in letzter Stunde – nein, das Paket kam!! Der Himmel kann nicht heiterer sein als mein Gemüt beim Öffnen des Päckchens – aber auch ein Blitz nicht niederschmetternder, als der erste Blick, den ich auf den scheußlichen Schund warf.

Fehlleistung

Der Festredner hat, mühsam genug, seinen Text zur *Ein*weihung des Kriegerdenkmals gelernt, das am Sonntag *ent*hüllt werden soll. Mit scheußlichem Lampenfieber entledigt er sich seiner schweren Aufgabe und gibt sich bereits der Hoffnung hin, daß ihm seine Ansprache nicht übel gelungen sei. Nur kann er sich nicht erklären, warum unter den hochverehrten Zuhörern immer wieder Unruhe, ja sogar schlecht unterdrücktes Lachen ausgebrochen ist – bis ihm hernach ein guter Freund mitteilt, daß er beharrlich von einer *Denkmalsentweihung* gesprochen hat.

Vergeblich

Meine Schwiegereltern und mein Schwager waren brave Leute, aber gutgläubige Gefolgsleute des Führers; auf den ließen sie nichts kommen. Was auch gegen ihn sprach, galt ihnen als ausgemachte Lüge, im »Völkischen Beobachter« stand nichts davon. Und die letzte Zuflucht war immer, daß der Unfehlbare, wenn er's nur wüßte, wie ein Erzengel dreinschlagen würde.
In dieser Umwelt lebte eine halbgelähmte Tante, die ganz anderer Meinung war, die sich aber schon um des häuslichen Friedens willen bemühte, sich anzupassen. Es kamen die verhältnismäßig ruhigeren Jahre, mit dem Glanz der Olympischen Spiele; aber die trügerische Stille währte nicht lange. Und so entfuhr der gequälten Tante der Stoßseufzer: »Kaum mag man ihn ein bissel, schon ist's wieder nichts!«

UND SEITHER...

Beinah ein Abenteuer

Krieg war's, Winter war's, die Finsternis noch verdunkelt, die Kälte unbeheizt, zwanzig Grad mochte es gehabt haben. Ich hatte in der Universitätsstadt gelesen, es wurde noch eine schöne, eine herzhafte, weingesellige Nacht im kleinen Kreise, dann, gegen zwei Uhr früh, brachten mich die fremden, soeben erst gewonnenen Freunde in mein Hotel. Im Stockdunkeln hatten sie mich in den Vortragssaal geführt, ins Licht, in die Menschenmenge, im Stockdunkeln auch irgendwohin verschleppt, in eine behagliche Behausung, und jetzt, in beißender Kälte, in eisiger Stille, begleiteten sie mich »nachhause« – ich hatte keine Ahnung, durch welche Gassen der alten, frostklirrenden, menschenleeren Stadt. Wir kamen in dem Gasthof zur Krone an, es war, wie man so sagt, das erste Haus am Platze, einer der Gefährten drückte auf die Nachtglocke, es grellte scharf durch das ungeheure, das tote Schweigen der Straße, dann huschte ein Lichtschimmer aus der Tiefe des Hauses – der Abschied war kurz, wir froren alle, nicht mehr ganz nüchtern ohnehin; Händedrücke, herzlichen Dank, gute Reise, die Rufe, Schritte verhallten, wie verzaubert, so schnell, verschwanden die Begleiter um die Ecken.
Ich stand, guter Dinge noch, auf der Straße, die still war, wie mit angehaltenem Atem, abweisend, verschlossen, schlafend, nein – tot; die ganze Stadt eine starre Leiche, schneelos, pflasterhart, eiskalt – aber meiner harrte ein warmes Bett; hinter der Tür, keine drei Schritte weit, aber Zeit wirds jetzt, daß der Hausknecht kommt und aufsperrt.
Ich bin auf und ab gestapft, frierend, Eis bis zum Leib

herauf, jetzt steh' ich und horche: kein Schlurfen, kein Poltern – lähmende Stille. Auch das mit dem Licht muß eine Täuschung gewesen sein. Finsternis, schwarzgrauer Hauch der Nacht. Nichts, nichts. Ein Uhrenschlag: vier hellere Klänge, zwei dunkle.
Ich läute noch einmal. Fern schrillt es wieder. Die Glocke also ist in Ordnung. Ich warte; es sind ja auch wohl erst fünf, sieben Minuten vergangen: kein Grund zur Beunruhigung.
Auf und ab, auf und ab. Ich friere erbärmlich. Nacht, nur Nacht. Und grimmige Kälte. Sprachlose Mauern, kein Laut, kein Licht, kein Stern, kein Mensch.
Ich drücke, mit schon pelziger Hand, ein zweitesmal auf die Klingel, lang, kurz, lang. Ich lausche, es gellt durchs Haus, aber nichts sonst, nichts rührt sich.
Ich überlege, was ich tun soll. Eine ebenso lächerliche wie peinliche Lage. Gefährlich? Natürlich nicht. Ich stehe ja noch fest auf den Beinen, ich bin nicht hungrig, was kann mir viel geschehen.
Aber auch: was kann ich tun? Wo meine Begleiter wohnen, ahne ich nicht. Wo der Bahnhof ist, vielleicht die einzige Stelle, wo ich einen Menschen träfe, weiß ich auch nicht. Soll ich laut schreien, um Hilfe gar? Es wäre anmaßend gewesen; schämen hätte ich mich müssen, Leute aus dem Schlaf geweckt zu haben, fremde Leute, nur weil ein Hausknecht taub war oder pflichtvergessen; wer weiß, man hatte das Fehlen des einen, späten Gastes gar nicht bemerkt, wähnte ihn längst in den Federn und durfte sich darum selber aufs Ohr legen, ohne mit dem andern zu horchen, in unruhigem Halbschlummer ...
Nachsichtig war ich noch, eine Viertelstunde nach dem ersten Klingeln, aber dann drückte ich doch zornig wieder auf den Knopf, das Notsignal der Bergsteiger gab ich, sechsmal in gleichen Abständen.

Nichts rührte sich, geisterhaft, höhnisch war das Schweigen. Nun schimpfte ich doch, laut, ein Geschrei wurde es, ein Gebrüll – mit den Füßen schlug ich gegen die Tür, mir tat es weh, abgefroren waren sie, die Füße, aber die Tür war gefühllos, kaum, daß sie ein wenig schepperte, zwecklos war es, gegen sie zu wüten.
Nun war es eine halbe Stunde, daß ich so stand, oder hin und herging, drei Schritte links, drei Schritte rechts. Der Frost biß mir schon ins Gesicht, meine Hände waren klamm, nah am Weinen war ich. »So was Blödes!« sagte ich laut, »vor fünf Stunden noch unter Hunderten von Menschen, vor einer halben Stunde noch von Bekannten umringt und jetzt ...«, ich sprach's, ich dachte es nicht zu Ende.
Ich war entschlossen zum Marsch durch die gespenstische Stadt; zum Bahnhof, zu einer Polizeiwache vielleicht: mitten in einer großen Stadt mußte sich doch ein lebendiger Mensch auftreiben lassen, ein später Wanderer, ein Eisenbahner, der zum Dienst ging: also los!
Und im selben Augenblick sah ich wirklich ein Licht geistern, Schritte näherten sich der Tür, Schlüssel rasselten. Ein verschlafener Alter streckte den Kopf heraus: Er habe sich also doch nicht getäuscht, und ob ich schon vorher einmal geläutet hätte.
Beinahe wär' es ein Abenteuer geworden, es blieb eine ganz und gar harmlose Geschichte, wie es immer ist, wenn etwas noch gut ausgeht. Ich gab dem Hausknecht wortlos eine Mark, was hätte ich auch lang mit ihm hadern sollen, er reichte mir den Zimmerschlüssel. Müde zum Umfallen, vor Kälte schlotternd, kroch ich ins Bett, unter tausend Gedanken schmolz ich, auftauend, in den Schlaf.
Warum ich das kleine Erlebnis erzähle, damals, im Krieg, in einem strengen Winter, wo die Soldaten reihenweise erfroren in Rußlands Leichenwüstenei, ver-

steht vielleicht heute mancher nicht – wie sollte er's auch in einer so veränderten Welt?
Aber die Nutzanwendung mag jeder Leser wenigstens daraus ziehen, wie ich sie selber gezogen habe: daß ich mich von meinen Begleitern – und mögen sie's bei klirrendem Frost oder auch nur strömendem Regen noch so eilig haben – erst dann trenne, wenn ich der Obhut des Hauses, sei es Herberge oder Luxushotel, mich in aller Sicherheit übergeben sehe.

Wunderlicher Lesestoff

»Krieg und Frieden« von Tolstoi gehört zu den Büchern für die man viel Ruhe und freie Zeit braucht; aber schön gebundene Gesamtausgaben nimmt man nicht gern im Rucksack auf eine Hütte mit. Und so pries ich den glücklichen Zufall, der mich wenige Tage vor Antritt meines Urlaubs beim Antiquar zwei dicke Reclam-Bände finden ließ, die in schlechtem Gewand, aber spottbillig, den herrlichen Roman darboten. Hinein mit ihm in den Rückenbeutel zu Erbswurst und Selchfleisch, und heraus mit ihm, droben, auf der Alm, wo es keine Sünde gibt und wo darum auch das Geschichtenlesen am hellichten Werktag erlaubt ist.
Bald war ich in jener holden Leseglut, wie schon seit meinen Knabenjahren nicht, wo der Karl May noch unterm Christbaum verschlungen wurde. Aber was war das? Welch verhexte Leserei? Mitten im Satz brach der Text ab, und die nächsten Seiten grinsten mir voll baren Unsinns entgegen. Ein Teufelsbuch!
Bei näherer Betrachtung war aber auch der neue Text kein Unsinn, sondern schöner Weisheit voll. Daß ich's kurz mache: Die Bücher waren heillos verbunden und aus Bruchstücken von Tolstoi und – Pascal aufs an-

mutigste zusammengesetzt, hübsch abwechselnd Bogen um Bogen, aber beileibe nicht so, daß man nach dem Überblättern wieder auf die Fortsetzung gestoßen wäre: die war zweifellos in jenen unbekannten beiden anderen Bänden enthalten, die irgendwo in der Welt einem ähnlich verzweifelten Leser ihre Possen spielen mochten. Ich fühlte mich an die Geschichte des närrischen Dieners erinnert, der seinem Herrn ein ungleiches Paar Stiefel brachte und auf die ärgerliche Zurechtweisung die traurige Antwort gab, das andere Paar sei genau so!
Draußen wütete ein Schneesturm, drei kurze Tage und drei lange Nächte war ich meinem wunderlichen Lesestoff unbarmherzig ausgeliefert. Pascals Gedanken wurden zu Gedankensplittern, Tolstois mächtiger Erzählstrom stürzte ins Nichts und floß unterirdisch weiter. Ich habe mich dann bescheiden gelernt und bin doch noch ganz glücklich geworden. Ich war ja noch gut daran, verglichen mit jenem Mann, der im Ersten Weltkrieg in Rußland gefangen, in seiner Einsamkeit nichts hatte als einen Fetzen einer Wiener Zeitung, die er in drei Jahren auswendig lernte. So weit habe ich's nicht gebracht. Aber »Krieg und Frieden« habe ich, zurückgekehrt, umgehend in einem Zug gelesen – Pascal, ehrlich gesagt, nicht; obwohl er es durchaus verdient hätte ...

Treue Anhänger

Im Februar 1941, der trüb und kalt war, wurde ich auf eine lange und mühselige Lesereise gehetzt, vierzehn Tage kreuz und quer durch das dunkle Deutschland, von Heidelberg nach Kassel, von Leipzig nach Swinemünde. Herrliche alte Städte sah ich zum ersten-

und letztenmal, ehe sie in Trümmer sanken. In Würzburg vererbte mir ein eiliger Reisender kosten- und markenfrei sein bestelltes Mittagessen, aber, als es der Kellner endlich brachte, mußte auch ich es einem Nachfolger überlassen, weil mein Zug ausgerufen wurde.
Von Berlin aus sollte ich bei Langewiesche in Eberswalde lesen, bei dem rauschebärtigen Buchhändler, den ich oft hatte rühmen hören. Am Samstagabend mußte ich absagen, der Zug war eingestellt worden – also gut, am Sonntagvormittag! Wieder klappte es nicht: keine Verbindung! Wir einigten uns endlich auf den Sonntagabend. Der Zug fuhr, pünktlich sogar, in Berlin ab; er kam auch, kurz nach sieben Uhr, in Eberswalde an – aber zweihundert Meter vor dem Bahnhof blieb er stehen: keine Einfahrt! Die Kohlen, auf denen ich saß, kann ich gar nicht glühend genug schildern – die ungewisse Hoffnung, von Minute zu Minute, daß der Zug die kleine, aber entscheidende Strecke noch bewältigen werde, war das Schlimmste. Es wurde halb, dreiviertel acht Uhr, zehn, fünf Minuten vor acht Uhr: jetzt saßen die Hörer, soweit sie überhaupt zum drittenmal gekommen waren, erwartungsvoll im Saal. In letzter Verzweiflung tat ich, was ich gleich hätte tun sollen, – wenn ich's gewußt hätte: ich sprang unter den Warn- und Drohrufen der Mitreisenden tief hinunter auf die Gleise und lief, mit einem Koffer stolpernd, im Stockfinstern auf den nur ganz matt erleuchteten Bahnhof zu.
Natürlich setzte sich, kaum daß ich ihn überholt hatte, jetzt auch der Zug in Bewegung! Klappernd und schnaufend rollte er an mir vorbei, grade, daß ich noch zur Seite sprang. Der erste hatte ich sein wollen, nun war ich der letzte, der an die Sperre kam. Ohne Hoffnung hielt ich das verabredete Erkennungszeichen, das Buch »Ein Mensch«, in den schon abziehenden Strom der

Menge: acht Uhr war ja längst vorüber. Aber siehe da: ein junger Mann ergriff meinen Koffer, der Sohn Langewiesche; und im Laufschritt eilten wir durch die dunkle Stadt, eine Tür tat sich auf – und im hellen Licht saßen die Hörer und Hörerinnen, Kopf an Kopf und, noch mit fliegendem Atem, begann ich zu lesen.

Im Künstlerhaus

Das berühmte Künstlerhaus ist während des Dritten Reichs und fast bis zum Kriegsende, der Treffpunkt der Maler und Schriftsteller gewesen, unter der Schirmherrschaft der Gauleitung. Ich will nicht geradezu sagen, daß die Gaststätte ein von Spitzeln verseuchter Ort war, aber vor gefährlichen Nazis und mehr noch Nazissen hat man sich doch hüten müssen. Und sehen lassen sollte man sich doch, zum Beweis, daß man noch nicht eine beschattete »persona ingrata« war. Schließlich gab aber noch den Ausschlag, daß es einen Happen zu essen und ein Glas Wein zu trinken gab, als anderwärts nichts mehr zu holen war. Um es ehrlich zu sagen, wir Münchner Künstler haben da noch in schwerer Zeit manch leichte Stunde verlebt.

Natürlich lag überall der »Völkische Beobachter« auf, eines Mittags mit der balkendicken Schlagzeile: »USA kommunistisch durchseucht!« Mich alten, berufsmäßigen Wortspieler ritt der Teufel, ich überschmierte den ersten Buchstaben und zeigte meinen Witz: »SA ...«, noch lachend meiner Frau, mit der ich zum Glück allein am Tische saß. Erst an ihrem Schrecken merkte ich, was ich da angerichtet hatte und schleunig ließ ich das Blatt verschwinden.

Übrigens, weil mir's gerade einfällt: Das Künstlerhaus war natürlich auch eine Hochburg der Parteigeselligkeit. Der berüchtigte Fotograf Hoffmann, betrunken wie immer, stieß an einem gewissen Ort mit mir zusammen: »Dich kenn' ich schon!« rief er mich an, »du bist das Schwein, das die Verslein macht.« Hinterher, wenn einem vor Wut die Nase zittert, fallen einem die schlagendsten Antworten ein, aber im Augenblick hielt ich es für geratener, mich wortlos zu drücken. Rund dreißig Jahre früher, nach dem Abitur, hatte mich mein Vater zu dem kleinen Bildberichterstatter in die Amalienstraße geschickt, er hat zwei Aufnahmen von mir gemacht, die ich noch heute besitze als Beweis, wie unglaubwürdig anders ich damals ausgesehen habe. Aber so verändert wie der einst so bescheidene und lustige Fotograf habe ich mich nun doch nicht.

Kleine Geschichten

Der Landdoktor von Haching ist ein großer Bergfreund und fährt seit Jahren mit seinem Wagen hinter zur Schwarzbach-Alm. Dazu braucht man eine Genehmigung des Forstamts, die drei Mark kostet. Aber eines Tages ist das abgeschafft, man darf überhaupt nicht mehr auf diesem Sträßchen fahren; auch der Doktor hat sich vergebens um eine Sondererlaubnis bemüht, und wie er, verärgert, grad aus dem Forstamt tritt, läuft er dem Wachtmeister in die Arme und macht seinem Herzen Luft: zu Fuß könne er den weiten Weg nicht laufen! »Müssen S' halt doch hinterfahrn!«
»Ja, und Sie schreiben mich dann auf!«
»Freili, freili schreib i Eahna auf, wenn i Eahna erwisch – des kost' zwoa Mark, des muaß's Eahna doch wert sein! Der Herr Amtsrichter fahrt ja aa hinter und zahlt – is ja um a Markl billiger wie frühers!«

Der neue, noch jugendliche Pfarrer von Etzenhausen ist ein übermoderner Herr. Er hat es durchgesetzt, daß das Gotteshaus ohne Rücksicht auf altmodische Gefühle im allerjüngsten Stil christlicher Kunst ausgestattet worden ist. Nun fragt er einen ergrauten Bauern, wie ihm denn diese Verwandlung gefalle. Der Alte kratzt sich bedächtig den Kopf. »Wissen S', Herr Pfarrer, frühers, wenn ich in die Kirche kommen bin, da bin i auf die Knie g'fallen – jetzt fall' i auf'n Arsch!«

*

Mein Vater erzählt, wie er als junger Mann einen Bekannten durch die Stadt begleitet hat, wie sie in ein Gespräch gekommen sind, das abzubrechen ihnen schwergefallen ist. Da hat, vor einer Haustür, der Jüngling ihm den Vorschlag gemacht: »Warten S' halt zehn Minuten, ich muß hier bloß eine Stund' geben.«

*

Ein Münchner Arbeiter sitzt – es ist während des Zweiten Weltkriegs – in der überfüllten Straßenbahn; eine alte Jüdin steigt ein, den Davidstern an der Brust. Alle schauen betreten weg, aber der Arbeiter steht auf und bietet der Greisin gutmütig seinen Platz an: »Setz di' nur nieder, kloane Sternschnuppen!«

*

Der Alois hat die Monika sehr verehrt, aber sie hat dann einen Fescheren geheiratet, den Ferdl. Nach Jahr und Tag kommt sie zurück, ganz vergrämt und heruntergewirtschaftet. Der Alois schaut sie nur traurig an und sagt: »So hätt' i's aa no troffen!«

Im grünen Tal von Kreuth steht ein Wirtshaus an der Straße, kein gar großer Gasthof – und der Eingang ist nicht höher und breiter als eine gewöhnliche Haustür. Eines Sonntags sehen die Bauern, die hinein wollen, den alten Säufer und Spaßvogel Reiter-Wastl davor stehen, wie er mit seinem Stecken die Tür abmißt, umständlich und genau; und dazu ungläubig den Kopf schüttelt: »Ma sollt's net moana«, sagt er ein übers andermal, »daß durch so a kloans Loch a ganz's Bauerngütl geht!« Und die Leut lachen, sie wissen nicht recht, ob's Reue ist oder ob's bloß Faxen sind; aber wissen tut's ein jeder, daß der Wastl seinen kleinen Hof in diesem Wirtshaus vertrunken hat.

*

Ein spät heimkehrender Münchner stellt sich an eine dunkle Wand – und schon tupft ihn der Arm des Gesetzes auf die Schulter. »Sie! da is fein koa Pissoir!« Der Münchner läßt sich nicht stören, er dreht nur den Kopf halb um und brummt: »Aber herg'hörn tat oans!«

*

Wir sitzen, mit Gästen aus dem Norden, in einer Wirtschaft beim Mittagessen – und rühmen grade das goldne Herz der Münchner Kellnerinnen, da hören wir, von der Küche oder Theke her, ein schauerliches Röcheln; wir blicken uns erschrocken an, aber schnell fasse ich mich und sage: »Aha, das ist die Espressomaschine!?« – »Naa«, ruft die umfangreiche Hebe fröhlich, während sie vier Knödelsuppen kunstvoll auf den Tisch stellt, »naa, as letzte Bier ziahgt!« Und, schon wieder im Abgehen, schaut sie uns alle recht freundlich an und sagt: »So tean mir alle amal!«

Der Bischof von W., Sebastian, war ein freundlicher Mann von etwas bäuerischer Herkunft. »Ich bin einmal«, erzählte er uns, »auf eine Firmungsreise mit der Bahn gefahren, in Zivil, den ganzen Ornat hatte ich im Koffer. Die Mitreisenden hatten keine Ahnung, wer ich war. Kurz vor dem Ziel bin ich hinausgegangen, mit dem Koffer, auf einen gewissen Ort und habe mich umgezogen. Sie glauben nicht, was die Leute für Augen gemacht haben, wie ich wieder erschienen bin.«

Schwarzer Tee

Es war wieder einmal, nach dem zweiten Krieg, kein Stäubchen Tee im Haus, und wir hätten dringend einen gebraucht, schon weil die Kanne niemals kalt wurde vor lauter Besuchen, die sich die Tür in die Hand gaben, um Erkundigungen nach all den Verschollenen einzuziehen und die zerrissenen seelischen Leitungen wieder zu flicken.
Tee war auch weit und breit keiner zu riechen, wobei ich gern zugebe, daß ich keine Nase für so was habe; geradeswegs aus der Hölle, nämlich der bewußten Möhlstraße, wollte ich ja doch keinen holen. Aber einer unsrer Zwangsmieter, ein hohes Tier in der neuen bayrischen Regierung, verriet meiner Frau eine geheime Quelle, die von echtem Tee sprudle, wenn man nur das Zauberwort wisse; er sei dort recht gut bekannt, freilich nicht nach Rang und Namen, aber meine Frau brauche sich nur auf den Herrn mit der Pelzkappe zu berufen.
Nun, dachten wir, wenn ein untadeliger Befestiger unserer jungen Demokratie sich so versorgt, können wir's auch wagen, meine Frau machte sich klopfenden Herzens auf den Weg – der war nicht weit: sozusagen gleich

um die Ecke, in Gern, war die kleine, in ihrer Nachkriegsarmseligkeit unverdächtige Kramerei, meine Frau geht hinein, notfalls kann sie ja nach einer Schachtel Zündhölzer fragen, wenn die Luft nicht sauber sein sollte.
Es steht auch wirklich ein Mann vor der Ladenbudel, beinahe ein Herr, ziemlich gelangweilt, wie es scheint; und wie meine Frau hereinkommt und von der alten Frau, die bedient, begrüßt und nach ihrem Begehr gefragt wird, läßt er ihr höflich den Vortritt. »Ich hab' Zeit!« sagt er freundlich, mit einem ganz leisen Spott in der Stimme; und meine Frau denkt, aha, das wird so ein Schwarzhändler sein, der mit der Frau unter vier Augen was ausmachen und die eilige Kundin rasch loswerden will.
Sie geht also ganz nah zu der Kramerin hin und sagt, so beiläufig es ihr gelingt, sie solle einen schönen Gruß von dem Herrn mit der Pelzkappe ausrichten. Das freute die Alte sichtlich, und auch sie bat, dem Herrn ihre besten Empfehlungen zu übermitteln und ihn obendrein zu seiner Beförderung zu beglückwünschen. Meine Frau erschrak nicht wenig, als sie sah, daß ihr Gewährsmann zu viel auf seine Kappe genommen hatte; längst mußte die Kramerin Nam' und Art ihres geheimen Kunden erschnüffelt haben; und auch auf die Frage, was sie wünsche, kann sie nur leise hauchen: »Tee!«
Die Alte ist von diesem Ansinnen gar nicht überrascht, laut und klar fragt sie zurück, Tee, freilich, und ob's ein Pfefferminz oder ein Kamillentee sein soll? Und da im gleichen Augenblick der bisher so unbeteiligte Mann wie zufällig näher tritt, kriegt's meine Frau mit der Angst zu tun – wenn sie nur schon wieder draußen wäre! –, und sie sagt, als ob sie nie an was andres gedacht hätte, sie wolle lieber einen Pfefferminztee.
Die Kramerin nickt nur und geht in das Kabäuschen,

um das Gewünschte oder vielmehr Verwünschte zu holen. Da tritt der Mann dicht neben meine Frau und flüsterte, sie möchte natürlich echten, schwarzen Tee; davon habe er genug, sie solle nur kommen. Und nennt ihr seine Adresse.
Die Alte kommt zurück, mit einer Tüte Pfefferminztee, harmlos und heiter, als ob auch sie nie an was anderes gedacht hätte, meine Frau wickelt den Notkauf rasch ab und macht sich, unter den freundlichen Grüßen der Kramerin und des Unbekannten, aus dem Staube. Sie erzählt mir daheim die Geschichte, offensichtlich ist etwas schiefgegangen, aber wie und warum, ist uns beiden nicht recht klar. Jedenfalls, die Adresse war Goldes wert, für Leute wie uns, die so gar keine Beziehungen zur Unterwelt hatten.
Einmal hinschauen will meine Frau – sie zieht los, der Weg ist weit, aber er wird sich lohnen. Sie tappt durch Ruinen und Hinterhöfe, sieht eine Tür, die muß es sein. »Bitte läuten!« steht da, und meine Frau will grad beherzt auf die Klingel drücken – da prallt sie zurück –, in der letzten Sekunde kann sie's noch lesen: »Zollfahndungsstelle München«. Auf Zehenspitzen schleicht sie zurück, eilig läuft sie davon und atmet erst auf, wie sie wieder auf der Straße ist, eine unverdächtige Fußgängerin unter vielen.
Sie ist tief gekränkt, wie ich laut hinauslache bei ihrem Bericht. »Gelogen«, sag' ich, »hat der Mann eigentlich nicht; ich bin überzeugt, daß er viel echten Tee hat – und daß er ihn dir verkaufen will, hat er, genau genommen, gar nicht versprochen!«

Trügerischer Glücksfall!

Im Herbst des achtundvierziger Jahres, gleich nach dem Währungsschnitt, fuhr ich mit meiner Frau nach Baden-Baden, dienstlich sozusagen, um meine Gedichte vorzutragen. Es war eine schöne Reise, wir machten sie, aller ausgestandenen Not zum Trotz und immer noch von Dürftigkeit begleitet, mit gelockerter Seele.

Wenn schon Baden ein gesegnetes Land ist, wie mußte erst Baden-Baden uns als eine glückliche Stadt erscheinen, als wir die Läden voller Gemüse und Obst erblickten, die Augen trieb es uns heraus; aber begreiflich war's wohl, wo doch die Weinberge bis in die Straßen hineinwuchsen und Wälder voll Edelkastanien ihre Früchte in alle Säcke und Körbe schütteten – man mußte sie nur unter die Bäume stellen.

So was von strotzendem Reichtum gab's bei uns in München nicht, da waren noch magere Zeiten, auch wenn die Hoffnung auf bessere schon schüchtern zu grünen begann; aber wenn wirklich einmal wo ein paar Büschel gelbe Rüben oder Stangen-Lauch zu ergattern waren, kein Vergleich war's mit dem Angebot hier, keinem heimlichen, versteht sich; vor den Geschäften, unbekümmert weit auf die Straße hinausgestellt, waren die Köstlichkeiten gehäuft, und wir gedachten, nicht nur selbst Birnen und Trauben zu schmausen nach Herzenslust, sondern auch unserm Söhnlein daheim ein Kistchen Äpfel und ein Säckchen Kastanien zu schicken.

Freilich, die Hausfrauen standen auch hier Schlange, kein Wunder bei dem lebendigen Betrieb; und geduldig reihten auch wir uns ein, bis wir drankämen, allzulang konnte es ja nicht dauern. Es dauerte dann aber doch länger, meine Eßlust wurde immer größer, meine Beherrschung geringer, das Wasser lief mir, wie man so sagt, im Mund zusammen. Nicht der Eva bedurfte es, um mich zu verführen, im Gegenteil, meine Frau zischte mich zornig und beschämt an, als ich einen Apfel ergriff und hineinbiß, in meinem Übermut, an diesem goldnen Herbsttag, der das Leben leichter und freier machte; und als ich auch ihr eine Frucht bot, mit der leichtfertigen Erklärung, wir zahlten sie dann schon, da wollte sie nicht mehr bei mir stehenbleiben, fortlaufen wollte sie, ungeachtet des Vorteils, daß wir schon fast an der Spitze der Schlange standen, viele Wartende hinter uns. Also: Adam, Eva und die Schlange, nur in einer andern Rangordnung.

Aus Begierde, vielleicht auch, um meine Frau zu necken, nahm ich nun gar eine Weintraube und zupfte sie, genüßlich Beere und Beere, in meinen Mund – und wäre, in jähem Erschrecken, beinahe an der letzten erstickt, ein schöner Dichtertod übrigens, denn war es nicht Anakreon, der liebesselige Sänger, der so starb, freilich fünfundachtzig Jahre alt, und ich war erst über fünfzig?

Jetzt wußte ich nämlich, wie vom Blitz getroffen, wie die Sache stand: eine Tafel, bislang von Vorderleuten verdeckt, zeigte die Preise in französischen Franken an, und zugleich, arg verspätet, fiel mir auf, daß die welsche Sprache so munter das Menschengewoge durchzwitscherte. Nur für die Besatzungsmacht und ihre Angestellten galt all der Überfluß – was daheim in München die Amis aus ihren unbetretbaren Stapelplätzen bezogen, hier war es öffentlich – und doch geheim! – feilgeboten.

Ich legte die angeknabberte Traube auf den Haufen zurück, eilig, als ob jede Beere sich in eine Wespe verwandelt hätte – und entfernte mich, meine Frau mitziehend, rasch von der Stätte meines Frevels, ein Sterblicher, der unwissend unter die Götter geraten ist. Aber Hera war zum Glück nicht unter ihnen, die uns mit

Argusaugen hätte verfolgen können. Unbehelligt kamen wir um die Ecke und nun begann die wahrhaft diebische Freude bei mir zu überwiegen, die ich heute noch, nach mehr als zwanzig Jahren, verspüre, wenn ich des kleinen Abenteuers gedenke.

Der Käse

Wie verhungert wir in den ersten Nachkriegsjahren gewesen sind, können wir uns selber kaum mehr vorstellen, geschweige denn, daß wir es den Jüngeren begreiflich zu machen vermöchten.
Eines Tages rief uns Paul Alverdes an, er habe von unserm Freund Zillibiller ein Laibchen Käse, ein Pfund vielleicht, aus dem Allgäu mitgebracht, es liege bei ihm in Grünwald bereit.
Wir wohnten in Gern, viele Meilen weit weg, am andern Ende der Welt. Trotzdem schwangen wir uns, meine Frau und ich, unverzüglich aufs Rad, die kostbare Gabe heimzuholen.
Schon in Forstenried waren wir völlig erschöpft und konnten der Verlockung nicht widerstehen, in dem so behäbig scheinenden Wirtshaus am Wege unsere letzten Lebensmittelmarken an ein armseliges Mittagessen zu vergeuden, das unsern Hunger nicht stillte, sondern erst in jene magenverzehrende Wallung brachte, die der Münchner mit Kohldampf bezeichnet.
Leicht könnte ich den Bericht noch mit der Schilderung von Pannen und Zwischenfällen anreichern, wie sie damals den Radlern drohten, bei brüchigen Schläuchen und durchgescheuerten Mänteln – aber nein, wir hatten Glück, wir kamen in Grünwald an und kriegten den Käse ausgehändigt; wir fuhren heimwärts, immer mühseliger, immer ausgepumpter. Nur der Gedanke an

das Käslaibchen hielt uns aufrecht, von Tritt zu Tritt; ich mahlte schon mit den Kiefern und schluckte ins Leere hinunter, ein heißer Wahn ergriff mich, ein Tagtraum voll wilder Begierde, wie wir abends dies Göttergeschenk verspeisen wollten, mit ein paar Katoffeln gar, wie ich sie erst jüngst den Schweinen vom Rüssel weggestohlen hatte ...
In wessen schwarzer Seele aber – in der meinen oder in der meiner Frau – der Mordplan reifte, weiß ich nicht mehr. Jedenfalls widersetzte sich keins von uns dem Vorschlag, im Straßengraben zu rasten und den Käs an Ort und Stelle zu schlachten. Wir kauten und schlangen schweigend und schuldbewußt, wir konnten nicht mehr aufhören, ehe der letzte Krümel verschwunden war. Wie Verbrecher wagten wir nicht, einander ins Gesicht zu sehen.
Drei Tage brauchten wir zusätzlich, um uns von den Anstrengungen dieser Fahrt zu erholen ...

SCHWARZER MARKT

Neulich, erzählte mir eine Frau, geh ich so recht einfältig meiner Nase nach, da seh' ich einen Mann in ein Haus hineingehen, das gar kein Haus mehr ist. Er verschwindet einfach hinter Trümmern. Und kaum ist er weg, da kommen wieder zwei, ganz zielbewußt biegen sie um die Mäuerchen, die da noch stehen. Und wie jetzt noch eine Frau genau an der gleichen Stelle in die Erde schlüpft wie eine Maus, packt mich die Neugier, und ich denke, wo die hingehen, kannst du auch hingehen, und irgendwas wird schon los sein. Ich tappe also hinter der Frau her, durch einen Torbogen, einen Hinterhof, über einen Schutthaufen, in einen Keller. Da ist ein Dutzend Leute beisammen und mehr die

einen kommen, die andern gehen auf der andern Seite wieder hinaus; und ein paar Männer stehn da, Ausländer, so verdächtig, daß ich sie gar nicht beschreiben mag. Sie können kaum Deutsch, aber die Leute erwarten auch gar nicht, daß sie viel reden; auf einer Tafel steht: »Heute nur Chesterfield, vierhundert Mark.« Und jeder legt das Geld hin und zieht mit einem Paket Zigaretten ab.
Ich denk' grad, daß ich da sauber hereingefallen bin, denn Zigaretten will ich gar nicht, was soll ich alte Frau mit dem sündteuern Zeug, ich habe auch gar keine vierhundert Mark in der Tasche. Ich ärgere mich also grad über meine verfluchte Neugier, die mich da herunter gelockt hat, da kommen schon die Leute, die weggegangen waren, käseweiß zurück, und ich höre, wie die den krummen Schwarzbärten was zuflüstern. Die packen ihre Siebensachen zusammen, wie die Händler im Tempel auf der Flucht vor unserm Herrn Jesus Christus. Und es gibt ein Gedräng' zu dem Loch hinaus, wo ich grad hereingewischt bin, und ich denke mir, sauber, da bist du ja grad gekommen, wie die Polizei das Nest aushebt und mich armen Kiebitz mit.
Ich laufe hinaus, was ich laufen kann, aber da seh' ich schon überall die Schandarme mit dem Gewehr herumstehen und höre, wie sie brüllen: »Zurück!« und »Nicht weitergehen!« Und die ganze Gesellschaft steht schlotternd da, und ich mittendrunter drin und weiß nicht, wie ich dazukomme, wie der Pontius ins Credo.
Vielleicht ist's manchmal ein Glück, wenn man einfältiger ausschaut, als man ist, und schließlich, ein gutes Gewissen habe ich auch gehabt, und da gehe ich allein ganz einfach auf den Wachtmeister zu und sage »Herr Wachtmeister, was ist denn da los, lassen Sie mich, bitt' schön, hinaus, ich such' den Herrn Pampelrieder, aber ich find' ihn nicht, der hat früher hier gewohnt, es ist

ein Kollege von meinem Mann selig, und er ist ihm noch fünfzig Mark schuldig, und die hätt' ich gern einkassiert, Sie wissen, Herr Wachtmeister, eine arme Witwe kann heutzutage einen Fünfziger nicht schwimmen lassen...«

Ich hätte noch eine halbe Stunde weitergeredet, reden ist das beste, aber er hat mich recht grob angefahren, ich wüßte ja doch, was hier los ist, und ich sollt' meine Tasche herzeigen und alles Geld, das ich dabei habe. Die Tasche ist leer gewesen, wir haben alle zwei nur so ein bischen hineingeschaut, und das Geld hab' ich recht umständlich aus dem Beutel genestelt und habe gesagt, es müssen um die dreißig Mark herum sein. Und es sind vierunddreißig Mark und fünfzig Pfennig gewesen. Und da hat er mich laufenlassen.

Ich bin noch eine Zeitlang an der nächsten Ecke stehengeblieben und hab' gesehen, wie die Polizei den ganzen Schwung Leute auf Lastwagen verladen hat, und jeden Winkel haben die Schandarme abgeleuchtet und den Plunder herausgezogen, den die Spitzbuben da haben verstecken wollen.

Hernach bin ich zum Bäcker Meixner gegangen, und wie ich da groß und breit meine Tasche aufmache, denk' ich, was liegt denn da unter dem Zeitungspapier – und ich meine, es trifft mich der Schlag: lauter Banknoten, ein Haufen Geld! Und ich werfe das Brot drauf und mache die Tasche wieder zu und schaue, ob's niemand gesehen hat, und das Grüßgottsagen wäre mir beinah im Hals stecken geblieben.

Daheim hab' ich das Geld gleich gezählt, und es sind zwanzigtausend Mark gewesen. Zuerst hab' ich gedacht, ich trage sie gleich auf die Polizei, aber schließlich, warum sollt' ich das Geld wieder hergeben, das ich so unschuldigerweise gekriegt habe?

Ich sag's aber nur Ihnen, im Vertrauen, erzählen Sie es

ja nicht weiter. Und wenn Sie einmal was brauchen, dann kommen Sie halt, und wenn ich's noch habe, dann können wir schon einmal drüber reden ...

Ein Teller Suppe

In der trostlosesten Nachkriegszeit, sechs- oder siebenundvierzig, kam ich nach Osnabrück, um den Menschen vorzulesen, die auch nach geistiger Nahrung hungrig waren.
Auch – gewiß, aber der wirkliche, der erbarmungslose, bis zu Wahnvorstellungen peinigende Hunger war denn doch noch der Zwingherr jener vieltausendköpfigen Menge, die in unbegreiflich schwarzem Gewühl durch die Straßen der zertrümmerten Stadt zog, hin und her, übermüde, auf lahmen, wehen Füßen; wo kamen all die Leute her, wo wollten sie hin? Wahrscheinlich wußten sie es selbst nicht. Es waren die verschreckten Ameisen, die blindlings in dem immer noch zerstörten Bau herumhasteten, der Deutschland hieß.
Aus friedlichen Zeiten kannte ich die wunderschöne Stadt mit ihren Zeilen von Fachwerkhäusern. Jetzt gab es nicht einmal leere Fensterhöhlen, in denen das Grauen hätte wohnen können, nur Brandschutt war geblieben.
Und dann stand doch noch ein Giebel da, schön und traulich wie einst; und ein Wirtshaus war's obendrein, gar mit einem heimatlichen Namen, oft war ich vor Jahren drin gesessen, »Zur Bavaria« hieß es oder so ähnlich, irgend was Bayerisches war's jedenfalls, ich hab's in mehr als zwanzig Jahren vergessen.
Aber nicht vergessen hab' ich, daß in der alten Gaststube ein gewaltiger Andrang herrschte, daß kein Stuhl mehr frei war, und daß die Menschen auch stehend

sich glücklich priesen, wenn sie einen Teller ergatterten, ungewaschen, und einen Löffel, noch warm von des Vorgängers Mund, kaum daß sie ihn dann an der Joppe oder am Rockzipfel flüchtig abwischten. Denn, ein biblisches Wunder schien's, zwei oder drei Kellner gingen herum und schöpften aus großen Schüsseln Suppe aus, dampfende, nahrhafte, alle Sinne aufreizende Kartoffelsuppe.

Da just bei meinem Eintritt eine größere Gästeschar aufbrach, fand ich sogar Platz; und nicht nur ich, sondern dicht mir nachrückend, eine ältere Mutter mit drei Kindern, alle völlig erschöpft von ihrem ziellosen Herumlaufen, aber jetzt neu belebt von der Aussicht, hier einen Teller Suppe zu kriegen. Und um das Märchen ganz wahr zu machen, kam sogar eine flinke Magd mit einem Stapel leidlich sauberer Teller an, so daß auch mir die Eßlust wuchs, als jetzt der Kellner, der Reihe nach, diese Teller bis zum Rande mit der köstlichen Himmelsgabe füllte; aber noch froher griffen die Frau und die Kinder zu den Löffeln, es war ein rührender, fast möchte ich sagen, ein heiliger Anblick, dieses Leuchten auf den Gesichtern, diese tiefe Dankbarkeit der Mutter, diese fromme Begier der Kinder.

Und in diesem wahrhaft festlichen Augenblick – wir Satten von heute können ihn ja kaum noch begreifen – sagte der überanstrengte, gehetzte Kellner, über uns alle hindeutend: »Zehn Sondermarken, bitte!« Er sagte es gar nicht unfreundlich, aber kein Donnerwort hätte schrecklicher einschlagen können. Ratlos, ja vernichtet saß die Frau da, den Tränen nahe. Und als der eilige Kellner, ohne sich auf das Gestammel der Mutter einzulassen, die vollen Teller den Nächsten zuschieben wollte, begannen die Kinder in einem jähen Begreifen herzergreifend zu weinen: vom Gipfel des Glücks sollten sie in den Abgrund der Verzweiflung gestürzt werden.

Aber da hatte ich schon meine Brieftasche gezückt, einen ganzen Bogen Kartoffelmarken hielt ich dem Manne hin, daß er sich bediene. Die Stadtverwaltung hatte mich, als ihren Ehrengast, reichlich mit Lebensmittelmarken versorgt; daß diese bunten Papierchen, zur Sekunde mehr wert als alle Schätze der Welt, mich zu einem Zauberer machen würden, begriff ich selbst kaum. Und auch der Kellner, die Mutter, die Kinder wußten es nicht zu fassen, bis der Bann gebrochen war, bis nun die Löffel sich rührten und ein seliges Schmausen und Schmatzen anhob.

Ich darf mir schmeicheln, am Abend auch meinen Osnabrücker *Hörern* eine heitere Stunde geschenkt zu haben; denn manch frohes Gesicht sah ich, mitten in trauriger Zeit. Aber dergleichen hab' ich ja oft erleben dürfen, vorher und nachher. Daß ich jedoch, und genau besehen auch als Dichter – denn wie wäre ich sonst an die Kartoffelmarken gekommen –, ein wahres und handgreifliches Wunder habe wirken können, ist einmalig und unvergeßlich.

Rekorde

Unser Freund und Stammtischgenosse Doktor K., Mediziner obendrein, hat uns in jüngeren Jahren oft darüber staunen gemacht, was ein Mensch »auf einen Sitz« essen kann, ohne den geringsten Schaden zu nehmen. Dabei war er eher mager als dick, fröhlichen Gemüts, den Tafelfreuden zugetan nicht nur im Werk, sondern auch im Wort, denn während des Schmausens erzählte er von kürzlich genossenen Leckerbissen mit Begeisterung – manchmal freilich glitt er auch in Berichte aus seiner Praxis ab, dem Doktor Katzenberger nicht unähnlich, so daß manchem Mitspeisenden sein Kalbskopf oder seine Blutwurst nicht mehr schmecken wollte.

Seit Jahren schwebte eine Wette zwischen uns: der halb im Scherz Herausgeforderte sollte seinen Schwur wahr machen, zwanzig Weißwürste pausenlos zu verschlingen. Bei einem Ausflug nach Wasserburg war es soweit; der oft Gehänselte zeigte sich bereit, die kühne Tat – oder vielmehr Untat – zu wagen, vielleicht nicht bedenkend, daß in der behäbigen Landstadt die Würste weit dicker waren als in München.

Wir setzten uns also in dem weitgerühmten Wirtshaus zum Frühschoppen, die Kellnerin, die gewiß an manchen kräftigen Esser gewohnt war, nahm mit Erstaunen die Bestellung entgegen, und alsbald dampfte eine gewaltige Suppenschüssel vor dem Freunde, der bedächtig Wurst um Wurst aus dem Hafen fischte, kunstgerecht aufschlitzte und sich einverleibte. Bei der dreizehnten ging es langsamer, und wir beschworen ihn, dem immer grausamer werdenden Spiel ein Ende zu machen. Aber sein Ehrgeiz war nicht zu überwinden, er würgte weiter, und wirklich verdrückte er auch noch die zwanzigste; allerdings gestand er uns später, daß er den Fehler gemacht habe, alle Würste auf einmal zu bestellen; denn sie waren kälter und kälter geworden, und wer einige Erfahrung im Weißwurstessen hat, der weiß, daß schon eine lauwarme kein wahrer Genuß mehr ist; beinahe, so gab der Doktor zu, wäre seine Wette wirklich an jener dreizehnten gescheitert.

Wir gingen dann fröhlich durch die schöne Innenstadt, unserm Freund war keinerlei Erschöpfung anzumerken; ja er hatte sich so erholt, daß er, anderthalb Stunden später, als wir uns zum Mittagessen setzten, ein schönes Stück Waller verzehrte, mit der Begründung, dieser Fisch sei seine Leibspeise, und er könne die seltene Gelegenheit, ihn zu kriegen, unmöglich auslassen.

Viele der einstigen Stammtischler sind seither gestorben, der Dichter Georg Britting etwa oder die Maler Troendle und Unold, aber andre leben noch, die's bezeugen können, vor allem der Held dieser Geschichte selber, über siebzig Jahre alt, einem guten Schmaus nach wie vor zugetan, auch wenn er eine Wette, wie die eben erzählte, nicht mehr wagen würde.

*

Oft und oft werde ich, als Münchner, gefragt, ob es denn wahr sei, daß da, in unsrer Zeit noch, Männer gelebt hätten, die an einem Tag, ja auf einen Zug gewissermaßen, dreißig Liter und mehr trinken konnten – und ich mußte es bestätigen und diese Männer schildern, zwei Zentner schwer und noch schwerer, rundbäuchige, wamperte, wie es in der Landessprache heißt, Walrösser, Bier-See-Elefanten, die eine Maß auf einen Zug austranken und den leeren Krug hinlegten, der Kellnerin zum Zeichen, daß sie ihn schleunigst neu gefüllt haben möchten.

Grausliche Sachen werden erzählt aus der alten Hofbräuhausschwemme, wo, horribile dictu, die Stammgäste viele Stunden lang zusammensaßen und auch drin blieben, wenn sie eigentlich hätten hinaus müssen; sie hatten Sorge, ihren schönen Platz zu verlieren – und ließen ihr Wasser, geräuschlos an ihren Hakelstecken entlang, auf den Boden rinnen, der ohnehin ein wüster Sumpf war.

In unserer Kinderzeit hörten wir von einem Dienstmann, der als Säufer berühmt war; zuletzt vermaß er sich, auf Grund einer Wette ein Ofenrohr zu fressen oder vielmehr, es zerfeilt mit Bier durch seine Eingeweide zu schweiben. Er hat dann doch die Wette und das Leben verloren.

Wieweit das wahr ist, weiß ich nicht; aber zwei Geschichten sind mir von durchaus glaubwürdigen Männern berichtet worden, über Bier-Rekorde, die kaum

überboten werden können. Der eine ist ein Meistertrunk, den mir bei einer Salvatorprobe mein Tischnachbar, der Brauer selbst, erzählt hat. Als junger Bräuknecht hat er ein Schaff mit neuem Bier, zehn Liter, eher mehr, durchs Haus getragen und, da er rasch was andres zu erledigen hatte, auf einem Gang abgestellt. Als er nach einer knappen Viertelstunde zurückkam, traute er seinen Augen nicht: das Schaff war leer. Kein Mensch war weit und breit zu sehen, nur ein Anstreicher stand im Hintergrund und weißelte die Wand. Der ratlose Bräubursche fragte ihn, ob er vielleicht jemanden gesehen hätte, der das Bier ausgeschöpft und fortgetragen haben könnte. Der Maler, ohne seine Gemütsruhe zu verlieren, zwickte listig ein Auge zu und sagte: »Mach koane Tanz, i hab's ausg'soffen!«
Die andere Mär klingt vielleicht noch spaßiger, aber sie ist nicht minder verbürgt. Ein Bekannter von uns, ein Norddeutscher, war mit den Seinen in Oberbayern zur Sommerfrische und ließ sich, um behaglicher im Freien zu sitzen, vom Zimmermann Tisch und Bank unter einem Baum aufschlagen, ganz einfach, je vier Stempen in den Boden und ein Brett darüber. Der Zimmermann war kein Dicker, kein Bierbauch, im Gegenteil, groß war er, starkknochig und hager – wer sich auskennt, der weiß, daß solche Männer allen Fettwänsten noch überlegen sein können. Auch der unsre, der aussah wie der Tod, von seinem Schnauzbart abgesehen, gab auf die Frage nach der Schuldigkeit nur die bescheidene Antwort, der Herr solle ihm halt am Sonntag das Bier zahlen. Er setzte sich, in aller Herrgottsfrüh, in den Wirtsgarten, ein heißer Tag wurde es obendrein, und als er um Mitternacht wieder aufstand, hatte er 102, in Worten einhundertzwei Halbe getrunken, die letzten zwei nur der Sicherheit wegen, daß die hundert nicht angezweifelt würden.

Ich sehe voraus, daß der und jener mich der Aufschneiderei oder zum mindesten der fahrlässigen Gutgläubigkeit bezichtigen wird; aber ich hoffe doch, daß es noch Fachleute und Kenner gibt, die mir bezeugen, daß so was möglich ist – nur in Bayern natürlich.

Isarfischer

Als ich an der Isar wohnte, habe ich viele Fischer gesehen; von meinem Fenster aus konnte ich sie beobachten. Wenn Zeit Geld wäre, müßten es lauter steinreiche Leute sein. Steinreich ist aber nur die Isar, dafür aber fischarm. Vielleicht wäre es für den Seelenfrieden der Fischer besser, es gäbe überhaupt und erwiesenermaßen keine Fische in der Isar. Dann würden nämlich selbst die zähesten Optimisten das Fischen aufgeben und sich viel Ärger, Kosten und Rheumatismus sparen. Unseligerweise erschüttert aber in ruchlos abgemessenen Zeitabschnitten das bekannte »Lauffeuer« die Gemüter, es habe ein Mann an der Bogenhausener Brücke einen fünfunddreißigpfündigen Huchen gefangen. Im Gasthaus zum Tannenbaum ist ein großes Huchenessen angesagt; also muß es wahr sein.
Daraufhin eilten sofort sämtliche fischereiberechtigen Männer an die Bogenhausener Brücke, und zwar mit dem schwersten Angelgerät, denn es gilt, jetzt einen Vierzigpfündigen zu fangen. Die Hauptsache bei einem richtigen Isarfischer ist, neben der Geduld, die Ausrüstung. Nur so vom Ufer das Schnürl hineinzuhängen ist keine Kunst. Der wahre Sportangler fühlt sich erst wohl, wenn er, mit Gummistiefeln ausgerüstet, bis zum Bauch im eiskalten Geplätscher der rauschenden Karwendeltochter (das ist ein herkömmlicher poetischer Name für die Isar) herumwatet.

Es gibt Fische in der Isar. Nicht nur, weil an den Überfällen und Schleusen sogenannte Fischstiegen eingebaut sind, die übrigens nicht mit den Froschleitern verwandt sind, jedoch beweisen, daß man flußbauamtlicherseits mit dem Vorhandensein von Fischen rechnet, sondern weil ich selbst welche gesehen habe. Vor zwei, drei Jahren zum Beispiel war der Fluß ungewöhnlich seicht und klar; im Sommer war es, und sehr aufregend ist es gewesen, die Leute sind herbeigelaufen und haben mit Fingern ins Wasser gedeutet: da hat es geblitzt und geblinkt, und dunkle Schatten sind ganz deutlich den Strom hinauf-, hinuntergezogen. Die Leute haben die Fischer geholt, wie man den Schutzmann holt, und sie beschworen, die Fische gewissermaßen zu verhaften. Es waren freilich nur Weißfische, und vielleicht hatten die Fischer nicht das richtige Angelzeug mitgenommen. Das ist nämlich eine Wissenschaft für sich (nicht nur Sport!), wie man die Huchen oder die Brachsen fängt. Die einen mit dem Metallblinker, einem künstlichen Fischlein, das freilich nur in der raubgierigsten Eile nicht für Blech gehalten werden kann; aber raubgierig sind eben die Huchen. Die Weißfische aber muß man mit Brot, Würmern, Käs' oder Maikäfern fangen, auch mit Kirschen oder gestocktem Blut, je nachdem, ob Obstbäume oder Schlachthausabwässer in der Natur vorkommen; die weltberühmte Sauberkeit der Isar erschwert da den Anglern ihre Auswahl an Ködern ungemein.

Noch geduldiger als die Fischer selbst sind die Zuschauer; sie möchten, ohne selbst ein Los zu besitzen, an der Heraus-Ziehung beteiligt sein und erfreuen den nichtserwischenden Stümper durch fachmännische Ratschläge.

Besonders unternehmende, freilich nicht mehr ganz sportgerechte Angler haben gleich mehrere Eisen im

Feuer oder vielmehr im Wasser. Stumm stehen sie da und überwachen ihren Großbetrieb.

Daß man von der Großhesseloher Brücke aus mit scharfem Blick tief drunten Fische sehen kann, sei nur nebenbei bemerkt; fangen kann man sie von hier aus nicht, nur ein Seeadler vermöchte das.

Hingegen habe ich in jenem seichten Jahr unterhalb der Prinzregentenbrücke eine gewaltige Forelle zwischen den Ufersteinen erblickt, und beinahe hätte ich mich hinreißen lassen, den altgeübten Knabenscherz zu versuchen, sie nämlich mit der Hand zu fangen. Wetten, daß ich sie erwischt hätte! Aber als Herr in den besten Jahren paßt man mehr darauf auf, nicht selbst erwischt zu werden, und so hab' ich es sein lassen. Wer weiß, wieviel Augenpaare von der Widenmayerstraße auf mich geblickt haben mochten. Fischer werden ja immer beobachtet. Ich selbst habe früher viel gefischt, aber in der Isar nur als Bub mit dem Taschentuch – die Beute war nicht der Rede wert.

Übrigens soll man die braven Isarfischer nicht ausspotten und sich auch keine unrechten Gedanken darüber machen, daß sie am hellichten Werktag soviel Zeit haben. Ich hab' einmal einen drum gefragt, und der ist Nachtschichtler in einer Fabrik gewesen. Also nur keinen Neid, sondern ein fröhliches »Petri Heil!«

Enoch Arden

Diese kleine Geschichte bezieht ihr Recht, erzählt zu werden, nur aus dem Umstand, daß sie vollkommen wahr ist. Ich hatte ein paar Einleitungszeilen zu einem Aufsatz zu schreiben, der ein »Enoch-Arden-Schicksal« schilderte – altbekannte, jedermann geläufige Geschichte von dem Heimkehrer, der seine Frau mit

einem andern verheiratet findet. Enoch Arden, ich mußte gar nicht erst nachsehen, war ein Versepos von Esaias Tegnér, schwedischer Dichter, für den Nobelpreis zu früh gestorben, Mitte der vierziger Jahre. Gelernt ist gelernt, in der Schule gelesen, neben der berühmten »Frithjofs-Saga«, stinklangweilig wie alles, was man auf dem Pennal durchackern muß.
Gründlich, wie ich bin, schaue ich aber hinterher doch in meinen Meyer; eine ganze Spalte steht da über den größten Geist der schwedischen Literatur, aber über Enoch Arden nichts. Komisch!
Bei mir wohnt ein alter Jugendfreund, er hat die gleiche Schulbank im Kloster Ettal gedrückt, den frage ich, von wem »Enoch Arden« sei, und er sagt, ohne sich auch nur einen Augenblick zu besinnen: von Tegnér. Natürlich. Ich frage meine Frau, sie weiß es nicht, aber sie meint, von einem Engländer. Zum Mittagessen – es ist ein Sonntag – kommt der Dichter Georg B., in Sachen der Weltliteratur unfehlbar. Von wem ist »Enoch Arden«? Von Tegnér! Eine klipp und klare Antwort. Es ist nur sonderbar, sage ich, daß im Lexikon nichts steht; meine Frau meint, der Verfasser sei ein Engländer. Mach mich nicht verrückt, sagt Georg, es gibt Dinge, die weiß man oder weiß man nicht. Seit vierzig Jahren steht für mich fest, daß »Enoch Arden« von Tegnér ist; so gut, wie der Faust von Goethe.
Trotzdem rufen wir noch einen Freund an, er soll im Großen Brockhaus nachschlagen. Er ist nicht zu Hause; aber der Sohn sucht den ganzen »Tegnér« durch und findet nichts. Jetzt wird es ungemütlich. Wir bemühen noch einen Bekannten, einen Kenner. Wir stellen keine Fangfragen, wir möchten nur wissen, wer den »Enoch Arden« geschrieben hat. Tegnér, lautet die Antwort.
Es ist ein Rätsel: vier in der Literatur bewanderte Männer, darunter drei Fachleute, haben unbeeinflußt von-

einander mit Bestimmtheit erklärt, der »Enoch Arden« sei von Tegnér. »Ich sehe noch das Buch vor mir!« sagt Georg. Meine Frau, die von Tegnér keine Zeile gelesen hat, wohl aber »Enoch Arden« zu kennen glaubt, ruft eine Freundin an, die von der Mutterseite her Engländerin ist. Die sagt, sie habe das dunkle Gefühl, das sei von Tennyson.
Wir stürzen auf unsern Meyer, und richtig, da steht: »1864, die ergreifende Schifferdichtung Enoch Arden«. Daran ist nicht zu drehn und nicht zu deuten. Und doch sind wir ratlos und können es nicht glauben.
Zwei Tage später treffen wir uns am Stammtisch, ein rundes Dutzend literaturbeschlagener Herren. Und jeder Ankömmling wird mit der Frage begrüßt: »Von wem ist Enoch Arden?« Und jeder sagt, leicht verwundert über solche Prüfung, aber so sicher, als sei es das selbstverständlichste von der Welt: »Von Alfred Tennyson!« Und dann lachen wir alle und klären die Erstaunten auf. Zuletzt erscheint der Professor K., er wittert hinter der Frage eine Falle und sagt: »Seit fünfzig Jahren nehme ich an, daß das Gedicht von Tegnér ist, aber Sie wollen mich wohl aufs Eis führen?« Und er schüttelt traurig den Kopf zu unserm unbändigen Gelächter.
Wir haben es seitdem wohl oder übel eingesehen, daß »Enoch Arden« von Tennyson ist. Aber wieso fünf klare Stimmen auf den ausgefallenen Tegnér treffen konnten, und auf keinen andern, das hat sich allen Deutungen entzogen, von denen die plumpste, beide gingen mit »Te« an, mit Recht entrüstet zurückgewiesen wurde. Meinen Freund Georg aber darf ich um nichts mehr fragen. Seit Enoch Arden nicht mehr von Tegnér sein soll, sagt er, bin ich unsicher, ob der Mond überhaupt rund ist ...

BÖSER STREICH

Mitunter erzählt uns einer ein Stücklein aus seinem Leben – und hätt's auch besser verschwiegen; denn er vergißt, daß sich der Spalt, durch den wir auf seine schwarze Seele geblickt haben, so leicht nicht mehr schließen will; der ganze Kerl ist uns auf einmal verdächtig: hat er's andern so gemacht, wird er's auch uns so machen, bei nächster Gelegenheit.

Daß einer lächeln kann und immer lächeln – und doch ein Schurke sein, hat der Prinz Hamlet schon gewußt; und lächelnd erzählte auch mir ein Kunsthändler, wie er sich vergebens bemüht habe, einer alten Dame ein wertvolles Gemälde abzuluchsen. Schließlich erreichte er mit süßer Hartnäckigkeit, daß sie ihm das Bild leihweise überließ, für wissenschaftliche Zwecke; dann wußte er die Greisin so lange hinzuhalten, bis ihm ein geschickter Maler, den er seinerseits über seine Absichten täuschte, eine Nachahmung angefertigt hatte, die einem gutgläubigen Blick wohl genügen konnte. Vielleicht entsinnt sich der eine oder andere Leser des weit zurückliegenden, damals aber viel besprochenen Falles, wo der Fälscher Weininger, vom Vatikan beauftragt, ein Elfenbeinkästchen auszubessern, ein Zweitstück herstellte, das er einem amerikanischen Sammler verkaufte. Hätte er diesem das echte gegeben, das falsche wäre vermutlich ohne Arg in den Frieden des Vatikans aufgenommen worden. Der Sammler aber zeigte das kostbare Kästchen mehr als einem Kenner, der es schon mit vorgefaßtem Mißtrauen untersuchte.

Unser Kunsthändler tat, wenn schon nicht das Rechte, so doch das Richtige, weder die alte Dame noch ihre spärlichen Besucher schöpften den geringsten Verdacht, als das Bild wieder dort hing, wo es ein Menschenalter gehangen hatte. Und daß Bösewichte oft mehr Glück haben als mancher brave Mann, ist auch nichts Neues unter der Sonne. In einer Bombennacht brannte die ganze Wohnung aus, und wenn auch die Frau nicht in den Flammen umkam, sie war für den kurzen Rest ihres Lebens davon überzeugt, daß ihr schönes Bild vom Feuer gefressen worden war; und so erhob auch kein Erbe, nach ihrem Tod Anspruch, dergestalt, daß der Händler, nach vorsichtig abgewarteten Jahren, das Bild leicht unter der Hand an einen Ausländer verkaufen konnte.

Der Mörder

Das Buch eines berühmten Gerichtsarztes beginnt mit dem Satz: »Meine Mörder sahen alle aus wie junge Mädchen.«
Viele Mörder und Mörderinnen habe ich als Berichterstatter auf der Anklagebank sitzen gesehen; und wirklich war niemand darunter, dem man's auf den Kopf hätte zusagen können, daß er ein Verbrecher sei; und einer der abgründigsten unter ihnen, ein kaum dem Knabenalter entwachsener Jüngling, sah wirklich wie ein junges Mädchen aus, zart und blaß, rührend unschuldig geradezu; ein Adliger war es, aus guter Familie, seines Namens entsinne ich mich nicht mehr. Ohne jedes Bedenken hätte ich ihn in meinem Hause aufgenommen.
In Weilheim war die Verhandlung. Der junge Mensch war, irgendwo in Norddeutschland, der Obhut seiner Tante entflohen und mit dem Rade bis an die österreichische Grenze gefahren; weiß Gott, was sich der Wirrkopf davon versprochen hatte, »drüben« zu sein. Er wurde, ohne Papiere, zurückgewiesen, warf die Flinte ins Korn oder vielmehr sein Rad ins nächste Gebüsch

und mietete sich, planlos und mittellos, in einer Pension in Partenkirchen ein. Dort lernte er eine ältere Krankenschwester kennen, ob sie nur mütterliche oder auch weibliche Gefühle für ihn hatte, weiß ich nicht mehr. Jedenfalls, er erwürgte sie bei erster Gelegenheit in ihrem Zimmer – und ich mußte immer diese zarten und schönen Hände anschauen, mit denen er das getan hatte –, beraubte sie, sperrte die Tür ab und ging, am hellen Tage, ins Kino. Dort fiel ihm ein, daß er, bei aller Gründlichkeit, vergessen hatte, ihr einen Ring vom Finger zu ziehen – und er brachte es über sich, wovor es doch sonst den Mörder schaudert, unverweilt sein Opfer noch einmal aufzusuchen und von der verkampften, kalten Hand den Ring zu reißen, auf daß seine Untat wirklich vollendet sei.

Und da saß er nun, schmal zwischen zwei riesigen Schutzmännern, das blanke Kindergesicht unter zurückgekämmten Haaren, unverweint, ja fast unbekümmert, leise, aber ohne Stocken erzählend, als gälte es, höchstens einen Schulverweis entgegenzunehmen statt der Vernichtung seines jungen Lebens. Nach der Verurteilung, die er wortlos anhörte, hätte ich ihn eigentlich ansprechen wollen, aber ich bin dann doch aus dem kahlen Raum still hinausgegangen in den Tag, in die Freiheit, die er verspielt hatte, vielleicht, ohne selbst zu wissen, wie.

REICHER FISCHFANG

Wenn die Angelschnur reißt, ist es aus mit dem Fischfang, der größte Hecht geht uns in die Binsen. Daß aber eine Frau, die gar nicht fischen wollte, an einem gerissenen Straps unermeßliche Beute gewinnt, ist schon ein erzählenswerter Zufall.

Eine Bekannte von uns, eine alte Dame, die sich seit vielen Jahren von Deutschland losgesagt hatte, kam doch, auf einer Reise, in ihren Geburtsort, eine Stadt an der Donau. Sie spazierte die Uferanlagen entlang und spürte plötzlich, daß ihr ein Strumpfband gerissen sei; sie eilte in den Flur des nächstbesten Hauses, um die Sache in Ordnung zu bringen.

Wie sie so um sich blickte, meldeten sich längst verschollene Erinnerungen, als ob ihr dieses Haus, dieser Flur einmal, als einem Kinde, gezeigt worden wäre; ja, sie glaubte sich jetzt zu entsinnen, daß ihre Großmutter gesagt hatte, dies sei das Stammhaus ihrer Vorfahren. Schon wollte die Dame, nachdem sie den kleinen Schaden behoben hatte, wieder auf die Straße treten, als eine Greisin aus ihrer Tür trat und neugierig fragte, was sie wünsche. Nichts weiter, gab die Dame etwas betroffen zur Antwort, sie habe nur ihren Strumpf gerichtet. Und da die alte Frau noch mißtrauisch stehen blieb, fügte sie, eigentlich nur um eines guten Abgangs willen, verlegen lächelnd hinzu, sie habe als Kind schon dieses Haus gekannt, es müsse vor Urzeiten der Sitz ihrer Familie gewesen sein.

Dann sei sie, meinte die Greisin, aufgeregt nähertretend, in einer schier unterwürfigen Haltung, zweifelsohne eine Frau Weidenkopf? Jawohl, eine geborene Weidenkopf. Dann gehöre ihr am Ende noch heute das Haus? staunte die Alte mit großen Augen. Das sei schon möglich, erwiderte die Dame, genau wisse sie es nicht, denn schon als junges Mädchen habe sie Deutschland verlassen, und von dem alten Haus sei nie mehr die Rede gewesen.

Da müsse sie aber sehr reich sein, sagte die Greisin streng, wenn sie einen solchen Schatz einfach schwimmen lasse; und, auf den spöttisch-verwunderten Blick der Dame gab sie, zitternd vor Eifer, das Geheimnis

preis: nicht das alte Haus, dieser verwahrloste Koben sei der Schatz, von dem sie spreche, aber an diesem Haus hingen noch aus unvordenklichen Zeiten die Fischereigerechtsame der Stadt.
Um es kurz zu berichten: die Dame ließ durch einen Anwalt nachforschen, wirklich standen ihre Vorfahren als »cives et piscatores«, Bürger und Stadtfischer in den Urkunden. An den Gerechtsamen, die in verworrenen Zeiten aus dem Gedächtnis der Nutznießer gekommen waren, war nicht zu zweifeln, und so hat die Dame wirklich an einem zerrissenen Straps ein ansehnliches Vermögen herausgefischt.

Unverhoffte Gönnerschaft

Bei meinen Streifzügen durch die kleinen Altertumsgeschäfte sah ich in einer zerfledderten Mappe eine recht leidliche Bleistiftzeichnung, die ein festes Haus, beinah ein Schlößchen darstellte, am Ufer eines nur angedeuteten Gewässers gelegen – bei näherer Betrachtung kam das Blättchen aber doch nicht »in Betracht«. Aber bei ganz nahem Hinschauen war die rechts unten stehende Bezeichnung unschwer als »Lauffen« zu entziffern; und da das Stückchen Papier nicht mehr als drei Mark kosten sollte, überlegte ich mir, daß es vielleicht meinem alten Freund, Professor Ackerknecht, nicht unwillkommen sein könnte, der als langjähriger Leiter des Schillermuseums in Marbach gewiß um jede Ansicht aus dem Geburtsort Hölderlins froh sein würde.
Ich erwarb das Blatt und schickte es ihm. Mit wahrhaft gemischten Gefühlen las ich schon wenige Tage später die Antwort: er könne mir gar nicht genug danken für das hochherzige Geschenk, und er müsse es mir als einen besonderen Freundschaftsdienst anrechnen, daß

ich mich von einem so seltenen und wertvollen Blatte getrennt hätte: Von Hölderlins Geburtshaus sei dies, von einer ungenauen Dilettantenzeichnung abgesehen, das einzige Bild, das ihm in all den Jahrzehnten untergekommen sei.

WUNDERLICHER LACHERFOLG

Der unfreiwillige Humor hat noch immer den absichtlichen übertrumpft; und ganz mühelos obendrein.
Den größten Lacherfolg habe ich nicht mit einem meiner heiteren Gedichte erzielt, nicht einmal mit meinem peinlichen Versprechen, als ich mich als einen Freund der Busen statt Musen vorstellte – in Stolberg, auf der Burg, begrüßte mich der Veranstalter im übervollen Saale und schloß seine Rede mit den Worten: »Und nun bitte ich Herrn Doktor Grün« – weiter kam er nicht, auch ich brauchte eine ganze Weile, bis ich das tolle Gelächter wieder auf »rot« geschaltet und zum Verschweigen gebracht hatte.

DER TAUCHER

Eines Abends, vor Weihnachten, rief mich mein Schwager an, aus Eisenärzt bei Ruhpolding, wo er mit meiner Schwester lebt, weltabgeschieden, jetzt im Winter gar, tief eingeschneit.
Seine Frau, eben meine Schwester, hat sich ein Buch gewünscht, von dem sie freilich weder den Titel noch den Verfasser, noch den Verlag weiß. Also, sage ich lachend, eine Gleichung mit drei Unbekannten, da wird wenig zu machen sein, in der Mathematik bin ich immer schon schwach gewesen. Und ich frage, ohne viel Hoffnung, was sie denn überhaupt wisse.

Sie hat, sagt mein Schwager, in einer Zeitschrift oder wo, eine Fortsetzung gelesen, aber auch davon hat sie das meiste wieder vergessen. Sie erinnert sich nur, daß eine Frau, die aus dem Osten geflohen war, sich zuerst mühsam mit ihrem Mann durchgeschlagen hat und zuletzt, wohlhabend geworden, statt in ihr neues Haus zu ziehen, in einem jähen Anfall von Schwermut sich umbringt. Ich weiß schon, fügt er gleich selber hinzu, das ist wenig, nie werden wir's herausbringen.
Ich lachte ihm, sozusagen über hundert Meilen weg, ins Gesicht und rufe übermütig: »Der Taucher, von Schiller!« Er knurrt, ich solle keine schlechten Witze machen!
Nein, sage ich, es ist mein Ernst: »Dort hing auch der Becher an spitzen Korallen, sonst wär er ins Bodenlose gefallen!« – Ich hab's nämlich schon! Das Buch liegt grade vor mir, soeben hab' ich's zu Ende gelesen. Es heißt: »Schlußball«, ist von meinem Freund Gerd Gaiser und bei Carl Hanser erschienen!

HÄNDEDRÜCKE

Die Vorstellung, er kennte alle Bekannten seiner Bekannten, mag schon manchen, der selbst schon über ein gehöriges Grundkapital von Beziehungen verfügt, belustigt haben: die gesamte Gesellschaft, zum mindesten die des westlichen Abendlandes, wäre in seinen Kreis einbezogen; denn selbst dort, wo wir uns in der Mitte einer Freundschaft wähnen, sind wir, gemessen an der gesamten Umwelt des andern, nur eine Randfigur.
Das schöne Fragespiel, wie viele Händedrücke wir von bedeutenden Ahnen oder Zeitgenossen entfernt sind, wird vielleicht der und jener geübt haben und dabei zu erstaunlichen Ergebnissen gekommen sein. Daß, ur-

kundlich erwiesen, ein Zweig unserer Familie bis zu Karl Martell zurückreicht, freilich auf dem Umweg über eine natürliche Tochter eines Grafen, ist eigentlich nicht gemeint, wir denken mehr an die Verbindung mit Unverwandten, sei sie von erster Hand oder über die Kette vieler Hände.

Wer dem Oberbürgermeister von München oft die Hand gedrückt hat, der hat's nicht weit zur Königin von England oder zum Schah von Persien. Bismarck und Menzel sind ohne langen Umweg über meinen Vater erreicht, der ihnen als junger Pressemann in Bad Kissingen begegnet ist. Aber verwunderlicher ist schon Nietzsche oder Zola, die ich »aus zweiter Hand« über Michael Georg Conrad buchen darf. Übrigens braucht man nur ein paarmal eine richtige Party mitzumachen, um »aus erster Hand« Otto von Habsburg, einen Enkel des 1914 ermordeten Thronfolgers Franz Ferdinand oder gar die illustrierteste Frau der Welt, Soraya, zu erleben. Und ein Dutzend Botschafter verbindet uns mit einem Händedruck mit den Völkern aller Erdteile.

Zu einem Sultan wird sich kaum ein Weg finden lassen, aber einem Papst habe ich selbst den Ring geküßt, allerdings, als er, Eugenio Pacelli, noch Nuntius in München war. Zum Kaiser Wilhelm ist, über einen Enkel, der mich liebenswürdigerweise von einem Herrenklub nach Hause fuhr, die Brücke überraschend schnell geschlagen; und unabsehbar sind dann wieder die Händedrücke zweiten und dritten Grades, die davon abzuleiten wären.

Vielen Wittelsbachern, also auch dem König Ludwig III., dem König von Norwegen, habe ich die Hand gegeben und mit ihnen plaudern dürfen – an sich nicht des Rühmens wert, weil es nicht selten ist.

Merkwürdiger ist schon, daß ich zu Goethe in nahe Beziehung gekommen bin: eine uralte Dame in der

Maximilianstraße hat mich, als ich ein Kind war, mit den Händen berührt, die ihr, vielleicht achtzig Jahre früher, der greise Dichter gestreichelt hatte.
Schiller – wer dächte, daß es nur vier Glieder der Kette sind? Der Freiherr von Gleichen, Schillers Urenkel, war mir freundschaftlich verbunden. Nicht viel weiter dürfte es zu Brentano und Arnim sein – aber wir wollen das Spiel abbrechen; sicher hat der Professor Sepp, der anno 48 mit in der Paulskirche war, dem Ludwig Uhland die Hand gedrückt; zu andern, vermeintlich viel näher stehenden Größen ist hingegen keinerlei Verbindung herzustellen.
Es gibt aber auch den wunderlichen Fall, daß einer just die, deren Lebensweg er oft gekreuzt hat und die ihm durch hundert Händedrücke verbunden sind, nie kennenlernt. So ist mir etwa die ganze Umwelt Stefan Georges oder Ludwig Thomas vertraut, sie selbst habe ich nur im Vorbeigehen gesehen, also verfehlt und nicht getroffen. Auch Adolf Hitler – und das nenne ich einen Glücksfall – gehört nur zu meinen Hör- und Seh-Bekanntschaften, obwohl er ein Regimentskamerad von mir war und die Verbindungsmöglichkeiten zu ihm zahlreich genug gewesen wären.
Mit seinem Unteroffizier, einem kriegsbeschädigten Straßenbahnschaffner, war ich befreundet. Dieser Mann war so klug, daß er dem zum Führer gewordenen Gefreiten aus dem Wege ging, obwohl er leicht die vielen Knödelsuppen, mit denen er den Arbeitslosen geatzt hatte, sich durch ein Parteipöstchen hätte wieder herauszahlen lassen können. Aber einmal ist er dem Mächtigen doch, zufällig, in der Osteria Bavaria in die Händ gelaufen. Und überschwängliche Nazissen, so erzählte er mir, hatten dann wiederum seine Hände abgeschleckt, als wären sie in Honig getaucht gewesen.

Berta

Unsre alte Berta lebte nach dem Tode meines Vaters, den sie bis zuletzt gepflegt hatte, noch lange in dem Ausweichquartier meiner Eltern in Moosach bei Grafing und zuletzt in einem städtischen Altersheim in München. Sie war eine Perle, wie wir seitdem vergeblich nach einer getaucht haben. Ihre schwäbische Sparsamkeit hat gewiß auch uns viele Ausgaben gemindert, aber sie artete zuletzt, als sie nur für sich selbst zu sorgen hatte, in einen schon fast wieder erheiternden Geiz aus.
Ihre Renten und unsere Zuwendungen legte sie auf die hohe Kante, für die einzige Erbin, eine Nichte, die ihr weiter nichts Gutes tat, als daß sie auf ihren Tod wartete. Die Greisin war immer leidend – und wußte, besonders im Winter, die Wohltaten des Krankenhauses genau auszunützen – aber sie wurde steinalt, wie so viele, die sich zäh an ihren Gebrechen durch die Jahre halten.
Als Junggeselle war ich gelegentlich allein in der elterlichen Wohnung und wurde von unserer Berta nicht üppig, aber ausreichend verpflegt; eines Abends jedoch empfing sie mich in aller Unschuld mit den Worten: »Herr Doktor, heut habe Sie Pech mit Ihrem Nachtessen – das hat die Katz erwischt!« Und sie machte keinerlei Anstalten, für einen noch so bescheidenen Ersatz zu sorgen.
Wir hatten eine Hausnäherin, Frau Siry, ein armes, verhutzeltes Weiblein, das sich gelegentlich mit der Herrschaftsköchin Berta unterhielt: »Wissen S', mein Sohn hat g'heirat' und möcht' bei mir wohnen; und mir hab'n doch gar kein' Platz; und da setz' ich mich oft a Stund lang auf'n Abort, net, damit doch die jungen Leut' auch amal allein sind. Und was meinen S',

was mein Sohn g'heirat' hat? Ein Dienstmädchen!«
Die würdige Berta erstarrte, soweit es ihre Rundlichkeit zuließ, zu einem Eiszapfen. Die unglückliche Näherin bemerkte zu ihrem Schrecken, was sie angerichtet hatte: »Um Gottes willen!« jammerte sie, »net oans wie Sie, Fräulein Berta – ein ganz gewöhnliches Dienstmädchen!« Trotz dieser Entschuldigung durfte die Frau Siry das Haus nicht mehr betreten.

In Moosach hatte die Berta auch unsern Gartenanteil geerbt; und jeder Kenner eines parteienreichen Hauses – es war ein schrecklicher Riesenkasten für die Besitzer und Arbeiter eines Sägewerks – wird sich die freundnachbarlichen Kämpfe mit einer so happigen Person vorstellen können. Eines Tages grub ein alter Mann nebenan den Boden um; und unsre Berta sah da eine günstige Gelegenheit, an dieser Arbeitsleistung teilzuhaben. »Und wissen S'«, erzählte sie uns, »man kann ja net so sein, am Abend hab' ich mich halt schön bedankt und hab' ihm drei Mark hing'halten. Und was meinen S', der freche Kerl hat's g'nommen!«

Auch in der schlechten Zeit sorgten wir dafür, daß unserer treuen Berta im Altersheim nichts abging; sogar an dem teuren Kaffee hatte sie keinen Mangel; sie konnte in ihrer Einsamkeit gut und gern auch eine Heimgenossin zu einem Schwatz einladen. Aber das gab sie bald auf: »Da ist gleich zweimal die Woch' die Frau Mangold zu mir gekommen und hat recht lieb mit mir getan; aber sie hat schon a soo groß Tass mitbracht, daß i bald g'merkt hab', wo die ganze Freundlichkeit 'naus will! Die soll ihren Kaffee wo anders trinken, zu mir kommt die nicht mehr aufs Zimmer!«

Dichter unterwegs

Stuttgart

In der neuerbauten, damals noch viel umstrittenen Liederhalle: »der Sänger sitzt«, ich hatte soeben meinen Stuhl zurecht gerückt, um mit dem Lesen zu beginnen. Zufrieden blickte ich in die Runde: ein festlicher Raum, brechend voll einer besonders guten Hörerschaft, seelisch wie akustisch leicht ansprechbar; alles strahlend im Li ... schnapp: mit einem Schlag ging die Beleuchtung aus. Es war wie der sprichwörtliche Blitz aus heiterm Himmel, nur mit umgekehrten Werten: nicht blendende Helle, sondern rabenschwarze Finsternis stand vor meinen Augen. Ein matter Donner, aus schallendem Gelächter, spitzem Angstgeschrei und zornigen Befehlen erklang aus dem stockdunklen Saal. Dann war es geisterhaft still, undurchdringliche Nacht ließ nicht den kleinsten Umriß erkennen.

Die erste Schrecksekunde war vorüber, die ruhige Überlegung begann: Was tun? Ich weiß, es gibt Vorleser genug, die einen solchen Zufall geradezu begrüßen: auswendig sagen sie ihre Sätze in das Nichts hinein, aus dem Stegreif plaudern sie mit ihren unsichtbaren Hörern. Ich kann das nicht; ich bin auf mein Buch angewiesen – und selbst, wenn ich begänne, ein paar Verse frei herzusagen (solche, die viele da drunten besser kennen als ich), wie lange würde ich das durchhalten?

Also warte ich schweigend. Jede Sekunde kann ja die Störung behoben sein, denke ich – es kann aber auch eine Viertelstunde und mehr dauern, raunt mir ein boshafter Geist ins Ohr. Es wird gleich eine Notbeleuchtung angehen! Nichts ging an. Ein Hörer wird mir eine Taschenlampe bringen! Wer hat, an einem Sommer-

abend, schon eine bei sich? Offenbar niemand. »Ein Königreich für eine Kerze!« das kleinste Stümpfchen wäre eine Erlösung: wer's nicht erlebt hat, weiß nicht, daß zwischen völliger Finsternis und dem winzigsten Licht eine Spannung liegen kann wie zwischen Hölle und Himmel.
Peinigend langsam zog sich die Zeit hin; die vielen hundert Menschen ringsum wurden unruhig. Ich mußte mich zu einem Entschluß aufraffen. Und so begann ich denn: »Ein Mensch erblickt das Licht der Welt ...« Stürmischer Beifall, dessen wahre Quelle, ich muß es gestehen, mir erst jetzt zum Bewußtsein kam ... »doch oft hat sich herausgestellt, nach manchem trüb verbrachten Jahr ...« Zurufe: »hoffentlich nicht!« ... »daß dies der einzige Li ...« Schnapp! Strahlend, flutend goß sich das Licht in den jubelnden Saal.

Wasserscheide

Ich hatte im Sauer- und Siegerland gelesen, nun saß ich in einem Bummelzug, der mich von Siegburg nach dem mir völlig unbekannten Würgendorf bringen sollte. Das Vortragsamt hatte auf meinem Laufzettel eigens vermerkt, ich müsse an dem Haltepunkt »Wasserscheide« aussteigen – Kenner der Gegend bitte ich um Nachsicht, wenn mich das Gedächtnis täuschen sollte.
Jedenfalls, mir schien mein Reiseziel immer unglaubwürdiger: die Landschaft wurde von Viertelstunde zu Viertelstunde landwirtschaftlicher; Dörfer blieben zurück; Feld, Wald, Wiesen breiteten sich aus, kaum noch, daß versteute Häuser anzeigten, daß Menschen hier lebten – und vor Menschen, hundert mindestens, und »der Literatur aufgeschlossen« obendrein, sollte ich ja lesen. Je einsamer die Gegend wurde, um so ängst-

licher fragte ich den Schaffner, wann ich denn an meinem Ziele sei.
Endlich hielt der Zug an einem Wartehäuschen aus verrostendem Wellblech, niemand stieg aus als ich; niemand war weit und breit zu sehen. Ich nahm kopfschüttelnd meinen Koffer auf und marschierte ins Ungewisse.
Endlich, als ich schon verzagen wollte, sah ich an einem Straßenkreuz ein Wirtshaus. Es schien zu einem großen Gutshof zu gehören, denn mehrere Gebäude standen da, unter denen mir eines besonders auffiel, ein großer Stall oder Stadel mochte es sein.
Eigentlich nur, um zu fragen, trat ich in die Wirtschaft, gewärtig, barer Ahnungslosigkeit zu begegnen oder höchstens mit Bedauern weitergeschickt zu werden, tiefer noch in Wald und Wildnis. Aber nein, ich sei hier richtig, hieß es, man habe mich erwartet; allsogleich wurde ich in ein hübsches Zimmer geführt, und eine Viertelstunde später saß ich vor einem Mittagessen, dessen sich der berühmteste Koch Münchens nicht hätte zu schämen brauchen.
Ich war der einzige Gast, von den paar Fuhrleuten abgesehen, die an der Theke ein Pils tranken oder einen Schnaps kippten. Ich streunte am Nachmittag durch das Gelände, einsam auf verwachsenen Pfaden, hügelauf in den Wald, der weithin mit wandernden Pilzfamilien übersät war, so unberührt, wie ich es selbst im hintersten Tirol nie gefunden hatte. Dann kam ich an einen hohen Drahtzaun mit Schildern, die das Eindringen in diesen lebensgefährdenden Bereich streng untersagten. Und jetzt erst erinnerte ich mich, daß von ferne – nun aber nicht mehr zu sehen – vier, fünf Schlote aus den Wipfeln geragt hatten. Eine geheimnisvolle Welt, deren Schleier sich allmählich lüfteten, aber immer noch ein Märchen, durch das ich als ein Ver-

zauberter ging. Heimgekehrt, erfuhr ich, beiläufig genug, daß auf dem abgelegenen Platz eine Sprengstoff-Fabrik stehe; es gehörte nicht viel Scharfsinn dazu, in ihr meine Auftraggeberin zu vermuten; gleichwohl blieb es ein Rätsel, wie aus diesem Bereich, er mochte noch so groß sein, eine Hörerschaft, wie sie mir vorschwebte, gewonnen werden könnte. Schon war es finster, keine Stunde war's bis zum Beginn meines Vortrags, und immer noch saß ich allein in der Gaststube, in der keinerlei Vorbereitungen für eine Dichterlesung getroffen wurden.

Mit einem Schlag änderte sich die Szene: Fußgänger und Radfahrer, Autos und Omnibusse strömten herbei, Scharen von Menschen strebten dem Gebäude zu, das ich für einen Stadel gehalten hatte. Und schon wurde ich in einen hell erleuchteten, geschmackvollen Saal geführt, von Hunderten von Hörern mit Beifall empfangen; wie im Traum saß ich, unter wohlgekleideten Herren und hübschen Frauen, auf meinem Platz, während ein überraschend gut unterrichteter junger Lehrer meine Laudatio vortrug.

Die Lesung selbst verlief wie andre auch, ebenbürtig jedem Großstadt-Auftreten, eher noch herzlicher, unbefangener. In den Schlußbeifall aber mischte sich das Grollen eines Gewitters, das inzwischen heraufgezogen war. Eilig flüchteten die Gäste in ihre Fahrzeuge, liefen in die Nacht hinaus, schier gespenstisch im Aufflammen der Blitze und im Krachen des Donners. Ehe die ersten Tropfen fielen, waren alle fort, wie von Geisterhand in die Finsternis gesogen. Und zehn Minuten später, während der Regen schwer an die Scheiben schlug, saß ich wieder allein vor meinem Glase Wein; und ich mußte meinen wachen Verstand aufbieten gegen den Wahn, das Ganze sei nur ein Spuk gewesen, ein unglaubwürdiges Spiel zwischen Einsamkeit und Einsamkeit.

Das Haus

In den fünfziger Jahren suchten wir ein Haus zu mieten oder zu kaufen; in Grünwald war eins ausgeschrieben, und meine Frau fuhr hin, um zu sehen, ob es für uns passe. Der Hausherr war allein in der Wohnung, in Schlafrock und Pantoffeln machte er die Tür auf, und als meine Frau etwas verlegen fragte, ob sie das Haus besichtigen könne, nickte er arglos und freundlich, er zeigte ihr alles, vom Keller bis zum Speicher, erklärte ihr gewissenhaft die Vor- und Nachteile – und fragte, jetzt erst, beim Abschied, ganz bescheiden, er möchte doch wissen, warum meine Frau das Haus so eingehend habe beschauen wollen. Er war wie aus allen Wolken gefallen, als meine Frau, selbst über die Maßen verwundert, ja in der Meinung, ein falsches Haus betreten zu haben, ihm sagte, es sei doch in der Zeitung zum Verkauf ausgeschrieben. Der Herr mag vielleicht kein besonderer Kopf gewesen sein, aber über diesen, seinen Kopf weg das Haus anzubieten, war doch wohl ein starkes Stück seiner Frau Gemahlin.

Rätselhafter Anruf

Am Palmsonntag, anfangs April 1966, wollte ich gegen zehn Uhr gerade schlafen gehen, als das Telefon klingelte. Wer mochte da zu so ungelegener Zeit anrufen? Halb verärgert, halb ängstlich brummte ich mein »Roth« in die Muschel. Eine fremde Frauenstimme, ob alt, ob jung, war nicht zu unterscheiden, fragte neckisch, ich sollte raten, wer da sei. Wie ich das wissen könnte, gab ich zurück. Sie habe mir doch geschrieben, daß sie anriefe, wollte mir die Geheimnisvolle drauf helfen. Selbst als Greis hat man da noch ein schlechtes Gewissen, auch wenn man nurmehr fürchtet, einen Brief verschwitzt zu haben. Es gingen mir, sagte ich zu meiner Entlastung, so viele Dinge durch den Kopf – und wirklich taten sie das in dieser Stunde: es dämmerte mir, daß eine verschollene Freundin aus den zwanziger Jahren kürzlich ihren Besuch angesagt hatte. Ich erinnerte mich kaum noch an sie, und wenn, war's kein herzverzehrendes Gedächtnis, sie war eigentlich ein fades Frauenzimmer gewesen, gewiß keine alte Liebe, die nicht rosten soll, wie das Sprichtwort sagt. Nie mehr hatte ich was von ihr gehört, irgendwo in Thüringen war sie mit einem Landarzt verheiratet, und von dort aus hatte sie dann einen Brief geschrieben, aus der Zone. Süße Stunden waren darin angedeutet, die ich mehr als bitter im Gedächtnis hatte, und süßbittere Schokolade schickte ich ihr denn auch, Bücher und Zigaretten, wie so vielen »drüben«, die ich überhaupt nicht kenne.

Noch einmal forderte die Fernsprecherin mich auf, zu raten, und ich sagte, unsicher genug, das Stichwort: »Mausl!?«

Es mußte wohl getroffen haben, denn wenn's auch nicht mit einem Freudenruf beantwortet wurde, so doch mit dem unverzüglichen Angebot, in der Nähe des Bahnhofs zusammen eine Tasse Kaffee zu trinken. Nein? dann komme sie heraus, in dreiviertel Stunden sei sie da.

Dreißig Jahre früher wäre das ein beglückender Vorschlag gewesen, mein Herz Tag und Nacht geöffnet. Jetzt kam es für Jahrzehnte und für Stunden zu spät. Mein Herz schloß sich geradezu krampfhaft, mit Gewalt mußte ich es wenigstens zu dem Gegenvorschlag auftun, morgen möge sie um ein Uhr zum Essen kommen, wir – ich bezog meine liebe Frau vorsichtigerweise gleich mit ein – wir würden uns sehr freuen. Also

gut, morgen um ein Uhr. Ob sie denn auch wisse, wie sie herauskomme? Die Bäumlstraße, hinterm Nymphenburger Schloßrondell versteckt, kennen oft ergraute Taxifahrer nicht. Aber die Frau erklärte, mit beinah hohnvoller Stimme, das wisse sie doch genau, selbstverständlich.
Verwundert war ich, aber sie konnte sich ja erkundigt haben; also, bis morgen um eins. Schon hatte sie eingehängt.
Meine Frau, die durch die offene Tür das Gespräch mitgehört hatte, neckte mich weidlich mit meiner »Mausl«, es hätte leicht ein Streitgespräch über unsere vorehelichen Verbindungen sich entwickeln können; aber wichtiger schien mir, den unerledigten Brief herauszusuchen – in dem mußte ja stehen, für wann der Gast sich angesagt hatte: für anfangs Mai! Aha, darum war es mir ja auch mit der Antwort nicht so eilig gewesen! Aber vielleicht hatte sich die Schreiberin vertippt? Doppelt gespannt erwarteten wir den rätselhaften Gast – er kam nicht. Und nie werden wir erfahren, zu wem »Mausl«, uneingeladen und unverhofft, zum Mittagessen gefahren ist!

ZUSAMMENSTOSS

Das Autofahren wird immer schwieriger, Vergnügen ist es eigentlich keins mehr; aber auch in den fünfziger Jahren schon, am Sonntag gar, konnte man auf den verstopften Straßen was erleben – und durfte froh sein, wenn man's überlebte. Nacht und Nebel, Wagen hinter Wagen, Schritt für Schritt – »Abstand halten!« leicht gesagt, aber die kleinste Unachtsamkeit genügt: und schon bumst's und scheppert's. Meine Frau ist auf den Vordermann aufgefahren, scheußlich hat's gekracht,

geklirrt und geknirscht, die Lichter sind ausgegangen. Verwirrung, Schock, Geschimpfe, Beschuldigungen – je nun, das Übliche, keiner Zeile im Montagsblatt wert, summarisch unter huntertdreiundzwanzig Unfällen, meist Blechschäden, zusammengefaßt, nichts gegen die drei, vier schweren Unglücke, aber für die Betroffenen hart daran vorbei.
Fahren können wir noch, das ist im Augenblick die Hauptsache; wir sind noch einmal davongekommen. Meine Frau ist heil geblieben, ich habe eine große Beule am Kopf und einen geprellten Ellenbogen, die Buben im Rücksitz sind so gut wie unbeschädigt, Thomas, der zehnjährige, hat eine dicke Lippe, fast ein Vorteil, denn sonst würde er ununterbrochen reden und die Mammi noch nervöser machen, als sie ohnehin schon ist. Der sechsjährige Stefan aber teilt uns, höchst zufrieden, daß es so glimpflich abgegangen ist, seine Ansicht über die Sache mit: »Ich hab' gleich gemerkt, daß was passiert ist, aber ich habe fest auf meinen Bären geschaut, um die trüben Gedanken zu verscheuchen (erfahrene Eltern wissen, wie hochgestochen Kinder oft daherreden); der Wurstel und der Affe, die ganz hinten sitzen, haben überhaupt nichts davon gemerkt. Wenn man bedenkt, von sieben, die im Auto gesessen sind, ist eigentlich *nur* dem Papi richtig was passiert; und es hätte alles viel dümmer gehen können!«
Dieser fröhlichen Auffassung haben wir uns gern und ohne Widerrede angeschlossen; ich habe sogar meine Mutmaßungen darüber, was mich der Scherz kosten würde, vorübergehend eingestellt.

DICHTERPREIS

Im Jahre 1952 bekam ich – endlich und viel zu spät, wie mir einige Leute, nicht meine »Freunde«, versicherten, den Dichterpreis meiner Vaterstadt München. Ausgerechnet in diesem Jahr war im Rathaus die Sparwut ausgebrochen, der Betrag war um die Hälfte, auf fünfzehnhundert Mark, begrenzt worden; und da ich das viele Geld nicht selbst auf der Stadthauptkasse abholen, sondern durch Postanweisung beziehen wollte, erhielt ich, in Worten, vierzehnhundertneunundneunzig Mark, denn die Gebühr für das Porto wurde abgezogen.
Glückwünsche trafen ein von allen Seiten, meist von Verehrern, die das Ereignis gewaltig überschätzten. Ein Brief ist mir noch im Gedächtnis: ein biederer Mann freute sich von Herzen, daß ich jetzt einem gesicherten Lebensabend entgegensehen könne, und er wünschte mir noch viele Jahre des verdienten Genusses. Ich war damals siebenundfünfzig Jahre alt, heute bin ich siebenundsiebzig. Ich brauche nicht zu versichern, daß die Riesensumme nicht ausgereicht hat.
Noch ein anderer lieber Mitmensch fällt mir ein: er schickte mir zu diesem Anlaß – einen gewaltigen Freiumschlag und hoffte in aller Bescheidenheit, ich sollte ihn mit den vielen Marken, die wohl mit Briefen aus der weiten Welt mich erreichten, gehörig füllen, der Dank eines kleinen Sammlers sei mir gewiß. Und ich erinnere mich heute noch, daß ich, nach einigem Schimpfen über die Dreistigkeit des Mannes, diesem Schlaumeier recht geben mußte und ihm ein wohlassortiertes Päckchen schickte, von den Bahamasinseln bis Südafrika von Argentinien bis Ceylon, so weit eben der Widerhall von jenem »Menschen« gedrungen war, der ich selbst zu sein die Ehre habe.

Nur ein Zufall?

Meine Frau ist die einzige Zeugin dessen, was ich hier an Eides statt versichere: Am 19. Juli 1971, so gegen fünf Uhr nachmittags, saß ich, des Schreibens müde, neben, oder genauer gesagt, gegenüber meinem nähenden Eheweib und jammerte, daß auf der Welt nichts mehr los sei: keine Überraschung, kein unverhoffter Besuch, kein bedeutender Brief, kein Angebot, nichts. »Jetzt sollte ein Mann kommen, mit einer Mappe voll der schönsten preiswertesten Handzeichnungen!« Das war natürlich nicht einmal ein Glückstraum, sondern barer Hohn, keine Herausforderung des Schicksals, sondern die endgültige, fast schon wieder lächerliche Absage an den Zufall, den die Weisen den größten Tyrannen nennen.
In diesem Augenblick schnarrte die Hausglocke. »Jetzt kommt er, der Mann mit der Mappe!« Ich lachte, mich selbst lachte ich aus wegen meiner Spinnerei, ich öffnete die Tür, eines Hausierers, eines Autogrammjägers, eines Fotografen, eines Ausfragers, eines Bettlers gewärtig – immer, wenn ich selber die Tür aufmache, liefere ich mich einem solchen Unabweisbaren aus. Es war aber der Mann mit der Mappe, ein Schlepper, ein Zwischenhändler – seit Jahren war er nicht mehr gekommen. Ich erwarb drei bemerkenswerte Blätter; mehr brauche ich nicht zu sagen; der Leser mag sich seine Gedanken machen, wie ich sie mir gemacht habe.

Herzhafter Trost

Bald nach meinem fünfundsechzigsten Geburtstag wurde ich ernstlich krank. Dreimal innerhalb Jahresfrist wurde ich operiert; zuerst wurde mir ein innerer

Kropf herausgeschnitten, dann mußte ich mir die Wasserleitung gründlich reparieren lassen, zuletzt ging es auf Leben oder Tod, Gallenwege und Leber waren aufs heftigste gestört. Die ersten beiden Operationen hätten nicht so geeilt, mehr oder minder freiwillig lieferte ich mich selbst ans Messer. Aber meine Entschlossenheit wurde belohnt, den dritten Eingriff hätte ich nicht überstanden, wenn nicht vorher Atemnot und Entwässerungsschwierigkeiten behoben worden wären.

Keine Angst, verehrter Leser, daß ich Sie mit den dunkelsten Wochen meines Lebens behellige. Ausführliche Leidensgeschichten gibt es genug. Aber einen gemütvollen Trostspruch meines Münchner Krankenwärters will ich doch berichten: als ich so recht elend, angezapft wie ein Weinschlauch, nach der Prostata-Operation im Bette lag, ohne Hoffnung, je wieder schiffen und schaffen zu können, ermunterte mich der brave Mann mit der Verheißung: »Wern S' sehgn, Herr Dokta, Sie soachen wieder wie-r-a Bräuroß!«

Vorsicht, Presse!

Natürlich werde ich mich hüten, unsere guten, nur vorübergehend leicht linksgedrallten bürgerlichen Zeitungen im Bausch und Bogen zu tadeln. Die unseriösen »Boulevardblätter«, die flotten, meine ich ausschließlich.

Lassen Sie sich, lieber Leser, nie, nie, wenn Sie auch nur ein bißchen prominent sind, und am wenigsten fernmündlich, von ihren Reportern ausfragen – ein guter Rat, den ich leider selbst viel zu selten befolgt habe.

Ein jovialer, aber schwer abzuwimmelnder Herr will wissen, ob ich glücklich verheiratet bin. Ich verweigere die Auskunft. Ich selbst lese das Blatt nicht, aber ich

höre durch Dritte, daß was recht unverschämt-dummes in der Zeitung gestanden ist: nämlich, daß es wohl seinen Grund haben müsse, wenn einer über seine Ehe nichts äußern will. Ein herziges Mägdelein, dem ich vertraue, nährt sich gewiß kümmerlich von dem Geschäft, herumzufragen, was Prominente gerne essen, wie sie zum Fußballsport stehen oder wie sie sich verlobt haben. Das liebe Kind bringt gleich das schöne Gerät mit, das meine Worte auf Band aufnimmt, nur als Gedächtnisstütze natürlich. Auch schwört die Dame, mir den Text noch vorher fernmündlich durchzusagen. Ich höre nichts, aber eines Tages hält mir ein guter Freund ein Blatt unter die Nase, in dem ich als ein uriger bayerischer Knödelfresser geschildert werde, der jederzeit zu einem Wettbewerb antreten kann. Ein andermal bekomme ich ein Dutzend Briefe von anonymen Fußballfans mit wüsten Beschimpfungen, weil ich leichtsinnig erklärt habe, daß es mir ziemlich gleichgültig ist, ob 1860 oder Bayern die bessere Mannschaft hat.
Und was die Verlobung anbetrifft, da war ich in meinen Aussagen wirklich unverzeihlich offenherzig. Das liebe Fräulein hat meine anekdotische Bemerkung als Knüller oder Aufhänger benützt, und nun steht in der Abendzeitung in riesiger Balkenschrift über die ganze Seite: »Eugen Roth sagte nur: Pack ma's!«
Ich müßte allmählich gewarnt sein; und wirklich lasse ich einen Illustrierten-Vertreter ziemlich unfreundlich abfahren, der am Telefon um elf Uhr abends noch wissen will, welche Partei ich zu wählen gedenke. Ich sage, das geheime Wahlrecht sei nicht zu dem Zwecke erkämpft worden, daß ... »Na, schön!« zischt der eben noch so zuckersüße Herr und hängt grußlos ein. In seinem Bericht erscheine ich als der ewig Gestrige, der höchstvermutlich seine reaktionäre Gesinnung nicht preisgeben will.

Zur Buchwoche soll ich, natürlich gratis, wie immer, ein ganz kleines Gedichtlein beisteuern. Ich Gutmütiger tu's; und um auszudrücken, daß ich nach wie vor dem Buch verschworen bin, fang ich an: »Ein Mensch liest Spiegel nicht, noch Stern – er hört nicht Funk, er schaut nicht fern!« Und schon ruft der hiesige Redakteur des »Spiegels« an, mit der drohenden Frage, wie ich dazu käme ...

Besonders häufig werde ich natürlich darüber ausgequetscht, was ich über die geistige, seelische, politische und wirtschaftliche Lage der Schriftsteller denke. Da ist freilich höchste Alarmstufe geboten, daß mir kein unrechtes Wort oder gar ein Name entschlüpft.

Nur im Vorbeigehen, zwischen Tür und Angel, bittet mich eine Bekannte, einen Aufruf zu unterschreiben, der sich gegen die schamlosen und rohen Filmplakate wendet – Männer mit einem nackten Menschen im Arm und einer rauchenden Pistole in der Hand – Anpreisungen, vor denen auch die Kinder nicht geschützt sind. Ich setze, ohne lang zu überlegen, meinen Namen auf das Blatt – und schon bin ich, in großen Lettern, der Wortführer der »Sauberen Leinwand«, der einzige »Intellektuelle« unter lauter Sittlichkeitsaposteln und Betschwestern. Zornige und tief bedauernde Briefe flattern mir ins Haus, Drohungen, nie mehr eine Zeile von mir zu lesen, rührende Abschiede von einem Verlorenen.

Die Geschichte von dem Reporter, der einen Selbstmörder anfleht, mit seinem Sprung von der Brücke noch so lange zu warten, bis er seinen Film eingelegt habe, war bisher ins Land der unbegrenzten Möglichkeiten verlegt worden. Aber so weit brauchen wir heute längst nicht mehr zu schweifen: Auf einem Münchner Friedhof wurde ein berühmter Schauspieler begraben, die nicht weniger prominente Witwe warf soeben die drei Schaufeln Erde in die Grube, als sich ein Pressefotograf

vordrängte: »Bittschön, gnä' Frau, machen Sie's noch einmal, mir ist der Blitz ausblieb'n!«
Und eine Prinzessin, die sich ahnungslos für einen großen Abendempfang vorbereitete, wurde ans Telefon gerufen: »Entschuldigen S', Hoheit, können Sie mir nicht ein paar Einzelheiten über den Tod Ihres Mannes sagen?«

Alltag und Abenteuer

VORWORT

Aller guten Dinge sind drei; so wage ich, meinen Lesern ein drittes Bändchen Erinnerungen und Anekdoten vorzulegen. Ob's zu den guten Dingen zählt, sei dahingestellt. Aber wer über die Schwelle der Achtziger geht, bildet sich halt doch ein, allerhand erlebt, gesehen und gehört zu haben. Es läppert sich zusammen. Den Titel freilich darf man nicht zu eng nehmen. Denn einerseits bin ich vom sprichwörtlich öden Alltag, die Zeitungs- und Soldatenzeit vielleicht ausgenommen, verschont geblieben, andererseits halten sich meine Abenteuer im Rahmen des Alltäglichen. Die großen Ereignisse habe ich bewußt ausgelassen, die hat jeder ältere Leser aus mehr oder minder nächster Nähe mitgemacht, oft genug in scheußlicher Lage; und die jüngeren Leser finden, wenn sie es wissen wollen, Bücher genug, die unser Stück Weltgeschichte erzählen. Aber die kleinen Dinge dem Vergessen zu entreißen, ist auch diesmal eines meiner Anliegen. Was uns seinerzeit unser eigener Großvater auf Anhieb hätte berichten können, ist heute oft nur mühsam aus dem Strom der Zeit zu fischen. Jeder »hohe Greis« ist ein bißchen der Mönch von Heisterbach, auch ich bekomme das manchmal zu spüren: auf meinem Redaktionsstühlchen sitzt schon der dritte Nachfolger, um fünfzehn Jahre Jüngere sind Rentner geworden, und die Theaterzettel weisen fremde Namen auf. Und daß meine Bücher noch besser gehen, als ich selbst erhoffte, ist ein Wunder, für das ich einzig meinen treuen Lesern herzlich danken kann. Denn an der Literaturbörse werden meine Aktien nicht gehandelt, aber im freien Verkauf stehen sie gut.
Ich bin ein alter Münchner und hätte immer wieder was von dieser Stadt erzählen können. Sie ist mein enger

Lebenskreis, und ich bin, bildlich gesprochen, nie aus der Wiege Bayerns gefallen, wo ich geboren bin. Aber vieles, vielleicht allzu vieles Persönliche habe ich weggelassen, schließlich hat das Bändchen nur 150 Seiten Text. Es hat mir Mühe genug gemacht, denn ich habe mich, im wahren Wortsinn, zu sehr verzettelt. Oft habe ich vergeblich gehofft, daß aus den dürren, rasch hingekritzelten Blättchen wieder die grüne Erinnerung wachsen würde.

In der guten alten Zeit fragte der Metteur den enteilenden Hauptschriftleiter, was er fürs Morgenblatt drucken sollte: »Tun S' halt 'nei, was neigeht, das andere lassen S' heraußen!« So hab' ich's auch gehalten; ob ich das Rechte erwischt habe, ist fraglich. Mir genügt's, daß ich mit allem, was ich geschrieben habe, mehr Menschen zum Lachen gebracht habe als zum Weinen, womit nichts gegen ehrliche Tränen gesagt sein soll. Eine dickleibige Selbstbeschreibung hab' ich mir gespart, allenfallsige Legendenerzähler über mein Leben könnte ich mit einem einzigen Satz bescheiden: »Im Grunde war alles ganz anders!«

URFRIEDEN

Wandel der Welt

Wer, wie ich, am Ende des vorigen Jahrhunderts geboren ist, hat Glück gehabt. Er ist gerade noch recht gekommen, um die letzten Friedensjahre zwar nicht mehr zu genießen – dafür sorgte die Schule –, aber sie wenigstens mit leidigem Verständnis zu begreifen und ihr Bild in die jüngste Zeit herüberzuretten. Denn bis an die Schwelle des ersten Weltkrieges ging, in München gar, das Biedermeier. Schon wenige Jahre früher oder später sind da von bedeutendem Unterschied. Der berühmte Jahrgang 1902 gehörte einer völlig andern Generation an, und die sieben Jahre, die ihn von 1895 trennen, sind eine weitere Strecke als doppelt so viele Jahre, nach rückwärts, ins alte Jahrhundert hinein.
Und so wage ich die Behauptung, daß wir, die heute Achtzigjährigen, den eigentlichen Einbruch der Technik ins Bürgertum mitgemacht haben, die Anfänge, auf die es ankommt, die der Mensch unmittelbar erlebt. Der Beispiele wüßte ich viele zu berichten, ohne mich durchaus zum Lobsprecher der guten alten Zeit zu machen. Alles fließt, und wann wir die Grenzen der humanen Welt überschritten haben, wird sich nie genau feststellen lassen.
Ich kam zwei Jahre nach der elektrischen Straßenbeleuchtung zur Welt. Freilich war München besonders spät dran, weil die vom Gaslicht begeisterten Stadtväter den alten Ferdinand von Miller ausgelacht hatten, der seinerzeit vor einem langfristigen Vertrag warnte, weil ein noch besseres Licht als das Gas erfunden werden könnte. Wenn die städtischen Arbeiter die großen Bogenlampen herunterließen, um sie zu reinigen,

standen die Kinder noch andächtig dabei. In den meisten Straßen jedoch ging noch viele Jahre lang der Laternenanzünder mit seiner geheimnisvollen Lichtstange herum, eine heute schon verschollene poetische Gestalt.

Wir selbst brannten natürlich noch die Petroleumlampen, aber nebenan in der Gastwirtschaft »Zur Walhalla« gab es jenes leise sausende, halbmondförmige offene Gaslicht, von dem Olaf Gulbransson berichtet, er habe es, nicht anders als eine Kerze, vor dem Schlafengehen ausblasen wollen, womit er beinahe sein eigenes Lebenslicht ausgeblasen hätte.

Noch im Jahre 1881 standen, wie Oskar von Miller erzählt, auf der Pariser Ausstellung die Menschen zu Hunderten an, um eigenhändig den Schalter einer Edison-Glühlampe an- und ausdrehen zu dürfen. Die Selbstverständlichkeit, mit der heute ein dreijähriges Kind das Licht anknipst, haben wir erst als Erwachsene gelernt.

Natürlich waren vor 1900 längst eine Reihe von Erfindungen gemacht und sogar von einem kleinen Kreis Fortschrittlicher schon praktisch erprobt – aber wir dürfen nicht vergessen, daß in den breitesten Schichten des Bürgertums – vom flachen Lande gar nicht zu reden! – noch bis an die Schwelle des ersten Weltkrieges eine heftige Abneigung gegen alle Neuerungen herrschte und, vor allem, eine gewaltige Angst, selbst mit solchem Teufelswerk etwas zu tun zu haben.

Bauersfrauen, die nie mit der Eisenbahn gefahren waren, gab es in unserer Kinderzeit noch häufig genug, Leute, die sich nicht bewegen ließen, sich dem geheimnisvollen Kästchen des Photographen zu stellen, nicht minder. Und der Werdegang eines Lichtbildes – heute trägt der Liebhaber seinen Film zum Fachgeschäft – war ja auch noch aufregend genug, wenn der alte Zauberer, der Doktor Billinger, seine Kopierrähmchen ins grelle Sonnenlicht stellte oder uns gar in die Dunkelkammer mitnahm.

Die Hochräder wurden vom Velociped oder Bicycle abgelöst, Liebespaare fuhren auf dem Tandem ins Grüne, in einer abenteuerlichen Tracht, und ganze Radfahrvereine ließen sich, mit Standarte, auf fünf- und sechssitzigen Maschinen bewundern. Die Witzblätter aber wurden nicht müde, den Radler zu verspotten. Und dann tauchten die ersten Automobilisten auf mit ihren Benzinkutschen, vor denen die Pferde scheu wurden. Alle aber traf man häufig genug am Stadtrand mit Flicken und Basteln beschäftigt und vom mitleidigen Hohn der Fußgänger begossen.

Die gemütliche Pferdebahn und die schrecklich qualmende Dampftrambahn (nach Nymphenburg) kenne ich noch gut aus eigener Anschauung, so mancher, der mir heute als ungefähr gleichaltrig erscheint, weiß nur noch vom Hörensagen davon. Natürlich waren unsere Eltern im Zeichen des Jugendstils schon »hochmodern«, an den Großeltern gemessen.

Meines Vaters Mutter ließ es sich, wenn sie hörte, daß ein Bekannter nach Berlin reise, nicht nehmen, ihm durch die halbe Stadt einen Brief hinzutragen, um die teure Taxe zu sparen. Sie mutete auch dem Unglücklichen zu, den Brief in Berlin selbst dem Empfänger zu bringen – sie wollte sich nicht belehren lassen, daß das alles mit Hilfe einer Zehnpfennigmarke schneller und einfacher gehe.

Ein völlig verrückter Neffe hatte eines Tages den tollen Einfall, seine Ankunft telegraphisch anzukündigen. Nun stand bei uns allen noch lange Zeit fest, ein Telegramm könne nur eine schreckliche Unglücksbotschaft bedeuten – sofern nicht gerade Hochzeit oder 70. Geburtstag war. Als sich nun bei der Großmutter der erste

Schrecken gelegt hatte, kam ihr zuerst der Zorn über die dumme Geldverschwendung und dann der Verdacht, es handle sich um einen schlechten Scherz. »Komme heute abend, Max« – wer soll kommen? Wohin? Und überhaupt, es ist gar nicht die Schrift von Max! (Die Telegramme kamen handgeschrieben vom Postamt.)
Das Telephon war gewiß schon lange eingeführt, auch wir hatten einen solchen Kasten mit Sprechmuschel, zwei Hörrohren und Kurbelläutwerk erhalten; aber nur mein Vater getraute sich, das tückische Ungeheuer zu bändigen; man mußte endlos läuten und abläuten, wurde falsch verbunden und brauchte oft einen erheblichen Stimmaufwand, um sich verständlich zu machen. Ein wirkliches Ferngespräch in eine andere Stadt war allerdings auch für einen Zeitungsmann, wie mein Vater es war, eine abenteuerliche Sache, und an Stelle des später gebräuchlichen Hallos fragten sich die Teilnehmer, wenn sie endlich verbunden waren, zuerst wiederholt: »Verstehen Sie mich?« »Ich verstehe Sie gut!« »So, Sie verstehen mich auch?« Es mußte dann eben doch jedes dritte Wort buchstabiert werden; der Strom setzte aus, das Fräulein vom Amt unterbrach oder warnte freundschaftlich vor den hohen Kosten, und zum Schluß stand der Sprecher ziemlich erschöpft da.
Der schon genannte umstürzlerische Telegrammneffe bekam von der Großmutter, seiner Tante, ein paar Butterbrote aufgedrängt, denn ohne Proviant auf Reisen zu gehen, war sündhafter Leichtsinn. Der verruchte Mensch, den wir zur Bahn brachten, verfütterte das Brot an den Droschkengaul und erklärte, er gedenke im Speisewagen zu essen. Das erschien uns Buben als ein großartiger Frevel von antiken Ausmaßen.
Mein Vater wurde einmal zu einer Pressetagung nach Berlin eingeladen und fuhr, wenige Jahre nach dessen Einführung, im Schlafwagen. Er selbst freute sich wie

ein Kind, und wir durften alle mit auf die Bahn, um dieses triumphale Ereignis mitzugenießen.

Mit einem Freiballon war mein Vater schon früh, in den achtziger Jahren, geflogen; die Entwicklung der Luftschiffahrt und der Fliegerei erlebten wir an seiner Seite von Kind auf, denn er, als Mann der Presse, war bei allen Veranstaltungen vorne dran. Die Fahrten und Unglücksfälle Zeppelins, die ersten Versuche der Piloten in Puchheim, verfolgten wir mit eigenen Augen; und wenn es stolz im nächsten Morgenblatt hieß, daß sich Herr Otto oder Lindpaintner eine Minute in der Luft halten und einen Sprung von achtzig Metern machen konnte, dann durften wir stolz sagen, wir seien dabeigewesen.

Die Entwicklung des Films, des Grammophons und, Jahrzehnte darauf, des Rundfunks habe ich miterlebt von den ersten, oft kläglichen Versuchen an.

Freilich, der Himmel sorgte immer wieder dafür, daß die Bäume nicht in ihn wachsen. Zwei Weltkriege haben uns belehrt, daß zuletzt der Sperling in der Hand besser ist als die Taube auf dem Dach, in Notzeiten die Kerze sicherer als das elektrische Licht, der Löscheimer zuverlässiger als die Motorspritze, das Butterbrot und der Vetter in Dingsda ergiebiger als Speise- und Schlafwagen. Im Anbruch des Atomzeitalters sind wir, gottlob nur vorübergehend, im Kriege, zu den Gepflogenheiten der Neandertaler zurückgekehrt, und wer will heute wissen, wie im Jahre 2000, unbeschadet des technischen Fortschritts oder vielleicht gerade infolge seiner teuflischen Möglichkeiten, das Leben unserer Söhne und Enkel ausschaut.

Die Lebkuchen

Ganz schmucklos will ich ein Erlebnis aus meiner Kinderzeit erzählen; und wenn die Eltern dabei nicht die beste Rolle spielen, die Mutter zum mindesten, nein, keineswegs eine so gute Rolle, wie einer Mutter sie anstünde in einer Kindergeschichte, so liegt das nicht an mir, ich kann's nicht vertuschen, denn anders als in der ganzen Wahrheit darf ich's nicht berichten. Es ist ja auch schon lange her, an die siebzig Jahre; die Mutter ist tot, seit geraumer Zeit, und auch der Vater ist gestorben, als ein hoher Achtziger, sie haben ihr Leben gelebt, ein gutes Leben, und bei der glücklichen Eintracht unserer Familie wäre es lächerlich gewesen, den alten Leuten mit zimperlichen Vorwürfen zu kommen aus verschollener Zeit.

Wir machen alle den Fehler, unsere Eltern eben nur als Eltern zu sehen; Mütter gibt's genug, die ganz zurücktreten im Dienst an ihren Kindern, aber so war unsere Mutter nicht, sie war zwanzig Jahre alt, als wir auf die Welt kamen, zwei Buben hintereinander, wer wollte es ihr verargen, daß sie noch lange nicht daran dachte, sich selbst aufzugeben unsertwillen. Das hat sie erst später getan, als der Krieg kam; und hat es besser getan als die meisten; damals aber, in dem unendlich scheinenden, wolkenlosen Sommer des Friedens flatterte sie falterleicht durch ihre Jugend, und auch mein Vater war kein schwerblütiger Mann, Heiterkeit war die Grundfarbe dieser Ehe, einer Künstlerehe, wie man so sagt, und wenn einmal, was oft genug vorkam, kein Pfennig Geld im Hause war, dann tanzten sie beide übermütig um den leeren Beutel, und das war besser als der Tanz ums Goldene Kalb.

Galt es dann ernsthaft, ein paar Mark für den Augenblick aufzutreiben, griff unsere Mutter unbedenklich nach unseren Sparbüchsen und angelte mit dem Messer aus dem Glücksschwein die Taler, die uns ein hochmögender Besucher in den Schlitz geworfen hatte. Sie dachte sich weiter nichts dabei, und auch bei der Geschichte mit dem Lebkuchen, die ich jetzt gleich erzählen will, ist es ihr gewiß keinen Augenblick lang in den Sinn gekommen, daß sie Schaden anrichten könnte in der Seele eines Kindes.

Wir wohnten damals, nach der Jahrhundertwende, in einer häßlichen Gegend, das heißt, es stießen, wie so oft in München, ein vornehmer Stadtteil mit einem zusammen, den man hierorts Glasscherbenviertel nennt. Die Eltern hatten den vierten Stock des Miethauses inne, die Großmutter von der Mutterseite das Erdgeschoß, wo sie ein Altertümergeschäft betrieben.

Eins jedoch muß ich noch erwähnen, damit ja kein falsches Bild entsteht: arm im eigentlichen Sinne waren unsere Eltern nie, auch wenn sie mitunter wie die Eichhörnchen von einem Honorar zum andern hüpften und dazwischen frei in der Luft hingen. Aber die Mutter, die später so gut rechnen und wirtschaften lernen sollte, nahm's damals noch nicht so genau, und der Vater tat's an der falschen Stelle. Er ließ die Hundertmarkscheine fahren, die er hätte verdienen können, ja sogar die, die er schon verdient, aber noch nicht abgerechnet hatte. In einem Strudel von Arbeit trieb er davon, Hunderte von Zeilen zu zwei Pfennigen oder, wenn's gut ging, zu fünfen – schrieb er zu den Tausenden, die noch nicht bezahlt waren. Dafür lief er dem Groschen nach, in lächerlicher Weise ein Kassabuch führend, den Kopf sich tagelang zermarternd, wo und wann er die halbe Mark ausgegeben haben könnte, um die es nicht stimmte. Wir schwuren dann heilige Eide, daß er dies und das getan, daß er uns den umstrittenen Betrag zu dem und dem Zweck gegeben habe, oder wir zauberten die fehlenden Münzen in das schon oft gezählte Häufchen, bis er schließlich, nach mißtrauischem Zögern, sich glücklich zufriedengab, oft freilich nur, um bei erneuter Nachprüfung einen um so hoffnungsloseren Kassen- und Höllensturz zu erleben.

Jetzt wird es aber hohe Zeit, unserer Geschichte näher auf den Leib zu rücken. In jenem Jahr, im Frühsommer, war ich gefirmt worden, mein Pate war ein reicher Brauherr, an nichts hatte es mir gefehlt, was herkömmlich war; die goldne Uhr, das bis zum Schlechtwerden üppige Mittagessen, die Dampfschiffahrt auf dem Starnberger See, alles hatte ich bekommen.

Nun ging es stark auf Weihnachten, nur vier, nur drei, nur zwei Tage noch trennten uns vom Heiligen Abend, ich zweifelte nicht, daß der freigebige Pate sich seiner Pflicht erinnern und, wie es so üblich war, wenigstens zum ersten Christfest nach der Firmung mit einer ansehnlichen Gabe aufwarten würde; daß er mich vergessen sollte, schien mir kaum zu befürchten, hatte er doch sogar den alten, fast schon verschollenen bayrischen Brauch eingehalten und mir zum zweiten November einen riesigen Seelenzopf geschickt, ein tortenähnlich verziertes Hefegebäck, wie man's heutzutage kaum mehr in den Auslagen sieht, Rest uralter Heidensitte, Opfergabe für die Abgestorbenen voreinst und nun nichts weiter mehr als willkommene Leckerei für die Kinder, die noch nicht, wie jetzt, wahllos das ganze Jahr über mit Süßigkeiten gefüttert wurden.

Mit zehn, elf Jahren glaubten auch wir damals nicht mehr an das Christkind, das wäre zuviel verlangt gewesen, in der Großstadt gar, wo wir sahen, wie alles angeboten wurde in den Geschäften, wo wir hörten, wie die Erwachsenen sich verplapperten, die teuren Preise beredend auch in unserer Gegenwart, wenn sie auch schnell die fromme Lüge wiederherstellen wollten mit allerlei schönen Redensarten ... Christkindlbriefe, die man abends, beim ersten Schneefall vors Fenster legt, gläubig vertrauend, daß ein Engel sie einsammelt, schrieben wir nicht mehr, aber Wunschzettel doch, die wir den Eltern gaben, nicht ganz so zuversichtlich, schon mit einem traurig-verworrenen Einblick in die Welt des Geldes und des Verdienenmüssens, ja, Wunschzettel schoben wir der Mutter zu; und ein Rest von Kinderglauben blieb doch noch, goldenes Zauberhaar, hängen in der kalten Berechnung der Gaben, die zu erwarten waren.

Viel, allzuviel würde es nicht werden diesmal, das ahnten wir, mein Bruder und ich, das flüsterten wir uns zu vor dem Einschlafen, unsere wilden Hoffnungen dämpfend, in der Finsternis, wie die Köhler dem Meiler Wasen auflegend und doch auch wieder lüpfend, damit nicht alle Vorfreude erstickte. Ein bißchen hatten wir spioniert, den Rodelschlitten hätten wir sehen müssen, das Kasperltheater ebenso – und daß nun auch vom Firmpaten kein Paket abgegeben worden war, das war bitter. Vielleicht war es unserer Kunde entschlüpft, vielleicht kam es noch im letzten Augenblick.

Der Heilige Abend kam, ein wenig verhetzt und verhudelt wie immer, dann aber doch feierlich, als das Glöcklein scholl und der rosige, der honiggelbe Schein vom Lichterbaum ausatmete, silbernes Haar und goldne Kugel von den Zweigen glänzten, die kleinen Geschwister jubelnd in das warme Gold des Zimmers liefen. Wir älteren Buben freilich nützten die ratlose Stille zu heimlich-kühnen Späherblicken, was uns denn nun wirklich beschert worden sei, wir sahen allerhand Nützliches, auch Bücher und Schlittschuhe, aber unsere großen Hoffnungen waren enttäuscht: keine Rodel, kein Kasperltheater, keine Eisenbahn. Und der Firmpate hatte mich auch vergessen.

Nur Lebkuchen gab es viele, mehr denn je, keine selbstgebackenen, sondern die schönen, großen, glänzenden Nürnberger, tiefbraun, glasiert, sternförmig ausgelegt mit Mandeln, oder runde, in bunten Blechschachteln, mit weißen und rosigen Zuckergüssen, mit farbigen Liebesperlen bestreut. Jedem Kind waren sie reichlich zugeteilt, auch auf den Plätzen der Erwachsenen standen sie, das Dienstmädchen war damit beschenkt und sogar die Papierteller, die für das Schreibfräulein und den Sekretär meines Vaters bereitgestellt waren, glänzten von der süßen Last.

Wir verschmerzten denn auch, mit Behagen schmausend, bald unsere geknickten Hoffnungen, dies und das fand sich noch, was uns freute, ich fing weltvergessen zu lesen an, ich las und aß; von fremden Tellern zu stibitzen und so die eigenen Schätze zu mehren war heuer nicht nötig; die Kleinen wurden ins Bett gebracht, wir zwei Älteren durften noch hinunter zu den Großeltern, ein Gläschen von dem leichten Punsch mitzutrinken; und als gegen Mitternacht die großen Domglocken schwangen und klangen, da war ich fröhlich und selig wie je, und im Wachen schon träumend, schlief ich brausend in den Feiertag hinüber, an dem ich wieder lesen und essen wollte, unersättlich.

Die Weihnachtswoche ging dahin, die Bücher hatten wir ausgelesen, die Traurigkeit begann, als hätten wir alle Bücher der Welt ausgelesen, aber mit den Lebkuchen wurden wir nicht fertig, diesmal nicht, wie unermüdlich wir auch nagten und bissen, unerschöpflich schien die Labe zu sein. Und die Gäste, die zu Silvester kamen, die Neujahrsgratulanten, sie wurden eingeladen, das köstliche Gebäck zu versuchen, und sie sagten nicht nein, und wir Buben sahen neidlos zu, wie sie aßen und, auf das Drängen der Mutter, für die Kinder daheim einsackten in Beutel und Rocktaschen.

So kam der Dreikönigstag heran und mit ihm das Ende der weihnachtlichen Zeiten. Der Christbaum, der schon bedenklich Nadeln gelassen hatte im warmen Zimmer, wurde noch einmal angezündet, dann ward er seines Schmuckes entkleidet und in den Hof gestellt. Der erste Schultag sah drohend dem letzten, trübdämmernden Feierabend über die Schulter, die große Traurigkeit schlich sich in unsere Kinderherzen. Die Rechenbücher und Schreibhefte mußten hervorgesucht werden, leichtsinnige Versäumnisse, morgen zu verantworten, fielen schwer auf unsere Seele.
Noch galt es, die Spuren des Festes abzuräumen; Kerzen und Kugeln wurden in Schachteln verpackt, das Spielzeug in die Kästen gelegt; zuletzt war eine ansehnliche Kiste im Flur stehengeblieben, und die Mutter befahl mir gleichmütig, sie auf den Speicher zu tragen.
Keine gewöhnliche Kiste war's, eine wunderschöne Kiste, mit farbigem Papier ausgeschlagen, ein süßer Duft stieg aus ihr auf, und als ich hineinsah, die Nase hineinsteckte, fand ich die Krumen noch drin, und es gehörte nicht viel dazu, zu erraten, daß sie die köstlichen Lebkuchen beherbergt hatte, mit denen wir alle so überreich heuer beschenkt worden waren. Aber zugleich fiel mein Blick auf etwas anderes, auf ein weißes, unscheinbares Kärtchen, und wenn ich auch nicht neugierig war, lesen mußte ich's doch, und so stellte ich die Kiste hin, holte das Papier heraus und drehte es um. Und da traf es mich wie ein Blitz, wie ein kalter Strahl schlug es in mich ein: meines Firmpaten, des Brauherrn, des königlichen Kommerzienrats Besuchskarte war es, und in seiner Handschrift stand der Wunsch darauf zu lesen, ich möchte es mir gut schmecken lassen.
Ich sagte schon, es war ein kalter, ein tauber Schlag, der mich durchfuhr; ich weinte nicht, ich lief nicht zu meiner Mutter, ihr die Karte zu zeigen und Rechenschaft

von ihr zu fordern. Ich steckte das Stück Papier in die Tasche und nahm die Kiste wieder auf und trug sie auf den Speicher, auch später wies ich die Karte nicht vor, und selbst meinem Bruder sagte ich nichts oder den Großeltern, daß die Lebkuchen mir gehört hatten. Ich lief einige Tage betäubt umher, ich versteckte die Karte unter meinen Schulbüchern, ich vergaß die ganze Geschichte, wie man alles vergißt im Treiben der Wochen und Jahre – und vergessen habe ich es doch nicht, sonst fände ich's nicht der Mühe wert, es zu erzählen, heute, siebzig Jahre später.

Heute, nach so langer Zeit, von einem Leben gedämpft und gedemütigt, das uns manche Grundsätze und Einsichten abgehandelt hat, weiß ich's vielleicht nicht mehr so unerbittlich klar, was mich so bis auf den Grund der Seele enttäuscht und gekränkt hat, wie ich's damals wußte als Kind, ohne es sagen zu können. Ich trug meinen Schmerz in mir herum, ich war überzeugt, das Unrecht, das nie wiedergutzumachende Unrecht keinem Erwachsenen begreiflich machen zu können; und ich muß auch heute noch fürchten, daß viele, die diese Geschichte vernommen haben, den Kopf schütteln und nicht wissen wollen, wo ich hinausmöchte mit meiner Empfindlichkeit. Die Plumpen werden glauben, es wäre mir um die Lebkuchen selbst gegangen, ganz einfach um den Betrug an meinem Besitzrecht. Und obwohl sie am weitesten danebengeraten haben, sind sie von der Wahrheit gar nicht so sehr entfernt, denn die Gegensätze berühren sich ja: einmal wäre ich reich gewesen, märchenreich, ein Zauberer, mächtig, zu verschenken – und man hatte mir nicht zugetraut, daß ich alles verteilen würde; den Wunderschatz, der mein war, hatte die eigene Mutter mir listig entwendet, den Ruhm, den Dank, der ihr nicht zukam und auch mir nur durch die Gabe des Paten, aber als ein Abglanz immerhin, hatte

sie unterschlagen, ich war der Bettelbub, der es erfährt, daß er der Königssohn gewesen wäre, und der Mutter zersprang nicht das Herz im Leibe, nein, sie selber war's, die den Betrug ins Werk gesetzt – aber was rede ich da, maßlose Übertreibungen sind's, kindische Flausen, heut' weiß ich's besser, wie es der Schlechtere immer besser weiß; als ein Mann von runden achtzig Jahren, nach zwei Kriegen, sollte ich meiner Mutter noch ins Grab zürnen – sie dachte ja nicht daran, mir all das Unrecht zuzufügen, das ich so heillos empfand. Die Gabe des Paten kam ihr sehr gelegen, der mageren Bescherung ein wenig aufzuhelfen, das war alles. Vielleicht hat sie sogar den Vater um seinen Rat gefragt und der hat, gehetzt und mit halbem Ohr hinhörend, nur gesagt, es sei schon recht; und zum Schluß müßte ich gar noch um Entschuldigung bitten, daß ich dem Leser so eine lächerliche Geschichte vorgesetzt habe, wo doch so furchtbares Unrecht in der Welt seitdem geschehen ist und immer wieder geschieht, ohne daß jemand beim Frühstück, in der Morgenzeitung auch nur die paar Zeilen lesen mag, in denen es, das schreckliche Unrecht, zum Himmel zu schreien versucht mit seiner kleinen und kläglichen Stimme, und die Leute legen das Blatt auf die Seite und sagen: es ist schon recht.
Ich will auch nur noch anfügen, daß ich damals, traurig, ja vernichtet, wie ich war, gegen jedermann geschwiegen habe. Ich schrieb dem Paten, wie sehr mich die vielen guten Lebkuchen gefreut und wie herrlich sie uns allen geschmeckt hätten. Es war mir leichter ums Herz, als ich den Brief in den Kasten warf...

Der Zuchthäusler

Um die Jahrhundertwende, wir waren noch kleine Kinder, verschwand unser Vater sozusagen spurlos, von einer Stunde auf die andre, im Gefängnis. »Unser Vater ist im Zuchthaus!« erzählten wir wichtigtuerisch der ganzen Nachbarschaft und taten damit nichts andres als die Münchner Öffentlichkeit, die diesen Justizskandal auch weithin schallend ausposaunte, so daß sogar der bayrische Landtag aufhorchen mußte.
Mein Vater wurde im Gerichtssaal, vom Fleck weg, verhaftet, weil er sich weigerte, das Redaktionsgeheimnis zu lüften und der Anwaltskammer zu verraten, ob ihr Mitglied, Herr von Pannwitz, selbst eine Mitteilung über sich veranlaßt habe.
Nicht einmal Nachthemd und Zahnbürste durfte sich der Schwerverbrecher beschaffen, er wurde unverzüglich von einem Schutzmann, in Zivil wenigstens, durch die Straßen Münchens geführt und im »Hotel zum sauern Apfel« an der Baaderstraße eingelocht.
Die Aufregung meiner Mutter, als sie dies erfuhr, läßt sich denken, sie packte eilends ein Köfferchen mit dem Nachtzeug und allerhand guten Sachen, die dem Sträfling sein Los erleichtern sollten. Der Gefängnisgewaltige, der noch nie was von einem Zeugniszwangsverfahren gehört hatte und des Glaubens war, es handle sich um einen Offenbarungseid, lachte spöttisch: »Aha, Sie wollen gewiß die goldene Uhr und den Brillantring abholen, die Sachen gehören natürlich der Frau Gemahlin!« Er war sehr verdutzt, als ihn meine Mutter aufklärte – aber Wurst und Kuchen wurden trotzdem zurückgewiesen und waren, denselben Abend noch, eine willkommene Bereicherung unseres Tisches. Damit gewann die Gaudi für uns Buben ihren Höhepunkt; mein Bruder – sicher meinte er's nicht bös – jubelte über die

Zuchthäusler-Zulage und bekam eine schallende Ohrfeige.
Am dritten Tag schon wurde mein Vater freigelassen, und noch einmal gab es gute Zeiten für uns, denn von allen Seiten kamen nicht nur Besuche, Briefe und Blumen, sondern auch herz- und scherzhafte Gaben, damit sich der arme Gefangene von den harten Entbehrungen seines Kerkers erhole.

Erfahrungen

Bei einer der ersten Tagungen des Deutschen Museums – ich war noch ein Bub damals – sollten wir Kinder, in reizende Kostüme gesteckt, beim Begrüßungsabend Geschenke an die Ehrengäste verteilen. Jedes Kind bekam ein Körbchen, darin, aus Schokolade nachgebildet, rostig-altes Werkzeug lag, Hämmer und Zangen, Schlösser und Hufeisen waren darunter. Einzelne Tische waren uns zugewiesen, die Zahl der Gaben war so reichlich bemessen, daß ein, zwei Stücke übrigbleiben mußten – das war als unser Lohn gedacht, und wir schwärmten fröhlich aus, den Blick auf »unsern« Tisch gerichtet.
Aber manche der kleinen Spender kamen überhaupt nicht bis zu ihren Tischen: Ein gebieterisches »Hierher!« scholl von mehreren Seiten, Hände griffen nach dem Gewand der verschüchterten Kinder oder holten gar selbst die Angebinde aus den Körbchen; der eine oder andre Gast suchte zwei, ja drei Stücke zu ergattern – als Andenken für die Lieben daheim; und nun erhoben die, die nichts bekommen hatten, empörten Einspruch, es kam zu drohender Haltung zwischen Millionären, Generaldirektoren und hohen Beamten, weißhaarige und vollbärtige Greise standen sich mit puter-

roten Köpfen gegenüber, und wir Buben und Mädchen blickten, den Tränen nah oder schon laut hinausheulend, in unsere geplünderten Körbchen. Wir mußten fortgeführt und mit allerlei Versprechungen getröstet werden.

Das war nur die erste Probe für mich auf das Exempel, daß gerade reiche Leute oft die happigsten sind und daß auch Alter und hohe Titel nicht vor Torheit schützen. Ich habe mit eigenen Augen gesehen, wie bei einem Empfang ein Würdenträger, der sich unbeobachtet glaubte, einem Eisbären vergleichbar, vom kalten Buffet sich die Forellen mit den Tatzen aus dem Aspik holte, wie bei der Eröffnung einer Bergbahn honorige Herren, denen die Frühstückswahl zwischen Tee, Kaffee, Schokolade oder Bier und Würstchen freistand, alles, wozu sie berechtigt waren, um ihren Platz versammelten oder wie bei einem hochfeinen Festessen ein berühmter Schriftsteller, der nach der Tischordnung als letzter bedient worden wäre, kaltgierig seinen Teller dem Gegenüber zuschob, um nach dem verheißungsvollen Bibelwort der erste zu sein.

Aber als Erwachsener verlernen wir das Staunen mehr und mehr und lächeln nur noch über Erfahrungen, die uns beim erstenmal, als Kinder, die Tränen in die Augen getrieben haben.

Die »Fliegenden«

Schon lange vor dem Ersten Weltkrieg hatte mein Vater einen bescheidenen Nebenverdienst, in dessen Erwerb wir alle uns teilten, Mutter, Kinder, Schreibfräulein, Sekretär – ja selbst Bekannte, die des Weges kamen, wurden gelegentlich als Mitarbeiter eingespannt. Das altberühmte Witzblatt, kurz die »Fliegenden« genannt, hatte den unendlich strömenden täglichen Einlauf von Beiträgen in feste Pappschachteln, »Kübel« genannt, vorerst wahllos geschüttet; ein uralter Diener trug diese Pakete zu einigen Herren in der Stadt herum, die mit dem Amt eines Zensors betraut waren. Als Cheflektor waltete ein Landgerichtspräsident, nicht etwa »außer Dienst«, nein mitten im Dienst, wobei er noch das gesamte ihm unterstehende Personal mitbeschäftigte. Ich kann das behaupten, weil ein Vetter von mir bei ihm Sekretär war. Dieser Präsident also, der als Diener des Staates bereits ein Heidengeld einsteckte, war sozusagen auch Großaktionär des Hauses Braun und Schneider; er versorgte die »Fliegenden« unter dem Namen Wilhelm Herbert mit blassen Gedichten, altfränkischen Scherzen und selbst erlebten Gerichtsspäßen, es gab kaum eine Nummer ohne Beitrag von ihm. Vor allem aber pflügte er als erster den Wust der Einsendungen durch, er erntete eine bescheidene Garbe Weizen; wir hatten dann aus der Spreu noch die Nachlese zu besorgen.

Jeder alte Stammtischwitz, jeder Kindermund, jedes Frühlings- und Herbstgedicht wurde damals an die »Fliegenden Blätter« geschickt. Es gab, neben den Tausenden von gelegentlichen Einsendern, furcht- und fruchtbare Berufswitzbolde, die einen einzigen matten Scherz in Dutzenden von Fassungen vorlegten, ganze Bündel von Gedankensplittern zusammenschrieben und die auch hartnäckig längst Abgelehntes dreist wieder einschmuggelten, in der Hoffnung, ihre schwachen Erzeugnisse könnten einer ebenso schwachen Stunde des Prüfers standhalten.

Manchmal stauten sich die Kübel bei uns, wie so vieles bei unserem überbeschäftigten Vater, und es kostete dann viel Mühe und Ärger, bis sie wieder flott wurden.

Noch vor dem Ersten Weltkrieg, wenn ich mich recht erinnere, bekam ich selbst das erste Honorar; daß ein dünner Brief jedem Poeten lieber ist als ein dicker, ist eine alte Sache: unvergeßlich ist mir das Formblatt der Annahme: ein etwas verschrobener Narrenzwerg salutierte mit finsterer Heiterkeit vor dem Glücklichen, dessen Beitrag Gnade vor den Augen des Herrn Landgerichtspräsidenten gefunden hatte. Für einen Witz zahlten die »Fliegenden« acht Mark, für ein Gedicht nicht unter zwanzig; wessen Beitrag aber gar von einem der berühmten Zeichner, Oberländer, Schlittgen oder Rothaug bebildert wurde, der bekam die ganze Seite mitbezahlt, zehn klingende Goldstücke.

Unvorstellbar altmodisch war die Redaktion des Blattes in dem Biedermeierhaus an der Otto-Straße-Ecke bei den Eschenanlagen. Ein ergrauter Sekretär und eine auch nicht mehr junge Sekretärin walteten hier seit Jahrzehnten ihres Amtes; an ein Stehpult erinnere ich mich genau; ob auch Schreibärmel und staubwischende Hasenpfote noch in Gebrauch waren, möchte ich nicht beschwören.

Längst lebt ein anders denkendes (oder überhaupt nichts denkendes) Geschlecht, die Witzblätter sind alle eingegangen, sogar die »Jugend« und der »Simplicissimus«. An ihr Dahinwelken kann sich auch noch manch Jüngerer erinnern, an ihre Blütezeit nicht mehr.

Der Einbruch

Vor dem Ersten Weltkrieg ist bei uns ein Einbruchsversuch gemacht worden, ausgerechnet im vierten Stock eines schäbigen Hauses. Mein Vater verständigt die Polizei, die einen Beamten entsendet, natürlich nicht einen berühmten Kommissar, wie ihn heutzutage das Fernsehen bis zum Überdruß anbietet.

Der Wachtmeister, in Zivil und nur an seinem Gesicht und Gamsbarthut weithin als solcher erkennbar, hält dem öffnenden Dienstmädchen seinen Ausweis unter die Nase und geht an ihr vorbei, mitten ins Zimmer, wo mein Vater gerade arbeitet.
Die Gediegenheit der Einrichtung verwirrt ihn. Er hatte sich unter einem Schriftsteller etwas anderes vorgestellt. Infolgedessen geht er wortlos auf den Flur zurück, klopft höflich an und betritt auf das ziemlich verwunderte »Herein« meines Vaters zum zweitenmal das Zimmer.
Wir zeigen ihm die verkratzte und halberbrochene Tür. Der Wachtmeister beäugt sie genau. Dann stellt er mit triumphierender Sachkenntnis fest: »Des is a Einbruchsversuch!«
»Weiß ich«, sagt mein Vater trocken, »deshalb habe ich Sie ja rufen lassen.«
Der Mann ist seiner Sache sicher. »Werden wir gleich haben!«
Und zieht das Notizbuch.
»Wissen Sie, von wem hier eingebrochen worden ist, respektive worden wäre?«
Mein Vater schüttelt erstaunt den Kopf.
»Haben Sie einen persönlichen Feind?«
»Keinen, der seine Feindschaft so zeigen würde.«
»Oh, sicher, ein Schriftsteller –«
»Können Sie mir von demselben eine genaue Personalbeschreibung liefern?«
»Ich sage Ihnen doch: meine persönlichen Feinde sind keine Einbrecher. Es sind Redakteure, Zeitungsschreiber, Kritiker, Kollegen ...«
Der Wachtmeister ist bestürzt. »So!« sagt er nur, ganz verächtlich. Und mit neuem Forschungsdrang. »Haben Sie irgend einen bestimmten Verdacht?«
»Nein.«

»Ja, dann ...« sagt tiefbekümmert der Polizist, »dann wird sich nicht viel machen lassen!«

Pech

Die inzwischen auf ein paar Schwabinger Künstlerkneipen geschrumpfte Gepflogenheit der Maler, im bargeldlosen Zahlungsverkehr ihre Bilder anzubieten, war um die Jahrhundertwende noch weit verbreitet. Auch zu meinem Großvater kam, wohl noch Ende der achtziger Jahre, so ein »Schlawiner« und wollte wer weiß was für ein schönes Stück, das er in der Auslage des kleinen Antiquitätengeschäfts gesehen hatte, gegen eine Eigenarbeit in Öl eintauschen; er kam jedoch bei meinem Großvater übel an, der kurzweg erklärte, er handle nicht mit Bildern, und wenn er was Grünes sehen wolle, genüge ihm die Aussicht auf den Pechmannschen Garten von seinem Hinterhoffenster aus. Er kam sich dabei recht gescheit vor und jedenfalls nicht dümmer, als zwei Menschenalter später sich einer wähnt, der mit Entrüstung einen Tachisten abfahren läßt. Da er jedoch die Geschichte noch jahrzehntelang erzählte, mußte er erfahren, daß es Wilhelm Trübner war, der ihm den Tausch vorgeschlagen hatte.

Da gerade von dem großen Maler Wilhelm Trübner die Rede ist, will ich noch eine Anekdote nachtragen, die vielleicht dem oder jenem schon bekannt ist; aber mir hat sie der Hauptbeteiligte erzählt, so daß ich sie aus erster Hand habe.
Der bekannte Antiquar Emil Hirsch hatte ein Bild, das mit einer an Sicherheit grenzenden Wahrscheinlichkeit von dem Meister stammte, aber signiert war es nicht. Der Kunsthändler schickte also ein Lichtbild an den

Herrn Professor nach Karlsruhe mit der Anfrage, ob er das Gemälde als von seiner Hand anerkenne und ob er, dies vorausgesetzt, bereit sei, es nachträglich zu signieren. Trübner antwortete auf einer Postkarte, jawohl, das Bild stamme von ihm, für eine Signatur verlange er jedoch vierhundert Mark.
Hirsch schrieb zurück, er danke herzlich für die Auskunft, zur Beglaubigung der Echtheit genüge es jedoch völlig, die Postkarte auf die Rückseite des Gemäldes zu kleben.
Dem Leser sei es überlassen, ob er die Pfiffigkeit des Händlers belächeln oder die Schäbigkeit bedauern will.

Die Brücke

Über die Großhesseloher Brücke kann ich nicht gehen, ohne daß, und wär's noch so flüchtig, der Flügelschlag einer frühen, trüben Erinnerung an mich rührt. Wir waren Kinder, es war ein trauriger Tag. Ein Wintersonntagnachmittag, bei leisem Schnee weich verdämmernd in das Unbehagen der Heimfahrt und in die Angst vor dem Montagmorgen hinein. Der unerbittliche Doktor Billinger hatte uns, die Mutter und die Buben, ins Isartal entführt, aber in mir war keine Wanderfreude aufgekommen. Mein Herz war wund, spielen hätte ich mögen oder lesen, zärtlich verborgen, daheim, von niemandem angesprochen, in einsamer Träumerei. Aber munter mußte ich dahinlaufen durch die sprachlose Landschaft, bergauf stiegen wir, aus der Sohle des Flusses, die Bögen der Brücke, die wir gleich überschreiten sollten, hingen matt und ungenau über uns im Dunst.
Da kam uns auf der Kehre des Wegs ein hastiger Mann entgegen: ob wir nichts gesehen oder gehört hätten, es müsse sich wer über die Brücke gestürzt haben.

Wir hatten nichts bemerkt, der Mann war im Nebel verschwunden, wir standen und horchten, vernahmen noch ein paar geisterleise Schritte des Davongeeilten, dann war es sausend still, ein hohler Wind trieb den nassen Schnee durch die graue Luft.

Wir stiegen, ich als erster voraus, vollends empor und kamen an die Südseite der Brücke. Sie schien unbetreten, der Doktor atmete erleichtert auf und meinte, der Mann werde sich wohl getäuscht haben.

Im gleichen Augenblick sah ich die Spuren, halb schon wieder verwischt, auf der weißen Fläche. Es war zuerst ein Nest von ratlosen Tritten zierlichster Frauenfüße, Abdrücke der Sohle und winziger Absätze – und dann lief eine verzweifelt entschlossene Fährte den Steg entlang, eng getrippelt, Fuß vor Fuß. Und jetzt war wieder der Schnee zertreten, vom Geländer war ein schmales Stück des lockeren Flaumes gestreift, und jenseits, auf den kurz überstehenden Bohlen, waren hart und genau die kleinen Absätze in das Weiß geprägt ... Ich stieg halb auf das Geländer und starrte in die Tiefe, schaudernden Blicks, an dem mächtigen Pfeiler entlang, bis drunten das Grün des Wassers schimmerte; mir schwindelte, mir war, als ob mein schweres Herz sich aus der Brust lösen wollte und stürzen, endlos hinunterstürzen in Grausen und Lust zugleich. Ich trat taumelnd von der Rampe zurück.

»Die Frau«, sagte der Doktor, der jetzt an meine Stelle trat, »muß sich blindlings hinabgeworfen haben, ohne auch nur einen Augenblick zu zögern. Die ist gewiß völlig verzweifelt oder ganz unglücklich gewesen.« Meine Mutter meinte, das käme doch auf dasselbe hinaus. »Nicht doch«, sagte der Doktor, »Verzweiflung ist kalt, Kummer ist heiß. Verzweiflung bedeutet ein leeres Herz, Liebeskummer ein übervolles. Hoffen wir, daß ein Tropfen Süßigkeit in ihrem Schmerz gewesen ist.«

Er wandte sich zum Gehen und schrieb mit seinem Stock aus Ebenholz und Elfenbein krause Zeichen in die Luft, wie er immer tat, wenn er in tiefen Gedanken war. Wir gingen schweigend hinter ihm drein, auch in der Bahn sprachen wir nicht mehr viel. Verstanden hatte ich des Doktors Worte nicht ganz, aber gemerkt habe ich sie mir bis heute, wo ich sie begreife.

Damals habe ich mir glühend gewünscht, die Frau, die ich mir natürlich als ein dunkles, schönes Mädchen vorstellte, möchte mir vor ihrer unseligen Tat begegnet sein. Ich vermaß mich, zu glauben, daß ich sie von ihrem Entschluß abgehalten hätte. Aus eignem Unglücklichsein, Mitleid und ahnungsvoller Liebe mischte ich mir einen gefährlich berauschenden Trank; ich getraue mich zu schwören, daß ich ihn heute noch zu schmecken vermag, nach siebzig Jahren.

Am andern Tag schlich ich, im Nachthemd noch, zu der verbotenen Zeitung. Was ich da jedoch gelesen haben mochte, habe ich völlig vergessen. Später, viel später, als Erwachsener, habe ich gelegentlich versucht, mit häßlicher Bitterkeit den übersüßen Geschmack der Erinnerung zu vertreiben. Ich redete mir ein, die Frau habe Winzenhörleinsberger geheißen oder Hulda Hickelbein, sei ein überspanntes Frauenzimmer gewesen, fünfzig Jahre alt, mit einem Zwicker an einem Kettchen auf der Nase, und sie habe sich aus Gram über den Tod ihres Katers in die Tiefe gestürzt. Millionen Menschen, sagte ich mir, sind seitdem auf die grausamste Weise ums Leben gekommen, Selbstmörder stehen jeden Tag in der Zeitung, und auch von der Brücke ist mehr als einer hinuntergesprungen, ein Regierungsrat zum Beispiel, den ich gut gekannt hatte. Der Mann war, die Stelle ungeschickt wählend, in den Werkkanal gefallen, unverletzt; er ist dann ans Ufer geschwommen und hat sich die Schlagader aufgeschnitten ...

Es ist aber vergebens, das lieblich-traurige Bild in mir zerstören zu wollen. Ich sehe die beiden winzigen Stiefelabsätze im Schnee, die Fußspitzen selbst, der ganze Leib, das schwere Herz hängen schon im Nichts – retten will ich das schöne Wesen längst nicht mehr, ich träume, mit ihr zu fallen – und dann reiße ich mich los, werfe einen schaudernden Blick in die Tiefe, ich schelte mich wegen meiner Empfindlichkeit und gehe festen Schritts über die Brücke, die bei nüchternem Zusehen nicht mehr verbindet als das rechte Isarufer mit dem linken ...

Ein Münchner Ehepaar

Der Grabsteinsetzer Alois Heilmannseder lebt mit seiner Frau Kreszenz, Kumpermond hat sie mit ihrem Mädchennamen geheißen, in einer längst ausgeglühten Ehe, die durch die gemeinsamen Alltagssorgen und eine abendliche Maß Bier in ruhigem Gleichtakt erhalten wird.

Von Zeit zu Zeit bleibt die durch Wochen oder Monate verlässig ablaufende Uhr mit einem Ruck stehen, es gibt einen Krach, keinen lauten, erdstoßhinschütternden, eher einen genauen Knacks, dem zäh erbittertes Schweigen folgt. Der Ehemann geht ins Schlafzimmer, wo über dem Doppelbett eine Fotografie hängt, wuchtig, in Glas und Rahmen. Er hängt das Bild ab, dreht es mit dem Gesicht zur Wand und begibt sich ins Wirtshaus.

Die Frau kommt auf diese Weise erstens um den Anblick ihres Gemahls, zweitens um ihr gewohntes Abendbier. Nie würde sie wagen, heimlich für sich allein eins zu holen; anderen Tags, zum Zeichen der Versöhnung, hängt der Mann das Bild wieder richtig, er läßt sein Antlitz wieder leuchten über seinem Weibe.

Frau Kreszenz ist fromm, und er hat nichts dagegen, solang die Kirchengängerei ihn nicht benachteiligt. Längst hat die eifrige Beterin allen Leuten im Haus eingeschärft, daß man ja nicht vergessen dürfe, ihr den Rosenkranz mit in den Sarg zu geben. Der Tod tritt sie jäh an – sie kann grad noch zu ihrem erschrocken und unbeholfen dastehenden Mann sagen: »Ja, du Rindvieh, siehst denn net, daß i stirb?« – und der Rosenkranz ist nicht zu finden. Der Sarg wird zugenagelt, die Tote ruht in der kühlen Erde: da entdeckt der Mann die abgegriffene Perlenschnur in der Schale der Küchenwaage – da hätte er sie gleich suchen müssen.
Was für einen andern ein grausiges Unterfangen gewesen wäre, ist für einen friedhofvertrauten Grabsteinmetz das beinahe selbstverständliche. Er nimmt einen Spaten und einen Drillbohrer, hebt die Erde ein Stück aus, nur einen Schacht, bis er an den Sarg kommt. Niemanden verwundert das, die Wärter und Totengräber kennen ihn ja. Er bohrt ein Loch in den Sargdeckel und denkt, hier in der Gegend müssen ja wohl die gefalteten Hände sein – und läßt die dünne Kette hineingleiten, Perle um Perle; bloß das Kreuzchen am Schluß will nicht recht, er muß es hineinhämmern, es verbiegt sich ein bißchen, dafür sitzt es aber auch schön wie ein Zapfen im Bohrloch. Und wirft die Erde wieder zu.
Es gibt fromme Lügen, die sogar ein Kapuziner gelten läßt, von den Jesuiten gar nicht zu reden; warum sollte es nicht auch fromme Streiche geben, an denen der Himmel selbst ein Wohlgefallen hat?

Lehrer

Vom alten Volksschullehrer Spöttel habe ich schon in den »Erinnerungen« erzählt; aber wunderliche Lehrer habe ich auch später, auf dem Theresiengymnasium und in Ettal, noch gehabt; etwa den unglücklichen greisen »Kali«, den Schönschreiblehrer, den wir mit den herkömmlichen grausamen Streichen fast zu Tode ärgerten, den dicken, versoffenen Zeichenlehrer Binder, einen entgleisten Schwabinger, der uns nur ungern in die Künste des Archimedes einführte und besonders argwöhnisch unsere Kreise beäugte, um den Einstich des verspönten Zirkels zu entdecken; wir aber hatten längst gelernt, die untadelige Rundung »freihändig« zu erreichen, indem wir das Papier um den Knöchel des kleinen Fingers als Mittelpunkt drehten. Mit heuchlerischer Freundlichkeit begann er, unsere Akanthusblätter und klassischen Säulen zu verbessern, leicht setzte er den Stift an, bis er ihn, knapp vor der Vollendung, mit bösem Nachdruck über unser Kunstwerk rüpelte, dergestalt, daß auch noch die nächsten Blätter unseres Zeichenblocks nicht mehr zu brauchen waren. Seine ständige Drohung, uns »mit gefrorenen Rehpepperln« zu erschießen, hat er natürlich nicht wahr gemacht, ich muß aber fürchten, daß alle Schulkameraden aus jener Zeit tot sind, nicht die wenigsten wirklich erschossen in den zwei Kriegen und Umstürzen, die seither über uns hinweggegangen sind.

Mehr harmlos-heiterer Art ist die Erinnerung an den Pater Salvator in der Ettaler Klosterschule, den wir durch scheinheilige Fragen oder auch nur durch ein ungläubiges Geschau dazu brachten, wohlgezählte zweiundfünfzig Male in einer einzigen Unterrichtsstunde uns durch sein »Gewiß, gewiß!« der Richtigkeit seiner Lehren zu versichern. Dafür ist um so tragischer der Fall des Turnlehrers »Xaverl«, der mit uns Halbwüchsigen überhaupt nicht fertig wurde. Er war ein junger, schmächtiger und, zu unserem Spott, knebelbärtiger Mann, oder vielmehr kein Mann, denn sonst hätte er uns, die wir gewiß keine verworfene Rotte waren, sofort die Schneid abgekauft. Entsinne ich mich doch eines Professors, der mit einem schweren Sprachfehler weit schlimmer belastet war; er ließ die Buben in den ersten zwei Stunden kichern und tuscheln, soviel sie wollten – in der dritten aber brachte er sie durch ein Machtwort »Genug jetzt!« für immer zum Schweigen. So klug war unser Xaverl nicht; er stachelte durch Milde und Wut zur unrechten Zeit unseren Scharfsinn nur an. Ließ er uns in Reihe antreten, hatte jeder von uns eine Löwenzahnblüte im Knopfloch. Zornig stürzte sich der Tor auf den Flügelmann, der gehorsam die Blüte abnahm, um sie wieder anzustecken, ehe der Lehrer beim letzten angelangt war; die Gaudi ging, in schärferer Tonart, von vorne an. Hätte der Gute – denn gut war er, aber hilflos – den Scherz geflissentlich übersehen oder gar mit Humor entwaffnet, es wäre nicht zu solchen Tumulten gekommen, die schließlich den Pater Direktor veranlaßten, den unfähigen Lehrer seines Amtes zu entheben.

Er war, in der Hoffnung auf eine Lebensstellung, mit Frau und Säugling nach Ettal gekommen und hatte sich in der »Villa Krach« eingemietet. Nie werde ich vergessen, wie ich ihn, mehr zufällig, zuletzt sah: bei strömendem Regen, trübselig stehend bei der jungen Frau mit dem Kind im Arm, das bescheidne Handgepäck neben sich, den Postomnibus nach Oberammergau erwartend, gescheitert an ein paar Lausbuben, die es im Grund gar nicht so bös gemeint hatten.

Aber das alles sind ja nur Anhängsel an die Geschichte vom Lehrer Spöttel aus der Luisenschule in München um die Jahrhundertwende; so schrullig wie der, als ein letzter Nachfahre legendär gewordner Schulmeister aus verschollenen Zeiten, ist keiner mehr gewesen. Ich weiß schon, derlei Aufschreibungen bekommen ihren tiefen Sinn erst, wenn ein großer Dichter noch einmal das »Schulbänklein« heraufbeschwört oder wenn ein paar greise Klassenkameraden, die letzten sechs oder sieben, beim Wein zusammenhocken und die verwachsenen Pfade der Erinnerung noch einmal zu betreten versuchen. Aber vielleicht gedenkt der eine oder andre Leser bei solchem Bericht der Lehrer, die er selbst hatte, und zieht manchen Hecht oder Waller aus dem verschilfenden Altwasser seines Gedächtnisses und wundert sich, daß er, als kleines Fischlein damals, das alles überlebt hat, Stunde um Stunde, Jahr um Jahr.

Macht des Gesanges

Der königlich bayerische Kammersänger ist ein gewaltiger Bär gewesen und sein Bruder, der berühmte Maler, hätte auch als Schwergewichtler keine üble Figur gemacht. Aber der andre Bruder ist so stark und mächtig gewesen, daß er sie alle zwei in die Tasche hätte stecken können.
An die zwei Meter groß, mit einem kleinen Schädel auf einem Stiernacken und immer rot angelaufen, als ob er in einer ständigen dumpfen Wut dahinlebte. »Ich winsle nicht und ich pinsle nicht!« sagte er, mit einem verächtlichen Seitenblick auf seine Brüder. Er war ein Quartalsäufer und Taugenichts in Monumentalausgabe.
Endlich gelang es, den mißratenen Riesen mit Hilfe guter Beziehungen in einer kleinen Bahnmeisterei unterzubringen und vor der Welt zu verstecken. Im allgemeinen ging es soweit ganz gut, aber von Zeit zu Zeit

wurde der Kammersänger angerufen, und der Stationsvorsteher hub an: »Ihr Herr Bruder ...« – »Weiß schon«, sagte darauf der Kammersänger, »ich komme!« Und hängte ein, setzte sich auf die Bahn und fuhr los.
Er traf dann seinen Bruder etwa beim Krämer des Ortes, wie er mit gespreizten Beinen über ein Heringsfaß gebeugt stand, einen Fisch nach dem andern beim Schwanz packte und, schwankend sich aufrichtend, mit schnalzendem Geräusch verschlang.
»Wie ein Walroß!« erzählte der Kammersänger. »Ich erfuhr dann, wie er wieder einmal, durch eine unsinnige Wette gereizt, ein Fäßchen Bier ausgetrunken hatte, vom Spund weg, den Banzen in die Luft gestemmt, und sah mit eigenen Augen, wie er nun versuchte, den Höllenbrand in seinem Innern zu löschen. Und wissen Sie, was einzig geholfen hat? Ansingen hab' ich ihn müssen! Mit des Basses Grundgewalt, irgendwas, den Komtur aus Don Giovanni oder was mir gerade an Blitz und Donner eingefallen ist. Dann hat er sich wie ein Lamm heimführen und ins Bett legen lassen; und wenn er seinen Rausch ausgeschlafen gehabt hat, ist es wieder ein Vierteljahr oder gar ein halbes gegangen – bis ich wieder hab' hinfahren müssen und singen ...«

NACHHILFE

»Vite un peu de français!« sagte unsre dürre, alte Tante Helene, kaum, daß sie von Regensburg zu Besuch gekommen war; sie streckte ihren Schildkrötenhals, klapperte mit den Augendeckeln und sah uns tief gekränkt an, als wir uns auf keinerlei welsche Konversation einlassen wollten. Später habe ich dann die genauere Kenntnis der wunderschönen Stadt Regensburg der ungenaueren, der französischen Sprache verdankt:

ich wurde kurzerhand zur Tante in die Osterferien geschickt. Da gab's nicht nur un peu de français, sondern ausgiebige Lektionen; und da ich in Mathematik noch viel schlechter war, wurde ich in den Zwischenpausen ein paar Häuser weiter zum Professor Pongratz geschickt, der gegen Gotteslohn die Abgründe meines Nichtwissens ausfüllte, soweit das möglich war.

Am Stahlzwingerweg, zwischen der Donau und der Schottenkirche, wohnte der »Stupidienrat« (wie er sich selbst bespöttelte) Professor Albert Winter, mein Onkel; und in seinem von verstaubten Büchern und Schriften vollgestopften Arbeitszimmer wurde auf dem Sofa ein Plätzchen für mich jeden Abend freigelegt. An den Fenstern standen, nicht anders als die Essigkrüge in Mörikes reizendem Gedicht »Häusliche Szene«, gewaltige Flaschen, in denen mein freilich eisgrauer, langbärtiger Präzeptor seine Schnäpse ansetzte, Kalmuswurzel und Holunderbeeren – die gute Tante aber schwor, daß ihr Mann keinen Tropfen Alkohol trinke. Zum Essen gab es immer »Reste«; und meine Mutter war ungern dort zu Gast gewesen; jetzt sah ich freilich, wie bitter Unrecht sie der Tante getan hatte: die vermeintlichen Reste waren täglich frisch zubereitet, in winzigen Häflein standen sie auf dem Herd.

Der Onkel Albert, Herausgeber eines damals bekannten Schulatlasses und einer deutschen Grammatik, kümmerte sich zum Glück wenig um den Hausschüler; er war ein begeisterter Fischer und ein gefürchteter Pädagoge, über den in der damals noch kleinen Stadt allerlei Anekdoten umgingen. So war einmal aus einer Lateinschule irgendwo in der hintersten Oberpfalz ein Bub nach Regensburg gekommen. »Der wievielte warst du denn in deiner Klasse?« fragte ihn der Onkel. »Der Zweite, Herr Professor!« – »Das ist gut!« sagte er und strich sich wohlwollend den Bart. Aber dann kriegte der hoffnungsvolle Knabe einen Vierer um den andern; dem Lehrer stieg ein heftiger Verdacht auf: »Wie viele Schüler wart ihr denn?« – »Zwei, Herr Professor!« – »Du Lausbub!« rief da mein Onkel zornig, »sagt er zu mir, er war der Zweite – und dabei war er der Allerletzte!«

Ich freilich blieb, dank der Bemühungen der Tante, für diesmal nicht der Allerletzte, den die Hunde beißen, mit genauer Not durfte ich noch aufsteigen; aber auch in der Oberklasse war ich ganz schwach und mußte von allen Seiten gestützt werden. In der Mathematik gab mir ein liebenswerter, etwas füchsisch aussehender Kandidat Nachhilfe – ich traf ihn ein Menschenalter später als den Rektor der Universität, Aloys Wenzl, wieder; er entsann sich meiner genau, vermutlich, weil ich der hoffnungsloseste Schüler gewesen war, der ihm je untergekommen sein mochte. Ich ließ ihn noch einen späten Blick in das Chaos meiner Borniertheit tun, indem ich ihm sagte, daß ich damals, statt x plus y ist gleich z, genauso stur und verständnislos gelernt hätte, ein Apfel plus einer Zündholzschachtel sei eine Dampfmaschine – ja, daß ich das noch eher begriffen hätte. Sein Anerbieten, mir die Geschichte jetzt noch, mit verbürgtem Erfolg, erklären zu wollen, wies ich schaudernd zurück. (Noch als ich, 1914, wenige Monate später, im Morgengrauen in die Ypernschlacht zog, sagte ich zu meinen Kameraden: »Immer noch besser, als wenn heute Mathes-Schularbeit wäre!« Und wirklich bin ich, wenn auch schwer verwundet, durchgekommen.)

Im Französischen aber wurde ich, samt meiner Schwester, die eine höhere Tochter geworden war, einem echten Pariser überantwortet, einem lebhaften jüngeren Herrn, der sich kühn Professor nannte; er hatte sich mit seiner noch jüngeren, noch lebhafteren Frau zusammen seit kurzer Zeit in der Nähe des Rindermarktes niedergelassen, um von früh bis nachts beflissenen Stiften und Handlungsgehilfen Stunden zu zwei Mark zu geben, lauter jungen Leuten, die für ihr Geld was haben wollten und die Monsieur und Madame Séjournable gewiß reichlich ermüdeten. Es war daher durchaus begreiflich, daß sich das Ehepaar auch einmal erholen wollte, und da kamen wir, nachmittags um zwei Uhr, gerade recht. »Ah, bonjour!« und »au revoir!« waren denn auch so ziemlich die einzigen Worte, die in der uns fremden Sprache gewechselt wurden, während das Ehepaar bei einer Tasse Kaffee seine Deutschkenntnisse bedeutend erweiterte; notabene zu einer Zeit, in der das gleiche Getränk im strahlenden Café Luitpold um zwanzig Pfennig ausgeschenkt wurde.

Die Wahrheit des alten Witzes, wo ein Hauslehrer seinen Freund bittet, zehn Minuten auf ihn zu warten, er müsse nur schnell eine Stunde geben, habe ich damals auch – und gar nicht mit Unbehagen – erprobt; um so gründlicher jedoch waren die Unterweisungen, die mir, auf Bitten des Familienrats, Onkel Alberts Bruder Wilhelm gab, ein berühmter Mathematiker an einem Münchner Gymnasium. Er war kein Rauschebart, aber mit seinem riesigen fleischigen Gesicht, darin er ewig mit einem bunten Schnupftuch herumfuhr, kein geringeres Original als sein Bruder. Noch sehenswerter war seine Frau, die wie eine abgelebte Schauspielerin aussah und sich auch so überspannt gebärdete, als stünde sie pausenlos auf der Bühne des Lebens; sie führte denn auch einige bemerkenswerte Komödien auf, so, wenn sie ihr Männchen zur Modistin mitschleppte, wo er mit Staunen sah, daß just das Hütchen, das ihr am besten stand, auch das weitaus billigste war – sie hatte drei Viertel des Preises schon heimlich vorausbezahlt. Ihre Tochter, die berühmte Terwin – eine Umstellung

von Winter –, die auch einmal Moissis Frau gewesen war, habe ich leider nie zu Gesicht bekommen.
Zu diesem wunderlichen Paar also kam ich in die Thierschstraße; unvergeßlich ist mir die schrullige Art, mit der der Professor dozierte: »Tue so! Schreibe so!« Aber was ich auch tat und schrieb, die erhoffte Wunderheilung blieb aus, und der einzige Trost war, daß die Behandlung dieser als unfehlbar geltenden Fachkraft wenigstens nichts gekostet hat.

※

Zu diesen frühen Erinnerungen noch zwei späte Nachträge, die wohl erstaunlicher sind als der Haupttext: 1964 starb meine Base Gretl Winter; bei der Beerdigung stand ich im Friedhof von Regensburg, ziemlich gedankenlos, wie man wohl bei solchen Anlässen herumzustehen pflegt; und mehr, um eine Ansprache zu haben, als mit einer bestimmten Absicht, wandte ich mich an einen Nachbarn, einen alten, aber keineswegs vergreisten Herrn, erzählte ihm kurz von meiner Regensburger Zeit und fragte, mehr beiläufig, ob er sich, als Leidtragender offenbar zu dem hier versammelten Kreis gehörend, noch des Professor Pongratz erinnern könne, der mir vor einem halben Jahrhundert Nachhilfe in Mathematik gegeben habe. Wie verblüfft war ich, als – der Leser ahnt es schon – der Gefragte schmunzelnd antwortete: »Der bin ich selbst!«
Nach der Beisetzung redete ich ihm zu, an unserem bescheidenen Leichenschmaus teilzunehmen, und da saß dann der Urgreis, aufrecht und frisch, und gab manche Erinnerung zum besten aus verschollener Zeit. Wie alt mochte er sein? Mir Achtzehnjährigem war er damals erschienen als ein gestandener Mann in den besten Jahren, und nun waren weitere fünfzig Jahre vorüber –

und was für welche! Weltkriege, Inflationen, das Dritte Reich, ich selbst, der Schüler von einst, war an die Grenze des Greisenalters gelangt.

Der Herr Professor, dankbar für die so unverhofft neu geknüpfte Beziehung, schickte mir im Lauf der nächsten Zeit manches Heftlein, Regensburger Forschungen, erst jüngst noch geschrieben, dann schlief, wie's halt so geht, der Briefwechsel ein, vielleicht war der liebe Mann doch gestorben, und ich hatte nur versäumt, mich zu erkundigen.

Aber nein, dieser Tage erst, im März 1974, erfuhr ich, daß er noch lebte, ein fast Hundertjähriger! Ich fuhr mit dem Taxi nach Hause, der Fahrer war, wie der erste Blick mir zeigte, ein Student, wir kamen ins Gespräch – und Schlag auf Schlag folgten die Überraschungen. Der mir soeben noch völlig fremde junge Mensch hatte auch, freilich Jahrzehnte später als ich, das Wittelsbacher Gymnasium – an dem wir grade vorbeifuhren – absolviert, er ist in Ettal Klassenkamerad meines jüngeren Sohnes Stefan gewesen, er studiert Germanistik bei denselben Lehrern wie mein älterer Sohn Thomas und stammt aus Regensburg, woher er manche meiner dortigen Verwandten kennt, um die ich ihn befragte. Fast ungläubig erkundige ich mich, ob er sich an einen Professor Pongratz entsinne, es sei zwar höchst unwahrscheinlich bei solchem Altersunterschied. »Das ist mein Großvater!« sagte er, als wär's weiter kein Wunder. »*War* Ihr Großvater?« rufe ich, völlig verdutzt. »Nein, ist noch!« beteuert er, »achtundneunzig Jahre alt und soweit ganz rüstig; er schreibt sogar noch über das alte Regensburg.«

Inzwischen sind wir vor meinem Hause angekommen. Er weiß natürlich auch längst, wer ich bin, und hat schon dies und das von mir gelesen. Ein Trinkgeld kann ich ihm ja wohl nicht gut geben, aber ich bitte ihn herein und suche ihm einen großen Stoß Bücher heraus, die er gerne mitnimmt. So eine Kette von Zufällen, würde Kleist diese Anekdote schließen, habe ich zeit meines Lebens nicht erfahren.

Das Weinbeerl

Der Bezirksinspektor Steingrübl geht kreuzvergnügt vom Dienst heim, er hat heute seinen Kegelabend im Goldenen Stern, er freut sich schon auf das neidischdumme Gesicht vom Provisor Hünemörder, wenn er, Steingrübl, mit gewohnter Meisterschaft den linken Saunagel wegputzen wird, daß es eine wahre Freude ist – für die eigne Partei nur, versteht sich.
Vorher aber wird er was Gutes essen, ein Herz am Rost oder eine abgebräunte Milzwurst, die ist im Goldenen Stern ausgezeichnet. Nur die Semmeln, fällt ihm ein, die sind in der Wirtschaft immer so lätschig und altbacken, da nimmt er sich lieber vom Bäcker Hasibeder ein paar remische Weckerln mit, frische, knusprige.
Er geht also, ganz außerdienstlich und wohlwollend, in den Bäckerladen, und der Meister persönlich lobt die Ehre, die ihm widerfahren ist, und sucht dem Herrn Bezirksinspektor die reschesten Weckerln heraus, die er noch da hat. »Mit viel Kümmel drauf, jawohl, Herr Bezirksinspektor, wie Sie's gern mögen!«
Wie er aber das erste im Goldenen Stern anbricht, um die Soß' von den Schweinsnieren herauszutunken, da vergeht ihm gleich der Appetit, denn was da schwarz aus dem weißen Teig schaut, das ist kein Kümmel, sondern eine ausgewachsene Bäckerschabe, auch Russe, Preuße oder Schwab genannt – und weil von den Kegelbrüdern schon ein paar herschauen und ihn aufziehen, woher er denn sein Brot beziehe, und der Wirt schadenfroh dazutritt und grinst, so gut wären die

Semmeln auch im Goldenen Stern, wird er fuchsteufelswild und ganz dienstlicher Bezirksinspektor und sagt mit grimmigem Hohn, da sei ja der saubere Mehlwurm grad an den Richtigen geraten, läßt sich ein Papierl geben, wickelt das Brot hinein und legt's am andern Tag in der Früh, mit noch unverrauchtem Zorn, dem Herrn Amtsgerichtsrat persönlich auf den Tisch.

Der Bäckermeister Hasibeder kriegt unverzüglich eine Strafanzeige laut dem und dem Paragraphen der Gewerbeordnung und hat vor dem Hohen Gericht zu erscheinen, um sich zu rechtfertigen. Das Corpus delicti liegt da auf dem Tisch. Der Bäcker, ein großer, dicker Mann mit einer langen und schiefen Nase, beäugt mißtrauisch die Schabe, schüttelt den Kopf, schaut noch einmal genauer hin, sagt: »Mit Verlaub!« zieht mit spitzen Fingern das Untier aus dem Teig, macht die Zähne lang, knabbert ein bißchen dran herum. Und sein Gesicht verklärt sich, als ob er etwas himmlisch Gutes genösse, und: »Meine Herren«, sagt er und schluckt kräftig, »das ist kein Schwab', wie Sie meinen, denn in meinem Betrieb kommt so was nicht vor. Es ist ein Weinbeerl, weiß Gott, ein Weinbeerl ist es, ja, das kann einem schon mal unterlaufen, weil wir die Schnecken oft im selben Gang backen!« – »Aber erlauben Sie«, faucht ihn der Richter an, »Sie werden uns doch nicht für dumm verkaufen wollen! Es ist –« »Herr Rat, verzeihen Sie, aber als Fachmann kann ich Ihnen nur sagen, es *war* ein Weinbeerl.«

Der Bäcker ist dann wirklich, wegen Mangels an Beweisen, freigesprochen worden. Er soll am Abend die ganze Verhandlung am Stammtisch recht anschaulich zum besten gegeben haben, und auch uns hat er sie einmal erzählt. »Und wenn es«, sagte er, »ein Bachratz gewesen wäre statt einem Schwaben, hinuntergewürgt hätt' ich ihn!«

Der Gast

Ich weiß nicht, ob mein Freund Zimmermann das Stücklein nicht selbst aufgeschrieben hat; mitteilen will ich's doch. Er war ein fröhlicher Mann bis zu dem Tag, an dem der Glaspalast abgebrannt ist, sein Glaspalast, 1931 im Juni. Das hat er nicht verwunden, und er ist seither, bis zu seinem Tod, nie mehr so recht lustig geworden.

»Mein Großvater und mein Vater«, erzählte er, »sind Maler gewesen und ein paar Onkel noch dazu, eine ganze Sippe. Mein Großvater hat sich, als Hofmaler außer Dienst, in Hagnau niedergelassen, mein Vater hat weiterhin in einem alten, geräumigen Kloster gehaust, das einmal zu dem mächtigen Stift Weingarten gehört hat, mit vielen Zimmern darin und zwei Sälen, in denen man hätte reiten können.

Das ist ihm aber dann doch zu weitläufig und viel zu anstrengend geworden, und er hat sich nach einem andern Wohnsitz umgesehen. Ein Freund, der Herr auf der Meersburg war, hat ihm das Glaserhäusl angeboten, das einmal eine Sommerwirtschaft war, der Insel Mainau gegenüber, die Droste hat es schon besungen, daß die Welle des Hügels es schier davontrage ...

Dort hat sich mein Vater dann zeitweilig niedergelassen, ohne an Haus und Garten viel zu ändern, und auch wir Kinder haben auf diesem wunderbaren Erdenfleck mehr als einen unvergeßlichen Sommer verlebt.

Eines Tages ist ein uralter geistlicher Herr, ein dicker Mann, schwitzend und schnaufend den Berg heraufgekommen, hat sich gleich auf das Bänklein unterm Nußbaum gesetzt und nach einer Weile ungeduldig mit seinem Stock auf den Tisch geschlagen. ›Heda, Wirtschaft!‹ hat er gerufen, aber es hat sich niemand gerührt, denn außer meinem Vater ist kein Mensch im Haus gewesen, wir waren grad alle im Dorf drunten.

Mein Vater war belustigt über den sonderbaren Gast, er ist so beiläufig wie möglich zu dem alten Herrn hin; der hat gleich geschimpft, das sei noch die gleiche elende Wirtschaft wie vor vierzig Jahren, wo er einmal und oft heraufgekommen sei; es sei schade um den schönen Platz, mit seinem weiten Blick über den See bis zu den Schweizer Bergen, das wäre der rechte Punkt für ein gutes Wirtshaus, ein gutes, wohlverstanden.
Mein Vater, dem eine Ahnung dämmerte, ging auf den seltsamen Gast ein, ohne sich was anmerken zu lassen, er fragte so nebenher, was er bestellen könnte, er ginge ohnehin grad in die Küche. Nun, einen Schoppen Wein, knurrte der Pfarrer, er werde so schlecht sein wie immer; und ein bißchen was zum Frühstücken, viel werde es ja nicht geben – und, rief er dem Davoneilenden noch nach, eine Zigarre, falls eine aufzutreiben sein sollte.
Mein Vater ging in die Küche, zum Glück war grad das Hausmädchen heimgekommen, er redete mit ihr, sie sollte sich eine Schürze umbinden und so tun, als wäre sie hier die Kellnerin. Inzwischen füllte er den besten Weißherbst in ein Viertelfläschen, ließ ein paar belegte Brote machen und legte eine Handvoll seiner besten Zigarren auf einen Teller. Und wenn der Gast, schärfte er dem Mädchen ein, nach seiner Schuldigkeit fragen sollte, so müßte es sagen, eine Mark gradaus – und keinen Pfennig mehr.
Die List gelang, der alte Herr ließ es sich schmecken, und mein Vater trat nach einer Weile zu ihm, ob er ihm nicht Gesellschaft leisten dürfte. Der Greis bejahte es mit Freuden, lobte den unverhofft guten Wein und bestellte gleich noch ein Schöpplein; der Vater ließ sich auch eins bringen, und sie tranken sich zu. Die Zigarren, die noch auf dem Teller lagen, steckte der Alte unbefangen ein, ihre Preiswürdigkeit und Güte unter be-

haglichem Schmauchen rühmend. Er kam ins Plaudern und erzählte, daß er einst hier in der Gegend Pfarrer gewesen sei und den alten Hofmaler Zimmermann auch ganz gut gekannt habe, drunten in Hagnau. Und hoffentlich lebe der noch, denn er habe die Absicht, ihn zu besuchen.

Inzwischen waren wir Buben lärmend herbeigesprungen, auch die Mutter kam nach, und natürlich konnte in der Eile der Vater seinen frommen Betrug nicht aufrechterhalten; und so erzählte er lachend dem verdutzten Gast, daß er sich einen unschuldigen Scherz mit ihm erlaubt habe. Schon seit vielen Jahren sei das Glaserhäusl keine Gastwirtschaft mehr, sondern ihm gehöre es, dem Maler Zimmermann, einem Sohn des Reinhard Sebastian.

Der alte geistliche Herr war zuerst verlegen genug, er fingerte sogar schon nach den Zigarren in seiner Tasche, um wenigstens einen Rest von Würde noch zu wahren; aber schließlich machte er gute Miene zu dem Spiel, das ja gar kein böses gewesen war, und stimmte in das herzliche Lachen aller mit ein. Ja, er versprach sogar, wiederzukommen und tat's auch, von Stund' an ein freudig begrüßter Ehrengast.

Ein Schelm, das wäre noch zu erzählen, war auch er. Bei seinem nächsten Besuch brachte er eine Rolle mit; eigentlich, meinte er, habe er die Zeichnungen, die sie enthalte, dem Großvater in Hagnau zeigen wollen, es seien frühe Versuche eines Bübleins, das doch recht geschickt wäre, und da hätte er den Herrn Hofmaler gern um sein Urteil gefragt und ob man den Knaben nicht sollte ausbilden lassen.

Mein Vater sah sich die Landschaften und Figürchen an, erste Bemühungen eines halben Kindes, aber doch eine unzweifelhafte Begabung verratend, dergestalt, daß mein Vater meinte, man sollte ihm den Buben nur

schicken, er wolle gern sehen, was er für ein solches Talent tun könnte. ›Diesmal‹, sagte schmunzelnd der Alte, ›sind *Sie mir* auf den Leim gegangen: Es sind Ihre eignen Jugendarbeiten, die mir seinerzeit Ihr Vater geschenkt hat; ich wollte sie ihm wiederbringen, weil ich ja doch dran denken muß, meinen irdischen Haushalt aufzulösen; ich kann sie aber auch gleich Ihnen dalassen.‹
Mein Vater«, so schloß der Erzähler, »besah nun die Blätter genau, und nicht ohne Wehmut sagte er, sie bewiesen ihm, daß er einmal eine große Hoffnung gewesen sei; ob er sie als Mann erfüllt habe, müßten andere entscheiden!«

DER GLASER

Damals, vor dem Ersten Weltkrieg, ist auf dem Land der Glaser noch von Haus zu Haus gegangen, mit einer Hucke voll neuer Scheiben, die er gleich an Ort und Stelle eingekittet hat. Aber in der Haslinger Gegend sind die Leute sparsam gewesen, sie haben die zerbrochnen Fenster mit Zeitungspapier verklebt, und der alte Niggl hat schlechte Geschäfte gemacht.
Ich will aber diesmal nur die Lumperei erzählen, die sich der Hammermüller mit dem alten Niggl geleistet hat. Er ist der reichste Mann im Ort gewesen, was freilich nicht viel sagen will, weil die andern gar so arm waren. Wo er die Leute hat foppen können, hat er's getan, schon damit es ihm nicht zu trocken wird in seiner Haut.
Der Niggl trabt also wieder einmal durch die Gegend, stachelbärtig wie ein Igel und grantig wie ein hungriger Wolf. Er kommt auch beim Hammermüller vorbei, der brettlbreit in der Haustür steht und ihm recht freund-

lich »Grüß Gott!« sagt. Und da sieht der Niggl, wie auch hier eine Scheibe mit Zeitungspapier verklebt ist. Schämen tät' er sich, knurrt er, als reicher Mann auch so das Fenster zu verpappen wie die notigen Häuslersleute! Und zornig fährt er mit dem Stock gegen das Papier. Knacks, bricht die ganze, nagelneue Scheibe, die dahinter ist. Der Niggl macht ein saudummes Gesicht, und der Hammermüller hält sich den Bauch vor Lachen, weil er den alten Kerl so hereingelegt hat. Es ist ihm übrigens nur um den Spott zu tun gewesen, den Schaden hat er dem Niggl nicht entgelten lassen.

DER HAPPIGE SCHNEIDER

Der Schneider-Lippl hat ein bescheidenes Häusl gehabt, draußen vor dem Ort; das ist aber auch das einzige Bescheidne an ihm gewesen, und drum hat's ihn ja auch gewurmt, obwohl's manchen andern gefreut hätte, denn es war sauber beieinander mit einem Krautgarten und einem Ziegenstall. Der Lippl aber hat höher hinaus wollen, aufs Geld und auf den Vorteil ist er ausgewesen wie der Teufel auf die armen Seelen.
Dem reichen Hammermüller ist er so lang in den Ohren gelegen, daß er einen Anzug so flott machen kann wie ein Stadtschneider, bis sich der hat erweichen lassen und ein Sonntagsgewand bei ihm bestellt hat. Er hat's aber dann so grausam verschnitten, daß es hinten und vorn nicht gepaßt hat. Und der Hammermüller, der alte Fuchs, hat seitdem immer sinniert, wie er dem Meister das heimzahlt.
Eines Tags sind zwei Arbeiter im Gelände herumgestiefelt, mit allerhand Gerätschaften, die haben Messungen gemacht und hin und her visiert und aufgeschrieben, grad wichtig haben sie es gehabt. Der Schneider-

Lippl hat ihnen vom Fenster aus zugeschaut, bis er vor lauter Neugier ganz zappelig geworden ist und den Faden nicht mehr in die Nadel gebracht hat. Er ist in die Pantoffeln geschlüpft und vors Haus geschlappt und hat gefragt, was denn da los ist. Aber der eine von den zweien sagte gar nichts und der andere nicht viel. »Ah, nichts!« sagt er und hantiert weiter. Da steckt was dahinter, denkt sich der Lippl, weil die gar nicht mit der Sprache herausrücken wollen. Und er benzt so lang in sie hinein, bis der eine doch den Mund aufmacht: »Es ist nur wegen der neuen Eisenbahnlinie«, sagt er. Und zwickt das linke Auge zu, damit er haarscharf über seine Latten schauen kann.

»Die Trasse stecken wir ab«, brummt der andere, als ob das die selbstverständlichste Sache von der Welt wäre. Der Lippl fragt ganz aufgeregt, ob denn die Bahn über sein Grundstück geht. Der Vorarbeiter zieht die Schultern hinauf und sagt, er weiß es nicht, aber er hofft, daß es sich vermeiden läßt.

Was, hofft? denkt der Lippl, er fürchtet, daß es nicht angeht. Hat er nicht erst neulich im Wirtshaus die Ohren gespitzt, wie der Hammermüller erzählt hat, daß die neue Bahn gebaut werden soll und daß einer nur Glück haben muß, dann geht sie über sein Grundstück, und der Staat zahlt ihm für den Quadratmeter mehr, als das ganze Sach' wert ist.

Aber er darf es sich nicht merken lassen, wie scharf er drauf aus ist; und drum sagt er nur ganz beiläufig, daß ihm das wenig ausmacht, ob die Eisenbahn ein Stück näher oder weiter an seinem Haus vorbeifährt; die zwei Züglein im Tag – und mehr werden es doch nicht –, die bringen ihn nicht um.

»Ja«, sagt der Vorarbeiter und kratzt sich den Kopf, »wegen dem wär's auch nicht; sondern wegen den Vermessungspflöcken.« Und die zwei reden jetzt als

Fachleute, als ob gar kein Lippl neben ihnen stünde. »Wir müssen eine andere Trasse ausstecken«, sagt der eine, und der andre gibt ihm Recht; »wenn man die Bahn vorn herumlaufen läßt, geht sie so hart am Anwesen vorbei, daß wahrscheinlich das ganze Gebäude abgerissen werden muß.«
Das ist Musik in den Ohren des Schneiders; aber er läßt die Katz' nicht aus dem Sack. Er meint bloß, mit scheinheiliger Gleichgültigkeit, daß sich darüber ja reden lassen wird.
»Das schon«, erwidert der andre ohne jede Wallung des Gemüts. »Fad ist bloß, daß eine solche Sache wie der Bahnbau von heut auf morgen nicht entschieden wird. Aber die Trasse, die muß sofort abgesteckt werden. Damit sich die Herren in München entscheiden können. Und der amtliche Vermessungspflock – saudumm, daß es nicht anders zu machen ist –, der kommt ausgerechnet vor die Haustür zu stehen.«
»Macht nichts«, schreit der geldgierige Schneider-Lippl; er kann sich jetzt nicht mehr zurückhalten. So knickerig er sonst ist, er läßt deutlich durchblicken, daß es ihm auf eine gute Brotzeit, ja sogar auf ein paar Markl nicht ankommt. Die Männer ziehen zuerst nicht recht, es soll niemand später sagen, sie hätten ihn nicht verwarnt; und sie rufen einer den andern zum Zeugen an. Aber wie der Lippl nicht locker läßt, geben sie in Gottes Namen nach. Sie schlagen, nach genauen Visierungen, versteht sich, einen mächtigen Stempen hart vor den Eingang zum Schneiderhäusl, und der eine schreibt ein paar Ziffern in sein Notizbüchel. Dann packen sie ihre Gerätschaften auf und gehen davon. Hundert Meter weiter, eh sie ums Eck biegen, peilen sie mit ihren Stangen den Pfosten noch einmal an; und winken dann dem Lippl zu, zum Zeichen, daß es seine Richtigkeit hat.

Der Schneider-Lippl kann kaum zur Haustür heraus und hinein, so ungut steht der Pfosten da; er ist richtig ein Pfahl in seinem Fleisch. Aber was nimmt man nicht alles auf sich, wenn man den ganzen Krempel verkaufen kann an den Staat für ein sündteures Geld? Die Arbeit geht dem Lippl von der Hand, so leicht wie noch nie. Bei jedem Scherenschnitt denkt er an einen neuen Bauplatz und bei jedem Nadelstich an ein nobles Haus. Bloß, daß er gar nichts mehr hört, das macht ihn allmählich mißtrauisch; aber er selbst mag nicht herumfragen, er weiß ja, wie neidisch die Leute sind.
Endlich sitzt er wieder einmal im Wirtshaus und macht die Ohren spitz gegen den Honoratiorentisch; denn da kann man immer was Neues erfahren. Und richtig, der Hammermüller redet von der neuen Bahn. »Die Pläne«, sagte er und schaut ganz unbekümmert zum Schneider-Lippl herüber, »sind auf unbestimmte Zeit zurückgestellt worden.«
Da geht ihm dann doch ein Licht auf, dem Schneider-Lippl. »Solche Bazi!« schreit er, »und den Oberlumpen errat' ich gut!« Und schmeißt das Zechgeld auf den Tisch, rast heim und reißt den verdammten Pfosten aus dem Boden.
Die Leute heißen ihn aber heute noch den Pfahlbauern von Hasling.

RENOIR

Auguste Renoir, den großen französischen Maler, habe ich, ganz kurz vor dem Ersten Weltkrieg, in Wessling mit eigenen Augen gesehen; gesprochen habe ich ihn nicht, aus Scheu nicht, aus mangelndem Französisch nicht, vor allem aber, weil wir gebeten worden waren, den alten Herrn nicht zu belästigen.
Das Bild jedoch, wie Renoir, vom Garten kommend,

drei Schritte von uns entfernt, ins Haus humpelte, blieb all die vielen Jahre hindurch in mir so lebendig, daß ich der Warnung meiner Frau, so Unglaubwürdiges zu schreiben, zu widerstehen wagte, bis mir dann doch wieder die Zweifel kamen, ob ich nicht das Opfer einer Sinnestäuschung sei.
Meine Erinnerung stand auf festem Grund. Mein Bruder Hermann war Stift im damals neuen, berühmten Kunsthaus des Hofrats Brakl; dort stellte auch der Maler Brüne aus, der hatte bei Wessling sein Atelier, und dort habe ich, da wir selbst an jenem kleinen See zur Sommerfrische waren, Renoir gesehen.
Natürlich vergaß ich das Erlebnis wieder, bis 1962, bei Piper, das Buch Jean Renoirs über seinen Vater auf deutsch herauskam. Das waren aufregende Tage – meine Frau las, Seite um Seite, und ich würde sehen, trumpfte sie auf, daß die Begegnung mit Renoir ein Hirngespinst sei, der Franzose sei nie in Bayern gewesen und um 1910 schon gar nicht, da sei er ja schon im Rollstuhl gesessen. Ich gestehe, daß ich bereit war, von dem unglaubwürdigen Bericht abzustehen; wer würde meinem Geschreibsel noch vertrauen, wenn eine so wichtige Nachricht sich als Geflunker erwies?
Jäh und mitten in der Nacht rief mir dann meine Frau zu, meine Ehre sei gerettet, auf Seite 380 stehe, kurz, aber doch einwandfrei, die Erinnerung an den Sommeraufenthalt der Familie Renoir in Wessling: »Unsere Zeit in Bayern war herrlich!« heißt es da; Renoir, an zwei Stöcken gehend, wie ich ihn im Gedächtnis habe, schien eine Gnadenfrist vor dem endgültigen Zusammenbruch gehabt zu haben, er nahm an Kahnfahrten und Treffen im Walde teil. Beinahe wäre auch Cézanne mitgekommen, er hätte dann auch manchen Maßkrug voll dunklen Bieres mit Renoir getrunken. Wer's genauer wissen will, mag es selbst nachlesen.

Mir ist ja, wunderlicher Weise, die Begegnung traumhafter geworden, jetzt, nachdem ich den Beweis ihrer Wirklichkeit schwarz auf weiß in Händen hielt.

DIE FEEN

Die erste Oper, die ich hörte, war »Die Feen« von Richard Wagner, 1913 bei den Festspielen im Prinzregententheater; ich bin also einer der wenigen Überlebenden, die dieses Frühwerk noch mitbekommen haben – aber unvergeßlich ist mir der Abend aus einem andern Grund: mein Vater hatte unvermutet eine Freikarte bekommen, die immerhin einen Gegenwert von zwanzig Goldmark darstellte und unter gar keinen Umständen verfallen durfte.

Nun waren freilich diese Umstände besonders ungünstig: mein Vater hatte keine Zeit, meine Mutter hätten keine zehn Rösser in eine Wagneroper gebracht – noch dazu allein –, und ich kam eine Viertelstunde vor Beginn, ahnungslos, verstaubt und verschwitzt, mit dem Rade zu Hause an; und nach Bogenhausen war es weit.

Ich suchte nach Ausflüchten, aber vergeblich. Meine Mutter zog alle Register ihrer Beredsamkeit, von den strengen Tönen des Befehls bis zur säuselnden Beschwichtigung, ein junger Mensch könne auch in einem Sportanzug ins Theater gehen, und orgelte mich hinaus, kaum daß ich die Schuhe abgestaubt hatte und mit dem Kamm durchs Haar gefahren war. Düsterer Ahnung voll, freilich auch mich selbst zu dem unverhofften Erlebnis ermunternd – ein ziemlich wurmiger Glückspilz gewissermaßen –, strampelte ich dahin; und da am Festspielhaus keine Abstelle für Fahrräder vorgesehen war, lehnte ich, schon unter den dritten und letzten Fanfarenklängen, mein Stahlroß an die nächste

Mauer und schlüpfte durch die Pforte, von der neuerlichen Schnellfahrt in Schweiß gebadet und mich duckend unter dem abschätzigen Blick des Schließers, der abwechselnd mich und die doch zweifellos echte Eintrittskarte miteinander verglich.
Nur ein Vorteil war dabei: mein erhitztes, glühendes Gesicht brauchte sich um keine Schamröte mehr zu kümmern. Die Garderobefrau, der ich meine Mütze abliefern wollte, meinte mitleidig: »Oh mei, die können S' aa mit 'nein nehmen!« Der gallonierte Türsteher war dann die nächste Leidensstation. Ich hatte ausgerechnet einen Platz in der Mitte, es wurde ein Spießrutenlaufen, die Herren im Frack und die tiefdekolletierten Damen mußten, in letzter Minute, alle aufstehen – wäre ich ein gerissener Bursche gewesen, hätte ich statt »Bitte!« »Please!« gesagt und wäre mit Achtung für einen spleenigen Engländer gehalten worden.
So aber verkroch ich mich voller Unbehagen in meinen Sitz – wenn ich gleich in den Erdboden hätte versinken können, wäre es mir noch lieber gewesen. Hunderte von Augenpaaren, obendrein noch mit Operngläsern bewaffnet, glaubte ich ausschließlich auf mich gerichtet, ich saß krampfhaft auf meiner Mütze, als ob ich sie bebrüten müßte, und Ströme von heißem und kaltem Schweiß rannen mir von Haupt und Gliedern.
Erst als es dunkel wurde, die Musik erklang und der Feengarten sich auftat, wagte ich, mich aus meinem seelischen Schneckenhaus hervorzutasten und das erste Bühnenwunder meines Lebens zu genießen.
In den Pausen – oder war es nur eine? – machte ich mich ganz klein, diesmal froh, daß ich in der Mitte saß und niemanden zu stören brauchte. Während die wohlgekleideten, wohlduftenden, diamantenglitzernden Gäste beim Souper saßen oder im Freien lustwandelten, hockte ich einsam in dem riesigen Raum, glücklich und

unglücklich zugleich. Und nach dem Spiel wischte ich als letzter hinaus, schwang mich auf mein Rad und fuhr befreit durch die herrliche Sommernacht.

Lysistrata

Ein »anrüchiges« Buch, aber dann gleich eins vom höchsten Rang, habe ich nur einmal in meinem langen Leben erworben: die Lysistrata des Aristophanes mit den acht Tafeln von Aubrey Beardsley. Ich verschmerzte es nie; und soeben, ein halbes Jahrhundert später, reißt das Angebot eines Antiquars die alte Wunde wieder auf; ich sehe den Ganzpergamentband mit den berühmten Blättern wieder vor mir, tadellos erhalten, wie ich ihn geliehen bekommen hatte von einem Bibliophilen, seinen Namen habe ich vergessen. Nur vierhundert Stück, lediglich an bekannte Sammler abzugeben, sind gedruckt worden; daß es im Höchstfall nur noch dreihundertneunundneunzig gibt, kann ich beschwören.

Mit glühender Begierde, aber leider auch mit glühender Pfeife, machte ich mich, in tiefer Mitternacht, über das kostbare Buch her, das mir auf nur vierundzwanzig Stunden anvertraut war. Ich schmauchte dazu eine sogenannte Holzknechtpfeife, halblang, mit einem Wassersack; und gewiß ist mir tumbem Jüngling viel Wasser im Munde zusammengelaufen, aus Lüsternheit beim Anblick von solcher Verruchtheit, die freilich heute einem Zwanzigjährigen kaum ein Lächeln entlocken würde.

Und schon war's geschehen – die Pfeife löste sich in ihre Bestandteile auf, vergebens griff und haschte ich, Asche und Glut fiel auf die Seiten und mit Grausen sah ich, daß Tabaksaft durchdringender ist als Tinte: Rettungsversuche machten alles nur noch schlimmer, das ganze Buch war hin; Sekunden reichten zu seiner Zerstörung, aber Stunden, schlaflose, gramvolle Stunden brauchte es, bis sich Schrecken in Entsetzen, Verzweiflung und, im Morgengrauen, in dumpfe Ergebung gewandelt hatten. Auch meine Seele war schließlich ganz von der braunen Brühe durchtränkt. Den Schwur, nicht mehr zu rauchen, habe ich nicht gehalten, wenn ich auch bald zur ungefährlicheren Virginia überging. Auch bedenkliche Bücher habe ich noch oft gelesen oder wenigstens angeschaut, ein Buchhändler im Winkel unsres Gartenhauses hat mir Sachen gezeigt, die sich (nicht!) sehen lassen konnten, und ein alter Staatsschauspieler, dem Tode nah, hat mir jammernd seine riesige Bibliothek vorgeführt, ratlos, wie er sich von seinen geheimen Schätzen ehrenvoll trennen könnte. Aber nie mehr habe ich schmauchend geschmökert, und mit einer ans Lächerliche grenzenden Betulichkeit stelle ich Weingläser und Kaffeetassen weit abseits, wenn ein Sammler mit seinen Raritäten ins Blickfeld rückt.

Ich war ein armer Student, damals, aber lumpen wollte ich mich nicht lassen. Es war die Zeit der Inflation, kurz vor dem Unfall hatte ich einen glücklichen Fang gemacht, einen japanischen Holzschnitt – den bot ich schweren Herzens dem Leihgeber; und als ein Kenner griff er mit Freuden zu. Die Lysistrata kostet heute fünfhundert Mark, was mein Utamaro wert ist, will ich lieber gar nicht wissen. Das Buch aber habe ich ins Feuer geworfen, zu reiner Flamme ist das besudelte Papier verbrannt; und die Asche hätte ich eigentlich auf mein Haupt streuen müssen, als Zeichen unauslöschlicher Reue.

ZWISCHEN DEN KRIEGEN

Eine Verwechslung

Der dicke Professor Gröber hat viel zu leiden durch sein schlechtes Personengedächtnis. Auf dem Oktoberfest in München sieht er in einer Bude einen Mann, der ein ganzes Aquarium voller Goldfische und Fröschlein verschluckt und unverzüglich das Wasser samt lebendigem Getier wieder zum Vorschein bringt. Der Professor ist begeistert.
Bald darauf trifft er den eigenartigen Künstler in einem der großen Wirtszelte wieder, wo sich der Mann sehr viel Bier einverleibt, so daß der Verdacht nicht unbegründet ist, er werde es später wieder von sich geben und auf Flaschen füllen. Es ergibt sich ein angeregtes Gespräch zwischen dem Artisten und dem Kunsthistoriker, die sich gewissermaßen als die äußersten Gegensätze innerhalb eines so weit gespannten Berufes verulken. Die Bekanntschaft ist geschlossen, und da beide, der Professor mit zwei Zentnern und der Hexenmeister mit dem Satthals einprägsame Figuren sind, werden sie einander wohl so schnell nicht wieder vergessen.
Im Lauf des Winters sitzt der Professor in seiner Stammkneipe am Viktualienmarkt, wo noch nach altmünchner Sitte sich Akademiker und Gemüsehändler ein Stelldichein geben. Ein Herr tritt ein, suchenden Blicks; bei dem Professor ist noch ein Stuhl frei, der Herr setzt sich hin, nun, Herr scheint ein bißchen viel gesagt, ein Mann, das ist fast wieder zu wenig: der Professor erkennt seinen Wasserkünstler vom Oktoberfest wieder, der auch seinerseits den Zweizentnermann recht vertraulich begrüßt. Sie kommen ins Gespräch, mit dem Wetter geht's an, und der Professor meint, der Winter sei wohl eine stille Zeit; der andere pflichtet ihm bei,

vor März oder April rühre sich bei ihm nicht viel. Ja, ja, meint wieder der Professor, die ganze Natur liege in Erstarrung, und auch sonst sei die Jahreszeit wohl nicht günstig, die Leute hätten anderes im Kopf, den Fasching und das Starkbier, und neugierig sei er, ob man heuer an Josephi schon im Garten sitzen könnte. Der Mann lächelt ein wenig spaßig zu dem kindlichen Gespräch, aber höflich stimmt er zu; natürlich, sagt er, ihm wäre es auch erwünscht, wenn bald der Frühling käme und ein schöner obendrein. Der Professor, durch die durchaus treffenden Antworten auf seine tastenden Fragen in Sicherheit gewiegt, erkundigt sich jetzt frisch drauf los: »Wissen Sie, wo Sie die Goldfische hernehmen, kann ich mir ja denken; aber woher kriegen Sie immer Ihre Frösche?«
Die Goldfische läßt sich der Mann noch gefallen, aber bei den Fröschen bekommt er einen roten Kopf: »Mir scheint«, faucht er zornig, »Sie wissen nicht, wer ich bin!?« – »Doch!« sagt der Professor ganz gemütlich, »Sie sind der Froschschlucker von der Oktoberwiese!« »Was erlauben Sie sich!? Ich bin der Gartenarchitekt Natzinger!« schreit der Mann, so laut, daß die ganze Wirtsstube auffährt, rumpelt auf, greift nach Hut und Mantel und stürmt hinaus. »Aha, Gartenarchitekt!« sagt der Professor ganz erschüttert, »drum hat immer alles gestimmt, was ich ihn gefragt habe!«

SOMMERFRISCHE, 1917

Eigentlich war ich selbst schuld: ich hatte den Termin verpaßt, eine weitere Zurückstellung zu beantragen, aus dem heitern Sommerhimmel des Jahres 1917 fiel der Blitz, die Einberufungskarte, unversehens war ich wieder Soldat, königlich bayerischer Gefreiter, garnisondiensttauglich; ich rückte ein, in der Kaserne war dicke Luft, nicht nur der gewohnte Mief, sondern dumpfer Widerstand, schwelend, mit Stichflammen offenen Aufruhrs. Die kv.-Geschriebenen, alte Knochen, legten es drauf an, ins Gefängnis geführt zu werden statt auf die Schlachtbank, aber die Vorgesetzten wandten sich taub und schweigend ab, wenn sie beschimpft wurden; schließlich blieb doch die alte Kriegsmaschine, wenn auch knirschend, in Gang, und wir Krüppel, Schwerverwundeten und Ausgekämmten wurden nach Rosenheim abgestellt, zu mancherlei Dienstbarkeiten, deren wichtigste die Bewachung der Entlausungsanstalt war.

Ein elender Zug, mit Sack und Pack, kam bei brüllender Hitze vor den Baracken an, wurde von dem Herrn Hauptmann mit dem Zuruf »Jämmerliches Material!« freundlich empfangen. Immerhin, wir richteten uns in dem üblen Quartier ein, so gut es eben ging, und die zwangsweise Sommerfrische, auf dem düstern Hintergrund des grauenvoll verzuckenden Krieges konnte beginnen, ein höllisches Idyll.

Ich hatte ein besonderes Glück: die Flöhe wollten von mir keinen Blutzoll, sie umhüpften mich munter, wenn Licht auf weißes Papier fiel oder ein Hemd in der Sonne trocknete. Aber manche Kameraden knickten und erstickten die halbe Nacht. Zum Ersticken freilich, in einem andern Sinne, war der Gestank, und das konnte ich (um das vorwegzunehmen) ein paar Wochen später auch Ihrer Majestät der Königin melden, die mich, anläßlich des jährlichen »Verwundeten-Ständchens« in ein huldvolles Gespräch zog und die herrliche Gebirgsluft pries, die wir sicher dort hätten.

Ich war wohl mit dem Gewehr 98 ausgebildet, nicht aber im Wachdienst; gleich am ersten Tag war ich zum Kommandanten des Spritzenhauses ernannt worden, mit einem Dutzend ausgesuchter Drückeberger und

Galgengesichter bezog ich die Feuerwache; wie das beim Barras so üblich ist: mein Vorgänger überreichte mir einen riesigen Schlüsselbund ohne weitere Erklärungen, meine Kameraden nützten meine Gutmütigkeit aus und ersuchten den Herrn Gefreiten, austreten oder in der Kantine etwas besorgen zu dürfen. Just, als ich mutterseelenallein im Wachlokal saß, donnerte der Herr Major mit großem Gefolge herein und schrie: »Alarm!« Der Herr Hauptmann brüllte: »Wo sind Ihre Leute?« Der Herr Feldwebel schnauzte: »Spritzenhaus aufsperren!« Dann kam wieder der Herr Major zum Zug: »Die ganze Bude wäre im Ernstfall schon abgebrannt!« Die dazwischen eingestreuten Schimpfwörter darf ich als bekannt voraussetzen.

Wenigstens waren ein paar der Kameraden, die, neugierig auf das militärische Spektakelstück, aus Kantine und Latrine herbeigeeilt oder gehumpelt waren, geistesgegenwärtig genug, an Stelle meiner zerstreuten Mannschaft die Wache zu mimen; mit ihnen lief ich vors Spritzenhaus, den rätselvollen Schlüsselbund in der Hand. Mindestens eine kostbare, jedoch keineswegs köstliche Minute verging, was sag' ich, zitterte, tobte, schäumte dahin, bis ich den rechten Bart herausgefingert hatte, bis die Tür aufächzte. »Los! Die Hydrantenschlüssel!« schmetterte der Hauptmann – ich hielt ihm verzweifelt den Schlüsselbund entgegen.

Das sprichwörtliche Hohngelächter der Hölle brach los, der Major lief rot und blau an wie ein Gauderer, der Hauptmann schrie auf mich ein wie ein Posaunist gegen die Mauern von Jericho, aber ich blieb stehen wie eine Mauer, völlig entgeistert, während ein paar gewitzte Nothelfer die schweren Schraubenschlüssel an mir vorüberschleppten, die Hydranten in Wirkung brachten, so daß endlich das Wasser rauschte und schwoll und die ganze Übung abgeblasen werden konnte.

Für mich ging die Geschichte noch glimpflich ab, das mißglückte Unternehmen war auch für die Vorgesetzten eine Warnung, und statt der gefürchteten drei Tage Arrest wurde ein kurzer Lehrgang für Wachhabende befohlen.

Ich will auch nicht ungerecht sein: auf vierundzwanzig Stunden Bereitschaft folgte ebensoviel Freizeit; und das war dann wirklich eine Art Sommerfrische. Im nahen Dorfe Pang gab's einen Bäckerwirt, der noch mitten im Hungerjahr Semmelknödel spendierte; die ersten Birnen wurden reif, die Folgen kann sich jeder Leser selbst ausdenken. Wendelstein und Kaisergebirge standen herrlich da, am Inn und seinen Altwassern zogen wir dahin, Kameraden aus allen Schichten des Volkes, und der zuverlässigste Begleiter war ein riesiger, rothaariger Kerl, der unbefangen aus seiner Wildererzeit und seinen Zuchthausjahren erzählte. Noch manches Stücklein haben wir uns geleistet, nur das dreisteste will ich noch berichten: Bei unserm Haufen war ein echter Baron, ein beleibter Herr in den besten Jahren. Er mietete seine Freundin in der nahen Vorstadt von Rosenheim ein; auf den ersten Blick, noch ehe sie den Mund aufgemacht hatte, war sie als eine Nutte zu erkennen, aber die mit Blindheit geschlagenen Feldwebel und Unteroffiziere schwänzelten liebedienerisch um die Frau Baronin, und bald hatte der Frechling sogar erreicht, daß er unsere Baracken- und Stacheldrahtwelt verlassen und sich in sein Liebesnest zurückziehen konnte – von gelegentlichen Appellen abgesehen. Und für ihn wurde es somit wirklich die reine Sommerfrische.

Reiseerlebnis

Vor Jahren fuhr ich – mit dem Zug, wie man heute schon eigens betonen muß – von Nizza nach Mailand, wo ich spät am Abend ankam. Gleich fiel ich einem Schlepper in die Hände, der mich, einen unbedarften, obendrein geldknappen Jüngling, in ein schäbiges Quartier führte, ein Bett und ein Stuhl, nichts sonst, nicht einmal eine Waschschüssel. Im dämmerdunklen Flur konnte ich mir wenigstens die Hände reinigen und mit dem Taschentuch trocknen, dann ging ich auf die Straße und strebte der berühmten, hell erleuchteten Passage zu.
Wenn ich mir mit der üblen, aber billigen Übernachtungsgelegenheit schon so viele Lire erspart hatte, war die Versuchung groß, mir im Ausgleich ein gutes Abendessen zu leisten, und so setzte ich mich kühn an ein Tischchen des ersten besten Restaurants, hart am Rande des vorüberflutenden Verkehrs, den ich mit der vollen Aufmerksamkeit des Reisenden betrachtete. Gelegentlich schien mir, als ob auch die Menschen, die da des Weges kamen, ihrerseits mich mit neugierigeren Blicken mäßen, als sie einem durchschnittlichen Fremden in einer Großstadt zukamen; aber ich gab nicht weiter darauf acht.
Der Kellner kam, unbewegten Gesichts nahm er meine Bestellung entgegen, brachte die Speisen, heißhungrig, aber doch mit guten Manieren aß ich, zahlte und ging. Der Kellner, mit einem schrägen Blick auf das Trinkgeld, verbeugte sich höflich.
Während ich nun so die Auslagen entlangschlenderte, wuchs doch eine Unruhe in mir, denn mehr als ein Augenpaar bohrte sich aufdringlich in mein Gesicht, ja mancher Vorübergehende stutzte, schien ein Lachen zu verbeißen oder drehte sich gar nach mir um. Hatte ich

vielleicht ein Loch im Strumpf, oder war etwas an meinem Anzug nicht in Ordnung? Ich sah an mir herunter, prüfte alle Knöpfe und fand mich ohne Fehl.
Da führte mich der Weg vor einen riesigen Spiegel: fassungslos starrte ich hinein – sollte das wirklich ich sein? Ein Mohr war es, was mich da angrinste, und doch kein echter, ganzer Mohr: vom tiefsten Schwarz über bräunliche Flecken bis zum Weiß des Mitteleuropäers war mein Gesicht gefleckt, ein lächerlicher Anblick für die andern, für mich aber ein Anlaß zu schleuniger, scheußlich unbehaglicher Flucht in die Finsternis, in mein Quartier und zu dem hilfreichen Wasserhahn, zu endlosem Reiben und Gepritschel. Schnell hatte ich die Ursache der greulichen Entstellung begriffen: durch viele Tunnels war ich achtlos bei offenem Fenster gefahren, der Qualm aus dem Schlot der Lokomotive des Zuges hatte auch meine Züge verunstaltet.

EINE SCHAFFNER-GESCHICHTE

Als weitgereist kann ich heute, als Greis, nicht mehr gelten, wo sich Großmütter in ein Düsenflugzeug setzen, um zur Taufe ihrer Enkel nach Australien oder ins Feuerland zu fliegen. Aber damals, in den zwanziger Jahren, war ich, an andern gemessen, ein großer Reisender – ein mutiger Forscher freilich war ich nicht. Im November, wenn auch in den Hotels im Süden alle Betten leer standen, bangte ich, ob ich ein Zimmer bekäme, und aus lauter Unbehagen, im Zug keinen Platz zu kriegen, stand ich schon eine Stunde vor Abfahrt auf dem Bahnsteig – im Gegensatz zu meinem Vater, der sich im Vertrauen, noch anderthalb Minuten Zeit zu haben, kaltblütig ein paar Zigarren holte.
Ich fuhr nach Neapel und mußte in Rom umsteigen.

Der Schaffner machte ein bedenkliches Gesicht, der Direttissimo sei immer sehr besetzt, er werde mir aber einen Platz besorgen. Ich drückte ihm in überströmender Dankbarkeit ein fürstliches Trinkgeld in die Hand und sah nun unbesorgt dem Wagenwechsel in Rom entgegen.
Das Geld war hinausgeschmissen, der Zug nach Neapel war gähnend leer, erster und zweiter Klasse, Wagen für Wagen. Die ging er mit mir entlang, redete irgendwas mit dem Kollegen vom neuen Zug, steuerte entschlossen auf ein Abteil zu, stellte mein Gepäck auf den Sitz und empfahl sich mit einer großartigen Gebärde, die wohl zeigen sollte, wie gut er mich bedient hatte: »Ecco! Platz, soviel Sie wollen!«
Hätte ich italienisch sprechen gekonnt, anstatt es nur zu radebrechen, vielleicht wäre ich unfreundlich geworden; so aber sagte ich nur noch einmal wie schon oft »molto grazie!« und sah ihn getrost davongehen. Ich saß im richtigen Zug, das Zimmer in Neapel war bestellt, nichts konnte für heute mehr schiefgehen.
Ich setzte mich zurecht und blickte heiter um mich – aber was sah ich, jähen Auges, deutlich, wieder als Trugbild angezweifelt und nun endgültig? In das Holz der Vertäfelung war, mit einem spitzen Gegenstand, eine Zeichnung geritzt, eine rohe, schamlose Zeichnung.
Mir ging, zu meinem Glück, sofort ein Licht auf, ich begriff die Zusammenhänge: wer weiß, wie oft der Schurke mit seinem Spießgesellen den gemeinen Trick schon an einem hilflosen Ausländer erprobt haben mochte: Wenn der Zug auf freier Strecke war, würde wohl der Schaffner kommen, höflichst nach der Fahrkarte fragen und, schon im Weggehen, rein zufällig, die üble, die über alle Maßen scheußliche Darstellung entdecken. Ein großes Lamento würde er machen, mit vielen Ahs und Ohs, mit Händefuchteln und Kopf-

schütteln, mehr traurig als grob, tief bekümmert darüber, wie sich ein so feiner Herr so weit vergessen konnte; und erst, wenn er das zu erwartende Lösegeld auf eine schwindelnde Höhe emporgejammert haben würde, wäre er wohl bereit, zu verzeihen, er würde den Finger auf den Mund legen, meinen Koffer ergreifen und mich, vielleicht gar mit einem spitzbübischen Lächeln des Einverständnisses, in ein anderes Abteil führen.

Nun, den Platz wechseln, den peinlich gefährdeten Platz, das konnte ich selbst. Ich hatte schon Gepäck und Hut in der Hand, da kam mir zum Bewußtsein, daß mir, in dem völlig leeren Wagen ein Vertauschen des Orts wenig helfen würde; die zwei Lumpen hatten ja die Sache abgesprochen, nichts leichter als einen der Sprache fast unkundigen Fremden auch aus dem Nebenabteil herauszuzerren, ihn vor das schmutzige Machwerk zu führen und unter einem Schwall von unverstandnen Worten, nur drohender und dreister, dieselbe Komödie zu spielen.

Niemand halte mich gleich für einen Faschisten, wenn ich nun gestehe, daß ich damals dem Duce dankbar war, daß er die Bahnpolizei eingeführt hatte. Ein solcher schwarzer Mann lief, zu meinem Glück, den Bahnsteig entlang, ich rief ihn durchs offene Fenster an, ich winkte ihn flehentlich herein und zeigte ihm, vorerst stumm, das schauderhafte Gekritzel. Er sah es ebenso wortlos an, dann warf er mir einen böse fragenden Blick zu, und einen bangen Augenblick lang mußte ich fürchten, daß er der Dritte im Bunde sei.

In meiner Angst klaubte ich alle italienischen Brocken zusammen, die ich in meinem Gehirn fand; ich will den Leser weder langweilen noch belustigen mit dem Kauderwelsch, das ich vermutlich gestottert habe; ich glaube, daß ich das greuliche Gebilde in Ermangelung des treffenden Worts sogar zu einem antiken Werk gemacht habe, um zu erklären, daß es schon alt sei und unmöglich von mir stammen könne, der soeben erst das Abteil betreten habe. Endlich war er überzeugt; und der Furor, mit dem er nun seinerseits dem Schaffner zusetzte, wurde für mich ein reines Vergnügen.

Die Münze

Mitten in der großen Inflation, um 1920, als wir Dummköpfe alle noch glaubten, der Dollar steige, während es doch die Mark war, die ins Bodenlose stürzte, brachte mein jüngerer Bruder, ein sechzehnjähriger Pennäler, eine Zigarrenkiste voller Münzen mit heim, die ihm, wie er leichthin sagte, ein Schulkamerad geschenkt hatte.
Da wir von Münzen nichts verstanden und keine auffallenden Stücke in der Schachtel zu sein schienen, nahmen wir von dieser Bereicherung kaum Kenntnis; auch ich warf nur einen flüchtigen Blick auf den Kupfer- und Silberschatz, und lediglich ein großes Goldstück erregte meine Aufmerksamkeit. Natürlich war es nicht echt, ein Blatschari war es, münchnerisch ausgedrückt; höchstens vergoldet. Die Vorderseite war geschmacklos genug, ein Schütze zielte scharf auf den Beschauer, außen herum lief eine Schrift: »Siebentes Deutsches Bundesschießen« – eine Gedenkmünze also war's, eine Erinnerungsmedaille –, aber die Rückseite zeigte den deutschen Reichsadler, genau in der Prägung des Goldes, das wir längst für Eisen dahingegeben hatten. Ich erbat die Münze von meinem Bruder, ohne Zögern überließ er sie mir; sie war ja auch nichts wert, einen Jux wollte ich mir damit machen, ich zog sie gelegentlich aus der Tasche und fragte einen und den andern Bekannten, ob er ein goldnes Hundertmarkstück sehen

wolle, und wies natürlich die Rückseite vor; und wenn dann der Betrachter schon große Augen machte, zeigte ich ihm den lächerlichen Scharfschützen, und wir schmunzelten beide über den Scherz.
Ich wurde des Spaßes bald müde, immer seltner trieb ich das harmlose Spiel, ohne weiteres hätte ich das Ding wieder hergeschenkt, ja, dem oder jenem bot ich's wirklich an, daß er, mit neuer Lust, seine Freunde damit foppen oder seinen Kindern ein Vergnügen machen könnte.
Aber wie es so geht, das lächerliche Ding blieb in meiner Hosentasche, den Bekannten genügte der einmalige Scherz, das Goldstück wollten sie nicht haben. Da traf ich zufällig einen rothaarigen, buckligen Juwelier, und da ich wußte, daß er zugleich Mitglied eines Zimmerstutzenschützenvereins war, sah ich in ihm den Mann, mit dem ich den schon reichlich abgenützten Scherz noch einmal mit Erfolg machen konnte; der aber hatte kaum einen Blick auf die Münze geworfen, da wurde er ganz blaß, die Stimme verschlug's ihm, und er stotterte, fassungslos, ob ich denn wüßte, was ... Kurz und gut, das Ding war echt, aus purem Gold, die offizielle Gedenkmünze jenes großen Schießens, das seinerzeit in Dresden stattgefunden hatte.
Ich hätte mich eigentlich über mein Glück freuen sollen, vor allem darüber, daß niemand mein leichtherziges Angebot, das vermeintlich wertlose Ding ihm spaßeshalber zu überlassen, angenommen hatte – ein Vermögen, »Millionen«, hätte ich weggeschenkt. Aber mir war im Gegenteil höchst unbehaglich zumute, und als mich nun gar der Bucklige, der Rothaarige, die Münze mit seinen langen weißen Fingern umkrallend, bedrängte, ihm das Goldstück zu verkaufen, reell, verstehe es sich, zum Tagespreis – unverzüglich wollte er mich in seinen Laden vor die Goldwaage schleppen –,

da verwünschte ich die Gabe Fortunas; denn in welche Höllen von Skrupeln stürzte mich die Entdeckung, daß ich viele Wochen lang einen Märchenschatz mit mir herumgetragen hatte, gutgläubig erworben, gewiß, solang es keiner war, aber jetzt, nachträglich, seiner Unschuld beraubt, ja verdächtig nahe dem Diebstahl und der Hehlerei; denn daß der Schulfreund eine ganze Schachtel voller Münzen zu Recht besessen haben sollte, erschien mit einem Schlage mehr als unglaubwürdig, da es offenbar wurde, daß eine einzige schon so kostbar war. Auf jeden Fall bat ich mir Bedenkzeit aus, und so ungern der Gierige auch das Gold aus den Fingern ließ, so heftig er mir mit Beschwörungen zusetzte, gleich jetzt, im günstigsten Augenblick, handelseins zu werden, niemand wisse, ob morgen der Preis von heute noch zu halten sei – ich ließ mich nicht breitschlagen, ich spielte ihm die Münze aus den Händen, steckte sie wieder in die Tasche und vertröstete den Mann auf eine baldige Entscheidung: wenn überhaupt, würde ich die Münze nur an ihn verkaufen.
Ich kam zum Abendessen heim und fand meine Familie in höchster Bestürzung. Ein Onkel des Münzenverschenkers war dagewesen, aber nicht zu freundlichem Besuch, sondern mit der peinlichen Erklärung, der Schulkamerad, sein Neffe, habe die Sammlung seines verstorbenen Vaters geplündert, erst jetzt habe die Mutter, die Witwe, die Spuren entdeckt, und eine dieser Spuren führe eben zu meinem Bruder, der Mitschüler habe eingestanden, eine ganze Schachtel voll Münzen an ihn verschachert zu haben. Der Schatz müsse unverzüglich wieder beigebracht werden, und sofern das nicht mehr möglich sei, fordere die Frau, seine Schwägerin, fünf Dollar als Schadenersatz; andernfalls sei er ermächtigt, die Angelegenheit der Polizei zu übergeben.
Mein jüngerer Bruder, der als armer, aber vorerst noch

verstockter Sünder zwischen meinem ratlosen Vater, meiner zornigen Mutter und uns verwirrten Geschwistern saß, wurde peinlich befragt, was alles er überhaupt noch, im Zusammenhang mit dieser Entdeckung, auf dem Kerbholz habe, und besonders meine Mutter, die das Wort führte, wollte nun Dinge wissen, um die sie sich, in sträflicher Laxheit, bisher wenig gekümmert hatte, zweifelhafte Geschäfte und verdächtige Besorgungen.

Zu unserem maßlosen Erstaunen berichtete er, dieser Onkel, der heute dagewesen sei, habe schon seit einiger Zeit ihn und den Schulkameraden, seinen Neffen, unter Druck gesetzt und ihnen mit der Polizei gedroht, falls sie die Münzen nicht wieder beibrächten oder drei Dollar Schadenersatz leisteten. Und auf seine verzweifelte Frage, wie er, als ein Bub, drei Dollar aufbringen sollte, habe er nur höhnisch gesagt, wer so geübt im Stehlen und Hehlen sei, der werde schon einen Weg finden.

Das habe er und sein Kamerad auch versucht, beichtete er, der kleine Tausendsassa, mit gewagten Unternehmungen, die uns mehr verblüfften als empörten, denn wir so ehrenfesten Erwachsenen blickten jäh in eine Hölle der vermeintlich so unschuldig heitern Kinderwelt. Aber immer wieder, so sagte er, fast sachlich, hätten jähe Devisenstürze den Versuch in den Anfängen zum Scheitern gebracht.

Der Onkel aber sei unerbittlich geblieben, und jetzt habe er seine Drohung mit der Polizei auf dem Umweg über die Eltern wahr gemacht. »Aber mehr als drei Dollar!« rief mitten im Schluchzen der gewiegte Geschäftsmann voller Zorn, »mehr dürft ihr ihm nicht geben!«

Wir waren zutiefst erschrocken über diesen Bericht und voller Wut auf den gemeinen Erpresser, der gar noch die Frechheit hatte, mit einer gesteigerten Forderung zu uns ins Haus zu kommen; und doch überlegte ich insgeheim, daß es vielleicht Glück im Unglück war, daß sich der Kerl noch in letzter Stunde vor den Abgrund gestellt hatte, in den mein Bruder, und wer weiß wie rettungslos, gestürzt wäre. Welche Ängste mußte der Bub ausgestanden haben, erst jetzt fiel mir auf, wie bedrückt er die letzte Zeit gewesen war; und fast war es wohl für ihn eine Erleichterung, daß der üble Fall nun auf einer höheren Ebene zu entscheiden war.

Die Münzen zurückzubringen, was das einfachste gewesen wäre, war hinfällig; mein Bruder gab ohne weiteres zu, daß er alles längst wieder verhandelt hatte, an Schulgenossen vertäuschelt gegen Süßigkeiten, die er redlich mit dem Spender geteilt habe; das meiste jedoch, eigentlich die ganze Schachtel voll, hatte er zu einem kleinen Bankier getragen, weil er in dessen Laden auch Münzen ausgestellt gesehen hatte. Es erwies sich, daß dieser Mann ein guter Bekannter von uns war; schon unsre Großtanten hatten ihn für ihre bescheidnen Geschäfte als Berater zugezogen, und er war der Familie befreundet geblieben, ein Ehrenmann ohne Zweifel, ein alter Herr im weißen Haar und mit goldgefaßter Brille.

Mein Vater, gutgläubig, wie er war, sah darin einen Lichtblick, zumal mein Bruder auf Befragen erklärte, der Herr habe sich nach seinem Namen erkundigt und es ohne Erstaunen hingenommen, daß die Münzen aus seiner Bubensammlung stammten, zu der er die Lust verloren habe. Wären die Stücke, so meinte mein Vater, wirklich wertvoll gewesen, hätte der Geschäftsmann doch rückgefragt und unter einem Vorwand die Schachtel sichergestellt.

So vertrauensvoll war ich nicht; ich erinnerte mich, daß mir als Kind ein Onkel eine silberne Mark geschenkt hatte, für die mir dann unser langjähriger Obsthändler eine Handvoll Kirschen gab; daß mir, als Pennäler, ein Berliner Briefmarkenhändler für meine bedeutende Sammlung drei Mark in Postwertzeichen geschickt hatte, mit der dreisten Erklärung, die vermeintlich besseren Stücke seien schadhaft oder gar gefälscht – wohl wissend, daß ich, schlechten Gewissens, diese Schurkerei in mich hineinfräße und keinem Erwachsenen ein Sterbenswörtlein verriete.

Meine Mutter, entschlossen wie sie war, hielt nicht viel von solch müßigem Streit; ob der Alte ein Gauner sei oder nicht, er sei jedenfalls der nächste, an den wir uns halten müßten; und trotz der späten Stunde rief sie ihn an. Wir standen gespannt um den Fernsprecher, hörten, was die Mutter fragte und sagte, böse, hoffnungsvoll und zuletzt kleinlaut – und als sie dann eingehängt hatte, gab sie uns Bericht: ja, der Händler habe sich erinnert, nur dunkel bei so vielem Hin und Her von An- und Verkauf; das Zeug sei nichts wert gewesen; mehr, um dem Sohn eines guten Bekannten die Freude nicht zu verderben, habe er eine gewiß geringe, aber durchaus angemessene Summe dafür bezahlt; den Inhalt der Schachtel habe er, nach flüchtiger Durchsicht in sein Wühlkistchen geworfen, das meiste sei ja wohl schon weggegangen. Und natürlich habe er sich nach dem Namen des minderjährigen Verkäufers erkundigt, er habe doch annehmen dürfen, er sei von meinem Vater gewissermaßen ihm geschickt worden; wären die Münzen was wert gewesen, beim leisesten Verdacht hätte er bei uns angerufen.

Wir waren also klug wie zuvor, die Auskunft konnte ehrlich sein oder dreiste Heuchelei; es ist ein für allemal im dunkeln geblieben, ob die Münzen insgesamt nur Schund waren; ich war nahe dran, von meinem Goldstück zu erzählen, aber ich schwieg dann doch.

Nur mich selbst fragte ich, ob die Witwe oder ihr Schwager von diesem einen Gepräge etwas wußten, ob sie es für echt gehalten hatten oder für einen Kitsch; um eine berühmte Sammlung, so hatte der Bankier versichert, als ihm meine Mutter die Herkunft preisgab, könne es sich nicht handeln, da müßte er als Fachmann doch auch was gehört haben.

Der sündige Sohn war, mit dem Gram der Eltern beschwert, ins Bett geschickt worden, vermutlich hatte er sich längst mit bitteren Tränen in den Schlaf geweint, als wir immer noch darum rangen, wie wir die üble Geschichte zu einem leidlichen Ende bringen sollten. Den Vorschlag, mit Hilfe eines Anwalts und mit dem Bankier als Zeugen für die Wertlosigkeit der Münzen die Forderung der Witwe anzufechten, ließen wir wieder fallen, mit Polizei und Gerichten wollten wir nichts zu tun haben; aus dem gleichen Grund verwarfen wir auch den Plan, gegen den schäbigen Erpresser vorzugehen, der doch erbarmungslos zwei halbwüchsige Kinder immer tiefer in ausweglose Schuld hatte treiben wollen. Es blieb also nur die Frage, wie wir die fünf Dollar beschaffen sollten, vielleicht durch Hingabe eines Familienerbstücks, um uns loszukaufen.

Schließlich, als ich mit den Eltern allein war, hielt ich nicht mehr zurück, auch sie hart zu tadeln; und mit ihnen zugleich mich selbst und die ganze, heillose Zeit, in der wir lebten: wie oft hatten wir den Buben sogar belobt, wenn er irgendwas daherbrachte, was auf geradem Weg nicht zu beschaffen war; wie krumm seine Wege gewesen waren, hatten wir immer weniger gefragt. So durfte es uns eigentlich nicht wundern, daß er auch auf eigne Faust seine trüben Geschäfte machte in einer Welt, von der wir Erwachsenen keine Ahnung hatten.

Meinen geheimen Besitz, meine schwere Mitschuld, die

Münze aus Gold, verriet ich auch jetzt meinen Eltern nicht; den Bruder, der sie mir geschenkt hatte, fragte ich andern Tags so unverfänglich, wie es anging, ob er sich, ganz allgemein, des Inhalts jener Schachtel noch erinnere; ich konnte beruhigt sein, er hatte alles vergessen. Und so trug ich, denselben Vormittag noch, die Münze zu dem Rothaarigen; der zitterte vor Begierde, als ich das schwere Goldstück vor ihm auf den Tisch legte. Sicher hatte er längst überschlagen, was es wert war; aber, um den Schein eines ehrlichen Käufers zu wahren, wog und rechnete er umständlich herum; die schnöde Absicht freilich, mich übers Ohr zu hauen, war ihm ins Gesicht geschrieben; aber ohne abzuwägen, wie sehr er mich betrügen wollte, sagte ich, er müsse mir fünf Dollar dafür geben. Woher er Devisen zaubern solle, jammerte er, aber ich blieb fest, ergriff meine Münze und sagte, irgendwer werde sie schon haben. Und natürlich hatte er sie selbst, und er holte die Scheine aus einem Versteck und legte sie mir auf den Tisch. Nun brauchte er die Freude an dem glänzenden Geschäft nicht mehr zu unterdrücken, er entließ mich mit Segenswünschen – und wenn ich wieder einmal etwas für ihn hätte ...
Ich ging schnurstracks zu dem Onkel, er sah mich mit stechenden Augen an, sicher glaubte er, ich sei gekommen, um ihn um Aufschub, um Gnade gar, zu bitten. Ich mußte mir Gewalt antun, um ihm meinen Haß, meine Verachtung nicht ins Gesicht zu schreien. Aber ich sagte ihm mit kalter Höflichkeit, ich sei da, um den unerquicklichen Fall in seinem Sinne zu bereinigen; das Geld, fünf Dollars, stünden zu seiner Verfügung, sobald er mir bestätigt hätte, daß mit der Auszahlung die Angelegenheit unwiderruflich erledigt sei. Ich legte ihm einen von mir vorbereiteten Schein auf den Tisch, und er unterschrieb ihn, als er die Banknoten in mei-

nen Händen sah, nach flüchtiger Durchsicht ohne Zögern. Auch er wird bei diesem schmählichen Handel kein gutes Gewissen gehabt haben.

Ich hätte jetzt, das sichernde Blatt in der Tasche, dem Bösewicht gründlich die Wahrheit sagen können; wer will, mag es feige nennen, daß ich's nicht getan habe, und vielleicht war es wirklich auch die Furcht, diesen giftigen Burschen noch zu reizen; aber es überwog der Ekel, mich mit ihm einzulassen, und, mehr noch, das Gefühl der Freiheit, so, als wäre ein Höllentor hinter mir zugefallen.

Noch wußte ich nicht, was ich daheim erzählen sollte; beim Mittagessen, das wir unlustig genug und in lauerndem Schweigen einnahmen, erging ich mich nur in verschwommenen Andeutungen, ich hätte einen Ausweg gefunden. Ich lächelte meinem Bruder zu, er sei noch einmal davongekommen, ich hoffte, es werde ihm eine Lehre sein. Aber alle genauer zielenden Fragen schnitt ich ab. Unser leichtblütiger Vater war als erster zufrieden, er mochte schon wieder andre Dinge im Kopf gehabt haben; meine Geschwister verstummten; und erst nach Tisch, als ich mit meiner verschwiegenen Mutter allein war, machte ich sie zur Mitwisserin meines Geheimnisses.

Daß Unrecht durch Unrecht nicht aus der Welt zu schaffen sei, wußten wir wohl; aber wir nahmen die Last auf uns. Die Münze aus Gold – nie hätte ich sie behalten können, seit der Fluch auf ihr lag, daß ich wußte, was sie wert war und wie sie mir in die Hände gekommen war. Und wem hätten wir sie geben können? Noch heute, als alter Mann, nach mehr als einem halben Jahrhundert, weiß ich keine Antwort auf diese Frage.

Damals meinte meine Mutter, trotz allem dürfe mein Bruder nicht ungestraft bleiben. Am nächsten Tag schon sollte er mit einer Jugendgruppe auf eine Bergfahrt gehen, mit einem Fähnleinsführer von guter alter Wandervogelart. Das wollte sie nun dem Buben, der sich schon lang darauf gefreut hatte, verbieten. Nur mit Mühe gelang es mir, ihr das auszureden, ja sie zu beschwören, diesen Glücksfall zu nützen und, für entscheidende Tage, dieses halbe Kind aus seiner verworrenen Welt in die Freiheit der Natur (und der Kameradschaft) zu entlassen. Und so zog denn mein Bruder, ohne zu wissen, was schon über ihn beschlossen war, aber doch wohl bis zuletzt in der Furcht, nicht mitzudürfen, strahlend ab und kam munter, als ein Verwandelter, wieder.

Erst viele Jahre später, als wir beide längst gestandene Männer waren, habe ich ihm alles erzählt; und es hat mich nicht erstaunt, als er mir bekannte, es seien wirklich jene Tage eine Wende seines Lebens geworden.

Schlimme Nächte

Wer nie kummervolle Nächte auf seinem Bette weinend saß – der kennt nicht nur die himmlischen Mächte nicht, sondern hat auch von Zahnweh, Moskitos und andern höllischen Gewalten keine Ahnung. Natürlich, der Übel größtes ist und bleibt die Schuld, aber auch dem, der frei von Schuld und Fehl, ist nicht wohl, wenn sich ihm zwar nicht die Furien rächend, aber die Schnaken stechend nahen wie zum Beispiel mir am Trasimener See, wo ich nicht gegen die Elefanten Hannibals, sondern gegen die Mücken eine blutige Schlacht verlor.

Das damals einzige Hotel war wegen Umbaus geschlossen, aber die freundlichen Bewohner von Passignano wollten – zu meinem Unheil! – nicht, daß ich die Nacht im Freien verbrächte. Sie versammelten sich auf dem Marktplatz und lieferten mich nach längeren Beratungen einer braven Familie aus, die mich liebevoll in ihren Schoß aufnahm. Durch einen düster-romantischen Allzweckraum wurde ich in eine badestubenheiße Kammer geführt, aus der ich, sogar im aufgeweichtesten Zustand, nicht mehr entweichen konnte; denn vor meiner moskitoüberfüllten Sauna schliefen die Frauen – und ein scharfer Hund, der beim geringsten Geräusch aufwachte. Tausendundeine Nacht beim munteren Geplauder der Scheherezade ist wohl leichter zu bestehen als eine Nacht beim Sirenengesang von Tausenden von Stechmücken.

※

»Wie duftet doch der Flieder so mild, so stark und voll, mir löst es leicht die Glieder, will, daß ich was sagen soll« – aber was soll ich sagen? Für mich ist Nürnberg nicht mit der Erinnerung an Wohlgerüche verknüpft. Wieder war ich – infolge einer johannisnächtlichen Tagung – ohne Quartier, wieder erbot sich ein biederer Bürger, mich zu beherbergen, wieder wurde ich in ein Kämmerlein geführt und, ehe ich mich's versah oder vielleicht verroch, mit dem Wunsche, wohl zu ruhen, verabschiedet. Das Verlies, in dem ich bei Kerzenschein herumtappte, hatte kein Fenster, nur einen Luftschacht – und von dem Flieder, der vielleicht draußen in der Schwüle der Sommernacht so voll duftete, drang nicht ein Hauch zu mir herein; aber um so stärker waren die Gerüche, die einem Fäßlein entströmten, das im Winkel stand: es war unzweifelhaft der Gestank eingepökelten Fleisches. Ein Glück wenigstens, daß es die kürzeste Nacht des Jahres war und daß wir erst im Morgengrauen das traute Heim aufgesucht hatten. Jedenfalls hing ich vier, fünf Stunden schnappend und mit Übelkeit kämpfend am Luftschacht, in der gnadenlosen Schwüle des fränkischen Mittsommers – und ich weiß seitdem, daß die Hölle viele Qualen bereithält, an die wir gemeinhin nicht denken: wir müssen nur noch den Höllenlärm mit einbeziehen – aber über diesen Mörder des Schlafes ist ja hinlänglich genug geschrieben worden: wer hätte ihn nicht schon tausendfach erlebt, vom steten Tropfen, der das Hirn höhlt, bis zum donnernden Fernlastfahrer, der das Herz zum Hüpfen bringt ...

*

Drückende Hitze, durch viele Martern verschärft, ist schrecklich; und hilflos eingeschlossen zu sein, ist grauenvoll: aber daß auch bei grimmiger Kälte ausgeschlossen zu sein, arg genug sein kann, habe ich schon in den »Erinnerungen eines Vergeßlichen« erzählt. Es sei fern von mir, die Leser zum Erwerb dieses Bändchens zu ermuntern, nur die Nutzanwendung will ich wiederholen: wenn man schon in bitterkalten Winternächten bis zum Hotel gebracht wird, entlasse man seinen Begleiter nicht, ehe uns der Nachtportier übernommen hat.

SIEBENBÜRGEN

Ich weiß es selbst: viel zuviel habe ich schon von meinen Lesereisen erzählt – aber durch Jahrzehnte waren sie eben doch das wichtigste in meinem sonst (so) einfachen Leben; und da kann ich über die schier abenteuerliche Fahrt nach Siebenbürgen nicht schweigen, im Herbst 1942.

Das Auswärtige Amt hatte mich verpflichtet, es sollte mir die Unterlagen, Paß und Reisegeld, rechtzeitig schicken. Aber der Samstag, an dem ich fahren sollte, verging in Qualen: keine Papiere trafen ein. Ich rief alle möglichen Ämter an, alle Poststellen – nichts. Der Termin verstrich, mein Zug mit dem Schlafwagenplatz fuhr ohne mich ab. Schon war ich unter Schmerzen froh, nicht fort zu müssen – da kam am Montagfrüh ganz gemütlich der Geldbriefträger – daß die Papiere als Wertbrief gesandt würden, war das einzige, woran ich nicht gedacht hatte.

So fuhr ich stehend statt schlafend nach Wien; dort hatte ich Glück, im Abteil eines echten Generals war noch ein Bett frei, und so reisten wir nobel durch Ungarn, das rot war von Tomaten, die überall geerntet wurden.

Nicht in Kronstadt, wie ich von der Schule her gelernt hatte, stieg ich aus, sondern in Braşov, kein deutsches Wort erklang, als ich, keinen Leu in der Tasche, meinen schweren Koffer vom Bahnhof in die Stadt schleppte, wo endlich ausgerechnet ein Judenbübchen mich zu der NS-Amtsstelle führte; daß ich dem Kind nichts schenken konnte, tut mir heute noch weh.

Mürrisch genug wurde ich empfangen, mein Vortrag war soeben abgeblasen worden, aus einer Rückfahrt mit Stationen wurde eine Rundreise: in vierzehn Tagen sollte ich die Lesung in Kronstadt nachholen; aber wenigstens ein Teil des Honorars wurde mir ausbezahlt.

Den Ariadnefaden hatte ich in der Hand: ich wurde an ihm durch den deutschen Untergrund geführt, die Oberfläche war längst rumänisch geworden. Auch Schilderungen kann ich mich leider nicht einlassen; die berühmte Schwarze Kirche, die Hohe Zinne voller riesiger Herbstzeitlosen und der bunte Markt, wo Bauernfrauen Berge von Brombeeren sprichwörtlich billig feilboten, sind mir in besonderer Erinnerung. Hausfrauen mag es noch zu hören wert sein, daß ich mir am Nachmittag zwei Hemden anmessen lassen konnte, drei Mark das Stück, die mir gegen Mitternacht pünktlich an den Zug gebracht wurden.

An diesem unvorstellbar überfüllten Zug – die Rumänen schienen Särge als Handgepäck zu benutzen – kamen nun auch deutsche Freunde, darunter der Dichter Meschendörfer, der mir zum Glück noch zurief, ich müsse, etwa um fünf Uhr früh, in Shigiswara aussteigen – ich wäre sonst bis »Schäßburg« weitergefahren, der Namensänderung unkundig.

Schäßburg, das siebenbürgische Rothenburg, war aber noch deutsch, bis auf die Behörden; mein Gastgeber, ein Bäckermeister, übernahm es darum, in meinem Paß Ein- und Ausreise eintragen zu lassen.

Die Tochter kannte mich von einer Lesung in Heidelberg her, nie hätte ich geglaubt, daß ich ihrer Einladung, sie in ihrer Heimat zu besuchen, je nachkäme. Verwunderlich war die Dreisprachigkeit der Sachsen: deutsch unter sich, rumänisch mit den Amtsleuten, ungarisch mit der Magd.

Weiter ging's nach Mediasch, der Stadt des starken Weins, der schon manchen Fremden umgeworfen hat, wenn er an die frische Luft kam. Dort war ein reicher Lederfabrikant mein Wirt. All sein Geld, meinte er galgenhumorig, gäbe er für meinen Paß mit der freien Ausreise. Er ließ mich, auf weiten, schlechten Straßen, in seinem Auto nach Hermannstadt bringen.

Im behäbigen Hotel »Römischer Kaiser« wurde ich mit überschwenglicher Herzlichkeit vom Besitzer selbst empfangen, er erbat sich meinen Paß und – mitten im Wort erbleichte er, rief mir zu, den Fahrer noch anzuhalten – der aber war längst fort; bestürzt, ja fast feind-

selig starrte der Wirt mich an: »Ich kann Sie nicht beherbergen, die Rumänen schließen mir das Haus – in Ihrem Paß fehlt der Ausreisestempel von Schäßburg!«
Guter Rat war teuer: auch ein Privatmann hätte nicht wagen können, mich unterzubringen. Die Rumänen, längst schon nicht mehr unsre Freunde, suchten den Deutschen durch tausend Tücken zu beweisen, daß man auf Bajonetten nicht sitzen kann – der Gastgeber in Schäßburg hatte nicht aufgepaßt, und ich war ahnungslos gewesen.
Die Lage war ernst; ich konnte nicht bleiben, aber auch weder vor noch zurück. Erst nach bangen Stunden, während derer ich ohne Eßlust das ungeheuerliche Angebot von gebratenem und gesottenem Federvieh auf der Speisenkarte beäugte, kam die erlösende Nachricht von meiner Begnadigung: der deutsche Resident von Hermannstadt hatte fünfmal mit dem Ministerium in Bukarest gesprochen, bis mein Aufenthalt bewilligt worden war.
Jetzt konnte ich nicht nur meine Lesung erleichterten Herzens hinter mich bringen, sondern auch die wunderbare Stadt, das Brückenthalmuseum, die Umgebung mit ihren Wehrkirchen und Burgen genießen, drei festliche Tage lang im Schlaraffenland, von allen Menschen verwöhnt und wie ein Fürst geehrt.
Noch war die Rückreise nach Kronstadt zu bestehen; auf dem Umsteigebahnhof lagerten dreimal so viele Menschen, als der gewiß schon überfüllte Zug würde fassen können. Ich wollte bereits die lange Wartezeit in einem finstern Winkel verdösen, als ich zufällig eine Tür aufstieß: bei blendendem Licht tafelten hier üppig Rumänen und Deutsche; und da fand ich auch meinen Schutzengel, der wußte, wie man in diesem Land zurechtkommt; und so landete ich wohlbehalten beim Morgengrauen in Braşov.

Wunderlich war dort das Leben; deutsche Einfuhrwaren gab's zu Spottpreisen, zum Frühstück konnte einer, 1942, ein Pfund Schinken und ein Dutzend Eier haben, aber kein Stückchen Brot; und so war's mit allem.

Um die Platzkarte für die Heimreise mußte ich auf das Reisebüro gehen; zum Glück begleitete mich ein Angestellter des Konsulats. Denn die dicke Dame, die dort herrschte, unterhielt sich, über unsere Köpfe hinweg, wohl eine Viertelstunde mit einem Jüngling – die Geduld wollte mir reißen. Aber mein Beschützer beschwor mich, auszuharren: wenn wir dieses Weib reizten, konnte es erklären, die Platzkarten nach Wien seien für drei Wochen vorbestellt – und nirgends hätte ich Berufung einlegen können.

Von der Rückreise ist wenig zu berichten, falls ich nicht gleich seitenlang mich verbreiten dürfte. Mein Abteilgefährte, offenbar ein »Profi«, verstaute wohl einen Zentner Schmuggelware im Abteil; ich hatte nur eine Wurst und eine Flasche Aprikosengeist bei mir, herrliche Mitbringsel ins ausgehungerte »Altreich«.

Temeschburg, meine letzte Lesestation, war noch ganz österreichisch-ungarisch gemütlich, mir zu Ehren wurde ein Festmahl im Freien gegeben, Männer und Frauen tanzten in der Tracht. Kein König, kein Milliardär wird dergleichen noch erleben; es sind versunkene Jahre.

Endlich war ich in Wien. Der Mann an der Sperre, der Gepäckträger, ja die fremdesten Leute bedrängten mich mit der Frage: »Hamm S' koan Pengö?« Ich hatte keinen; aber drei Jahre später floh eine Freundin meiner Frau aus Ungarn, mit 60 000 Pengö in der Tasche. Die sind dann auf einer deutschen Bank ins Nichts zerschmolzen, kein Mensch wollte sie mehr haben.

HANNOVER

Nicht in Hannover selbst hatte ich diesmal gelesen, sondern in den prächtigen und auch gegen Kriegsende noch friedsamen Städtchen des Weserlandes, in Detmold, in Rinteln, in Lemgo, in Hameln, in Bückeburg, es war eine Lust gewesen, so viel Schönheit der Landschaft und der Bauten zu genießen, wer konnte denn schon da überall hin, wenn nicht der fahrende Sänger? Obendrein hatte mir in Bückeburg noch die Apothekerin die herrlichsten Birnen von ihrem mächtigen Baum gepflückt.
Vielleicht hatte ich mein Herz zu weit, zu sorglos aufgetan – nun, da ich in den Bahnhof von Hannover einfuhr, krampfte es sich zusammen, im Anblick wüsten Getümmels, im Ahnen düsteren Verhängnisses. Schwer deutbares Unheil lag in der Luft. Wenn nur der Zug käm, der Schnellzug mit dem Schlafwagen, der mich nach München schaukeln sollte!
Noch war alles so gut wie unzerstört, aber verstört waren die Menschen. Wo sie nur alle hinwollten, Ströme von Gestalten aller Art, die sich begegneten, ineinander verkeilten, immer die einen begierig, dort hinzukommen, wo die anderen herkamen. Dazwischen standen andre Gruppen, wild redende Flüchtlinge in ihren östlichen, wattierten Joppen, teilnahmslos Geduldige auf Bündeln und Koffern, Mütter mit weinenden Kindern, Hamsterer, ängstlich über pralle Säcke spähend, Geschäftsreisende, Soldaten mit Waffen und schwerem Gepäck, Feldpolizisten, die das Gewühl durchkämmten – und plötzlich wurde eine Kette von Fahnenflüchtigen vorübergezerrt, Hand an Hand gefesselt.
In dieser Hölle hieß es geduldig warten; ich setzte mich in die durchtobte, verräucherte, verdreckte Gaststätte, ich hatte das Glück, eine stille Ecke zu finden, ein Glas

Dünnbier zu kriegen und neben einen vertrauenswürdigen Nachbarn zu kommen, der meinen Platz und das Gepäck bewachte; denn immer wieder lief ich zu einem Schalter, zur Sperre, um eines Eisenbahners habhaft zu werden, der mir über meinen Zug aus Hamburg nach München Auskunft geben könnte.
Niemand wußte, wann und auf welchem Gleise er einlaufen würde.
Statt dessen ertönten jetzt die Sirenen, und der Ruf »Bahnhof räumen!« scholl gebieterisch durch das Getöse. Aber schon war alle Ordnung aufgelöst; statt sie zu verlassen, drückten sich noch mehr Menschen in die Gänge. Drohender gellte der Voralarm, Voralarm, Voralarm!
Wieder hielt ich, durch Wälle von Menschen mich zwängend, Umschau nach einem Bescheid. Und diesmal hatte ich Glück. Eine dicke Schaffnerin, die ich anflehte, sagte mir, obendrein in vertrauter bayrischer Mundart, der Schnellzug komme gar nicht nach Hannover, er werde über Lehrte umgeleitet. Aber, setzte sie, mitleidig auf die Uhr blickend, dazu, den letzten Zug nach Lehrte, den werde ich nimmer erreichen, der fahre grad ab, auf Bahnsteig drei.
Ich raste, mich durch das Gewühl stoßend, auf meinen Platz zurück, warf einen Geldschein auf den Tisch, ergriff Koffer und Birnensack, keuchte zum Bahnsteig hinauf – zu spät: der übervolle Zug, vom Geschrei der Mitfahrer wie der Begleiter umbrandet, rollte bereits, wenn auch nur langsam vorerst, aus der Halle.
Ich stand ganz dumm da, ohne Gedanken. »Hätten Sie noch mitwollen!?« rief mich in diesem Augenblick ein Soldat an, eine Antwort brauchte er nicht, er schrie zu einem offenen Fenster hinein, er ermunterte ein paar Herumsteher: Ich wurde in den Wagen gehoben und gezogen, der Koffer kam nach, sogar der Birnensack

und zuletzt der linke Schuh, der einem der Helfer in den Händen geblieben war. Fast war alles eine Gaudi.
In Lehrte stieg ich aus, die Mitreisenden verliefen sich. Eine tiefe, sausende Stille war, meine Schritte hallten, nirgends brannte ein Licht. Daß hier ein Zug kommen sollte, ward zu glauben mir von Viertelstunde zu Viertelstunde schwerer. Die Zeit war um, die Minuten dehnten sich: kein Fahrdienstleiter erschien, kein Signal war zu sehen. Und dann hörte das lauschend angespannte Ohr doch das dumpfe Rauschen, ein Laternenschwenker tauchte aus dem Nichts, riesig schob sich die Maschine heran. Mein Schnellzug hielt, hielt für den einzigen Fahrgast von Lehrte, von Hannover.
Der Schlafwagenschaffner prüfte freundlich meine Fahrkarten, wies mir ein Bett an, fragte wie er eh und je die Reisenden fragte, ob sie noch einen Sprudel wünschten. Selten hat mir ein kühler Trunk so wohlgetan. Ich zog mich aus und legte mich in das weißbezogene Bett, vom längst wieder fahrenden Zug geschaukelt.
In diesem Nu, mit einem furchtbaren Schlag, mit dem Krachen der Bomben, dem Geratter der Abwehr, in aufschießenden Höllenbränden und dumpfem Trümmerfall, tobte der Angriff. Ich war aufgesprungen, in Hemd und Unterhose stand ich am Fenster, neben dem schweigenden Schaffner. Wir starrten in das schauerliche Feuerwerk, der Himmel hinter uns war eine einzige Flamme – aber der Zug fuhr und fuhr.
Es war die Nacht, in der Hannover zerstört wurde.

Eine Überraschung

Mitten im Krieg, vielleicht 1943, las ich in einer mitteldeutschen Stadt, die ich wohl nennen könnte, meine Gedichte und Geschichten vor – und hernach bildete sich, bei einem Glas Wein, ein geselliger Kreis, in dem mir der Ehrenplatz neben dem eichenbelaubten SS-Gewaltigen angeboten wurde. Er war ein riesiger Bulle, er war, wie mir schien, von jener Schlagetot-Sorte und Menschenfresser-Bonhomie, die sattsam bekannt ist.
»Lieber Parteigenosse Roth!« sprach er mich an, und ich mußte mir ein Herz fassen, um zu sagen, daß ich kein Parteigenosse sei.
»Ach so!?« meinte er, erstaunt und auch ein wenig gekränkt, »aber das werden wir ja gleich haben!« Er wollte das unverzüglich in Ordnung bringen; und ich hatte alle Mühe, ihn anzulügen, der Herr Gauleiter Wagner in München habe die Sache schon in die Hand genommen. Nebenbei bemerkt, in diese Klemme geriet ich oft und oft – nur ein Ami, um mich nicht deutlicher auszudrücken, konnte sich 1945 nicht vorstellen, wie schwierig es war, als Zeitungsmann damals kein Parteigenosse zu werden.
Im Verlauf des Gesprächs stellte sich der schwarze Riese als umgänglicher und gebildeter heraus, als zu vermuten war; und öfter als einmal sagte er Dinge, die er eigentlich in seiner Stellung nicht hätte sagen dürfen. Ich war freilich mißtrauisch, ich dachte, er wolle mir nur auf den Zahn fühlen – aber wahrscheinlich redete ich, trotz meines Vorsatzes, auf der Hut zu sein, immer noch weit unvorsichtiger daher, als es angebracht schien.
Gleichwohl trennten wir uns, spät genug, im besten Einvernehmen; und am andern Tag sollte ich mit ihm das nicht unberühmte Museum der Stadt besichtigen,

das für die Öffentlichkeit wegen der Bombengefahr geschlossen war.

In der Nacht, lange schlaflos, überlegte ich bangen Herzens, was ich alles gesagt hatte – es war gefährlich genug; aber noch weit verwunderlicher waren die Anspielungen, die der wuchtige Nußknacker in seinem bedrohlichen SS-Gewand gemacht hatte –, jedenfalls schien mir äußerste Vorsicht am Platze: wer weiß, ob er nicht ernüchtert und voll arger List, auf das zurückkommen würde, was er beim Wein so bedenklich andeutend hingeplaudert hatte, um mich zu fangen.

Wir trafen uns, allein, im Museum, er sah müde aus, massig und schlaff in seiner straffen Uniform. Ich suchte, mit fast übertriebener Aufmerksamkeit, mich – und damit auch ihn – den Schaustücken zuzuwenden, die wir besichtigten; er aber wandte sich immer wieder, mit einer beängstigenden Hartnäckigkeit, den bedenklichsten Gesprächen von gestern zu; und ich gestehe, daß mir nicht wohl dabei war.

Und plötzlich schlug er mit der Faust an seine Brust, zerrte an seinem Kragen, als bliebe ihm die Luft weg, und wahrhaftig, es standen Tränen in seinen Augen. Ich stand hilflos und erschüttert einem Zusammenbruch gegenüber, der bei Gott nicht mehr gespielt sein konnte. »Da habe ich«, rief er in die leere hallende Stille, »guten Glaubens diese Uniform angezogen – und nun stehe ich da, im Gewand von Mordbuben – und ausziehen kann ich diesen Rock nicht mehr, ich werde ihn tragen müssen, bis zur Höllenfahrt dieses Teufels, dem ich mich verschrieben habe.«

Ich schwieg ergriffen, was hätte ich auch gleich sagen sollen; aber ich nahm seine große Hand in beide Hände. »Ich habe es einmal aussprechen müssen«, fuhr er ruhiger fort, »es hätte mir sonst das Herz abgedrückt.«

Bedenkliche Texte

Im Krieg war ich zum Vorlesen nach Siebenbürgen gefahren, weit fort also und bis zu meiner Heimkehr nicht zu erreichen. In dieser Zeit kam zu meiner Frau der Schriftleiter des für die Flieger bestimmten Blattes »Das Fadenkreuz« und wollte einige Gedichte zum Vorabdruck haben. Sie ließ ihn, nach vergeblichen Weigerungen, in der berühmten Schublade kramen, in der bekanntlich die Dichter nach 1945 nichts liegen hatten – aber ich hatte, drei Jahre zuvor, in der meinigen was liegen, und zwar Verse, die sich keinesfalls zur Veröffentlichung eigneten. Schon, daß der Besucher sich einige selbst aneignete, machte meine Frau bedenklich, sie beschwor ihn, ihr vorher noch zu zeigen, was er drucken wollte, er versprach's hoch und heilig und verschwand auf Nimmerwiedersehen.
Ich kam zurück, meine Frau erzählte mir, recht beiläufig, unter vielem anderen, die Geschichte. Auch ich dachte weiter nichts Böses, bis wir, bald darauf, ein Belegstück der in Millionenauflage verbreiteten Zeitschrift bekamen und mit Entsetzen das Gedicht schwarz auf weiß vor uns sahen, das der harmlose Bursche in Satz gegeben hatte: »Ein Mensch hält Krieg und Not und Graus,/ kurzum ein Hundeleben aus,/ und all das, sagt er, zu verhindern,/ daß gleiches blühe seinen Kindern./ Besagte Kinder werden später/ erwachsene Männer, selber Väter,/ und halten Krieg und Not und Graus .../ Wer denken kann, der lernt daraus!«
Ein unbedarfter Leser von heute wird vielleicht achselzuckend fragen: »Na und?« Aber wir, damals, wo Wehrkraftzersetzung ein todeswürdiges Verbrechen war, fragten uns doch was anderes, nämlich: wann ich im Morgengrauen abgeholt würde oder mindestens vorgeladen, um einem brüllenden SS-Mann zu erklären,

was ich mir bei diesem Gedicht gedacht hätte. Aber Tag um Tag verging, nichts rührte sich. Manchmal ist es doch gut, wenn man als Humorist gilt, über dessen heitere Verse man nur lachen kann.

*

Ein anderes Beispiel: In Berlin las ich im Studentenhaus, ein übervoller Saal kargte nicht mit Beifall. Und zum Schluß trug ich ein Gedicht vor, in dem ein Mensch einen von der Partei empfohlenen Film abscheulich findet, dann glaubt, sich geirrt zu haben, wieder das Lob liest, wieder in den Film geht, wieder bitter enttäuscht ist und wieder die Zeitung liest. Als ich die Schlußzeilen brachte: »Er starb in geistiger Umnachtung / als Opfer unsrer Kunstbetrachtung!«, erhob sich ein wahres Gebrüll, die Hörer – nicht bedenkend, in welche Gefahr sie mich brachten – stiegen vor Begeisterung auf die Stühle: so befreiend wirkte damals, im Krieg, ein offenes Wort!
Ich selbst freilich wurde schon andern Tags ins »Promi« gerufen – hatte aber das Glück, auf die unter Larven vielleicht einzig fühlende Brust zu treffen und mit einem Verweis davonzukommen.

EINE ERINNERUNG

Ende der zwanziger Jahre, als ich noch den Münchner Teil der »Neuesten« leitete, kam ein Hotelbesitzer zu mir, um Rat zu holen. Er hatte einen seiner großen Betriebe verpachtet und nicht nur keinen Pfennig gesehen – der in Fachkreisen übel bekannte Pächter hatte das Haus völlig heruntergewirtschaftet und sich aus dem Staube gemacht.

Ich ließ mir die haarsträubenden Einzelheiten erzählen und sagte dann ziemlich unvermittelt, da er nun einmal hier sei, wollte ich ihm eine Bitte vortragen: ob er mir dreitausend Mark leihen könnte.
Der reiche Mann erblaßte und rang nach Worten – der Ablehnung natürlich. Ich kam ihm aber zuvor und sagte: »Daran erkenne ich meine Münchner Geschäftsleute: Wenn ein unbescholtener Mann in einer sicheren Stellung ein paar tausend Mark von ihnen möchte, erschrecken sie zu Tode – aber einem stadtbekannten Lumpen vertrauen sie Millionenwerte an, ganz blind vor lauter Habgier!«

Der schlaue Vermieter

Ein alter deutscher Maler, ein verbummelter Genießer, lebte vor dem Krieg in Agrigent, auf Sizilien; er hatte ein nettes Landhaus, in das er zahlende Gäste aufnahm, die ihn schlecht und recht miternährten. Aber eigentlich, so vertraute er guten Freunden an, lebe er vom Diebstahl.
Nicht vom eignen, natürlich, sondern, so ähnlich wie die Polizei, von dem der andern. Er hielt sich einen wohlfeilen, reichhaltigen Vorrat an Tonscherben, Lämpchen, Münzen und Figürchen, von denen er bei Bedarf wertlose oder auch bessere Stücke malerisch im Haus oder Garten verstreute, recht zufällig und so, als ob sich kein Mensch darum kümmere.
Er konnte sich fest darauf verlassen, daß, denselben Tag noch, ein Gast – durch die nahen Ausgrabungsstellen angeeifert, dergleichen verschwinden ließ, wenn er sich unbeobachtet glaubte. Dann trat der Alte aus seinem Versteck hervor. Je nach Laune machte er in aller Stille den Dieb zum Käufer, beschämte ihn durch nach-

trägliche Schenkung zu freiwilligen Leistungen oder warf ihn – wenn er ihn nicht mochte – mit guten Gründen Hals über Kopf hinaus. Und legte wieder für den nächsten seine Leimruten...

G~~LÜCK GEHABT~~

Die gefährlichste Dichterfahrt meines Lebens habe ich zum Glück gar nicht gemacht. Ich war als Unteroffizier beim stellvertretenden Generalkommando VII untergeschlüpft, die in einer Gruppe aus lauter Schriftstellern, Malern, Schauspielern bestand, der die geistig-seelische »Betreuung« der Soldaten anvertraut war. Ich spielte dort eine wunderliche Doppelrolle, als niederer Dienstgrad Wache schiebend und als Faktotum benutzt, aber bald mit »Unteroffizier!«, bald mit »Herr Doktor!« angeredet. Mit Obersten und Generalen führte ich manch vertrauliches Gespräch, selbst mit dem Kommandierenden, oft bis zur Grenze dessen, was man damals unter vier Augen sagen konnte. Ein Oberst, nebenbei bemerkt, der, nach Paris versetzt, mich gerne mitgenommen hätte, ist denn auch in die Fallstricke des 20. Juli geraten und hingerichtet worden.

Schon vorher war – und das will ich eigentlich erzählen – ein hohes Tier von der russischen Front zu Besuch gekommen, ein fröhlicher alter Herr, weißhaarig und rothäutig; und da ich mich gerade als Ordonnanz im Vorzimmer aufhielt, stellte, halb im Scherz, ein Adjutant mich als den bekannten »Ein-Mensch«-Dichter vor. Der General ging stracks auf mich zu, schüttelte mir herzhaft die Hand und sagte ein paar Zeilen von mir aus dem Stegreif her.

»Den Mann müssen Sie mir leihen!« rief er dem Adjutanten zu, »der ist ja Goldes wert für meine Leute!«

Und zu mir gewendet, sagte er: »Am besten nehme ich Sie gleich mit, ich habe noch acht Tage Urlaub; bei uns im Mittelabschnitt ist's ganz ruhig. Sie werden sehen, wie herzlich Sie willkommen sind!«
Er war Feuer und Flamme für seinen Plan, den er unverzüglich unserem General Kriebel unterbreiten wollte. Ich könnte auch, meinte er, als Zivilist fahren, um nicht bei allen Stäben zuerst Männchen bauen zu müssen. Und in seinem eignen Wagen wollte er mich unterbringen.
Mir war, offen gesagt, recht zwiespältig zumute. So gern ich einmal, ohne Kosten und, wie ich immer wieder zu hören bekam, ohne Gefahr, das weite Rußland und, wenn schon nicht die Front, so doch die Etappe erlebt hätte, wohl war mir nicht bei dieser abenteuerlichen Aussicht.
Um's kurz zu sagen: ehe der Gedanke zur Wirklichkeit geworden war, kamen schlimme Nachrichten: die Russen waren durchgebrochen, der General Hals über Kopf abgereist – ohne mich.

Fast eine Erbschaft

Von Martin Rosenthal, einem bedeutenden Münchner Bibliophilen, hätte ich beinahe seine weltberühmte Autographensammlung geerbt. Wieder einmal traf ich den alten Familienfreund (eines Sonntags, 1932) auf der Straße, ich mußte mit ihm, dem ebenso herrischen wie schwermütigen reichen Juden, zu seinem einsamen Strohwitwer-Essen kommen. Nach Tisch wollte er noch einiges erledigen, ich durfte inzwischen etwas anschauen – ich entschied mich für die Handschriften. Er sah mich mit einem unvergeßlichen Blick an und sagte: »Die nicht, denn du wirst noch viel Zeit haben, sie zu

besichtigen!« Acht Tage später nahm er sich das Leben.
Seine geizige Frau unterschlug sein Testament, nicht nur meine, sondern auch vieler anderer Freunde und Angestellten Erwartungen wurden enttäuscht; die Frau ließ alles versteigern. Ein paar Handschriften von mir sah ich nach Jahren bei einem Notar in Zittau, anderes, Goethe-Autographen, Rilke-Briefe, Hölderlin-Fragmente und ähnliche Kostbarkeiten tauchten im Kunsthandel auf.
Frau Rosenthal nahm ein trauriges Ende: sie hatte sich bereits nach Israel gerettet, kehrte aber, nur des Vermögens halber, nach München zurück und wurde am Hauptbahnhof verhaftet. Ihre Schwester hat mir das, nach 1945, bei einem Besuch bestätigt.

Polen

Der Auftrag des Auswärtigen Amtes, in Polen zu lesen, im »Generalgouvernement«, war mir unbehaglich genug. Heute ist es ja leicht, zu sagen, ich hätte mich dem Befehl entziehen können; aber damals, 1943, wußte ich keinen Ausweg. So fuhr ich denn über Dresden, mit Ausweisen und einer Platzkarte versehen, nach Krakau. Gern hätte ich ein paar Züge überschlagen, um Breslau anzuschauen. Aber wenn ich, inmitten des schaudervollen Tumults von Soldaten und Zivilisten mein sicheres Eckchen verlassen hätte, wer weiß, ob ich noch an mein Ziel oder gar heimgekommen wäre.
Ein Reisegenosse, der in (vielleicht dunklen) Geschäften in Krakau oft zu tun hatte, nahm mich unter seine Fittiche und verschaffte mir ein Zimmer in einem von den Deutschen besetzten Hotel. Bei meinem ersten Gang durch die Stadt stieß ich in einem kleinen Antiquitäten-

geschäft auf einen Ettaler Schulkameraden, und rasch stellte sich heraus, daß dieser Laden ein Mittelpunkt der Untergrundbewegung war, dergestalt, daß ich während meines ganzen Aufenthaltes zwischen den zwei Fronten lebte, Nazis und Polen, Festessen und schwarzer Markt.

Die Lesung selbst, in den prächtigen Räumen der alten Jagellonen-Universität, war, ich kann es auch heute nicht anders sagen, fernab jeder Politik, eine heitere Stunde, die peinliche Begegnung mit dem gefürchteten Hans Frank wurde mir erspart, da er verreist war; nur seiner Frau wurde ich flüchtig vorgestellt. Um so beklemmender war freilich die üppige Einladung in der Villa meines Münchner Landsmannes Böpple, der auf meine besorgte Frage, wie denn ein solches Wohlleben in dieser Zeit noch möglich sei, die wahrhaft galgenhumoristische Antwort gab: »Weil wir den Brüdern nichts geben!« Die Brüder haben ihn dann auch anderthalb Jahre später aufgehängt; wir haben das ganze Trauerspiel später in München insofern miterlebt, als die verzweifelte Frau Staatsrat oft und oft zu uns kam, um bei uns einen Trost zu suchen, den wir ihr nicht geben konnten.

Die herrliche Stadt Krakau zu schildern, muß ich mir versagen; sie gesehen zu haben, ist mir ein Lebensgewinn geblieben, den düstern Schatten zum Trotz, die sich über diesen Besuch gelegt haben; nie ist mein Gefühl von Mitschuld stärker gewesen als dort, auch wenn ich nur gekommen war, Freude zu bringen. Leicht hätte auch ich mich an dem Überfluß des wunderlich noch bunt blühenden jüdisch-polnischen Marktes bereichern können; aber ich nahm nichts mit als ein Körbchen riesiger Zwiebeln, mit denen ich mich elend genug abschleppte, bis ich sie, mit letzter Kraft, glücklich nach Hause brachte.

Vorher war aber noch eine Reihe von Lesungen in der Umgebung durchzustehen; in Zakopane, dem berühmten Wintersportplatz, wohnte ich bei einem Schweizer Gastwirt, der viele Jahre in China gelebt hatte; nie habe ich erfahren, ob und wie der wunderliche, anekdotenreiche Alte sich aus dem Zusammenbruch gerettet hat. Damals hat er mir die am Fuß der Hohen Tatra selbstgefundenen Steinpilze prächtig geschmort und beim Essen Geschichten über Geschichten erzählt, kauzig und welterfahren zugleich.

In Zakopane gab es Deutsche genug, um einen großen Kinosaal zu füllen; hingegen las ich in einem kleinen Ort – er hieß damals Neustadt – am Dunajec wirklich im engsten Kreis. Die Gegend war bezaubernd, nie wieder habe ich so stahlblaue Berge gesehen; bei dem Landeshauptmann und seiner Familie war ich wohl aufgenommen; und es wäre falsch, in jedem dieser Amtswalter einen harten und gewissenlosen Zwingherrn zu sehen – dieser wenigstens war selbst schwerer Sorge voll, und das Gespräch bis tief in die Nacht hätte nicht freimütiger sein können. Zugegeben, daß ihm selbst, bei vollen Schüsseln, nicht wohl war auf seinem einsamen, vorgeschobenen Posten im fremden Land und daß er, mit einem Blick auf Frau und Kind, mich um die bevorstehende Heimkehr ins hungernde und bombenüberschüttete Reich beneidete: ich war doch, wie so manches Mal, überrascht, wie wenige Andeutungen genügten, einen Mann, der doch doppelt vorsichtig sein mußte, zu so gefährlicher Offenheit zu bewegen.

Jahre später, bei einer Lesung irgendwo in Westfalen, stellte sich mir der inzwischen herangewachsene Sohn vor, und auf die erste Frage, wie es seinem Vater gehe, sagte er – aber er sagte es um einen Ton zu gleichmütig –, der sei leider in Polen umgekommen. Ich hatte sogleich das Gefühl, er sei untergetaucht. Und wirklich trat, an anderem Ort und wieder nachher, in stürmischer, stockfinsterer Herbstnacht, ein Mann im langen Regenmantel schier gespenstisch an mich heran und flüsterte seinen Namen. Es blieb bei einem stummen Händedruck; Jahre vergingen, bis ich ihn wieder traf, als Kulturleiter einer Stadt im Ruhrgebiet, und wir setzten, unter völlig veränderten Umständen, unser Gespräch fort, über den Abgrund hinweg, der inzwischen quer durch die Welt sich aufgetan hatte.

Ich ahnte freilich damals in Krakau so manches von den schrecklichen Dingen, die sich in Polen ereigneten, vielleicht sogar in den Tagen meines Besuchs. Aber ich müßte lügen, wenn ich sagen wollte, daß mir, von der Bedrücktheit der Einwohner abgesehen, etwas besonders Böses aufgefallen wäre. Schließlich bin ich ja, ohne es zu wissen, an dem Höllenort Auschwitz nahezu vorbeigefahren. Aber all das Fürchterliche war getarnt und sogar in jenem Altertümerladen, in dem ich mit Deutschen und Polen sprach, fiel kein Wort über diese Schinderstätte.

Trotzdem, einen Blick auf das Grauen des Krieges sollte ich doch noch werfen müssen. Ich mußte in einem großen Lazarett vor den verwundeten deutschen Soldaten lesen, und ich dachte mir gewiß nichts Arges dabei; im Gegenteil, was konnte mir lieber sein, als den Kameraden eine frohe Stunde zu schenken. Es wurde aber die schrecklichste: der Saal, in den man mich führte, war überfüllt mit eben erst eingelieferten Kranken und noch blutenden Zerschossenen; es fehlte an Betten und Stühlen, die Verbände waren aus Papier, das Elend dieser Männer war herzzerreißend. Und nach den ersten Sätzen, die ich mit äußerster Überwindung in diesen Trubel hineinsprach, mußte ich erkennen, daß die wenigsten der Leute überhaupt der deutschen Sprache mächtig waren. Die einen lärmend, die anderen dumpf vor sich hinbrütend, hockten sie da; ohne jeden Widerhall gingen meine Worte ins Leere. Und obendrein kam, wenn auch noch aus weitem Osten, das Grollen der Front; der Aufeinanderprall von heiteren Versen und Weltuntergang hatte etwas Gespenstisches, und als ich, vor meiner nächtlichen, wiederum durch die schier unbegreiflich aufrechterhaltene Planmäßigkeit gesicherten Heimfahrt noch einmal, zum Abschied, in die stille Marienkirche trat, habe ich dem Himmel gedankt als ein Mensch, der mit genauer Not der Hölle noch einmal entronnen ist.

Umbruch

Auch wer vom Zeitungsmachen nicht viel versteht, wird sich vorstellen können, wie wild es beim Umbruch des Blattes 1933 beim Umbruch durch die Machtergreifer im Setzersaal zuging. Der Chef vom Dienst war völlig aufgelöst, letzte Nachrichten mußten zugunsten der allerletzten roh gekürzt oder gar herausgeworfen werden, das Telefon schrillte ohne Unterlaß, Mitternacht war vorüber, die Morgennummer mußte in die Maschinen, so oder so. Ich hatte Nachtdienst, der Metteur wurde grob, der eben eingerückte Artikel war überholt, das Durcheinander war heillos.
»Doktor Roth wird am Apparat zwei verlangt!« Ich stürzte hin. »Hier spricht Oberbürgermeister Fiehler!« – »Hören Sie mit dem Blödsinn auf, es ist jetzt keine Zeit für schlechte Witze!« – »Hier spricht Ober–« Wütend warf ich den Hörer auf die Gabel, lief zu meiner halbumbrochenen Seite zurück. »Doktor Roth ans Telefon!« Wieder: »Hier spricht Oberbürgermeister Fiehler!« Für eine Spaßvogelei war das in dieser Stunde zuviel. Sollte wirklich, so unglaubwürdig es

war ...? Jedenfalls, diesmal ließ ich meinen Partner ausreden. Er war es tatsächlich. Er wollte irgendeine Berichtigung.

Bestrafte Eitelkeit

Der nobelste Schofför, den ich je gehabt habe, war ein Enkel Kaiser Wilhelms II., er hat mich von einem Herrenabend im Preysing-Palais heimgefahren. Da hat er mir eine Geschichte als echt bestätigt, die ich schon lang gekannt, aber für ein Histörchen gehalten hatte.
Ein reicher Kaufmann, persischer Konsul, hatte vom Schah bei dessen Deutschlandbesuch – noch vor dem Ersten Weltkrieg natürlich – einen hohen Orden verliehen bekommen, zweiter Klasse freilich nur, aber immerhin eine beneidenswerte Auszeichnung. Die Brillanten waren allerdings nur Glas – selbst ein reicher Fürst hätte es sich nicht leisten können, edle Steine so verschwenderisch hinzustreuen.
Der Dekorierte aber hatte nichts Eiligers zu tun, als seinen Goldschmied zu beauftragen, die falschen Juwelen durch echte zu ersetzen; und in also blitzender Pracht erschien er denn auch zur Dankaudienz. Der Hofmeister des Schahs erspähte mit geübtem Blick sofort die gewaltige Wertsteigerung des Blatscharis, ging höflich, aber entschlossen auf den Konsul zu und pflückte ihm mit den Worten: »Verzeihen Sie den Irrtum, Sie hätten den Orden *erster* Klasse bekommen sollen!« den kostbaren Schmuck vom Halse.

In der Fremde

Auf meiner ersten Romfahrt, zwischen den Kriegen, war ich der Landessprache noch weniger kundig als heute, wo ich, nach monatelangen Aufenthalten, wenigstens ungefähr die Speisekarte beherrsche und, bei einiger Vorsicht, das kriege, was ich wirklich essen will.

Ich war also damals froh, an der Tür eines bescheidenen Ristorante ein Pappschild zu entdecken mit der Versicherung, hier werde deutsch gesprochen – eine große Seltenheit, wie ich seither erfahren habe. Hört doch, gleich nach den von Germanen überschwemmten Badesträndern der Adria, unsere Muttersprache auf, noch einigen Verkehrswert zu besitzen, im tieferen Italien kann es nur ein Glücksfall sein, auf einen deutsch sprechenden Eingeborenen zu treffen, eine Behauptung, die ich leicht durch ein paar Beispiele erhärten könnte.

Aber bleiben wir bei unserer Osteria. Ich setzte mich, als einziger Gast, an den Tisch, die Wirtin kam und fragte, in Tiroler Mundart, nach meinen Wünschen. Sie brachte das Essen und den Wein, sie leistete mir Gesellschaft und auch der Wirt schlürfte herbei, ein düsterer Mann, der beharrlich schwieg. Um so lebhafter plauderte die Wirtin. Bald hatte ich erfahren, daß sie den Süditaliener in Bozen geheiratet hatte, als er dort als Besatzungssoldat war; damals sei er viel umgänglicher gewesen, meinte sie, ihn mit einem falschen Lächeln anschauend. Aber in Rom sei es vom ersten Tag an die Hölle gewesen. Ich war nicht schlecht erstaunt, daß sie das so unbekümmert ihrem Mann geradezu ins Gesicht sagte. »Sie können ganz offen mit mir reden«, beschwichtigte sie mich, »der Kerl hat in all den Jahren nicht ein Wort Deutsch gelernt. Da sitzt er, der Teufel, und auch nur, um uns zu bewachen. Er ist ganz närrisch vor Eifersucht. Was meinen Sie, in was für ein Unglück ich geraten bin?! Nicht einen Schritt läßt er mich aus dem Haus, nicht ein Paar Schuhe darf ich mir kaufen, ohne daß er dabei ist.«

So redete die Wirtin noch eine gute Weile, oder vielmehr eine böse, denn mir war unbehaglich zumute. Aber wahrhaftig, der Wirt wich nicht von seinem Platze, in dumpfem Schweigen saß er da. Fast war's mir ein Glück, daß jetzt zwei Italiener die Stube betraten, schlagartig änderte sich die Lage, wahre Redeschwälle brandeten an mich und auch die Wirtin verabschiedete mich auf italienisch, als ob sie nie ein Wort Deutsch gekannt hätte.

BEZAHLTER SCHERZ

An einer unserer Mittelmeerfahrten nahm ein gemütlich-pfiffiger Mann von vielleicht vierzig Jahren teil, der sich, ohne gerade unangenehm aufzufallen, gerne wichtig und beliebt zu machen suchte, besonders jüngeren Damen gegenüber, die bei solchen Reisen spärlich genug unter die Gesellschaft gemischt sind und daher weit über Gebühr umworben werden.

Wir kamen in Nordafrika nach Leptis magna, eine klassische Stätte, wo Reste des Altertums aus dem tiefen, reinen Wüstensand gegraben werden und wo sich, wie nicht anders zu erwarten war, auch der Besucher sofort eine Art von Schatzgräberfieber bemächtigte. Sie starrten unentwegt auf den Boden, ließen den Sand durch die Finger gleiten und hoben allerlei Nichtigkeiten, wie Tonscherben oder Steinchen aus buntem Glasfluß auf, mißmutig darüber, daß ihnen das Glück nicht holder sein wollte.

Um so erstaunter waren wir alle, den Pfiffigen mir nichts, dir nichts einen Fund um den andern tun zu sehen; er brachte bald eine Kupfermünze zum Vorschein, bald wies er strahlend ein beachtliches Bruchstück eines Gefäßes vor, gewiß nichts von wirklichem Wert, aber als Andenken, an Ort und Stelle gefunden, von unschätzbarer Bedeutung.

Der Glückspilz genoß unsern Neid mit Behagen, er prahlte damit, dergleichen auf seinen vielen Reisen schon oft entdeckt zu haben, ja, noch ganz anderer Schätze rühmte er sich, in Segesta, Epidauros und wer weiß wo könne einer noch was erbeuten, was sich des Mitnehmens lohne. Und wie um seine vermessenen Redensarten zu erhärten, teilte er mit artiger Überlegenheit Münzen und Scherben an die jungen Damen aus, die ihm dann auch begierig nachliefen wie der Troß dem Goldgräber. Und als er schließlich erklärte, das halbe Tonfigürchen, das er eben aus dem Sande zauberte, nur der Schönsten gegen einen Kuß ablassen zu wollen, und als in der Tat diese und jene, verlegen-übermütig lachend, mit solchem Preis sich einverstanden zeigte, da war der neidvolle Zorn der Gesellschaft aufs höchste gestiegen: solchen Frevel konnte der Himmel nicht näher ansehen!

Wer aber nicht länger zusehen konnte und wollte, das war ein baumlanger Neger, als Wächter in dem Grabfelde bestellt. Der packte den vermeintlichen Dieb beim Kragen und schleppte ihn vor den Leiter der Ausgrabungen, in wilden Worten, sicher höchst übertrieben, die verbotene, aber unheimlich erfolgreiche Schatzgräberei des Besuchers schildernd. Halb ängstlich, halb schadenfroh umstanden die Reisegefährten, unter der glühenden und blendenden Sonne, das unvermutete Schauspiel.

Der Beamte war kein freundlicher Herr, er verstand keinen Spaß, sondern ging mit strengen Fragen dem Angeklagten zu Leibe. Soviel wir aus der raschen Flut seiner italienischen Worte herausfischen konnten, beklagte er tief den Mißbrauch der erwiesenen Gastfreundschaft, erklärte, daß er an dem Punkt angekommen sei, wo täglich, ja, stündlich mit dem Auftauchen kostbarster Güter der heiligen Antike und glorreichen Vorzeit des Vaterlandes zu rechnen sei, und argwöhnte, der Herr habe die langersehnte, goldene Statuette bereits in die Taschen gesteckt – die zu durchsuchen er nun ohne weiteres Anstalten machte.

Was blieb dem durch vermeintliches Glück ins Unglück gestürzten Fremdling andres übrig als ein offenes Bekenntnis abzulegen? Daß er nämlich, vor Antritt der Reise, daheim in Deutschland für billiges Geld ein wenig von dem Plunder gekauft habe, einzig zu dem Zweck, seine Fahrtgenossen durch Vortäuschung eines Fundes zu hänseln und sich selbst als gönnerhafter Verschenker solcher Reichtümer in ein großartiges Licht zu setzen. Diese Beichte, mühsam genug in der fremden Sprache vorgebracht, erweckte bei uns allen eine herzliche Heiterkeit, um die der Verlachte noch froh sein mußte, da sie, mehr als seine beteuernden Worte, das Mißtrauen des Beamten zerstreute; sehr zum Staunen des riesigen Negers, der einen Erzschelm gefangen zu haben glaubte, wurde er in Gnaden entlassen, für den Rest der Reise war der die Zielscheibe unseres Spottes.

Trotzdem gaben die beschenkten jungen Damen die doch eigentlich entwerteten Andenken nicht zurück. Denn, so sagten sich die Listigen, sie konnten ja guten Gewissens schwören, daß sie mit eigenen Augen gesehen hätten, daß diese Münzen und Tonscherben im klassischen Trümmerfeld des afrikanischen Ortes aus dem Sand gehoben wurden, und außerdem wußte der Schlaukopf, sobald er sich wieder auf dem Schiff und in Sicherheit sah, geschickt durchblicken zu lassen, es könnte sein peinliches Geständnis eine Finte gewesen sein, um, wenn auch mit Schande, so doch ohne Schaden aus dem üblen Handel sich zu ziehen. Und da er unsern Spott gutmütig hinnahm und überdies die Gabe besaß, sich vor den Menschen angenehm zu machen, behielt ihn keiner im schlechten Andenken, ja, beim Abschied bedankten sich die Frauen, denen er von seinen Kostbarkeiten etwas verehrt hatte, noch herzlich und machten keinen Hehl daraus, daß sie, unter halbem Verschweigen der Wahrheit, mit ihren Mitbringseln bedeutenden Eindruck auf die Ihrigen zu erwirken gedächten.

Professor Cossmann

Bei der grauen Eminenz der Münchner Neuesten Nachrichten, dem undurchsichtigen Professor Cossmann, war ich, noch in der letzten Zeit vor dem gewaltsamen Ende meiner Schriftleiterei, auf wunderliche Weise in Ungnade gefallen. Diese lichtscheue Eule mit ihren seltenen Tagesflügen durch das Haus an der Sendlingerstraße, dieser Nachtvogel, dem niemand traute, der weib- und weltfremde Sonderling hatte zwei Tröster seiner Einsamkeit: Kanarienvögel und Kinder.
Sein Lieblingsaufenthalt war Südtirol; im »Elefanten« in Brixen oder bei »Frau Emma« in Meran hatte er sein Standquartier; unvermutet erfuhr ich die hohe Ehre, den neuen Verlagsleiter Doktor Betz dorthin begleiten zu dürfen. Er hatte zwei kleine Töchter, mit denen ich hinten im Wagen saß und die ich, mit allerlei Geschichten und Zauberkunststückchen, während der langen Fahrt unterhielt.
Cossmann, urlaubsentspannt und milder als je – wenn er auch mich, den kleinen Lokalredakteur wenig ins Gespräch zog – versuchte mit aller Zärtlichkeit, mit

süßesten Worten und Näschereien die Kinder zu gewinnen; aber sie wichen vor ihm zurück und erklärten, lieber beim Onkel Eugen bleiben zu wollen. Ich fürchte, daß das den alten Mann schwerer getroffen hat als manche politische Fehde.

Der Unglückskoffer

Daß ein Mensch, wenigstens zeitweise, unter einem Unstern steht, lassen auch aufgeklärte Leute gelten, wenn's mit allen Vernunftgründen nicht mehr wegzuleugnen ist. Aber daß sich das Unheil ebenso an leblose Dinge hängen kann, wollen sie nicht wahrhaben, die Tücke des Objekts bleibt ihnen ein Scherz, und nur das schlichte, abergläubische Volk behauptet's hartnäckig und erhärtet's noch durch wunderliche Berichte. Ich schlage mich auf die Seite der kleinen Leute und steuere die Geschichte eines Opfers bei, das wohl von einem bösen Geist besessen war, auch wenn ich lange der Meinung war, sein eigentlicher und rechtmäßiger Alleinbesitzer zu sein.
Den Koffer haben wir, meine Frau und ich, in einem feinen Geschäft in Karlsbad gekauft, er war noch Friedensware, zu Beginn des Krieges, und ganz wohl ist uns dabei nicht gewesen: im besetzten Böhmen, wenngleich bei deutschen Händlern ein kostbares Ding zu erwerben, wie es seinesgleichen im »Altreich« längst nicht mehr gab. Vielleicht ist der Kobold in dem Augenblick in den Koffer geschlüpft, als wir, höflichst bedankt, die hundertsechzig Mark hinlegten und unsere Münchner Anschrift übergaben, damit man ihn uns schicke.
Wie gesagt, ich wenigstens hatte ein schlechtes Gewissen, die Erwerbung des Koffers schien mir ein Raubkauf, gar als ich in Prag sehen mußte, wie gewisse Herren mit Pickeln, Fettnacken und Aktenmappen al-

les zusammengrapschten, was es an Begehrenswertem noch gab; auch wir hätten so manches gut gebrauchen können, aber wir widerstanden der Versuchung. Der Koffer freilich, so beschwichtigten wir uns selbst, war ein dringender Bedarf, ihn zu finden, eine Gnade des Himmels.

Als wir heimkamen, war der Koffer schon da. Natürlich, er hätte ein bißchen kleiner und handlicher sein dürfen; es war mehr ein Schrankkoffer, mit glänzend gewichstem, bunt gestreiftem Segeltuch überzogen, mit Holzleisten geschützt, mit Messingkappen beschlagen, ein wenig zu gewichtig, gewiß, dafür aber auch gediegen, mit festen Schlössern; es war eine Lust, sie schnappen zu lassen.

Und vor allem, es war ein nagelneuer Koffer, kein erblich belasteter Reisediener, nicht irgendein altes Familienstück aus Rindsleder, dessen Leben an einer düsteren Kette von Zufällen, Spukgeschichten und Abenteuern bis weit ins vorige Jahrhundert reicht und dessen Anfänge auf einen berüchtigten Reiseonkel oder eine gefürchtete Tante – »freut Euch, ich komme!« – zurückgehen. Es war ein nüchterner, vorurteilsloser, auch im leeren Zustand von neuer Sachlichkeit erfüllter Zeitgenosse.

Allsogleich sollte er seine erste Reise antreten und seine Vorzüge erweisen. Daß er so geräumig war, kam uns diesmal sehr gelegen: meine Frau fuhr auf drei Wochen zur Kur nach Franzensbad; und ich brauche nicht aufzuzählen, was da alles in einen Koffer hineingestopft werden muß, bis ein weibliches Wesen die Zwangsvorstellung los wird, es habe nichts anzuziehen.

Der schwere Schatzbehälter wurde mit kriegsbedingten Mühsalen zum Bahnhof geschleppt, und, noch keuchend, zerschunden und schweißgebadet, aber glücklich erlöst, sah ich andächtig dem lieben Mann zu, der ihn

kraftvoll und gewandt amtlich als Passagiergut behandelte. So rar die Zigarren längst waren, diesem Hilfreichedlenguten mußte eine geopfert werden: Dank, heißen Dank!
Meine Frau kam wohlbehalten in Franzensbad an; nicht aber der Koffer. Im schlichten Reisekleid saß die Arme im besten Hotel unter lauter feinen Damen, die früh, mittags und abends ihre Reize in wechselnden Textilien boten. Immer dringender wurden die Beschwörungen, brieflich, fernmündlich, telegrafisch, ich möchte mich doch nach dem Verbleib des Koffers erkundigen. Ich lief zur Bahn, jeden Tag, ich wies den Aufgabeschein vor, ich flehte, ich drohte; Laufzettel wurden hinausgeschickt wie die Taube aus der Arche Noah, aber sie kehrten ohne den Ölzweig der Hoffnung zurück. Und meine Frau saß, gewiß verzweifelt, reisegrau und unscheinbar im böhmischen Bad herum, kaum eine Meile von der Stadt entfernt, in der wir, vor Wochen erst, den Koffer erworben hatten.
Die Gänge zur Bahn, in München wie in Franzensbad, waren vergeblich. Also ging ich zur Polizei, in der Ettstraße; ein alter, urmünchner Wachtmeister von der einschlägigen Abteilung hörte sich meinen Kummer an, beinahe freudig äußerte er sein festes Vertrauen, daß der Koffer mit an Sicherheit grenzender Wahrscheinlichkeit gestohlen worden sei, gleich im Hauptbahnhof, wo die Lumpen die Gepäckstücke zu Dutzenden von den schlecht bewachten Karren wegtrügen, bei Verdunkelung gar und ohne sich um die angedrohte Todesstrafe im geringsten zu scheren.
Ich sollte selbst schauen, meinte er, ob ich meinen Koffer fände – er ging voran, sperrte mir den riesigen weißen Saal auf: so mußte Vergil dem Dante die Hölle gezeigt haben. Ich ließ alle Hoffnung fahren (und versuchte es dann doch, alleingelassen, eine Stunde und

länger). Den weiten Boden bedeckend, zu Bergen gestapelt, lagen die gestohlenen Traglasten da, die aufgesprengten Pakete, die ausgeweideten Taschen, die geschlitzten Mappen, die geknackten Koffer, die zerwühlten Bündel, die entschnürten Rucksäcke.
Aus allen Behältnissen quoll das Hunderterlei des menschlichen Alltags, Hosen und Höschen, Hemden und Büstenhalter, Schuhe und Rasierzeug, Bücher und Zeitungen, ein wüstes Chaos, zeugend von Reichtum und Armut, vor Wochen oder erst gestern noch ängstlich und doch vergeblich gehüteter Besitz, mühselig ergatterte Hamsterware darunter, verschimmelte Wegzehrung, verfaultes, übelriechendes Obst.
Die Diebe hatten es ja nur auf Wertgegenstände abgesehen, das Gepäck nach Kameras und dergleichen durchwühlt, nichts mitgenommen, was sie hätte verraten können und was kein Hehler mochte; und die geschändeten Koffer hatten sie wohl ins nächste Gebüsch geworfen oder in einen finsteren Hausgang gestellt, grinsend vermutlich, wenn sie einen guten Fang gemacht hatten, und wütend, wenn sie leer ausgegangen waren.
Mich faßte wirklich der Menschheit ganzer Jammer an: hundert- ja tausendfachen Schaden hatten die Kerle den armen Opfern angetan, um einer vielleicht erbärmlichen Beute willen.
Ich spähte mit geschärften Augen umher, öfter als einmal glaubte ich, unsern Koffer entdeckt zu haben, aber fremdes Zeug starrte mich höhnisch-traurig an – endlich gab ich es auf: mein Eigentum war nicht dabei.
Ich ging ins Dienstzimmer zurück, der Wachtmeister schaute mich bekümmert und doch fast schadenfroh an: er hatte sich's gleich gedacht, daß meine Mühe vergeblich sein würde.
Eine Anzeige? Er wies, mitleidig lächelnd, auf einen Stoß von Papieren hin: lauter Anzeigen!

Meine Frau kam zurück, neuer Schmerz überwältigte sie beim Öffnen der Schränke: das Beste hatte sie dem verschollenen Koffer anvertraut. Fast hatten wir den Verlust überwunden, da brachte, drei Wochen später, der Postbote eine amtliche Karte von der Reichsbahndienststelle Garmisch-Partenkirchen mit der dienstlich abgefaßten Frage, wann wir endlich den dort lagernden Koffer abzuholen gedächten.

Natürlich, nüchterne Menschen werden sagen, der Koffer könne nichts dafür, er sei eben versehentlich verschickt worden. Aber ich glaube fest, er habe sich, ein tückischer Wechselbalg, verschicken lassen, um, zwei Fliegen auf einen Schlag treffend, nicht nur uns zu ärgern, sondern auch jene(n) Unbekannte(n), der oder die, kleiderarm, wäschebeschränkt, schlicht wie eine Laus wochenlang in einem feinen Alpenkurhaus gesessen war, vergeblich einen Koffer erwartend, der in Franzensbad oder, wer weiß wo, gelandet war, ein Rätsel und ein Abscheu der Bahnbehörden. Mitfühlend, wie wir sind, gedachten wir, inmitten unsres unverhofften Glücks, der beklagenswerten Gegenpartei – wollte auch ihr das Schicksal hold sein!

Jedenfalls, der Koffer kam, es war mehr als eine Weihnachtsfreude, wie meine Frau ihn nun auspackte, Wiedersehen mit längst verloren geglaubten Lieblingen feierte, Stück für Stück in die Schränke barg. Selbst dem Koffer verziehen wir wie einem heimgekehrten Sohn.

Inzwischen war aber die Zeit gekommen, wo nichts mehr geborgen schien, was in Schränken hing oder lag, immer dringender heulten Nacht für Nacht die Sirenen, besonders die Menschen warnend, die »im Fliegerparterre« wohnten, fünf Stockwerke hoch, wie wir, unterm Dach. Und da hat denn auch den Unglückskoffer sein Schicksal ereilt, im Januar 1945 – und daß da weit kostbarere Dinge draufgingen, war der letzte Tort, den er uns hatte antun können.

Lohnende Nächstenliebe

Im Sommer 1940, also schon mitten im Kriege, wurde ich unverhofft vom Militär entlassen, so daß ich mit meiner Frau ein paar Wochen Urlaub machen konnte, in Ferleiten, am Fuße des Großglockners.

Ein halbes Menschenalter zuvor war ich mit einer Freundin, von Fels und Eis talwärts wandernd, an dem Wirtshaus vorbeigekommen, in dem wir jetzt Wohnung nahmen; damals hätte es gewiß zu essen genug gegeben, ich aber hatte wohl Hunger, aber kein Geld. Hunger hatten wir jetzt auch und Geld genug; aber zu essen gab es so gut wie nichts, und gleich am ersten Abend, dürftig und obendrein unfreundlich abgespeist, besorgten wir, es hier keine drei Tage, geschweige denn Wochen aushalten zu können.

Aber schließlich renkt sich vieles auf der Welt wieder ein, auch unser Magen tat das, und bald hatten wir bescheidene Hilfsquellen gefunden, Pilze und Beeren im Wald oder, weit wichtiger, einen Krämer im nächsten Ort, der ein Stück Käse oder einen Ranken Brot markenfrei abgab.

Kurz und gut, eines Tags hatten wir sogar so viel Vorrat gesammelt, daß wir die Besteigung des Großglockners wagen konnten. Um es rasch zu erzählen, denn Erstbegehung der Eiger-Nordwand war es ja keine, die eines längeren Fahrtenberichts würdig wäre – vorsichtshalber nahm ich doch einen Führer; und da die jungen ja alle im Feld waren, mußten wir uns mit einem alten Murrkopf begnügen, der nichts tat, als wortlos voranzugehen, über das Eis, das in diesem Sommer wohlverpackt unter einer dicken Schneedecke lag, nicht wild zerklüftet wie damals, als ich mit meiner Freundin, leichtsinnig genug, ohne Seil und Steigeisen, über die Spalten sprang.

Daß ich's nur gestehe, mich verdroß nun die unnötige Ausgabe; zu diesem Spaziergang hätten wir keinen Führer gebraucht, am wenigsten so einen alten Grobian. Den wiederum ärgerte es, daß sich, schon vor der Hoffmannshütte aus und über die Pasterze hinweg, in geziemendem, aber nach alpinen Gesetzen unziemlichem Abstand, zwei Bergsteiger an uns gehängt hatten, wie sie unterschiedlicher kaum gedacht werden können. Der eine – wir hatten ihn schon am Vorabend genauer beobachtet – war ein jüngerer Mann, mit allem ausgerüstet, was zu einer Tour sechsten Grades nötig gewesen wäre: mit Pickel und Seil, Haken und Hammer – alles brandneu! – und vermutlich den prallen Rückenbeutel so voller Proviant, daß er eine Himalayaexpedition hätte verpflegen können. Diesen Bergfexen, um es kurz zu melden, hängten wir bald ab: zittrig und schwer schnaufend kam er gerade an, als wir von der ersten, kurzen Rast wieder aufbrachen. Wehleidig erzählte er uns, daß er sich heute gar nicht wohl fühle; er müsse etwas Unbekömmliches gegessen haben und er verschiebe darum den Aufstieg auf morgen.

Ganz anderer Art war unser zweiter Nachläufer: ein an sich kräftiger, aber offenbar völlig ungeübter Mann um die Vierzig herum, schwarz angezogen, trotz der Hitze von einem Mäntelchen umflattert, mit derbem, aber ungeeignetem Schuhwerk, kurzum, als ein geistlicher Herr unschwer zu erraten.

Eigentlich hätten wir ihn zurückweisen und, auf jeden Fall, die Verantwortung für ihn ablehnen müssen; denn wenn auch der Gletscher ungewöhnlich gnädig war, ohne Brücken und Tücken, nur eine mehr oder minder steile Schneefläche, wie leicht konnte der Glattbeschuhte ausgleiten und vor unseren Augen in die Tiefe rutschen. Unser Führer brummte denn auch unwirsch genug, daß ihn der Fremde nichts angehe, und als ich, an einer heiklen Stelle – es blieb zum Glück die einzige – sogar ein paar Schritte zurückging, um dem Zaudernden zu helfen, wartete er nicht auf mich, dieser alte Bursche, den ich doch bezahlen mußte für nichts weiter, als daß er vor uns hertrottete.

Der Pfarrer – als solcher stellte er sich vor – erklärte auf meine Frage, ob er nicht lieber umkehren wolle, es sei von Kind auf sein Traum gewesen, den Großglockner zu besteigen, und als ich ihm bedeutete, daß von der Adlersruhe bis zum Gipfel erst die Schwierigkeiten begönnen, lächelte er nur in schönem Vertrauen, Gott werde weiterhelfen. Um es vorweg zu sagen, das tat er auch; ein gutmütiger Menschenfreund band dem Mann einen Strick um den Leib und schleppte ihn über die berüchtigte Scharte zum Gipfelkreuz und heil wieder zurück.

Daß der geistliche Herr auch wohlbehalten in seine Pfarrei in der Dachauer Gegend gekommen war, erfuhren wir durch seine Einladung, ihn dort zu besuchen. Seine Dankbarkeit für unsere Hilfe war überwältigend. Hatte er uns schon auf der Adlersruhe mit ganzen Bogen von Fleischmarken entlohnt, so ließ er jetzt das Märchen vom Schlaraffenland Wirklichkeit werden. So satt hatten wir uns seit Jahr und Tag nicht gegessen, und obendrein bekamen wir noch so manches eingepackt, was dann noch zu einem Festschmaus mit ein paar hungrigen Freunden reichte, die, ohne den Stifter zu kennen, bei wackerem Zugreifen ihn hochleben ließen. Selbst die Ungläubigsten störte es nicht, daß er ein Pfarrer war.

UND SEITHER...

Theodor Däubler

»Herr Däubler, dichten Sie immer so?!« Ein sächsisches Mädchen, furchtlos wie eine Gans, drängte sich an den mächtigen Mann, der uns eben im Kutscherkreis aus einem »Nordlicht« vorgelesen hatte. Wir saßen noch lange beim Wein zusammen, der Zufall wollte, daß ich sein Tischnachbar wurde, ein junger, schüchterner Student neben dem bärtigen Riesen, damals einem der berühmtesten Dichter schlechthin. Ich fühlte mich gar nicht behaglich, denn er würde mich erdrücken, so bangte ich, der massige Halbgott, der weltläufige, umschwärmte Mann, der wortgewaltige Hymniker, der zweite Dante?

Wie aber staunte ich, als seine erste, unsicher, ja ängstlich an mich gestellte Frage war, ob er auch wirklich Eindruck auf die jugendliche Hörerschaft gemacht habe. So begeistert ich ihm auch seinen Erfolg bestätigte, er ließ nicht locker, er suchte in immer neuen Wendungen, zwischen Furcht und Hoffnung, horchend und aushorchend, die süße Labe des Lobes, ausgerechnet von mir, dem unbekannten Anfänger, dem Zwerg, der da neben, ja schier unter ihm saß, von seinem Zeus-Bart umwallt, von seinem schwermütig-großäugigen Blick ins Herz getroffen.

Wie es oft geht nach Lesungen im Kreis der Verehrer, es bilden sich eigne Gesprächsgruppen, der, den es zu feiern gälte, sitzt schließlich allein, und so war Theodor Däubler mir überlassen, und ich durfte, ich mußte ihn auch in sein Hotel begleiten. Und nun, auf der leeren Straße, nahmen seine Fragen und Klagen gewaltige, hymnisch-hiobsche Formen an. Wie ein jammerndes Kind, bildlich übertrieben, mußte ich ihn zu Bett bringen.

Ein Wintervergnügen

Wir waren, im tiefen Winter, von Freunden auf dem Lande zu ihrer silbernen Hochzeit eingeladen worden, und in der klugen Voraussicht, daß bei einem solchen Fest mehr getrunken würde, als es für Kraftfahrer zu verantworten gewesen wäre, hatten die Gastgeber einen Omnibus bestellt, der die Beteiligten einsammeln und, was noch weit wichtiger war, wieder zurückbringen sollte.
Statt des versprochenen neuen Fahrzeugs hatte der Unternehmer freilich nur einen alten Klapperkasten geschickt, der sich mühsam genug über die verschneiten Landstraßen dreißig Meilen weit zu dem Klostergut durchkämpfte. Aber glücklich kamen wir an, in behagliche Wärme, in strahlendes Licht traten wir, selbst festlich gerüstet für das hohe Fest, die Herren in Schwarz, die Damen im langen duftigen Abendkleid, in goldenen Schühchen, in kunstreichen Frisuren. Kostbare Pelze hatten sie um die Schultern geworfen, falls es sie frieren sollte, aber wen fror denn schon in dieser Nacht, im Gegenteil, heiß wurde es den Gästen im Kerzenschimmer, beim Wein, beim kräftigen Mahl. Und wenn, gegen Mitternacht, die Müden aufbrechen wollten, die Unermüdlichen hielten sie zurück, die gefeierten Gastgeber vor allem.
Immerhin, ich trat gelegentlich vor die Tür, nach dem Wetter zu spähen; daß wohl Schnee fallen könnte, war schon am Abend zu erwarten gewesen; und nun fiel wirklich Schnee, dichter, nasser Schnee wirbelte herab. Ich ging ins Haus zurück und meldete es, aber Gelächter

erscholl, als ich riet, nicht länger mehr mit der Rückfahrt zu zögern.
Und einer der Gäste, der schon, in der immer fröhlicher werdenden Nacht, eine Weile die Gesellschaft mit bayrischen Liedlein und G'stanzeln zur Gitarre unterhalten hatte, sang mir zum Trutze das alte Schnaderhüpfl: »An der böhmischen Grenz' hat's an Fuhrmann verwaht, ganz recht is's eahm g'schehgn, warum fahrt er so stad!« Und er setzte noch, übermütig, den Spruch von den lustigen Hammerschmiedsgselln drauf: »... könn' ma hoamgehn, könn' ma dableibn, könn' ma toan, was ma wölln!«
Aber ich war nun einmal beunruhigt und ging noch einmal vors Haus. An der Türschwelle wäre ich beinahe ausgerutscht, eine glatte Eiskruste hatte sich gebildet. Und der Schnee war in Regen übergegangen, in strömenden Regen. Sogleich entsann ich mich der eindringlichen Schilderung Adalbert Stifters von dem Eisbruch; und als ich diesmal zurückkam, die bedenklicher gewordene Wetterlage zu melden, obsiegte die Meinung, daß man aufbrechen müsse, über die Unentwegten.
Der Omnibus fuhr vor, die Gäste, von dem Jubelpaar herzlich verabschiedet, stiegen ein, fröstelnd und jäh ernüchtert, aus Licht und Wärme gerissen in Regen und Finsternis. Noch ging alles gut, der Wagen ratterte dahin, man würde, zwar feucht und gekühlt, aber doch wohlbehalten nach Hause kommen.
Kam aber nicht: in der ersten Biegung schon erscholl gewaltiges Angstgeschrei, der Wagen hatte ausgeschert, die rückwärtigen Sitzer vermeinten, über den Straßenrand zu rutschen. Stimmen wurden laut, es sei besser umzukehren, lieber auf einem Stuhl die Nacht zu verbringen, als sich solcher Gefahr auszusetzen. Da aber ein Stück geraden und ebenen Wegs kam, gelang es den Tapfern nicht allzuschwer, die Ängstlichen zu beruhigen.

Unvermutet begann eine Steigung. Die abgenützten Räder griffen nicht mehr, sie mahlten hilflos im nassen Schnee.

Noch gab es beherzte Herren genug, die sich, des Regens ungeachtet, ans Schieben machten, und wirklich wurde der Wagen noch einmal flott. Nun aber begann zur Linken der Wald. Die Fichten, mit dem angefrorenen Schnee belastet, seufzten schaurig, vergeblich quälten sie sich, von den tiefgebeugten Ästen die Last abzuschütteln. Und schon hörten wir da und dort den scharfen Knall geborstener Bäume. Nicht lange – und der erste Wipfel lag über der Straße. Auch dieses Hindernis hofften wir wegzuräumen, aber ein Bauer, der des Wegs kam, riet uns in mitleidigem Spott, von unseren Bemühungen abzulassen, dreißig Meter weiter vorne läge ein halbes Dutzend Stämme quer.

Nun war guter Rat teuer, Vorschläge wurden gemacht und verworfen: umkehren, zwischen Wald und Abhang, konnte der Wagen nicht. Zu Fuß zurückgehen – das war fast so weit wie die Strecke zum nächsten Bahnhof, wo der erste Morgenzug uns aufnähme. So siegte der Entschluß, die Flucht nach vorne anzutreten.

Ich weiß wohl, im Kriege und hernach sind hundertmal schlimmere Märsche gewagt worden, und schier schäme ich mich, von unserem Abenteuer soviel Aufhebens zu machen. Aber eine wunderlichere Reisegesellschaft als die unsere wird es nur selten gegeben haben. Regen, Regen, Regen, eiskalt auf durch und durch nasse, dünne Festgewänder, teure Pelze wie ertränkte Katzen um schauernde Schultern, goldne Schühchen in Pfützen und auf blankem Eis, quietschende Lackpumps stolpernd über Steine, weiße Hemdbrüste klatschend an die Haut gepreßt, was soll ich weiter alles aufzählen? Noch hatten ein paar Jüngere Humor oder Galgenhumor genug, um den endlos scheinenden Weg zu kürzen, aber immer stiller wurde es, von den Angst- und Schmerzensschreien der gestürzten Damen, von den Flüchen der Männer abgesehen. Und das unheimliche Sausen und Rauschen des Waldes, das Krachen der gefällten Bäume hörte nicht auf, kein tröstliches Licht blinkte durch die verwunschene Dämmerung, der Forst schien keine menschliche Landschaft mehr.

Zu allem Unheil zeigte sich, im Kleinen, was uns von großen Schicksalen gemeldet wird: Rücksichtslos setzten sich die Rüstigen an die Spitze, hängten die alten Herren und Damen einfach ab; jammernde Matronen und zornig rufende Geheimräte blieben zurück, bis dann endlich doch der letzte Nachzügler den noch dunklen, frostigen Bahnhof erreicht hatte.

Zuerst gab's noch wüstes Schimpfen und Einanderbeschuldigen, dann wurde es still, jetzt erst spürten alle die Überanstrengung, die Nässe, die Kälte. Eine Stunde lang kauerten wir in den geschützteren Winkeln oder stapften auf den Steinplatten herum, dann kam – nicht der Zug, sondern der Omnibus! Ein Wunder, ein Rätsel! Der Fahrer löste es: Gleich nach unserem Abmarsch hatte der Bauer seine zwei Rösser eingespannt und die den Weg sperrenden Fichten von der Straße gezogen. Die Strecke, für die wir Stunden gebraucht hatten, war dann von dem leeren Wagen in Minuten zurückgelegt worden.

Zögernd und eigentlich nicht recht glücklich stiegen wir wieder ein; auf besserer Straße, wenn auch nicht ohne weitere Schrecken fuhren wir dahin, der Regen hatte aufgehört, und endlich sahen wir, im ersten Morgenlicht, die Frauentürme.

Kiem Pauli

Gekannt habe ich den Kiem-Pauli schon seit dreißig Jahren und länger, aber so recht kennengelernt habe ich ihn erst im Sommer 1960, kurz vor seinem Tod. Ich bin damals zur Erholung nach Wildbad Kreuth gegangen, in das reizende Biedermeierschloß, wo die stolzesten »Hirschen vom Dienst« friedlich auf der weiten, grünfunkelnden Wiese äsen, wo die hohen Bäume sich in unendliche Wälder verlieren und die Tegernseer, Lenggrieser und Tiroler Berge mit ihren Felsen und Almböden von allen Seiten hereinschauen.

Dort bin ich, eigentlich unvermutet, für zwei gute Wochen der Hausgenosse des Kiem-Pauli geworden, denn der Herzog Ludwig Wilhelm, selbst ein Nachkomme des berühmten Zitherspielers Herzog Max, hat seinem Freund ein Austragstüberl gestiftet, im Herzen der Heimat, wie er sich's schöner nicht hätte wünschen können.

Der Kiem-Pauli war in diesen Wochen schon vom Tode gezeichnet, und er hat es selbst gewußt, wie es mit ihm steht. Zum Doktor Kölwel (einem Neffen des Dichters) hat er gesagt: »Wenn Ihr mich bloß noch über den Sommer hinüberbringt!« und schon ein halbes Jahr früher hat er seinen Lieblingsschüler, den Fanderl-Wastl, in aller Form bei einem großen Volksliedersingen zu seinem Nachfolger erklärt.

Ich bin auch ein kranker Mann gewesen, und so haben wir manche Stunde des verregneten Sommers im Zimmer verplaudert, oder wir sind behutsam nach Siebenhütten hintergegangen, durch den Hochwald, am Steilufer der Weißbach entlang, die Blauberge vor uns, zu den Grasflecken am Bach. Da haust im Sommer die Marie, die vor Jahren das Herz des Kiem-Pauli mit ein paar Rohrnudeln gewonnen hat – einsam hat der

Alte sich sein Essen gekocht, ehe die Frau, deren Mann in Rußland verschollen war, sich seiner erbarmte. Früher gab's in Siebenhütten ein paar hundert Geißen, deren Milch zur Molkenkur ins Bad gebracht wurde.
Der Pauli war keine Kraftnatur, er ist ein zartes Manderl gewesen mit einem fein geprägten Kopf; früher ist er wohl rüstig gewesen und auch lustiger, jetzt war er arg zusammengefallen, das schwere Lodengewand hing um ihn herum – aber die Pfeife hat er nicht ausgehen lassen, und noch kurz vorm Sterben hat er sich eine Virginia angezündet: »Weißt, wenn der Doktor kommt«, hat er zu seinem Besuch gesagt, »dann nimmst sie du!«
Wir haben uns viel erzählt auf dem Weg, wie er, in München in der Heßstraße geboren, ein Zitherspieler bei einem Wandertheater geworden, wie er dann zum Dengg nach Tegernsee gekommen ist, das habe ich freilich schon gewußt, aber über seine schicksalhafte Begegnung mit Ludwig Thoma und mit dem ganzen Kreis der Freunde habe ich doch allerhand Neues erfahren. So etwa, daß die Herren hoch und verwegen Karten gespielt haben, zehn Mark und mehr für's Auge. Als er, der Pauli, erklärte, da könne er, der arme Musikant, nicht mehr mittun, hat ihn der Ganghofer ausgelacht: »Wenn Sie die Schulden gehabt hätten, die ich vor ein paar Jahren noch gehabt habe, hätten Sie sich gleich aufgehängt.« Anschaulich schilderte er, wie er am Berg Blumen für den toten Ganghofer gepflückt hat, in aller Herrgottsfrüh, und dann gesehen hat, wie der Sohn den Sarg von Tegernsee nach Egern gerudert hat, einsam über das morgenglatte, stille Wasser.
Oder er erzählte, wie er mit dem Sänger Leo Slezak nach dem Zweiten Weltkrieg, im Frühjahr 1946, beim Metzger zusammengetroffen ist, wo der riesige Mann, aller Warnung zum Trotz, zwei Pfund Leberkäs, gra-

deswegs aus dem Eiskasten, auf einen Sitz und ohne Brot verschlungen hat – und vielleicht daran gestorben ist.
Ludwig Thoma ist einmal von einem Schmuser hereingelegt worden, der ihm eine Kuh verkaufte, die ihm selbst noch gar nicht gehörte; der aufdringliche beredte Händler hat mit Handschlag den Preis ausgemacht und dann erst die Kuh geholt, die ganz nah bei der Tuften im Stall gestanden ist.
Thomas Bruder Peter war ein sehr schweigsamer Mensch; in Australien hat er sich im wahrsten Wortsinn durchgeschlagen, als Boxer; und hat ein ziemlich verwüstetes Gesicht mitgebracht – sonst nichts. Bei der Erbschaft haben alle Beteiligten zweihunderttausend Mark gekriegt, der Peter hat in Schleißheim eine Art Fabrik aufgemacht und ist damit schnell in der Inflation davongeschwommen. Dann hätte er wieder von der Maidi von Liebermann Geld haben wollen, aber sie hat keins mehr herausgerückt ...
Viel hat der Kiem-Pauli auch von den Herzögen berichtet, von Albrecht (dem Sohn des Kronprinzen Rupprecht), dem er lange Zeit in Wildbad ein Mentor war, vom Herzog Luitpold mit seinem närrischen Ritterschloß und von seinem eigentlichen Gönner, Ludwig Wilhelm. Ohne Ludwig Thoma und die Wittelsbacher, das wußte er wohl, wäre er ein Zitherspieler geblieben, wie andere auch; aber ich bestand auch auf dem, was die Herren des Tegernsees und des Kreuther Tals ihm, dem einfachen Mann, zu verdanken haben. Er besaß einen besonderen Schlüssel zu der Tür, die unmittelbar in die menschlich bewohnten Zimmer der Fürsten führte; und nicht zuletzt sind durch den Kiem-Pauli und seinen Anhang diese Wittelsbacher so volkstümlich geblieben und beliebte, statt nur beliebige Adelige und Großgrundbesitzer geworden. Die Freundschaft ist in dem

tausendjährigen »Bauerntum« der Wittelsbacher verwurzelt, das freilich viele Wege gegangen ist, aber im Herzog Max, im Prinzregenten Luitpold, im König Ludwig III. sich besonders gezeigt hat – vom noch viel ausgeprägteren »Jagerischen« ganz zu schweigen.
So ist es denn auch kein Wunder, daß sich am Grab des Kiem-Pauli, an der hochgelegenen Kirche von Kreuth, ein Kreis von Freunden zusammengefunden hat, wie er sobald kaum mehr sich fügen wird. Es ist wieder einmal erwiesen, daß sich die Schichten der Menschen, die wir kennen, wie Flöze hinziehen und daß die Verwerfungen eines einzelnen Todesfalles sie für immer unauffindbar machen. Denn an diesem Grab hat sich das Merkwürdige gezeigt, daß wir von einer solchen Versammlung der einen Hälfte seit langem vertraut sind, der andern aber, sie mag sich noch so eng mit unsern Freunden verbinden, fremd bleiben – als angehender Greis knüpft man keine Beziehungen mehr, es ist bei Bekannten und Unbekannten geblieben.
Der Septembertag war wunderschön in seiner blaugoldenen und grünen Stille, der Friedhof liegt auf der Höhe, innig um die altbayrische Kirche geschmiegt. Uralte Apfelbäume mit glänzenden Früchten schauen über die Mauer. Auf allen Firsten und Drähten saßen reiselustig die Schwalben, die wie ein Sternenregen aufschossen, als der Sarg mit Böllerkrachen in die Erde gesenkt wurde. Die Waakirchner, die Fischbachauer Dirndln und die Riederinger Buam sangen, wie der Kiem-Pauli sie's gelehrt hatte, mit bayrischer Anmut, freilich schon fast zu fein, seit der Rundfunk die Herzhaftigkeit so abgeschliffen hat. Und schier vermißte ich die urwüchsigen Klänge einer richtigen Blasmusik.
Noch waren Trachten zu sehen, gewiß; aber wenn ich einer Miesbacher Hochzeit vor dreißig, vierzig Jahren gedenke, wird die Verarmung deutlich; die Fahnenab-

ordnungen sind halt doch schon ein bisserl Maskerade und die Münchner, die alle wie höhere Forstbeamte aussahen, sind auch nicht ernsthaft zu zählen.

Gleichwohl – ein Stück Altbayern ist da zu Grabe getragen worden, mit einem letzten Aufleuchten seiner echten geheimen Kräfte. Als ich mit der Post in das schon grundverdorbene Rottach zurückfuhr, sah ich die gewaltige Arbeit an der neuen Straße: breit und begradigt wird sie, als kürzeste Verbindung zum Achensee und ins Inntal, durch die grüne Welt des traumstillen Kreuth gezogen, und eilige Kraftfahrer werden eine verlorene Idylle durchrasen, die dem Kiem-Pauli und uns allen noch eine letzte Zuflucht der Heimat war.

Ein Wort fällt mir noch ein, welches, ein paar Jahre früher, das im Künstlerhaus gefeierte Geburtstagskind zum Dank gesprochen hat: »Des is mir a Genugtuung, daß i mehr Leit zum Lacha als wie zum Woana bracht hab'!« – Ein bescheidner Wunsch, daß ich das auch von mir einmal sagen kann. Und noch eins: »Was g'sund ist an der neuen Zeit, dem wollen wir uns net verschließen – aber 's Herz derf's net kosten.«

Lang ist's schon wieder her, viele Jahre, seit dem Abschied vom Kiem-Pauli. Aber wer im Tal von Kreuth die alten Wege geht, denkt immer noch an den Mann, der wie kaum ein zweiter gezeigt hat, daß ein Bayer nicht grob sein muß, wie immer wieder etliche meinen, sondern daß er das Zarteste, das Anmutigste sein kann – ein fast durchsichtig klarer Mensch.

GLÜCK IM UNGLÜCK
NOCH EINE KOFFERGESCHICHTE

Um von Heidelberg noch vor dem Abend nach Bonn zu kommen, gibt es heute viele Möglichkeiten; damals, im Vorfrühling 1948, gab es nur eine. Wir – ausnahmsweise reiste ich mit meiner Frau – mußten im Morgengrauen die schöne Neckarstadt verlassen, ohne sie gesehen zu haben; denn erst am Abend zuvor waren wir zu meiner Lesung angekommen.
Es war uns gelungen, zwei Sitzplätze zu ergattern, wir legten unsere Koffer ins Gepäcknetz gegenüber, daß jeder den seinen im Auge behalten konnte. Auf die ganze, lange Vortragsreise wollte mich meine Frau nicht begleiten, in Mainz gedachte sie auszusteigen, um eine Freundin zu besuchen.
Recht übernächtigt saßen wir da, mit dem Schlafe kämpften wir; aber ein altes Weiblein am Fensterplatz belustigte uns: Unruhig rückte es hin und her, unter tuschelnden Selbstgesprächen hob es sein Köfferchen ins Netz, holte es wieder herunter, schob es unter die Bank, um es gleich darauf wieder emporzustemmen. Dazwischen prüfte es sein Täschchen, vergewisserte sich seiner Fahrkarte, zählte das Geld, überlegte einen sichern Platz, auf dem Schoß, in den Händen, zuletzt gar unterm Rock – und wir verfolgten mit spöttischen Blicken die übertriebene, die lächerliche Vorsicht des armseligen Wesens, die Angst um sein bißchen Gepäck.
»Ludwigshafen!« Die wenigsten Menschen werden sich erinnern, daß es damals noch innerdeutsche Zonengrenzen gab, mit Zöllnern, die mindestens Stichproben machten. Und auch ich dachte nicht weiter daran, übermüdet, wie ich war, mußte ich wohl für Sekunden eingenickt sein – als ich die Augen wieder aufschlug, er-

starrten sie mir gleich vor Schreck: das Gepäcknetz war leer, mein Koffer war fort!
Liebe Mitreisende teilten uns, jetzt erst und also zu spät, freundlich mit, daß soeben ein verdächtiger Kerl den Koffer aus dem Gepäcknetz gehoben habe, sie hätten sich gleich gedacht, daß da was nicht stimme. Für mich galt es, in den paar Minuten, die der Zug noch hielt, eine große Entscheidung zu treffen: Stieg ich aus, um nach dem Dieb zu fahnden, hatte ich keine Möglichkeit mehr, bis zum frühen Abend Bonn noch zu erreichen – der späte Abend hätte mir ja nichts mehr genützt. Blieb ich sitzen, ohne Koffer, wäre ich – und das mochte noch hingehen – für den Rest meiner noch längeren Reise ohne die Siebensachen geblieben, die laut Volksmund jedermann braucht, der unterwegs ist. Aber da war auch die Mappe mit den Vorlesetexten darunter. Und ob ich – auswendig sprechen kann ich nicht – noch so knapp vor der Lesung wenigstens ein paar Bücher auftreiben würde, war ungewiß. Meine zuversichtlichere Frau meinte, es brächten Hörer genug Bücher zum Signieren mit – also blieb ich sitzen.
Plötzlich, der Zug fuhr schon an, stand der Koffer wie hergezaubert neben mir. Die Erklärung für dieses Wunder gab uns und den gespannt lauschenden Mitreisenden ein Herr, der an der Wagentür den ganzen Fünfminutenfilm beobachtet hatte. Der vermeintliche Dieb war gar kein Dieb gewesen, sondern ein Schmuggler, der, um von seinem eigenen Koffer voller verbotener Waren abzulenken, das nächstbeste Gepäckstück ergriffen hatte, um es dem prüfenden Polizisten zu zeigen. Als er aber sah, daß er den versperrten Koffer nicht als Unschuldsbeweis brauchen konnte, stellte er ihn ebenso rasch wieder hin, vermutlich in der Erkenntnis, lieber als Schmuggler ertappt zu werden denn als Gepäckdieb.

Wie es für ihn ausgegangen ist, weiß ich bis heute nicht. Wir jedenfalls, nicht um einen Koffer, sondern um eine Sorge erleichtert, fuhren wacher den Rhein hinab, froher als wir's vielleicht ohne das in Glück gewandelte Mißgeschick getan hätten.

Eine spassige Geschichte

Mein Vetter ist mit seiner jungen Frau bei uns zu Besuch und erzählt: »Vorigen Sommer, wir waren noch nicht verheiratet, sind wir mit noch zwei Freunden durch Österreich gefahren, ziemlich ins Blaue hinein, und unvermutet sind wir an dem Benediktinerstift Göttweig vorbeigekommen und haben's natürlich anschauen wollen.

Aber es war erst neun Uhr, und der Mesner hat gesagt, es wäre noch zu früh, wir sollten zuerst in den Stiftskeller gehen und ein Viertel trinken, um zehn Uhr wär' dann eine Hochzeit in der Kirche, da könnten wir auch gleich die weltberühmte Orgel hören, und hernach wäre wohl eine Führung durch das Kloster.

Eigentlich hätten wir so viel Zeit nicht dranwenden und auch in aller Herrgottsfrüh noch keinen Wein trinken wollen, aber wir haben's dann doch getan und sind bei ein paar Gläsern Wachauer recht lustig geworden.

Um zehn Uhr sind wir dann in die Kirche gegangen, haben uns in die schweren barocken Bänke gesetzt und auf die Hochzeit gewartet. Aber es schlägt Viertel, es geht auf Halb zu, und es rührt sich nichts. ›Geh einmal hinaus‹, rät mein Freund, ›und schau, was los ist!‹ Also, ich hinaus und –«

»Halt!« unterbricht ihn seine Frau, »jetzt mußt du *mich* weitererzählen lassen, der ganze Witz ist sonst beim Teufel!«

Aha, denk' ich, sie traut dem Vetter, ihrem Mann, nicht zu, daß er's trifft – aber schon hat sie ihn mit einer dreisten Handbewegung weggewischt und den Faden aufgenommen: »Wir sitzen also nach wie vor im Gestühl, und jetzt, endlich, geht hinter uns die große Tür auf, und die Orgel fängt zu brausen an. Wir drehen den Kopf gar nicht um, die Hochzeitsgesellschaft muß ja an uns vorbeiwandern, und richtig, da kommt die Braut, im weißen Kleid, mit dem Schleier, und ich traue meinen Augen nicht: Wer führt sie? Mein Mann – oder genauer, damals, mein Bräutigam; führt die fremde Braut zum Altar! Jetzt«, sagt sie zu ihm, »kannst *du* wieder weiterreden!«

»Also«, sagt der Mann, »ich bin zur Tür hinaus, geh' an die Säulen vor und schaue, wie es steht mit der Hochzeit. Und richtig, da kommt grad ein Mietwagen an unter der Treppe, und die Braut steigt aus mit zwei Männern, einem alten und einem jungen, der ist ein Riese mit fast zwei Metern und ganz gewiß der Bräutigam. Ich will schon wieder in die Kirche hinein, damit ich als Vorreiter den Meinigen melden kann, daß sie jetzt da sind – da hat sich auch noch der Schofför aus dem Wagen geschoben und ruft mich an: ›Sie, Herr Nachbar, sind S' so gut, könnten net Sie uns einen Gefallen erweisen und uns den Beiständer machen? Wissen S', beim Standesamt hab' ich ihn gemacht, aber in der Kirch' kann ich ja nicht, weil ich nicht katholisch bin!‹

›In dem G'wand?‹ frag' ich, ›wir sind ja bloß auf der Durchreise!‹ Aber da sagt der alte Mann, daß er der Vater von ihm ist, und deutet auf das Mordstrumm Mannsbild, der wie ein Holzstock da steht, und er tät' halt recht herzlich drum bitten; es wär' ihm schon recht damit gedient, wenn alles glattginge, und da war ich überrumpelt und war unverhofft Brautführer, ohne

daß ich's meinen Leuten drin noch hätte sagen können. So sind wir also bei Orgelklang in die Kirche eingezogen; schön ist die Braut nicht gewesen und so gar jung auch nicht mehr; ich war froh, daß ich bloß der Stellvertreter war. Der Geistliche hat vorm Altar noch an uns hingefragt, ob wir beichten möchten vorher, da ist mir der Schreck in die Glieder gefahren, und ich hab's schon bereut, daß ich mich auf so ein Abenteuer eingelassen habe: beichten, nach zwanzig Jahren, aus heiterm Himmel! Aber der Pater hat nur das Brautpaar gemeint; und sie hat ja gesagt und er nein, aber der Vater, der alte Mann, hat drohend den Finger hinaufgehoben zu dem Riesen und hat gesagt: ›Du beichtst!‹ Da hat's keinen Widerspruch gegeben. Aber wie der Geistliche in seiner Ansprache dann zum drittenmal versichert hat, daß das heute für Mann und Frau der glücklichste Tag des Lebens ist, da ist das Gesicht des Bräutigams immer länger geworden.
Nach der Zeremonie bin ich schnell zu den Meinigen und hab' ihnen die ganze Geschichte erzählt; und wenn wir nicht in der Kirche gewesen wären, hätten wir gewiß schallend gelacht. Es wäre jetzt höchste Zeit gewesen, weiterzufahren, auch ohne das Stift besichtigt zu haben; aber der alte Vater ließ nicht locker, wir mußten alle zusammen noch einmal in den Stiftskeller mitkommen, ich war nun einmal der Brautführer und mußte es bis zum Ende bleiben, obwohl wir uns von einer Unterhaltung mit den einsilbigen Menschen nicht viel versprachen.
Immerhin habe ich im Laufe des Vormittags erfahren, daß der Bräutigam eine Woche vorher, unter den Augen des Bürgermeisters und seines Vaters, ausgerissen und erst mühsam wieder gebändigt worden sei. Der Vater war ein Holzhacker aus dem Waldviertel, und die fünfzigtausend Schilling, die die Braut aus dem Verkauf

eines Wirtshauses bei Schärding mitbrachte, waren für ihn ein unermeßliches Vermögen. Der Sohn, mit dem ich mich unterhielt, dachte da nüchterner, aber gegen seinen harthölzernen Vater kam er nicht auf. Er war übrigens ein Spengler von Beruf, und da ich selbst Architekt bin, haben wir, ohne uns um die Braut viel zu kümmern, bald das schönste Gespräch in Gang gebracht über Dachrinnen und Regenröhren, Entlüftungsschächte und Schwanenhälse.«

Ein Alptraum

Ich bin ein gewaltiger Träumer. Der selige Freud hätte die größte Freud' an mir gehabt, denn ich habe viele meiner Träume aufgeschrieben und hätte sie ihm kostenlos zur Verfügung gestellt. Jetzt machen teure Institute die umständlichsten Versuche, um eines mageren Träumleins habhaft zu werden, ehe es entwischt.
Ob Träume nur Schäume sind, wie das Sprichwort meint, weiß ich nicht. Allzuoft ist der Volksmund der Lüge überführt worden. Ich habe vielmehr Angst, daß es die unerfreulichen Welten, aus denen die Blasen aufsteigen, wirklich gibt, denn aus dem Nichts kann nichts kommen.
Mit den landläufigen Narreteien, die jeder Schlummerer kennt, will ich nicht langweilen. Wer wäre nicht schon ganz vergnügt durch die Straßen gegangen und hätte – wie Adam und Eva in Wirklichkeit oder wenigstens in der Bibel, mit Schrecken entdeckt, daß er nackt sei? Wer wäre nicht neben einem Bekannten eine Treppe hinaufgestiegen und hätte nicht plötzlich gemerkt, daß sie keine Stufen mehr habe, während der andere in freier Luft weiterging?
Eher ist schon berichtenswert, daß ich beim Ausbruch

der Revolution in einem ebenso genauen wie verfremdeten Moskau war, daß ich lief, was ich laufen konnte, vor die Stadt, aufs freie, winterliche Feld, auf eine blitzblaue Münchner Straßenbahn zu, die dort stand und die ich grade noch, atemlos, vor meinen Verfolgern erreichte. – »Da hamm'S no Glück g'habt«, meinte der Schaffner gemütlich und läutete ab. Über Rußlands Leichenwüstenei fuhr ich, fast behaglich, denn meine Linie drei war's obendrein, die mich, den einzigen Fahrgast, nach Hause brachte.

Viele solcher Träume könnte ich erzählen, bunte und einfarbige, fast immer waren sie mit Reisen verknüpft, ganze Häuser, ja, Straßenzüge setzten sich in Bewegung; natürlich versäumte ich oft genug Züge oder stieg in falsche ein; Bahnhöfe von ungeheuern Ausmaßen verwirrten mich, bizarre Räume wechselten mit nüchternen Hallen – nie hatte ich dergleichen in Wirklichkeit gesehen. Süß träumte ich nie, höchstens daß ich in der finsteren Höhle eines Trödlers herrliche Blätter aufstöberte – aber dummerweise wache ich in dem Augenblick auf, wo ich sie fast schon besitze.

Höchste Zeit wird es, daß ich meinen ureigenen Traum erzähle, den immer wiederkehrenden, der freilich gar nicht verwunderlich ist, weil er, anders als die fantastischen Gebilde, aus meinem Leben leicht erklärt werden kann.

Also: ich soll in einer fremden Stadt aus meinen Werken vorlesen. Ich gehe aus meinem Hotel, die gewohnte Mappe mit den Texten unterm Arm. Zum Vortragssaal ist es nicht weit, der Weg ist mir genau beschrieben worden. Die Zeit ist knapp, ich beeile mich; aber schon habe ich mich heillos verirrt, über eine Brücke gehe, laufe ich, sie war nicht vorgesehen, so wenig wie die an sich herrliche Parklandschaft im Strahl der sinkenden Sonne. Ich kehre um, ich hetze in die andere Rich-

tung. Die Uhren schlagen acht, mir bricht der Schweiß aus: jetzt sitzen meine Hörer auf ihren Plätzen und erwarten mich!
Ich will den Leser nicht länger ängstigen: mit leichter Verspätung, aber klopfendem Herzen finde ich – wie alles Geträumte völlig vertauscht – den Saal, den übervollen Saal, setze mich an mein Tischchen und entnehme – mir stockt der Atem: statt der vertrauten Texte grinsen mich alte Zeitungen an; wer mag den schlechten Scherz ausgeheckt haben?
Frei sprechen kann ich nicht; auswendig meine Gedichte aufsagen auch nicht. Mir gegenüber sitzt die erwartungsvolle Hörerschaft. Was tun? Ein Glück, daß, im Traum wohlgemerkt, Hilfe winkt! In der ersten Reihe sehe ich meinen Sohn Stefan, den ich gar nicht in dieser Stadt, geschweige denn in meinem Vortrag, vermute; ich winke ihn heran, erkläre ihm alles und bitte, eiligst in das Hotel zu laufen und die richtigen Papiere zu holen.
Derweil sitze ich stumm vor meinen nichts hörenden und nichts begreifenden Freunden, die sich immer mehr zu Feinden entwickeln: Murren, wie Raubtierknurren, dringt zu mir herauf, Gekicher, Gelächter, laute Zurufe: zuerst einzelne, dann ganze Stuhlreihen stehen auf, die Menschen verlassen den Raum.
Gottlob, da kommt mein Sohn mit den Texten. Ich greife hastig nach den Blättern, die mir die Welt bedeuten – aber mir sterben die Augen: es sind andere alte Zeitungen!
Eine Wohltat des Träumens: daß man aus ihm erwachen kann! Ich fahre aus dem Bett, ich schaue auf die Uhr, zwei Stunden habe ich noch Zeit, bis meine Lesung, die wirkliche, beginnt. Aber daß ich meine Mappe überprüfe, ob alles stimmt, wird der Leser wohl begreifen. Und daß ich sie nie, auch nach dem Vortrag

nicht, aus der Hand gebe, wird jeder einsehen, der diesen Traumbericht vernommen hat.

Reiseerlebnis

Am Ausgang von Vicenza fuhren wir an eine Tankstelle; auch das Öl sollte erneuert werden. Der Besitzer selbst führte uns voller Stolz das nagelneue, großartige Gerät vor, der Schlauch wurde angeschlossen, wir wurden aufs beste bedient und zogen fröhlich los. Aber was war das? Es schepperte gewaltig unter unseren Rädern, und beim Umschauen entdeckten wir schaudernd, daß sich der Schlauch verhängt haben mußte und daß wir die Ölpumpe, nun schon arg beschädigt, hinter uns hergeschleppt hatten.
Wir waren, meine Frau und ich, aufs Schlimmste gefaßt: wie sollten wir, im fremden Land, der Sprache nur zu freundlichem Gespräch mächtig, unsere Unschuld beweisen? Wie der wohl zu erwartenden Sturzflut von Geschimpfe entgehen, wie der Forderung nach vielleicht unbezahlbarem Schadenersatz begegnen? Schon sammelten sich, vorerst nur aus Neugierde, die Leute von der Straße – wie rasch konnten sie Feinde werden? Aber ein Wunder geschah: der Tankwart stürzte herbei, überprüfte schweigend die Lage, sah mit einem traurigen Blick seine geliebte Pumpe zerstört am Boden liegen, schaute auch uns an – jetzt bricht der Sturm los, dachten wir – aber nein, er zuckte nur schmerzlich zusammen und entließ uns mit einem nicht einmal unfreundlichen: »Fatalità!«

Erfahrungen

Wenn ich unter meinen fahrenden Sänger-Genossen einen Todfeind hätte – ich habe aber keinen, ich gönne jedem einen vollen Saal mit lieben Hörern und reizenden Hörerinnen –, also gesetzt nur den Fall: ich könnte ihn mit geringem Aufwand so zur Verzweiflung bringen, daß er das Buch hinwürfe und die Flucht ergriffe. Ich müßte nur das, was jeder Vortragende im einzelnen schon erlebt hat, als geballte Ladung auf ihn loslassen: den Huster, den Schneuzer, die Papierraschlerin, den Nasenbohrer, den Auf-die-Uhr-Schauer; das wären noch die Harmlosen. Schlimmer ist schon der Greis, der zum drittenmal innerhalb von fünf lyrischen Gedichten seinen Krückstock fallen läßt; das harmlose Gemüt, das die Pointe erst begreift – und schallend lacht! –, wenn der Dichter längst kurz vor der nächsten ist, bei der es auf jedes Wort ankommt; der Mann, der angestrengt, die Hand am Ohr, lauscht; und der, der aus dem Hintergrund immer wieder »Bitte lauter!« ruft, obwohl der Redner mit letzter Kraft schreit wie ein Jochgeier.

Ich würde den Helden des Abends an einen zu hohen (und wackelnden!) Tisch setzen, obendrein auf einen zu niederen Stuhl, dergestalt, daß der Ärmste an die Decke spricht, statt zu den Hörern. Tisch und Stuhl müßten auf einem schmalen Antritt stehen, die Angst, bei der geringsten Bewegung herunterzukippen, dürfte während der ganzen Lesung nicht von dem Dichter weichen. Auf den Tisch würde ich einen wohlgemeinten, riesigen Blumenstrauß stellen, der mindestens der halben Zuhörerschaft den Anblick des verehrten Gastes verwehrt. (Erfahrene Meister räumen kurzerhand Blumen, Tischdecke und Wasserflasche weg und haben damit ihren ersten, oft besten Heiterkeitserfolg.)

Was übrigens das Wasser betrifft: am ärgsten ist ein möglichst kohlensäurehaltiger Sprudel, der beim ersten Schluck den so beliebten Frosch erzeugt. Bei dem Versuch, die schon seit geraumer Zeit eingeschaltete Pultlampe zurechtzurücken, verbrennt sich der Poet unweigerlich die Finger und eröffnet seinen Vortrag mit einem Schmerzensschrei. Was richtige Komiker mit Absicht tun: über einen Leitungsdraht stolpern, paßt nicht ohne weiteres für einen Mann, der mit einer ernsten Erzählung beginnen will.

Noch ein paar selbsterlebte Mißgeschicke darf ich anfügen, die ich, wie gesagt, meinen ärgsten Feinden nicht wünschen möchte: In Rheydt hatte ich während des Krieges in dem hübschen Theater gelesen; nun kam ich zum zweitenmal; alles schien unverändert, ich setzte mich auf mein Stühlchen, der Vorhang wurde aufgezogen – ich erschrak nicht schlecht: ein gähnender, finstrer Abgrund tat sich vor mir auf, zehn Meter mindestens trennten mich von der ersten, ungewiß heraufschimmernden Zuhörerreihe: in der Zwischenzeit war ein versenktes Orchester eingebaut worden. Nur der Fachmann wird begreifen, wie schwer es ist, über eine solche Kluft hinweg ein lyrisches Gedicht zu sprechen.

Von überheizten Räumen oder vom Eishauch aus der Hinterbühne zu reden lohnt sich kaum; aber die sogenannte Akustik wäre erwähnenswert. Beim ersten Satz merkt der Unselige, wenn sie nicht vorhanden ist. »Wir hätten Ihnen doch vorher sagen sollen, daß man in der Saalmitte kein Wort versteht!« Neugotische Rathaussäle mit zwei Meter dicken Säulen eignen sich trotz ihres Prunks nicht für Dichterlesungen. In Erkelenz steht ein prächtiges historisches Gebäude auf einer Straßeninsel, um die herum die Halbstarken der Stadt ihre abendlichen Motorradrunden drehen: auch nicht übel!

Während der ersten Nachkriegszeit waren die wenigen von Bomben verschonten Räume von sieben Uhr früh an überbeansprucht, Tag für Tag. Als Nasenzeuge kann ich beschwören, daß da ein abendliches Vorlesen eine übermenschliche Zumutung ist. Eine freudige Überraschung sind auch die durch die Wärme aufgeweckten Winterfliegen, riesige Brummer, die klatschend auf das Manuskript taumeln – die Leute im Saal können sich die Nervosität des Dichters gar nicht erklären.

Kriegsfilm-Wochenschauen, Blasmusik oder auch nur ein halbstündiges Bach-Vorspiel des ortsansässigen Pianisten sind keine geeigneten Einleitungen für eine Dichterlesung. Selbst bei einer wohlgemeinten Laudatio des allzutief schürfenden Oberstudiendirektors sitzt der Autor unbehaglich auf seinen Vorschußlorbeeren, bis er endlich auch was sagen darf.

Wenn ich jetzt, in den sechziger und siebziger Jahren, großartig in Fernschnellzügen und Kraftwagen reisend, in nagelneuen Werkshallen, hochmodernen Schulen, vornehmen Konzertsälen lese, fallen mir so manche Erlebnisse aus der Kriegs- und Nachkriegszeit ein, die als wohlabgelagerte Erinnerungen erträglich, ja, sogar heiter anmuten können, aber in der rohen Frische des Augenblicks doch recht bitter zu schlucken waren.

Damit genug für diesmal; wer eine Dichterreise tut oder gar ein paar hundert, der kann noch mehr erzählen als einer, der »nur so« in der Welt herumfährt.

Der Wunderarzt

Ich bin weder Mediziner noch Kurpfuscher, ja, es wird wenig Menschen geben, die in der Heilkunst so unbewandert sind wie ich. Und doch habe ich einmal durch einen Zufall ein Leiden erkannt, um dessen Findung sich berühmte Ärzte seit geraumer Zeit vergebens bemüht hatten.

Ich fuhr, nach dem letzten Kriege, zu einer Tagung ins Rheinland; ich sollte bei reichen Leuten wohnen, die ich noch nicht kannte. Der Schnellzug war übervoll, aber ich hatte einen Sitzplatz ergattert. Keinen sehr angenehmen, denn er lag im Feuerbereich eines Gespräches, das zwei Krankenschwestern miteinander führten und dem ich als Zwangshörer entnahm, daß sie beide selbst aus einer Heilstätte kamen, wo sie von schweren Leiden genesen waren. Ich hatte die Landschaft betrachtet, ich nahm eine Zeitung zur Hand, aber gegen das durchdringende Geschwätz dieser ältlichen Frauen gab es keine Rettung; sie wetteiferten prahlerisch – und im Schweigen der andern Fahrgäste sich badend –, wer die kränkere von ihnen gewesen sei.

Jetzt war die jüngere dran und ließ die andre nicht mehr zu Wort kommen. Entsetzliche Nervenschmerzen hatte sie gehabt, von den Fingerspitzen bis zu den Schultern, Kopfweh, Schwindelanfälle. Niemand hatte Rat gewußt. Von allen Ärzten ihrer Klinik war sie untersucht und behandelt worden, Chirurgen und Internisten hatten sich um sie bemüht, der Chef sagte, es wäre doch lächerlich, wenn man das nicht herausbringe.

Umständlich und mit der schönen Unbefangenheit der Leute vom Fach erzählte sie, wie sie geröntgt, wie alles geprüft worden sei – und endlich habe man es herausgebracht: Ein Typhusherd habe sich im Halswirbel festgesetzt gehabt ... Und mit vielen Ahs und Ohs und »Denken Sie nur!« und »Wer hätte das gedacht?« hatte sie schließlich ihre Geschichte zu Ende gebracht, und ich stieg aus; was der andern gefehlt hatte, erfuhr ich nicht mehr.

Ich kam in das Haus meines Gastgebers, wir setzten uns abends zu Tische, auch der Arzt der Familie war eingeladen. Die Hausfrau machte einen leidenden Eindruck und zog sich bald zurück; wir kamen auf ihr Leiden zu sprechen: Nervenschmerzen, von den Fingerspitzen bis zu den Schultern, Kopfweh, Schwindelanfälle ... Das hatte ich doch heute schon einmal gehört. Ich erzählte so beiläufig wie möglich, was ich mir noch gemerkt hatte: ein wunderlicher, ein seltner Fall! »Daran haben wir auch schon gedacht«, sagte der Hausarzt, aber wie er's sagte, bewies mir, daß er noch nicht daran gedacht hatte. Nach Wochen hörte ich zu meiner Freude, man sei dem Übel auf die Spur gekommen, und die Kranke befinde sich auf dem Wege der Genesung ...

Vorsicht!

Mit Lebensbeschreibungen ist's oft eine gewagte Sache. Ich hatte, nach den Angaben der Familie, eine Werksgeschichte zu verfassen, und gutgläubig, wie ich war, ließ ich's schön aus meiner Feder fließen, daß ein allzufrüher Tod den tatkräftigen Sohn verhindert habe, das Werk seines bedeutenden Vaters so fortzusetzen, wie man es allgemein erwartet habe. Und dieser Satz wurde denn auch gedruckt und blieb in der Öffentlichkeit unwidersprochen.

In einer guten Stunde aber sprach ein alter Betriebsleiter zu mir also: »Trinken schadet nicht viel; wenn einer Geld hat, kann er viel trinken, bevor ihm jemand den Hals zudreht. Wenn einer Weiber hat, ist es seine eigene Angelegenheit. Schließlich gibt's da ja eine Grenze, und wenn einer reich ist, bringen ihn die Weiber eher an die Krücke als an den Bettelstab. Wenn einer Pferde laufen läßt, kommt er noch lange mit, wenn er geschäftlich gut zu Fuß ist. Und wenn einer ein

bißchen spielt, wird ein großes, sicheres Haus dieses Taschengeld noch aufbringen. Wenn er aber nichts tut als saufen, huren und spielen, dann wird der Tag kommen, wo er in den nächsten Wald gehen muß, um sich eine Kugel vor den Kopf zu schießen.«
Seitdem bin ich vorsichtig mit dem Beschreiben fremder Lebensläufe geworden. Und ich denke an eine Reihe bekannter und hochgeachteter Männer, deren Biographie zu bearbeiten ich mich standhaft weigern würde.

HAMBURG

Bei meinem ersten Aufenthalt in Hamburg, der bare zwei Monate dauerte, habe ich von der hochberühmten Stadt nichts gesehen als einen vergilbten, späterhin entlaubten Baum – wieso das möglich war, ist auf Anhieb nicht leicht zu erraten: ich kam, als Schwerverwundeter, von Flandern mit dem Lazarettzug im Spätherbst 1914 bei Nacht und Nebel an, wurde im Sankt-Georgs-Krankenhaus operiert und zu Weihnachten, wieder liegend und also ohne jede Aussicht auf Straßen, Alster oder auch nur Bahnhof, nach München überwiesen.
In den Jahren seither bin ich natürlich öfter als einmal in Hamburg gewesen, meist um von dort aus Schiffsreisen anzutreten oder auch nur, um die einzigartige Kunsthalle zu besuchen. Als fahrender Sänger oder, nüchterner gesagt, als vorlesender Dichter bin ich bloß zweimal nach Hamburg und weiter in den Norden gekommen – beide Male im Jahr 1947 –, und diese unvergeßlichen Reisen sind wohl eine kleine Schilderung wert. Für jeden, der damals nicht selbst gereist ist, sind das Märchen, aber keine freundlichen aus Tausendundeiner Nacht, sondern Schauermärchen von schlimmer Art.

Bei der ersten Fahrt stehen Hunderte von aufgeregten Reisenden in München tief in der Nacht auf dem Bahnsteig; der Zug fährt, nach zwei Stunden peinvollen Wartens, in die Halle, noch im Anrollen wird er gestürmt. Ein Stehplatz, zwischen Menschen eingemauert, ist schon ein Glücksfall. Ein Bein auf dem Boden, das andere auf dem Koffer, habe ich mich durchgequält – todmüde soll ich am Abend vor überfülltem Saal strahlende Laune des Humoristen verbreiten. Kaum hat sich der Hörerschwarm verlaufen, das letzte Buch ist signiert, schleppen mich ein paar wohlmeinende Verehrer durch die Stadt, um noch ein Glas Bier mit mir zu trinken – aber nach endlosen Wanderungen, von einer verschlossenen Tür zur andern, geben sie es auf und überlassen mich, den erschöpften Dichter, um Mitternacht meinem Schicksal, das bei gesicherter Unterkunft immerhin noch gnädig ist.

Übler noch verlief die zweite Fahrt: Durch die bösen Erfahrungen gewitzt, nehme ich meine Frau und einen Freund mit auf die Bahn – jeder von uns dreien soll auf gut Glück einen Platz erobern, den günstigsten will ich dann besetzen. Ich selbst habe Pech, mein Angriff wird abgeschlagen; aber meine Frau hat, sogar in der Polsterklasse, einen Sitzplatz ergattert. Stockfinster ist es im Wagen – und plötzlich fährt eine Dame neben mir, wie von der sprichwörtlichen Tarantel gestochen, mit einem Schrei in die Höhe. Im ungewissen Licht eines Streichholzes sehen die Reisenden aber, daß es sich um keine Tarantel gehandelt hat, sondern um ganz gewöhnliche Wanzen – in Reih und Glied marschieren sie dutzendweise auf ihrem Kriegspfade dahin.

Dem Zweifel, ob ich, Wanzen hin oder her, bleiben soll, enthebt mich mein mit Stentorstimme nach mir rufender Freund: er hat, im letzten Wagen, einen Sitzplatz erobert, die Mitreisenden wollen ihn verteidigen

– weil's ich bin: mitunter hat man doch einen Vorteil von seiner Beliebtheit.

Der Platz, nur durch das Fenster zu erkämpfen, ist ausgezeichnet, mein Gegenüber stellt sich, immer noch im Finstern und lang vor der Abfahrt, als Privatdozent aus Kiel vor: eine gesprächsfrohe, kurzweilige Reise winkt – Glück muß der Mensch haben. Der Zug fährt an, hält noch vor Augsburg auf freier Strecke: der letzte Wagen muß abgehängt werden, die Achsen haben sich heißgelaufen. Wir Unseligen werden gewissermaßen mit hydraulischer Kraft in die übervollen vorderen Wagen gepreßt, und, wieder stehend in einer Mauer von Menschen, mache ich die lange, lange Reise – auf die Schilderung von Einzelheiten darf ich wohl verzichten.

Mein erstes Vortragsziel ist diesmal nicht Hamburg selbst, kreuz und quer fahre ich, hungrig und unausgeschlafen in Schleswig-Holstein herum, sehe in Glücksburg die herrlichen Bäume um das Schloß als gefällte Riesen am Boden liegen, in Kiel kieloben die halbgesunkenen Schiffe wie fantastische Meeresungeheuer im Hafen treiben.

Obendrein habe ich noch das persönliche Pech, daß ich mir unterwegs eine zwar ungefährliche, aber äußerst lästige Flechte geholt habe, ich kann mich nicht rasieren, die Haut löst sich in immer größeren nassen Schollen ab, und einem verwahrlosten Strolch ähnlicher als einem reisenden Dichter muß ich mich vor meine Hörerschaft setzen und meine Lesung mit einer Klage einleiten.

Endlich kam ich, schon ziemlich abgekämpft in Hamburg an und wurde schlecht und recht in einem soeben erst wieder teileröffneten Hotel untergebracht. Mein Schlafgenosse legte nur seine Krawatte und sein falsches Gebiß ab, dafür schnarchte er nerventötend.

Die Vorlesung verlief glänzend – aber ich will ja nicht mich rühmen, sondern mein Leid klagen. Hamburg erwies sich als eine Mausefalle, aus der man nicht mehr herauskommt – von heute aus gesehen, unbegreiflich. Ich habe auch späterhin von Ahnungslosen viele gute Ratschläge bekommen, wie ich es hätte anstellen sollen. Früh war ich am Hauptbahnhof, denn am Abend sollte ich in Celle lesen.
Aber für die Schnellzüge waren die Bahnsteige gesperrt. Und daß, wie ich nachträglich erfuhr, just die gestrengen Polizisten bereit gewesen wären, den Erlaubnisschein gegen eine schlichte Reichsbanknote einzutauschen – das zu erwägen, war ich zu unschuldig.
Die Personenzüge jedoch kamen von Hamburg-Altona derart überfüllt an, daß ein Mitfahren aussichtslos war. Puffer und Wagendächer waren besetzt, mit Riemen und Stricken hatten sich die sogenannten »Fahrgäste« an jedem Griff, an jeder Stange angebunden – und Fußtritte teilten sie aus gegen jedermann, der auch noch mitwollte.
Nicht gerade niedergeschlagen im wahrsten Wortsinn, aber sehr bedrückt schleppte ich meinen Koffer ins Hotel zurück, um dort von demselben Portier, von dem ich mich vor zwei Stunden aufs freundlichste mit dem bekannten nicht leeren Händedruck verabschiedet hatte, um von demselben Mann, sage ich, mit barschen Worten zu hören, daß jeder Gast, der für die nächste Nacht noch einmal Anspruch auf ein Bett erhöbe, einen Ausweis der Freien und Hansestadt vorzeigen müsse, daß sein weiterer Aufenthalt aus wichtigsten Gründen genehmigt sei.
Ich ging also zu der mir bezeichneten Amtsstelle am Bahnhof – und beim Anblick der Ansteh-Riesenschlange fiel mir ein, ich sage es offen, das Herz in die Hosen. Niemals, in Stunden nicht, könnte ich zu dem Scheine-

verteiler vordringen – und wenn wirklich, wer weiß, ob nicht knapp vor mir der Schalter geschlossen würde.
Ich schlich also hoffnungslos die Reihe entlang, nach einer Lücke oder sonst einem Ausweg spähend. Aber, wie nicht anders zu erwarten war, ich sah mich nur einer geschlossenen, feindseligen Reihe von Wartenden gegenüber.
Und wieder muß ich mich selbst rühmen und das Glück, kein Unbekannter zu sein: der junge Mann, der die Scheine verteilte, war offenbar ein Verehrer meiner Dichtkunst, und vermutlich war er in meinem gestrigen Vortrag gewesen; denn er kannte mich sofort und erriet wohl auch gleich, warum ich da herumschlich. Er grüßte mich mit einem einverständigen Lächeln – aber wie konnte er mir, vor den hundertäugigen Argusblicken der wartenden Menge, den begehrten Schein zuspielen? Er raffte einen Stoß Papiere zusammen, als ob er dienstlich seine Tätigkeit für einen Augenblick unterbrechen müßte – und daß ich das gestempelte Papier dann unversehens fand, war nur noch ein wohlgelenkter Zufall.
Frohen Gemüts schlenderte ich davon, die herrliche Kunsthalle war mein Ziel, aber vorsichtshalber ging ich doch zuerst in mein Hotel, um mich für die Nacht anzumelden. Der Portier zog ein saueres Gesicht, denn es saßen und standen gewichtige Herren herum, Vertreter oder gar Generaldirektoren mit dicken Brieftaschen, die alle auf ein freies Bett lauerten, also auch insbesondere auf das meinige. Sie hätten gewiß gern einen gewaltigen Zuschlag bezahlt – Geld spielte ja damals für den, der es hatte, keine Rolle. Und da kam so ein windiger Schriftsteller daher und wies ein unanfechtbares Papierchen vor, das ihn berechtigte, noch einmal unter diesem Dach zu übernachten.

Um es kurz zu sagen: die nächsten Tage verliefen nicht anders, jeder Ausbruchsversuch war vergebens. Vom sichern Port läßt sich gemächlich raten – aber nur, wer jene Zeiten wirklich erlebt hat, kann mitreden; ich könnte lange Geschichten erzählen, was ich alles unternommen habe. Ich mußte also die Freundlichkeit des Ausweisverteilers und die wachsende Wut des Portiers ein zweites, ein drittes Mal in Kauf nehmen.

Am vierten Tag, ich war schon ganz verzweifelt, geschah ein Wunder. Unschlüssig trieb ich mich vor dem Bahnhof herum, als ein unsagbar klappriges Vehikel vor mir hielt, ein mit einer Blache überzogenes Mittelding zwischen einem Laster und einem Lieferwagen, voller frohgemuter Leute. Einer wahrhaft göttlichen Eingebung folgend und doch fast beiläufig fragte ich einen der Insassen, wohin die Reise gehe. »Nach Würzburg!« scholl es, schier jauchzend, vielstimmig aus dem Wagen. Es traf mich wie ein Blitz – und blitzschnell war ich denn auch entschlossen, das Glück beim Schopfe zu fassen.

Meinen letzten und höchsten Hort, eine Packung Zigaretten, hielt ich dem Fahrer unter die Nase, ob er mich mitnehme. Der Wagen sei ohnehin überlastet, wich er aus, aber wenn niemand was dagegen hätte ... Ein gutmütiger Mitfahrer kämpfte rasch den Widerspruch der sich Sträubenden nieder; aber in spätestens zehn Minuten, sagte der Fahrer, gehe es los. Ich war damals, ein jugendlicher Fünfziger, noch ein Schnelläufer. Ich stürzte in das nahe Hotel, ergriff den schon gepackten und hinterstellten Koffer, zahlte blindlings und raste zurück. Zu einem Stehplatz reichte es noch – und schon schaukelten wir los, in dem wackeligen Gefährt, das heute längst als polizeiwidrig aus dem Verkehr gezogen wäre. Aber es fuhr und fuhr, die Bewegung, einem fernen Ziele zu, ließ als ein Glücksgefühl ohnegleichen alles Ungemach vergessen. Wir kamen durch das heil gebliebene Celle – hier hätte ich vor drei Tagen lesen sollen! –, wir kamen durch schrecklich zerstörte Städte; aber wir kamen weiter, im strömenden Regen, im unablässigen Schütten.

Um es kurz zu machen: in Sontra hatte sich der Wagen wund gelaufen; es war ungewiß, ob er wieder geflickt werden könnte. Der Fahrer streikte, er erpreßte den doppelten Betrag von uns. An uns Hungrigen trugen die hessischen Bauernmädchen herrlich duftende Brote vorüber, wir standen schimpfend und verzweifelt im Straßengraben.

Endlich kam das erlösende Wort: Einsteigen! Es ging weiter! An der amerikanischen Besatzungsgrenze, mitten in der Nacht während eines Wolkenbruchs, mußten wir aussteigen, wurden wir unbarmherzig gefilzt, mußten im Freien die Koffer aufmachen und wegen der Prüfung der Papiere fast eine Stunde lang in der Nässe herumstehen.

Aber im Morgengrauen landeten wir auf dem Würzburger Bahnhof, und – welch ein schier unfaßbares Wunder! – auf dem Abstellgleis stand ein Zug, unser Zug! Ein wohlwollender Beamter ließ uns sogar einsteigen, drei Stunden vor der Abfahrt.

Noch bangten wir vor einem Zwischenfall – aber nein, der Zug setzte sich in Bewegung, er rollte und rollte, bis wir, hungrig, naß, ausgefroren, aber doch glücklich die Frauentürme erblickten und unter der Hackerbrücke durchfuhren, für jeden Reisenden das sichere Gefühl, in München zu sein.

Sechzig Stunden, ich sag's noch einmal, damit's keiner überhört, sechzig Stunden waren wir unterwegs gewesen, unglaubwürdig heute, wo man die Strecke in zwei Stunden fliegt oder im großartigen TEE von Bahnhof zu Bahnhof rast, vom Herzen Hamburgs bis in die

Großstadt mit Herz, von allen Ängsten frei, von jeder Bequemlichkeit umhütet.

Ins Anekdotische gewandelt, entschärft sich die Erinnerung, und gehabter Schmerzen gedenkt man gern. Aber als alter Mann bin ich doch froh, daß man jetzt angenehmer reist, und wer weiß, ob ich, als ein hoher Siebziger, heute eine so abenteuerliche Fahrt noch durchstünde.

KOHLEN

Daß es gegen Ende des Krieges und noch Jahre später nicht nur nichts zu essen, sondern auch nichts zu heizen gab, kann der erinnerungssüchtige Greis inmitten der (scheinbar) ölgesicherten Nestwärme des Hauses noch so eindringlich vorbeten, Söhne und Enkel, die nie gefroren haben, können es sich einfach nicht vorstellen, daß erschöpfte und unterernährte Väter und Mütter zugewiesene Baumstämme bei grimmiger Kälte heimschleppten, daß sie zähe Wurzelstöcke mit letzter Kraft zerhackten und zersägten, daß sie verdächtige Gierblicke auf alte Möbel warfen, zweifelnd, welchen Schrank oder Tisch sie zuerst schlachten sollten, und daß sie keine Scham und Mühe mehr scheuten, meilenweit hinter einem Kohlenzug oder Torfwagen herzulaufen und die gefallenen Brocken aufzuklauben – kaum, daß sie noch vor der offenen Plünderung zurückschreckten.

Ein Märchen ist es für die Nachgeborenen, daß ihre Eltern unter Lebensgefahr (ich selbst wäre beinahe in einen unterirdischen Stadtbach eingebrochen!) die kümmerlichen Kohlenreste aus den Kellern der zerbombten Häuser schaufelten, mit den Händen aus dem Schutt gruben – genug, der Krieg ging zu Ende, die Befreier kamen und nahmen – zu den Glücklichen, die was geschenkt kriegten, Carepakete oder wenigstens Zigaretten, zählten wir nicht – alles in Beschlag, was uns noch geblieben war: die unzerstörte Wohnung in Grünwald und, zusammen mit Flüchtlingen aller Art, das kleine Haus in Gern, in der Fuststraße.

Keine langen Klagen – aber daß der Winter von 1945 auf 1946 unerträglich war, ohne ein Stäubchen Kohle, darf ich wohl vermelden. Freunde, mit besseren Beziehungen, als wir sie hatten, machten uns Hoffnung, Kohlen zu »organisieren«, ob, wann und wie, wußten sie auch noch nicht, denn schwarze, schwärzeste Kohlen waren es natürlich, die heimlich, am besten bei Nacht und Nebel angefahren und in den Keller geschafft werden mußten.

Wir trauten uns gar nicht mehr fortzugehen, einer sollte immer auf Wache daheim bleiben, falls wirklich ... Aber eines Tages, hellichten Tages, waren wir leichtsinnig genug, nur auf eine Stunde: genug, wir strebten nach Hause, wir bogen um die Ecke und erstarrten – just in dieser glücklich-unglücklichen Stunde war der Lastwagen vorgefahren, der Ami hatte keinen Hausbewohner vorgefunden und kurzerhand das kostbare Gut auf den Gehsteig geschüttet, selbst auf die Fahrbahn waren die Trümmer gekollert, ein mannshohes Gebirge stand vor uns. Glühende Kohlen, auf unser Haupt gesammelt, schien uns die so erwünschte, aber im Augenblick verwünschte Gabe.

Im Geiste – und gottlob noch nicht in Wirklichkeit – sahen wir schon die ganze Straße rebellisch werden; wie sollte auch nicht, wer selbst fror, vor Neid platzen, wenn er den gewaltigen Haufen sah, wie sollten wir die Nachbarn hindern, mit Korb und Kübel anzurücken, um an dem unverhofften Segen teilzunehmen und wie vor allem sollten wir den Gehässigen entgehen, die

uns unverzüglich anzeigen würden, Lärm schlagen im ganzen Viertel – und von dem Wunder bliebe uns nichts als Kosten und Schererei!
Unverzüglich machten wir, meine Frau und ich, uns an die Arbeit, um wenigstens einen Teil des kostbaren Schatzes zu retten. Wir schaufelten und schleppten, in Schweiß gebadet, mit immer krummer werdenden Rücken immer lahmer werdenden Armen und Händen, aber der Berg schien nicht kleiner zu werden.
Da fiel mir ein Retter in der Not ein: ich schwang mich aufs Rad und fuhr zu dem getreuen Karl Spengler, der in der Nähe wohnte und glücklicherweise zu Hause war. Heute ist er ein Siebziger und ein hochgeschätzter Chronist Alt-Münchens; damals war er ein bärenstarker Mann in den besten Jahren. So kann ich etwas Erfreuliches aus unfrohen Zeiten melden: Wir trugen das Kohlengebirge ab, sogar den verdächtigen Staub schwemmten wir noch fort – und wenn ich's nicht hier soeben, nach Jahr und Tag erzählt hätte – kein Mensch wüßte von dem Glücksfall, der beinah keiner geworden wäre.

Ein Aprilscherz

Vier oder fünf große Antiquare sitzen am Vorabend einer Versteigerung in München im Hotel beisammen, höchst ernsthaft, versteht sich, bis einer von ihnen draufkommt, daß morgen ausgerechnet der erste April ist. Da wollen sie doch einen Schabernack mit dem Versteigerer treiben!
Im Katalog finden sie ein schäbiges Blättchen, auf zwanzig Mark geschätzt, laut Herkunftsbezeichnung aus des Auktionators eignem Besitz – er hofft wohl, dieses armselige Papierschiffchen auf der Woge der Kauflust flott-

zumachen. Nun, das soll ihm gelingen: die fünf Herren machen aus, daß sie, mit erhobnen Fingern, das Blatt auf tausend Mark hinauftreiben – und was dann? Das bleibt ihr Geheimnis ...
Die Versteigerung beginnt, ein wenig zäh – da wird das bewußte Blatt aufgerufen, mit zehn Mark, wie üblich dem halben Schätzpreis. Zwei Dutzend Finger oder Bleistifte gehen in die Höhe. Das Blatt steigt auf dreißig, auf hundert, auf zweihundert Mark. Immer noch sind zwölf, zehn, acht Hände erhoben. Wenn die paar Großen weiterbieten, denkt mancher Kleine, muß an dem Ding was dran sein; so gewiegte Kenner, so schlaue Füchse geben die Gewähr, daß man nicht hereinfällt, wenn man noch höher mitbietet.
Aber jetzt, bei fünfhundert, sechshundert Mark sinken die Hände – bis auf die der Verschworenen. Eine Unruhe geht durch den Saal, ein Raunen, Köpfe werden reihenweise geschüttelt. Der Versteiger beäugt immer wieder verstohlen sein bescheidenes Objekt, dessen Tücke ihn allmählich in Verwirrung bringt: Sollte doch was dran sein?
Alle halten den Atem an: das rätselhafte Ding hat sozusagen die Schallmauer durchstoßen: Tausend Mark sind erreicht! Fünf Hände sind erhoben, ernst und feierlich.
Nur einem, dem meistbietenden, dem Sieger, kann der Versteigerer die Nummer zuschlagen. Aber hier scheinen fünf Bewerber, fünf ruhmvolle, in hundert Schlachten bewährte Männer eisern entschlossen, einander nicht zu weichen.
Mit stockender Stimme setzt der Auktionator an, die nächste Zahl auszurufen: Eintausendundfünfzig Mark!
Mit einem Schlage gehen die fünf Hände herunter – niemand will das eben noch so erbittert umkämpfte Blatt haben ...

Eisiges Schweigen, ratlose Blicke, Tappen im dunkeln – bis plötzlich irgend einem in der Runde ein Licht aufgegangen ist. »April!« sagt er, heiseren Tons, ganz leise in die Stille. Und jetzt bricht eine brausende Heiterkeit los, die fremdesten Menschen kichern einander an, die Auguren lächeln, und auch der Auktionator muß gute Miene zum bösen Spiel machen; und wenn's auch nur in Form eines dummen Gesichts ist ...
Trotzdem, am Schluß der Versteigerung, ist er wirklich vergnügt und dankbar: das windige Blättchen ist zwar, bei einem zweiten Aufruf, bei zehn Mark unter schadenfrohem Gelächter zurückgegangen; aber die müde Stimmung, die zu Beginn so nebelschwer auf dem Saale gelegen war, ist verflogen, und in der Sonne einer großen Fröhlichkeit stiegen die Preise dergestalt, daß die Narretei der tausend Mark vielfache Frucht trug.

Emir von Waldhagen

»Wenn ich einen Hund hätte«, klagte der kleine Thomas, »dann könnte ich alle Tage mit ihm spazierengehen.« Die Anschaffung eines Vierbeiners wurde erwogen, eine Züchterin aus Waldhagen las in meinem Buch »Unter Brüdern« von unserer Bereitschaft und schenkte uns einen ganz jungen Dalmatiner; Freunde, die im Westfälischen zu tun hatten, brachten ihn uns wohlbehalten und munter ins Haus.
Mit dicken Pfoten und einem drollig-dummen Kindergesicht lief das Hündchen im Garten herum und fiel gleich in das Planschbecken, in dem zum Glück noch kein Wasser war. Daß das Tier eines der schönsten seiner Art werden sollte, war noch nicht vorauszusehen, aber unsere Liebe hatte es auf den ersten Blick. Nicht leicht war es, einen Namen zu finden, mit E mußte er an-

gehen, nach den strengen Regeln der Rassehundezucht. »Emir« nannten wir ihn schließlich – und wenn ich für jedes Zitat: »Da sprach der Scheich zum Emir« eine Mark bekommen hätte, wäre ich ein reicher Mann geworden.
Ich will keine langen, rührseligen Hundegeschichten erzählen, denn wer weiß, ob alle meine Leser auch Hundefreunde sind. Freilich, unser Emir ist im Umkreis von Nymphenburg weit berühmter geworden als ich, und nach hundert Fehlmeinungen – Kinder hielten ihn für eine Dogge, seiner Flecken wegen für einen Leoparden oder gar für eine Giraffe – weiß nun weitum jedermann, daß es der Dalmatiner Emir vom Doktor Roth ist. Daß auch ich selbst von diesem Ruhm Gewinn ziehe, ist erwiesen, ich werde als der alte Mann bemitleidet, der von seinem Hund durch die Gegend gezerrt wird. Es ist ja so geworden, daß Thomas, der um den Hund gebettelt hat, kaum einen Schritt mit ihm spazierengeht, sondern daß wir Eltern Abend für Abend, ob's regnet oder schneit, bis zur Erschöpfung durch die Straßen wandern.
Lassen wir den Emir frei laufen, ist er im Nu wie weggezaubert, verschwunden; bange Stunden lang suchen wir ihn: »Haben Sie nicht einen weißen Hund mit braunen Flecken gesehen?« Die Auskünfte gehen meilenweit auseinander – bis wir hoffnungslos und schweißgebadet heimgekommen, von dem weit entfernten Pasing angerufen werden, der Hund (vorsichtshalber mit unserer Fernsprechnummer versehen) treibe sich dort herum; meine Frau wirft sich um Mitternacht ins Auto und bringt den Ausbrecher zurück. Manche Flasche haben wir schon geopfert, um den Aufseher im Schloßpark von seiner Drohung abzubringen, er werden den streunenden Köter das nächste Mal erschießen.
Und nun bitte ich die Leser ganz bescheiden, doch eine

Hundegeschichte – von hundert, die ich im Kopf habe – erzählen zu dürfen. An meinem Geburtstag, mitten im Januar, ist mittags große Familieneinladung bei meiner Schwester, pünktlich um ein Uhr. Da habe ich, gegen elf, noch anderthalb Stunden Zeit, den Emir spazierenzuführen in den nahen botanischen Garten. Es ist nicht nur hundekalt, weit kälter ist es, Stein und Bein friert es, bei zwanzig Grad unter Null. Noch nie ist Emir im botanischen Garten gewesen; ein enges Türlein nur steht offen, ein Schlupfloch. Kein Mensch ist auf den verschneiten, weit verschlungenen Wegen – da kann ich, so denk' ich mir, das vor Frost zitternde Hündchen doch vom Halsband lassen, es soll sich nur tüchtig auslaufen. Rings sind ja drei Meter hohe, lückenlose Zäune, da kann der Hund nicht entkommen. Kaum habe ich die Leine gelöst, schießt der Emir wie der sprichwörtliche Pfeil davon – schon ist er außer Sichtweite. Noch bin ich unbesorgt, an der nächsten Wegbiegung wird er wieder auftauchen. Ich äuge in jeden Winkel, die Zeit vergeht, und nirgends ist das bis zum Mistvieh herabgewürdigte edle Tier zu erblicken. Vergeblich bemühe ich mich als Fährtensucher, ein paar verwehte Spuren verlieren sich. Ich fange an zu rufen, zornig zuerst, dann klagend: Ich müßte längst zu Hause sein, aber den Hund kann ich bei der Kälte nicht seinem Schicksal überlassen, der erfriert ja! Eine Weile laufe ich noch herum, im Wald und auf der Heide suche ich nicht meine Freude, sondern den Hund; sogar ins Alpinum steige ich Jubelgreis hinauf, schwitzend trotz der grimmigen Kälte, aber von Jubel kann die Rede nicht sein, der den Verlorenen begrüßen dürfte.

Ich breche, schweren Herzens, das Unternehmen ab, fast ist es schon ein Uhr. Ich werde, so hab' ich's vor, die Familie, die Nachbarn zusammentrommeln zu einer Treibjagd; dann muß es ja gelingen, ein weithin

sichtbares braungeflecktes Wesen aufzustöbern; gar so weitläufig ist ja der wohlumhegte Garten auch nicht.
Wie ich daheim zur Tür hineintrete, fragt mich meine Frau vorwurfsvoll, wo ich so lange bliebe. Der Emir sei schon seit einer Stunde da. Und da kam er auch schon, mit unschuldigem Freudengebell sprang er mir an die Brust. Schnurstracks mußte er durch das enge Pförtchen geschlüpft und nach Hause gelaufen sein.
Ich weiß schon, es gibt weit großartigere Hundegeschichten, Berichte über treue und kluge Tiere, die hundert Meilen weit – und nicht nur eine – zu ihrem Herrn heimgefunden haben. Aber mehr habe ich auch nicht zu bieten; übrigens ist Emir weder treu noch klug, sondern nur edel, schön und lieb. Er ist inzwischen ein hoher Greis geworden mit seinen fünfzehn Jahren, immer noch schlank und rüstig. Ich lebe um die Wette mit ihm, aber er, der Glücklichere, weiß es nicht. Ein Hund hätte man werden sollen, freilich einer wie Emir von Waldhagen, mit einem langen Stammbaum, ein Freiherr, der nur tut, was er will, und der ausgerechnet in eine Familie kommt wie die unsere.

ERLEICHTERUNG

»Schlagt ihn tot, den Hund! Es ist ein Rezensent!« – So grimmig hab' ich mich zwar nicht geäußert – und auch der Goethe hat's ja bei einem Kraftspruch bewenden lassen. Aber über den berüchtigten Dichter-Killer – ich werde mich hüten, euch die Nasen auf seinen Namen zu stoßen! – habe ich mich einmal und oft recht unfreundlich geäußert, nur unter vier bis acht Augen, versteht sich, oder Ohren vielmehr; aber schon diese acht Ohren entsprechen vier Mündern, und wenn von denen auch nur einer nicht dichthält, sind der Ausbreitung der Wahrheit keine Grenzen gesetzt – und Dichtung kann sich noch dazuschlagen.

Mir selbst hat der Mann nichts getan, denn ich bin ja nur ein Hase auf dem literarischen Feld, ein Bönhase sozusagen. Doch hat er, als Großwildjäger, einen Freund von mir abgeschossen, auf üble Weise; und das ist mir fast so arg, wie wenn er mich selbst getroffen hätte.

Nun, eines Morgens finde ich in meiner sonst so schäbigen Post (nur Ahnungslose glauben, daß ein »Auflagenmillionär« täglich ganze Waschkörbe voll begeisterter Zuschriften und Dutzende von An- und Aufträgen von Presse und Rundfunk kriegt) einen Brief, dessen Umschlag klar und deutlich die Anschrift des Absenders zeigt, eben jenes Herrn, der mein Freund nicht ist. Noch ehe ich mit Unbehagen, ja mit schlotternden Händen den Brief aufreiße, ahne ich, was drin steht: »Sie haben über mich ...« – »... in aller Form zurücknehmen« – »... zu gerichtlichen Schritten gezwungen ...«

Mir schwimmt es vor den Augen. Aber so wenig ich ihnen traue, ich muß, ich darf mich überzeugen, daß ich mich vergeblich geängstigt habe, ja nicht einmal umsonst. Denn mein erster klarer Blick fällt auf das Wort »Honorar!« Der Gute will eine Anthologie herausgeben und würde sich freuen, wenn auch ich ein Gedicht beisteuern wollte.

So erleichterten Herzens habe ich noch selten einen Brief aus der Hand gelegt.

SPASSIGES ERLEBNIS

Wenn ich's nicht, Punkt für Punkt, selbst erlebt hätte, hielt ich's für das ausgetüftelte Geschreibsel eines Witzboldes – aber wir wissen ja, daß sich die Wirklichkeit oft Scherze mit uns erlaubt, die das ausgeruhteste Köpfchen kaum ersinnen könnte.

Ich gehe am Vormittag in die Stadt, um einiges zu besorgen und vielleicht, wenn mir Zeit bleibt, auch eine Ausstellung zu besuchen. Wie ich so an der Straßenbahnhaltestelle stehe, kommt ein Bekannter im Wagen vorbei, stoppt bei Rotlicht, sieht mich und fragt, ob er mich mitnehmen könne. Wir parken in der Nähe des Kunstvereins, der Bekannte wollte eigentlich auch schon lang auf einen Sprung hineingehen, ehe ich mich's versah, hatte er die Mark für uns beide hingelegt, meine Geste, selbst bezahlen zu wollen, wehrt er ab; es wäre ja auch lächerlich, wegen fünfzig Pfennig lange Geschichten zu machen.

Gleich drauf will ich ein bestelltes Buch abholen, aber der Händler entschuldigt sich: es sei noch nicht eingetroffen. In einer Anwandlung von Noblesse gedenke ich, an einem Blumenladen vorbeigehend, einer Freundin ein paar Rosen schicken zu lassen; ich habe die Türklinke schon in der Hand, da überfällt mich schnöder Geiz, und ich trete wieder zurück (daß ich's nur gestehe); es gibt so Tage, wo ich keine Lust habe, auch nur den kleinsten Einkauf zu tätigen. Daher gehe ich auch an meinem Zigarrenhändler vorüber, in der Erwägung, mein Vorrat reiche noch für eine halbe Woche.

Dafür treffe ich ein kümmerliches Männchen, dem ich, für mancherlei Dienste verpflichtet, seit Jahren zu Weihnachten eine Flasche Whisky schenke – nur heuer habe ich's vergessen. Ich will den Guten gleich ins nächste Geschäft mitschleppen, aber er sagt, daß er noch weite Wege vor sich habe und sich nicht mit einer Flasche belasten wolle – also, demnächst bestimmt! Und schon ist er verschwunden.

Mein Hauptanliegen für diesen Vormittag war der Besuch bei meinem Antiquar, dem ich hundertundzwanzig Mark zu zahlen gedachte für Blätter, die ich zur Ansicht mitgenommen und zu deren Erwerb ich mich inzwischen entschlossen hatte. Ich begrüßte ihn denn auch mit der freudigen Nachricht, daß ich ihm bares Geld bringen wollte. Es lagen aber dann auf dem Tisch allerhand Neuigkeiten, und im lebhaften Kunstgespräch vergaßen wir beide – oder wenigstens ich – die löbliche Absicht. Die Zeit verging, und ich mußte mich sehr plötzlich verabschieden, weil meine Frau versprochen hatte, mich im Wagen mit heimzunehmen, wenn ich um ein Uhr an dem gewohnten Treffpunkt auf sie warten wollte. Ich bin nämlich – ein heute häufiger Fall – nur Besitzer, nicht aber Fahrer eines Autos.

Wäre, was ich da erzählte, eine erdachte Geschichte statt reiner Wahrheit, so könnte ich unschwer noch eine Reihe von Zufällen hinzufinden, etwa, daß ich einem auswärtigen Freund in die Hände gelaufen sei, der mich unbedingt zum Mittagessen in ein Restaurant eingeladen hätte; daß ein Gläubiger, dem ich sein Geld bringen wollte – der Schneider zum Beispiel – nicht daheim gewesen wäre; ein Verkäufer den Preis einer Ware noch nicht genau gewußt und gesagt hätte, ich sollte das nächste Mal bezahlen: lauter Zufälle, die nicht ungewöhnlich wären.

Aber was soll ich den Leser mit Erdichtungen reizen, wo doch die Wahrheit drollig genug ist? Denn als meine Frau, die ich richtig traf, noch beim Metzger vorbeifuhr und mich fragte, ob ich ihr nicht schnell zwanzig Mark leihen könnte, griff ich bereitwillig nach Brieftasche und Geldbeutel – aber vergebens! Die staken, wie ich mich nach dem ersten, stechenden Schrecken mit jäher Klarheit erinnerte, noch in dem Anzug, den ich gestern getragen hatte.

Der gute Onkel

Zu bestimmten Fristen nehmen wir Abschied von uns selbst; heute gilt es, dem »guten Onkel« Lebewohl zu sagen – lang sind wir's gewesen, ungestraft, ja freudig willkommen geheißen; aber die Welt ist so schlecht geworden, daß vor dem guten Onkel gewarnt wird als vor dem tückischen Bösewicht, der durch die Straßen läuft, ein Wolf im Schafspelz, oder auf Kinderspielplätzen sich verdächtig macht, wenn er mit süßen Worten, wenn nicht gar mit Schokolade, die kleinen Buben und Mädchen an sich zu locken sucht. Selbst Herr von Ribbeck auf Ribbeck im Havelland dürfte nicht mehr wagen, einem fremden Mädchen eine Birne anzubieten.

Daß es für einen Jüngling gefährlich ist – und auch in unserer so unschuldigen Zeit schon war, mit zehn-, zwölfjährigen Bauernmädchen im Heu zu spielen –, ist nicht zu leugnen; wer ist da Verführer, wenn's nicht die Verführerinnen sind? Und jeder Erfahrene wird von (Sünden-)Fällen wissen, wo geldgierige Mütter es drauf anlegen, einem älteren Herrn ihr leichtgeschürztes Töchterlein zuzuspielen, um ihn dann mit lautem Moralgeschrei zu bedrohen. Schließlich sind ja auch die Lehrer besonders gefährdet; ein Schulkamerad von einst, später Leiter eines Mädchengymnasiums, erzählte mir, daß er auch nicht eine Minute lang mit einer Schülerin allein bleibe, sondern sofort eine dritte Person rufe, um vor falschem Zeugnis sicher zu sein.

Also Mädchen – meinetwegen! Aber die Buben, auf dem Lande gar, was geht ihnen verloren, seit der wirklich gute Onkel sich fürchten muß, sie auch nur anzureden. Da stehen sie hilflos und gelangweilt herum, an einem öden Sonntagnachmittag; und nun kommt ein fremder Herr, in diesem Fall bin's ich, und muntert sie auf, zum Purzelbaum- oder Radschlagen, zum Bocksprin-

gen, zum Wettrennen – und setzt gar einen Preis aus: eine Mark für den ersten, eine halbe für den zweiten und zwanzig Pfennig für den dritten.
Das halbe Dorf läuft zusammen, nicht nur die Jugend, auch alte Leute kommen, denn der Jugendfreund kann auch allerlei Kunststücke, dergleichen sie nie gesehen haben. Er macht selbst einen Salto mortale in den nächsten Heuhaufen, er zeigt den Buben einen Überschlag: sie müssen die Beine grätschen, sich bücken und, durch die Beine, die Hände strecken: Schwupps, packt die der Mann – und schon stehen die Knirpse, um ihre eigene Achse geschwungen, wieder auf den Füßen.
Der Herr steigt auch drei, vier Sprossen auf eine freistehende Leiter, die er geschickt im Gleichgewicht hält, er führt vor, wie man sich, scheinbar natürlich, den Daumen ausreißt, ja er läßt, Simsalabim, eine Zündholzschachtel geheimnisvoll am Handrücken emporschweben – er selbst hat den Trick erst vor kurzem gelernt: die Kinder jauchzen vor Vergnügen, wie die Wespen drängen sie heran, außer Rand und Band geraten sie; der gute Onkel ist erschöpft, schier mit Gewalt muß er die Bürschlein heimjagen.
Auf einem dürftigen Jahrmarkt steht ein kleiner Zirkus, orgelt ein bescheidenes, halbleeres Karussel; davor die gaffenden Kinder – die Zehnerln haben sie nicht –, da kommt der Deus ex machina, drückt dem Schausteller heimlich ein paar Mark in die Hand, und jetzt gibt's freien Eintritt und kostenlose Rundfahrt. Ja, das war der gute Onkel von damals, ehe heute – und leider oft mit Recht – ein finster blickender Mann, eine mißtrauische Frau auf ihn zugeht und ihn grob anfährt, was er mit den Kindern wolle und er möge sofort verschwinden, sonst hole man die Polizei.
Na, noch mehr durfte sich der gute Onkel erlauben: vor einem Spielzeug- oder Zuckerbäckerladen drückte

sich ein Knirps die Nase platt am Schaufenster. Der fremde Herr stand hinter ihm und horchte auf die Gespräche ihrer Sehnsucht – also genau das Bild, das den bösen Kinderverführer zeigt, vor dem man nicht genug warnen kann. Und der Herr gibt dem Buben die dreißig Pfennige für die Giraffentorte (seine eigene, unvergessene Kinderlust!) und schaut noch zu, wie der zuerst ganz ungläubige Bub mutig auf die Klinke drückt, auf die Torte deutet und mit seiner Beute wieder herauskommt. Aber nun ist er es, der Erwachsene, der die Flucht ergreifen muß. Denn der Knabe hat einen, oder zwei Schulkameraden erspäht und ruft sie an: »Da geht's her, da is a Narrischer, der kauft Euch alles!«
Vor fast fünfzig Jahren war ich in einem winzigen dalmatinischen Dorf; serbische Marineoffiziere hatten mich mitgenommen, noch kein Fremder war je vermutlich dortgewesen. Spätabends, bei Fackellicht, war eine Volksbelustigung. Auf einem armseligen Markt boten alte Weiber auch bescheidene Süßigkeiten, am Boden hockend, von Kindern umstellt. Um Pfennigswert erwarb ich Hände voll Zuckerln und verteilte sie. Das sprichwörtliche Lauffeuer ist nichts gegen die Schnelligkeit, mit der sich die Kunde verbreitete, daß da ein Märchenprinz gekommen sei, der mir nichts, dir nichts an alle sein Füllhorn ausschüttete. Nie hätte ich geglaubt, daß so viele Kinder zusammenströmen könnten, aus düsteren Wohnhöhlen wimmelnd und auch aus besseren Häusern. Und nun kamen auch die Mütter gelaufen, mit erhobenen Händen zählten sie an den Fingern ab, wie viele Kinder sie hatten – ich begriff's nicht gleich, was sie wollten: aus der freiwilligen Spende war eine Pflichtabgabe geworden. Und ich mußte tiefer in die Tasche greifen, um auch das letzte Gute noch zu erwerben, das der kleine Markt bot.
Es war dämmrig geworden, Fackeln wurden angezün-

det, Frauen und Burschen tanzten, es war ein Fest, wie ich so ursprünglich kaum mehr eins sehen sollte. Noch hatte ich ein Zuckerl in der Hand, die Kinder waren verschwunden. Aber dort, bei einer Gruppe von älteren Männern stand noch ein Knirps; ich wollte meine Gabe loswerden und schob sie, in der Finsternis, von rückwärts dem Knäblein in den Mund – aber zornig drehte das vermeintliche Kind sich um und da war es ein Zwerg; tödlich beleidigt fauchte er mich an, eilig ergriff ich die Flucht.

Das war vielleicht das denkwürdigste Abenteuer, das ich als guter Onkel erlebt habe. Denn daß ich, Jahre später, in Tunis, allein durch die Kasbah streifend, von Kinder schier gefährlich umringt wurde, so daß Einheimische das Bettlergesindel verscheuchen mußten, das war schon wohlgeübte Fremdenfängerei, die wenig Reiz mehr hatte.

Wie gesagt, der gute Onkel sein zu wollen, habe ich längst aufgegeben, mit Schaudern lese ich in der Zeitung die scheußlichsten Geschichten, und seit ich gar, als Vater, erleben mußte, wie sich mein kleiner Stefan harmlos jedem Strolch anschloß, wage ich es kaum mehr, den guten Onkel zu verteidigen: bei den Pilzen kann man durch Erfahrung die eßbaren von den giftigen unterscheiden lernen; aber bei den Menschen nicht.

DIE ANEKDOTE

Vorsicht mit Anekdoten! Da schenkt dir ein Gönner einen Schwank aus seinem Leben, eine ganz reizende, runde Geschichte, eine Perle ist sie für den Schriftsteller, echt natürlich bis ins kleinste – und er tritt dir alle Rechte ab, er hat sie, auf Ehrenwort, noch nie, fast nie erzählt, taufrisch ist sie soeben verschollner Erinnerung entstiegen ...

Und du schreibst die Geschichte auf, du mußt sie gar nicht ausschmücken, die Szene ist gegeben: in Berlin hat der Erzähler, der Geheimrat, das Hotel Adlon verlassen, nachts, ein Mann hat ihn angerempelt, die goldne Uhr war weg, alter Trick – aber der mutige Herr läuft dem Kerl nach, zwingt ihn, den Raub herauszurücken – und daheim, im Hotel, liegt *seine* Uhr auf dem Nachttisch, er selbst ist zum Straßenräuber geworden, eine nette Geschichte.

Du verschickst sie, bona fide, an ein Dutzend Zeitungen, nimmst bescheidene Honorare dafür – und dann kommt der Tag, wo du liest, daß dasselbe, mit der Uhr, Charles Dickens vor hundert Jahren erlebt hat – oder auch nur erlebt haben will, die Leute sterben nicht aus, die nicht nur Uhren klauen, sondern Histörchen auch, und kann sein, daß es eine Wandergeschichte ist, wie es ja auch Wanderwitze gibt, funkelnagelneu für den, der sie noch nicht kennt – alte Witze gibt's ja nicht, nur solche, die man schon gehört hat oder eben nicht gehört.

Und nun bist du, wider Willen, selbst solch ein Dieb geworden, Hunderte, ja Tausende von Menschen haben das »wahre« Geschichtchen gelesen, haben es dir geglaubt, rückgängig kannst du die Sache nicht machen; also läßt du die Anekdote weitersegeln unter deinem Namen – es ist ja auch gleichgültig, ob sie hundert Jahre früher oder später versinkt in dem gewaltigen Strom der Vergänglichkeit; und schließlich bist du schäbig genug, dir zu sagen, bona fide habest du gehandelt und immerhin hundert Mark dabei verdient, es können auch zweihundert gewesen sein.

Bildnis eines Sammlers

Im dämmrigen Laden des Herrn Füchsle stoße ich eines Tags auf einen Sammler, dem ich noch nie begegnet bin. Er ist klein und muß einmal wohlbeleibt gewesen sein, aber jetzt wirft er Falten wie ein alter Sack. Ein großer, runder Kahlkopf leuchtet fahl wie ein Mond, auf der Glatze sitzt ein nie gelüftetes Käppchen. Eine etwas verschabte Vornehmheit, eine lässige Weltsicherheit lassen auf das stille Behagen eines alten Sonderlings schließen, aber die Augen, diese unruhigen, stechenden Augen und die kralligen Hände mahnen zur Vorsicht: in dem alten Fleisch steckt Feuer, böses, verzehrendes Feuer.

Was gräbt er, was sucht er? Lächerliche Kleinigkeiten, Ausschnitte aus Büchern, Heiligenbildchen, Siegel, Almanache – ich sehe gleich, er ist kein Kunstfreund, sondern ein Raritätenschnüffler, ein Sach-Sammler. Ich pirsche mich mit ein paar geschickten, unverdächtigen Worten an ihn heran. Seine Leidenschaft ist Gold und Edelsteine, Schmuck, Münzen, Geschmeide; er hat kein Geld mehr, dergleichen zu erwerben. Aber sammeln muß er, aus innerstem Trieb; und so trägt er alles heim, was wenigstens diese Dinge darstellt, und wär's in der bescheidensten Form. Werbebilder aus Zeitschriften, Anpreisungen der Goldschmiede, Münzbeschreibungen, Porträts von Frauen oder Kirchenfürsten, auf denen Juwelen zu sehen sind – mit einem Geierblick holte er sie aus den Stößen morschen Papiers heraus. Und daheim, in seinen schlaflosen Nächten, sitzt er mit Schere und Leimtopf und rüstet unendliche Mappen. Sicher ist seine Kenntnis ungeheuer, sein Fleiß stet und ungehemmt; aus tausend Winzigkeiten formt er sich eine Welt.

Er lädt mich ein, ihn zu besuchen. Ich sage zu, höflich

und unbestimmt, am Nimmermannstage will ich kommen, wenn der Weg mich in seine Gegend führt. Und ich lade auch ihn ein, so unverbindlich wie möglich, und er sagt, daß es ihm eine Ehre und ein Vergnügen sein werde, der weite Weg sei kein Hinderungsgrund, er habe einen Bekannten in der Nähe, den er ab und zu aufsuche.
Ich verlasse den Laden, es ist früher Abend, ich besorge noch dies und das, ich vergesse den wunderlichen Mann, wer weiß, ob und wann ich ihn wiedersehe.
Ich sehe ihn denselben Abend noch, in der Dunkelheit; vor der Tür meines Gartens erwartet er mich; er murmelt etwas von einem Zufall, der ihn zu so später Stunde noch geradezu an meiner Straße vorbeigetrieben hat, und er bittet mich flehentlich, ja beinahe drohend, ihn doch wenigstens einen ersten Blick in eine meiner Mappen, und wär's auch nur die geringste, tun zu lassen.
Halb verärgert über die Zudringlichkeit, halb belustigt über einen solchen Ausbund von Sammelleidenschaft, lasse ich ihn eintreten. Wohl oder übel muß ihn meine Frau, die mich mit dem Söhnlein erwartet, zu unserem mehr als bescheidenen Abendessen einladen, aber er lehnt ab, hinter einer altfränkisch umständlichen Höflichkeit nahezu eine ungeduldige Grobheit verbergend. Und wieder sind es seine stechenden Augen, die mir Unbehagen machen. Was für eine Art Mensch, denke ich, schaut denn so? Und ich erinnere mich unwillkürlich an einen Pfandleiher, einen dunklen Ehrenmann, einen Halsabschneider, an jene Sorte von Männern, die Bonhomie vortäuschen wollen und denen dann doch unbeherrscht die eiskalte Grausamkeit, die verruchte Gier im gräßlichen Strahl aus dem Auge schießt.
Inzwischen sucht sich der Besucher mit Onkelscherzen bei unserem Dreijährigen beliebt zu machen, mit einer

tätschelnden, schmatzenden Altmännerzärtlichkeit, die wir so hassen, daß ihm meine Frau mit deutlicher Unhöflichkeit das Kind entreißt, das er wie der Froschkönig aus dem Märchen umlüstert. Der wunderliche Gast zieht eine Uhr aus der Tasche, eine kostbare, schwere alte Golduhr mit klingendem Schlag und fantastischen Spielereien, ein Zauberding, wie gemacht, um einen Buben zu fangen. Aber meine Frau sagt kalt, er müsse uns für eine Viertelstunde entschuldigen, das Essen sei gerichtet, und für das Kind sei es hohe Zeit, daß es ins Bett komme.
Einen Sammler unbeaufsichtigt vor kostbare Mappen zu setzen ist immer gewagt, aber ich mußte ja doch wohl den unverhofften Liebhaber entsprechend beschäftigen. So gab ich ihm einen Kasten mit allerlei Kram, zur Einleitung, wie ich scherzend sagte, und sah ihn noch, zu Tisch gerufen, flink wie mit Maulwurfspfoten in das Papier wühlen.
Wir waren schnell fertig mit unseren Kartoffeln, der Bub lag im Bett, wir gesellten uns zu unserem Sammler, der sorgfältig und ohne daß ihm die geringste Kleinigkeit entgangen wäre, die Blätter auf die Seite gelegt hatte, die für ihn von Bedeutung waren. Er wandte sich jedoch sofort von diesen Dingen ab, um uns auf eine artige Weise eine Zaubervorstellung zu geben. Noch einmal zog er die Uhr, um ihre sämtlichen Kunststückchen vorzuführen, er bat, seinen Spazierstock holen zu dürfen, er blies uns aus dem entschraubten Rohr ein Menuett vor, er entnahm dem silbernen Knopf des Griffes ein winziges Schachspiel, um uns gleich darauf mit Gift und Dolch zu bedrohen, die ebenfalls in dem Stock verborgen gewesen waren. Nun wies er uns seine Ringe, die er am Finger trug; der eine bestand aus einer griechischen Goldmünze von erlesener Schönheit, der andere aus einem geschnittenen Stein, der noch um

ein Vielfaches mehr wert sein mochte; ein dritter umschloß einen Diamanten von stärkstem Feuer, ein vierter stammte aus einem Pharaonengrab. Noch bestaunten wir die kostbaren Gebilde, als er schon die Nadel von seiner Krawatte nestelte und die barocke halbe Perle aufschraubte, hinter der, aufs winzigste gemalt, eine Miniatur in frischen Farben zu sehen war. Und während er den Deckel wieder schloß, überließ er uns, flüchtig in die Rocktasche greifend, ein in getriebenes Silber gebundenes Kalenderchen, das die Zeichen des Tierkreises und die Monatssteine beschrieb. Die Aufmerksamkeit meiner Frau für das kleine Wunderding nutzend, bot er mir aus einer Dose eine Zigarette an, um mir im Augenblick, da ich zugreifen wollte, mit Hilfe eines geheimen Sprungdeckels ein Bild von kaum überbietbarer Schamlosigkeit vor die Augen zu gaukeln. Ich sah ihn verwirrt an, und aus seinen Blicken schoß ein wilder Strahl; der Mann war mir jetzt wahrhaftig unheimlich. Die ganze Vorführung, so sehr er bemüht war, ihr durch munteres Plaudern den Anstrich der Zufälligkeit zu geben, hatte etwas vom starren und oft geprobten Ablauf einer Mechanik, die einen immer verdrießt.
Er war jedoch mit seinen Darbietungen noch keineswegs zu Ende. Mit Daumen und Zeigefinger in der Westentasche grabend, förderte er einen Fruchtkern zutage, in den das Leiden Christi geschnitten war; aus seinem Geldbeutel holte er ein Papierchen, in das er eine napoleonische Schaumünze von der Kleinheit eines Maßliebchens gewickelt hatte; und meine Frau überraschte er mit einem zierlichen Nähbesteck in einem halbfingerlangen emaillierten Büchslein, während er gleichzeitig mich ein paar Pergamentblättchen von letzter Feinheit sehen ließ, die er seiner Brieftasche entnahm. Es waren Vorzeichnungen eines unbekannten,

aber wohl bedeutenden Goldschmieds zu kostbaren Rokokoanhängern.

»Omnia tua tecum portas!« sagte ich lachend; und ich würde mich nicht wundern, sagte ich, wenn er jetzt auch noch den Stiefelabsatz abschraubte und irgendein unglaubwürdiges Sächelchen daraus hervorzöge.

Das tat er nun nicht; mit einem gequetschten Lächeln meinte er, für hier und heute sei seine Vorstellung zu Ende, bei sich zu Hause freilich könne er noch mit ganz anderen Überraschungen aufwarten. Und er wiederholte, dringender, als in Herrn Füchsles Geschäft, die Einladung, ihn zu besuchen. Gegen meine Frau machte er dabei sogar einen artigen, altmodischen Kratzfuß, zu dem allerdings das faunische Gesicht, das er zog, übel genug paßte; ich werde den Teufel tun, dachte ich, meine Frau in seine Zauberhöhle führen.

Nun freilich zeigte sich, daß er nicht nur zum Sehen gekommen war, obwohl ich ihn bloß zum Schauen bestellt hatte. Mit einer List und Hartnäckigkeit, wie sie höchstens Balzac in seinem »Vetter Pons« geschildert hat, begann er um ein paar Blättchen zu feilschen, bald mit Dreistigkeit versuchend, sie mir durch einen Handstreich zu entreißen, bald mit Betteln mein Sammlerherz zu rühren; und selbst seine gut gespielte Unterwürfigkeit hatte einen Anflug von Drohung, als stünden ihm geheime Mächte zu Gebot, seinen Willen durchzusetzen. Mit einer unglaubwürdigen Großartigkeit machte er mir Vorschläge, mich reichlich zu entschädigen.

Ich aber wollte, zur Vorsicht gemahnt, jetzt erst recht nicht nachgeben, obgleich mir an dem, was er so glühend begehrte, eigentlich nicht allzuviel gelegen war. Ja, daß ich's nur gestehe, angesichts der wahnwitzigen Begierde des alten Mannes war mir die eigene Sammellust verleidet, ich schämte mich des Triebes, aus Staub und Moder Dinge zu graben und in meine noch lebendige Welt heimzutragen, um die der kalte Schauder des Todes geisterte. Wer schon aller hatte diesen Kram besessen und wieder lassen müssen! Ziemlich frostig verabschiedeten wir uns, fast war es ein Hinauswurf des Zudringlichen.

Ich habe den Sonderling nicht mehr gesehen. Denn als ich, Wochen später, mit neuer Entdeckerlust zu Herrn Füchsle ging, erzählte mir der auf meine beiläufige Frage, der Mann sei gestorben, auf einem nächtlichen Heimweg tot umgefallen; mehr wisse er leider auch nicht. Und gedankenvoll fügte er hinzu, er habe es zu spät erfahren; bedeutende Schätze müsse der Hamster in seinen Bau getragen haben.

Wollte ich eine richtige Erzählung schreiben oder vielmehr geschrieben haben, weit über die Wahrheit hinaus müßte ich eine geheimnisvolle, eine gruselige Geschichte erfinden. Aber das mag ich nicht. Er ist einfach gestorben, alt genug war er; gestorben, wie wir alle sterben müssen, fort für immer aus unseren Sammlungen, toten Auges und kalter Hände. Aber so viele alte und junge Menschen auch zu mir (den noch Lebendigen) kommen, meine Blätter zu besichtigen oder sich Rat zu holen: einen so merkwürdigen Gast wie diesen habe ich nie mehr gehabt.

ÜBER DIE ERFAHRUNG

Das zweifelhafte Wunder, erwachsen zu werden, habe auch ich, wie jeder andere, erlebt, vermutlich langsamer und solider, als viele; ob ich so richtig erwachsen, entwachsen, ausgewachsen geworden bin, bezweifle ich freilich heute noch, fast achtzig Jahre alt.

Das Kind, der junge Mensch dringt in die Schicht der landläufigen Erfahrungen ein – er bestaunt sie zunächst, durchschaut sie aber bald als Wichtigtuerei und merkt, daß es der alte Brei ist, durch den sich alle durchfressen müssen. Was die Heranwüchslinge heute als Offenbarung vernommen haben, geben sie morgen an einen noch Grüneren mit Bedeutung weiter. Alte Scherze finden junge Ohren, Wein- und Weibkenner – sie halten sich dafür! – spielen sich auf und ich tumber Jüngling habe Augen und Maul aufgerissen, als Student, wenn mir ein Kommilitone mit Weisheiten kam aus einem Buch, das er drei Tage vor mir gelesen hatte.

Die steile Anfangskurve verflacht dann zusehends, bis man so gesättigt ist, daß man gar keine Erfahrung mehr machen will, nicht in Gedanken und schon gar nicht am eignen Leibe. Man begnügt sich damit, zu wissen, daß es nichts gibt, was es nicht gibt.

Allerdings, in die Schule des Lebens muß man gehen bis zum letzten Tag, aber man schwänzt sie öfter und öfter und wundert sich über den wütenden Eifer der frühen Jahre. Bier trinken, Rauchen, sich in Gesellschaft tummeln, jeder hat's lernen müssen, bei den Frauen lernt keiner aus, mancher gibt's vorzeitig auf und lebt mit einem Knax weiter. Das Ende des Unterrichts ist oft, daß man die Welt nicht mehr versteht.

Schaudernde vor dem Geheimnis werden in den ärgsten, aber häufigsten Fällen abgebrühte Kunden, die Erfahrung zahlen sie mit dem Verlust der Unschuld – was bei Künstlern besonders schädlich ist –, die Blüte vergeht, ohne daß immer Früchte reifen; manche werden Früchtchen.

Andere aber bemerken nichts von ihrem Niedergang, sie pochen auf ihre Erfahrung und lassen es nicht gelten, daß der Mensch als Kind, vor aller Erfahrung, am wertvollsten ist.

Der Welt ein bißchen was abgeguckt – ist das wirklich so viel wert? Natürlich, das savoir-vivre, mit

Maßen, sollte jeder lernen, zur rechten Lebenskunst bringen es die wenigsten. Daß der unerfahrene Jüngling sich vor dem gewitzteren Kameraden klein fühlt, kommt nur seinem eignen Wachstum zugute, er soll ja nicht gleich ins Kraut schießen, es hat Zeit bis morgen, daß er den Verehrten als eingebildeten Laffen erkennt und hinter die Schliche kommt, daß die Welt auch im Atomzeitalter nur mit Wasser kocht.

Erfahrung zertrümmert Ideale: der gestern angebetete Dichter erweist sich heute als unlesbar – allerdings, wer lediglich die alten Götter zertrümmert, ohne neue zu suchen und zu finden, ist das Opfer seines Erfahrungshochmuts geworden. Der Demütige scheut sich nicht, auch die verworfenen wieder auf ihren Sockel zu stellen: Einsicht ist eine höhere Erfahrung; wahre Liebe, die sich bis zur Weisheit steigern kann, mißtraut der nur bis zur vermeintlichen Lebensklugheit gediehenen Haltung.

Wer mit zwanzig Jahren kein Empörer ist, hat kein Herz, wer es mit fünfzig noch ist, hat keinen Verstand – dieses geflügelte Wort gehört am Rande auch hierher. Im Alter sollten wir eben erfahren haben, daß wir nur uns verbessern können, nicht aber die Welt. Das soll natürlich nicht heißen, daß man ihr hoffnungslos den Lauf läßt.

Oft genug stellt sich die Erfahrung nur als jene Gewohnheit heraus, die der Mensch seine Amme nennt. Ganz ohne sie auskommen wird so leicht keiner, aber ihrer sich entwöhnen zu suchen, sollte jeder Denkende täglich sich bemühen. Immer noch ist das Schaudern der Menschheit bester Teil, und das Staunen kindlicher Unschuld sollten wir nie preisgeben. Natürlich, das Glücksgefühl des ersten selbstverdienten Goldstücks, die Begeisterung über das erste gedruckte Gedicht, das mächtige Überraschen des ersten Alpen- oder Meeres-

anblicks können wir nicht ohne weiteres wiederholen, aber zur abgenützten Münze sollten wir nichts werden lassen, was bei liebender Betrachtung immer wieder ein Wunder ist.
Erfahrung ist notwendig für den Alltag, niemand kann ohne sie leben. Aber wir sollten sie immer wieder in ihre im Grunde engen Schranken verweisen. Wer von Erfahrungen spricht, meint fast durchwegs schlechte Erfahrungen – das, was ihm widerfahren ist; in hundert Redensarten, etwa vom gebrannten Kind, will der Mensch beweisen, daß er sich zu hüten gelernt hat. Und doch sollte keiner um der Gefahr willen das Feuer verlöschen lassen, das, aller Erfahrungen zum Trotz, immer noch und immer wieder die lebendige Flamme unsres Herzens bleiben muß.

Kraepelin

Den Geheimrat Emil *Kraepelin*, den bedeutenden Psychiater, habe ich ganz gut gekannt, ohne mich freilich, nach so vielen Jahren, eines tieferen Gesprächs entsinnen zu können. Aber ein befreundeter Kommerzienrat hat mir ein Erlebnis mit ihm erzählt, das des Aufschreibens wert ist.
Kraepelin war, mitten in der Bierstadt München, ein unerbittlicher Gegner des Alkohols, das muß man wissen, um die Geschichte recht begreifen zu können. Der Kommerzienrat wurde von seiner Familie so lange mit dem Vorwurf geneckt oder gar ernsthaft bedroht, er spinne, bis es ihm zu dumm wurde. Wozu kannte er den berühmten Mann, der es ihm schwarz auf weiß geben sollte, daß er kein Narr sei.
Er ging also hin – und die erste Frage des Geheimrats war, was er denn so ungefähr im Tage trinke. Treu-

herzig und nichts Böses ahnend erzählte der brave Mann von Frühschoppen, Dämmerschoppen, Abendtrunk; und auf die listig-wohlwollende Erkundigung, ob das die alltägliche Regel sei, gab er, ohne sich rühmen, aber auch ohne bereuen zu wollen, die schlichte Auskunft, daß es natürlich Ausnahmen gebe – einen Rausch freilich, da brauche sich der Herr Geheimrat nichts denken, habe er seit vielen Jahren nicht mehr gehabt.

Der Leib- und Seelenforscher hatte sich aber doch was gedacht und er sprach es auch sogleich, bei rascher Verfinsterung der vermeintlich so harmlosen Unterhaltung ohne Umschweife aus: dann sei also der Patient ein Potator, ein schwerer Alkoholiker, dessen Geisteszustand allerdings einer eingehenden Prüfung unterworfen werden müsse.

Wenn man ihm so komme, brauste der Kommerzienrat auf, dann wolle er sich doch lieber empfehlen – und er erhob sich, um rasch die Tür und den Weg ins Freie zu gewinnen. Er hatte jedoch nicht damit gerechnet, daß er sich in den Räumen einer, milde gesagt, Nervenklinik befand, aus denen so einfach nicht zu entfliehen war. Der Arzt verstand keinen Spaß, am wenigsten den, auf den sich der Besucher hinausreden wollte. Er bestand darauf, der Kommerzienrat habe sich seinem Rat und somit auch seiner Behandlung anvertraut; der Besucher, zu seinem Schaden, verlor die Beherrschung und wurde grob; der Geheimrat sah sich genötigt, die Berufsehre zu verteidigen. Sie steigerten sich gegenseitig in Zorn, wobei der Patient natürlich den Kürzeren zog: denn, je mehr er sich aufregte, desto offenkundiger wurde es, daß er seelisch nicht im Gleichgewicht war.

Um es kurz zu machen: mit genauer Not entrann der Mann, der sich doch nur einen Scherz ausgedacht hatte, aus der Höhle des Löwen; und da er, unvorsichtig genug, vor den Seinen damit geprahlt hatte, er werde es schriftlich mit nach Hause bringen, daß er nicht närrisch sei, jetzt aber, ohne dieses Zeugnis und sehr unwirsch heimkam, hatte er lange noch den gesteigerten Spott der Familie zu ertragen; und auch am Stammtisch mußte er sich weidlich hänseln lassen – ein Glück nur, daß die Freunde die Frage, ob mäßiger Alkoholgenuß dem Geiste schaden könne, einhellig verneinten.

Noch ein paar Kraepelin-Anekdoten als Zuwaage: Der Professor hatte seinen Studenten einen Achtzigjährigen vorgestellt, »kerngesund, nie einen Tropfen Akohol getrunken!« Einen Bruder hätte er noch, sagte der Mann, der sei schon siebenundachtzig. Der begeisterte Geheimrat wollte ihn so bald wie möglich sehen; aber der Mann winkte ab: mit dem sei nichts zu machen, der sei den ganzen Tag besoffen.

Oskar von Miller hatte den Geheimrat einmal zu Gast geladen; er wußte wohl, wie abgeneigt der dem Alkohol war, aber er holte die beste Flasche aus seinem Keller, füllte die Gläser und sprach: »Verehrter Freund, Ihre Einstellung ist mir bekannt und ich ehre sie; aber Sie werdens mir nicht verweigern, wenn ich Sie bitte, mit diesem edlen Tropfen auf unser beider Wohl mit mir anzustoßen!« Ungerührt ergriff Kraepelin das Glas: »Meinen Todfeind vernichte ich, wo ich ihn treffe!« – und schüttete das kostbare Naß in die nächstbeste Blumenschale.

Der Herr Geheimrat wollte eine neue Köchin in Dienst stellen und besprach mit ihr alle Einzelheiten. »Und das sage ich Ihnen«, rief er drohend, »kein Tropfen Alkohol kommt mir ins Haus!« »Da können Sie beruhigt sein«, lächelte die Frau verständnisinnig, »ich war schon einmal drei Jahre bei einer Herrschaft, die eine Entziehungskur gemacht hat!«

Heiterer Ausklang

Ein mir befreundeter Baron erzählte, wie er einmal im Schlafwagen des Shanghai-Expresses schon sein unteres Bett bezogen hatte und im ersten Schlummer lag, als der Inhaber des oberen Bettes hereinkam und sich im besten Englisch für die Störung entschuldigte. Der Baron, auch er der fremden Sprache durchaus mächtig, erwiderte höflich, das sei der Rede nicht wert und er wünsche eine gute Nacht.

Der Unbekannte bestieg das Leiterchen, der Baron war just wieder am Einnicken, als ihn jäh ein mühsam unterdrückter Schrei weckte: »Ah Bluatsau!« Der Schlafgenosse mußte sich gezwickt haben. Der so unerwartete Durchbruch der gemeinsamen Muttersprache bewirkte, daß beide Herren noch lange nicht schliefen, sondern sich ausgiebig über das Phänomen des Zufalls unterhielten.

Anläßlich einer Autogrammstunde in den sechziger Jahren traf ich auch mit Kasimir Edschmid zusammen, einem der berühmtesten Väter des Expressionismus aus verschollenen Zeiten. Als ich ihn, der seither die besten Bücher über Italien und die ganze Welt geschrieben hatte, auf seine frühen Novellen, etwa »Die sechs Mündungen«, ansprach, wehrte er erschrocken ab: es wäre ihm arg, wenn seine heutigen Leser erführen, daß er der Bürgerschreck von gestern gewesen sei.

Ein gemeinsamer Bekannter kam des Wegs, sah mich eifrig mit Namen-Schreiben beschäftigt, während Edschmid gerade ziemlich unbelästigt an seinem Tischchen saß. »Ja«, sagte der Gast, »so ist es: die einen signieren, die anderen resignieren!«

Unsere Nachbarsfrau in Eisenärzt, die alte Zäunerin, fragten wir oft nach dem Wetter. Sie gab uns gern Auskunft: »Der Abort ist naß, der Abort ist naß!« Sie sagte alles doppelt, wenn nicht gar dreifach. Irgendwer mußte ihr gesteckt haben, daß es unfein sei, vom Abort zu reden; seither hieß es: »Der Beton ist naß, der Beton ist naß!« Und wirklich war das ein fast untrügliches Zeichen für kommenden Regen.
Der Chiemsee ist von Eisenärzt zehn Kilometer entfernt, selbst beim Umweg über Traunstein sind's keine zwanzig. Von der Höhe von Scharam über Eisenärzt ist er in seiner ganzen Weite zu überblicken. »Der Chiemsee«, sagte die Zäunerin, »der Chiemsee ist achtzig Quadratkilometer groß und vierzehn Kilometer lang. Ich selbst war noch net dort, in der Schul' haben wir's gelernt, in der Schul' haben wir's gelernt, ich selber war noch net dort. Er ist dreiundsiebzig Meter tief, dreiundsiebzig Meter tief und hat drei Inseln: die Herreninsel, die Fraueninsel und die Krautinsel. In der Schul' haben wir's gelernt. Ob ich noch einmal hinkomm', weiß i net.« So leben Geschlechter als Zeitgenossen nebeneinander.

*

Auf dem Heimweg von einem literarischen Abend redet ein Besucher seinem Begleiter die Ohren welk über einen Dichter, von dem der ziemlich gelangweilte Zuhörer keine Ahnung hat. Schweigend läßt er darum den Redestrom über sich ergehen, aber peinlich spürt er, daß er doch auch etwas sagen müßte. Das Glück kommt ihm zu Hilfe: der Begleiter fragt dringend und geradezu, ob er nicht auch finde, daß jener Dichter als Lyriker bedeutender sei, denn als Erzähler. »Mit Abstand!« ruft der bisher so Schweigsame fast jubelnd

»mit Abstand!« Und da sich die Wege der beiden ohnehin trennen, verabschiedet sich der Dauerredner herzlich mit dem Glücksgefühl, mit einem genauen Kenner gesprochen zu haben.

*

Ein Professor, Sinologe seines Fachs, erkundigt sich in den Ferien im Postamt des Dorfes, ob man sich zur Zeit auf den Übersee-Verkehr verlassen könne, er wolle einen Brief nach Peking schicken. Überlegen-mitleidig sagt der Beamte: »Lieber Herr, da sind Sie falsch unterrichtet: Übersee liegt am Chiemsee und Pöcking am Starnberger See! Also, wollen S' den Brief nach Übersee oder nach Pöcking schicken?«

*

Ein junger Dichter trifft auf der Straße einen älteren Literaturfreund, der ihm gönnerhaft mitteilt: »Ich habe Ihr Buch gekauft!« Und der Jüngling, freudig überrascht, ruft aus: »So, das waren Sie!?«
Das ist inzwischen längst ein alter Witz geworden; aber vor einem halben Jahrhundert war er noch funkelnagelneu, Bruno Frank hat ihn mir erzählt, und ich habe ihn oft und oft weitergegeben an Leute, die ihn noch nicht kannten.

*

Es ist ein Glück, daß der Teufel, den wir in verzweifelten Augenblicken oft rufen, gerade anderweitig beschäftigt ist und daher unserem voreiligen Auftrag, etwas zu holen, nicht sofort nachkommen kann. Bis er wieder frei ist, haben wir's uns längst anders überlegt und uns Gott befohlen.

In der Fremde

Es ist ein beklemmendes Gefühl, im fremden Land durch die Straßen zu gehen, unkundig der Sprache, so weit es sich nicht um die paar Brocken handelt, die man auf dem Pennal gelernt hat. Man könnte mit ihrer Hilfe leichter etwa Mitglied einer Akademie werden, als daß man die gewöhnlichsten Dinge des alltäglichen Lebens ausdrückt. Und immer hat man Angst, es stieße einem einmal etwas Außergewöhnliches zu.

So saß ich als junger Mann zum erstenmal in Paris, bei einem Glas schwarzen Kaffees, und bemühte mich, im »Figaro« einiges zu entziffern. Dazwischen überlegte ich, was doch alles, aus irgend einem dummen Zufall, sich ereignen könnte und wie man sich, in Ermangelung des nötigen Sprachschatzes, aus der Schlinge zöge.

Also beispielsweise: man wird angerempelt; ein Schlepper wird aufdringlich; ein Unbekannter verwechselt einen; man kann eine höfliche Frage nicht verstehen, geschweige denn, beantworten – wie stünde man da?

Oder, ganz einfach: was täte ich, wenn ich, mit einer ungeschickten Bewegung, mit der Zeitung etwa, das Glas umstürzte, der Kaffee schwappte bis zu jener Dame am Nebentisch hinüber, die Scherben klirrten, der Ober käme angerannt – ja, was würde ich da sagen?

Ich formte krampfhaft einige Sätze, ich suchte nach verbindlichen Redensarten, ich holte heimlich mein Taschenwörterbuch hervor und klaubte die Wörter zusammen: – »Pardon«, wußte ich schon, auch »Mißgeschick«, aber »für den Schaden aufkommen« oder »Glasscherben« prägte ich mir ein, bis ich eine runde, eine weltmännische Entschuldigung beisammen hatte.

Eigentlich ist das Ganze zum Lachen, noch nie hab ich ein Geschirr zerschlagen, aber, man sagt nur, zwischen Lipp' und Kelches Rand – vorkommen kanns schon.

Immerhin darf ich jetzt beruhigt sein, tadellos wäre ich meiner Aufgabe gewachsen.

Mit stolzem Siegerlächeln will ich die Zeitung hinlegen, da schwankt das Glas, noch könnte ich es halten, aber schon stürzt es, schon liegts in hundert Scherben auf dem Boden. Schreckversteint starre ich auf das Unglück. Und schon kommt der Ober geschossen, mit vorwurfsvoll fragendem Blick. Jedes Wort bleibt mir in der Kehle stecken, nicht einmal »malheur« oder »excusez!« steht mir zu Diensten.

Ich vermag nur noch einen größeren, einen viel zu großen Schein aus der Tasche zu ziehen und mit betretnem Lächeln auf den Tisch zu legen. Der Ober steckt höflich das Geld ein und nun spricht er mühelos all die Floskeln, die auch ich gewußt hätte: ein kleines Unglück, nicht der Rede wert, alles in Ordnung ...

In eiserner Stummheit verlasse ich das Kaffeehaus. Nur der Dame, unter deren Füßen eben die Scherben weggewischt werden, werfe ich noch einen entschuldigungsflehenden Blick zu.

Ich stehe auf der Straße, ich atme auf. Ich bin noch einmal davongekommen. Aber da steht schon, mit holder Verheißung, die Dame vor mir: Sie hat, erstens, meinen Blick mißdeutet und, zweitens, sie ist gar keine Dame.

Unter Brüdern

Geschichten von meinen Söhnen

Zuerst eine Anekdote

Als der Kaiser Augustus eines Tages durch die Straßen Roms ging, schrie ihm ein Rabe ein heiseres »Ave Caesar« entgegen. Der Kaiser fand Gefallen an dem raren Vogel und kaufte ihn seinem Lehrmeister um eine fürstliche Gabe ab. Das sprach sich natürlich herum, und bald krächzten Raben, Elstern und Dohlen – den Papagei gabs noch nicht – von allen Seiten ihr »Ave Cäsar«, wenn sich der Kaiser nur blicken ließ. Schon beim zweiten und dritten war des Augustus Freude und Spenderlaune geringer und zuletzt mühten sich Abrichter und Vögel vergebens um des Herrschers Gunst.
Ein Rabe schien ungelehriger gewesen zu sein, als seine Artgenossen; er spottete aller Mühen seines Herrn, das »Ave Cäsar« zu lernen, und oft rief der Lehrer ärgerlich: »Oleum et operam perdidi!« – die Lateiner unter den Lesern mögen es wörtlich übersetzen und auch wissen, wo der Spruch herkommt, er heißt auf deutsch ungefähr, daß Hopfen und Malz verloren sei. Endlich aber hatte auch unser Rabe seine Aufgabe begriffen, viel zu spät natürlich, denn als der Kaiser des Wegs kam, ging er achtlos an dem Vogel vorüber; da spreizte der aufgeregt seine Flügel und schrie wütend: »Oleum et operam perdidi!« Augustus mußte herzlich lachen und er erwarb, zum erstenmal wieder nach langer Zeit und, vermutlich, zum letztenmal für immer, den Vogel um einen hohen Preis.
Diese kleine Geschichte fällt mir ein, da ich mich entschließe, die vom Lebensbaum meiner Söhne bereits gefallenen Blättchen (feuilletons) spät genug auch auf den Markt zu bringen.
Ich weiß, ich weiß, meine lieben Leser: was gehen Euch *meine* Kinder überhaupt an? Entweder seid Ihr Junggesellen oder, noch schlimmer, selbst Eltern mit beacht-

lichem Eigenbau, Leute, die Kinder genug und genug von Kinder haben.

Ja, wenn ich von *Euerm* herzigen Hans, *Euerm* klugen, aber beileibe nicht altklugen Andreas und *Eurer* liebreizenden Stasi berichten wollte! Aber, daß ich mich einfach vordränge, um die Albernheiten *meines* Thomas, *meines* Stefan zu erzählen, wird mir kein Vater und keine Mutter verzeihen.

Als Kuriosum darf ich bemerken, daß Vater und Söhne alle drei Wassermänner sind, am 24., 27. und 29. Januar geboren. Ich bin fast ein halbes Jahrhundert älter als mein Erstgeborener, ich könnte also meine Kinder, wie es schon der berühmte Georg Hirth tat, als meine selbstgemachten Enkel bezeichnen.

Daß das Büchlein kaum hundert Seiten stark geworden ist, kommt daher, daß ich die Schattenseiten weggelassen habe – es wäre sonst allzu umfangreich geworden.

Und noch eins: wenn ich auch an unserem Volksvermögen – der größte Reichtum einer Nation sind bekanntlich ihre Kinder! – mit zwei Aktien beteiligt bin, so will ich doch keineswegs damit auftrumpfen. Auf lange Sicht sind derlei Wertpapiere eine ungewisse Sache. Aber die erste Jugend ist eine Zeit für sich, und schon der alte Goethe hat gesagt, wenn sich die Kinder so entwickeln würden, wie sie sich andeuten, hätten wir lauter Genies.

Lauter Genies brauchen wir aber gar nicht, wohl aber Menschen, die noch, im Elternhaus gefestigt, ein menschliches Maß hinüberretten in eine Welt ums Jahr 2000, eine Welt, die wir Alten uns kaum mehr – oder noch kaum – vorstellen können.

Der Schwur

Der vierjährige Thomas ist ein liebenswürdiges und hilfsbereites Kind, und wo er sich im Hause nützlich machen kann, tut ers. Vorausgesetzt natürlich, daß es ihm selber Spaß macht. Wie zum Beispiel, zum Gärtner Schammerl zu gehen und die Viktualien fürs Mittagessen einzukaufen.

Der Gärtner Schammerl hat, keine zweihundert Meter von uns, auf einem von mannshohem Unkraut überwucherten Trümmerfeld, eine Baracke bezogen, in der er allerlei Gemüse, Obst und Grünzeug feil bietet, nichts besonderes freilich, denn grad erst beginnt der Währungsschnittlauch zu wachsen, das dicke Butterbrot des Wirtschaftswunders wagt noch kein Mensch zu ahnen.

Zwar liegt der kleine Laden an der Hauptstraße, aber auf unserer Seite, so daß der Thomas ungefährdet seinen Weg machen kann. Und wenn er in spätestens zehn Minuten nicht zurück ist, schauen Vater, Mutter oder Magd um die Ecke, ob er noch nicht herantrabt.

Er beeilt sich auch immer, denn die ärgste Beschämung für ihn ist, daß ihn wer im Geschäft selbst abholt und damit zeigt, daß man ihm eine so wichtige Aufgabe doch allein noch nicht anvertrauen kann. Da wird er dann rasend vor Wut, wirft alles hin und rennt heulend heim, sich im Garten zu verstecken.

Der Gärtner Schammerl ist ein gutmütiger, fröhlicher Mann mit einem Rübenkopf, kräftig, jung noch, aber im Krieg ist ihm der linke Arm lahm geschossen worden und an der rechten Hand fehlen ihm drei Finger, es schaut ein bißchen grauslich aus, wenn er mit Daumen und Zeigefinger, wie mit einer Krebsschere, die gelben Rüben ergreift oder einen Kohlkopf mit einer schleudernden Bewegung an die Brust drückt, um ihn zur Waage zu tragen. Aber Thomas liebt ihn, wegen seiner Späße und wohl auch wegen der Kirschen und Pflaumen, die für ihn abfallen.

Übrigens ist der Knirps, gottlob und im Gegensatz zu uns Schüchterlingen seinerzeit, die wir als Kinder uns in keinen Laden trauten, ein mutiger, ja ein gestrenger Einkäufer; und wenn wirklich der Kunde König ist, dann ist der Thomas der verheißungsvollste Kronprinz, der sich denken läßt.

Er behauptet – wenns sein muß, mit kühner, aber nicht frecher Rede – seinen Platz, wenn ihn die Großen wegdrängen möchten, er schaut wie ein Luchs, er richtet auch tapfer und treu aus, daß der Rettich gestern pelzig war, und er ruft dem Gärtner Schammerl mit seiner Pipsstimme warnend zu: »Daß Du mir fein was Gutes gibst, sonst komm ich nimmer!«

Wieselflink läuft er und atemlos stellt er das Körbchen auf den Küchentisch und nun will er aber auch noch gelobt sein, daß nichts vergessen ist, weder die Petersilie noch die Zwiebeln, und es erfreut ihn unbändig, wenn die Mammi sagt, daß das die schönsten Radieschen sind, die sie seit langem gesehen hat. Er ist sich seiner Wichtigkeit voll bewußt und nimmt es für bare Münze, wenn wir sagen, ohne ihn ginge es nicht.

Wo viel Licht ist, da ist viel Schatten. Der Thomas hat also irgendwas angestellt, eine Blume geknickt, ein Loch gegraben, einen Löffel verworfen – es gibt einen Klaps und den herben Tadel, daß er ein böses, ein ganz und gar unnützes Kind sei.

Den Klaps und das böse Kind hätte er noch hingenommen; aber unnütz? Das ging gegen seine Ehre. »Nie wieder gehe ich für Euch zum Gärtner Schammerl!« ruft er drohend. Wir ertragen es mit Fassung, sehr zum Schmerz des zürnenden Achill.

Am andern Tag, die Mammi hätte gern ein paar Stangen Lauch gehabt, erinnert sich Thomas rechtzeitig sei-

nes Schwurs: »Nie wieder gehe ich für Euch zum Gärtner Schammerl«, ruft er grollend und bemerkt gar nicht, daß ihn niemand darum gebeten hat. Der Vater geht selbst die paar Schritte, um die Kleinigkeit zu besorgen. Am dritten Tag zieht es ihn schon an allen Fingern nach dem Körbchen; und in seiner Zornesstimme ist schon ein ersticktes Schluchzen: »Nie wieder ...« – »Ja, wir wissen es bereits, auf Dich ist nicht mehr zu rechnen!«
Niemand schickt ihn, niemand bedarf seiner. Er fühlt sich völlig übersehen. Um so lauter brüllt er: »Nie wieder gehe ich für Euch zum Gärtner Schammerl!« Unversöhnlich, unbeugsam ist sein Wille. Sogar abends, im Bett, anstelle des Nachtgebets, muß ers uns noch einmal mitteilen, daß er eisern entschlossen sei, uns seine unentbehrlichen Dienste, den Gärtner betreffend, nie mehr zur Verfügung zu stellen.
Länger wollen wir ihn nicht leiden lassen. Am vierten Tag streicht er sehnsüchtig in der Küche herum. »Jetzt brauchten wir halt ein liebes Kind«, klagt die Mammi, »das uns zwei Pfund schöne, rote Tomaten beim Gärtner holt!« Noch steht er verstockt in der Ecke, das »Nie wieder ...« zuckt und zerrt schon an seinen Lippen. »Kann nicht ich ...?« frage ich scheinheilig; aber die Mammi sagt: »Nein, das kann nur der Thomas!«
Und der Thomas weint und lacht zugleich, Erlösung und Jubel überströmen sein Gesicht, er reißt das Körbchen an sich, wartet das Geld gar nicht erst ab – »zwei Pfund?« fragt er noch zurück und wie ein Pfeil dahin schnellt er zum Gärtner Schammerl.

Das Weihnachtslied

»Jason, ich weiß ein Lied!« Lang ists her, aber unvergessen, daß ich die berühmte – wars nicht Agnes Straub? – Medea – so sagen hörte. Und dann wußte sies nicht mehr. Nicht so düster, nein, nicht so schwarz – blondlockig und blauäugig kommt Thomas angetappt, stolz und glücklich: »Papi, ich weiß ein Lied!« Und hinter ihm steht, erwartungsvoll, Grete, die Magd, die's ihm eingelernt hat.
Thomas öffnet den Mund, aber es kommt nichts heraus. Er schaut mich groß an, immer größer, dann kugeln die ersten Tränen aus den Augen. Und jetzt stürzt er fort und verbirgt sich hinter der Grete.
Die Grete gibts noch nicht auf und fängt selber an: »Schnipp, schnipp, wenn die Engelein schneidern, dann fallen die Flocken zur Welt ...« aber für heute ist nichts mehr zu wollen. »Bis Weihnachten«, tröste ich ihn, »ist ja noch Zeit, dann singst Du es uns unterm Christbaum vor.«
In den nächsten vierzehn Tagen schneidern die Engelein ununterbrochen, die Flocken fallen zur Welt, aber leider nur im Lied, denn es sind wieder einmal grasgrüne Weihnachten. Und jetzt steht der Thomas im Lichterglanz, fromm, und heilig entschlossen, uns durch seinen holden Gesang zu erfreuen.
Wir lauschen, wir lauschen immer noch – nichts. Aber plötzlich tönt es hell und fein: »Alle meine Entlein schwimmen auf dem See – Köpfchen unterm Wasser, Schwänzchen in die Höh!«
Sofort spürt er selbst, daß er sich da in seiner Liedauswahl vergriffen hat. Aber strahlend schaut er uns an und kein Engel könnte reiner frohlocken: »Da freut sich aber das liebe Christkind besonders!«

FLUNKEREIEN

»Oh weh, oh weh!« sagt der Vater beim Frühstück und er scheint ehrlich erschrocken: »es steht sogar schon in der Zeitung, daß der Thomas so ungezogen ist. – Hör zu, Mammi!«
Auch die Mutter ist nun sichtlich betroffen und gar der Thomas rutscht unbehaglich auf seinem Stuhl herum, wie jetzt der Vater ohne Stocken aus dem Morgenblatt vorliest, daß der fünfjährige Sohn Thomas des bekannten Schriftstellers Doktor Eugen Roth in der Fuststraße sich zu einem Lausbuben zu entwickeln scheine, der bereits der Schrecken der gesamten Nachbarschaft zu werden drohe. Dem in der Gegend patrouillierenden Schutzmann werde geraten, ein wachsames Auge auf den Burschen zu haben.
Thomas ist von dieser Nachricht offenbar tief beeindruckt, aber sein Wissensdrang ist noch stärker als seine Angst. »Papi, was heißt das: patrulieren?« Die Mammi lacht! Der Vater aber bleibt ernst: »Patrouillieren«, sagt er sachlich, »kommt aus dem Französischen und heißt soviel wie beobachtend durch das Gelände marschieren – Du hast ja wohl selbst schon den Schutzmann vorn an der Ecke stehen sehen; aber –« so fährt der Vater drohend fort und wirft einen strengen Blick auf die Mutter, »wenn auch die Mammi lacht, es ist nichts zum Lachen, wenn man sehen muß, daß alle Welt schon weiß, was für ein Bösewicht Du bist – und dabei versprichst Du immer, daß Du ein liebes Kind sein willst!«
Thomas lächelt nicht; würdevoll und bescheiden bittet er, einen Blick in die Zeitung tun zu dürfen. »Du kannst ja noch gar nicht lesen!« will der Vater abwehren, aber schon hat Thomas das Blatt ergriffen und läßt seine Augen, ohne auch nur eine Miene zu verziehen,

über die Seite schweifen. Und – »Halt!« ruft er plötzlich: »da steht ja noch was!« Und er liest den staunenden Eltern ernsthaft und fließend vor: »Thomas könnte vermutlich ein liebes Kind werden, wenn er nicht immer gehaut würde.« Legt die Zeitung hin und frühstückt weiter, als ob nichts gewesen wäre.

DES SÄNGERS FLUCH

Thomas, an die fünf Jahre alt, verlangt jeden Tag eine Geschichte von mir, seit anderthalb Jahren. Und an Sonn- und Feiertagen zwei. Da geht nun auch der größte Vorrat einmal zu Ende, Grimms Märchen sind erschöpft, der Kalif Storch ist oft und oft erzählt, Andersen und Christoph von Schmid sind ausgebeutet und selbst die Scheherazade wäre verlegen, was sie an passenden Abenteuern noch bieten könnte.

Da muß ich denn einen tieferen Griff in die deutsche Dichtung tun, um den Bedarf einigermaßen zu decken. In schlichtes Deutsch zurückversetzt, gewann der Taucher wie der fromme Knecht Fridolin ungeahnte Märchenwirkung, der Kampf mit dem Drachen wurde neu gekämpft und vor dem Löwen und Tiger des Handschuhs fürchtete ich mich beinahe selber.

Thomas hat seine mutigen Tage, an denen er allerhand verträgt und, wenn man ihm nur klar beweist, daß dem Missetäter Recht geschehen ist, vor den grausamsten Strafen nicht nur nicht zurückschreckt, sondern sie selbst gebieterisch fordert. Aber zu anderen Zeiten ist er leicht gerührt, und als ich ihm Uhlands Ballade von des Sängers Fluch vorsetzte, stieß ich auf unerwartete, tränenreiche Widerstände.

In der Schilderung von Tyrannen und pechschwarzen, weite Reiche beherrschenden Bösewichtern haben wir ja inzwischen einige Erfahrung gewonnen, aber *mein* König ließ alles weit hinter sich, was je blutig und finsterbleich auf einem Thron gesessen hatte. Denn, sagte ich mir, wenn den Burschen sein Schicksal später ereilt, muß es ein klarer Sieg des Guten über die Niedertracht werden. Aber mein Sohn – von wem mag ers haben? – zeigte eine schwer zu bekämpfende Liebe zum monarchischen Prinzip. Aufs schönste stellte ich ihm das Sängerpaar vor, den würdigen Greis im schneeweißen Bart und den herrlichen Jüngling im blonden Lockenhaar, wie sie, die Lust und auch den Schmerz zusammennehmend, ihr Lied vor dem König ertönen ließen. »Vielleicht«, sagte Thomas streng, »hat er keine Musik hören wollen. Ich darf ja auch nicht immer Grammophon spielen, wenn ich möchte.« »Aber Thomas«, wies ich ihn zurecht, »da braucht er doch nicht gleich mit dem Schwert nach dem armen Knaben zu werfen!« »Vielleicht«, meinte Thomas zweifelnd, »hat er ihn gar nicht treffen wollen! Und wenn der alte Mann ein Zauberer war, Du sagst doch, er hat zaubern können, dann hätte er seinen Sohn ja wieder lebendig machen sollen. Da hätte sich der König und die liebe Königin gefreut.«

»Das hat er auch!« log ich, »aber dann hat er ein fürchterliches Gewitter hergezaubert und es hat geblitzt: hui! und gedonnert, wumberumbumbum! Und der Sturm ist gegangen, daß die Ziegel vom Dach –« »Der arme König!« schrie Thomas angstvoll, »und die Königin hat überhaupt nichts dafür können!« »Nein, die war unschuldig!« mußte ich zugeben, »aber der König, Thomas, bedenk doch, der Bösewicht, der muß doch seine Strafe haben, dem ist doch Recht geschehen! Also, ganz schwere Wolken kommen, es fängt an zu regnen, zu hageln, und auf einmal zittert und kracht das ganze Schloß ...« Thomas klammerte sich

flehend an meinen Arm: »Laß doch, bitte, den König sagen, daß ers nie wieder tun will!«
Ich wurde weich. Mit Donnerstimme ließ ich den alten Harfner fragen, ob der König von nun an brav sein wolle. Und er versprachs hoch und heilig. Thomas strahlte. »Und so oft seitdem wieder Musikanten auf das Schloß kamen«, endete ich meinen Lügenbericht, »ging der König selber an die Haustür und machte ihnen auf, und die Königin fragte sie gleich, ob sie Hunger hätten und was ihre Leibspeise sei. Und da sagten sie ...« »Kartoffelpuffer!« rief Thomas freudig, und im Grund waren wir beide glücklich darüber, daß einmal etwas in der Welt besser hinausgegangen ist, als es die düstern Gesänge unserer Dichter künden.

Kleines Nachtstück

Auch ohne die Beteuerungen der Klassiker seit Euripides wissen wir, meine Frau und ich, daß »allen Menschen ihre Kinder ihr Leben« sind. Ich könnte es auch griechisch schreiben, aber ich will dem Setzer nicht lästig fallen. Von allen Seiten werden wir darauf aufmerksam gemacht, daß Kinder das höchste Glück der Erde sind. Wir glauben, lieben und hoffen es; manchmal freilich halten wirs mit dem Dichter, der da sagt, das Glück, wenns wirklich kommt, ertragen, wär' keines Menschen, wäre Gottes Sache.
Besonders schwer erträglich wird dieses Glück, sobald es zusätzlich belastet wird. Eine einzige Halsentzündung zum Beispiel steigert die Elternliebe zu hohen Fiebergraden, und unter den Hustenstößen des armen Kindes fallen die Erziehungserfolge eines halben Jahres in Trümmer wie Jerichos Mauern unter den Posaunen.

Es sei dahingestellt, ob Thomas oder Stefan besonders aufgeweckte Kinder sind. Wir jedenfalls sind aufgeweckte Eltern – Nacht für Nacht. Vor elf Uhr trauen wir uns ohnehin nicht ins Bett, wir sitzen unten und spielen Schach. »Schreit er?!« »Ich höre nichts!« »Doch!« Wir stürzen hinauf wie die Feuerwehr. Manchmal kommen wir grade zurecht – noch ist er nur von Tränen überströmt! Aber oft genug flüstert er uns schlaftrunken zu, es sei schon zu spät.
Gottlob, er schlummert; auch wir können ins Bett gehen; die Mutter nebenan, sie ist rechtschaffen müde, schon ist sie weg. Ich, der Vater wohne unterm Dach. Ich horche, halb an der Matratze, halb an der Tür. Stille. Ich denke einen langen Schlaf zu tun, denn dieser letzten Tage Qual war groß.
Dünnes Kindergeschrei sägt an den Nerven. Ich laufe die Treppe hinunter, davon erwacht die Mutter; sie bittet, sich nicht weiter zu bemühen, sie sei schon da! Gleichwohl bemüht sich der Vater, erstens wieder hinauf, zweitens, wieder einzuschlafen.
Das nächstemal kommte er der Mutter zuvor, dann wieder ist sie die erste, so wechseln sie ab; meist stehen sie vereint am Bett ihres Lieblings: »Was ist los?!«
Der Leser kann sich herausklauben, was gerade los ist: »Ich finde mein Taschentuch nicht!« Natürlich, das ist keine Heimsuchung, aber eine Haussuchung beginnt, nach dem Taschentuch, dem Bumbum, nach dem Mann. Der Mann, auch Fiebermann genannt, ist ein Scheusal aus einem alten Fahrradschlauch, auf einem vorwirtschaftswunderlichen Jahrmarkt erworben. Ohne Mann ist an ein Wieder-Einschlafen gar nicht zu denken.
»Was ist denn schon wieder los?!« Diesmal hat der Affe Durst oder der Bär Lungenentzündung – und die Eltern, überglücklich, daß nur der Bär ernstlich krank ist, tun ihr möglichstes mit Halswickel und gutem Zuspruch.

Bald darauf, schon graut der Morgen, ist das herzige Bübchen nur schwer von seiner hartnäckigen Behauptung abzubringen, ein rotes Hunderl sei unterm Bett; und noch vor Sonnenaufgang muß das wilde Weinen gestillt werden, von einem Traum hervorgerufen, ein schwarzer Rabe hätte ihn gefressen.
Wenn gar nichts mehr verfangen will, greift die Bestie zu ihren natürlichen Waffen: »Ich muß Teu!« ertönt es angstvoll; es ist blinder Alarm, die Eltern wissens im voraus; aber *einmal* mißhört, kann – nehmen wir das vieldeutige Wort: Die Erpressung – die schrecklichsten Folgen haben.
Inzwischen ist es auch heller Tag geworden.

BUCHSTABENGETREU

Dem sechsjährigen Thomas haben wir vom Christkind Pinocchios Abenteuer bringen lassen – sehr angestrengt hat es sich nicht dabei, es begnügte sich mit einer dürftigen Ausgabe, mäßig übersetzt und schlecht bebildert. Aber Thomas liebt das Buch heiß, er schleppt es überall mit sich herum, und wer ihm in den Weg kommt, muß ihm ein Stück daraus vorlesen. Am Palmsonntag jedoch gerät unseligerweise der zweijährige Stefan an das Buch, und ehe wirs bemerken und hindern können, hat er es mit stillglühendem Eifer tatsächlich in jene tausend Fetzen zerrissen, die sonst nur in dichterischer Übertriebenheit oder aus schriftstellerischer Nachlässigkeit herhalten müssen. Jauchzend sitzt der Missetäter in seinem Stall und berieselt sich mit den weißen Flokken, nur ein kläglicher Rest des Einbands erleichtert uns die Forschungen, was ihm da in die Hände geraten war – bei Gott, es hätte auch etwas Wertvolleres sein können!

Immerhin – wie sag ichs meinem Kinde? Wie teile ich es Thomas mit, daß das Brüderchen, der gefürchtete Spielzeugzertrümmerer, Bärenmörder und Puppenräuber, schon wieder ein solches Verbrechen auf sein blondlockiges Unschuldshaupt geladen hat?
Zum Glück fällt mir der Osterhase ein. Wir verwischen alle Spuren der Untat, helfen dem Thomas scheinheilig beim Suchen des verschwundenen Buches, und als wir uns gar nicht mehr denken können, wohin es wohl geraten war, lasse ich meinen großartigen Gedanken aufblitzen: »Am Ende hats der Osterhase mitgenommen, weil er ein viel schöneres Buch dafür bringen will!«
Thomas will kein schöneres Buch, sondern seinen »Bengele« wieder haben, wie der Name Pinocchio verdeutscht war. Also muß ich ihm schwören, den Osterhasen dementsprechend zu unterrichten. Wie es aber so geht, ich fahre am Karsamstag in die Stadt, ich habe viel zu besorgen, und die Läden beginnen schon zu schließen, als mir einfällt, daß ich nicht ohne Pinocchio nach Hause kommen darf, wenn nicht Ostern ein Tag der Tränen und der Unbotmäßigkeit werden soll. Selten wird ein Buchhändler einen entschlosseneren Kunden gesehen haben als mich, ausgerechnet mich, den alten Zauderer. »Haben Sie irgendeinen Pinocchio?« »Jawohl, hier, um acht Mark fünfzig!« »Ist recht!« Das Geld (viel Geld!) auf den Tisch gelegt, und draußen bin ich. Es ist ein wunderschönes Buch, mit Holzschnitten von Zacharias, am liebsten behielte ich es selber. Ich lege es dann aber doch auf den Ostertisch meines Sohnes.
Die erste Überraschung ist groß, der Osterhase wird ob seiner Zuverlässigkeit gelobt, und nach der ersten »Eierschwemme« rückt der Pinocchio in den Mittelpunkt der Aufmerksamkeit. Ich muß vorlesen und be-

ginne: »Es war einmal – ein König! ruft Ihr gewiß alle, wenn Ihr diese Geschichte lest. Falsch geraten! Es war einmal – ein Stück Holz ...«
Weiter komme ich nicht. Thomas setzt sein überlegenstes Gesicht auf und erklärt mir, Wort für Wort genau, wie der richtige Text heißen müßte: »Es war einmal ein König – werden meine kleinen Leser sagen ...«
So geht es Satz um Satz, Seite um Seite. Er kämpft um jeden Buchstaben. Und als nun der Held der Geschichte gar »Purzel« heißt, statt »Bengele«, ist es für Thomas ausgemacht, daß er das Opfer eines schmählichen Betrugs werden soll.
Vergebens bemühe ich mich, ihm klar zu machen, daß der Pinocchio von einem Italiener gedichtet worden sei und daß das ungefähr so klinge: »Pinocchio, quando va il treno per Napoli? Posso avere una camera, quanto costa al per notte? Brutta bestia, troppo caro ...« mehr fällt mir in der Eile nicht ein, aber es genügt, um Thomas begreiflich zu machen, daß das kein deutsches Kind verstehen kann. »Und deshalb«, fahre ich weise fort, »haben liebe Onkel und Tanten das alles auf deutsch aufgeschrieben, und es ist doch dasselbe, ob es heißt ›er hielt Ausschau nach Arbeit‹ oder ›er sah sich nach einer Beschäftigung um ...‹ und ob Du ihn jetzt Purzel nennst oder Bengele, ist doch auch gleich, wir könnten ihn ja auch ›Kasperl‹ oder ›Wurstel‹ heißen.«
Mit diesem unverzeihlichen Fehler hab ich alles wieder verdorben, denn Thomas weist mir ohne weiteres nach, daß der Kasperl und der Wurstl unmöglich mit dem Pinocchio personengleich sein können. Er bringt mir »Kasperls Abenteuer« und sagt mit Überzeugung: »Der Papi ist dumm!« Meine Frau spricht zwar ein Machtwort, aber damit ist wenig gewonnen. Wohl oder übel muß ich meine Belehrungen von vorn beginnen. Und endlich sind wir unter ständiger Textkritik bis

zur Mitte des Buches fortgeschritten. Schon wiege ich mich in der Hoffnung, jetzt, wo Thomas nicht mehr Zeile um Zeile überwachen kann – denn so weit war noch niemand mit ihm vorgedrungen –, jetzt also, in unbekannten Abenteuern schwelgend, müßte ich leichtes Spiel mit ihm haben.

Eine Weile geht auch alles vorzüglich, dem peinlichen Textvergleich ist der Boden entzogen, die Unterschiebung des Purzels scheint glatt geglückt, er wird ohne Widerspruch statt des hölzernen Bengeles hingenommen; die Um-Taufe ist sozusagen in aller Form vollzogen.

Aber auf die frisch getauften Heiden ist noch nie ein rechter Verlaß gewesen. Der Thomas läßt das schöne Buch unbeachtet liegen, nie kommt er mehr, ich sollte ihm was vorlesen. Ich warte zwei, drei Wochen, dann frage ich ihn, so beiläufig wie möglich, wo sein Pinocchio ist. »Ich weiß es nicht«, sagt er traurig, »ich habe ihn nie wieder gefunden. Und wenn ihn der Osterhase mitgenommen hat, soll er sich nur nie wieder bei mir blicken lassen!« »Der liebe Osterhase?« frage ich erschrocken, »der Dir den wunderschönen neuen Pinocchio mitgebracht hat?« »Der Osterhase ist gar nicht lieb! Ich will den wieder, der angeht: ›Es war einmal ein König, werden meine kleinen Leser sagen‹, weißt Du?«

TECHNIK

Alle Pädagogen und Seelenschützer sind sich darüber einig, daß man ein Kind nicht mit solchen Sprüchen wie: »Das verstehst Du nicht!« abspeisen darf. Aber nirgends steht geschrieben, was ein armer, alter Vater mit leidlicher humanistischer Bildung tun soll, wenn

der technische Herr Sohn, sieben oder acht Jahre alt, mit so schnödem Wort zu verstehen gibt, daß er jeden Versuch für hoffnungslos hält, dem rückständigen Greis die Eingeweide eines Radios zu erklären.
Immerhin traut mir dieser Sohn auf einigen Randgebieten noch ein bestimmtes Wissen zu. »Päppingen«, fragt er, »bei wieviel Grad schmelzt Aluminium?« »Es heißt nicht ›schmelzt‹, Thomas, sondern ›schmilzt‹!« »Ja, gewiß; danke! aber wir treiben jetzt nicht Wortkunde, wir reden über Leichtmetall!«
Wir haben den Thomas auf einen Autobummel ins Salzkammergut mitgenommen, obwohl es mühsam ist und kostspielig, denn auch ein Kind wird spielend mit seiner Wirtshauskost fertig und das Bett wird dadurch nicht billiger, daß der kleine Kerl es nicht ganz ausfüllt.
Aber – erstens ist es nicht ratsam, die beiden feindlichen Brüder Stefan und Thomas daheim auf einander oder gar gemeinsam auf die hilflose Magd loszulassen, – und zweitens soll ja der Knabe allmählich die Schönheit der Heimat kennenlernen: ein voreiliger Plan, ein völliger Trugschluß, wie sichs allsobald herausstellte, denn ein Bub von acht Jahren bringt weder für liebliche Landschaften, noch für alte Bauernhäuser große Gefühle auf. Es war dumm von uns Eltern, daß wir uns darüber ärgerten.
Wir fuhren mit der Gondelbahn auf einen Aussichtsberg – Thomas sah nur die Technik und schwelgte geradezu in Schilderungen der mutmaßlichen Folgen eines Seilrisses oder Bolzenbruches. Wir überquerten bei klarstem Sommerwetter den Wolfgangsee; aber Thomas beschwor in unerschöpflicher Phantasie die schwersten Gewitter herauf, deren wilde, starkstromgeladenen Blitze in das Schiff schlagen könnten. Und nun fängt es wirklich zu hageln an, mitten im glühenden, blühenden August: Es hagelt Fragen, die Thomas pau-

senlos auf uns niederprasseln läßt, wie viel Volt so ein Blitz hätte, falls er käme und ob der Schiffsmast durch einen Blitzableiter gesichert sei, oder vielmehr wäre, wenn er von einem ganz starken Blitz getroffen würde und ob wir in diesem Fall ungefährdet auf dem Verdeck stehen bleiben dürften und wie wir einem Kugelblitz ausweichen müßten, vorausgesetzt, es käme einer über das Wasser gelaufen.
Und nun stehen wir im herrlichen Abendlicht, in den Anblick des mächtigen und wilden Dachsteins versunken. Das einzige, was uns stört, ist eine Überlandleitung, quer über das grüne Tal gespannt. Aber gerade sie ist wiederum das einzige, das unsern Thomas mit einer nichtswürdigen Ausschließlichkeit beschäftigt. Er zupft mich am Ärmel, er tritt von einem Fuß auf den andern, er deutet mit beiden Zeigefingern: »Papi!?«
»Laß mich in Ruh!« sag ich ahnungsvoll und ärgerlich, aber er kann sich nicht halten: »Papi, wie viel Volt sind in der Starkstromleitung?«
Mir reißt die Geduld. »Thomas!« rufe ich streng, »wir stehen hier an einer Stelle, die zu den schönsten zählt, die es auf der ganzen Welt gibt! Wir haben das unwahrscheinliche Glück, einen märchenhaft schönen Sommerabend vom Lieben Gott geschenkt zu kriegen – es sind schon Leute bis von Amerika und Australien eigens hierhergefahren, für einen Haufen Geld – und dann hats geregnet und sie haben nichts gesehen als die blöden Stangen und Drähte da, die sie daheim viel billiger hätten anschauen können. Und Du!? Du glotzt diese scheußlichen Spinnweben an, die da irgendwelche Idioten über die schöne Erde gezogen haben und willst wissen – weiß der Teufel, was Du alles wissen willst!«
Thomas schweigt, eingeschüchtert, aber natürlich nicht überzeugt und ich schweige auch, in dem unbehaglichen Gefühl, es grundfalsch gemacht zu haben. Wenn der

junge Verfechter der Technik jetzt mit ernsthaften Gründen kommt – und ich weiß, daß er dessen durchaus fähig ist – dann habe ich mit meinem Geschimpfe einen schweren Stand. Aber, vornehm und wohlerzogen wie er ist, hält er sich zurück – freilich, er rebelliert inwendig. Und auch mir ist eine Wolke vor das schöne Bild des Berges gezogen, wir steigen in den Wagen und fahren nach Ischl.

Dort gibts manche Müh, bis wir, oft abgewiesen, endlich im Goldenen Kreuz Quartier haben, sündteuer, mit einem eignen Zimmer für den Herrn Sohn, der –, aber zum Kochen laß ich den Ärger nicht mehr kommen. Gemütlich und entspannt sitzen wir beim Abendessen, Thomas verzehrt ein großes Schnitzel mit gesegnetem Appetit, ich zünde mir eine Virginier an, trinke meinen Tiroler Roten und freue mich des geglückten Tages, der braven Fahrerin und des lieben Kindes.

Der Thomas rückt auf seinem Stuhl hin und her. »Papi! sagt er schmelzend und ich ahne schon, daß er in so viel Scharm irgendwas eingewickelt hat. »Papi, jetzt, wo weit und breite keine Landschaft ist, die ich anschauen muß – da kannst Du mir doch sagen, wie viel Volt so eine Starkstromleitung hat?«

Das Affenhaus

Kein echtes Affenhaus im Zoo ist gemeint, der freundliche Leser muß nicht fürchten, mit den urkomischen Streichen der beim Publikum so beliebten Quadrumanen unterhalten zu werden. Freilich, ganz kommen wir um die Affen nicht herum, aber sie sind winzig klein und nur aus Plüsch, ungemein drollig und rührend, gewiß – aber das spielt weiter keine Rolle.

Die ersten Affen brachte das Christkind; sie saßen,

aller Naturwissenschaft zum Hohn, auf einem Tannenbaum. Eigentlich hätte nur der zweijährige Stefan einen kriegen sollen zum Ausgleich gegen den alten, vielumkämpften Bären des sechsjährigen Thomas. Aber dann hatten wir, nach zehn Jahren Ersatzschund, noch ein so herziges Äffchen im Spielzeugladen gesehen, daß wir's auf alle Fälle mitnahmen. Es hat ja auch nur zwei Mark gekostet. Und als ich, wie immer knapp vor Ladenschluß, am Heiligen Abend noch einmal allein durch die Stadt raste, um die herkömmlichen Fehlkäufe zu machen, erwarb ich noch einen Bruder zu dem kleinen Affen, den ich in meiner tiefsten Hosentasche verbarg, denn ich dachte mit diesem Doppelgänger allerhand Zauberei und Schabernack zu treiben. Um es gleich einzugestehen: das ist mir mißlungen, ist schmählich an der unschuldigen Besitzgier von Thomas gescheitert.
Aber genug vorerst von den Affen, wir wollen ja vom Affenhaus erzählen. Infolge einer bei meiner Frau von Zeit zu Zeit auftretenden Großspurigkeit hatte ich mich als Hausherr (welch vermessenes Wort!) entschließen müssen, in das Mädchenzimmer ein neues Waschbecken legen zu lassen. Es war ein Übermut, der uns teuer zu stehen kam: nicht drei Tage, sondern, mit willkürlichen Unterbrechungen, drei Wochen waren die Handwerker im Haus und der Voranschlag in keinem Verhältnis zu dem tatsächlichen späteren Anschlag auf meinen Geldbeutel. Doch dies nur nebenbei.
Jedenfalls blieb uns nun ein abenteuerlich gebauter Waschtisch übrig, ein Gebild aus Menschenhand, Eichenholz und bunten Kacheln, das man unschwer als Modell zu einer römischen Villa hätte bezeichnen können. Zuerst wollten wir das zum Glück nicht allzu große Ungeheuer nachts auf einen Leiterwagen verladen und in der Gegend heimlich aussetzen. Dann aber siegte, wie so oft, die kleinliche Sparsamkeit, und meine Frau

machte sich daran, das gute Eichenholz für die Heizung zu zersägen.

Bei diesem Zerstörungswerk wurde sie jedoch von Thomas überrascht, der sofort um Gnade für das prächtige Möbel bat und, als das nicht gleich half, die Demontage durch offenen Aufruhr zu verhindern suchte. Schon waren die Säulen gefallen, und die Schüssel war ausgebaut, aber der Rumpf, ein links einstöckiger und rechts zweistöckiger Kasten, wurde von Thomas für das schlechthin großartigste Affenhaus erklärt.

Das Kind überzeugte die Mutter, die Mutter befahl dem Vater, das Gehäuse an einen geeigneten Platz zu tragen. Dieser schleppte den schweren Klotz vom Keller bis zum Dach, aber so oft er ihn irgendwo ab- oder gar endgültig aufstellen wollte, hieß es: »Hier? Ausgeschlossen!« Endlich war im Treppenhaus, dicht vor der Tür zu Vaters Schriftstellereigeschäft, der einzig mögliche, das heißt, einzig dem Vater unmöglich erscheinende Standort gefunden, und Thomas konnte mit viel Radau an die Inneneinrichtung des Hauses gehen.

So viele Zigarren, wie jetzt Kistchen benötigt wurden, hätte kaum Churchill rauchen können; es galt, Betten und Schränke herzustellen, damit die Affen, die Bären und zahlreiche andere Tiere entsprechenden Hausrat vorfänden.

Wir haben, seit die Zwangsmieter fort sind, ein geräumiges Haus, darin jeder sein gerechtes Teil hat. Aber es gibt nur einen Raum, in dem sich Thomas und Stefan wohlfühlen, das ist mein Arbeitszimmer; der liebste Platz, den sie auf Erden haben, das ist die Fensterbank – noch nicht am Elterngrab, wohl aber am Grabe meiner Schriftstellerei.

Meine Ruh ist hin, mein Herz ist schwer, ich finde sie nimmer und nimmermehr. Mein Arbeitsgeist geht verstört wie ein Gespenst umher; alles Ungemach brin-

gen die Burschen in mein Gemach, – herein, ohne anzuklopfen. Und meine erbitterte Frage, ob denn sonst weit und breit keine Stätte sei, an der sie sich aufhalten könnten, beantworten sie mit einem unverfroren heiteren »Nein!«.
»Was meint Ihr, daß mein Vater getan hätte, wenn ich ihn so mir nichts Dir nichts überfallen hätte? Er hätte mich ungespitzt in den Erdboden geschlagen!«
»Jetzt sind aber auch andere Zeiten!« kräht Thomas frech, und Stefan ist begeistert von dem kräftigen Wort, das ich da eben gebraucht habe. Besonders der Thomas ist hartnäckig wie ein Witzblatt-Geschäftsreisender. Ich kann ihn belehren, hinauswerfen, mit Prügeln bedrohen: er ist lächelnd wieder da, mit neuen Gründen gegen meine Entrüstung gerüstet, meine Waffen entwaffnend und mir sogar das Federmesser abschmeichelnd, das er zur Herstellung eines Fensters oder einer Tür für die Affenwohnung braucht.
Und da ich nicht zusehen kann, wie er mit dem scharfen Messer herumhantiert, muß ich ihm wohl oder übel helfen; und da ich auch nicht viel geschickter bin, gehen wir gemeinsam zur Mutter, die kann alles; sie ist Buchbindermeisterin. Aber sie hat auch keine Zeit und jagt uns zum Teufel. Um Mitternacht freilich höre ich es dann in der Werkstatt rumpeln, da steht sie und bastelt, ein immer zuverlässiges Heinzelmännchen.
Nicht in jedem Fall geht Thomas geradewegs auf sein Ziel los, wenn er etwas will. Neulich bin ich, wir waren allein, mit ihm ins Wirtshaus zum Essen gegangen, und da fühlt er sich ganz wie ein Erwachsener. »Die Affen«, sagt er wegwerfend, »bilden sich ein, sie bekommen elektrisches Licht in ihr Affenhaus. Aber ich denke nicht daran, da könnte jeder kommen. Die sollen schlafen, wenn's finster ist, sonst verhau ich ihnen den Po, ich hab's satt!« Er selbst ist ungeheuer streng

mit den Strafen, die wir ihm – leider – meist nur androhen, rasch bei der Hand.
Er hat nicht falsch gerechnet; ich nehme für die Affen Partei und meine, es müßte doch sehr angenehm sein, wenn man das Affenhaus beleuchten könnte. Nun vertraut er mir an, daß er da vorn bei der Brücke in einem Laden ganz kleine Lämpchen gesehen habe – aber die Affen sollten sich nur ja nicht träumen lassen, daß sie Licht bekämen, wo doch heute alles so unverschämt teuer sei – und er ergeht sich des langen und breiten in Sprüchen, die er den Großen trefflich abgelauscht hat. Endgültiges Urteil: die Affen kriegen nichts!
Infolgedessen erwerben wir an einem der nächsten Tage eine Batterie, zwei Lämpchen, ein paar Meter Leitungsdraht und einen Knipser. »Wenn Du besonders artig bist«, heißt es vor dem Mittagessen, »und auch bei den Kartoffeln keine Geschichten machst, dann kriegst Du heute abend etwas für Dein Affenhaus – rate, was!« Thomas ist kein Spielverderber; er rät höflich zuerst zwei ganz verrückte Sachen, ehe er sagt: »Ein Licht!«
»Aber nur, wenn Du ganz brav bist! Heute abend!« – »Bitte gleich!« – »Nein, heute abend – oder überhaupt nicht!« Er verschiebt die Unterlippe ganz nach vorn: »Ich brauche kein Licht, ich mag Euch überhaupt nicht mehr!« – »Gut, dann nicht!« Die Form muß gewahrt werden, der Bösewicht wird am Abend ins Bett geschickt, mit der Festbeleuchtung ist es nichts. Vielleicht morgen früh! heißen wir ihn hoffen. Dann nach einigem Gemaule, hören wir ihn im Finstern beten: »Lieber Gott, laß meine Mammi gesund sein, denn sie will mir ein Licht ins Affenhaus schrauben!« Der Vater ist offenbar nicht mehr so wichtig, bezahlt ist die Sache schon.
Die Mutter macht sich, auf den Knien, an die Arbeit.

»Laß es bis morgen«, sage ich, »bis es Tag ist!« Ich stehe unbehilflich-helfenwollend dabei. Wer meine Frau kennt, weiß: Wenn sie sich um drei Uhr früh entschlossen hätte, umzuziehen, wären wir um acht Uhr abends in einer anderen Wohnung (Behördengänge inbegriffen)! Jedenfalls: eine Stunde später knipst sie den Schalter an, und im Erdgeschoß und ersten Stock des Affenhauses brennt das Licht: Welch ein großer Augenblick!

Thomas hat natürlich nicht geschlafen, sondern mäuschenstill gelauert: jetzt ist er, weißes Nachthemdgespenst, dem Bett entstiegen, starrt ungläubig-verzückt in die zwei glimmenden Lichter, dann tanzt und schreit er wie ein Narr. Aus – an, aus – an, er drückt auf den schwarzen Knopf, bis wir ihn ins Bett zurückstampern.

Ein paar Tage ist Thomas glücklich – aber dann ergreift ihn der Fluch allen technischen Fortschritts: er möchte es noch besser, er braucht unbedingt eine elektrische Hausglocke. »Weil der Bär und der Wurstel«, sagt er, »einfach die Tür aufreißen, und vielleicht mögen die Affen gar nicht, daß sie auf Besuch kommen!« Wir schlagen vor, das Glöckchen des verspeisten Osterlamms mit einem Klingelzug im Affenhaus anzubringen. Aber da erkannten wir bald den klaffenden Zwiespalt der Geschlechter und daß es nicht gut ist, wenn der Vater um fünfzig Jahre älter ist als der Sohn und noch im neunzehnten Jahrhundert verhaftet ist, während dieser schon dem Jahr zweitausend entgegeneilt.

Hochmut kommt vor dem Fall. Eines Morgens liege ich noch im Bett, da höre ich verdächtigen Lärm und bald darauf schreckliches Wehklagen: unsere blonde Bestie, der zweijährige Stefan, hat das Affenhaus überfallen, ausgeräumt und bei seiner gewaltsamen Erkundung natürlich auch die Lichtanlage zerstört. Beide Arme

voller Affen und Einrichtungsgegenstände, flüchtet er über die Treppe, zu spät jagt ihm Thomas die Beute ab.
Es ist fraglich, ob sich das Affenhaus noch einmal zu seinem alten Glanz erheben wird. Es fehlt zwar nicht an Wiedergutmachungsplänen, aber der Vater hat nichts dagegen, daß ihre Verwirklichung hinausgezögert wird.

DAS WETTERMÄNNCHEN

Derselbe Zweitklaßler Thomas, der dreist behauptet, es gebe keinen Osterhasen und der Nikolaus sei nur eine verkleidete Person, läuft eines Tages ganz aufgeregt von der Schule heim und berichtet atemlos, er kriege vielleicht bald ein Wettermännchen. Der Gugl-Max habe eins daheim, ein lebendiges – und wenn das Junge bekomme, bringe ihm der Gugl-Max eins mit.
Wir verziehen keine Miene und fragen ernsthaft, wie denn so ein Wettermännchen ausschaue, welche Größe es ungefähr habe und ob es etwa dem Sandmännchen ähnlich sei, das den kleinen Kindern Sand in die Augen streue, wenn sie nicht schlafen wollen. Thomas ist tief gekränkt, daß wir ihm zumuten, noch an solche Märchen zu glauben. »Die Wettermännchen«, leiert er wie auswendig gelernt herunter, »die Wettermännchen, sagt der Gugl-Max, sind von Gott geschaffen, wie Menschen auch, nur durch die Natur oder durch Krankheit klein gestaltet.« Und was die Größe anbelangt, kann er mit genauen Maßen aufwarten. Er holt ein Schulheft aus dem Ranzen: »So hoch, wie das Heft breit ist.« Dabei sehe ich, daß in dem neuen Heft ein nicht unbeträchtlicher, aber sonderbarer Tintenklecks ist; und ich lasse einen milden Tadel wegen unsauberer Heftführung einfließen. Es ist aber gar kein Klecks, wie uns Thomas eifrig erklärt, sondern, nach Angaben des

Gugl-Max, der genaue Umfang des Stückchens Leberkäs, mit dem das Wettermännchen täglich gefüttert werden muß.
Wir erkundigen uns, wie denn der Gugl-Max zu seinem Männchen gekommen sei – und erfahren, sein Vater habe es im Keller gefangen. Man muß eine Kerze anzünden und eine Flasche daneben stellen. Da kriecht dann das Wettermännchen hinein; ganz rasch muß man die Flasche mit der Hand zuhalten – meistens kommt es einem wieder aus.
Nun wollen wir nur noch wissen, ob das Männchen nicht eher ein Weibchen sei, da der Gugl-Max doch ein Junges versprochen habe. Aber unter einem Wetterweibchen kann sich der Thomas nichts vorstellen – wie ja auch wir Großen nur an Wichtel und Zwerge denken.
Jedenfalls, den ganzen Nachmittag und Abend hämmert und sägt er an einem Häuschen herum; und noch viele Tage wartet er, mit sinkender Hoffnung, auf sein Wettermännchen.

Der Retter

Thomas stellt zur rechten Zeit sein Licht nicht untern Scheffel; er weist uns seinen Nutzeffekt nach und ist in gehobenen Augenblicken der Meinung, daß er seine Betriebsunkosten leicht hereinbringe.
Und wahrhaftig, er ist wichtig im Hause, ja unersetzlich. Eine Sicherung etwa ist durchgeschlagen, die kundige Mutter ist nicht zu Hause und der hilflose Vater würde lang im Dunkeln sitzen, wenn Thomas nicht wäre, der gelernte »Lekmitechniker«, der in den Keller schlüpft und die getsörte Verbindung wiederherstellt.
Sogar im eigensten Bereich des schriftstellernden Vaters

hat Thomas Ruhm geerntet: er hat einen Druckfehler entdeckt! Von den zwei Korrekturbögen habe ich den einen durchgesehen und in Ordnung befunden, den anderen der Lesewut meines Sohnes geopfert. Mit zäher Hartnäckigkeit stopselt er an dem Text herum. aber plötzlich schreit er laut auf und stürzt auf mich los, umtanzt mich und schwingt die Fahne: »Ein Fehler, ein Fehler!« Er hat die Stelle im Eifer wieder verloren, aber nun suchen wir gemeinsam, Kopf neben Kopf und Finger an Finger. Und tatsächlich, da steht ein völlig sinnloses »ist«, wo ein »nicht« stehen müßte. Thomas hats gefunden. Und lang noch, Wochen lang, versteht ers meisterhaft den Stein, den er da im Brett hat, zu seinen Gunsten immer wieder in den Vordergrund zu schieben: »Wer hat den Druckfehler entdeckt?«, trumpft er auf, wenn es gilt, die Gnadensonne durch das Gewölk des Mißvergnügens leuchten zu lassen – einem Buben, der so unschätzbare Verdienste um die deutsche Literatur hat, kann doch ein dichtender Vater nicht böse sein!
Und doch sind das alles nur Kleinigkeiten, gemessen an einem wahren Heldenstück! Im Sommer fuhren wir – meine Frau am Steuer – mit unserem Philipp zu meiner Schwester in der Gegend von Traunstein. Der Hof liegt hoch, die Anfahrt ist steil, die Einfahrt eng. Zu allem Unglück hatte der Schwager das Wegstück zwischen Stall (lies: Garage) und Tenne fußhoch beschottert, die Planierungsarbeiten waren für den nächsten Tag festgesetzt; und sein eigener Wagen im Stall versperrte die Möglichkeit, umzudrehen – mit einem Wort, der Wagen war zwischen der Hauswand und einer fast meterhohen Erdböschung in einer Falle.
Das merkten wir freilich erst gegen Abend, als wir wieder heimfahren wollten. Glatt zurückzustoßen schien ebenso aussichtslos, wie zu wenden. Meine Frau setzte

sich in den Wagen, der Schwager winkte ein, ich hielt mich in gebührender Entfernung, da ich trotz Führerschein nicht fahren kann.

Nur Thomas, vor Neugierde bibbernd, tanzt um den Wagen herum, vorn und hinten, damit ihm ja nichts auskommt. »Zurück! Einschlagen! Vorwärts!« ertönen die Kommandos. Die Räder mahlen im Schotter, »Halt! die Hauswand! – Vorsicht, die Böschung!« Die erste, die zweite Runde ist nach Punkten verloren. Der Schwager wird unlustig, meine Frau nervös. »Noch einmal zurück!« Philipp stößt mit dem Hinterteil an die Erdböschung – aber beinah wäre die Wendung geglückt. »Stark einschlagen und vor!« Was ist? Der Motor spuckt, seufzt, stirbt. Alle Versuche, ihn wieder anzulassen sind vergeblich.

Thomas hüpft wie ein Irrer herum, ruft was und macht Zeichen. Aber niemand versteht ihn. »Jag doch zuerst einmal den Lausbuben fort!« grollt der erschöpfte Schwager. Meine Frau, hochrot und schwitzend, vermutlich dem Weinen nahe, brüllt aus dem Wagenfenster, daß er endlich verschwinden solle! In einer solchen Lage nicht folgen, ist kühn; aber gar, wie es jetzt Thomas tut, noch näher hingehen, ganz nah – das ist Löwenmut. Er will was sagen, er wird niedergeschrien. Aber er läßt nicht locker und endlich gelingt es ihm. »Auspuff!« ruft er mit letzter Stimmkraft und deutet; läuft, deutet, bellt und winselt, wie jener berühmte treue Hund, den sein Herr für toll gehalten und niedergeschossen hat – zu spät merkte er, daß das gute Tier ihm den Verlust seiner Geldkatze hatte anzeigen wollen.

So schlimm gehts, Gottlob!, diesmal nicht hinaus – Thomas hat sich unerschrocken gegen alle Androhungen von Ohrfeigen durchgesetzt. Meine Frau, immer noch mißtrauisch und wütend, steigt aus, auch der Schwager

begibt sich zum Hinterteil des Philipp, zuletzt wage sogar ich schüchtern, mich zu nähern: da sehen wir, daß der Auspuff, beim Zurückstoßen, aus der Böschung ein schönes Stück Lehm gestanzt hat, das jetzt die Röhre genau und gründlich verstopft.
Der Pfropfen wird herausgestochert, der Wagen springt an, die Wendung gelingt, wir fahren ab. Thomas sitzt still im Hintergrund, überwältigt von seinem Triumphe. Als Lausbub verkannt, als Entdecker beschimpft, ist er, er allein der Held und Erretter!

TAUSEND ERMAHNUNGEN

»Es glaubt kein Mensch, was der Mensch alles braucht, bis er halbwegs einem Menschen gleichsieht.« Also sprach Johann Nestroy und er hat damit das Wesentlichste über die Kinderzucht gesagt. Es glaubts kein Mensch – bis er es erfährt, als Vater und Mutter, Tag für Tag und streckenweise sogar Nacht für Nacht.
Tausend Ermahnungen – so hoch die Zahl gegriffen scheint, ich glaube, sie ist nicht übertrieben; und sollen es nur zweihundert sein – jede mindestens fünfmal täglich wiederholt, das ergibt leicht die Märchenzahl tausendundeins.
Leicht nicht – denn es geht schwer auf die Nerven der Eltern. Kaum haben wir den Speise-Kammerjäger Thomas mit einem Riesenkäsbrot erwischt – »eßt nicht immer unter der Zeit, da wunderts uns nicht, daß Ihr abends keinen Appetit habt!« – entflieht der Eisschrank-Knacker Stefan mit einer Knackwurst in den Garten. Meine Frau fahndet nach dem gefährlichen Verschwender des Klo-Papiers, ich schelte hinter dem Entführer meiner Bleistifte drein. – Wer wars? Keiner natürlich ...

»Steht endlich auf, wascht Euch, kämmt Euch, putzt die Zähne! Thomas, hast Du wieder das alte Hemd angezogen? Stefan, wo ist Dein Taschentuch? Was habt Ihr in der Küche zu suchen? Laßt die Ruth in Ruhe! In aller Früh schon raufen? Thomas, puffe den Stefan nicht, Stefan, heul nicht immer gleich!«
Liebe Leser, Ihr werdet sehen, ich bringe die tausend zusammen! Notfalls zähl ich die hundert dazu, die meine liebe Frau auch an mich, das dritte, große Kind, verschwenden muß: Lauf nicht im Schlafrock herum, rasier Dich, rauch nicht soviel, trink nicht soviel Kaffee...
Aber bleiben wir bei den Buben, die pausenlos ermahnt werden müssen, frühzustücken, den Schulranzen zu packen, nicht barfuß auf dem kalten Boden zu stehen, ihre Aufgaben zu machen, die Tinte nicht auszuschütten, Klavier zu üben, schlittschuhlaufen oder schwimmen zu gehen – ja, sogar zu ihrem Vergnügen muß man die Kerle zwingen!
Hundertmal – wieder so eine Übertreibung meint Ihr, falls Ihr nicht selbst zu den Schwergeprüften gehört! – muß der Thomas dran erinnert werden, daß er sich endlich beim Onkel Max für das schöne Buch bedankt, hundertmal fragt er, den Tränen nah, was er schreiben soll. Wie oft – unzählige Male! – wird Stefan gemahnt, nicht herumzustreunen, die Tapeten nicht abzuzupfen und das Bad so zu verlassen, wie man es anzutreffen wünscht.
»Laß die Blumen!« »Gib mir sofort meine Schere!« »Räum Deine Hosentaschen aus!« »Wenn Du noch einmal an mein gutes Werkzeug gehst!« »Mach keinen solchen Lärm!« »Jetzt wird endlich geschlafen!« So hallt es von morgens bis mitternachts durch das Haus.
Wenn ich bis jetzt die Hälfte der bewußten Summe wenigstens in Andeutungen erreicht habe, dann habe

ich gewonnen. Denn mindestens fünfhundert Ermahnungen werden bei Tisch fällig: »Wackle nicht mit dem Stuhl, setz Dich gerade, haltet die Löffel richtig!«
»Nicht schlürfen, nicht schmatzen! Wenn der Vogel frißt, dann singt er nicht: haltet den Schnabel! Kartoffeln schneidet man nicht! Messer in die rechte Hand, Gabel in die linke! Ellenbogen anziehen – nicht aufstützen! Nicht mit den Finger in der Orange herumbohren, nehmt das Obstmesser! Stefan, schlaf beim Essen nicht ein, es sind schon Leute dabei verhungert! Und Du, Thomas, iß nicht so hastig, niemand will Dir was wegnehmen! Lade Dir nicht so viel auf Deinen Teller! Warte mit dem Aufstehen, bis alle fertig gegessen haben! ...«
Und wer erst miterlebt hat, wie die Kinder zwar leicht aus dem Häuschen, aber schwer aus dem Hause zu bringen sind! »Thomas, bist Du fertig? Stefan, wo steckst Du? Muß das ausgerechnet jetzt sein? Trödelt nicht! Höchste Zeit!« Und nun gar diese Spaziergänge selber! Bald zockelt der eine weit hinten nach, bald rast der andere weit voraus. »Thomas, necke den Schwan nicht!« »Stefan, heb nicht jeden Dreck auf!« »Müßt Ihr in jede Pfütze tappen?« »Wenn Ihr weiter so unleidlich seid, bleibt ihr künftig zu Hause!« Am schlimmsten ist es beim Autofahren: »Mäuschenstill jetzt, Ihr da hinten! Seht Ihr denn nicht, wie die Mammi aufpassen muß, bei *dem* Verkehr!?«
So reden Vater und Mutter sich den Mund fransig, nach links, nach rechts, oft genug müssen sie den einen Sohn zu dem aneifern, was sie dem andern verbieten – wenn man es so gedrängt beisammen liest, als geballte Ladung sozusagen, möchte man uns für eine ungemütliche Familie halten.
Es ist aber nicht so schlimm; es sollte nur der Satz bewiesen werden, der zu beweisen war: »Es glaubts

kein Mensch, was der Mensch alles braucht, bis er halbwegs einem Menschen gleichsieht.«

NIKOLAUS

Der Winterabend ist angebrochen, Thomas, der siebenjährige, und Stefan, der dreijährige, vergehen schier vor Aufregung. Endlich ist es soweit. Es pumpert gewaltig an die Haustür, die Buben brechen in ein Geheul aus, der heilige Mann erscheint in edler Würdigkeit; sogar ich alter Vater schwebe zwischen Trug und Wahrheit. Es ist eigentlich allerhand, denke ich, kleinen Kindern so was vorzumachen – man überlege, wie einem Erwachsenen zu Mute wäre, wenn ein Engel hereinträte oder gar solch ein Silberbart, und uns im allerhöchsten Auftrag fragte, ob wir auch brav gewesen seien.
Die zwei jedenfalls halten sich wacker, Stefan hinter dem Rücken des größeren Bruders; Thomas, in seiner Aufregung, macht den Reißverschluß an seiner Jacke auf und zu, auf und zu. Stefan ist tränenfeucht bis in die Hosen, was ihn freilich nicht hindert, aus dem zum guten Ende hingepurzelten Früchteberg mit raschem Griff die von ihm besonders geliebten Mandarinen herauszufischen. Die Eltern, unter dem Vorwand, nachsehen zu müssen, ob der Nikolaus auch gut zur Haustür hinausfinde, verschwinden und danken draußen dem Spengler Karl herzlich für seine freundschaftlichen Bemühungen – es war ein voller Erfolg.
Ein halbes Jahr später noch, mitten im Sommer, wirkt er nach. Thomas hat es wieder einmal genau beieinander; obwohl er großartig versprochen hat, daß die Kinderbesserung unmittelbar bevorstehe, häufen sich seine Untaten. Das Schicksal schreitet bedrohlich auf ihn zu. Er rauft sich die Haare, wie ein alttestamentarischer Prophet – zerrissene Kleider hat er ohnehin – und

bricht in wilden Jammer aus: »Klagen aus dem Osten, Klagen aus dem Westen! Beschwerden von Norden, Vorwürfe von Süden! Niemand liebt mich, niemand lobt mich! Die Mammi hat mich nur auf die Welt gebracht, damit sie mich hauen kann!«
Und gleich darauf sieht er noch schwärzer in die Zukunft: »Wenn mich der Nikolaus im Sack mitnimmt, Mammi, dann laß, bitte, mein Zimmer so, wie es war, zum Andenken an Euern Thomas! – aber natürlich, Du darfst hineingehen und alles benützen!«
Wir trösten ihn, daß es ja noch Sommer und der Nikolaus noch lange nicht zu erwarten ist – abgesehen davon, brave Kinder steckt er nicht in den Sack.
Ein Erwachsenenjahr ist kurz, ein Kinderjahr ist lang – und wieder ist es Dezember, wieder fiebern, so scheints uns ahnungslosen Eltern, die Buben dem Nikolaus entgegen.
Er erscheint, in der bewährten Ausrüstung, Stefan bringt ihm sein Tränlein dar, Thomas erhebt ein Pflichtgeheul, nicht mehr echt, wie wir etwas unbehaglich feststellen. Und die heuer gestrengeren Mahnungen des heiligen Mannes werden mit kalter Würde entgegengenommen, die ab und zu durch ein verdächtiges Augurenlächeln durchblitzt wird.
Noch hält, Angesicht zu Angesicht, die Macht der Persönlichkeit die sauberen Brüder in Schach; aber kaum hat der Nikolaus den Rücken gekehrt, da bricht auch schon die langgehemmte Flut ungeheurer Heiterkeit hervor: nichts ist den zwei Burschen entgangen, nicht der Wattebart, nicht der Mehlsack und nicht die Wasserstiefel. Thomas tanzt wild herum und ruft: »Der Nikolaus ist nur eine verkleidete Person!« Der kleine Stefan aber, aller Furcht ledig und in einem rauschhaften Übermut, läuft zur Haustür und brüllt in die Nacht hinaus: »Alter Esel!«

Ein Jahr später haben wir zuerst den verwegenen Plan, einen ganz echten Nikolaus kommen zu lassen, neu und unverdächtig eingekleidet, einen befreundeten Staatsrat mit einem wirklich selbstgewachsenen Rauschebart. Aber, wie es so geht, die rasche Zeit überflügelt uns – und es kommt eben kein Nikolaus. Und wie verhalten sich die aufgeklärten Buben? Mit heimlichem Gruseln und ungeheuchelter Begierde warten sie, von Stunde zu Stunde, horchen, laufen an die Tür – und sind bitter enttäuscht, wie nun die Frist verstrichen ist und sie ins Bett geschickt werden, wie an jedem andern Abend auch.

SCHNEERAUSCH

Ein alter Mann kann mit jungem Schnee nicht mehr viel anfangen; sogar wenn er sich kindisch freut, es bleibt eine platonische Liebe, eine Erinnerung an schönere Zeiten, Schneeballschlachten, Schneeburgen und Schneemänner, an Rodelbahnen, an Schiabfahrten, von denen die frühesten ein halbes Jahrhundert und länger zurückliegen. Schnee – was für ein vieldeutiges Wort: es kann der Schnee sein, der näßlich über die Straßen der Großstadt wirbelt und am Boden zerschmilzt, der Pulverschnee, in Eiskristallen blitzend im Winterwald, der Schnee, der zu Lawinen geballt ins Tal stürzt, der Schnee im Sturm, gegen den der einsame Wanderer kämpft, – nun, heute vormittag ist der fallende, der frischgefallene Schnee, flaumenweich, da und dort schon von den Wegen der Vorstadt geschaufelt und zu Bergen getürmt, so recht der lockere Schnee für lockere Buben, die es gar nicht mehr abwarten können, hinauszustürmen in das rieselnde Weiß.
»Du hast jetzt all die Tage her genug geschrieben«,

sagt die Mammi zu mir, »Du könntest mit dem Stefan ein wenig in den Winter hinausgehen; es täte Euch beiden gut, wenn Ihr an die frische Luft kämt.«
Der Thomas sieht und hört unsere Vorbereitungen zum Aufbruch. Hätten wir ihn nur gefragt, ob er auch mitwill! Aus lauter Widerspruchsgeist wäre er daheim geblieben. So aber heult er uns so lange was vor, bis ich weich werde. »Sag: ›meinetwegen‹, Papi!« Also sage ich »meinetwegen!«
Die Mutter warnt. »Du wirst mit den zwei Buben nicht fertig!« sagt sie kummervoll. Das geht gegen meine Ehre. »Leicht!« sage ich und nehme den beiden das heilige Versprechen ab, aufs Wort zu folgen und mir nicht von der Hand zu gehen.
Des freut sich das entmenschte Paar und zum Meineid finster entschlossen, leisten sie den Schwur, ganz brav sein zu wollen.
In voller Einigkeit treten wir unsere Polarexpedition an – aber das dauert nur so lang, als wir noch in Sichtweite der an der Gartentür nachblickenden Mutter sind.
Dann ist mit einem Wupps der winzige Stefan in einem der hohen, weichen Schneehaufen verschwunden – nur seine hohe Pelzmütze schaut noch heraus. Ich schimpfe – er aber, den Mund voller Schnee, behauptet listig, er sei nur hingefallen. Merkwürdig, daß er bei dem überdeutlich gezeigten Versuch, sich aus der weißen Flut herauszuarbeiten, immer tiefer hineingerät. Was bleibt dem braven Thomas übrig, als dem Brüderchen beizuspringen – mitten in den Zauberberg hinein. Zwei Zirkusclowns, die einem vor Lachen berstenden Publikum ihre Scheinbemühungen vorführen, sich aus einer tragikomischen Lage zu befreien, könnten sich nicht täppischer anstellen, als Thomas und Stefan. Ich merke die Absicht und werde verstimmt.

»Wenn Ihr Euch jetzt schon durch und durch naß macht, wird es nicht viel werden aus unserm Spaziergang! Marsch jetzt, heraus – oder soll ich nachhelfen?!«
Die zwei Bösewichter gehen zum offenen Aufruhr über. Blitzschnell sind sie aus dem Haufen heraus, aber nur, um sich, rot vor Vergnügen und weiß von Schneepuder, in den nächsten, größeren zu stürzen. Sie waten hinein, sie baden im wunderbaren Element, sie balgen sich, sie spritzen sich an; bis ich komme, ist mindestens einer entwischt. Und bis ich den, der mir in die Hände gefallen ist, zur Rede und auf die Füße gestellt habe, ist der andre schon weit. Laß ich nun den Stefan, abgeklopft und einigermaßen zurechtgerückt stehen, mit Donnerwetter moralisch auf seinem Platz festgenagelt – und eile dem Thomas nach, um ihn aus den wilden Wogen zu zerren, entläuft der Stefan mit hellem Jubel in die andere Richtung. Wohin der graue, erschrockene Vater schaue, sieht er eins der Kinder im Schnee verschwinden. Ihr strategischer Plan ist, den alten Mann in der Weite des Geländes zu ermüden.
Eine dicke Frau geht vorüber, sie hat Verständnis für mich: »Tut's den Großvater net so ärgern!« ruft sie den beiden Missetätern zu, die sich soeben vereinigt haben, um aus der Schneewüstenei heraus einen Kosakenangriff auf mich zu machen.
»Nix Großvater!« sag ich zu der Frau, »ich bin der Vater!« »Ja, nachher!« meint sie, – ja dann! Alles Mitleid ist aus ihrer Stimme verschwunden, Schadenfreude liegt darin: wenn ich grad noch jung genug war, darf ich jetzt nicht zu alt sein!
Ja, meine liebe Gattin hatte schon recht gehabt, mich zu warnen – diesem Zweifrontenkrieg war ich nicht gewachsen. In offener Feldschlacht siegte ich: als die beiden gegen mich anstürmten, Schnee werfend, hatte ich sie mit raschen Griffen ins Genick überwunden –

aber es war ein Pyrrhussieg; alle drei wälzten wir uns nun im Schnee, in diesem wunderlichen Element, das halb Luft zu sein schien, aber doch überwiegend Wasser war, wie auch ich feststellen mußte, naß und kalt bis tief in den Halskragen und in die Ärmel hinein.

Ich sah, die Expedition mußte abgebrochen werden; meine heimliche Hoffnung, bis zum Zigarrenladen vorzustoßen und ein paar Virginier zu kaufen, war vereitelt. Ich blies teils zum Rückzug, teils mir und den Buben den Schneestaub fort; wir klopften ihn aus den Kleidern, bohrten ihn aus den Stiefeln – man glaubt gar nicht, wo frischer Schnee überall hinkommt.

Die Buben waren noch immer außer Rand und Band, jeden Augenblick konnte der Wahnsinn wieder ausbrechen. Ich durfte heilfroh sein, wenn ich die Kerle leidlich heim brachte. Gottlob, es zeigten sich erste Spuren der Erschöpfung, den Thomas fror es, wie vorausgesagt, jämmerlich an den Füßen. »Stefan, wo hast Du denn Deine Handschuhe!?« Die guten, von der Mammi neugestrickten, mit einer Wollschnur gesicherten Fäustlinge – weg waren sie. »Kinder, ohne Handschuhe dürfen wir uns gar nicht nach Hause trauen!« rief ich. Der Stefan fing bitterlich zu weinen an, natürlich nützte kein hochnotpeinliches Verhör, er hatte keine Ahnung, wo sie ihm abhanden gekommen waren.

Dem Schneerausch folgte der Katzenjammer. Den frierenden Thomas ließen wir als Vortrab losziehen, die Gefahr, daß er noch einmal rückfällig würde, schien mir gebannt. Mit dem Stefan machte ich mich auf die Suche nach den Fäustlingen. Wir durchstöberten alle Lagerplätze und Schlachtfelder – vergebens; mit hängenden Köpfen, eine geschlagene Truppe, traten wir den Rückmarsch an durch den tiefen, weißen, flirrenden Schnee.

»Die Handschuhe«, sagte tiefsinnig der vor Kälte und Traurigkeit ganz zusammengeschnurrte, kleinwinzige Stefan –, »die Handschuhe wissen genau, wo sie sind!«

Das Geheimnis

Der siebenjährige Thomas entwickelt einen verdächtigen Eifer; er verschleppt nach und nach mein ganzes schriftstellerisches Rüstzeug, die große Schere, das Lineal, den »Gummifehler«, den Rot- und den Blaustift und viele Bleistifte – »wenn einer müde wird!« war schon die Begründung des Dreijährigen. Er entführt den Kleister und die Kleberolle, er bettelt mir ganze Lagen von Papier ab – es ist nicht schwer, zu ahnen, daß ein gewaltiges buchbinderisches Werk im Entstehen ist.
Eines Tages ist es so weit. Ein ungefüges, mit starken Bindfäden geschnürtes Heft liegt irgendwo herum; »Geheimnis!« steht in roten Buchstaben auf dem Deckel, aber, wie bei den großen Leuten auch, der Hang zur leichtsinnigen Schlamperei ist stärker als der Drang zur Verschwiegenheit. So können wir ohne allzu große Gewissensbisse in dem Heftungeheuer blättern; die Seiten, mit einem laufenden Alphabet kunstreich versehen, sind noch fast alle leer, aber der Titel verrät uns, daß es ein Buch fürs Leben werden soll. *»Freund- und Feindbuch«* steht da in unbeholfenen Lettern.
Endlich, unter »K« stoßen wir auf den ersten Eintrag: »Kümmelschuh, Peter«, steht da, »Doppelfeind! Kann nie wieder gut werden, wegen der Mutter.«
Wir erinnern uns einer schon weit zurückliegenden, aber offenbar wie Blutrache nie verjährenden Geschichte. Frau Kümmelschuh hatte über den Zaun gerufen, der Thomas solle sich nicht mehr blicken lassen; und er ließ sich nicht mehr blicken.

Unter »M« ist Moritz Mittenzwei als Feind vermerkt, »weil wir im Geld schwimmen!« Also, der Neid wuchert schon üppig unter den zarten Kindlein – wenn es wenigstens wahr wäre: so richtig, wie wir möchten, schwimmen wir gar nicht; aber wir können uns vorstellen, wie Herr Mittenzwei seinen Sprößling täglich mit Galle füttert.

Als dritten und letzten entdeckten wir noch den Max Sauerteig, dazu das zuerst rätselhafte Stichwort: »Doktor Allwissend!« Mit diesem Spitznamen hänseln, das hat er uns erzählt, die Buben den Thomas, ja, sie haben ihn schon verhauen, weil er unentwegt seine radiotechnischen Weisheiten ihnen aufdrängen will. »Laß es doch!« hat ihn die Mutter öfter als einmal ermahnt, aber der unglückliche Lehrmeister kann es einfach nicht lassen. Er muß sein Licht in der Finsternis der Unwissenheit leuchten lassen – und die Buben leuchten ihm dafür heim, daß er oft zerrauft, ja blutend ankommt. »Weil sie sonst nur einander vorprahlen, daß ihr Vater mehr verdient!« ist seine Entschuldigung: er will die moralische Ebene der Erstklaßlergespräche erhöhen.

Armer Thomas! Du wirst Dir noch ein großes Feindbuch zusammenstellen müssen – wenn Du es nicht vorher aufgibst, den anderen überlegen sein zu wollen! Wir tun das Heft wieder an seinen Platz, wir warten auf neue Einträge. Aber vergebens blättern wir von Zeit zu Zeit, um auch einmal einen Freund eingeschrieben zu sehen. Die Seiten bleiben leer, ein großer Aufwand ist schmählich vertan, das Buch sinkt ins Vergessen. »Wo gehst Du hin, Thomas?« »Zu meinem Freund – zum Peter Kümmelschuh!« Es ist doch ein Glück im Leben, daß oft auch wieder gut wird, was nie wieder gut werden kann.

KLEINES TIERLEBEN

1

Des Kaninchens war Thomas überdrüssig geworden; seine letzte Liebe flammte erst auf, zu spät!, als ein verdächtiger Onkel erschien, um es zu holen. Er hatte, auf unsern Rat hin, einen Korb mitgebracht. Thomas, den wir vergeblich vom Schauplatz fern zu halten suchten, witterte sofort die Gefahr. Er flehte uns unter Tränen an, dem bösen Mann nicht zu »gelauben«, daß er den lieben Hasen mitnehme.
Wir fühlten uns recht elend und schuldbewußt. Wie sollten wir dem Kind gestehen, daß wir selbst den Freund gerufen hatten? Feiglinge waren wir: so arg uns hungerte, anno 47, wir hatten den Mut nicht zu blutiger Tat; aber das liebe Tier dem Schlächter überantworten, das konnten wir.
Es gibt bittere Tränen, ja, Thomas ging furchtlos zum Angriff über; auch das Kaninchen wehrte sich. Aber die rohe Gewalt siegte. Thomas lief noch zwei Straßen weit dem Manne nach; und heute noch, nach zehn Jahren, mag er ihn nicht: er ist, für alle Zeiten, seines literarischen Ranges ungeachtet, der Hasenmörder – und sonst nichts.
Der Kaninchenstall wurde gereinigt und in die Kellerecke gestellt. Die Jahre gingen dahin.

2

Die Jahre gingen dahin, Stefan kam auf die Welt. Vom Sandkasten aus drohte die Versteppung unsres Gartens, fremde Tiere wurden eingeführt, Asseln aus dem Keller, Baumwanzen von der großen Lindenallee zum Schloß, Heuschrecken aus den nahen Wiesen. Sie wohnten, wenn sie nicht zu Dressurzwecken im Freien waren, in der grünen Botanisiertrommel und in Zigarrenkisten. Rätselhafterweise kamen sie fast immer nachts aus, obwohl doch Thomas den Eltern ihre strenge Bewachung ans Herz gelegt hatte.

Von wilden Tieren seien nur die Wespen erwähnt, die unter dem Dach hausten. Unter diesem Dache hausten allerdings auch noch ein zwölfköpfiger Kindergarten (mit vierundzwanzig Füßen!) ein Landtagsabgeordneter (als Schutzgeist), ein zweites Dichterehepaar, wir vier, wenn auch ich nur bedingt mitzähle und was sich sonst an Hausgehilfinnen, Kinderschwestern und Logierbesuchen zusammenfindet. – Als Erinnerung ist so was reizend, damals war es meistens gereizt.

Thomas besaß eine Unzahl von Tieren: einen Kater aus Hasenfell, Muschi genannt, einen uralten Bären, den nur noch seine gestrickte Hose zusammenhielt, sechs Plüschaffen, von denen andern Orts berichtet wird, zwei Gummimäuse, Kurzschwanz und Langschwanz, die sich immer wieder als zur Täuschung unserer Gäste tauglich erwiesen, und ein Dutzend Esel, Pferde, Hunde, Enten aller Größen und Werkstoffe. Stefan hatte nur einen Frosch und einen großen, roten Badefisch; Haß und Neid auf den Reichtum seines Bruders waren die Folge. Eines Nachts waren die Affen Donatus und Friedolin verschwunden – Thomas heulte wie eine Sirene, wir Eltern erschienen rasch wie das Überfallkommando, Stefan verweigerte die Aussage. Endlich fanden wir die zwei Wasserleichen im Brunnen. Thomas drohte, den Stefan in die Heizung zu schüren, wir legten aber nur die Affis auf den elektrischen Ofen, wo sie zu neuem Leben erwachten. Dank und Lob der Marke »Knopf im Ohr«!

Nicht genug mit solcher Fülle: Thomas stellte auch noch

eine Reihe von Tieren persönlich dar. Ohne von Kafka eine Ahnung zu haben, lief er, zum Ungeziefer verwandelt, mit quälender Ausdauer auf allen Vieren durchs Haus, ließ sich füttern und zur Tür hinausschubsen – dann wieder war er das Bärlein oder das Schmunzelkätzchen; und der Stefan, wild begeistert, machte es ihm läppisch und täppisch nach.

Daß jemand den traurigen Mut besitzen könnte, unser von so vielen Tieren übervölkertes Haus noch um eins zu bereichern, hätten wir nie gedacht; aber eines Abends erklang am Telefon eine sanfte, aber unbeirrbare Stimme, deren Besitzerin leider auch die Besitzerin eines ganz, ganz liebreizenden schwarz-weißen Kätzchens war. Sie hatte (von wem nur? von wem?!) gehört, daß unsere Knaben sich ein solches Kätzchen von Herzen wünschten und ehe meine Frau ihren Mund (auf den sie gewiß nicht gefallen war) auftun konnte, war vereinbart worden, daß wir das Tierchen morgen um halbelf Uhr in Solln abzuholen hätten.

3

Die Jahre gingen. Thomas wandte sich vorübergehend mehr der Botanik zu, seine höchste Idee war ein »Alpinium«. Wir hatten inzwischen einen Wagen angeschafft, wir brachten gewaltige Felsbrocken und Berge von Moos aus dem so naheliegenden Alpenvorland, Thomas setzte Wurzeln und Knollen ein, änderte seine Pläne, grub wieder aus, pflanzte schöne Blumen, machte eine Wasserleitung aus Sonnenblumenstengeln – Stefan riß alles aus und riß selbst aus, wenn der große Bruder wutschnaubend daherkam.

Thomas malte riesige Verbotstafeln, die leider völlig zwecklos waren und im Regen zerweichten. Zwischendurch waren sich die Brüder einig, daß das »Alpinium«

mit allerlei Getier bevölkert werden müsse; Thomas träumte einen (besonders für die Eltern schweren) Alptraum von Murmeltieren, gab sich dann aber auch mit der Aussicht auf eine Rasche – so nannte er die Eidechsen – zufrieden. Stefan brachte mir einen alten Kalender, in den ich genau schreiben mußte, was die Salamander alles fressen. Die Jahre gingen, ein großer Stein und ein einsames Schneeglöckchen blieben von dem hohen Traum.

4

Dem »Alpinium« folgte ein Aquarium. Nach meinem Grundsatz, daß man den Kindern kein Gelump schenken dürfe, war es gediegen und teuer, reich mit Zwergwallern, Zierfischen und Wasserpflanzen besetzt. Ich übergehe die Stufen des traurigen Abstiegs, die unfaßbaren Todesfälle – jedenfalls, das Aquarium selbst hat alles gut überstanden, es steht auf dem Speicher und harrt des Tages, wo sich vielleicht die Buben auf höherer Ebene zu einer neuen Besiedlung entschließen.
»Aber haben habt Ihrs müssen!« grollt die Mammi und meint natürlich mich mit. Ich tröste sie und suche ihr klar zu machen, daß es im Leben viele Dinge gibt, die man fast ausschließlich zu dem Zwecke haben will, sie gehabt zu haben.

5

Die Jahre gingen, die Jahre gehen. Gegenwärtig sind, nach langen Kämpfen, die mit einem ehernen »Niemals!« der Mutter begannen, zwei weiße Mäuse in den Keller eingezogen. Der alte Kaninchenstall, mit einem neuen, engmaschigen Gitter versehen, ist wieder zu Ehren gekommen.

Die Mäuse sitzen, zum Ärger der Katze Maunzi, kreuzvergnügt in der Holzwolle, die einzigen, die Angst haben, sind wir Eltern, denn wir haben schreckliche Dinge von Mäusevermehrung gehört. Aber wir haben, scheints, Glück gehabt: Es müssen zwei Jungfrauen sein!
An mehreren Stellen des Hauses ist ein Pappschild angebracht: »Mäuse nicht vergessen!« Sie müssen mit Hanf und Milch gefüttert werden, Thomas, der eigentliche Herr der Mäuse, spendiert nur höchst gelegentlich eine Käsrinde. »Wenn die armen Viecher auf Dich warten müßten«, zürnt die Mammi, »wären sie längst verhungert. Natürlich, an wem bleiben die Mäuse wieder hängen? An mir!« »Und an der Ruth«, sagt der kleine Stefan, ein früher Ritter der Gerechtigkeit. Es ist wahr, ausgerechnet die Ruth, die sich vor den rotäugigen Nagezähnern so graust, muß sie »betreuen«. Kaum ein Tag vergeht, ohne daß Alarm durchs ganze Haus gellt: »Die Mäuse sind fort!« Die Katze wird eingesperrt, der Stall geöffnet, die Holzwolle durchwühlt, Gott sei Dank! ganz hinten sitzen sie!
Ab und zu greift Thomas eine heraus, läßt sie im Freien an sich herumklettern und fragt alle Leute, ob sie schon einmal weiße Mäuse gesehen hätten. Maunzi, von Stefan mit würgendem Griff festgehalten, leidet Tierhöllenqualen.

6

Der Herbst zog ins Land, Thomas kam in die Klosterschule nach Ettal, Stefan rückte als Abc-Schütze ein – welch ein Zeitpunkt, die Mäuse abzuschaffen! Aber erstens werden aus Schlendrian die wichtigsten Termine des Lebens versäumt und zweitens kann man sich sogar an weiße Mäuse gewöhnen.

Dem Stefan wurde eingeschärft, daß ihn die Mäuse vom Thomas nichts angingen und daß er sie vor allem im Stall lassen müßte. Wir Eltern fuhren eines Tages in die Stadt, als wir heimkamen, flüsterte uns die Magd des Nachbarn etwas zu. »Wie geht es den Mäusen, Stefan?« fragte ich voll finsterer Heiterkeit, wie weiland Ritter Blaubart. Und Stefan sagte mit einem mühsamen Lächeln: »Danke, gut!« Es folgte der bewußte Lokaltermin, die Leiche lag noch im Garten. Stefan tanzte schluchzend herum: »Schau nach, Papi, vielleicht ist sie nur ohnmächtig!«

Sie war aber mausetot, der Nachbarsbub Tüpfel war aus Versehen auf sie getreten. Zum zweitenmal mahnte uns des Schicksals Finger, nun mit der Mauserei aufzuhören. Aber die Mammi sagte nur bekümmert: »Wenn das der Thomas erfährt!« (und in der Tat erfährt er es erst durch diese Zeilen!) und kaufte für die vermutliche Jungfrau oder kinderlose Witwe einen Mäuserich.

Es war aber eine Mausin, ein trojanisches Pferd war es, den Bauch voller Junge. Eines Tages piepste und wurlte es im Stall und jetzt war kein Halten mehr. Der Mauserwerb, als gute Tat gedacht, war eine böse Tat, die fortzeugend Böses gebären mußte. Zu allem Unglück schwand in der Wärme des Kohlenkellers das Holz des Stalles und durch die Ritzen quoll es von Mausgetier. Die Mammi, völlig nüchtern, in der Küche beim Bügeln, sah weiße Mäuse und hatte sich nicht getäuscht: die Mäuseflut stieg aus dem Keller empor.

In dieser Verwirrung kam Thomas in die Ferien, stürzte, an uns vorbei, in den Kohlenkeller und erblickte die Maunzi, mit einem Mäuschen im Maul. Wie ein heulender Derwisch – das hörten wir – verfolgte er die Katze auf den Kokshaufen – das sahn wir gleich hernach, als Kind und Katze kohlenschwarz erschienen,

der Bub tränenverschmiert, die Maunzi scheu und verprügelt.
Eine lange Sache kurz zu machen: wenige Tage später, nach den Ferien, wurde die Mäuseplage beendet. Wir holten die stark verstaubten Wuzelchen aus allen Ecken – hinein in die große Pappschachtel. Aber wohin? Tierschutzverein? Zoologischer Garten? Der exakten Wissenschaft wollten wir sie nicht ausliefern. Endlich erbot sich die Handlung, in der wir die Stammutter erworben hatten, die Nachkommenschaften von mir als Stifter zu übernehmen – zahlen wollte sie nichts.
Ein halbes Schock war es bestimmt, was die Mammi ins Auto lud; sie wollte schon losfahren, da rief ich ihr ein hastiges »Halt!« zu – es waren noch ein paar Deserteure aufgegriffen worden ... eine zweite Haussuchung mußte durchgeführt werden; der unbekannte Rest war für die Katz.

Damit ist das kleine Tierleben vorerst beendet. Sollte je ein zweiter Band dieses Buches erscheinen, so müßte darin bestimmt von einem Hunde die Rede sein: er zeichnet sich bereits deutlich am Horizont ab.

ZIVILCOURAGE

Wir gehen mit dem Thomas in die Stadt; ich habe ihm fünf Mark geschenkt, darum soll er sich selber kaufen, was er für seine Radiobastelei braucht. »Geh nur allein in den Laden!« ermuntre ich ihn; »ich verstehe ohnehin nichts davon; in zehn Minuten hole ich Dich wieder ab.« Er zaudert ein wenig, wie ein Sagenheld, den es wohl nach den Märchenschätzen der Höhle gelüstet, den es aber doch vor dem Drachen, der sie vermutlich bewacht, gruselt. »Geh zu, Du bist schon zehn Jahre alt, da wirst Du Dich doch nicht fürchten?!«

sage ich und verschweige ihm listig, daß ich als Kind im nämlichen Alter vor Entsetzen schier umkam, als mich meine Mutter in ein Geschäft schickte, ein Dutzend Knöpfe zu holen.

Thomas verschwindet in der Tiefe des weitläufigen und hintergründigen Ladens – mir ist mit meinen sechzig Jahren noch ganz leicht ums Herz, daß *ich* es nicht bin, der solches Abenteuer zu bestehen hat. Ich bummle die Straße hin und zurück, ich verliere mich im Schaufenster einer Buchhandlung – nicht nach zehn, sondern nach reichlich zwanzig Minuten trete ich in das Radiogeschäft, gewärtig, einen ratlosen, vielleicht gar einen heulenden Thomas anzutreffen.

Aber, was ich da im Hintergrunde beobachte, sieht dem Kampf eines Mungo mit einer Giftschlange nicht unähnlich. Der Verkäufer, ein kräftiger junger Mann, wehrt sich, rot vor Zorn, aber schon ermattend, gegen den immer wieder mit Worten und Händen auf ihn losfahrenden Buben. Ich horche zu – der Streit geht um irgendeine Winzigkeit, eine Schraube oder eine Spule; der Verkäufer, kaum noch höflich, will mit der Überlegenheit Erwachsener dem Kind etwas aufnötigen, was »so ungefähr« das Richtige ist – aber der Thomas verlangt hartnäckig das genau Passende. Der Gehilfe, des anstrengenden Pfenniggeschäfts müde, erklärt barsch: »Das gibt es nicht!« Und der Thomas sagt, nicht frech, aber sehr bestimmt: »Das gibt es schon, aber, scheints, nicht bei Ihnen!« Und dreht sich um, sieht mich stehen und stürzt sich, nun doch erschüttert von seinem eigenen Mut, in meine Arme.

»Da find't no eher mei' Mutter an passenden Wintermantel für mi, als wie der Bua des Schräuferl, wo er si' einbildt!« sagt der zermürbte Verkäufer, unseres Abschieds nicht unfroh.

Fleisch

In Metzgerläden gehe ich ungern. Der Stefan aber versäumt keine Gelegenheit, seine Mutter dorthin zu begleiten, denn es fällt immer für ihn was ab, eine Dünngeselchte, ein Stückel Milzwurst oder Leberkäs, ein Zipfel Dauerwurst. Er ist ein großer Freund guten Essens, seine nachweisbar ersten Worte waren: »Mammi, bitte, Käs!« und ehe er »Nitzl« sagen konnte, verzehrte er mit bestürzendem Appetit das größte, das auf den Tisch kam, vor Behagen das Bäuchlein streichelnd.
Neulich war er wieder einmal bei seinem Freunde, dem Metzgermeister Hasch. Da hing, frisch geschlachtet, ein halbes Schwein am Haken – und während ich bei solchem Anblick immer schwanke, ob ich nicht doch für den Rest meines Lebens ein Vegetarier werden sollte, ergötzt ihn, in barer Fleischeslust, diese Fülle des Eßbaren ungemein; und besonders das Ringelschwänzchen hat es ihm angetan. Der Metzger, von der kindlichen – oder eigentlich unkindlichen – Bitte gerührt, schneidets ihm ab und wickelts ihm ein – er soll sichs daheim braten lassen.
Stefan stürzt in mein Zimmer, das nackte Schweineschwänzchen in der Faust schwingend und jubelt: »Schau her, was ich geschenkt gekriegt hab!« Ich bin doch einigermaßen betroffen über so viel Herzlosigkeit und will dem kleinen Barbaren ins Gewissen reden: »Aber, Stefan, tut Dir denn das arme Schwein gar nicht leid?«
Er schaut mich an, fassungslos vor so viel Einfalt und sagt mit seiner hellsten Stimme, aufklärend und begütigend, zärtlich und schmelzend: »Aber Papi, Du bist ja dumm! Das Schwein war doch schon tot! Es hätte mit dem Schwänzchen nichts mehr anfangen können!«

Ich muß dran denken, wie so völlig anders der Thomas in dem Alter war. Der Leser soll nun nicht glauben, wir wären eine ganz wilde Fleischfresserfamilie – im Gegenteil, wir sind sanft von Spaghetti, Obst und Käse. Aber gelegentlich kommt doch ein saftiges Stück Braten auf den Tisch und gegenwärtig ist gerade der Thomas ein junger Löwe, der sich mit »Schmack, Schmack!« auf seine Beute stürzt. Dem war aber nicht immer so. »Von was für einem Tier ist das Fleisch?« fragte er, fünfjährig, mit wehmütigem Augenaufschlag. »Von einem Kalb!« war die sachliche, aber doch bereits von ahnungsvoller Unruhe durchzitterte Antwort der Mutter. Dem Thomas rollte die erste Träne über die Wange: »Das Kälbchen hätte auch gern länger gelebt!« jammerte er in den höchsten Tönen und schob den Teller fort. »Du mußt es nicht essen!« sagte ich milde und begann einen längeren Vortrag darüber, daß unsere Kultur, auf Ackerbau und Viehzucht begründet, des Fleischgenusses im ganzen nicht wohl entraten könne. Sogar unsern Herrn Jesus flocht ich ein, der Petrum und Johannem ausgesandt habe, das Osterlamm zu bereiten, auf daß mans esse. Aber Thomas war nicht so leicht davon zu überzeugen, daß, was Gott tut, wohlgetan sei und er kehrte, nun schon in kugelnden Tränen, hartnäckig zu der Klage zurück, daß das Kälbchen gern länger gelebt hätte. Die Mammi, als Köchin gekränkt, meinte zornig, sie werde uns nächstens eine alte Kuh vorsetzen; denn das würde aus dem Kälbchen, wenn mans länger leben ließe. Aber der Appetit war uns allen vergangen, Schlachthausgeruch zog gespenstisch herbei und wir hielten uns mehr ans Gemüs und die Kartoffeln. Das Fleisch reichte damit unerwartet zu einer zweiten Mahlzeit und wir atmeten erleichtert auf, als diesmal der Thomas, ohne die verhängnisvolle Frage zu stellen, sein Stück mit herzlichem Vergnügen verspeiste.

HAUSKIND UND STREUNER

Beim Thomas war seinerzeit die Mahnung, daß er nie mit fremden Leuten reden, geschweige denn mit ihnen gehen dürfe, auf fruchtbaren Boden gefallen. Es waren gerade damals zwei Buben seines Alters spurlos im Dickicht der Großstadt verschwunden und obgleich wir keine Greuelgeschichten erzählten, die ganze Umgebung redete davon, die Zeitungen brachten lange Berichte und Thomas gefiel sich alsbald in Aufschneidereien, wie schlau und mutig er solchen Gefahren begegnen wollte; natürlich bestärkten wir ihn in seinen guten Absichten.
Sein erstes Opfer war eine alte Dame, die vermutlich unvorsichtig genug war, ihn vor unserm Haus anzulächeln oder gar ein freundliches Wort an ihn zu richten. Wir konnten es vom Fenster aus sehen und hören, wie er ihr zornglühend ins Gesicht sah, ein gütiges, hilfloses Greisinnengesicht, und sie anschrie: »Du bist auch so eine Hexe, die die Kinder fängt!« Und wuppdich war er hinter der Gartentür verschwunden und ließ die alte Frau in einer schrecklichen Verwirrung und Beschämung zurück. Wir sahen sie noch lang mit wackelndem Kopf und unsicheren Schrittes davonschleichen.
»Der hab ichs aber gesagt!« trumpfte Thomas auf; und wir hatten Mühe genug, ihm klar zu machen, daß er da an die Falsche geraten war.
Viele Stunden lang saß Thomas auf dem Gartenmäuerchen, ein einsames Kind, zufrieden mit dem kleinen Reich, das er überblickte. Kein großes Welttheater tat sich vor ihm auf; ein Spaziergänger, eine Nachbarin und dann und wann ein Hund, das war alles, was er zu sehen bekam. Er schaute auf die stumme Straße hinaus, in fremde Gärten hinüber, kaum sehnsüchtig, nur verträumt.
Und wenn wir ihn wirklich einmal nicht auf der Mauer

fanden, wußten wir doch gleich, wo er zu suchen war – gegenüber, bei einer stillen Familie, deren Abgott er war. Da durfte er alles tun, was ihm zu Hause verboten war, da tat er aber auch alles aus freien Stücken, wozu wir ihn daheim mit unseren besten Ermahnungen nicht bringen konnten.

*

Ganz anders war, im gleichen Alter, ja schon von Windeln auf, der Stefan. Ich weiß, daß der Schmelzpunkt des Menschenherzens verschieden ist. Aber beim Anblick unseres Stefan haben wir schon eiserne Naturen schmelzen gesehen, woraus zu schließen wäre, daß dieses Kind eine Liebeskraft bis zu elfhundert Grad entwickeln konnte.
Sein Feld war die Welt – nicht nur die Nachbarschaft. Er kannte schlechthin alle Leute in der weiten Umgebung. Er verschwand spurlos, ohne sich um unser Gebot zu kümmern, wenigstens zu sagen, wohin er gehe. Unbekannte Leute rufen uns an, Nachbarn im weitesten Sinne bringen ihn zurück – nur er selbst hat niemals das Gefühl, in der Fremde geweilt zu haben. »Du weißt es doch!« sagt er zur Mammi und entwirrt ein verwickeltes Knäuel von Beziehungen, von denen meine Frau wenig begreift, ich aber keine Ahnung habe. »Das war doch die Frau mit dem lahmen Hund, die dahinten in dem kleinen Häuschen wohnt, wo der alte Mann ist, der immer auf der Straße so brummt. Weißt es schon!« Wir wissen nichts.
Aus seiner mangelnden Eßlust können wir schließen, wo überall er sich hat füttern lassen; auch wenn er bloß zögernd zugibt, hier einen Apfel, dort eine Banane und wo anders ein Stück Kuchen verspeist zu haben oder höchstens zwei.

Er bringt eine Fülle nützlicher Geschenke mit und schwört, er habe nicht gebettelt: unmögliche Hausgreuel, altes Küchengerät, verschmutzte Kalender – und aus seinen Hosentaschen räumt die Mammi Klumpen von Bonbons und Teer, Rattenkönige von Drähten und Schnüren heraus und wirft sie ins Feuer.
Leider läßt er sich auch seinerseits mit Gegengaben nicht lumpen und verschleppt seine schönsten Bücher und Spielsachen in fremde Häuser.
Er kehrt mit einem reichen Schatz von Neuigkeiten zurück, sei es, daß die Frau Moosbichler kein Bett mehr braucht, weil sie im Westfriedhof schläft, sei es, daß er uns sämtliche Ansichten der Nachbarschaft über »den Ademauer« zuträgt.
Eines Tages, es dämmerte schon, wollten wir ihn vom Zahnarzt abholen – er war vor fünf Minuten weggegangen. Wir fuhren also spähend die Straße entlang; und richtig, da erblickten wir unsern Stefan, lustig plaudernd und Kirschen essend mit einem Mann, mit dem vielleicht nicht gut Kirschen essen war, obwohl er kein großer Herr zu sein schien, sondern ein Bilderbuchbeispiel jener Onkel, die für kleine Buben so gefährlich werden können. Nun, zum Glück stellte er sich als weitläufiger Bekannter von mir heraus, er schwor, daß nicht er den Stefan, sondern dieser ihn einfach angesprochen habe.
Daheim hielten wir dem Streuner eine Predigt, die weiß Gott alle Register der Zerknirschung und des Schreckens zog. Wir sagten ihm deutlich genug, wie schlecht oft die Menschen sind. »Aber die Kirschen«, verteidigte er sich trotzig, »die Kirschen waren gut!«

Theologie

Der Thomas war ein frommes Kind und wir hatten viel Mühe mit ihm. Denn nicht nur, daß er es selbst genau nahm, er war auch unglücklich, daß seine Mutter nicht den rechten Glauben hatte. Später wurden auch Herr Doktor katechisiert und ich erwehrte mich nur mühsam der Gretchenfrage, wie ichs mit der Religion hätte. Denn immer wieder kam er, mit mir ein Wort unter Männern zu reden.

In sein Heft machte er wunderschöne Zeichnungen mit Farbstiften, ein rotes Herz etwa, in das er viele kleine Tupfen malte. Und darunter schrieb er mit ungelenken Riesenbuchstaben: »Herz, mit leichten Sünden befleckt!«

»Frühling, Sommer, Herbst und Winter
Sind des lieben Gottes Kinder« –

im Lesebuch der ersten Klasse stehts, der Thomas muß es auswendig lernen. Er schaut versonnen vor sich hin; und sagt, ohne Arg, wie wenn ihm eine Erleuchtung gekommen wäre: »Dann sinds also, mit dem lieben *Jesuskind*, fünf!«

Er hat die Geschichte von Adam und Eva gehört und sie beschäftigt sein Innenleben gewaltig; er ist empört darüber, wie leichtsinnig unsere Stammutter das Paradies verscherzt hat. Ein altes Fräulein ist bei uns zu Besuch, ein harmloses Wesen, das vermutlich noch nie vom Baum der Erkenntnis gegessen hat. Aber Thomas entlädt seinen ganzen Manneszorn ausgerechnet auf diese Unschuldige: »Du bist auch dran schuld! Hättet Ihr nicht in den Apfel gebissen, ginge es uns heute allen viel besser!«

Wer an Gott glaubt, der glaubt auch an den Teufel. Zitternd wirft sich der Thomas der Mammi in die Arme. »Wo warst Du?« »Im Keller!« »Was ist denn los?«

»Der Teufel hat Brr! Brr! gemacht!« Und, in einem Strom von Tränen: »Ich habe auch vom Kompottsaft genascht!«
Der Herr Kaplan ist ein großer Eiferer im Herrn und oft haben wir Mühe, daheim das seelische Gleichgewicht wieder herzustellen. »Der kleine Großpapa« – im Gegensatz zum großen, meinem Vater, der Vater meiner Frau – »der muß in die Hölle, weil er sich verbrennen hat lassen. Und er hat mir doch den schönen Schubkarren gemacht!«

*

Der Stefan ist da leichter zum haben; auch wenn er schon früh schwierige theologische Fragen stellt: »Eigentlich tut alles, was wir tun, der liebe Gott, weil er uns so gemacht hat.«
Ich will meine Buben nicht mit fremden Federn schmücken, sonst könnte ich die Geschichte von einem Kirchenbesuch am Samstag nachmittag erzählen: »Es war sehr traurig; der liebe Gott war nicht zu Hause und seine Mutter hat den Boden aufgewischt!«
Auch der vierjährige Stefan ist ein eifriger Kirchgänger, nicht so sehr aus Frömmigkeit, sondern der Unterhaltung wegen. Der Priester bewegt sich bunt am Altar, die Orgel tönt und Glöckchen erklingen. Er scheint es für eine Art mechanischen Spiels zu halten. Heute, am Werktag, wo es wirklich kirchenstill ist im Gotteshaus, zupft er mich gelangweilt am Ärmel: »Komm, die Kirche geht heute nicht!«
Und später, als er zum Beichten gehen soll, tut ers mit einer heiteren Zuversicht. »Weißt Du,« erklärt er mir, »ich bin froh, wenn ich gebeichtet habe; da bin ich alle Sünden los. Ich brauche nur zu sagen, was ich getan habe, dann ist es so, wie wenn ichs gar nicht getan

hätte.« Und dann spielt er seinen höchsten Trumpf aus: »Und der Herr Kaplan darf es nicht weiter sagen, nicht einmal Dir!«

Traktat über Erziehung

»Erziehung ist das größte Problem und das schwerste, was dem Menschen kann aufgegeben werden. Denn Einsicht hängt von der Erziehung und Erziehung von der Einsicht ab.«
Also sprach der große Kant, aber weder unser Lehrer in der Volksschule, noch unsere Eltern oder gar Großeltern haben eine Zeile von ihm gelesen; und so haben sie nie erfahren, daß Erziehung überhaupt ein Problem sei.
Nun kann man Kinder gut erziehen und sie werden tüchtige Menschen – das ist zum Glück noch immer der häufigste Fall; man kann sie schlecht erziehen und, damit muß man dann rechnen, sie mißraten völlig. Man kann sie aber auch gut erziehen und sie werden trotzdem Taugenichtse. Und schließlich kann man sie überhaupt nicht erziehen – und siehe da, sie gedeihen prächtig. Darum sagt schon Demokritos: »Kindererziehung ist eine unsichere Sache; wenn sie glückt, so ist es Kampf und Sorge gewesen, wenn sie aber nicht glückt, ist der Kummer mit keinem andern zu vergleichen.«
Jedenfalls war Erziehung bisher eine Kunst, jetzt läuft sie Gefahr, eine Wissenschaft zu werden. Die probaten Hausrezepte der Pädagogik sind in Verruf geraten, die höhere Seelenkunde hat die Herrschaft angetreten, Richter wie Erzieher sind verwirrt vom Verworrenen – denn wer möchte noch gradan ein Urteil sprechen oder auch nur Kopfnüsse austeilen, wo er so viel Verantwortung auf sich nimmt, an den tieferen Geheimnissen viel-

leicht roh vorbeigegangen und an unermeßlichem Schaden schuldig zu sein.
Meine Söhne, so klein sie waren, haben ihre mächtige Beschützerin Psychoanalysia längst schätzen gelernt und wir müssen ihnen dankbar sein, daß sie uns bei der Erziehung beraten. »Du verstehst die Kinderseele nicht!« ruft mir Thomas zu und wenn er durch seine Ungezogenheit die Gemütlichkeit des Mittagessens zerstört hat, sagt er strafend: »Du verdirbst dir alles selbst!«
Ein Glück noch, daß er keine Fachschriften liest und erfährt, »daß einer beängstigenden Frühreife der Jugend eine ebenso beängstigende Unfähigkeit zur Erziehung gegenübersteht, derber gesagt: Frühreife auf Infantilität trifft.«
Nun, gar so infantil fühle ich mich nicht, von der Mammi ganz zu schweigen. Wir sind keine zerstörte Familie, die Nestwärme unseres trauten Heims steigert sich mitunter zu einer Bruthitze, wäre ja gelacht, wenn wir mit zwei solchen Burschen nicht fertig werden sollten, noch dazu, wo uns so viele Freunde mit guten Ratschlägen zur Seite stehen. Die Kinder anderer Leute zu erziehen, gehört ja zu den größten Freuden des Daseins, besonders für Junggesellen und Tanten, die es mit dem abgründig weisen Griechen halten, der da sagt: »Ich liebe Kinder – darum will ich selbst keine haben!«
Leider widersprechen sich die guten Lehren entschieden. Moralische Ermahnungen, als »Macht der Persönlichkeit« hoch gepriesen, werden von anderen, Wilhelm Busch zum Beispiel, dem Hohngelächter preisgegeben.
Essensentzug – ein todsicheres Heilmittel! Ach, wo doch das arme Kind ohnehin so schlecht ißt! Ja, aber wenigstens den Nachtisch? Gibts bei uns kaum – und Obst ist als Vitaminspender nötig!

Stecken Sie doch das Kind einfach ins Bett, das ist das mildeste Abfuhrmittel, das – aber nein, ich habe doch gelesen, daß man Kinder nicht eine Minute im Bett lassen soll, wenn sie nicht schlafen; sie kommen nur auf schlechte Gedanken – Sie verstehen mich schon!

In die Ecke stellen? Sehr gut, falls Sie genug freie Ekken und ein Kindermädchen zur Beaufsichtigung haben.

Ins Finstere einsperren? Ha! Noch zu unserer Zeit gabs den »Schwarzen Salon«, mit Heulen und Zähneklappern, Gespensterfurcht und Schreikrämpfen. Wer wollte in unserem so betulichen und tabulichen zwanzigsten Jahrhundert zu so was raten?! Gönnen wir doch wenigstens den unschuldigen, beziehungsweise schuldigen Kindern ein Leben ohne Angst!

Wir kommen der Sache schon näher – sozusagen dem Grund-Stock der Knabenerziehung. Ich weiß, lieber Leser, daß man Kinder nicht antasten darf, sondern nur mehr antesten, das allerdings schonungslos im Dienst der Wissenschaft.

Ein Hirnbatzl ist roh, eine Kopfnuß gefährlich, der Watschenbaum darf nicht mehr umfallen, das Ohrwaschlrennen ist wegen Bedrohung der Gesundheit längst verpönt, das Ziehen an den Haaren entwürdigend und der Klaps mit der flachen Hand zu schmerzhaft – für den, der ihn verabreicht.

Wie sag ichs meinen Eltern? »Ein Mensch« ist für die »Prügelstrafe«, die »körperliche Züchtigung«?!

Wenn ich nur solche Worte höre, wird mir schon übel: teils beim Gedanken, daß es Unmenschen gibt, die wirklich prügeln, teils, weil allzu empfindsame Seelen gleich Zeter und Mordio schreien, wenn Vater oder Mutter bei ihrem, sechs, sieben Jahre alten Söhnchen nach langen Verwarnungen und Drohungen die Probe aufs Exempel machen. Natürlich darf es sich da nur um einen Überbrückungskredit zwischen Kindheit und Halbwüchsigkeit handeln; wer einen Buben mit neun Jahren noch haut, der hat den Anschluß verpaßt.

Vor allem gilt es, Versprechungen wenigstens von Zeit zu Zeit zu halten. Nichts ist falscher, als die maßlos übertriebene Prahlerei, man werde so einen Burschen durch Sonne und Mond prügeln, nie wahrzumachen – und, ungestraft bleibt nicht ungestraft! – alle Gewitter wieder blitz- und witzlos abziehen zu lassen.

Was ein echter Bub ist, den juckt das Fell, der lechzt danach, daß es einmal einschlägt – wobei es natürlich Sorge der Eltern ist, daß der Strahl nicht ohne Wahl zuckt und daß die Blitzableiter in Ordnung sind.

»Ich versprach Dir, einmal spanisch zu kommen!« habe ich, selten genug, auch dem Thomas und dem Stefan schon zitiert – und siehe da, der Erfolg war, auf Wochen hinaus, großartig. Die Hosenspannung ist ein bewährtes Mittel zur Entspannung.

Nicht in der Wut! Das ist mein Wahlspruch; mir hats immer weher getan, als den Buben ihre anderthalb Treffer getan haben konnten. Nur in der Wut! So sagen die andern zur Entschuldigung, so etwa schon um 1400 der einäugige Dichter (Säufer und Raufbold) Oswald von Wolkenstein: »Zornig schlag ich meine Kinder oft hinhinder!«

Leicht könnte ich aus den vielen Dankschreiben der Literatur Proben bieten, von Horaz bis Justus Möser und Goethe, dessen Motto zum ersten Buch von Dichtung und Wahrheit längst nicht mehr so wörtlich genommen wird, wie er und die alten Griechen es taten. Mörike, das einzige Kind, beklagt sich, daß er nicht auch Schläg für Sechse bekommen hat, was, zugegeben, eine starke dichterische Übertreibung ist. Und Gottfried Keller, ein empörter Feind rohen Abstrafens, meint gleichwohl, daß, solange die Goldne Zeit nicht gekommen, kleine Buben geprügelt werden müssen. Er hätte sich gewiß, wenn er die Fortschritte der Pädagogik und die Ungewißheit ihrer Ergebnisse geahnt hätte, weit vorsichtiger ausgedrückt.

Nicht strafen, sondern helfen! Das haben schon unsere Großeltern gewußt, als sie uns mit den Worten: »Wart, Euch werd ich helfen!« und mit dem Stock in der Hand nachliefen.

Ratschläge – nicht Schläge gebt Euern Kindern; aber guter Rat ist oft teuer – oder vielmehr, er wird leicht zu billig; auch die *Ratschläge* darf man nicht abnutzen. Nie ohne Not – nur in der Not! Nie nach Indizien, nie, wenn der kleine Sünder es nur »genau beisammen hat« – nur in flagranti, auf frischer Untat: Sie setzt auf geheimnisvolle, uralte Weise das Einverständnis, den Gedanken an Schuld und Sühne in Bewegung, ja, eine gewisse Befriedigung, gleich in bar alles bezahlen zu dürfen – natürlich muß die vor- beziehungsweise übergelegte Rechnung gerecht und preiswert sein.

Die Frage, ob man noch und noch einmal Gnade für Recht ergehen lassen und die schon erhobene Waffe vor den Buben strecken soll, wäre nur von Fall zu Fall zu entscheiden. Jedenfalls darf man die Flinte nicht ins Korn werfen, die Lausekerle heben sie sofort unter Triumphgeheul auf und richten sie – meistens, Gottlob! nur bildlich gesprochen – gegen ihre Erzeuger; das ist peinlich, auch wenn sie nicht geladen war.

Manches Rohrstock-Rührstück könnte ich erzählen: Thomas rettete sich oft im letzten Augenblick: »Darf ich Dir die Geschichte noch ganz kurz erklären?« Er durfte, obwohl eigentlich die Akten schon geschlossen waren. Stefan wies schon als ganz Kleiner die Drohung mit einem Klaps mit rollenden Augen, vorgeschobener Unterlippe und deutendem Finger entschlossen zurück: »Frech auch noch!« rief er mir, den Spieß umdrehend, zu und riet mir, mich nicht einzumischen, sondern ins Bett zu gehen. Welch ein Freudengeheul des älteren Bruders über diesen Schiffbruch väterlicher Steuerungsversuche! Und später hat er mich durch seine rechtzeitige Belehrung, wie unfein es sei, als der Stärkere auch noch einen Stock zu nehmen, wirklich von meinem Vorhaben abgebracht.

»Ihr Erwachsenen nehmt die Kinder viel zu ernst!« sagte eines Tages Thomas und tat damit einen Schuß ins Schwarze der heutigen Pädagogik. Jedenfalls, ganz ohne Humor geht es nicht – was ja auch durch die Überfülle spaßig-herzhafter Redewendungen bewiesen werden könnte, die einem solchen Unternehmen vorangehen oder es begleiten. Wer die »Jugend großer Deutscher« nachliest, kann vom Bakel und Haselszepter bis zum Pfeifenrohr die Mittel der Väter und Schulmonarchen nachprüfen, aus kleinen Buben große Männer zu machen – und wenns nicht gar zu arg herging, hat die Liebe nicht darunter gelitten.

Freilich: »cum grano salis« sagte der Lateiner – ein Quentchen zu viel und nicht nur dem Delinquentchen, sondern der ganzen Familie ist das Gericht versalzen.

MUNDART UND HOCHSPRACHE

Ein bayerischer Prinz soll einmal auf die Frage, woher denn seine Kinder ihr waschechtes Münchnerisch hätten, geantwortet haben: »I woass' aa net, wahrscheinli' vo' de Deanstbot'n!«

Von unsern Hausangestellten, die zeitgemäß aus Schlesien oder Sachsen stammen, können die Buben die Mundart nicht lernen, auch von der Mammi nicht, die, obgleich gebürtige Münchnerin, eine nur mäßig süddeutsch gefärbte Schriftsprache von sich gibt.

Ich selber bin zwar so was wie ein deutscher Dichter – wenigstens hats der Thomas, in der Schule nach dem Beruf des Vaters gefragt, schlankweg behauptet –, aber im täglichen Leben lasse ich das Altbayerische überall durchklingen, ja, sogar, wenn ich im deutschen Norden als fahrender Sänger meine Gedichte und Geschichten vorlese, merken und vermerken meine Hörer, woher ich komme.

Meine Buben reden nicht Münchnerisch und auch die Hoffnung, daß sies in der Schule lernen, unter so vielen einheimischen Kameraden, hat sich nicht erfüllt. Wenn sie, aus Spaß, ihre Versuche machen, klingt es nicht anders, als die hilflosen Bemühungen jener »Preußen«, die in unglücklicher Liebe zum Hofbräuhaus entbrannt sind und von den berühmten 999 Worten Bayrisch wenigstens das erste halbe Dutzend fehlerfrei zu beherrschen wähnen.

Hingegen ist eine Hochflut von Büchern über die beiden Knaben hereingebrochen und sie reden so geschwollen, einer nach dem andern, daß der schriftstellernde Vater, der solche Worte nie in die Feder nähme, geschweige denn in den Mund, baß darüber erstaunt. Die Lesefrüchte seiner Söhne prasseln sozusagen nur so auf ihn herunter.

»Das kommt mir wie gerufen!« sagt Thomas, frei nach den Brüdern Grimm und »Du würdest mich zuhöchst verpflichten ...« plappert er, wo unsereins sich mit einem »Bitte!« begnügen würde.

Stefan, vier Jahre später, treibt es noch schlimmer: »Weißt Du, was mich jüngst so ungemein verdrossen hat?« fragt er – und dem Vater grausets – er wills gar nicht wissen. Beim Essen aber, an seinem Fleisch herumstochernd, flötet er die Mammi an: »Würdest Du gestatten, daß ich diese Sehne außer acht lasse?« Ich muß es erst in schlichtes Deutsch übersetzen: »Du willst

also die Flachse nicht essen, Du heikler Bursche, du heikler?!« »So kann man es auch ausdrücken!« sagt er mit vollendeter Höflichkeit.
Und am Abend – es ist Dreikönigstag, die Kerzen am Christbaum werden feierlich zum letztenmal angezündet – meldet er sich dringend ab mit den Worten: »Verzeih, wenn ich in diesem heiligen Augenblick den Raum verlasse – aber es muß sein!«
Schlecht könnte einem werden, wenn man nicht wüßte, wie rasch die Kinder des Stelzenlaufens überdrüssig werden.

Spaziergänge mit Hindernissen

Weder Ernst Moritz Arndts Wanderungen und Wandelungen mit dem Reichsfreiherrn vom Stein, noch Gottfried Seumes Spaziergang nach Syrakus können mir Eindruck machen. Mit einem vernünftigen Menschen oder, noch besser, allein sich auf den Weg zu begeben, ist keine Kunst. Aber den kleinen Stefan spazieren zu führen, das will bestanden sein.
Mit dem Thomas, in der ganz schlimmen Nachkriegszeit, war es einfacher. Ich setzte ihn in ein winziges Wägelchen und zog ihn den weiten Weg zur Hirschbergschule, um die Lebensmittelkarten zu holen; denn damals war jeder Ausflug zweckgebunden; daß man wieder einmal zum bloßen Vergnügen spazieren gehen würde, schien unwahrscheinliche Erinnerung und Zukunftsmusik zugleich. Wenn wir gar von einer freundlichen Gemüsefrau ein paar gelbe Rüben oder Lauchstangen mit heimbrachten, wurden wir begrüßt wie zurückgekehrte Forschungsreisende.
Mit dem Stefan, vier Jahre später, gehe ich auf weniger nutzbringende Entdeckungsfahrten, in die nahegelegenen

und doch völlig unbekannten Wohnviertel, in stille Straßen, die jetzt freilich laut werden von den unablässigen, schrillen Fragen seiner Wiißbegier. Von jedem Haus will er erfahren, wer da wohnt, von jedem Hund, wo er daheim ist, und von jedem Auto, wohin es fährt. An jeder Glocke möchte er läuten, an jedem Zaun klappern, in jede Pfütze treten und jeden Sandhaufen besteigen. Allein die körperliche Leistung, ihn zurückzuhalten, weiterzuzerren, von Mauern wieder herunterzupflücken, geht an die Grenzen meiner Kraft.
Aber noch weit anstrengender ist der ambulante Unterricht, den ich ihm auf Schritt und Tritt erteilen muß. Er lernt nämlich grade lesen! Seit Wochen geht durchs ganze Haus ein wunderlicher Lärm, wie die selige Puffing-Billy rumpelt und zischt der Stefan dahin und stößt fauchend seine P, F, K, Z wie Rauchwolken in die Luft. »A-P-F-E-L: Apfel!« Welch eine Offenbarung! Und wuchtige Sätze schallen durch die Wohnung: »Die Maus ist im Haus. Wupp! Mieze im Haus! Miau! Sau-se, Ni-ne, sau-se!« Wir haben es bis zum Überdruß gehört, daß der Ha-se im Gras, die Hen-ne im Hof und Son-ne am Him-mel sich befindet. Ein gelinder, dumpfer Wahn-Sinn hat sich ü-ber uns ge-brei-tet.
Jetzt, auf dem Spaziergang, liest er mit heller Stimme alle Namensschilder, einschließlich der Berufsbezeichnungen. Was tut der Mann? Wie alt ist der Mann? Kennst Du den Mann? Er ist tief enttäuscht über meine Unwissenheit. Und gar, wenn ich, an der Qual erlahmend, ihn um eine Gnadenfrist anflehe, wird er ungehalten: »Ich werde wohl noch einmal fragen dürfen!« ruft er zornig, »auch ein kleines Kind will eine anständige Antwort!« Besser geht mirs mit den Straßennamen – da kann ich ihm über den Buchdrucker Gutenberg allerhand erzählen, auch über den geschick-

ten und hartherzigen Meister Fust – »... das weißt Du doch, Stefan, wir wohnen ja selber in der ...?« »Fuststraße!« ruft er staunend und es mögen ihm in diesem Augenblick Zusammenhänge aufgegangen sein, wie das nur selten geschieht im Leben.
Er liest aber auch alle Plakate und Maueranschläge, laut buchstabierend und Frage um Frage an den oft rätselhaften Text hängend. Kein Erwachsener würde glauben, wie viel Lesbares in einer so stillen und vermeintlich schriftarmen Gegend zu erspähen ist, auch wenn man nicht jeden Zeitungsfetzen und Dosendeckel aufhebt. Und wie viel Wißbares in so ein kleines Kind hineinverschwindet, wahllos – um nie wieder herauszukommen oder eines Tages als klare Quelle an das Licht zu treten.
Jetzt aber macht er seine magischste Entdeckung, seinen erregendsten Fund: Eine Emailtafel, nicht gerade groß, mit seltsamen Zahlen und Strichen darauf. Was konnte das sein? Ich erkläre es ihm: »... ein Hydrantenhinweis! da unter den Straßen laufen überall die Röhren der Wasserleitung und das Wasser heißt auf griechisch Hydor. In gewissen Abständen sind nun Anzapfstellen, wo man, wenns brennt, zum Beispiel ...« »Die Feuerwehr?« fragt er, selbst Feuer und Flamme. »Ja, die Feuerwehr kann da ihre Schläuche anschrauben und spritzen. Damit sie aber die Anschlüsse findet, auch im Winter, wenn alles verschneit ist, steht dieses Schild da!« Ich messe mit großen Meterschritten die Straße ab, und welche Verblüffung: genau dort, wo er sein muß, ist wirklich, der eiserne Deckel!
Welch ein mühsames Spiel hatte ich damit in Schwung gebracht! Stefan späht wie ein Luchs umher, und immer wieder gilt es, die Probe aufs Exempel zu machen.
Es dunkelte schon, als ich ihn endlich heimwärts trieb. Aber noch lockte ein Namensschild an einem Vorgarten

zur Entzifferung. Er blieb stehen, ich holte ihn, er lief zurück, ich mußte umkehren – eine alte Frau, die in dem Hause wohnte, kam heraus und fragte, ob wir wen suchten. Sie war in der Dämmerung sogar für mich gespenstisch anzusehen, mit struppigem Haar, mit milchweißen Augen, mit fahrigen Armen. Vielleicht war sie auch wirr im Kopf, denn es bedurfte großer Mühe, sie von ihrem hartnäckigen Gedanken, wir suchten wen – und wen wir suchten? – endlich abzubringen. Sie schlurfte immer näher, unheimlich näher. »Gell, Papi!« rief der Stefan mit seiner hellsten Stimme, »der Thomas glaubt, daß es *doch* Hexen gibt!« Ich trat einen eiligen Rückzug an, eines heftigen Keifgewitters gewärtig; es blieb aber still hinter uns – ich weiß heute noch nicht, ob die Frau so gütig und altersweise, oder ob sie bloß so stocktaub war.
Ziemlich erschöpft komme ich heim, während Stefan, frisch wie ein junger Rüde, ein Buch herbeischleppt und den dringenden Wunsch äußert, mir ein Märchen zu versetzen. »Nur einmal blüht des Lesens Mai!« – Ein Vater kann in dieser Zeit gar nicht geduldig genug sein!

Strenge Bräuche

Daß ichs nur gestehe; ich führe ein häusliches, ja ein spießiges Leben, seit dem Ende des (vorerst) letzten Krieges, in dem Haus vor der Stadt, im Grünen, mit meiner Frau und den zwei Buben, Thomas und Stefan. Meine verschollenen Jahre als Zeitungsschreiber, in denen ich schier jeden Abend ausgehen mußte oder Nachtdienst hatte, sind mir selber wie ein Märchen; ich bin abends zu Hause und liege, das berühmte Viertelstündchen nach dem Essen, auf dem gewaltigen Lotterbett, freilich immer wieder um meine Ruhe betrogen, denn

die beiden Buben erklettern mit Indianergeheul ihren armen alten Vater, der sich alles gefallen läßt, bis die Mutter ein Machtwort spricht und der Resi den Befehl erteilt, den vierjährigen Stefan ins Bad und ins Bett zu bringen.
Von diesem Augenblick an vollzieht sich alles nach ganz genauen Riten, wie sie sich im Verlauf eines Jahres herausgebildet haben. Stefan krallt und klammert sich mit Händen und Füßen an mich – aber das hat nur noch symbolische Bedeutung: die Zeiten, wo er noch einmal für zehn Minuten begnadigt wurde, sind vorbei, fort muß er, seine Diktatur ist abgelaufen; aber während die Resi ihn Glied um Glied von mir ablöst wie einen Polypen, erpreßt er mit dem herzgewinnenden Schrei: »Darf ich Dich rufen?« das Versprechen von mir, daß ich ihn nach dem Waschen ins Bett bringe. »Ja, Du darfst mich rufen!« sage ich und artig, ohne Widerstand, verschwindet er, gute Nacht wünschend, aus dem Zimmer.
Ein Weilchen ist es nun ruhig, Thomas ergreift ein Buch und liest uns mit piepsender Stimme was vor, oder meine Frau stellt die Figuren zu einem Schnell-Schach auf, dessen Verwegenheit, nebenbei gesagt, jeden ernsthaften Spieler zur Verzweiflung bringen würde. Kaum ist der erste Zug getan, ertönt aus dem Flur droben ein gellendes Gebrüll. Ich lasse alles liegen und stehen – wie an jedem der rund dreihundert Abende, an denen ich zu Hause bin – und eile hinauf.
Nun muß ich, laut Vereinbarung, den Stefan suchen, im Bad, im Kinderzimmer und muß mich bis zu den deutlichen Anzeichen von Angst und Sorge wundern, daß ich ihn nirgends finde. Nichts rührt sich. Zuletzt trete ich in mein Arbeitszimmer, mache Licht, darf mich aber beileibe nicht umblicken. Ich sage voll Überzeugung: »Hier kann er doch nicht sein!« und gehe schnur-

stracks auf die Balkontür zu, schaue hinaus, schließe, das Nützliche mit den Angenehmen verbindend, die Läden und wende mich bekümmert ins Zimmer zurück.
Das ist der Augenblick, in dem sich Stefan, der sich mäuschenstill in dem Winkel zwischen Tür und Heizung verborgen hat, mit Jubelgelächter auf mich stürzt, so ungestüm, daß er mich beinahe umwirft.
Nachdem ich mich – Abend für Abend! – hinlänglich gewundert habe, rollt das Programm weiter ab; er will sein Betthupferl, ein für allemal bestehend aus einem Riegelchen Schokolade, einem Eiszucker und einer Minzenkugel, alles zusammen unter dem Schlagwort »Bumbum« begriffen. Diese Leckereien sind in dem untersten linken Schubfach des Sekretärs verwahrt.
Aber es wäre ein arger Mißgriff, wenn ich selber die Schreibplatte herunterklappen und die Lade öffnen würde. Stefan selber muß das tun dürfen, auch auf die Gefahr hin, daß ihm beim Aufsperren die Platte mit voller Wucht auf den Kopf bumst. Eine Zeremonie für sich ist das Auswickeln des Eiszuckers und die Versenkung der bunten Hülle in den Papierkorb.
Jetzt erst wird in aller Förmlichkeit der Bettgang in Szene gesetzt. Sämtlichen Tieren, dem Bären, dem Gummifrosch, dem Esel und der Ente wird ihr Platz angewiesen, in die schmale Lücke wühlt Stefan das blond-gelockte Haupt, sieht mich mit einem Veilchenblick an und bettelt: »Sing mir was auf der Flöte vor!«
Wiederholt habe ich in Erwartung dieses Wunsches mein Instrument gleich mitgebracht – aber das läßt mein holder Peiniger nicht gelten. Ich muß das schwarze Rohr erst auf seine Aufforderung hin holen – dann gibt er mir die gewünschte Vortragsfolge bekannt. Sie bestand im Winter aus »Hänschen klein« und »O Tannenbaum«, gegenwärtig wird »Der Jäger aus Kur-

pfalz« und »Guten Abend, gut Nacht« verlangt, »Weißt Du, wo die Nägel in der Bettdecke stecken...«
Manchmal erscheint auch der Thomas noch einmal, um einen strengen, aber entsagenden Versuch zu machen, mit dem kleinen Brüderchen zu beten und zu singen. Er faltet dem im Bett aufsitzenden Stefan die Hände, steil wie einem gotischen Engel und läßt mit klarer Stimme »Der Mond ist aufgegangen« erklingen, Strophe um Strophe. Der Kleine, den großen Bruder mehr anbetend als den lieben Gott, mischt ein paar falsche Töne ein und läßt die Hände sinken – aber Thomas kennt keine Gnade: »Die Hände falten kann auch ein kleines Kind!« ruft er voll Erbitterung; und diese ganze Variante der abendlichen Vortragsfolge endet dann immer mit Tränen: Thomas beweint die Vergeblichkeit seiner Erziehungsversuche, Stefan bejammert seine sängerische Unzulänglichkeit.
Auf jeden Fall ist nun der Gute-Nacht-Kuß Höhepunkt und Abschluß der heiligen Handlung; die Wirkung wird durch die geschnullte Minzenkugel wesentlich verstärkt, Süße und Feuchtigkeit sind unübertrefflich. Ich lösche das Licht, drehe den Schlüssel im Schloß herum – denn ich will nicht um sechs Uhr früh von Stefans Morgenbesuch überrumpelt werden. Mit dem Wunsche: »Schlaf gut«, dem er ein gellendes »Gell!« anhängt, gibt sich der Kleine zufrieden – es beginnen die zwar nicht mehr so zeremoniösen, aber um so langwierigeren Bemühungen, den Großen in Badewanne und Bett zu bringen. Aber das ist, einem alten Herkommen gemäß, Aufgabenbereich der Mutter.
Nachschrift: Nicht jeden Tag hat der Vater Lust, die umständlichen Bräuche durchzuführen; man hat Gäste, will noch schreiben oder bringt einfach die Geduld nicht auf. Und ist dann versucht, die Handlungsfolge abzukürzen. Nichts falscher als das! Es führt nur zu zeit-

raubenden und ermüdenden Wiederholungen, wenn nicht überhaupt ein klägliches Mißlingen das traurige Ergebnis sein soll. Wie wären die großartigen Riten des Abend- und Morgenlandes entstanden, wie hätten sie sich Jahrhunderte lang halten können, wenn die Oberstzeremonienmeister aus lauter Bequemlichkeit zu hudeln angefangen hätten!

Es gibt nur eine Hoffnung, die freilich viel mehr eine Befürchtung ist: Daß eines Abends die kindliche Lust an all dem Kult erlahmt und, im besten Fall, ein wohlerzogener Knabe sich mit »Diener« und flüchtigem Kuß verabschiedet.

Aufklärung

Der Thomas hat seinen Christkindlbrief verbotenerweise mit Mammis Maschine geschrieben und dabei die eingelegte Tischplatte übel zerkratzt. Er gibt, wenn auch unter vielen schuldabschwächenden Erklärungen, zu, daß ers gewesen ist.

Andern Tags stellt er mich entschlossen zur Rede: »So!« sagt er, »ich habe Dir gestern wegen der Schreibmaschine die Wahrheit gesagt. Jetzt sag mir auch Du die Wahrheit, ob es ein Christkind gibt!«

»Wer so fragt«, antworte ich ausweichend, »der scheint es ja schon zu wissen!« »Gut, dann können wir ja ruhig darüber sprechen! Jetzt weiß ich wenigstens, warum ich keine Eisenbahn kriege!«

*

Das alterprobte, bisher so unfehlbare Mittel, dem Thomas an die Nase zu langen, um ein Geständnis seiner Untaten zu erreichen, verfängt nicht mehr. Ohne zu erröten, fragt er mit wohlgeheucheltem Ernst, wie man sich da die Zusammenhänge eigentlich vorzustellen habe. In Anbetracht seiner elektrotechnischen Kenntnisse und seines verfrühten Hangs zum Zeitungslesen versuche ich mein Glück an einer sachlichen Erklärung: man könne, mit dem Finger an der Nase, die Schwankungen des Blutdrucks spüren, wie beim Lügendetektor, von dem er doch sicher schon gehört habe. »Armer Papi!« ruft er und lacht laut hinaus, »Davon verstehst Du nichts! Gesteh es nur, daß Du mit Deinen Listen wieder einmal zu Ende bist!«

SCHULGANG

»Wenn ich einmal ein Schulbub bin!« – der arme Thomas versprach sich unendlich viel von diesem Lebensabschnitt, aber in Tinte und Tränen versanken seine Hoffnungen. Sie sind bis heute noch nicht wieder aufgetaucht.
Wenn ich so denke, daß er in zehn, zwanzig Jahren vor Elektronen-Gehirnen sitzt und Zahlengeheimnisse entziffert, vielleicht, oder daß er chemische Formeln meistern soll, dann ergreift mich ein schauderndes Erbarmen. Hier, als Siebenjähriger, legt er den Grund zu solcher Wissenschaft und weint genauso hilflos in sein Rechenbüchel hinein, wie ich vor einem halben Jahrhundert.
Gottlob, mein Bedarf an Mathematik im täglichen Leben ist bescheiden, sonst könnt ichs gar nicht machen. Die Mutter rechnet mit den Kindern – so wars beim Thomas, so ists beim Stefan; und, im höhern Sinn, rechnen auch die Kinder mit der Mutter – mit mir rechnet niemand; das hat auch sein Gutes. Die Kinder, wenn sie heimkommen, fragen gleich, wo die Mammi

ist und die Leute, die von uns was wollen, erkundigen sich, ob sie meine Frau nicht sprechen können.

Ich danke dem lieben Gott täglich, daß ich nicht mehr in die Schule gehen muß und daß meine sonnige Kindheit hinter mir liegt – es brauchten ja nicht grad fünfzig Jahre und mehr sein. Ich bin mir mit meinen Söhnen heute noch darin einig: »Am liebsten habe ich die Pause, dann Religion, dann Lesen – fürs Rechnen hat mich der liebe Gott nicht geschaffen!«

»Kaum bin ich in der Schule, soll ich schon alles können!« mault Stefan und bringt, nicht anders als der Thomas, miserable Noten mit heim. Endlich hat er einen Dreier im Schönschreiben und erwartet hohes Lob. »Nun, gar so berühmt ist das auch noch nicht!« meine ich. Er ist tief gekränkt. »Papi«, sagt er, »Du bist unersättlich!«

Das Lotterielos

In der Lotterie haben schon viele große Männer gespielt, ich muß das wissen, denn ich habe ein Buch darüber geschrieben. Und wenn schon der erwachsene Adalbert Stifter kindlich genug war, auf einen unfehlbaren Treffer zu hoffen, ist es für den neunjährigen Thomas keine Schande, daß er sich fest und steif einbildet, man brauche nur ein Los zu nehmen, um viel Geld zu gewinnen. Ich selber habe als Kind noch klügere Berechnungen angestellt: wenn man alle Lose kauft, so dachte ich, kann einem der Haupttreffer nicht auskommen.

Jedenfalls, wir hatten den Thomas auf seine erste größere Reise mitgenommen und spazierten in der ehrenfestesten Stadt der Welt, in Bern, durch die steinernen Bögen, an einem blitzblauen Sommertag, der ein ge-

diegenes Vertrauen schenkt, daß das Abendland so schnell nicht untergeht, und daß die Schweiz ihr letztes Sängerfest, Sechseläuten und Bundesschießen in einer fernen Zukunft feiern wird.
Solch eine Jubelfeier war offensichtlich auch soeben wieder im Gange, denn an allen Straßenecken wurden Lose ausgeboten. Mich ergriff eine frohmütige Zuversicht, einen Franken dranzusetzen, in der Fremde sozusagen mein Glück zu versuchen; und ich drückte dem Thomas die Silbermünze in die Hand, auf daß ers der Frau Fortuna opfere. Es bedurfte einigen Zuredens, ja, strengen Befehls, bis der schüchterne Bub die paar Schritte tat, die auch ein Sonntagskind tun muß, um goldne Früchte einzuheimsen. Er kam aber sogleich ziemlich verwirrt zurück, er war nicht auf Frau Fortuna persönlich gestoßen, sondern auf ihren Stellvertreter, einen alten Mann, der ihm in reinstem Schwyzerdütsch etwas Unverständliches mitgeteilt und den Franken verächtlich von sich gewiesen hatte.
Es stellte sich heraus, daß die Eidgenossen auch hier, ohne Rücksicht auf die Kosten, alles gründlich machen – kurz und gut, das Los kostete fünf Franken; dafür war aber auch, besten Falles, eine bare Million zu gewinnen. So viel wollte ich nun ja weder einsetzen noch erhoffen, aber dem Thomas die bereits üppig aufblühende Freude wieder welken machen, wollte ich erst recht nicht – und so zahlte ich denn mit einem blitzblanken Fünffrankenstück, und Thomas suchte sich, vor Erregung zitternd, sein Los heraus.
Eine Erinnerung schoß mir durch den Kopf; vor mehr als einem Menschenalter war ich hier in Bern gewesen, daheim in Deutschland geisterten die Milliarden und Billionen noch – und unser Gesandter, ein Freund meines Vaters, führte mich aufs »Schänzli«, zeigte mir die rollende Kugel und schob mir fünf Franken hin,

damit ich spielen sollte. Ich dachte: gleich wirds losgehen! und wollte mir, völlig unerfahren, wie ich war, einige Anweisungen erbitten – da griff schon eine Harke nach meinem Geldstück und weg war es ...
So schnell wars diesmal nicht gegangen. Ich hatte mit Bedacht bezahlt, das Los war ein sicherer Bürge ehrlichen Spiels. Thomas hüpfte vor Vergnügen, schwenkte das Blättchen in der Hand, las es und ließ es uns abwechselnd lesen. Nur mit Mühe war er zu bereden, daß es in meiner Brieftasche am besten aufgehoben sei – oft und oft wollte er sich in der Folge davon überzeugen, daß es noch unverloren und ungestohlen dem Tag der Entscheidung entgegenstehe.
Das Stückchen Papier wurde dem Buben zum Inbegriff der Schweiz, des Wohlstands und Bürgerglücks; manches Schöne, das wir auf der Reise noch sahen, sah er nur halb, dafür schwelgte er in Vorstellungen, was er mit dem Haupttreffer – denn nur um diesen konnte es sich handeln – anfangen würde. Der Goldrausch hatte ihn erfaßt, er redete uns die Ohren welk.
Geld verhärtet das Gemüt: dem kleinen Bruder wollte er nichts geben; uns Eltern aber ein Haus bauen, das liebe, dankbare Kind! Freilich, wenn er groß wäre, müßten wir, wegen Eigenbedarf, ausziehen. Mit ungeheuerlichen Funk- und Fernsehgeräten wollte er unser trautes Heim vergewaltigen – kurz, es war nicht mehr auszuhalten.
Wir kamen nach München zurück, wir erzählten Freunden und Bekannten von unserer Reise und, wie hätte es anders sein sollen, wir sprachen auch von dem Los und dem glücksnärrischen Thomas, der sich in immer wilderen Phantastereien erging, was er mit der Million alles unternehmen würde.
Die Wirkung war verblüffend: nicht nur einmal, nein, oft und immer wieder, warfen unsre Bekannten eine

Frage auf, an die wir zuerst überhaupt nicht gedacht hatten: die Rechtslage! Laien holten Gründe und Gegengründe aus der Tiefe ihres Gemüts, Juristen führten erbitterte Kämpfe gegeneinander, schleppten dicke Gesetzesbücher herbei, suchten sich an Reichsgerichtsentscheidungen zu erinnern, erboten sich, bei amtlichen Stellen Erkundigungen einzuziehen; sie befragten mich hochnotpeinlich, wie sich, ganz genau, der Vorgang abgespielt habe, ob ich die Absicht gehabt hätte, meinen Sohn in den Besitz eines Vermögens zu bringen, oder nur, ohne Vorbedacht, in bedenklicher Gutmütigkeit, dem Buben eine kleine Freude machen wollte; ob der Thomas, mit fünf Franken beschenkt, selbständig gehandelt habe und somit Eigentümer des Loses geworden sei, oder ob er lediglich als der Kaufbeauftragte gelten dürfe.

Die Ansichten klafften weit auseinander. Selbstverständlich, erklärten die einen, gehöre der Gewinn den Eltern – keineswegs, eiferten sich die andern: der Sohn sei der Besitzer des Loses und habe unumschränktes Recht auf das Geld. Für die Zeit seiner Minderjährigkeit müsse ein Vermögensverwalter bestellt werden, wozu günstigen Falles der Vater ausersehen werden könne.

Allerdings, räumten andre ein, dürfe man die Erziehungskosten und somit die Aufwendungen für einen gehobenen Haushalt aus dem gewonnenen Gelde bestreiten, was andre wieder schroff ablehnten, die eine mündelsichere Anlage forderten.

Menschen, die bei den grimmigsten politischen Händeln kalt zu bleiben pflegten, redeten sich die Köpfe heiß, und einmal mußten wir zwei Gäste, die sich ganz ineinander verbissen hatten, mit sanfter Gewalt auf die Straße drängen, wo sie, wie wir bemerkten, bis in Nacht und Nebel hinein ihren Streit forttrugen.

Es sei ferne von mir, die Leser in diesen Strudel der Meinungen hineinzureißen oder gar ein salomonisches Urteil von ihnen zu verlangen. Denn der größte Glücksfall, den wir uns – den völlig zerschmetterten Thomas natürlich ausgenommen – erwarten durften, trat ein: wir gewannen nichts!

Eulenspiegeleien

Ob der Philosoph Schelling unsern Stefan schon vorausgeahnt hat, weiß ich nicht; aber etwas Ähnliches muß ihm vorgeschwebt haben, als er den Menschen eine »spaßhafte Bestie« genannt hat. Der Stefan ist ein rechter Eulenspiegel und vor allem des großen Schalksnarren List, die Leute zu genau beim Wort zu nehmen, ist ihm durchaus geläufig. Verba movent, exempla trahunt: ich will ein paar, wie ich glaube, hinreißende Beispiele bringen.

*

»Stefan, hast Du die vier Bananen alle auf einmal gegessen?!« – »Nein! Eine nach der andern.«

*

»Hättest Du Deine Aufgabe mittags gemacht ...!« – »Mittags, was heißt das? Beim Essen kann ich doch nicht schreiben!« »Vor dem Essen, natürlich!« »Vor dem Essen muß ich mir die Hände waschen!«

*

»Schäm Dich! Die schöne, neue Hose ist ganz zerrissen!«

»Was heißt, *ganz* zerrissen? Da ist sie noch gut und da – und da – und da! Fast überall! *Nur* an den Knien!«

*

»Hast Du den Zirkel genommen? Die Spitze ist ja ganz verbogen!« »Laß mich einmal nachdenken – ich wüßte nicht, wozu ich einen Zirkel benötigt hätte ...«

*

Wir fahren im Auto durch die Gegend. Stefan deutet aufgeregt ins Ungewisse: »Papi, was ist das?!« »Was? Ich habe nichts gesehen!« »Was heißt, nichts gesehen? Hat Dir der liebe Gott nicht auch zwei Augen geschenkt?«

*

Weihnachten ist lang vorüber, auch Neujahr. Es geht gegen Heilig Drei König! Stefan, der ein entschlossenes Innenleben führt, sagt streng: »Ihr müßt den Christbaum ableeren und die guten Sachen aufheben. Und den Baum müßt Ihr in den Garten hinauswerfen, sonst steht er ja ewig da!« Wir sind recht betrübt über die Poesielosigkeit des Fünfjährigen. »Stefan«, sagen wir, »willst Du nicht warten, bis das Christkind den Baum wieder holt?« »Nein!« erklärt er; »die Nachbarn drüben machen es auch so und die sind noch viel katholischer als wir!«

*

Stefan hat eine unnachahmliche Art, uns in Spannung zu versetzen: »Was meinst Du, was ich jetzt der

Mammi tue?« Da er eben eins auf die Finger gekriegt hat und ein finsteres Gesicht macht, sind wir auf allerhand gefaßt. »Helfen!« sagt er schlicht. »Was meinst Du, daß die andern in der Schule machen?« Wir wissen es nicht. »Keine Aufgaben!« Und als wir ein paar Tage verreist waren, stellt er unsre Neugier auf eine harte Probe: »Was meint Ihr, daß die Resi gemacht hat, wie Ihr fort wart?« Wir fürchten peinliche Enthüllungen aus Kindermund. »Marmelade!«

*

»Was paßt Euch denn schon wieder nicht? Ihr seid so maßlos verwöhnt!!«
»Ja, das ist doch gerade das Schöne am Leben!«

*

Thomas wird heftig ausgezankt, weil er das gute neue Taschentuch als Tintenwischer benutzt hat. »Ja, weißt Du denn«, ruft die Mutter empört, »was so ein Taschentuch kostet?!« Thomas schweigt, duckt sich in sich selbst hinein und läßt die Flut des Tadels an sich ablaufen. »Zwei Mark kostet so ein Taschentuch!!« fährt ihn die zornige Mutter an. Thomas rollt sich ein bißchen auf, wie ein Igel, schaut uns vertrauensvoll an und sagt fröhlich: »Auf das hätte ich es auch geschätzt!«

*

Vor vier Wochen sind wir in das neue Haus gezogen. Stefan hat kurz vor dem Abendessen ein Butterbrot haben wollen, aber die Ruth hat ihm keins gegeben. Wütend stürzt er in mein Arbeitszimmer: »Einen solchen Riesenkasten könnt Ihr hinstellen, aber für ein Butterbrot langts dann nicht mehr!«

»Du undankbares, freches Kind!« rufe ich, einigermaßen fassungslos. »Ja, schämst Du Dich denn nicht, so daherzureden? Da sitze ich den ganzen Tag und arbeite – und für wen? Für die Mammi, für den Thomas, für den Stefan ...« »... und für *Dich!*« stellt er ungerührt fest. Ich tue, als hätte ichs nicht gehört und fahre zürnend fort: »Dieses neue Haus gehört ja schließlich auch Dir, Du hast ein schönes Zimmer und in das verschwindest Du jetzt, statt daß Du Deinem alten Vater Ungezogenheiten sagst. Ich weiß ohnehin nicht, wo mir vor Arbeit der Kopf steht!«
»Armer, kleiner Schriftsteller!« sagt Stefan und wischt hinaus.

*

Stefan bekommt nach jeder Klavierstunde von der alten Lehrerin ein Bonbon; er freut sich schon darauf. Heute mußte er wegen seiner Unaufmerksamkeit wiederholt getadelt werden. Als ihm das Fräulein zum Abschied das gewohnte Bonbon zustecken will, erklärt er mit Entschlossenheit: »Danke, nein, heute kriege ich nichts!«

*

»Willst Du in den Märchenfilm vom Tapferen Schneiderlein gehen?« »Danke, nein! Das lese ich selbst, das kommt viel billiger. Da zieht sich einer eine Maskerade an und ist gar kein Schneider und hüpft herum und ist gleich wieder fort – und das kostet dann eine Mark. So muß man das Geld nicht zum Fenster hinauswerfen!«

*

Stefan hat ein neues, dickes Buch bekommen, das »Buch der Schwänke« – und im Vorwort wird erklärt, daß Schwänke kurze Geschichten sind, lustige zumeist, keine Märchen; drum fangen sie auch nicht mit »Es war einmal« an.
Stefan liest begeistert vom Till Eulenspiegel, den Schildbürgern oder den Sieben Schwaben – Tag und Nacht liest er in dem Buch, er liebt es heiß. Aber eines Tages trabt er zornglühend in mein Zimmer und wirft mir das Buch hin; er ist tief beleidigt. »Da steht vorn drin«, faucht er mich an, »daß das keine Märchen sind und nicht mit ›Es war einmal‹ angehen – und auf Seite 313, schau selber, wie geht die Geschichte an?!«
Und wirklich, da steht es schwarz auf weiß: »Es war einmal ...«
Hunderte und mehr Schwänke haben sich brav und treu an das Versprechen gehalten, anders anzufangen, als die Märchen – aber siehe da, das eine hat drauf vergessen, vielleicht hat es gehofft, so mit durchzuschlüpfen. Aber es hat halt nicht mit dem wasserklaren Gedächtnis eines kleinen Schulbuben gerechnet ...

*

»Die Suppe ist köstlich!« sagt der vierjährige Stefan und es klingt nach hohem Lob und tiefer Überzeugung; aber entschlossen legt er den Löffel hin und erklärt: »Köstlich mag ich gar nicht!«

*

Stefan, der Dreijährige, kriegt eine neue Hose, die Mammi hat sie ihm aus des Vaters Anzug geschneidert; der Papi hätte das Gewand, das pfenniggute, gern noch selbst behalten, die Frau hats ihm entrissen und man-

chen Abend damit verbracht, mit Schere, Nadel und Faden das Meisterstück zu verfertigen.
Was tun liebende Eltern nicht alles für ihr Söhnchen. Nun stehen sie da, leuchtenden Dankes gewärtig; wie ein Heinzelmännchen wird er sich freuen, als ein Knabe, glatt und fein, tanzen wird er und singen.
Der Stefan aber wirft nur einen halben Blick auf das verlockend hingebreitete Kleidungsstück und sagt streng: »Es war auch höchste Zeit!«

*

Das hölzerne Treppengeländer ist ganz scheußlich verkratzt worden; ob mit Absicht oder aus Versehen, ist nicht ohne weiteres festzustellen. Auf die Rundfrage, wer es gewesen sei, erfolgt keine Antwort.
Also wird ein Lokaltermin anberaumt und wir versammeln uns um den Tatort. Stefan tritt vor, wie ein geschulter Kriminaler, beäugt die Spuren aufmerksam und erklärt: »Das ist mit einer Ampullensäge gemacht worden« – und, nach einem Augenblick tiefen Schweigens: »Das war also ich!«
Böser Ahnung voll, was der Bursche mit den leichtsinnigerweise von der Frau Doktor verschenkten Sägen noch alles angestellt haben mag, entlocken wir ihm einige weitere Geständnisse; er führt uns im ganzen Haus herum, überall hat er etwas angefeilt. »Und was noch?« Er stellt sich entrüstet hin, ein Bild der gekränkten Unschuld: »Jetzt nichts mehr!«

Der Erbe

In meinem »Sammelsurium« kann mans nachlesen, wie ich Berge von Zeichnungen, Steindrucken, Bilderbogen und Biedermeierblättchen zusammentrage. Und wie ich sie gelegentlich zum Zwecke einer Neuordnung aus dem Schrank nehme, schaut auch der sechsjährige Stefan ein Weilchen zu. Er macht ein tief nachdenkliches Gesicht und sagt: »Das muß ja sehr schwer sein, so viele Sachen in genau zwei gleiche Hälften zu teilen!«
Ich bin natürlich etwas peinlich überrascht, so unvermittelt bei lebendigem Leibe als Erblasser angesprochen zu werden, aber ich tu so, als hätte ich nichts gemerkt. Ich wundere mich nur im stillen, daß das derselbe Stefan sein soll, der sonst bei der leisesten Erwähnung, ich könnte einmal sterben, in bittere Tränen ausbricht.
Ich sage ihm also, daß ich vorerst noch da bin, daß er sich aber auf mich verlassen kann; ich würde mir alles überlegen und nach bester Einsicht verteilen.
Er schaut mich halb mißtrauisch, halb treuherzig an und sagt mit der unschuldigsten Stimme von der Welt: »Bitte, schreibs auf einen Zettel!«

Uraltes Spiel

»Ein Uhr hats geschlagen – und die Hex ist noch nicht da!« So begann unsre Großmutter und so mag die Urgroßmutter der Urgroßmutter schon begonnen haben, leise und gelassen, unangekränkelt von der Seelenlehre und Tiefenforschung unsrer Tage.
Die Kinder, sie hörten es gerne. Sie konnten es gar nicht genug hören, wir lauschten gruselbeklommen, und daß ichs nur gestehe, Thomas und Stefan bestürmen auch

mich wieder und wieder; und schwach wie ich einmal bin, ich schlage allen wohlerkannten Erziehungsgrundsätzen ein Schnippchen, und fahre, immer noch ganz harmlos, fort: »Zwei Uhr hats geschlagen – und die Hex ist noch nicht da!«

Pause. Stefan hängt an meinen Lippen, Thomas reibt sich verlegen die Hände und die ersten wollüstigen Schauer gehen über seinen Rücken. Dumpf und drohend tönt es: »Drei Uhr hats geschlagen ...« Und dann kommen, eilig, wie raschelnd und flüsternd, die nächsten Stunden – und längst noch – die Kinder wissens – ist die Hex nicht da. »Sechs Uhr hats geschlagen« ... das klingt ganz gemütlich; ja, die Feststellung, daß die Hex noch nicht da sei, entbehrt nicht einer sachlichen Nüchternheit. Thomas und Stefan, das ist der Zweck dieser Atempause, erholen sich von ihrem wonnigen Unbehagen, aber zugleich erwarten sie fiebernd die stärkste von meinen Künsten, die volle Entfaltung aller schauspielerischen Mittel.

Dunkel wie Eulenruf, geheimnisvoll wie Unkengeläute, naht die siebente, die achte Stunde; knarrend wie Froschgeplärr, krächzend wie Rabenschrei kommt die Meldung, daß die Hexe noch immer auf sich warten lasse. Aber sie schwirrt schon in den Lüften, das merkt man an der hohlen Gespensterstimme, die die neunte, die zehnte Stunde verheißt.

Die Kinder hören es gerne – zur Tröstung der Leser sei es gesagt, denen jetzt schon das Gruseln kommt, nicht über die Hex, sondern über den mit Entsetzen Scherz treibenden Vater.

Stille, Totenstille. Elf Schläge, ganz langsam in das Schweigen geklopft – und dann, eiskalt, wie aus tiefer Winternacht, wie ein Wind, der das Fenster aufstößt: »Elf Uhr hats geschlagen –« und, nach langer Pause, tonlos, stockend: »und die Hex ist noch nicht da!«

Jetzt ist der Höhepunkt der Spannung erreicht, jetzt muß es, wenn alles gut enden soll, schnell gehen: »Zwölf Uhr hats geschlagen«, noch dumpf und gemessen – dann aber das schrille Geschrei, als ob die ganze wilde Jagd durch den Schlot hereinächze und poltere: »Und die Hex ist daaa!«
Das ist der sehnlich-grausend erwartete Augenblick, wo sich die Hexenhände kitzelnd und zwickend und zwackend auf die quietschenden, kichernd sich wehrenden Buben stürzen. Der uralte Schluß des Textes: »Mein Lungerl, mein Leberl, wer hats gefressen? Du!« geht bereits im großen Gelächter unter, der Darsteller ist bald erschöpft, der Thomas geht zu beachtlichen Gegenangriffen über und der Stefan, wie berauscht, jauchzt: »Nochmal! Nochmal!«
Aber es ist genug – die Mammi, die mehr auf der Seite der modernen Pädagogik steht, heißt mich einen alten Kindskopf, der auch nicht mehr gescheiter wird – und der Spuk ist vorbei. Mit einem Wischer löscht die Mammi das bei Stefan noch einmal aufkichernde Feuer, und wir drei Männer erwarten still das Abendessen – denn später, kurz vorm ins Bett gehen, würde ja auch ich nicht solch frevlen Spiels mich vermessen.

BUBENSTREICHE

Natürlich wollen der Thomas und der Stefan vernehmen, was ihr würdiger Vater alles getrieben hat, als er so jung war, wie sie; aber es ist dann, als ob man uralte Schwänke erzählte aus einer verschollenen Zeit; die Welt hat sich geändert, so rechte »böse Buben« gibts nicht mehr, sondern entweder gefährdete Jugend oder brave Kinder.
Die Großstadt, so will es scheinen, hat das Wurzelge-

flecht verkümmern lassen, auf dem die wahren Spaßvögeleien und Schnurren gedeihen; wer genauer hinschaut, spürt selbst im Faschingstreiben der Gassenbuben die Verlassenheit der kleinen Indianer und Trapper, auch wenn sie noch so wild mit ihren Schießeisen herumknallen.
Das heimliche Rauchen hat längst seinen abenteuerlichen Reiz verloren. Die Kalli(graphielehrer), die man mit Papierchen beschoß und mit einem am Ofen geschmorten Radiergummi hinausstänkerte, scheinen ausgestorben. Alte Geldbeutel, an Fäden gebunden, als Lockvögel auf die Straße zu legen, ist wohl auch aus der Mode gekommen.
Und welcher Bub möchte heut noch, kurz vor Ladenschluß, in einen Bäckerladen laufen, mit der atemlosen Frage, ob die Frau Meisterin noch für drei Mark Semmeln hätte – und sich, nach langem Zählen mit dem Rat empfehlen, sie möge schauen, daß sie sie anbringe, ehe sie altbacken würden.
Nicht ungern wollte ich von den zwei Brüdern solche Streiche vermelden, weniger als Vater, denn als Schriftsteller; sind doch dergleichen Lausbübereien seit Wilhelm Busch Wege zur Unsterblichkeit! Aber die »Untaten« von Thomas beschränken sich auf das Landläufige, und nur der Stefan zeigte als Kleinkind gute Anlagen – jetzt ist er auch bereits ein gesetzter Knabe geworden.
Damals wickelte er die schönsten Dinge in alte Zeitungen und lauerte darauf, daß wir das Papier mitsamt dem wertvollen Inhalt in die Tonne würfen; aus Rache gegen seine Vernachlässigung zerschnipfelte er am hochheiligen Kommuniontag des Bruders meinen kostbaren Rasierpinsel mit der Nagelschere; und aus dem für eine Flugreise des Vaters gepackten Koffer stiebitzte er mit teuflischer List die Vorlesetexte, um dafür eine

Kuhglocke und eine schwere Hantel unter die Wäsche zu legen. Er lachte sich halb tot, als wir – zum Glück! – im letzten Augenblick den Scherz noch entdeckten.
Dabei haben Kinder oft kein Gefühl dafür, was eine Missetat und was ein Malheur ist. Sie verwechseln Ursache und Wirkung, begreifen unsern Zorn nicht, wenn doch eigentlich gar nichts passiert ist, brechen aber dafür in ein angstvolles Geheul aus, wenn es Scherben gegeben hat. Da wundern sie sich dann, daß sie so glimpflich davonkommen oder gar noch getröstet werden.
Jedenfalls, die Welt der Großen wie die der Kleinen ist ärmer geworden, vielleicht haben sogar die Kinder nicht mehr Zeit und Laune, um sich so einen richtigen, harmlosen Schabernack auszudenken. Freilich muß ich zugeben, daß wir damals echte Gassenkinder waren, während unsere eignen Buben doch schon mehr jenen wohlerzogenen Knaben aus bessern Kreisen ähneln, die wir seinerzeit so gründlich verachtet haben.

Es war einmal...

Stefan brennt darauf, mir ein Märchen zu erzählen; er weiß ja so viele, von den Brüdern Grimm, von Musäus, von Hauff, gar nicht zu reden von denen, die ich für ihn erfunden habe – ich brauche mir nur eins herauszusuchen; und ohne mich lang zu besinnen, bitte ich ihn, mir die Geschichte vom Hans im Glück zu berichten.
Er fängt auch brav mit dem fleißigen Knaben an, der dem Müller sieben Jahre gedient hat und dafür einen großen Goldklumpen kriegt, den er nun bei der großen Hitze mühselig nach Hause trägt. Dann aber kommt die erste, höchst zeitgemäße Abweichung. Statt des

Reiters begegnet ihm auf der Landstraße ein Kraftfahrer, der ihn zum Tausch einlädt. »Weißt Du«, sagt Stefan, »es war ein ganz altes Auto, ein Ford« – und nun geht, über die solchermaßen falsch gestellte Weiche, das Märchen schnurstracks auf Stefans Lieblingsgleis hinüber, er verbreitet sich gründlich über die Vor- und Nachteile der einzelnen Wagentypen und kommt zu dem Schluß, daß der Hans im Glück dumm war – für ein altes Auto gibt man doch keinen Goldklumpen her – höchstens für einen neuen Mercedes 300!
Die Märchenwelt ist hoffnungslos zerstört, denn nun fange auch ich zu rechnen an und sage: »Wenn der Hans einen Klumpen von, sagen wir, dreißig Pfund hatte, dann war der gut seine hunderttausend Mark wert – und das ist für den schönsten Wagen zu viel, noch dazu aus zweiter Hand!«
Ich versuche es nun mit einem zweiten und dritten Märchen, aber mit Stefan ist, im Augenblick wenigstens, nichts zu wollen. Sie enden alle in der Automobilistik; wenn der Mann mit drei Wünschen nicht so leichtsinnig gewesen wäre, hätte er von der Fee ein Auto verlangen sollen, zweitens so viel Benzin, als er braucht und drittens die Gewißheit, daß er so schnell fahren kann, wie er mag, ohne daß ihm jemals was zustößt. Die sieben Schwaben wären besser gefahren, wenn sie nicht zu Fuß gegangen wären; und für jede Art von Riesen und Zwergen empfahl Stefan eine Sonderanfertigung von Wagen, mit eingehenden Fragen über die Möglichkeiten und die Kosten.
Ich wußte mir keinen bessern Rat als eine homöopathische Behandlung, »similia similibus«. An Stelle von Märchen gab ich ihm sämtliche Kraftfahrzeughefte zu lesen, die mir ins Haus geschickt wurden. Natürlich, und damit mußte ich ja rechnen, kam es zuerst zu einer schier unerträglichen Krise, dann aber trat die erhoffte

Besserung ein. Ein paar Wochen später konnte Stefan die Königssöhne und Handwerksburschen seiner Märchen wieder in die weite Welt wandern sehen, ohne sie sogleich mit dem berüchtigten fahrbaren Untersatz auszurüsten.

Poetisches Mittagessen

Beileibe nicht immer geht es im Hause des Humoristen so lustig zu, wie es die freundlichen Leser sich vorstellen, die da glauben, der Vater dichte am Vormittag ein paar heitere Verse und schaukle sich am Nachmittag auf dem Ast, den er sich gelacht hat.
Aber auch den Verdacht der unfreundlichen Leser muß ich zurückweisen, daß, nach Abzug der launigen Schriftstellerei, für den Hausgebrauch nur ein launischer, sagen wir getrost, ein stinkgrantiger Mensch übrig bleibe, der Schrecken der Familie.
Heute jedenfalls ist ein besonderer Tag, der Studiosus Thomas ist mit leidlichen Erfolgen in seine ersten Weihnachtsferien gekommen und auch der Abc-Schütze Stefan hats gut getroffen.
Die drei Männer sind wieder einmal um des Vaters Schreibtisch versammelt und Thomas möchte wissen, ob Dichten eigentlich schwer sei. »Gar nicht!« sage ich, »wenns einer kann. Wie ich so alt war, wie Du, habe ich schon viele Gedichte gemacht; man muß nur ein Wort suchen, das sich auf ein andres reimt. Paß auf, sogar der Stefan wirds lernen!«
Und ich fange an: »Es war einmal ein Bösewicht, der war so bös, Ihr glaubt es ...« »Hör sofort auf!« unterbricht der Stefan den poetischen Elementarunterricht, er ahnt zu deutlich, wo das Ganze hinauswill. Der stegreifdichtende Vater sucht also etwas anderes:

»Es war einmal eine Maus, die saß vor ihrem ...«
»Haus!« »Da kam mit einem Satz herzu die schwarze
...« »Katz!« »Die Maus zu ihrem Glück, schlüpft
in ihr Loch ...« »zurück!« »Jetzt steht der Stefan
dort und jagt die Katze ...« »fort!« »Und furchtlos aus dem Häuschen kommt gleich das liebe ...«
»Rotkäppchen!« sagt Stefan, unsicher lächelnd. »Aber
Stefan! Erstens, das reimt sich doch nicht und zweitens
...« »Ich weiß schon, Du meinst, das Mäuschen, aber
das ist doch keine Überraschung!«
Nun bedrängt mich der Thomas, ich solls mit ihm versuchen, aber es ist Essenszeit und wir beschließen, ausnahmsweise unser Spiel bei Tisch fortzusetzen. »Paßt
auf, wie da die Mammi staunt! Ich hoff', sie ist heut
gut ge-« »launt!« rufen beide jubelnd.
Wir stellen uns gleich mit einem gereimten Spruch vor:
»Wir wuschen uns die Hände frisch und kommen
pünktlich auch zu ...« »Tisch!« Die Mammi merkt
noch nicht viel; wir müssen ihr stärker zusetzen: »Wie
wir mit Vergnügen hören, gibt es Ochsenfleisch mit –«
Aber das Echo bleibt aus: die Möhren kennt bei uns
niemand und auch ich habe sie nur aus Not in meinen
Sprachschatz aufgenommen. Zum Ausgleich versuche
ichs auf altbayrisch: »Guat hamma's heut troff'n,
Buam! – Rindfleisch gibts mit gelbe ...« nein, die
schriftsprechende Familie hat auch dafür keinen Sinn,
alle schauen mich befremdet an und die Mammi meint
liebevoll, ob ich übergeschnappt sei. Aber so schnell
will ich den Spaß nicht aufgeben und warte spöttisch
mit dem Vers auf: »Also, meine lieben Bübchen, sagen
wir halt Gelbe ...« »Rübchen!«
Inzwischen fangen wir, schweigend, zu essen an; nur
der Stefan redet drauf los, wider alle Verabredung reine
Prosa. Ich beschließe also, die Dichtkunst in den Dienst
der Erziehung zu stellen: »Halte, erstens, Deinen

Schnabel; zweitens, richtig Deine ...« »Gabel!« »Auch der Thomas nähme besser in die rechte Hand das ...« »Messer.« Es klappt vorzüglich.

Jetzt aber drehen die dreisten Buben den Spieß um und nehmen ihren Meister in die Lehre: »Das Fleisch ist heute ausgezeichnet!« sagt der Thomas und schaut mich herausfordernd an. Gleich aufs erstemal hat er mich erwischt; denn, wenn ich nicht »ereignet« drauf reimen will, was nur der alte Goethe einmal gedurft hat, weiß ich mir nicht zu raten. Und der Stefan macht sich's noch leichter, er bittet ganz scheinheilig um eine Kartoffel.

Auf den einzig gängigen Reim hilft mir meine Frau, indem sie gebieterisch sagt, es sei jetzt Schluß mit der Blödelei. Und da kann ich schnell noch das Ungereimteste zusammenreimen: »Ich stehe unter dem Pantoffel und schweige drum von der Kartoffel!«

Noch einmal wagt der Thomas, unter gestrengem Blick, das Feuerchen wieder anzuschüren: er möchte wissen, was ein Schüttelvers ist. »Ein Wortspiel«, sage ich, »schwer zu finden, schwer zu erklären ...« »Bitte, mach einen!« »Ich muß einmal den Ärmel schütteln, vielleicht ist einer drin! – Ihr schlingt, kaum kanns die Mutter fassen, ganz ungeheure Futtermassen!« Niemand findet das besonders witzig und Thomas sagt: »Ich will Dir nicht wehtun, aber das gefällt mir nicht!« »Besser kanns halt der Papi auch nicht!« meint die Mammi, wobei das »auch« vermutlich ein hohes Lob sein soll. Mir aber ist doch was Knifflicheres eingefallen und so schließe ich das gebrauchslyrische Mittagessen unwiderruflich mit den Worten: »Steht nachher leis auf, geht gleich zum Eislauf!«

BACHAUSKEHR

Jeder Bub, der nicht allzuweit von einem der vielen Wasserläufe wohnt, die die Stadt München ober- und unterirdisch durchfließen, lauert auf den Tag X, wo mehr oder minder plötzlich die Gewässer sich verlaufen, wie am Beginn der Schöpfung, »daß man das Trockne sehe«.

Nun sah zwar damals Gott, daß es gut war. Aber die besorgten Eltern sehen, daß es nicht gut ist, denn erstens ist das Trockene nicht wirklich trocken, sondern ein knöcheltiefer Schlamm, auch »Baaz« genannt, zweitens liegt auf dem Grund der Bäche ein schaudervolles Gerümpel, das die Buben, oft einschließlich alter Handgranaten, nach Hause schleppen und drittens schwimmen in den zurückgebliebenen Tümpeln Fischlein, die, der Unbilden der Witterung ungeachtet, in oft mehrstündigen Bemühungen gerettet werden müssen.

Stefan hält bereits ein Marmeladeglas versteckt und bastelt sich ein ungeheures Netz – wir passen also auf ihn auf, wie die Imker auf die Bienen, ehe sie ausschwärmen. Die Mammi sagt: »Höre, wir fahren auf zwei Tage weg, daß Du mir ja nicht an den Kanal gehst!« »Gut!« nickt Stefan, »dann muß ich das noch vorher erledigen!«

Da er diesen verdächtigen Ausspruch zehn Minuten vor dem Mittagessen tut, denken wir nichts Schlimmes – am Nachmittag werden wir ihn schon behüten. Aber als wir uns zu Tisch setzen wollen, ist weit und breit kein Stefan zu finden. Auch das Netz und das Einmachglas fehlen – wir wissen also, wo der Bursche sich herumtreibt.

Die Mammi befiehlt die Groß-Fahndung. Ich mache mich zu Fuß auf den Weg, die Ruth schwingt sich aufs

Rad und die Meisterin läßt den Motor an. Aber noch ehe sie losbraust, biegt etwas um die Ecke, das bei genauer Prüfung doch unser Stefan sein muß. Nur ein Viertelstündchen war er unterwegs, aber wie hat er sich verändert! Kein trockner Faden ist mehr an ihm, dafür in pfundschweren Klumpen jener übelriechende Letten, der zwar an der Poesie unseres Schloßkanals mitdichtet, aber an Stiefeln, Hosen, Hemden und Haaren völlig ungereimt wirkt. Und doch, welch leuchtendes Auge blickt uns an (das andre ist von Lehm verklebt): In dem halb verschwappten Glase schwimmt, einen halben Daumen lang, ein Fisch, ein Fisch, ein selbstgefangener Fisch! Der ist gut und gern seine drei Hiebe wert, noch dazu wenn man, mit einer fingerdicken Kruste gepanzert, sie überhaupt nicht spürt.

Unter Brüdern

Vermutlich haben Kain und Abel, als sie noch klein waren, oft ganz nett miteinander gespielt. Sie werden es begrüßt haben, daß ihren Eltern das Paradies verschlossen war, weil dadurch die faden Sonntagsspaziergänge ausfielen.
Feindliche Brüder sind ein finsteres Kapitel, von den Dioskuren bis zum Bruderzwist in Habsburg, von Fafner und Fasolt, Baldur und Hödur bis zu den Brautwerbern von Messina – jeder Fall liegt anders. Daß der Romulus den Remus erschlug, davon redet kein Mensch mehr; und sogar die Wölfin, von der die Buben doch wohl ihr wildes Blut hatten, steht ehern und ehrenvoll auf dem Kapitol.
Den Thomas und Stefan aber hat die Mutter mit der Milch ihrer frommen Denkungsart gesäugt und mit Alete großgezogen; da ist eigentlich nichts zu fürchten,

wir können uns mehr an die freundlichen Brüder Grimm oder Humboldt halten. Zudem sind sie vier Jahre auseinander, das vermindert die Spannungen.
Eintracht und Zwietracht halten sich die Waage; anfangs freilich war Thomas nicht sehr begeistert; »das waren noch Zeiten«, meinte er, »als wir noch kein Brüderchen hatten! Ich habe gedacht, ich hätte was zum spielen, aber nichts habe ich, als Kummer und Sorge – wenn wir Hühner gekriegt hätten, gäbs wenigstens Eier!« Und später wachte er sorgsam darüber, daß Stefan, der »immer nicht« gehaut wurde, auch sein Teil bekäme. »Mich habt Ihr ganz gut erzogen, aber zu milde; das Brüderchen müßt Ihr strenger erziehen. Wenn ich in der Schule bin, dürft Ihr den Stefan am liebsten haben, sonst mich – und am Sonntag alle zwei gleich!«
Ströme von Liebe verteilen wir durch ein großartiges Kanalsystem auf die beiden Knaben, aber wir können nicht hindern, daß sich bald der Thomas »an den Rand der Familie gedrängt« fühlt, bald der Stefan finster erklärt: »Gut! ich weiß schon, Ihr mögt mich nicht, weil ich die Zweitgeburt bin!«
Aber derselbe Thomas verkauft seine so betonte Erstgeburt um ein Linsengericht, er schenkt dem Kleinen seine sorgfältig geschonten Spielsachen und weint dann freilich bitterlich, wenn sie innert acht Tagen zerfetzt sind. In jüngster Zeit sind sie sich allerdings im Ausschlachten alter Radios einig; Stefan, als skrupelloser und unwiderstehlicher Unterhändler wird zu allen Leuten geschickt, die noch solch einen verbrauchten Kasten besitzen – und dann ist wochenlang unsre ganze Behausung übersät von den Trümmern ausgedienter Volksempfänger, bis die Mammi draußen vor der Tür den großen Scheiterhaufen entzündet – das ist ja der Vorteil der Ölheizung, daß man nichts mehr in den Ofen werfen kann.

Am einigsten sind sie, wenn es gegen den Erbfeind, die Eltern, geht. Da erfahren wir oft zufällig, was wir unter Brüder wert sind. »Du, die fahrenn heute nochmal fort, sonst stünde das Auto nicht heraußen!« mutmaßt Stefan und Thomas rät, genau aufzupassen, wenn wir miteinander reden: »dann wissen wir alles!« »Kaum ist die Mammi erträglich, fängt der Papi an, unleidlich zu werden.«
Gelegentlich – es ist schon wieder lang her – rotteten sie sich auch zum offenen Aufruhr zusammen; das begann mit dem Absingen eines streng verbotenen, dem Heckerlied vergleichbaren Textes »Stinkulo und Stankulo ...«, Wort und Weise von Thomas Roth. Doch vermochten die rasch zusammengezogenen Regierungstruppen bisher immer noch, die Revolte im Keim zu ersticken.
Jeder Mensch hat eine Sehnsucht. Thomas kann, wie Palmström, nicht ohne Post leben. Er beschwört das kaum die ersten Buchstaben malende Brüderchen, ihm zu schreiben. Und wirklich setzt sich Stefan heimlich an die Schreibmaschine und tippt den ersten jener berühmten »Briefe, die ihn nicht erreichen«. Der Wisch fährt im Haus herum und ist, zwischen zahllosen Fehlanschlägen, etwa folgendermaßen zu entziffern: »Lieber Thomas ich erzähle dir einne Geschichte das Russessen. es war einmal ein armer mann ...« in einem schrecklichen Buchstabenwirrwarr erstickt der frühe Eifer.
In den ersten Weihnachtsferien aber – Thomas kommt aus der Klosterschule nach München, Stefan fährt an Neujahr in sein geliebtes Kinderheim auf dem Ingerlhof – bereitet Thomas alles für den erhofften brüderlichen Briefwechsel vor: er nimmt meine kostbarsten Umschläge (ein halbes Dutzend für die acht Tage der Trennung!), bemalt sie mit seiner sehr vorübergehen-

den Münchner Anschrift, frankiert sie ausgiebig und legt sie dem Stefan ans Herz und in den Koffer. Leider hat die Deutsche Bundespost wegen Nichtabsendung das gute Geschäft nicht machen können.
Ich habe mir zwar geschworen, keine rührenden Geschichten zu erzählen, aber eine sei doch erlaubt. Der Thomas ist wieder einmal besonders frech gewesen und obwohl ich aus der gelehrten Literatur weiß, daß Frechheit keine Charaktereigenschaft ist, sondern eine nach Zeit und Umständen begrenzte Art des kindlichen Verhaltens, bin ich böse mit ihm; ich verschließe mich der Einsicht, daß ein freches Kind nur ein leidendes Kind sei, ich fühle mich als leidender und beleidigter Vater; der kleine Stefan aber setzt sich für das Brüderchen ein: ich solle wieder gut mit ihm sein. »Gern«, sage ich, »aber da muß erst der Thomas ...« – »Ich weiß schon«, flötet Stefan mit seiner süßesten Schmeichelstimme, »aber gib ihm, bitte, Gelegenheit dazu!«
Was freilich nicht hindert, daß zehn Minuten später zwei erbitterte Boxer vom Ringrichter getrennt und in die Ecken verwiesen werden müssen.

Eine freundliche Person

Fräulein Antonie Hühnerbein, nicht alt und nicht jung, nicht hübsch und nicht häßlich, aber dringend verdächtig, so dumm zu sein, daß man besser gar nicht genauer nachforscht, ist die Liebenswürdigkeit selbst, immer bemüht, einem Freude zu machen, indem sie teilnahmsvoll nach allem sich erkundigt und etwas Artiges, Ermunterndes sagt. Sie kommt ab und zu auf Besuch zu uns.
Sie wundert sich aufrichtig, daß wir den Mut aufgebracht haben, uns ein Auto zu kaufen, wo es doch alle

Tage so gräßliche Unfälle gebe, sie beglückwünscht mich herzlich, daß ich mir nur den Fuß verknackst habe, wie leicht hätte ich mir den Hals brechen können.

Eines Tages kommt sie, als wirklich das Haus in heller Aufregung ist: es wird bereits finster, und Stefan, der Streuner, ist noch nicht heimgekommen. Wir rufen der Reihe nach bei den ausgefallensten Leuten an, ob sie ihn nicht gesehen haben, die Resi, die wir ausgeschickt haben, ihn zu suchen, kommt, allein und den Tränen nahe, zurück. Nun will sich meine Frau auf den Weg machen – oder sollen wir zuerst die Polizei verständigen, die Funkstreife alarmieren?

Wir stehen ratlos und mit zerreißenden Nerven unter der Haustür. Nur Fräulein Hühnerbein wahrt ihre sanfte Ruhe. Sie wolle da nicht weiter stören, sagt sie süß und verabschiedet sich: »Eigentlich«, meint sie milde, »eigentlich tuts mir recht leid um den Stefan. Er ist immer so ein liebes Kind gewesen!«

Der Dichter als Maler

Zum Malen und Zeichnen bin ich, weiß Gott, nicht geschickt; aber der kleine Stefan verlangt jeden Tag ein Gemälde von mir. »Mal Er mir die ganze Welt!« heißt es in dem alten Schulbuch-Gedicht von Balthasar Dunker, und Stefans Anspruch ist nicht viel geringer: »Mal Er erst das ganze Dorf und die Kirche drinnen!« Und davor ein Haus, das genau wie unsres aussehen muß, wehe, wenn ein Fenster vergessen ist!

Denn aus jedem Fenster muß ein Mitglied unserer Familie herausschauen. Zuvor jedoch heißt es, die nötige Landschaft hinzuzaubern, hochromantisch natürlich, aber zugleich ein für allemal bis ins kleinste festgelegt.

Im Vordergrund links ist ein See-Ufer mit landendem

Dampfschiff, rechts ein Bahnhof mit abfahrendem Zug. In der Nähe des Hauses hat ein Auto zu stehen, deutlich als unser neuer Volkswagen »Philipp II« zu erkennen. Hier ist Stefan mein strenger Lehrmeister, er kennt alle Autotypen und läßt keine Verwechslungen zu.

Den Mittelgrund bildet das Haus, sowie die in Bäumen halbverborgne Kirche; mein Auftraggeber hat mich Gottlob! noch nicht entlarvt, daß ich mit wucherndem Grün architektonischen Schwierigkeiten ausweiche. Immerhin, ein gotisches Fenster muß halb aus den Wipfeln lugen, damit man sehen kann, was im Gotteshaus vorgeht.

Der Hintergrund ist mit Tannenwäldern bedeckt, aus denen sich eine Alm mit Sennhütte und das wildgezackte Fels- und Eisgebirge erhebt. Ein Serpentinenweg darf nicht fehlen, er führt über die Alm hinaus zu einem Kapellchen, das von einem Glockentürmchen bekrönt ist. Auf den schroffen Alpengipfeln müssen Kreuze stehen. Und jetzt bricht eine strahlende Morgensonne, »aus technischen Gründen« genau so groß wie ein Zweimarkstück – wehe, wenn ich grad keins habe und auf Freihändigkeit angewiesen bin –, durch das Gewölke.

Stefan wendet kein Auge von all der Pracht, wie da sein schöpferischer Gott-Vater, freilich nicht ganz in der biblischen Ordnung, Himmel und Erde erschafft. Nun wird die Landschaft bevölkert: Ein Adler in den Lüften, Gemsen in den Klüften, Kühe auf der Weide, ein Hirsch am Waldrand, ein Hund auf der Straße, eine Katze auf dem Dach, ein Haifisch im See – ist auch nichts vergessen? Natürlich, das Pferd! Aber wohin mit dem Pferd? Es ist platterdings nirgends mehr Platz. Zum Glück ist da noch eine Lücke im Baumgrün, dahinter der Giebel eines Bauernhäuschens. Und da

mache ich so was wie einen Stall hinein und stelle das Pferd auf – es mißglückt mir jämmerlich. Ich schließe daher mit kräftigen Strichen die Stalltür, Stefan ist einverstanden, wir beide wissen ja, daß das Pferd drin ist.
Nun erst kommt die Hauptsache: der Mensch tritt auf den Plan! Dampfschiffkapitän und Lokomotivführer, Eremit und Sennerin – und jetzt die Bewohner des Hauses! Da schaut der Papi heraus und dort die Mammi, hier der Stefan, oben der Thomas, unten die Resi und ganz rechts der Landtagsabgeordnete Zillibiller, unser Hausgenosse. Noch sind ein paar Fenster frei, es muß also noch allerhand Besuch kommen. Mein Vorrat an Personal ist erschöpft – aber auf das Schiff, in den Zug, ins Auto und auf den Zickzackweg brauche ich auch noch Leute. Schließlich fange ich zu schwindeln an, wie weiland der Erfinder der »Toten Seelen«. Aber ich komme nicht weit, denn Stefan weist mir haarscharf nach, daß diese Figuren bereits an anderer Stelle untergebracht sind. Nur sich selbst nimmt er aus – da hat er nichts dagegen, daß er immer wieder auftaucht, daheim und unterwegs, in mancherlei Abenteuer verwickelt.
Denn, das muß wohl nicht eigens gesagt werden, die Zeichnung ist ja zugleich eine Art Tonfilm, und die Mahnung: »Bilde, Künstler, rede nicht!« wäre hier falsch am Platze. Wald und Wasser rauschen, Kühe brüllen, der Hund bellt, die Lokomotive pfeift, Glocken läuten ... bis uns die Mutter zum drittenmal zum Abendessen ruft.
Am andern Tag will Stefan ein andres Bild – vergebens schütze ich Zeitmangel vor und rate ihm, doch das Gemälde von gestern wieder anzuschauen. Oder ich schlage ihm ein Seestück, ein Stilleben, ein Porträt vor. Er ist begeistert – ich fange an. »Aber das Haus muß auch

drauf!« ruft er. »Und die Eisenbahn! ... Und das Auto ...« Er ist der geborene Mäcen mit kleinen Anregungen ... Es wird wieder das nämliche Bild, zu Dutzenden habe ich sie gemalt, ganze Wälder von Farbstiften sind dabei draufgegangen.
Irgendwann, kein Mensch kann eine Zeit sagen, wo er noch kommt, und eine, wo er nicht mehr kommt, bleibt Stefan mit seinen Bilderwünschen aus. Andere Dinge drängen sich vor. Und die Gemälde sind bald verschollen – kein Verlust für die Kunst.

Fürchtet Euch nicht!

Von Weihnachten her fährt ein glitzerndes Silberband herum, zehnmal lag es schon im Papierkorb, aber Stefan zieht es immer wieder heraus. Er läßt sichs kunstvoll um sein lockiges Haupt winden, er ist ein Engel und schwebt mit tausend Schnaxen und Faxen durchs Zimmer.
Beim Frühstück gibt er keine Ruhe: der Papi muß auch ein Engel sein! Er klettert an mir herauf, schlingt mir das Band um den Kopf, verlangt, daß ich wenigstens ein bißchen herumflattere. Ich bin nun wirklich ein Engel an Geduld, er schleppt mich vor einen Spiegel, ich muß mich überzeugen, wie ich als Engel ausschaue. Ich finde mich freilich einem alten Römer ähnlicher als einem himmlischen Boten, ich habe bald genug von dem kindischen Spiel, ich greife zur Zeitung, trinke meinen Tee und vergesse völlig meinen läppischen Kopfschmuck.
Auch der Stefan ist längst kein Engel mehr, sondern ein Bösewicht voller aufreizender Ungezogenheiten. »Jetzt habe ich es satt!« rufe ich zornig und stelle mich mit drohend erhobener Hand vor ihn hin. Er aber

strahlt mich furchtlos an, schüttelt die Locken und sagt, mit seinem süßesten Stimmchen, mild verweisend: »Engel hauen keine Kinder!«

WOLKENKUCKUCKSHEIMLICHKEITEN

Stefan ist ein Phantast. Ich will gar nicht lange Ausflüchte machen, sondern gleich ehrlich bekennen, daß er das von mir hat. Ich habe heute noch mein graues Haupt voller Flausen und Hirngespinste, und wenn ich mit dem Stefan allein bin, ist noch lange nicht ausgemacht, wer von uns beiden der größere Kindskopf ist. Nur die Erfahrung habe ich voraus; so manches unsterbliche Problem, das mir der Zauberlehrling vorlegt, habe ich schon hundertmal überdacht. Ich weiß, warum die Zeitung jeden Tag genau voll wird und warum nicht plötzlich alle Münchner gleichzeitig auf dem Starnbergersee Dampfschiff fahren wollen.
Über die Kleinkinderfragen sind wir hinaus; ich muß mir nicht mehr den Kopf zerbrechen, ob ein grünes Krokodil einen roten Schwammerling fressen kann, was die Biene (und sämtliche andern Tiere) sagen würde, wenn der Stefan kommt, warum die Sonne keine Ohren hat und was ich täte, wenn im Kanal acht Haifische geschwommen kämen.
Aber was ich täte, wenn ich ein Riese wäre, mit Beinen, so hoch wie die Frauentürme, das ist heute noch tieferer Überlegung wert. »Ein Riese«, erkläre ich dem Stefan, »hätte es in unserer Zeit gar nicht mehr so leicht, wie Du aus Deinen Märchenbüchern liest. Die Flieger würden ihn stechen wie die Wespen und mit Kanonen ...« »Er wäre ja unsichtbar!« wirft Stefan triumphierend ein. »Das hülfe ihm wenig, sie würden ihn mit Radargeräten anpeilen ...« Stefan ist tech-

nisch ganz auf der Höhe, er sieht sofort ein, daß ein Riese im zwanzigsten Jahrhundert einen schweren Stand hätte.

Er wendet seine Phantasie den unangreifbaren Inseln und den ganz geheimen, mit alten Schätzen und neuem Komfort ausgestatteten Höhlen zu; aber solch herkömmlicher Spielereien sind wir beide rasch überdrüssig.

Stefan hat auch höheren Blödsinn bereit: »Wenn Du schon ganz, ganz müde wärst und auf dem nächsten Kilometerstein lägen zehn Mark und dann auf jedem dreimal so viel als auf dem vorigen, wie weit tätest Du da noch gehen?« Während ich noch überlege, merkt er, daß die Aufgabe zu leicht ist: »Du müßtest mich auf den Schultern reiten lassen – weil ich schon zu müde wäre ...« Ich erinnere mich, wie meilenweit ich seinerzeit den Thomas noch getragen habe; jetzt könnte ichs nicht mehr. »Ich würde gleich heimgehen«, sage ich, »denn mehr als drei Kilometer könnte ich Dich nicht schleppen und hundert Mark würde ich mir leichter verdienen, wenn ich eine Geschichte über Deine Faxen schriebe.«

»Wer war eigentlich der Herr Einbahn?« fragt Stefan listig – und richtig, da steht »Einbahnstraße«. Er weiß es natürlich genau, aber ich sage ganz ernsthaft: »Justus Tiburtius Einbahn war ein Münchner Stadtrat, der sich zusammen mit dem Bürgermeister Sack um die Hebung des Verkehrswesens verdient gemacht hat.« Stefan ist kein Spielverderber; »aha!« meint er, und ich sage: jetzt weißt du auch, woher die Sackstraße ihren Namen hat!«

Drollige Namen sind überhaupt seine ganze Liebe. »Wie möchtest Du für tausend Mark heißen?« fragt er. »Nun, für tausend Mark höchstens Daxelhuber oder Spitznas.« Stefan steigert sein Angebot bis auf

eine Million; und ich, für so viel Geld zu allem Humbug bereit, kratze meinen gesamten Vorrat an schauerlichen Namen zusammen: »Horribiliscribilifaxfixlaudonzaunigelhinteroberunterniederschratzenstaller!«
»Oder, was noch?« fragt er, unersättlich. »Oder-Forschepiepespinnhirndoblervielweibwitschewatschenbaumhauer!«
Von der Mammi dürfen wir uns über solchen Albereien nicht erwischen lassen. Sie möchte, auch für eine Million, durchaus nicht Schluckebier oder Denkscherz heißen, obwohl doch Leute mit solchen Namen herumlaufen müssen, ohne einen Pfennig dafür zu kriegen. Sie ist überhaupt gegen solche Denkscherze und natürlich hat sie recht. Ich schäme mich ja auch, sie ausgeplaudert zu haben. Aber ich habs getan, damit sich die Vernünftigen entrüsten können – das tut doch jeder gern! – und damit die vielleicht doch vorhandenen Mitblödler sich trösten: Beichten haben immer etwas Befreiendes!

Hoffnungsloser Fall

Wir Eltern sind längst mit dem Essen fertig, aber der Stefan kaut und würgt noch, allein am Tisch, an seinem »Tiroler G'röstel« herum, Rindfleisch, mit Kartoffeln und Zwiebeln auf der Pfanne geschmort, die Mutter selbst hat es zubereitet, denn das Mädchen ist in Urlaub. Die Hausfrau ist gereizt, sie hat viel Arbeit, sie kehrt die Wohnung von oben nach unten, um festzustellen, daß es überall Winkel gibt, in die der Besen und das Staubtuch noch nie gedrungen sind. Alles muß man selber machen!
»Du mußt doch Hunger haben!« ermuntre ich den Stefan; »Du hast kaum was gefrühstückt und warst

vier Stunden in der Schule!« Er hat aber das Pausebrot wieder einmal erst auf dem Heimweg gegessen und hat keinen Appetit – auf das Tiroler G'röstel schon gar nicht. Er macht eine Reihe von Flucht- und Bestechungsversuchen, vergebens. »Was man sich herausgenommen hat, muß man essen, außer –« »Außer??« Er hofft umsonst. »Außer es sind so komische und neumodische Sachen wie gebratener Chicorée oder Thunfisch – aber hier, mein Sohn, kannst Du die Annahme nicht verweigern!« »Marsch jetzt!« setzt die Mutter streng hinzu.

Und sieh da, nach kurzer Zeit bringt er uns strahlend den leeren Teller in die Küche; er wird als braves Kind gelobt und wenn er jetzt gar gleich seine Hausaufgabe macht, ist eitel Wonne im Hause des Dichters.

Er geht in sein Zimmer, macht aber die Aufgabe mitnichten, sondern holt sich die heißgeliebten Märchen von Bechstein und liest sie, unterm Rechenheft halb verborgen, mit solchem Eifer, daß der herbeigeschlichene Vater erst seine neidvolle Rührung unterdrücken muß – solche Leser möchte er auch haben! –, ehe er mit Blitz und Donner den Bösewicht zerschmettert, das Buch beschlagnahmt und den Knaben in die öde Welt der Zahlen verweist.

Leider muß er schon bald darauf, aus halbem Mittagsschlummer das Ohr spitzend, Geräusche vernehmen, die vermuten lassen, daß Stefan sich keineswegs dem Einmaleins hingibt, sondern auf Kriegspfad gegangen ist. Der Vater erwischt den Sohn in dem Augenblick, wo dieser den verräumten Bechstein wieder in sein Zimmer holt.

Diesmal geht es an die Schmalzfedern, die empfindlichen Haare an den Schläfen. Stefan muß versprechen, nunmehr endgültig ein liebes Kind zu sein.

Noch hat er die Urfehde schwörende Hand in der des

Vaters, da stürzt die stöbernde Mutter herein und hält ihm zornig was unter die Nase: »Wo hab ich das gefunden!?« Stefan steht bolzengerade, ganz entgeistert da, faßt sich aber zu der verbindlich-klaren Aussage: »Das hast Du unter dem Sofa gefunden!« Ich sehe jetzt, daß es das Fleisch von heute Mittag ist. »Und wie ist es dorthin gekommen?« Stefan, statt einer Antwort, greift blitzschnell nach dem peinlichen Beweisstück: »Das ess' ich jetzt!« ruft er, froh entschlossen, dem großen Alexander gleich, der den gordischen Knoten durchhieb – und steckt das ganze Fleisch auf einmal in den weit aufgesperrten Mund. Die Mutter jedoch, mit dieser gewaltsamen Lösung des Problems nicht einverstanden, reißt es ihm aus den Zähnen: »Das kriegt die Maunzi – und Du: marsch ins Bett!«
Während er sich mehr maulend als zerknirscht auszieht, rede ich ihm ins Gewissen: »Nur ganz böse Bettler tun so was! Die jammern um einen Teller Suppe und dann schütten sie die gute Suppe unter den Fußabstreifer. Die holt aber auch der Schutzmann.« Stefan nickt tief bekümmert mit dem Kopf, sagt aber dazu ganz dreist: »Wenn grad einer da ist!«
»Und wenn die Mammi nicht gleich drauf gekommen wäre, was meist Du, wie das gestunken hätte?!« Das war ein pädagogischer Fehlschuß; denn Stefan lacht, daß es ihn nur so stößt. Es scheint, daß die Vorstellung von Gestank, er entstehe, wie er wolle, für Buben ungemein belustigend ist.
Jedenfalls, der Rolladen wird heruntergelassen, es ist finster; und finster rollt sich auch der Stefan in seine Decken.
Nach einer halben Stunde komme ich vorbei, horche, es ist mäuschenstill. Er hat heute schon besonderes Pech gehabt, denke ich mitleidig und will vorübergehen. Da sehe ich einen Schimmer, mache die Tür auf: Stefan

liest, liest, liest. Er hockt, kniet, liegt im Bett, völlig betäubt, er bemerkt die Hand des Vaters erst, als sie das Buch ergriffen hat, das verbotene, weggesperrte, mit Reuetränen benetzte und auf jede Gefahr hin heimlich wieder aufgestöberte Buch.
»Stefan!« rufe ich mit herzbetörender, milder Trauer. Er aber sagt nur vorwurfsvoll: »Es ist doch noch so früh!«

WETTERWENDISCHES GEMÜT

Daß man Kindern nichts versprechen soll, was man nicht halten will, weiß ich auch – und nie noch habe ich den Stefan angeführt, oder ihm, wie das Volk sagt, einen Strohhalm durch den Mund gezogen. Weil wir schon beim Strohhalm und bei den Sprichwörtern sind: Lieber würde der Stefan ertrinken, statt an den besagten Strohhalm sich zu klammern – er ist, Gott weiß warum, von einem düsteren Mißtrauen erfüllt; ich kann ihm etwas noch so fröhlich versprechen: ein Buch, eine Reise oder auch nur eine Sperrholzplatte für seine Laubsägerei – auf einen kurzen Blitz der Freude folgt sofort der grollende Donner der Kümmernis: »Das krieg ich ja doch nicht! Du willst mich nur tratzen!« murrt er und schleicht hängenden Kopfes davon, keinem guten Zuspruch mehr zugänglich, ja, selbst das Gelöbnis, morgen oder gar heute noch das Gewünschte zu beschaffen, müde zur Seite schiebend.
Neulich sollte ich an einem Samstag in Augsburg und am Montag drauf in Stuttgart vorlesen. Und da der Stefan ein bedeutender Heimatforscher zu werden verspricht, der alle Münchner Bilder aus Zeitungen und Kalendern herausschneidet, wollte ich ihm auch einmal die schöne Schwesterstadt zeigen. Ich sprachs mit meiner Frau ab, ich konnte ja den Buben am Sonntag abend

in die Bahn setzen, die ihn züglich-unverzüglich in die Arme seiner Mutter bringen würde.
Nun, beim Frühstück, freue ich mich schon darauf, den Stefan mit meinem herrlichen Plan zu überraschen: »Willst Du mit nach Augsburg fahren?« Kurzes Aufleuchten, düstere Bewölkung. »Danke, nein!« sagt er mit eisiger Höflichkeit. Die Mammi bestätigt die Glaubwürdigkeit meines Vorschlages. Und ich weiß doch, wie brennend gern er eine kleine Reise machen würde, mit dem Zug fahren, in einem echten Hotel übernachten, eine fremde Stadt besichtigen. Aber er sagt finster: »Danke, nein, habe ich gesagt – das muß doch genügen!«
Er rollt sich wie ein Igel zusammen – ich rede mit der Mammi, als ob gar kein Stefan da wäre. »Wir könnten den halb-ein-Uhr-Zug nehmen«, sage ich, »den kriegen wir leicht, nach der Schule!« »Ja, und am Sonntag, um sechs Uhr, kann er wieder zu Hause sein.« Stefan linst mit einem Auge herüber; sollte doch etwas Wahres an der Geschichte sein? Ich sage zur Mammi: »Ich muß dann nur noch ans Hotel ›Weißes Lamm‹ schreiben, daß ich statt des Einbettzimmers ein Zweibettzimmer brauche« – »oder wenigstens eine Kinderschlafgelegenheit«, ergänzt meine Frau. Stefan, der Igel, rollt sich halb auf, beinahe glaubt ers schon selber, daß er mitdarf.
Unglücklicherweise belaste ich diese Hoffnung mit einer kleinen moralischen Zuwaage: »Also, wenn Du die Woche über lieb bist und fleißig Klavier übst, fahren wir am Samstag nach Augsburg!« Sofort wittert er in dieser Bedingung einen tückischen Vorbehalt und sagt trotzig: »So viel Klavier üben kann ich gar nicht; und am Samstag sagst Du ganz einfach, ich wäre nicht lieb gewesen und dann fährst Du allein!« Und rollt sich wieder zusammen.

Es ist, um aus der Haut zu fahren. Bald himmelhoch jauchzend, bald zu Tode betrübt, schwankt er durch die Woche. Noch am Freitag abend, als sein Köfferchen gepackt wird, mault er uns was vor, daß er an diese Scheinvorbereitungen nicht glaube. Endlich, am Samstag, verfrachtet uns die Mammi an den Zug; es ist höchste Zeit, denn noch auf dem Heimweg von der Schule hat er getrödelt, »weil er ja doch nicht mitdarf!«

Jetzt freilich ist er selig. Die armen Kinder von heute, die immer mit dem Auto fahren müssen, wie glücklich sind sie in der Eisenbahn, in einem echten Schnellzug: wenn sie auch nur bis Augsburg mitfahren, der Zug geht nach Stuttgart, wo der hohe Fernsehturm ist, nach Bonn, wo der sagenhafte Herr Adenauer herrscht, nach Köln, wo der Kölner Nikolaus wohnt, nach Münster, wo sie die bösen Männer in einem Käfig auf den Kirchturm gehängt haben – die weite, wunderbare Welt tut sich auf; und die nahe natürlich auch, auf dem Bahnhof, unter der Hackerbrücke durch, über die Amper, über den Lech – ehe wir uns recht besinnen, sind wir in Augsburg.

Der Herr Ackermann holt uns ab, der rührendste Kinderfreund, der sich denken läßt. Es werden zwei Märchentage, Wunder über Wunder. Wir essen, dicht am Perlachturm, hoch droben über den Dächern, wir gehen zum uralten Dom mit der berühmten Tür, wir spazieren durch die Traumstadt der Fuggerei, wo eine alte Frau, wie eine Zauberin, bunte Starenhäuschen feilhält. Am Abend darf der Stefan (natürlich nur, weil wir sonst nicht wüßten, wohin mit ihm) mit in die gewaltige Weberei, wo der Papi in der großen Werkshalle den Arbeitern auch eine Geschichte von ihm vorliest; er sitzt da und strahlt. Und am Sonntag das herrliche Schaezlerpalais, die große Maximilianstraße mit ihren Brunnen, die hochgewölbte Kirche Sankt Ulrich, sonnendurchglänzt. Die kleinen Gassen, durch die zwei Frauen ein Leiterwäglein mit riesigen Zwetschgendatschi ziehen, wie sie weder der kundige Vater noch der gebürtige »Datschiburger« je gesehen haben.

Die alten Herrn sind zu Tode erschöpft von dem vielen Herumlaufen, aber der Stefan, unersättlich, hüpft wie ein Böcklein durch die zauberhaft schöne Stadt. Alles Gewölk ist von ihm gewichen, er freut sich seines Daseins, er sagt: »Wenn es so weitergeht, habe ich eigentlich ein glückliches Leben gehabt!«

Als der Vater am späten Abend von Stuttgart aus die Mammi anruft, ob der Stefan gut heimgekommen sei, sagt sie: »Ja, schlafend, wie Odysseus nach seinen Irrfahrten; er ist gar nicht richtig aufgewacht, bis wir ihn ins Bett gelegt haben.«

Dem heimgekehrten Vater kann Stefan gar nicht genug erzählen von der Pracht und Herrlichkeit Augsburgs. Er dankt ihm auch, mit rührender Zärtlichkeit. Aber drei Tage später: »Ich darf ja doch nicht! ...« Als Meteorologe tut man sich schwer mit ihm ...

Anfang der Wissenschaft

Auf den Brettern – die *mir* die Welt bedeuten – stehen viele Bücher, ganz unten am Boden die schweren Bildbände, oben, in Kopfhöhe und darüber, die hohe Literatur. Das ist auch für den sechsjährigen Stefan praktisch, der seine Lieblinge gleich zur Hand hat; er weiß von jedem Buch, wo es steht. Freilich, wenn er eins nicht findet, wird die Sache schwierig, denn Titel und Verfasser hat er sich natürlich nicht gemerkt. Da gibt er mir denn Rätsel auf, die scharfes Nachdenken

verlangen. »Du weißt es schon!« sagt er, »ich will das Buch haben, wo die Weltreisenden drin sind!« – Ich habe keine Ahnung. »Was ist denn noch in dem Buch?« »Ich weiß nicht!« »Dann werden wirs auch nicht finden!« »Der Bub ist drin, der das Schwein rasiert!« »Aha, Du meinst den Oberländer?« »Ja!« Und strahlend zieht er mit seinem Buch ab.
Viele hundert Bücher sind im Krieg verloren gegangen, aber gottlob!, die Bestände wachsen nach; aber auch meine Lieben wollen ihre Bibliotheken gründen, die Mammi darf sich holen, was in ihr Zimmer paßt, der Thomas hat bereits einen gewaltigen Schatz angehäuft, aber er ist emsig bemüht, ihn noch zu mehren. »Laß doch den kindischen Wilhelm Busch nicht unter Deinen Büchern stehen«, schmeichelt er, »ich bin gern bereit, ihn Dir abzunehmen!« »Gut, wenn Du dafür die noch kindischeren Bücher dem Stefan gibst.« Schweren Herzens willigt er in den Ringtausch ein.
Oft suche ich ein Buch bis zum Wahnsinnigwerden. Ich weiß doch ganz genau, wo ich es stehen habe. Zuletzt, leider immer wieder sehr spät, kommt mir die Erleuchtung: Beim Thomas oder beim Stefan steht es; nicht etwa nur vergessen und nicht zurückgestellt, nein, schön in der Reihe seiner Rücken, einverleibt für alle Zeiten. Ich lasse es auch stehen, Hauptsache ist ja nur, daß ich weiß, wo.
Ich kann an dieser Stelle einen neidvollen Seufzer nicht unterdrücken: wie arm an Büchern waren wir, wie reich, wie gefährlich reich sind unsre Söhne! Alle Wunder der Welt strömen in farbigen Bildern auf sie zu – ich war als Kind ausschließlich über China unterrichtet, ein gewandter Reisender hatte meinem Großvater ein Prachtstück über den Boxeraufstand aufgehängt – das Buch schlechthin, das er, höchst verdrossen, besaß. Thomas hat gelesen, daß wir meinten, noch mehr lesen

kann ein Bub nicht. Er hat sich an seine Kinderbücher gehalten, er kannte sie alle – bis auf den Karl May, den er immer wieder zurückwies. Kein Indianerheft, kein komischer Streifen, kein blutrünstiges Abenteuerbuch ist je in unser Haus gekommen, die Flut der Illustrierten ist an unserer Schwelle verbrandet.

Stefan ist noch lesewütiger, zugleich aber anspruchsvoller als sein Bruder. Es sind schon tiefsinnige Betrachtungen darüber angestellt worden, was vorteilhafter sei, der ältere zu sein, oder der jüngere. Jedenfalls hat Stefan das reiche literarische Erbe des Thomas, anfänglichen Einsprüchen zum Trotz, entschlossen angetreten und vom Doktor Dolittle bis zu den klassischen Sagen von Gustav Schwab alles in einem Zug ausgefressen, um, mit seinen höheren Zwecken wachsend, sich früh den väterlichen Reichtümern zuzuwenden.

Der große Brockhaus war, ein ganzes Jahr und noch viel mehr, die treue Liebe meines Sohnes. Verbieten? Ich dachte nicht daran; es wäre ja auch aussichtslos bei zwei-, dreitausend Büchern, die im ganzen Haus herumstehen. Und schließlich hatte auch der Thomas aus dem harmlosesten Band, altdeutschen Meisterbildern, ausgerechnet die Beschneidung Jesu herausgefischt und uns sehr dringlich um eine Erklärung gebeten.

Am Anfang war das Chaos. Der Stefan kam mit den wunderlichsten Fragen, ob der Bismarck giftig sei oder warum der Schopenhauer nur sechs Bücher geschrieben habe. Aber bald wurde Licht, nicht auf einen Schlag natürlich. »Frag mich was!« war Stefans unaufhörliche Bitte, in jeder freien Minute quizten wir drauf los, der Bursche wurde eine Landplage, es war ärgerlich und lustig zugleich, wie er an einem Tag von Lessing bis Lokomotiven alles gelesen hatte, einen sumsenden Kopf voll.

»Stefan«, rief ich ihm zu, »schau die schöne Sonne!« Blutrot und riesig ging die Wintersonne unter. »Da brauche ich gar nicht schauen, Sonne steht unter ›S‹ im Lexikon!«
Zum Trost sei es allzu besorgten Gemütern gesagt: es verliert sich wieder, eine Kinderkrankheit, wie die Masern.

Der Weinkenner

Wir hatten abends Gäste, ich holte eine Flasche Wein aus dem Keller, das Schildchen erweckte Vertrauen, aber beim ersten Schluck schmeckten wir, daß es nicht gerade ein Edelgewächs war. Alles schwieg, die Gläser niedersetzend, hochachtungsvoll. Nur Stefan, der auch sein Becherchen bekommen hatte, sprach seine Meinung mit schöner Überzeugung aus: »*Den* Wein mag ich nicht!«
Das sprichwörtliche Lachen erscholl, ein Wort gab das andere, schließlich erbot sich der Knirps, wenn *er* in den Keller dürfte, wollte er schon den rechten Wein bringen. Wir lachten ihn aus, er konnte ja noch nicht einmal lesen; und wenns hoch kam, hatte er drei- oder viermal einen Fingerhut voll Wein bekommen. Stefan aber ließ sich nicht irre machen: »Weißt Du, ein Rad und ein Löwe müssen auf der Flasche sein!«
Noch nie habe ich ein Rad oder gar einen Löwen auf einem Etikett gesehen. Aber gut, ich nehme den kleinen Mann mit in den Keller hinunter und zeige ihm vorweg das Häufchen der besseren Sorten im Winkel. Er sucht nicht lang: »Da!« Und wahrhaftig, winzig klein, aber unleugbar, ist die Schutzmarke zu sehen: Ein Zahnrad und ein Löwe. Es war schlechthin der Spitzenwein meines Kellers, ein Rheinhesse, Trocken-

beerauslese, von den sechs Flaschen, die ich besessen hatte, waren fünf im Laufe von anderthalb Jahren bei besonders festlichen Anlässen geleert worden. Die sechste und letzte mußte ich nun wohl oder übel mit hinaufnehmen – denn mit einer faulen Ausrede konnte ich nicht gut vor meine Gäste treten, einen solchen unbestechlichen Kronzeugen an der Hand.

HAARSCHNEIDEN

Endlich haben wir uns entschlossen, die blondhinwallende Lockenpracht Stefans der Schere preiszugeben. Er selbst verlangt es am dringlichsten, denn es kränkt ihn, daß ihn die Leute für ein Mädchen halten: »Ich bin kein Mädchen!« wehrt er sich; »haben vielleicht die Mädchen ein Hosentürl? Aber ich hab eins!«
Die Mutter hat ihn also zu dem weitberühmten Herrn Kneißl gebracht und jetzt steckt er seinen frischgeschornen Kopf in die Tür meines Zimmers herein – der erschreckende Anblick eines wahrhaft gescherten Lausbuben mit gewaltigen Ohren.
»Nun, wie wars beim Haarschneiden?« frage ich heiter. Aber Stefan ist sehr ungnädig aufgelegt. »Das weißt Du doch selber!« raunzt er, »Du hast es doch fünfzigmal schon erlebt – was, fünfzigmal? Tausendmal!«
»Nun, tausendmal gerade nicht«, sage ich und bin selbst gespannt, zu überschlagen, wie oft ich mir in meinem rund sechzigjährigen Leben die Haare habe schneiden lassen – die Kriegsjahre mit dem militärischen Kurzschnitt doppelt gezählt. »Also, vier- bis fünfhundertmal wirds wohl gewesen sein!« schätze ich; »aber, weißt Du, aufregend ist es ja nur das erstemal. Der Thomas ...«

»Das hat mir die Mammi schon erzählt«, winkt Stefan ab; »der Thomas war ja auch damals viel kleiner, den habt Ihr nicht so lang als Mädchen herumlaufen lassen, wie mich. Der hat es eben noch nicht gewußt, daß ihm der Mann mit der Schere gar nichts tun *darf!* – *nur* die Haare schneiden!«

Ein Irrtum

Der sechsjährige Stefan hat gewaltig gegen seinen sechzigjährigen Vater aufrebellt. Milde Worte sind wie Tropfen auf den heißen Stein seines verhärteten Gemüts, auch kräftiges Schimpfen verrollt nur wie Echo im starren Fels seines Trotzes. Da er sich weder bei seiner Ehre noch bei seiner Vernunft packen läßt, ergreife ich seinen Schopf, die sogenannten Schmalzfedern, und während ich ihn richtig beutle, öffnen sich die Schleusen seines Herzens meinen eindringlichen Ermahnungen, er schmilzt dahin, das Weinen stößt ihn, durch Tränen schaut er mich an und hebt die Arme gegen mich auf.
Ich bin gerührt, siehe, seine Seele ist gerettet, verzeihende Liebe darf nicht länger zögern, ich beuge mich zu ihm hinunter, ich weiß, er wird sagen, schluchzend sagen, daß er wieder brav sein will – und alles ist gut.
Gleich wird er mich umarmen. Seine lieben Händchen sind schon an meinem Haupte, mein Ohr ist an seinem bebenden Munde ... Da packt er mich an den Haaren – und auch er weiß, daß sie an den Schläfen am empfindlichsten sind – und er reißt nicht schlecht an meinen ergrauenden Locken: »Meinst Du, daß das nicht weh tut?« keucht er mich zornig an, und ich bin so entgeistert, daß ich noch eine ganze Weile ziehen lasse, ehe ich begreife, was da vor sich geht.

Meine Frau, die auch in Erwartung einer rührenden Familieszene daneben steht, lacht laut hinaus – jeder Erzieher wird mir beipflichten, daß das das Ungehörigste gewesen ist, was sie tun konnte. Aber, so entschuldigt sie sich später unter vier Augen, noch nie habe sie ein so dummes Gesicht gesehen wie das, das ich in jenem verworrenen Augenblick gemacht habe.
Und nun frage ich euch, meine grundgescheiten, unfehlbaren Meister der Kinderzucht: was hättet *ihr* getan?

Sammelsurium

Freud und Leid eines Kunstsammlers

Zum Geleit

Wunderlich genug kommt es mir vor: eben noch bin ich als »junger Dichter« angesprochen worden und auf einmal soll ich ein alter Sammler sein, der als Jubilar die Früchte auch dieses Zweiges von seinem Lebensbaum vorlegt – die Blätter habe ich wohlweislich für mich behalten.
Die Menschen sind verschieden; die einen (wenigeren) suchen sich zu sammeln, die andern (mehreren), sich zu zerstreuen. Ich aber habe mich durch Sammeln zerstreut. Allerdings – »Zeitvertreib« schlechthin ist das nicht gewesen; es kann ja auch nur ein Tölpel die Zeit, das Kostbarste, was es gibt, vertreiben wollen. Aber mein sechzigster Geburtstag belehrt mich, daß ich doch beklagenswert viel Zeit im wahrsten Wortsinn vertrödelt habe.
Meinem Freund und Verleger Carl Hanser danke ichs, wenn meine Bemühungen nun doch nicht ganz eitel geblieben sind. Ein Buch rechtfertigt heutzutage alle Sünden. Die ganze, oft so heillose und kostspielige Sammlerei kann ich als Vorstudien zu diesem Buch betrachten – und meine bescheidnen Kunstschätze verbleiben mir obendrein.
Nur die wenigsten meiner Leser werden Sammler – und die Sammler werden nicht alle meine Leser sein. Denn was schert einen, der nur auf Zinn oder Porzellan erpicht ist, was ich über Zeichnungen und Bilderbögen schreibe? Und doch soll auch der Nichtsammler Gewinn aus diesen Seiten ziehen und wärs auch nur die Lust, kein solcher Narr zu sein wie ich. Die Sammler aber mögen meine graphischen Ausführungen, sozusagen vom Blatt weg, ins Bibliophile, Keramische oder Möblierte übersetzen –, sie werden sehen, daß Freud

und Leid des Kunstsammlers sich überall gleichbleiben. So schenke ich – leider nur im übertragenen Sinne, denn um den Ladenpreis kommen wir nicht herum – dieses Buch allen Freunden, wie es mir selbst auf den Geburtstagstisch gelegt worden ist!

München, 24. Januar 1955
Eugen Roth

DIE SAMMLER

STECKENPFERD

> Das Steckenpferd ist das einzige Pferd,
> das über jeden Abgrund trägt. *Hebbel*

In unserer stark motorisierten Welt ist jedes Auftauchen von Kavallerie begrüßenswert, auch wenn es sich nur um Steckenpferdreiterei handelt. Diese Steckenpferde sind, wie uns der auch im Doktor Faustus zitierte Fachmann Emil Preetorius versichert, »enorm wischtich!« Sie haben es sogar mit den Apokalyptischen Reitern aufgenommen, wenn auch viele gestürzt und auf der Strecke geblieben sind.
Bei volkstümlichen Rennen haben wir's oft erlebt, daß alles die Bahn entlang mit herausgehängten Hälsen schaut. »Jetzt kemmas'!« heißt's. Aber was kommt? Ein Hund läuft unzeitgemäß in jeder Hinsicht an den Menschenmauern dahin und brausendes Gelächter empfängt ihn.
So ist's auch jetzt: Wir warten auf die Apokalyptischen Reiter, es ist schwarz vor Volksgewühl und Pessimismus, Wolken von Gerüchten hängen über dem Schauplatz – und was kommt daher? Ganz allein? Das Stekkenpferd, geritten von einem Kind, einem ewigen Kind!
Hurrah! schreien alle und lachen.

DER ENTSCHEIDENDE ANSTOSS

Am meisten vermag die Geburt – was also läge näher, als von den *geborenen* Sammlern zu reden. Aber sie sind nicht mit Zuverlässigkeit festzustellen. So verschiedene Naturen wie Faust und Wagner hatten den *Sammeltrieb* in sich, Faust freilich hat sich mit Hilfe der zweiten Seele, die in seiner Brust wohnte, befreit, während Wagner elend im Staub erstickte. Den Urväterhausrat hat Faust von seinem Vater übernommen, das Erbgut, das »Milieu« also, hat ihn zum Sammler gemacht. Aber auch das stimmt nicht immer: Viele Söhne haben die wohlangelegten Kollektionen ihrer Väter mir nichts, dir nichts versteigern lassen, ohne sie auch nur eines Blickes zu würdigen, und umgekehrt sind große Sammler aus Familien hervorgegangen, die außer der Bibel nicht ein einziges Buch besaßen.

Im kindlichen Alter, beginnend mit der Hosentaschenzeit, wird wohl jeder Mann von einem Eifer des Zusammentragens erfaßt, der sich bis zur *Sammelwut* steigern kann, die aber ohne jede Gesundheitsstörung wieder verschwindet und genau so harmlos verläuft, wie der lyrische Trieb, über den neunundneunzig Erwachsene mitleidig lächeln – nur der hundertste wird ein Dichter.

Schusser, Werbebilder, Versteinerungen, Briefmarken – wer hätte sie nicht gesammelt? Doch haben sich, zum Glück, die Keime dieser Krankheit wieder verkapselt. Vermutlich bedarf es, zur Entwicklung über das Knabenalter hinaus, eines entscheidenden *Anstoßes*; der Mediziner würde vielleicht von einem Trauma sprechen. Nebenbei gesagt, auf die seelischen Wurzelausgraber sind die Sammler im allgemeinen schlecht zu sprechen; denn die behaupten auch, Sammeln sei eine Ersatzhandlung, eine Folge von Verdrängung – wir wollen gar nicht aufführen, was sie sonst noch alles sagen.

Die Sammlerfreunde

> Denn jedem Sammler gab ein Gott
> Den Konkurrenten bei!

So möchten wir in Abwandlung des tausendjährigen deutschen Volksliedes sagen; der Konkurrent ist auch der Kamerad.

Homo homini deus – sagen die einen, lupus, sagen die andern; dem Sammler ist der Mitmensch beides, Gott und Wolf. Ein Gott, wenn er ihn wie ein Vater in das Reich der Kunst führt, anbetungswürdig und zu frohem Glauben verpflichtend, wenn er ihm ein fragwürdiges Blatt als unbezweifelbar echt und wertvoll bestätigt, aber ein Wolf, wenn er in die Herde unsrer Schäflein einbricht und eins ums andre zerreißt mit unbarmherzigem Urteil. Ein Wolf, wenn er, hungrig wie wir, durch die verödenden Steppen des Kunstmarkts streift und uns die magere Beute wegschnappt.

Der Mensch bedarf des Menschen sehr zu seinem großen Ziele; ohne den Mitsammler wären wir verloren in einer fremden Welt, denn alle Kunst und alles Sammeln ist ja nur eine freundliche Übereinkunft der Eingeweihten. Die Sammler hat ein weiser Mann eine »Bruderschaft des Auges« genannt. Und wirklich gehören sie einem Geheimbund an, der ungeschriebne, aber mächtig bindende Satzungen hat. Ein wildfremder Herr kann uns um eine Auskunft über Nürnberger Bilderbogen schreiben, wir werden ihm freundlich und ausführlich antworten, postwendend, wie sehr wir auch mit Arbeit überhäuft sein mögen. Dem unangenehmsten Burschen werden wir auf seinen Wunsch unsere Spitzenbilder zeigen, wenn er ein Sammler von Rang ist. Ja, zwei Todfeinde, im Morgengrauen zum Kugelwechsel entschlossen, würden die Waffen noch einmal sinken lassen, wenn sie der Sekundant um ihre Entscheidung anginge, ob ein Blatt von Fohr glaubwürdig sei oder nicht.

FREUNDE DES SAMMLERS

Die Freunde des Sammlers sind auf keinen Fall mit den Sammler-Freunden zu verwechseln. Die Freunde des Sammlers aber sind Menschen, die mehr oder minder teilnahmslos der närrischen Liebhaberei gegenüberstehen, die ein sonst ganz umgänglicher Kerl betreibt, mit dem sich im übrigen gut schwatzen, trinken und wandern läßt.
Sie sind es, die in Scherz und Ernst dem Unglücklichen immer wieder den Rat geben, das ganze Zeug zu verklopfen und sich lieber ein Auto zu kaufen (mit dem nämlich auch *sie* fahren können!), die auf geheime Verabredung seine Sachen schlechtmachen und auf jene auftrumpfende Frage: »Was meinen Sie, daß ich für dieses Blatt bezahlt habe!?« mit eiserner Stirn eine unverschämt niedrige Summe nennen.
Diese Freunde sind ungemein witzig und erfindungsreich. Zeigen wir ihnen ein ganz rares Blatt von Fohr, so greifen sie sich an die Stirn mit der halblauten Frage: »Wo hab ich denn neulich eine ganze Mappe solcher Dinger gesehen?« Und es will ihnen trotz aller Drohungen, die wir, an der Grenze des Wahnsinns, gegen sie ausstoßen, leider durchaus nicht mehr einfallen.
Sie haben einen Onkel in Wemding, bei dem ein Aquarell von ... heißt er nicht Olivier oder so? ... hängt, aber der gibt es nicht her. Und eine Tante in Neidenfeld hat auf dem Speicher noch die Briefe aus ihrer Brautzeit, der Onkel war Schiffskapitän – da müßten allerhand Marken drauf sein, aber mein Gott, bis man die findet! Vielleicht, wenn man selber einmal hinführe!

Das unglückliche Opfer reist nun Tag und Nacht in Gedanken nach Neidenfeld und gräbt im Speicherkram, bis zur Erschöpfung, schweißtriefend, sofern man im Geiste schwitzen kann.

Damit ist ihr Arsenal aber noch keineswegs erschöpft. Sie schicken uns verbummelte Genies ins Haus, die mit großen, verheißungsvollen Mappen ankommen: »Herr Doktor Haberstich hat mich an Sie empfohlen, Sie täten Aquarelle kaufen!« Edler Freund, denken wir gerührt, bieten dem Überbringer Schnaps und Zigarren an, entknoten selbst mit fliegenden Händen die Schnüre – es sind niederschmetternde Akte und scheußliche Studien, eigene Erzeugnisse, die uns mit einer teuflischen Beharrlichkeit angepriesen werden. Seufzend entrichten wir unsern Tribut an die zeitgenössische Kunst, denn unser Versuch, den Mann aufzuklären, daß wir nur Romantiker kaufen, werden mit dem stur wiederholten Hinweis entwaffnet, daß diese Blätter doch auch sehr romantisch wären.

Wir erhalten Postkarten und Briefe, darin uns die unbeholfen ausgedrückte, gleichwohl aber uns himmlisch anmutende Botschaft wird: »Hätte schöne Bilder, auf Papier gemalt, billig abzugeben, bin zwischen 1 und 3 Uhr immer zuhause, Ganslmeier, äußere Wiesenstraße 158 im Rückgebäude.«

Lieber Leser, spotten Sie nicht über unsere Tölpelhaftigkeit; nur ein Sammler weiß, wie wunderbar Gottes Wege sind.

Nur einmal solchem Angebot mißtraut und du kannst erleben, daß du beim Doktor Geyer phantastische Blätter findest, über deren geheimnisumwitterten Erwerb er selbst immer wieder den Kopf schüttelt: »Denken Sie, ganz draußen in der äußersten Vorstadt, ich habe keine Ahnung, wieso sich der Mann an mich gewendet hat ...«

Der Nichtsammler

Was ein Sammler ist, wissen wir: ein Mann, der beim Anblick von zwei oder gar drei verschiedenen Streichholzschachteln in den begeisterten Ruf ausbricht: »Was für ein prächtiger Grundstock für eine Sammlung!«
Über den Nicht-Sammler hat der Maler Max Unold ein paar Seiten geschrieben, gelesen hab ich sie mit Absicht nicht, damit er nicht behaupten kann, ich hätte von ihm abgeschrieben.
Hebbel sagt: »Wirf weg, damit du nicht verlierst!« Aber Orden hätte er doch gern gesammelt. Joachim Ringelnatz dichtet: »Erwirb dir viel und gib das meiste fort – zu viel behalten, hat den Wert von Sport!« Nun, vom Sammelsport (Denksport usw.) halten auch wir nicht viel, aber Ringelnatz hat es doch ernster gemeint: »Besitz macht ruhelos und bringt nicht Ruhm!« Von Lao-tse oder Diogenes wird niemand erwarten, daß sie große Fürsprecher des Sammelns gewesen seien. Aber Sie würden staunen, geneigter Leser, wenn ich vor Ihnen die Heerscharen der Nicht-Sammler aufmarschieren ließe. »Die Kunst«, sagt Jean Paul, »ist zwar nicht das Brot, aber der Wein des Lebens« – man sollte nicht glauben, wie viele Temperenzler es da gibt.
Wir Sammler müssen den Nicht-Sammlern geradezu dankbar sein, denn wo kämen wir hin? Wir haben es ja erlebt, wie es war, als alle Welt in den Atavismus der Urahnen zurückfiel, als wir wieder ein Jäger- und Sammlervolk wurden und auf Butter und Eier ausgingen! Es ist ein Glück, daß das Schlagwort: »Die Kunst dem Volke!« nicht eingeschlagen hat – niemand wäre schwerer getroffen worden als wir Sammler.
Die Welt im großen und die Nicht-Sammler im einzelnen sorgen dafür, daß die Kunst immer rarer wird – aber, was sie übrig lassen, das lassen sie dem Sammler

übrig, dem unheilbaren Narren, der im Zeitalter der Atombomben und Leihbibliotheken noch die Mühsal auf sich nimmt, unter dem Damoklesschwert des Finanzamts Besitz anzuhäufen, der eine Last ist, weil er ihn ja nicht nützen kann wie ein Auto, das überdies auf Wechseln läuft und von der Steuer abziehbar ist.

Schnöde Besitzgier

Wer jemals den ungeheuern Andrang erlebt hat, dem etwa unsere staatlichen graphischen Sammlungen ausgesetzt sind, wer Zeuge war, wie Tausende von Kunstfreunden und Kennern hier sich die Blätter aus Begeisterung geradezu aus den Händen reißen, erst der kann die Abscheulichkeit eines Menschen beurteilen, der solche Blätter in sogenannten Kunsthandlungen kauft und sie erst nach seinem Tode der Öffentlichkeit schenkt, vielleicht aber gar die posthume Frechheit hat, die öffentliche Hand zu zwingen oder wenigstens zwingen zu wollen, eine offene Hand zu werden und Zeichnungen oder Stiche, die oft genug ohne den Sammler und seinen abgesparten Groschen für immer verlorengegangen wären, käuflich zu erwerben.
Der Gipfel der Besitzgier aber ist darin zu erblicken, daß (gottlob nicht allzuviele) Menschen sich erdreisten, einem lebendigen Kunstmaler, am Ende gar einem unbekannten Anfänger, Ölgemälde und Zeichnungen, um ein Spottgeld abzudrücken, Meisterwerke, die nach fünfzig, nach dreißig Jahren schon, wenn sie den Klauen der Sammler-Ungeheuer (meist erst nach ihrem Ableben) wieder entrissen worden sind, für Riesensummen verhandelt werden.

Üben, Üben!

Ein guter Geiger oder Klavierspieler muß täglich üben, um seine Fingerfertigkeit zu erhalten. Ein Kunstkenner müßte auch täglich üben, um nicht harte Fingerspitzen zu kriegen. Kaum setzt er ein paar Wochen aus, so wird er ungelenk. Die Sicherheit des Auges läßt nach, jene Kurzschlüsse des Gehirns, die blitzartigen Visionen: »das hast du in dem und dem Zusammenhang gesehen« stellen sich nicht ein, die Treffsicherheit des Urteils, die Geläufigkeit des Wortes, die Zuverlässigkeit des innersten Gehörs schwinden, kurzum, wir vergreifen uns, werden verwirrt und können nicht mehr vom Blatt lesen.

Lichtscheues Handwerk

Gelegentlich kommt es vor, daß Sammler infolge Heirat aufgeben. Sie wagen es nicht mehr, ein Verhältnis zu haben – zur Kunst nämlich. Gar wenn es nicht platonisch ist, sondern handfest und kostspielig. Sie gehen also, völlig würdelos, einfach hin und verkaufen, kurz vor Weihnachten, ihre ganzen Schätze, weil sich die Frau Gemahlin einen Pelzmantel wünscht und ihr Wunsch natürlich Befehl ist. Daß es später den armen Mann in der tiefsten Seele friert, weil er sich so entblößt hat, ist ihr gleichgültig.
Andere aber wagen nur noch heimlich zu sammeln. Wohl ihnen, wenn sie ein Büro haben oder einen guten Freund, der ihnen Hehlerdienste tut. Eine Zeitlang mag es hingehen, aber schließlich ist halt doch nichts so fein gesponnen – der gute Mann wird unvorsichtig, am hellichten Tag schleppt er seine Schätze in die Wohnung, durch ein Mißverständnis wird, trotz strengen

Verbots, der Händler einmal eine verräterische Karte schreiben – und alles kommt auf.

Nie darfst du einen solchen Unglücklichen in Gegenwart der Frau auf seine Erwerbungen hin ansprechen, nur im Sommer erlaubt er dir, als Strohwitwer, ihn zu besuchen!

Vielleicht gelingt es dem listigen Manne auch, seine Frau davon zu überzeugen, daß es sich um einen harmlosen, gar nicht teueren Sport handle. Er wird es machen wie meine verruchte Tante Johanna, die mit ihrer Modistin zuerst alles ausmachte, aus ihrem Geheimfond neun Zehntel des Preises vorauszahlte und dann in Begleitung ihres abgründig ahnungslosen Männchens bei ihr erschien. Der liebe Professor war dann immer ganz entzückt über sein Frauerl, das um zwanzig Mark ein so entzückendes Hütchen zu erstehen wußte, wo doch weit weniger schöne hundert und mehr gekostet hätten. Aber, selbst wenn einem das bis ans Lebensende (seiner Frau) gelänge, er sitzt halt doch auf seiner Sammlung wie auf glühenden Kohlen.

Wir raten ihm, ein offenes Geständnis abzulegen, ein Machtwort zu sprechen, in den Tisch reinzuhauen oder vernünftig und lieb mit ihr zu reden.

Aber wir haben leicht reden – wir kennen seine Frau nicht!

VERSAND

> An Bildern schleppt ihr hin und her
> Verlornes und Erworbnes.
> Und bei dem Senden, kreuz und quer,
> Was bleibt uns dann? – Verdorbnes!

Das ist ein Spruch von Johann Wolfgang von *Goethe*, ich habe ihn mir herausgeschrieben, aber nun finde ich die Stelle nicht mehr. Der alte Herr hat ja ständig An-

sichtssendungen von Künstlern und Kunsthändlern bekommen und im allgemeinen die Sachen auch brav wieder zurückgeschickt. In den Tag- und Jahresheften von 1808 finden wir freilich eine Stelle, die zeigt, wie schwer das dem feurigen Liebhaber oft geworden sein mag. Philipp Otto *Runge* hatte dem Dichterfürsten die Originalzeichnungen seiner »gedanken- und blumenreichen« Tageszeiten zur Begutachtung übermittelt. »Alles wurde dankbar zurückgesandt, ob man gleich manches, wäre es ohne Indiskretion zu tun gewesen, gern bei unsern Sammlungen zum Andenken eines vorzüglichen Talents behalten hätte.« Und an S. Boisserée schreibt er, daß Bescheidenheit eine Tugend sei, deren sich leidenschaftliche Sammler nicht immer befleißigen.
Zeitweise ging kein Brief hinaus, ohne »Bitte um gefällige Beiträge« für seine Handschriftensammlung, er setzte gar manchen Freund und Wohlwollenden in Kontribution, und ohne einen Taler ausgelegt zu haben, besaß er bald die wertvollsten Stücke. Der Herzog ließ aus den schönsten Urkunden die Unterschriften für ihn herausschneiden.
Doch wir schweifen ab. Wir wollten ja nur den Ansichtssendungen verschollener Zeiten eine Träne nachweinen!

DER ZWEITE

Julius Cäsar hat gesagt, er möchte lieber in irgendeinem Nest der Erste, als in Rom der Zweite sein. Er hat natürlich leicht reden gehabt, denn er ist in Rom der Erste gewesen. Aber recht hat er trotzdem gehabt, denn es ist scheußlich, der Zweite zu sein, auch als Sammler. Lieber gleich der Siebzehnte, Vierundfünfzigste und so weiter, so sich alles im Gewühl des Minderwertigen verliert.

Die Königin im Märchen mit ihrem Spiegelein an der Wand mag sich ähnlich gegiftet haben, wenn es immer hieß: »Schneewittchen über den sieben Bergen, bei den sieben Zwergen ist tausendmal schöner.« Sie hat ja deshalb das schöne Schneewittchen auch vergiftet. Wir Sammler nun sind nicht so böse, wir sind auch viel zu feig, um den einen, der tausendmal schönere Sachen hat, gleich umbringen zu wollen. Abgesehen davon ist es auch ganz aussichtslos. Mögen täten wir sogar vielleicht, wenn es ein bißchen märchenhaft zuginge.
Aber es geht leider höchst gewöhnlich zu und wir müssen unser Gift selber hinunterschlucken und manchem hat der Neid schon das Herz abgedrückt. Es ist aber auch grausam genug, immer hören zu müssen: »Recht nett, was Sie mir da zeigen, aber Sie sollten einmal die Sammlung vom Doktor Geyer sehen!« Wir *haben* sie gesehen! Und wir wissen, daß der Gast nur allzu recht hat.
Nun gut, in Handzeichnungen müssen wir uns begnügen, der Zweite zu sein, in Rom, Berlin oder München. Sollten wir Cäsars Rat befolgen und nach Wurmannsquick übersiedeln, nur um dort weit und breit die großartigste Romantikersammlung zu haben? Angenommen wir tun es, dann droht vielleicht unserer Spitzenbildchensammlung ein schreckliches Schicksal, denn der dortige Apotheker hat auf diesem volkskundlichen Gebiet eine Vormachtstellung errungen, die wir ihm nimmermehr streitig machen können.
Wenn wir die scheeläugige Frömmigkeit der Bibel hätten, könnten wir uns ja damit trösten, daß die Ersten die Letzten sein werden. Aber was hätten *wir* von diesem Tausch, wenn wir dann die Zweitletzten würden?

Wechselwirkung

Ich betrachte mit einem feinfühligen, grundgescheiten Kenner zusammen ein Blatt. Es ist von einem Unbekannten. Ich habe es oft angeschaut, aber bisher widerstand es allen Deutungsversuchen.
Auch mein Sammlerfreund weiß nichts zu sagen; er sucht angestrengt, schiebt es sozusagen in seinem Kopf hin und her. Plötzlich kommt mir eine Erleuchtung, ich sage: »Es könnte ein Blechen sein!« Nie vorher habe ich daran gedacht. Und der andre meint, ich könnte recht haben. Natürlich, es ist ein Blechen!
Keiner von uns hätte es für sich allein herausgebracht. Eine geheimnisvolle geistige Schwingung zwischen uns beiden hat die Erkenntnis ausgelöst.

Endsieg

Ich habe ein Blatt von Klein gekauft, Johann Adam Klein, ein entzückendes Aquarell; laut Beschriftung die Sennerin von der Königsalpe darstellend; nicht teuer.
Der erste, dem ich's zeige, ist der Doktor Geyer. Er wirft einen flüchtigen Blick darauf und sagt, ich sollte mich schämen, so was für Klein zu halten. Ich verteidige meinen Klein laut, aber unter seinen vernichtenden Beweisen bin ich fast daran, kleinlaut zu werden. Immerhin tue ich das Blatt in die gute Mappe.
Ein halbes Jahr später führe ich meinem Meister wieder meine bescheidenen Schätze vor. Er runzelt die Brauen, als er den Klein, statt in der Hölle seines Richterspruchs, noch unter den armen Seelen meiner Fegefeuerhoffnung erblickt. Aber er ist heute doch milder gestimmt: Es ist unwahrscheinlich; ganz ausgeschlossen

ist es nicht. Vermutlich ist es Scheftlmayer. (Alles, was der Doktor Geyer verdammen will, ist kurzweg Scheftlmayer.)
Ein halbes Jahr später sagt er, ich sollte ihm doch den Scheftlmayer zeigen, den ich für Klein hielte. Ein halbes Jahr später will er den Klein sehen, der doch wohl ein Sch-... Ein halbes Jahr später schlägt er mir einen Tausch vor: Er habe einen Schnorr, der möglicherweise bloß ein Schraudolph sei. Ich zögere, Ein halbes Jahr später bietet er mir für den Klein, der ja doch wohl ein Scheftlmayer sein könnte (welche Gefahr nimmt er großzügig auf sich!) einen Kobell an, der, nun ja, zugeschaut habe beim Malen niemand... Also, meintwegen!
Ein halbes Jahr später darf ich die besten Blätter vom Doktor Geyer wieder einmal anschauen. Und was sehe ich? Meinen Klein – ganz groß!

Der Glückspilz

Wenn ich wo mehr als drei Bäume beisammenstehen sehe, ergreift mich das Jagdfieber – nicht auf Hirsche und Rehe, nur auf Hirschlinge und Reherl (von Steinpilzen wage ich kaum zu träumen, geschweige denn zu reden!). Ich streune lechzend wie ein Hund im Wald herum, krieche durch das stachligste Unterholz und komme, schweißgebadet, mit magerer Beute bei meinen Freunden an, die inzwischen geruhsam den Weg entlang geschlendert sind und nun rufend und pfeifend auf mich warten. »Nichts gefunden!« sage ich enttäuscht, und mein Freund Emil, der so gar keinen Sinn und Blick für Pilze hat, deutet grinsend mit dem Spazierstock auf den Wegrand und sagt recht häßlich: »Wie wäre es mit dem da?« Und es ist ein Steinpilz mit einem Viertelmeter Durchmesser, würdig, in die

Redaktion des »Heimatboten« getragen und in einer Lokalnotiz gefeiert zu werden. Lieber Leser, was Sie auch sammeln, den Vers drauf werden Sie sich selber machen können: Wir verzeihen noch eher dem großen Gegner seinen Erfolg, als dem Tölpel sein Glück!

DIE GANZ GROSSEN

Nicht daß Sie meinen, ich kennte sie nicht, die Renaissance-Riesen und Scheckbuchgewaltigen, die Großwildjäger der Kunst und ihre listenreichen Aufspürer und Zutreiber: Ganz dicke Bücher habe ich über sie gelesen! Aber da ich nur ein dünnes Buch über die Sammler schreiben darf, will ich ihrer nicht weiter Erwähnung tun, so schwer es mir fällt, auf den Ruhm eines großen Wissenschaftlers zu verzichten. Denn aus *einem* fremden Buche abzuschreiben, mag geistiger Diebstahl sein – vom Dutzend aufwärts ist es bare Gelehrsamkeit.

TAUSCHEN

Kaum haben sich zwei Sammlerfreunde ein bißchen kennengelernt und einen tieferen Blick in ihre gegenseitigen Sammlungen getan, eröffnen sie auch schon ihre ersten freundlichen Feind-Seligkeiten: Sie schlagen sich gegenseitig – ausreden lassen! – sie schlagen sich gegenseitig Tauschstücke vor.

Handelt es sich um Randgebiete, so verläuft, unter ehrenwerten Männern, alles noch recht harmlos. Du hast eine Barockzeichnung, die ohnehin nicht recht in deinen Kram paßt, der andre hat ein Biedermeierbildchen, das eigentlich nicht in seine Sammlung gehört. Zwei Glückliche reichen sich unter heißen Segenswünschen die Hände; sie kommen sich beide edel, hilfreich und gut vor.

Aber schon geht es an die Mappen, in denen die wahren Schätze liegen. Da beginnt der Ernst, da reißen die Gewebe der Lüge entzwei: Du hast neulich noch mit gelehrten Mutmaßungen für möglich gehalten, daß es sich bei dem fraglichen Cornelius um die Handschrift des Meisters handeln könne, vielleicht um eine sehr beachtliche Jugendarbeit. Du hast einen freundlichen, ja sogar einen herausfordernd neidischen Blick auf das Blatt geworfen. Jetzt erklärt dein Gegner, daß er sich in Anbetracht des beklagenswerten Umstandes, daß du keinen Cornelius besitzest, von dem Blatt trennen würde, vorausgesetzt, daß du einen kleinen Fohr, der ihm nicht übel gefalle, dafür hergeben wolltest.

Jetzt erstarrt dir das Lächeln im Gesicht. Aber du hälst es krampfhaft fest, denn du brauchst es, gerade jetzt. Ein Ringen hebt an mit vorsichtigen und noch klauenscharfen Worten, du mutmaßest noch gelehrter als vorhin, du erklärst, daß du, wenn du schon nur einen einzigen Cornelius haben wolltest, nur einen ganz überzeugenden besitzen möchtest, du rückst, mit bescheidener Hartnäckigkeit, deinen Fohr ins schönste Licht und schwörst, daß du, wenn du nicht zufällig vier besäßest, nie davon lassen würdest. Hundert Ausreden türmen sich hüben und drüben zum Schutzwall, die Höflichkeiten beginnen vor Frost zu glitzern, die Versicherungen gegenseitiger Freiwilligkeit und des »Ganz wie Sie meinen!« nehmen kein Ende mehr.

Schließlich ist dann doch, Zug um Zug, der Tausch abgeschlossen. Ihn rückgängig zu machen, verbietet ein ungeschriebenes Gesetz.

Das Stück, von dem wir Abschied nehmen müssen, wächst ins Riesenhafte, die Sünde, es hergegeben zu haben, wird unverzeihlich, wie eine wider den Heiligen

Geist. Das Blatt aber, das wir entgegennehmen, ist wie durch Zaubergewalt arm und häßlich, ja, hassenswert ist es geworden und hat jetzt plötzlich Fehler, die wir noch einen Augenblick vorher nicht gesehen haben; ja, blind sind wir gewesen, übertölpelte Idioten, recht ist uns geschehen.

Unser Haß springt über, von dem Blatt auf den, der es uns aufdrängte. In der Nacht träumen wir vielleicht davon, wir unsererseits hätten den Gegner hereingelegt. Aber Träume sind Schäume: Wir raffen uns auf, in der Nacht, in der Nacht, wir schleppen unsere Neuerwerbung herbei, wir zerren an jedem Strick – gebrochen sinken wir in den unruhig zerwälzten Schlaf zurück.

Am andern Morgen – und so noch tagelang, aber leider zu spät, denn es ist unser! – werden wieder Handlisten und Nachschlagwerke zum Vergleich herangezogen, bis kein Zweifel mehr bestehen kann: wir sind ausgeschmiert worden!

Mühsam überbrückt menschliche Größe den harten Schlag, wenn wir unsern Gegner wieder treffen, erkundigen wir uns gegenseitig, sprechen uns unsere Versicherung, daß wir glücklich seien, wie Beileid aus. Wir sind es natürlich nicht, unglücklich sind wir, aber weiß Gott, auch der andre macht keinen sehr seligen Eindruck. Vielleicht, o Selbstgeliebter, denken wir, hast doch du den Burschen über den Löffel balbiert – wir halten nur immer den andern für sicherer und überlegener.

Dein neues Blatt beginnt dir zu gefallen. Du läßt es aber eine Weile im Fegefeuer einer gewissen Reserve, legst es nicht in die gute Mappe, sondern in die mit Neuerwerbungen. Du willst dem Gegner, der vielleicht zufällig deine Sammlung anschaut, nicht das Herz schwermachen, du wartest, bis die Zeit alle Wunden geheilt hat, deine und seine.

Nach Jahr und Tag ist das Blatt eingewurzelt in deinem Herzen, es ist ein Liebling von dir. Jetzt kannst du auch, vorsichtig, mit deinem Gegner drüber reden, wie alte Freunde über eine gemeinsame Jugendgenossin – du bist glücklich verheiratet mit ihr –, aber auch er rühmt seinen Tausch.

So gut geht es nicht immer, selten, fast nie geht es so, aber ich bin ein sonniger Mensch und schildre das Leben von der besten Seite. Nur warten muß man eben können, bis alles vernarbt ist.

Sonst kann es einem gehen wie dem alten, vergeßlichen Medizinalrat Hartl, dem berühmten Romantikersammler. Der schlug seinen Mitbeflissenen vor der Nase triumphierend seine Mappe auf und lachte dem andern in kindlicher Seligkeit entgegen: Dumme müsse man finden, ahnungslose Tölpel, und was, meine wohl der Hochverehrte, er einem solchen Rindvieh mit Eichenlaub und Schwertern für dieses hervorragende, einmalige Blatt gegeben habe – er errate es nicht, nie und nimmer, denn völlig unwahrscheinlich sei es, daß derartige Trottel noch auf der Welt herumlaufen!

Und der andre, kalt und blaß, erklärte, so frostig, daß man die Eiszapfen klirren hörte, die ihm bei diesen Worten gewachsen waren, er brauche ja gar nicht zu raten, da sich der Herr Medizinalrat nur erinnern müsse, mit wem er, vor vierzehn Tagen erst, den so glücklichen Tausch getätigt habe. Worauf dieser, still wie der Vollmond, über dem Gewölke seiner Vergeßlichkeit aufging.

SCHWANENGESANG

Wenn einmal über irgendetwas recht viel geschrieben wird, dann ist es fast immer ein sicheres Zeichen dafür, daß es damit zu Ende geht, oder schon gegangen ist. So scheint auch des Sammlers letztes Stündlein geschlagen zu haben. Nicht nur, weil die große Kiste der abendländischen Kultur ausgeräumt ist, nicht nur, weil Dinge, die dir gestern für eine Mark zu schlecht gewesen wären, heute auf Versteigerungen ein Vermögen kosten – nein, die Axt ist an die Wurzel des Sammlers gelegt: Der Einzelne, die Ausnahme muß untergehen, das Allgemeine, das Gleiche hat die Herrschaft angetreten.

Kunst zu sammeln, war Sache von Außenseitern, die nicht mehr geduldet werden. Laß ab, das Besondere zu wollen, die Masse ist stärker als du und sie will das Gleiche. Alexander der Große, dem man auf dem Wüstenmarsch einen Helm voll Wasser brachte, sagte, da nicht alle trinken könnten, sei es besser, daß keiner trinke – und er schüttete das Wasser in den Sand. Noch heute, nach dritthalb Jahrtausenden, hören wir den Jubel der Massen brausen. Nimm dir ein Beispiel dran, mein Freund, und sprich: Alle können wir nicht sammeln!

Es gibt erschreckend viele Sprüche und Redensarten, die dem Sammler drohend anraten, von seinem freventlichen Tun zurückzustehen. So dich dein Auge ärgert, so reiße es aus – und wen hätte sein auf die Sammlung gerichtetes Auge nicht schon geärgert? Aber noch viel gefährlicher sind des Sammlers eigne Einsichten, seine Selbsterkenntnisse, die bekanntlich der erste Schritt zur Besserung, hier also zum Nicht-mehr-sammeln sind.

»Es wachsen die Räume, es dehnt sich das Haus ...«,

nur ein weltfremder Dichter konnte das schreiben, jeder andere Mensch weiß, daß die Räume leider nicht wachsen, sondern zu eng werden. Aber die Sammlungen, die dehnen sich!

Da ist der Briefmarken-Liebhaber halt am besten dran, fast so gut wie der Piccolo-Flötist des Orchesters, der seine Musik in die Rocktasche steckt, während Baßgeiger und Bombardon schauen können, wo sie bleiben. So lächerlich es klingen mag, es sind ganze Sammlungszweige außer Mode gekommen, nur weil niemand den Raum hat, sie unterzubringen.

Die Besitzfreude ist heute von innen her angekränkelt. Was man nicht nützt, ist eine Last: Wer keine Einladungen mehr gibt, geben kann, spürt nur noch, wieviel Arbeit eine Achtzimmerwohnung macht (selbst wenn er sie uneingeschränkt behalten dürfte). Ich sage nichts gegen die Ameisen, Ehre ihrem Fleiß und ihrer leicht beherrschbaren Sturheit. Die Ameisen sind Traum und Vorbild einer neuen Menschheit. Unter ihnen hat der Achtzimmerbewohner, der Herr, der Individualist, der Sammlers nichts mehr zu suchen. Er will auch nicht mehr. Er ist müde. Er sehnt sich schon nach seinem Untergang. Das Ideal hat sich verändert; es gibt Menschen genug, die so mürbe geworden sind, daß sie die Zelle herbeiwünschen, die Armut und die Freiheit von aller Verantwortung, die der Besitz, der Kunstbesitz im besondern, mit sich bringt. Wäre es nicht herrlich, eine Art Kloster, in dem man nichts besitzt und sich um nichts zu kümmern braucht, wo man sich die Bücher aus der Bibliothek holt? Und ist nicht ein Museum, oder noch besser, ein graphisches Kabinett doch das einzig Richtige, wo man Dürer-Holzschnitte sich vorlegen läßt, und es geht einen nichts an, was sie kosten und wie man sie in Zeiten der Gefahr sichert? Die Verführung, so zu denken, wird immer größer.

Seit also, um es noch einmal kurz zu sagen, die eigenwillige Gesellschaftsschicht, in der er lebte, zerstört ist, seit die Freude am Besitz, ja, die Aussicht, ihn zu nützen und mit andern zu genießen, verlorenging, seit vor allem der Erwerb nicht mehr oder höchstens zu wirklich verrückten Preisen möglich ist, seit die Unsicherheit des Lebens um sich greift und seit der bürgerliche Mensch der Masse weichen muß, ist der Sammler zum Aussterben verurteilt. Le roi est mort, vive le roi! Wann wird der neue Sammler ausgerufen werden?

ERWÄGUNGEN

»Wenn ich mit meinen zweihundert Blättern gegen die zweihundert besten Blätter der berühmten Sammlung des Doktor Geyer antreten müßte, würde ich eine schmähliche Niederlage erleben. Wenn ich aber seine zehn allerbesten auf meine Seite ziehen könnte – und ihm würden sie also fehlen –, so wäre meine Sammlung schon fast ebenbürtig; und bei fünfzehn, zwanzig so ausgewechselten Blättern wäre ich ihm überlegen ...«
Das sind natürlich wunschträumerische Hirngespinste, Blasen, die aus dem grünen Pfuhl des Neides aufsteigen. Und doch sind's auch Wahrträume: Die *Asse* sinds, die den Wert eines Kartenspiels ausmachen. Eine Sammlung steht und fällt mit ihren Ecksteinen. Der Rang ist nie durch die Fülle zu ersetzen. Ich habe ein Dutzend recht schöner Fries, aber dieser eine, den der Doktor Geyer gegen mich ins Feld stellt, schlägt sie alle in die Flucht. Auf dem Kampfplatz der Kunst werden noch echte Ritterschlachten ausgefochten, mit Massenaufgeboten ist nichts zu wollen. Im Gegenteil: eine zu große Ansammlung von mittelmäßigen Stücken ermü-

det den Betrachter nur, eins ist dem andern im Wege; und nur ein Narr kann glauben, daß vereinigt auch die Schwachen mächtig werden. Im innersten Grund des Herzens, wo man sich selbst nicht mehr anlügt, weiß jeder Sammler, daß es gerade die vereinigten schwachen Stücke seiner viel zu dick gewordenen Mappen sind, die ihn von Zeit zu Zeit in ohnmächtige Wut versetzen.

Freilich, daß der Starke am mächtigsten allein sei, kann gerade für den Sammler auch nicht gelten; der geschlossenen Sammlung erst wohnen die magischen Kräfte inne, daß sie das Zerstreute an sich zieht und, wie alles Lebendige, eine Atmosphäre um sich her bildet. Das Ideal wäre also, eine Phalanx von starken Stücken aufmarschieren zu lassen, die selbst den hämischsten Betrachter durch ihre Wucht zerschmettert? Ja und nein – denn zuletzt sollte doch auch die Liebe ein Wort mitzureden haben, die mit warmem Herzen Blätter verteidigt (und, wenigstens eine Weile, mitlaufen läßt), die dem kalten Blick allein nicht Genüge tun.

Die Versteigerer freilich, eiskalt, wie sie sind, lassen das nicht gelten: sie kaufen noch ein paar Köder dazu – und unsre Lieblinge verstecken sie in Konvoluten.

Fachleute

Vor Jahren habe ich mich mit dem Doktor Geyer ernsthaft gestritten, ob ein Blatt von Franz oder von Wilhelm Kobell sei.

Der Doktor Geyer war erst tags zuvor aus Stalingrad gekommen, endlos war er gereist, und gleich am ersten Tag war er bei mir aufgetaucht, als gäbe es nichts Wichtigeres für ihn, den Heimkehrer aus Krieg, Blut und Schmutz, als dies: mit vielen Gründen nachzuweisen, daß das Blättchen unmöglich von Franz Kobell sein könne, sondern dem Wilhelm zugeschrieben werden müsse.

Es ist uns dann plötzlich selber wunderlich vorgekommen: In ganz Deutschland, ja, auf der weiten Welt gibt es kaum einhundert Menschen, unter vielen, vielen Millionen, die sich über den Unterschied zwischen Franz und Wilhelm streiten könnten.

Er ist aber der Doktor Allwissend, wie er im Buche steht. Wenn im Jahre 1887 eine Versteigerung in Köln war – er hat den Katalog, aber nicht nur unter seinen Büchern, sondern im Kopf. Er weiß auch, in welcher Sammlung das Blatt verschwunden ist, und wenn es heute, 1954, im Kunsthandel wieder auftaucht, begrüßt er es als alten Bekannten.

Ich schmeichle mir, einen echten Friedrich Wasmann erwischt zu haben, eine feine, etwas blasse Zeichnung des in Meran seßhaft gewordenen Hamburgers. Und Doktor Geyer gibt mir, ausnahmsweise, sofort recht. Aber nicht so sehr wegen der Überzeugungskraft des Kunstwerks, sondern wegen der des Untersatzbogens, der einwandfrei auf den Vorbesitz des großen Wasmann-Sammlers Groenvold schließen läßt.

Der Gerechte muß viel leiden; auch der Werkgerechte, der Fachmann. Aber ich will, mit zwei Beispielen bewaffnet, jetzt eine Lanze für ihn brechen, daß nicht nur der Laie staunen muß, sondern auch andere Fachmänner sich wundern sollen!

Ein Sammler hatte ein kleines Aquarell erworben, unbestimmter Herkunft, mit der Darstellung eines fremden Stadtplatzes. Im Vordergrund aber stand ein zierlich gemalter, winziger Soldat Wache vor seinem Schilderhäuschen. Kunstgelehrte und weitgereiste Städtekenner versagten vor dieser Gleichung mit zu vielen Unbekannten. Schließlich ging der Mann ins Armee-

museum zu dem alten Major Stöcklein, der hinter einer großen Bescheidenheit ein noch viel größeres Wissen verbarg. Der warf einen Blick auf das bunte Männlein und sagte: »Das ist ein Soldat vom 38. Infanterieregiment Schlieben, und zwar von der Stabswache. Der Stab lag zu Stargard in Pommern, die Montur ist vor 1795, später waren die Aufschläge gelb!« Zeit und Ort waren festgestellt.
Und ein andres: Ein Doktorand fahndete nach drei verschollenen Briefen von Goeze (nicht Goethe, denn dessen Briefe verschellen nicht!). Er begab sich in seiner letzten Not, es war vielleicht das Jahr 1923, zum lieben Geheimrat Muncker. Der dachte einen Augenblick nach, dann sagte er mit seiner unvergeßlichen Krähstimme, klar und bestimmt: »Die drei Goezebriefe sind im Jahre 1887 bei Krause in Berlin um fünf Mark versteigert worden. Erworben hat sie ein Herr Archivrat Grashey in Quedlinburg, Stiftsgasse 21«, und zögernd, wie um sich seines schlechten Gedächtnisses wegen zu entschuldigen, setzte er hinzu: »Es kann auch 22 sein!«

KLEINE RATSCHLÄGE

Ein Sammler ist ein freier Mensch: Er *muß* nicht ein bestimmtes Stück gerade jetzt haben wollen. Gegen den Strom schwimmen, verlangt viel Kraft. Sich treiben lassen und dann die günstige Gelegenheit beim Schopf packen: *Sammeln heißt, warten können!*
Unzählige Beispiele ließen sich anführen, wo die Welle des Glücks, dem, der zu warten wußte, das ersehnte Stück, oder ein noch viel schöneres zuspielte. Ich hatte mir immer einen Wilhelm von Kobell gewünscht, aber ich hielt aus. Und siehe, eines Tages ...!

Ein genau so guter Rat ist: *Zugreifen* um jeden Preis, *zugreifen!* Sammeln heißt, sich rasch entscheiden können!

Unzählige Beispiele ließen sich anführen, wo die Welle des Glücks dem, der nicht gleich zugriff, das zugespielte Stück in die Ferne einer Sehnsucht entriß, die immer weher tut, je älter man selbst und je aussichtsloser die Sache wird. Ich hatte mir immer einen C. D. Friedrich gewünscht, aber ich lernte zu warten. Und heute kann ich's. Lang kann ich warten – nie mehr ...

Scherz beiseite: Der Sammler muß beides können: warten und zugreifen. Wann und wo, sagt die innere Stimme. Vorausgesetzt, daß sie nicht gerade schweigt. Dann ist Vorsicht am Platze, niemals mache man den Versuch, sie mit Gewalt zum Reden zu bringen.

Aber nun, ganz im Ernst: Begegnen wir dem wirklich vollendeten Meisterwerk, an dem uns nichts stört, an dem uns alles begeistert, dann tun wir gut daran, alle Bedenken hintanzusetzen, tief in den Beutel zu greifen, um jeden Preis, sofern wir ihn überhaupt erschwingen können, das edle Stück zu erwerben. Aber natürlich, und damit ist auch dieser Rat wieder in Frage gestellt, dazu muß man den unbestechlichen Blick haben. Genug, genug – jeder Sammler hat zwei Ohren: Das eine mag er sich ausreißen aus Wut über die Käufe, die er voreilig getan, und das andre über die, die er dummerweise unterlassen hat ...

STOLZER GEDANKE

»Ihr Ausspruch, meine Herren, daß keines dieser Werke, die sich von meinem guten Alten herschreiben, sich neben jenen königlichen Schätzen (der Dresdener Sammlung nämlich, die an der Spitze Deutschlands

standen) schämen dürfte, hat mich nicht stolz, er hat mich nur zufrieden gemacht; denn in der Stille hatte ich dieses Urteil schon selbst gewagt.«
Nun, mit diesen Worten spricht Goethe nichts Geringeres aus, als die vermessen klingende Behauptung, daß sich ein übers Mittelmäßige ragender Privatsammler mit an die Spitze der Kunst und dadurch der Menschheit setzen darf. Denn, so sagt Meier-Graefe, die Frage, was mit der Kunst wird, umschreibt nur die Frage, was mit der Menschheit wird.
Millionäre gibt es viele, allzuviele – laßt sie ihre Papiere besitzen und verlieren! Aber ein gar nicht sehr wohlhabender Mensch, vielleicht sogar ein armer Teufel, kann einmalige Leistungen der Kunst oder des Kunstgewerbes in seinen bescheidenen vier Wänden bergen, um die ihn die größten Museen beneiden.

Der alte Sammler

»Ich bin ein alter Mann«, sagte mein greiser Freund, der siebenzigjährige Oberst wehmütig, »da liegen meine Schätze, ich werde in die Grube fahren und ich kann nichts mitnehmen. Wenn Ihnen irgendwas Spaß macht ...« und er machte eine hoffnungslose, gütige Handbewegung über seine ganzen Sammlungen hin.
Ich war, wenigstens das erstemal, in jeder Hinsicht zu Tränen gerührt, denn es war ein ganz großer Augenblick. So klopfte Karl V., in dessen Reich die Sonne nicht unterging, an die Tür der hispanischen Mönche von St. Just, so welkten Cäsaren und Päpste dahin, Rost und Motten, Staub und Verfall, weinet mit mir, der Mensch ist wie Gras – ich suchte also ein paar bescheidene Blättchen heraus.
Ich habe sie nie bekommen. Denn der gute alte Herr

erholte sich immer wieder rechtzeitig von seinen Anwandlungen. Die Erben jedoch schickten mir nichts als eine Todesanzeige. Aber dergleichen sammle ich nicht ...

SAMMLERS ENDE

Der Sammler muß nicht nur den ganzen Tag die Augen offener halten als irgendwer sonst; auch nachts tut er oft kein Auge zu. Wie sollte er nicht vor der Stunde zittern, in der er die Augen schließen muß? Diese Augen, zum Sehen geboren, zum Schauen bestellt – Augengedächtnis ist ja sein ganzes Geheimnis!
Mit vierzig, mit fünfzig beginnen die Abschiede im Leben. Im Herbst fallen die Blätter, die Äpfel werden reif – aber der Sammler hebt sie auf, er denkt immer an den Winter. »Denn«, sagt Schopenhauer, »in einer so beschaffenen Welt gleicht der, welcher viel an sich selber hat, der hellen, warmen, lustigen Weihnachtsstube, mitten im Schnee und Eise der Dezembernacht.«
Aber eines Tages wird auch der zäheste Sammelnarr in den Sarg gelegt; und wenn sich einer unter seinesgleichen nicht wohlfühlt, dann ist es der Bücherwurm unter den Würmern. Wer im Leben mit Papier zu tun hat, sollte sich eigentlich verbrennen lassen.
Jedenfalls, tot ist er. Mögen sich um seine unsterbliche Seele die Engel und die Teufel raufen, um seine Sammlung balgen sich, falls sie so unsterblich sein sollte, wie die von Balzacs unseligem Vetter Pons, *nur* Teufel; war sie aber nicht unsterblich, oder ist sie nicht rechtzeitig an ihrem Wert erkannt worden, kümmert sich kein Teufel um sie.
Nehmen wir an, du hast in der Voraussicht, daß deine Uhr bald ablaufen könnte, deine Rechnung nicht nur mit dem Himmel gemacht, sondern auch auf Erden,

du bist als ein Erblasser erblaßt, du hast deine schöne, in fünfzig Jahren zusammengetragene Sammlung von Studenticas, eine ganze alte Burschenherrlichkeit, deiner lieben Heimatstadt vermacht und sonnst dich nun in deinen alten Tagen an der Vorfreude, wie man dich einmal als hochherziger Stifter ehren, wird mit einem »Doktor-Käsbohrer-Zimmer« im Alten Rathaus, einer Tafel an deinem Sterbehaus ...
Aber – einen Dreck! sagt der Münchner, mitnichten! Wohl hat der Herr Bürgermeister in der Vollversammlung des Stadtrats deiner Stiftung eine ehrende Erwähnung getan und die Herren haben sich zu deinem Angedenken ein bisserl von den Sitzen gelüftet. Aber der Herr Obersekretär, im Nebenamt auch Leiter der städtischen Sammlungen, wirft dein Zeug dorthin, wo Heulen und Zähneklappern ist, wo Ratten, Rost und Motten sind, wo nicht Sonn' und Mond sie bescheinen: In Bündel gefesselt wird dein Nachlaß magaziniert, dicht neben den Schätzen deines noch älteren Sammlerfeindes, die bereits seit zehn Jahren dort ruhen: »Geschenk der Erben des H. H. Hofrats Siebzehnrübel †«. Vielleicht auch werden die zwölf besten Stücke gelegentlich ausgestellt mit der ausdrücklichen Verwahrung, daß es sich um einen Nachlaß handle und man kein Geld dafür ausgegeben habe.
Wenn du genau wissen willst, was die Leute über dich und deine Sammlung sagen, brauchst du dich nur der liebevollen Worte zu erinnern, die du gelegentlich über deine Vorgänger im Tod gesprochen hast; erforsche nur einmal dein Gewissen!
Aber wir wollen dir, armer Bruder, die Hölle nicht heiß machen! Vielleicht hast du ein unverschämtes Glück gehabt, deine Erbschaft kommt, als künstlerisch wertvoll, inmitten der schönsten Hausse, unter den Hammer, ja, schon an deinem Grabe pflanzen die

Händler die Hoffnung auf, deine Erben übers Ohr zu hauen. Heil dir, wenn ein reich bebilderter Katalog dir beschieden ist! Wenn der Leib zu Staub zerfallen, die Sammlung selbst in alle Winde zerstreut ist, lebt dein großer Name noch! Sammle also, wie du, wenn du ausgesammelt hast, wünschen wirst, gesammelt zu haben!

...UND IHRE WELT

WAS WIRD GESAMMELT?

> Nun, Trompeter, zum Sammeln geblasen!
> *Freiligrath*

Es gibt nichts, was es nicht gibt; also auch nichts, was nicht gesammelt wird. Zum Glück sammelt nicht jeder das gleiche!
Der Weise sammelt sich selber, der Dichter seine Werke, der Hirt die Herde, der Feldherr Soldaten, der Staatsanwalt Beweise. Büchmann hat geflügelte Worte gesammelt, aber an Kraftworten ist ihm jeder Fuhrmann überlegen. Auch wir haben als Buben, meist auf dem Tauschwege, erstaunliche Mengen davon erworben; leider sind sie uns im Lauf der Zeit, wie so manche andere Bubensammlung, wieder abhanden gekommen, und wenn uns heute wer auf die Hühneraugen tritt, sind wir geradezu verlegen um eine urwüchsige Anrede.
Ein Zahnarzt in Norwegen hat alte Holzhäuser gesammelt und ein ganzes Dorf aufgebaut; ich bin selbst dort, in einem Pfarrhaus von 1750, zu Gast gewesen, am offnen Feuer einer Blockhütte haben wir die nordische Sommernacht verschwärmt – es war die großartigste Sammlung, die ich je besichtigt habe.
Morgenstern läßt einen Zauberer namens Wasmann Pfiffe sammeln und (nur für Kenner!) ein Pfiffikus hat rechtzeitig Morgenstern und Wasmann gesammelt.
Glühende Kohlen aufs Haupt der Geliebten, trübe Erfahrungen, Almosen und Unterschriften für oder gegen was, WHW-Abzeichen vom Hampelmann bis zum Goethekopf, Wanzen und Läuse, Schmetterlinge und Käfer, Erde von weltberühmten Gräbern, Streich-

holzschachteln, Plakate, Briefmarken, Bieruntersätze, Blitze (nur statistisch oder fotografisch zu erfassen), Zigarrenbauchbinden für kunstgewerbliche Aschenteller, Schlangen (am Busen genährt oder in Weingeist ertränkt), Sektkorken und Weinflaschenschilder (am besten von selbstgeleerten Bouteillen), Beigabebilder, alles, alles kann man zusammentragen: Nun, Trompeter (es muß nicht der von Säckingen sein!) zum Sammeln geblasen.

Mit Musikinstrumenten, Spazierstöcken, Marionetten, Zinnsoldaten, Fahrscheinen, Einlaßkarten ist es gleichermaßen versucht worden, Bergsteiger haben Viertausender gesammelt, gewöhnliche Sterbliche bloß Tausender, ja, nur Einser, wenn sie schwarz waren. Ein Engländer hat in allen Städten der Welt Straßenschilder abgeschraubt und bei Windstärke elf sich eine Tafel angeeignet, die den Fahrgästen der zweiten Klasse den Aufenthalt auf dem Promenadedeck verbot. Der Erwerb, nicht das Erworbne ist wichtig!

Kopfjäger, Skalp- und Zopfabschneider lassen wir weg, von Fetischisten reden wir gar nicht – wo kämen wir hin? Von den Uhrensammlern lassen wir die Straßenräuber und Taschendiebe unberücksichtigt. Um zu wissen, wieviel es geschlagen hat, genügt uns eine einzige Uhr, aber der Sammler trägt Hunderte zusammen und nur ein Hämling behauptet, daß er einen Tick hat.

Schon die Gebiete der echten Kunst sind unübersehbar; kaum, daß sämtliche Museen der Welt einen Überblick zu geben vermögen. Dinge, von denen wir nie und nirgends auch nur ein Stück gesehen haben, eines Tages werden sie uns in reichster Auswahl vorgelegt, unerfindlich, wo die Kerle das alles aufgetrieben haben!

Was soll man...?

Selbst für einen Millionär hätte es heutzutage wenig Aussicht, wenn er in den Athener Volksboten eine Anzeige einrücken ließe: »Kaufe Praxiteles zu hohen Preisen!« Auch *er* muß sich mit dem begnügen, was man *sammeln* kann; also mit Dingen, die in entsprechender Erhaltung noch so zahlreich auf den Markt kommen, daß man eine gewisse Entwicklungsreihe davon aufzustellen vermag.

Natürlich ist es auch ein Standpunkt, sich ein einziges kostbares Kunstwerk zu kaufen und seine gesamten Mittel darauf zu verwenden. Aber das hat mit dem Begriff des Sammelns nichts zu tun.

Man soll sammeln: was man wirtschaftlich »derkraften« kann; was man versteht oder wenigstens noch zu erlernen hofft; was einem wirklich »liegt«; wofür man Platz hat; was nicht gerade alle Welt begehrt.

Es hat also keinen Sinn, japanische Holzschnitte zu erwerben, von denen man keine Ahnung hat, Picasso zu kaufen, nur aus Snobismus, obwohl man ihn nicht mag, und sich auf Romantiker zu versteifen, die eben hoch im Kurs sind – während zum Beispiel Zeichnungen der siebziger und achtziger Jahre noch ziemlich wohlfeil herumliegen. Übrigens: Ein guter Druck ist besser als eine mäßige Zeichnung oder gar ein schlechtes Ölbild. Und Mörikes schönes Wort: »ein fromm Gemüt oft liebt und ehrt, was vor der Welt nicht Hellers wert« darf niemals zum Freibrief für noch so gemütvolle Trödelanhäufung werden. Selbst wer »Kitsch« sammelt, muß noch auf Qualität achten!

Dem jungen Anfänger kann nicht genug empfohlen werden, sich eine *sachliche* Sammlung anzulegen, auf einem Gebiet, das er fachlich beherrscht oder auf dem er sein Wissen ausbauen kann; das reine Kunstsammeln »von der Pike auf« ist ohne größere Mittel heute kaum noch möglich – es müßte denn einer den Mut und den unbestechlichen Blick dafür haben, was von der Kunst von *heute* die Kunst von morgen sein wird. »Hic Rhodus, hic salta!« Ich stehe nicht an, zu sagen, daß die *zeitgenössische* Kunst immer die Front der Entscheidung sein wird – alles andere ist Etappe.

DER RECHTE AUGENBLICK

Als Oskar von Miller auf den verrückten, heute freilich so selbstverständlichen Gedanken kam, alte Lampen, Schreibmaschinen und Fernrohre zu sammeln, war es gerade höchste Zeit, diese wertlosen und zugleich unschätzbaren Stücke vor der Vernichtung zu retten. Denn, von Weltkrieg und Inflation ganz abgesehen, gerade in den ersten Jahrzehnten des zwanzigsten Jahrhunderts wurde am gründlichsten mit dem lächerlichen Zeug aufgeräumt, das man soeben erst voller Stolz überwunden und verbessert hatte.
Im rechten Augenblick haben die Brüder Grimm ihre Märchen, Arnim und Brentano die deutschen Volkslieder, die Brüder Boiserée die alten Tafelbilder gesammelt: Ein Menschenalter später – und es wäre für immer zu spät gewesen!

LEIDENSCHAFT

> Nicht mehr zu dir zu gehen
> Beschloß ich und beschwor ich,
> Und gehe jeden Abend
> Denn jede Kraft und jeden Halt verlor ich.

Natürlich ist dieses Gedicht von Daumer der rettungslosen Leidenschaft zu einer Frau gewidmet; aber es könnte sich auch um eine Kneipe, eine Spielhölle oder, statt um ein Mädchen, um eins der Lädchen handeln, in die sonst gar vernünftige Herren gesetzten Alters stürzen, schleichen, kurz, je nach Gemütsart sich, wie angesogen, bewegen, um wenigstens einmal ganz unverbindlich zu fragen, was es Neues gäbe. Nein, kaufen wollen sie bestimmt nichts; aber weil sie zufällig (?) in der Nähe sind – und sie kommen, halb bedrückt, halb beglückt, wie jeder Verbrecher aus echter Leidenschaft, mit einer Rolle, einem Paketchen heraus – sie haben wieder einmal getan, was sie nicht lassen konnten. Es gibt auch Quartalsammler, die sich lang beherrschen – aber eines Tages besammeln sie sich sinnlos; und bereuen es tief bis zum nächsten Male!
Es müßte, ähnlich den Trinkerheilstätten, Sammler-Entziehungsanstalten geben. Gibt es aber nicht.
Ich bin deshalb zu einer freiwilligen Schonzeit aufs Land gegangen. Da sitze ich, fern von den Versuchungen der Welt. Kein Blatt, außer den grünen Blättern an den Bäumen. Kein Altertum, außer den uralten Bergen und ein paar morschen Häusern aus dem achtzehnten Jahrhundert. Keine Sammlerfreunde, mit denen man über den Unterschied zwischen X und Y streiten kann. Kein Katalog; keine Postkarte mit verlockenden Angeboten.
Nichts. Ich gebe das Sammeln auf. Ich kann mir, nach ein paar Wochen gar nicht mehr vorstellen, wie das

eigentlich ist: Die Nase in all den Muff und Staub stecken, um irgendwas zu erschnüffeln. Meine Nase ist völlig auf frische Luft umgeschult.
Entwöhnt und glücklich kehre ich in die Stadt zurück. Sammeln ist nur eine Krankheit – ich bin kerngesund ...
Postkarte genügt: Ich fange wieder an!

Wenn Freude tötet...

Zeitungsbericht: »Seit vierzig Jahren suchte ein gewisser Mackie Messer in Tasmanien nach Gold. Er stieß jetzt auf eine sehr ergiebige Ader. Aus Freude über seinen Fund bekam er einen Herzschlag und war tot.«
Eine solche Barzahlung des Glückes wäre meine höchste Sehnsucht. Stellen Sie sich vor, lieber Leser, ich käme so im Vorbeigehen in einen kleinen, alten, muffigen Schreibwarenladen voller Schulhefte, Briefpapier, Ansichtskarten und Bleistifte; und würde gerade hören, wie die Frau zu ihrem Mann sagt: »Die alten Bilderbogen und Glückwunschkarten kannst du endlich einmal in den Ofen werfen. Sie sind gar nicht mehr gefragt, sogar die Kinder mögen das Zeug nicht mehr; es nimmt uns nur den Platz weg!«
Und ich würde, schwer atmend, aber ganz gefaßt und höflich fragen, ob ich den Bafel nicht wenigstens einmal anschauen könnte? Warum nicht? Und mitten unterm Durchblättern, in der rasend gesteigerten Flut von Köstlichkeiten, hielte mein Herz, mein oft enttäuschtes, altes, treues Sammlerherz dem jubelnden Ansturm des Glückes nicht mehr stand: Bums! Aus dem Griff ins Volle würde ein Griff ins Leere – aber da wär's schon überstanden, und: ein Augenblick gelebt im Paradiese, wird nicht zu teuer mit dem Tod gebüßt!

Ist so das Leben? Nein, es ist nicht so! In Halberstadt, vor dreißig Jahren, hab ich das alles *fast* erlebt. Ich ging in einen kleinen Glaserladen, fragte nach Biedermeierlithographien. »Aha«, sagte der Meister, »Sie meinen solche Sachen wie: Tod des Wilderers, Heimkehr des Soldaten, Ehekrieg und Ehefrieden?« – »Genau das!« jubelte ich, denn wer die Blätter so beschreiben kann, muß sie kennen, muß sie haben. Und er hatte sie gehabt, hundert und mehr, bis gestern. Da hatte er sie verbrannt, weil in Jahren niemand sie auch nur geschenkt hätte haben wollen (ihm war es nur um Glas und Rahmen gegangen).
Das Schicksal hat keine Ausrede – nichts wäre denn im Wege gestanden, daß ich zwei Tage früher in Halberstadt gewesen wäre. Reine Bosheit! Aber Sie sehen, ich hab's überstanden, auch die Verzweiflung hat mich nicht getötet – obwohl ich damals, einen Herzschlag lang, am liebsten tot umgefallen wäre!

Non olet

Geld, woher es auch kommen mag, stinkt der schnöden Welt nicht – und auch die Schätze der Kunst, so scheint es, verlieren mit der Zeit den üblen Geruch, der ihnen oft genug von Rechts wegen anhaften müßte.
Weltgeschichte, in frischem Zustande zumeist scheußlich, nimmt mit der Zeit den Glanz der Balladen und Märchen an; die Altertümer, die ja doch nur Erzeugnisse der Weltgeschichte sind – denn ursprünglich war ja alles neu! –, sind auch durch die Verwandlungen des Todes gegangen, sie sind gewissermaßen gestorben und auferstanden zu einer freilich nur irdischen Ewigkeit. Und die Sammler besitzen sie nur als ein Lehen, auf einer unendlichen Wanderung von einer Hand in

die andre. Unter unsern Blättern sind Trümmer vieler aufgelöster berühmter Sammlungen – Trümmer unsrer Sammlung werden unter den Schätzen der Enkel sein.

Der Geruch des Todes aber, ja, vielleicht gar der Geruch von Blut und Feuer, von Mord und Plünderung ist von ihnen gewichen, Unrecht ist zu Recht geworden im Lauf der Zeit, und treuherzig berichtet der Chronist, daß man dem Codex argenteus zu Upsala die rauhen Schwedenhände nicht mehr anmerke, die ihn einst aus dem goldenen Prag gezerrt haben. Das Diebgut von gestern wird zur unverdächtigen Handelsware von morgen, der Tod hat eine reinigende Kraft, und was die kleinen Zubringer aus dem Staub des Verfalls gebuddelt oder erkalteten Händen entwunden haben, wird gesäubert gegen ein kleines Aufgeld unter die ehrenwerten Antiquitäten eingereiht. Wir sind auch abgebrüht und phantasielos genug, im Museum die Gräberfunde zu betrachten – und wer denkt schon bei einem Rokokotisch, daß er grausame Geschichten erzählen könnte, von den Henkern der Septembermorde...

In unserm Goldzahn west ein Quentchen vom Schatze Montezumas – nun wohl, er ist hundertmal eingeschmolzen und verwandelt; aber unverwandelt steht der alte Schmöker unter deinen Büchern, aus dem der Richter von einst sein Bluturteil geschöpft hat, und unverwandelt liegen auch in deinem Schrank – wenn du Glück gehabt hast – wieder die Blätter, die du in Todesnot durch den Feuersturm einer Bombennacht geschleppt hast – unverwandelt und doch, wie wir selber, alternd und reifend.

Die Patina ist's, die Schicksalsträchtigkeit der Dinge, die die einen lieben (solange der Geruch nicht zu aufdringlich ist!), aber wir können auch die andern verstehen, die alles hassen, was alt und gebraucht ist: nagelneu vom Schreiner wollen sie ihre Möbel – aber vielleicht knackt im Holz ihres Bettes dennoch der ruhelose Geist uralter, düsterer Vergangenheit ...

Trost

»Ich will nicht leugnen, daß ich vielleicht meine Neigung hie und da mehr hätte reinigen können und sollen. Doch wer möchte mit ganz gereinigten Neigungen leben?«
Fürwahr, das heiße ich »Trost bei Goethe«! Der Sammler, was immer er auch zusammengetragen hat, weiß nur zu gut, daß da nicht alles sauber ist. Es muß gar kein Augiasstall sein, eine Herkulesarbeit bleibt's doch, wie er nun drangeht, auszuräumen und zu reinigen. Das Bessere ist des Guten Feind und zum Schluß soll das Beste übrigbleiben. »Aber die neue Sammlung, von unsern Fehlern gereinigt und mit neuen Glanzstücken herausgefüttert, würde uns nicht glücklich machen. Denn wie wir selbst die Erzeugnisse unserer Sünden und Mängel sind, so auch unsre Sammlung.«
Dummheiten haben ihren tieferen Sinn nur darin, daß sie gemacht werden. Nichts gegen den Sammler, der sie durch entschlossene Klugheit wieder gutzumachen sucht, der sich von schlechten Stücken trennt und, so er kann, bessere erwirbt; aber Vorsicht! Auch eine Sammlung ist ein Lebewesen, das man durch zu viel Betulichkeit umbringen und durch zu hohen Anspruch erschöpfen kann. Unzufriedene Träumer gaukeln sich eine »Über-Sammlung« vor, in der sie die Zimelien der zehn berühmtesten Museen und Kabinette vereinigt (und natürlich in ihrer Hand vereinigt) sehen möchten. An dieser Schraube ohne Ende spielen sie so lange, bis sie selbst verschroben sind.

Sie vergessen, daß das Leben – Sammeln mit inbegriffen – eine so gefährliche Sache ist, daß es keiner zum zweitenmal bestehen würde und daß deshalb alle Wünsche, wie und was man besser gesammelt hätte, eitel sind. Nimmt doch jeder Mensch überhaupt das Geheimnis mit sich ins Grab, wie er, in einem höheren Sinn, zu leben vermocht hat.

DER GLÜCKSFALL

In Frankfurt, auf dem Römerberg, trat ich in einen Laden, im Vorwinter 1941, als Reisender. Eigentlich reiste ich in Lyrik. Ich fuhr kreuz und quer durch Deutschland, um guten Menschen gegen bares Geld meine Gedichte zu versetzen. Daneben reiste ich aber heimlich als Sammler, um besagtes Geld gleich wieder loszuwerden. Das war nicht ganz einfach, denn niemand hatte was zu verkaufen oder er wollte nicht.
Auch diesmal schien ich mein Sprüchlein vergebens hergeleiert zu haben: »Aquarelle, Zeichnungen, notfalls auch Lithographien, wissen Sie, so um 1850, Wilderers Ende, vor dem Bad und nach dem Bad, das gerettete Kind, Jägers Liebesglut ... nichts? Oder Stammbuchblätter, Glückwunschkarten? Auch nichts?«
Nichts. Irgendwo, vielleicht im Lager, aber – im Sommer, kann sein, Sie kommen ja wieder ...
Irgendwo, vielleicht im Lager? Jetzt bettelte ich so lange, bis der brave Mann seufzend nach einem Schlüsselbund griff. Erwartungsvoll trabte ich hinter ihm drein. Zuerst die übliche Enttäuschung: die bekannte ausgesuchte Ware, ausgesucht von zahlreichen Vorgängern, bis auf einen grauen, staubigen Fetzenmist. Und dann ein Album; ein Klebeband. Welche Schätze sind aus solchen Klebebänden schon geholt worden! Auch

aus diesem, offenbar. Denn viele Blätter fehlen, der Rest waren belanglose italienische Ansichten. Aber halt, da war eine Radierung, auf der ersten Seite, von Ludwig Emil Grimm. Und ein reizvoller Kopf, Bleistift, Rom 1816. Stimmt, in diesem Jahr war Grimm in Italien. Ein paar Seiten weiter, eine aquarellierte Bleistiftzeichnung: Deutsche Reisende zu Pferd überqueren bei einem Unwetter einen Gebirgsbach.
Ein entzückendes Blatt, ein bißchen liebhabermäßig, nirgends einzureihen, ganz fremdartig. Und dann wieder die gestümperten Vesuve, Blauen Grotten und römischen Ruinen ... Trotzdem, ich frage mutig, was das Blatt kosten soll, fest entschlossen, es sogar um fünfzig Mark noch zu nehmen, auf jede Gefahr. Aber der Händler antwortet noch mutiger, daß es zweihundert Mark kostet.
Das ist viel Geld für ein Wagnis solcher Art. Wer weiß, ob ich heute die richtigen Augen im Kopf habe. Ich höre schon das Hohngelächter des Doktor Geyer, Grimm-Spezialist, oder, noch schlimmer, ich sehe ihn das Blatt achtlos zur Seite schieben. Aber nein – der Kopf dort, Rom 1816, ist doch gut. Sehr gut. Grimm – nimm! raunt mir eine Stimme zu. Zweihundert Mark, das ist zu stark, warnt mich eine andre. Der Kopf kostet – und das kostet den Kopf nicht – dreißig Mark. Soll ich den allein nehmen? Ach, wer es nicht erlebt hat, weiß nicht, was der erlebt, der es nicht weiß, was er in diesem Augenblick wissen müßte.
Ich hab's gewagt! Ich bin Besitzer, furchtsam glücklicher Besitzer des zwischen Trug und Wahrheit schwebenden Blattes.
Nach Wochen – die Blätter habe ich nebst einigen andern Erwerbungen vorausgesandt – komme ich wieder heim. Ich borge mir beim Doktor Geyer, der alle Bücher hat, die Lebenserinnerungen von Grimm aus und lese, Seite

für Seite, wie er nach Italien gefahren ist. Aber ach, er kommt in Rom an, ohne des doch zweifellos alpinen Erlebnisses Erwähnung zu tun. Also, schlimm, kein Grimm! Aber um Mitternacht, im halben Schlaf, kommt mir eine Erleuchtung: er ist ja auch wieder heimgereist! Und siehe, da steht die Geschichte, Seite um Seite, und wenn ich noch so von Herzen glücklich sein könnte, in diesem Augenblick wär ich's gewesen. Schon wegen des Grimms, den der Doktor Geyer haben wird, weil er keinen solchen Grimm hat wie ich.

Besitz

»Mir ist der Besitz nötig«, äußerte Goethe 1812 zum Kanzler Müller, »um den richtigen Begriff der Objekte zu bekommen. Frei von den Täuschungen, die die Begierde nach einem Gegenstand unterhält, läßt erst der Besitz mich ruhig und unbefangen urteilen. Und so liebe ich den Besitz, nicht der besessenen Sache, sondern meiner Bildung wegen, und weil er mich ruhiger und dadurch glücklicher macht.«
»Auch die Fehler einer Sache lehrt mich erst der Besitz, und wenn ich zum Beispiel einen schlechten Abdruck für einen guten kaufe, so gewinne ich unendlich an Einsicht und Erfahrung.«

Das Heimatlose

Die ganz große Kunst, so heißt es, ist überall zu Hause. Und schon das ist nicht wahr – ich möchte wenigstens bezweifeln, ob sich ein Dürer in Amerika so richtig wohlfühlt.
Aber bleiben wir im bescheidnern Bereich dessen, was

uns kleinen Sammlern unter die Hände kommt: Ist nicht die Hälfte unserer Mühen darin beschlossen, daß wir dem Heimatlosen eine Heimat geben wollen? Beileibe nicht in unsern Mappen allein. Der große Schmerz ergreift uns, wenn wir so viele staubige Brüder, verwahrlost und müde, auf ewiger Wanderschaft antreffen, schon ganz ohne Hoffnung, jemals die Ihrigen wiederzufinden.

Oft können wir mit einem Griff, einem einzigen Wort noch alles gutmachen: ein Trödler hat eine Bücherei aufgekauft und schlachtet sie nun aus; Band für Band bietet er für 50 Pfennige feil. Die Käufer stochern in dem Berg herum, an einem Dultstand etwa – und schon ist der dritte Band von Jakob Balde im Volksgewühl verlorengegangen. Gerade noch rechtzeitig fischen wir ihn heraus, da ist auch bereits ein Käufer, und noch einmal ist, vielleicht für ein Menschenalter, eine vollständige Ausgabe des Dichters gerettet.

Wüßten wir nur immer, wohin die tausend kleinen Liebenswürdigkeiten gehören, die uns da verloren und verstreut überall begegnen, Stammbuchblätter, handgemalte Bildnisse, Ansichten vom Haus der Großmutter, Erinnerungen an ernste und heitere Begebenheiten, Widmungen aller Art. Irgendeinmal hat ein rohes Schicksal oder eigne Gefühlskälte der Erben das holde Band zerrissen, das diesen Tausendkram mit seiner eigenen Welt verband.

Ein altes Lichtbild aus den achtziger Jahren, eine Gruppenaufnahme etwa, kann ungemein wertvoll sein, wenn wir wissen, daß sie den heute weltberühmten Dichter im Kreis seiner damaligen Freunde darstellt. Aber ohne diese Kenntnis bleibt nur der komische Anblick verschollener Zeiten übrig – und achtlos lassen wir das Blättchen wieder weitertreiben, wahrscheinlich für immer.

Ein gemütvoller Sammler, der nicht nur auf seinen Vorteil schaut, wird sich gelegentlich, von dem oder jenem Stück trennen, um es dorthin zu schicken, wo es wirklich zu Hause ist. Undank ist meistens der Welt Lohn, aber ein ausgleichendes Schicksal spielt vielleicht auch uns einmal einen langgesuchten Bilderbogen zu – wir hören ihn geradezu aufatmen, wenn er wieder bei den Seinigen ist.

Ein Schreckschuss

Gestern hat mir ein Freund ein Buch geschickt, ein harmloses Büchlein – und doch ist mir das Herz einen Augenblick stillgestanden und im ersten Schrecken habe ich ganz laut zu mir selber gesagt: »Aus!« Jawohl, aus und gar ist's mit dem Sammeln, Technik, du hast gesiegt, die Götterdämmerung bricht herein!
Das Büchlein enthielt die haargenauen Wiedergaben eines Skizzenbuches von Caspar David Friedrich im Lichtdruck, auf täuschend ähnlichem Papier; eine listige Leistung der Schwarzkünstler.
Ich machte einen Versuch aufs Exempel. Ich legte eines der Blätter unter Passepartout in meine Mappe, und siehe da, ich besaß zum Pfennigswert eine beinahe fast echte Zeichnung, ein paar Bleistiftstriche nur – aber unerschwinglich, wenn sie ganz echt gewesen wären. Viele Besucher sahen sie mit gutgläubiger Hochachtung an, nur der Doktor Geyer warf mir nach kurzer Prüfung einen vielsagenden Blick zu, den wir in eine längere Unterhaltung auflösten.
Noch in unsrer Kinderzeit waren wir von einem schönen Vertrauen in die Echtheit der Welt erfüllt. Wir hörten Musik und Gesang: es mußte ein Mensch sein, der da Klavier spielte oder ein Lied übte. Die Glocken hatten

noch einen ehernen Mund, noch läutete nicht, täuschend ähnlich, der Bochumer Stahlverein. Die Edelsteine und Perlen waren echt – oder so falsch, daß der Fachmann nicht auf sie hereinfiel. Heut braucht er die stärksten Lupen und hundert Finten, um sie zu unterscheiden. Im Lauf der Zeit wurden das Doublé und die Margarine erfunden, das künstliche Gewürz trat seinen (Pyrrhus-) Siegeszug an, kein Mensch weiß mehr, was er ißt, aus was eigentlich seine Anzüge bestehen – »daß von der Welt Besitz er nehme, erfand der Teufel das Bequeme« und das Billige. Am Ersatz, am beinah täuschend ähnlichen, gehen wir zugrunde.

Ich weiß schon, die ganz Gescheiten retten sich unters Dach, wenn das Erdgeschoß von Verfälschungen aller Art überschwemmt wird. Dort führen sie kluge und hochmütige Redensarten, während die Fluten des Rundfunks, des Fernsehens und der Reproduktionstechnik immer höher steigen. Ich will mich auch gar nicht auf die große soziale Frage einlassen, wie es mit der »Kunst für alle« steht (Fontane, der alte Reaktionär, hat gemeint, Kunst sei stets nur für wenige gewesen, und ihm komme es vor, als ob es immer weniger würden). Ich bewundere, ich begrüße die wirklich märchenhaften Fortschritte der Technik – über ein kleines wird auch der Ärmste, und nicht nur sonntags, sein Ersatzhuhn im Topf, seinen Hamlet im Hause und seinen täuschend ähnlichen Mantegna (den er wöchentlich gegen ein anderes Galeriebild leihweise vertauschen kann) an der Wand haben. Die Gefahr einer Abstumpfung ist nicht groß, wie uns Fachleute und Volksmeinungsbefrager versichern. Aber, wie gesagt, auf dieses weite Feld lasse ich mich gar nicht locken.

Nur als Sammler spreche ich schlicht von den Schattenseiten des Lichtdrucks: soll ich tausend Mark für ein »Original« ausgeben, das einer nur, wenn er mit allen

Wassern gewaschen ist, von einer Nachahmung unterscheiden kann, die drei Mark kostet? Ich wäre ja ein Kultursnob, der nur die Rarität schätzt, die Einmaligkeit *seines* Blattes!

Liebe Gäste

Beim Antiquar Hirsch am Karolinenplatz hing ein Täfelchen an der Wand, auf dem in schönen Lettern ein Wort von Goethe geschrieben stand, eine Mahnung, wie man mit Kunstwerken umgehen müsse, daß es sich zieme, ein kostbares großes Blatt in beide Hände zu nehmen und richtig zu halten. Die »Wahlverwandtschaften« werden aber offenbar nur selten mehr gelesen und niemand mehr weiß, so scheint es, wie man mit guten Blättern umgehen soll. Als Sammler, und mehr noch als Besitzer stehen wir oft schreckliche Qualen aus, wenn liebe Gäste mit kostbaren Dingen zwischen Wein und Zigarren wahre Artistenkunststücke vollführen, wenn sie ein Blatt aus der Mappe ziehen wie einen Hering aus dem Faß oder gar, während des Betrachtens etwa der Politik sich zuwendend, schäumenden Mundes über unser Aquarell hinweg Redeschlachten führen und wie mit einem Schilde sich gegen die Hitzigkeit des andern zu decken suchen.
Mitunter ist's freilich auch umgekehrt so, daß der Gast den vorweisenden Sammler beschwören muß, doch auf seine großen Werte mehr Rücksicht zu nehmen. Man lese nur Goethes Buch bei dem drollig-eitlen Hofrat Beireis nach, der Dürers Selbstbildnis, auf ein dünnes Brett gemalt, aus seinem Trödel hervorholte und, wie es auch jeden Augenblick sich zu spalten drohte, ohne irgendeinen Rahmen herumreichte und wieder abstellte.

Transport

Muten Sie einem Geheimrat oder gar einem, der einer sein oder werden könnte, unter gewöhnlichen Umständen zu, ein handliches, nicht zu schweres Paket durch die Straßen der Stadt zu tragen: er würde empört sein. Bei seinem Bekanntenkreis! Wenn ihn ein Vorgesetzter, ein Kollege, gar ein Untergebener dabei sähe – unausdenkbar.

Erblicken Sie jedoch trotzdem einen würdigen älteren Herrn, der einen schlecht in Zeitungspapier verhüllten Gegenstand bei dreißig Grad Kälte mit klammen Händen schleppt oder der in Sommershitze eine staubige Riesenmappe, mit Kälberstricken verschnürt, mit zusammengebissenen Zähnen und mit einem Lächeln, das alle Menschen davon überzeugen möchte, das Ding sei leicht und bequem zu tragen, zwischen seinen Beinen herzerrt – dann können Sie darauf wetten, daß dies ein Sammler sei.

Wenn es niemand sieht, bleibt er stehen, stellt seine Last einfach auf die Straße, reibt sich die schmerzenden Finger und beginnt wieder, seinen wilden Kampf mit dem tückischen Objekt fortzusetzen, bis er endlich, je nach Witterung, schweißgebadet oder erfroren zuhause landet.

Dann kommt der große Augenblick, das Auspacken – aber davon wollen wir jetzt nicht reden, das ist im wahrsten Sinn ein Kapitel für sich.

Der Sammler, der etwas erworben und, wie wir hoffen, bar bezahlt hat, wird es auch unter allen Umständen gleich mitnehmen wollen. Selbst aus der fremden Stadt, aus fernen Landen schleppt er es mit nach Hause, nur ungern überläßt er es der Post oder der Bahn zur Beförderung. Ich selbst habe im Jahre 1937, als mich ein glücklicher Zufall in das damals schier wie Tibet verbotene Land Tirol und von da ins Innere von Österreich entschlüpfen ließ, einen gewichtigen Stoß von Blättern, in einer Rolle verpackt, von Graz aus nach Gastein getragen und dann bei einem blitz- und donnerumschmetterten Alpenübergang über die Stein- und Eiswüsten des Sonnblicks. Auf dem Zittelhaus, 3106 m, bin ich noch einen Meter extra hoch gesprungen, als ich meine Schätze ausbreitete und sah, was für einen guten Kauf ich gemacht hatte.

Die Verbindung von Graphiksammlung und Alpinismus dürfte immerhin selten sein.

EHRENVOLLE TRENNUNG

Der echte Sammler ist ein heftiger Liebhaber. Was er liebt, will er auch besitzen. Er ist ein Don Juan der Kunst, ein Don Quijote des Erwerbs, er ist, im innersten Herzen, ein Dschingis-Khan der Eroberung.

Aber wer je geliebt hat, der weiß, daß es eine Kunst gibt, die der des Gewissens ebenbürtig ist: Die Kunst der Trennung.

Wo man nicht mehr lieben kann, soll man vorübergehen, sagt Nietzsche, er hats aber dann doch dem Richard Wagner richtig eingetränkt.

Keiner prahle mit der Beständigkeit seiner Treue. Eine Zeichnung von Richter, von Friedrich gar – eine Jugendgeliebte unserer kleinen Anfangssammlung, ein Hauptblatt, damals, in der ersten, glühenden, glücklichen Zeit: Wir lieben es nicht mehr. Wir haben einen Fehler dran entdeckt, wir haben schönere Gebilde inzwischen erworben.

Ach, ein so gutes Blatt, mit dem wir auf du und du gestanden haben, das viele Jahre lang in unserm Herzen und Hause gewohnt hat, sollen wir das in die schlechten Mappen verbannen, scheel anschauen, ihm die paar Mark wieder vorwerfen, die es uns einmal gekostet hat?

Verkaufen? Es schäbig schlechtmachen lassen, demütigen, damit es schließlich lieber dem Trödler in die Sklaverei folgt, als daß es noch bei uns bliebe?

Ich verkaufe auch meine alten Anzüge nicht. Ich schenke sie her. Es gibt Menschen, denen stehen meine getragenen Kleider besser, als sie mir neu gestanden haben. Ich weiß da ein paar Sammler, rührende Liebhaber der Kunst, denen verehre ich zu Weihnachten solch ein Blatt. Wie sie sich freuen! Wie sie den köstlichen Besitz hegen und pflegen! Von ihrer Liebe durchstrahlt, gewinnt es wieder den ganzen Reiz zurück, den es einst für mich besessen hat. Und es geht mir wie bei den alten Anzügen: Eigentlich, denk' ich mir, wenn ich den andern so flott dahersteigen sehe, eigentlich hättest du den Grünen da noch gut und gern selber anziehen können.

Aber das will ich ja gerade erreichen: So ein bißchen Geiz, Reue und Neid, sie geben dem Abgedankten ihre Würde wieder, Freundinnen, Anzügen, Blättern.

MONTAGE

Montage – sprich Montasche – ist eine der wichtigsten Angelegenheiten des Sammlers. Auch dort, wo die Sammlung selbst (also etwa die erworbenen Blätter) keinerlei Format hat, die Rahmen, die Untersatzbogen, die Passe-par-touts haben ein Format. Und maßt nicht dieses greuliche Fremdwort sich an, für alles zu passen? Es müßte eigentlich Passe-par-rien heißen, denn jeder Sammler weiß, dergleichen paßt für gar nichts.

Ein Blättchen aus dem sechzehnten Jahrhundert – auf wie viele Prokrustesbetten mag es schon gespannt worden sein? Der erste Besitzer hat es funkelnagelneu erhalten und flugs in einen umfangreichen Sammelband geklebt, vielleicht haftet noch heute ein Restchen Siegelwachs oder Mehlpapp dran. Dann erwarb es ein zweiter und dritter, der Sammelband wurde zerteilt, neue Torturen erwarteten das kleine, wertvolle Stück Papier. Im Laufe der Jahrhunderte mag es verstaubt und verschollen sein, der Papierrand wurde abgestoßen, ein Wüstling beschnitt ihn: »mit Rändchen« steht jetzt im Katalog. Es kam auf einen schönen flaschengrünen Untersatzbogen, und Herr Biedermeier tat noch ein goldgeripptes Rähmchen darum. Aufgeklebt – abgelöst – berlico, berlaco, wer weiß, was so ein Blättlein alles mitgemacht hat! Zum Din-Format sind die Sammler bis heute nicht vorgedrungen, jeder hat seine eignen Maße. Jeder Verkauf und Neuerwerb ist also mit mehr oder minder heftigen Buchbinderarbeiten verbunden.

Die oberen Ecken des armen Dulders sind schon arg mitgenommen von lauter Klebefalzen, rohe und ungeschickte Hände haben das Papier beschädigt – wohl dem Blatt, das endlich in einer staatlichen Sammlung zur Ruhe eingehen darf. Aber die tausend andern, die noch unterwegs sind, im Fegefeuer gewissermaßen, was haben sie noch alles auszustehen! Als ob sie nicht schon gelitten genug hätten! Ein Privatsammler oder ein graphisches Kabinett hat sein Signet auf die Rückseite geschlagen, von der Größe eines Poststempels, daß man bei Betrachtung der landschaftlichen Vorderseite die Sonne oder den Vollmond zu erblicken meint, mit rätselhafter Spiegelumschrift. Ganz böse und dumme Menschen, die glaubten, sie wären die letzten und endgültigen Besitzer eines solchen Kunstwerks, haben es

mit der ganzen Rückfläche auf einen Pappendeckel aufgezogen, eine handfeste Arbeit. Solch ein Blatt erwirbst nun du, neugieriger und ungeduldiger Unglückswurm! Mit allen Fingern zieht es dich hin, du kannst nicht warten, bis die kundige Hand des Fachmanns dir hilft, noch in der Nacht fängst du an zu kratzen und zu schaben – ein trügerischer Erfolg narrt dich, es scheint zu glücken, du wirst kühner und kühner: bis plötzlich eine dünne Stelle sich zeigt, ein Riß quer über den wasserfarbenen Himmel läuft – und wieder ist, diesmal durch deine ganz persönliche Schuld, ein schönes Stück zum Teufel, der auf diese Weise eine der bedeutendsten Sammlungen der Welt billig erworben hat.
Die Herrschaften auf anderen Gebieten sind nicht besser: oder wären nicht zahlreiche Briefmarken genau so zerschunden, Millionen Schmetterlinge dergestalt entwertet, kostbarste Gefäße zerbrochen und wertvollste Gemälde beschädigt worden? Aber da ist gut raten: Eile mit Weile! Der allzu stürmische Liebhaber kann's eben nicht erwarten, er klebt und wässert, er kratzt und hämmert, er putzt und biegt, er gibt keine Ruh, bis nicht das Stück in seine Mappe und Kästen paßt – oder hin ist.

ORDNUNG

»Des Weisen Amt ist: ordnen!« sagt Thomas von Aquin und Thomas Mann meint, sogar eine alberne Ordnung sei immer noch besser als gar keine (im Doktor Faustus, S. 111, der Ordnung halber). Mein eigner, zehnjähriger Thomas aber kann leider nur für »Unordnung und frühes Leid« als Kronzeuge herangezogen werden.
»Was von Gott ist, das ist geordnet!« (Römer 13)

und ein Blick ins Alte Testament genügt zur Einsicht, daß die ganze Schöpfung eigentlich nur *Ordnung* des Chaos gewesen ist, Trennung von Licht und Finsternis, Erde und Wasser. Die entscheidende Tat des lieben Gottes war dabei, daß er den Dingen und Lebewesen *Namen* gegeben hat. Ich will nicht behaupten, daß man sich seitdem auf der Welt auskennt, aber besser ist es immerhin.

Ohne Namen keine Unterscheidung, ohne Trennung keine Sammlung! Natürlich kann einer nur Namen sammeln und sich mit der Herstellung eines Adreßbuches begnügen – auch ihn wollen wir als kleinen Kollegen gelten lassen, selbst wenn er uns oft schon der Verzweiflung nahe gebracht hat.

An dem Versuch, seine große Sammlung richtig zu ordnen, ist schon mancher brave Mann gescheitert. Bald widersetzten sich die Formate, bald die Begriffe, bald die Fülle schlechthin seinen verzweifelten Anstrengungen. Soll er's halt in Gottes Namen aufgeben!

Nur um eins flehe ich alle Sammelbrüder an, so vergeblich, fürcht ich, wie mich meine eigne Frau anfleht: Schreibt den Künstlernamen und was sonst bemerkenswert ist, auf das Blatt oder wenigstens auf den Untersatzbogen! Natürlich, *Ihr* wißt es, und ihr meint, für immer. Aber Euer Gedächtnis läßt nach, vielleicht sterbt ihr sogar – und wieder ist ein Stückchen gesicherter Besitz auf die Gnade der Kunsthistoriker angewiesen. (Ach, warum hat der Maler die geringe Mühe gescheut, selbst die zwei Buchstaben auf das Blatt zu setzen, die uns aller Zweifel entheben würden!)

Nehmt Euch ein Beispiel am berühmten Doktor Geyer! Der schreibt fein säuberlich auf seinen Karton, was er weiß; und da er viel weiß, stehen oft wirkliche »Legenden« zu Füßen seiner Blätter.

Stilkunde

Ganz blutige Anfänger, zu denen wir unsere Leser nicht zählen, fragen fassungslos, wie man es denn herausbringe, daß eine Zeichnung von Schwind, ein Porzellanfigürchen von Bustelli, eine Plakette von Flötner sei. Ja, so dumme Menschen gibt es! Wie bringe ich heraus, daß ein Goldfisch ein Goldfisch ist? Ich erkläre es mit Bestimmtheit, jedes Kind sieht es, daß das fragliche Lebewesen teils Gold und teils Fisch ist, niemand widerspricht, wäre ja auch gelacht, einwandfrei ein Goldfisch.
Die einfachen Fälle der Kunst sind, daher der Name, genau so einfach. Die Stilkunde geht in der Richtung vom Groben zum Feinen, die ersten zehn, zwanzig Stufen überspringt der Kenner mit einem Satz: er sieht ein holzgeschnitztes Engelsköpfchen, es ist nicht antik, romantisch, gotisch, nicht Renaissance. Auch nicht frühbarock. Jetzt beginnt schon das Gefühl aus dem Handgelenk: Es ist auch nicht mehr spätbarock, es ist Rokoko. Und nun fängt das Fingerspitzengefühl an: Welche Gegend, welcher Meister? Vorsichtig, wie der Kletterer im Fels und Eis, tastet der Fachmann vom sichern Griff aus ins Ungewisse, vom Beglaubigten ins Fragwürdige – und erlebt, wie der Bergsteiger, nicht selten, daß er von hundert Vorgängern benützte, fest scheinende Tritt abbricht und daß alte Theorien zusammenstürzen.
Aber im großen und ganzen kann man sich auf bestimmte Ausgangspunkte fest verlassen.
Jedem Laien wird verständlich sein, daß es kein Kunststück ist, rein stilkritisch und thematisch ein Blatt aus Rethels Totentanz festzustellen, wenn man zwei andere zuvor gesehen hat.
Wenn jedoch der Herr Geheimrat Wölfflin dem

schlotternden Kandidaten einen Stoß unbezeichneter Abbildungen vorlegte und selbst in eisigem, finster äugendem Schweigen verharrte, wankten die kunstgeschichtlichen Grundbegriffe in allen Fugen: »Sagen Sie lieber gar nichts!« warnte der Gestrenge den Stotternden, »wenn Sie mir jetzt einen falschen Namen nennen, sehe ich, daß Sie von zweien nichts verstehen!«

Kriminalistik

Daß wir ein unbekanntes Kunstwerk zuerst stilkritisch beäugen, versteht sich von selbst. Aber wenn wir nicht mehr weiterkommen, rücken wir ihm mit allen Mitteln der Kriminalistik auf den Leib.

Einige Aussicht haben wir natürlich nur bei Meisterwerken – denn selbst der größte Kenner muß klein beigeben, wenn er die Dutzende von Malern, etwa im Münchner Adreßbuch von 1857, entdeckt, von denen er nicht einmal den Namen gewußt hat. Er muß, wie man heute so schön sagt, »auf Verdacht« arbeiten: dieses Blatt *könnte* von dem und dem sein. Da untersucht er dann das Papier, da forscht er nach den Lebensumständen des fraglichen Künstlers – ob sich Cornelius mit Dante beschäftigt hat, wann und wo Reinhold in Italien war, ob Koch seine Blätter eigenhändig zu wiederholen pflegte, oder ob eine dargestellte Burg einer wirklichen – und welcher? – entspricht.

Der Sammler erhebt quasi Anklage gegen Unbekannt – leider weist der mutmaßliche Täter oft genug sein Alibi nach. Eine Signatur kann einem Geständnis gleichkommen, kann aber auch ein Meineid sein. Ein Wasserzeichen, am Ende gar mit Datierung im Papier, ist eine wichtige Stütze, aber wer verbürgt, daß nicht ein Maler um 1840 noch einen Whatman-Bogen von 1827 erwischt hat?

Da habe ich eine Ölskizze, wer sie sieht, der sagt auf den ersten Blick: »Blechen!« Es ist eine Ansicht von Capri, alles wäre in schönster Ordnung – aber leider ist das Bild datiert: 1834. Und da war Blechen erwiesenermaßen nicht mehr in Italien. Ein Bösewicht würde die Jahreszahl herauskratzen, aber der ehrenwerte Sammler läßt sie stehen, obwohl sie ihn zur Verzweiflung bringt.
Alte Zuschreibungen sind nie ganz von der Hand zu weisen; leider sind sie am unanfechtbarsten dann, wenn sie uns statt des erhofften Berühmten einen Vergessenen nennen.
Ignoramus – ignorabimus wollen wir nicht sagen. Denn es ist ja wahrscheinlich kein Geheimnis (also etwas, was niemand weiß), sondern nur ein Rätsel, das seine Lösung durch Kennerschaft oder Zufall finden kann.
Ich liebe auch meine Unbekannten – aber es gibt Sammler, die mögen ein Blatt nicht mehr, wenn sie sich die Zähne dran ausgebissen haben.

Keine Druckgraphik!

Ein boshafter Mensch hat das Briefmarkensammeln ein Fortleben der Beamtenseele nach Dienstschluß genannt. Wir Sammler sind ja schutzlos, aber wegen Beamtenbeleidigung müßte man den Kerl packen können.
Immerhin hat auch mich dieses harte Wort davor gewarnt, Druckgraphik ernsthaft zu sammeln. Denn die beiden Gebiete grenzen dicht aneinander. Hier wie dort fehlt das mächtige Überraschen, das den Jäger auf der freien Wildbahn der Kunst so beglücken kann: Die Begegnung mit dem Einmaligen! Eine Handzeichnung gibt es so kein zweitesmal. Und wenn es auch

ärgerlich sein kann, solch ein Blatt mit den Spuren einer langen Wanderschaft zu finden, mit Rissen und Wasserflecken, beschabt oder gar beschnitten: Es ist wie eine Persönlichkeit, wie ein Mensch, der seine Fehler hat und den man nehmen muß, wie er ist, um seiner großen Werte willen.

Die Radierung aber wie die Briefmarke unterliegen dem Vergleich; und ein knappes Rändchen, ein fehlender Zahn, ja, der kleinste Erhaltungsmangel entwerten sie um ein Vielfaches. Nicht so sehr das Fallen des Preises, oft ins Bodenlose, ist es, was mich dabei stören würde; sondern das niederträchtige Gefühl, daß jede Stund einer kommen könnte und sagen: »Ihr Schwarzer Einser ist ja ganz grau, Ihr Hundertguldenblatt leidet ja an Inflationserscheinungen – da schauen Sie einmal mein Exemplar an!«

Und nicht nur *sein* Exemplar – in jedem Katalog stehen sie, die Kabinettstücke und die brillanten Abdrucke!

Der Bilder-, der Zeichnungensammler aber ist ein Souverän; und wärs nur ein winziges Ländchen, in dem er herrscht.

Nichtige Wichtigkeiten

Es gibt, geschätzter Leser, eine billige Art von Wissenschaft, mit der leicht Eindruck zu schinden ist. Die Weisheit, daß die J. Pierpont Morgan Library in New York die reichste Sammlung von Handschriften des Walter Scott besitzt und kürzlich »The Antiquary« um 10 500 Pfund, Dollars, D-Mark, weiß der Teufel was von irgendeinem Makler – ach was, lesen Sie selber nach, es ist ja im Grund so gleichgültig.

Täglich, das heißt also bereits innerhalb dreier Jahre

tausendfach, steht etwas ähnliches von irgendwem irgendwie irgendwann und wo verzeichnet. Mister Kasimir Monneymaker hat bei Brown and Blew den oder jenen Schinken zu Rekordpreisen erworben, der am Hungertuch nagende Adolar Neuhütel hat im letzten Augenblick entdeckt, daß das vermeintliche Hungertuch eine Leinwand mit einem echten Tizian war. Er verkaufte es gegen das sagenhafte Butterbrot an die Firma Gold- und Silberstein, welche es bereits siebeneinhalb Stunden später um eine Million an das Bostoner Museum telegraphisch weiterveräußerte.
Und doch möchten wir diese, den Kunsthandel wie auch unser eignes Sammlerherz belebenden Fanfarenstöße nicht missen. Denn sie sind im ganzen wahr, mögen sie auch im einzelnen so verlogen sein wie die albanischen Sprichwörter, die wir im Café Glasl 1920 erfanden und gegen mäßiges Honorar durch den deutschen Blätterwald rauschen ließen. Es sind Weckrufe, um unsere Hoffnung zu stärken und unsre Augen zu schärfen. Warum sollten nicht gerade *wir* auf dem Fischmarkt das Eichenbrett mit dem Rembrandt auf der Unterseite entdecken oder wenigstens in Familienpapieren das Handschreiben unseres Urgroßonkels wiederfinden, worin er den Seinigen mitteilt, daß er wegen hoffnungsloser Schulden ausgewandert sei und seine letzten Pfennige an das Porto für diesen Reue- und Abschiedsbrief verwende – oh, fühlen Sie, geliebter Leser, die tausend- und hunderttausendfältige Frucht in Gestalt einer wahnsinnig wertvollen, tadellos erhaltenen Briefmarke?
Wir wollen die Romantik solcher vermischten Nachrichten nicht aussterben lassen!

Zwei Seiten

Ein Sammler erzählt: »Neulich habe ich in einem kleinen Laden ein Bildchen aus dem Winkel gezogen; wie ich's genau anschaue, ist es ein Spitzweg. Der gute Mann hat natürlich keine Ahnung davon gehabt. Nun, es war nicht gerade billig, aber für einen Spitzweg war es geschenkt!«

Der Händler erzählt: »Ich hab seit Jahren ein Bildl in meinem Laden herumfahren, das von weitem fast wie ein Spitzweg ausschaut. Immer wieder nimmt's einer in die Hand – und legt's wieder weg. Aber neulich ist ein Unbekannter gekommen, der hat weiter nichts wissen wollen, als was es kostet. Ich hab vierzig Mark verlangt, er hat sie bezahlt und ist fort, hoffentlich auf Nimmerwiedersehen. Wenn einer auf eigne Gefahr durchaus einen Spitzweg entdecken will, soll man seinem Glück nicht im Wege stehen!«

Bessere Zeiten

»Vae victis!« rief der Gallierkönig Brennus und warf sein Schwert in die Waagschale, und: »Weh dir, daß du ein Enkel bist!« jammert der Doktor Faust. Sie können also, lieber Leser, selbst beurteilen, wie doppelt übel wir als besiegte Enkel dran sind.

Höheren Orts wurde noch kürzlich das Losungswort ausgegeben: »Lebe gefährlich!« – aber eine echte Sammlerseele ist davon schwer zu überzeugen, der geschulteste Reichsstoßtruppredner wäre an dieser Aufgabe zerschellt. Denn was die Sammlerseele braucht, wäre die königlich bayerische Ruhe – meine Ruh ist hin, mein Herz ist schwer, ich finde sie nimmer und nimmermehr ...

Weil wir schon wieder einmal bei Goethe sind – der hat auch den Großvater glücklich gepriesen, der noch zu einer Zeit sammeln konnte, wo man alles geschenkt und nachgeschmissen bekam. Und unsre eignen Großväter haben der Goethezeit nachgeweint, unsere Väter der Großvaterzeit – und von uns werden einmal die Enkel sagen: das waren Zeiten! Wenn der alte Depp nur einen Schimmer davon gehabt hätte, *was* er hätte sammeln sollen!
Lieben Freunde, es gab schönere Zeiten – oder ist es vielleicht nicht aufregend, in einer Lagerliste von 1890 zu lesen: »*Friedrich*, Caspar, sechs Motive aus Rügen, saubere Bleistiftzeichnungen des fleißigen Künstlers«? Die Trödelkisten waren noch voll, übervoll; und auch sonst war die Fülle überwältigend. Wie ich ein Kind war, haben die Fischer armlange Huchen unter der Isarbrücke herausgezogen, wo heute längst Großstadthäuser stehen, haben wir Erdbeeren gepflückt – nicht gesucht! – und auf einsamen Waldschneisen sind sich die Steinpilze einander auf die Zehen getreten.
Aber vorbei ist vorbei! Die Erinnerungen der alten Sammler gleichen sich wie die Eier. So begierig wir sie aufschlagen – nicht die Eier, sondern die Bücher – so entsagend legen wir sie bald wieder beiseite: sie schildern alle ein verlornes Paradies, ob uns Aufseesser die schnurrigen Trödler von Berlin vorführt, die ihre Blätter nur nach der Größe bewerteten, oder Karl Voll die übelriechenden Höhlen des »Lumpenwirtles« in Würzburg beschreibt, wo neben alten Knochen der schätzeträchtige Papierwust lag. Im Grund sind's lauter *Casanovitäten*, unergiebige Neuigkeiten – denn, was haben wir zuletzt von den verschollenen Liebesabenteuern eines andern?

WIEDERSEHEN

Du hast irgendwo ein Blatt gesehen, flüchtig nur, du wolltest es morgen näher betrachten, aber es war schon fort. Ein Unbekannter hat es, zehn Minuten nach dir, stehenden Fußes, stante pede, erworben und davongetragen. Einen Sieg hat er davongetragen über dich Unentschlossenen – und zu allem Unglück behauptet der Händler noch, der Fremde habe etwas von einem Spitzweg gemurmelt.

Spitzweg, natürlich Spitzweg! Jetzt fällt es dir auch wie Schuppen von deinen blöden Augen. Nie wieder siehst du das Blatt; es ist verschollen, ein Fremder hat es gekauft, ein Auswärtiger. Das Blatt wird in deinen Träumen immer schöner, du vergißt alle Schwächen, um deren willen es du dir noch einmal beschlafen wolltest; es wird ein immer wahrscheinlicherer, ein unbezweifelbarer Spitzweg wird es. Ein dämonisches Leben beginnt es in dir zu führen; eine Lücke klafft in deiner Sammlung, in deinem Herzen – nie mehr wird sie sich schließen!

Unverschämt teuer hast du das Blatt an jenem Abend gefunden, es wird in der Erinnerung preiswert, billig, geschenkt und nachgeworfen. Aber es ist dahin – oh, wenn du es wenigstens noch einmal sehen könntest!

So trauert der wankelmütige Liebhaber dem holden Wesen nach, dem er sich in der entscheidenden Stunde nicht erklären konnte und das ihm Tags darauf ein kühner Assessor nach Duderstadt entführte... Sie, die unsterbliche Geliebte, wäre die einzige Frau gewesen – hätte gewesen, geworden sein können. Oh, Abgründe des Konjunktivs!

Das Schicksal kann dir gnädig sein: Nach Jahr und Tag kommst du nach Duderstadt, du lernst einen harmlosen Regierungsrat kennen, er hat eine dicke, eine un-

mögliche Frau; ob du dich ihrer nicht entsännest, fragt sie verschämt. Aber natürlich!, fällt es dir ein, aber freilich, sagst du, und fast unverändert in all den Jahren! Und sie lächelt dich an wie noch nie. Du aber drückst zum Abschied dem braven Mann so herzlich die Hand, so überströmend vor Dankbarkeit!
So kannst du, wenn du Glück hast, auch dem vermeintlichen Spitzweg noch einmal begegnen ...

KOPFRECHNEN SCHWACH

Niemanden betrügt ein Mensch lieber und leichter als sich selbst. Der Schaden bleibt ja in der Familie! Und er muß nicht lang nach einem Dümmeren suchen!
Du willst drei Gegenstände für deine Sammlung kaufen. Einen sehr schönen um achtzig Mark, einen ganz netten um vierzig Mark und einen, dem du selber schon leise mißtraust, um zehn Mark. Du zückst schon den Beutel, um, nach Adam Riese, hundertunddreißig Mark hinzulegen. Laß dir raten, nimm nur das sehr schöne! Erstens sparst du dir viel späteren Ärger, zweitens kostet das sehr schöne Stück nur noch dreißig Mark! Denn die fünfzig, die du glatt hinausgeschmissen hättest, darfst du getrost abziehen!
Das ist ein Beispiel aus des Sammlers Hexeneinmaleins. Geben wir noch ein zweites:
Ich habe sieben Blätter gekauft. Sie sollten, einzeln gerechnet, 37,50 kosten; zusammen sind sie für 30 Mark gegangen. Das Hauptblatt, für 17 Mark angesetzt, kostet also nur noch 9,50 Mark; rund neun Mark, – glatt geschenkt.
Bleiben noch die anderen sechs Blätter. Statt 37,50 habe ich für den ganzen Schwung 30 Mark bezahlt. Also, das Hauptblatt ist die 17 Mark wert, die es hätte

kosten sollen. Kommen die sechs andern Blätter: 30 minus 17, auf 13 Mark, rund 12; das Blatt auf 2 Mark. Dabei ist eins, das wahrscheinlich ein Dillis ist, leicht zehn Mark wert. Bleiben also für fünf Blätter rund zweieinhalb Mark – so schlecht können sie gar nicht sein, daß sie das nicht wert sind.

Adam Riese würde staunen. Ich habe zwar keinen Kopf, um richtig Kopfrechnen zu können, aber die Stirn, zu behaupten, daß diese Mogelei einen Kern Wahrheit in sich hat; ja, daß diese falschen Rechnungen oft richtiger sind als die größten Meisterstücke der Arithmetik.

Natürlich bleibt's eine glatte Lüge, wenn der Sammler behauptet, das eine Blatt koste ihn neun Mark, die andern zwei aber gar nur vierzig Pfennige. Jedes Blatt kostet ihn im Durchschnitt 30:7 = 4,30 Mark. Aber er hat das moralische Recht, alles ineinander hineinzurechnen, es ist ja seine Sache, wie er drauskommt.

Gefährlich werden solche Künste erst, wenn er entdeckt, daß er sich im Wert des Hauptblattes gründlich geirrt hat und auch die schlechtesten drei eigentlich doch keinen Pfennig wert sind.

Dann hilft er sich meistens damit, daß er verschiedene Käufe miteinander verkuppelt: (»Neulich den Kobell habe ich so preiswert erworben, daß ich getrost ...«) Aber im Lauf der Jahre wird der günstig gekaufte Kobell so überlastet, daß er bei Gott nicht mehr billig ist.

Das ist dann freilich schon höhere Mathematik.

Der alte Kulturboden

Unsere Sammelgegenstände kommen, das weiß jedes Kind, von den Stätten und Städten her, die man als alten Kulturboden bezeichnet. Ausgenommen vielleicht: Moosflechten, Vogeleier, Gesteinsproben, die am besten unmittelbar von der Natur bezogen werden. Aber schon die Neandertaler, die Feuerstein-Pfeilspitze und die Menschenfresser-Tanzmaske stammt aus altem, ja uraltem Kulturboden.

Also, auf! Und mitten hinein ins Land der Kultur! Die Stätten, die ein edler Mensch betrat, sind nicht nur eingeweiht, sondern, so möchte man meinen, auch für die Eingeweihten wahre Fundgruben. Aber das ist leider meistens ein Irrtum. Wo unsere Großen weilten, finden wir ein entartet Geschlecht, das sich durch den Verkauf von Reiseandenken und Eintrittskarten ernährt; wo Sachsenkaiser, Welfen und Staufer herrschten, herrscht jetzt die Geschmacklosigkeit und sonst nichts.

Wir könnten eine Liste von tausend weltberühmten Orten aus dem Handgelenk aufstellen, in denen einsam, schundumbrandet, die Zeugen einer großen Vergangenheit stehen, ohne jede Beziehung zu den Hintersassen, die auf diesem alten Kulturboden hausen. Für einen Sammler aber ist eine Stadt ohne Antiquariate und Altertümergeschäfte überhaupt keine Stadt. Seine Landkarte schaut drum ganz anders aus als die der übrigen Sterblichen.

HANDEL UND WANDEL

Der Laden

Der Laden ist die feste Burg des Händlers; ohne mich auf Strategie einzulassen, meine ich, der Laden verschaffe dem Händler die Vorzüge der inneren Linie.
Natürlich kann der Kunde durch beharrliches Nichthineingehen den Händler in seiner Burg aushungern. Er muß dann – und wir entsinnen uns solch verzweifelter Versuche wohl – einen Ausfall machen und, die Mappe wie ein Schild vor sich haltend, den Kunden in seiner Wohnung bestürmen.
Immerhin, der Ladenbesitzer hat den Vorteil, daß die Leute, die zu ihm kommen, etwas von ihm wollen. Er weiß sogar, daß sie ihn hereinlegen wollen, wie ja auch die Kunden wissen, daß sie, sagen wir, nichts geschenkt kriegen.
Es ist ein ewiger Wechsel: Seine Majestät der Kunde betritt den Laden. Es ist ein denkwürdiger Tag, so um einen schwarzen Freitag herum. Seine Augen suchen von oben herab den Geschäftsinhaber – er sieht ihn zuerst gar nicht an, *so* klein sind die Händler da. Aber die Hoffnung, etwas zu verkaufen, *bar* zu verkaufen und dadurch wenigstens einen Teil der rückständigen Ladenmiete zahlen zu können, läßt ihn, den Händler, nun doch auf Schulbubengröße emporwachsen. »Kann ich etwas sehen?«, fragt der Kunde streng und teilt auch gleich mit, daß er wenig Zeit habe. Das bedeutet (und der Händler verstehts), daß er ohne Umschweife mit seinen besten Stücken herausrücken möge.
Aber zu einer Königlichen Hoheit kanns auch der Händler bringen, zu *anderen* Zeiten natürlich, wenn die Wogen des Papiergelds hochgehen und der Sammler

sich wenigstens auf eine brüchige Eisscholle von Kunstbesitz retten möchte. Ach, jetzt, wo sie nichts mehr wert sind, schwimmt auch der Händler selbst in Hundertmarkscheinen ...
Man kennt die Schüchternheit der Männer: Außer in einem Zigarrenladen trauen sich viele in kein Geschäft hinein. Auch unter den Sammlern gibt es solche Feiglinge. Vor allem um die großen feinen Antiquariate haben sie zeitlebens, meist sehr zu ihrem Schaden, einen weiten Bogen gemacht. Und doch konnte man gerade dort unwahrscheinlich günstige Gelegenheitskäufe machen.
Warum eigentlich die Frauen nicht sammeln, ist bei ihrem unersättlichen Drang, von Geschäft zu Geschäft zu pilgern und sich bis zum Weißbluten (des Personals) Waren vorlegen zu lassen, nicht recht einleuchtend.
Jedenfalls sind Antiquariate in der Regel ausgesprochene Männergeschäfte; die Ausnahme, daß eine Frau dort herrschend bedient, tut dem keinen Abbruch. Es ist gut, wenn der Händler selbst ein Original ist, aber es ist doch wichtiger, daß seine Sachen es sind. Die Läden sind Treffpunkte der Sammlerfreunde – Laufkunden zählen nicht, sie werden als Störung empfunden. Manchmal verdüstert der Neid, der Argwohn, der andre habe was gefunden, den idyllischen Frieden; aber wieviele einsame alte Junggesellen haben niemanden auf der Welt, zu dem sie auf ein Plauderstündchen gehen können, als einen dieser kleinen Händler, in Schwabing zum Beispiel, und den Kreis verständiger Männer, der sich dort einfindet.
Das kann so weit führen, daß sich die Grenzen völlig verschieben. Ein Fremder, der etwa in den kleinen Laden in der Fürstenstraße käme, wüßte nicht ohne weiteres, wer hier der Hausherr ist und wer seine Gäste sind. Die Stammkunden scheuen sich auch nicht, dem

Händler ins Geschäft zu pfuschen. Da kommt etwa ein Mann, der was *ver*kaufen will. Gleich sind die Kiebitze da, um neugierig dem Handel zuzuschauen; sie geben ihr Gutachten ab, gerecht, oft genug zum Nutzen des Anbieters. Der Ladentisch wird zur Schlachtbank. Und kaum ist der arme Mann draußen, stürzen Händler und Kunden sich gemeinsam auf den Raub wie die Geier.

Ganz anders ist natürlich der *feine* Laden. Wir kleinen Sammler betreten ihn unter Schauern von Ehrfurcht und eigentlich ohne Hoffnung. Auf unsere zitternde Frage nach Handzeichnungen zelebriert uns (mit dem deutlichen Unterton, daß *wir* für solche Zimelien nicht ernstlich in Frage kämen) ein betörend schönes Fräulein oder der Herr Kardinal persönlich einen einsamen Rottmann, den wir aus der letzten Versteigerung von Dolch und Stich bereits kennen – und errötend, viele Entschuldigungen stammelnd, aus Takt gar nicht nach dem Preis fragend, ziehen wir uns zurück – so hab ich mir das vorgestellt, sagt das Fräulein, aber natürlich *nur* mit den Augen.

Noch peinlicher wird die Sache, wenn der feine Laden gar kein feiner Laden ist. Wir hatten den schlichten Mut, zu erklären, das zelebrierte Stück sei uns zu teuer, oder gar, es sei uns nicht gut genug. Die Verkäuferin wird dringend, ja durchdringend, der so vornehm leere Raum füllt sich, auf geheime Zeichen vermutlich, mit Personen, die uns, mit allen süßen und bitteren Tönen, von unsrer Ansicht abbringen möchten. Der Chef eilt herbei, der Ladendiener vertritt uns den Ausgang – nur mit letztem Heldenmut retten wir uns ins Freie ...

Aber, Scherz beiseite: Es gibt keinen Laden, vom feinsten bis zum geringsten, dem der echte Sammler nicht schon preiswürdige Schätze entrissen hätte.

Die Auer Dult – eine Legende

Nicht-Einheimische, um nicht geradezu Preußen zu sagen, die einen Hauch Münchner Geistes verspürt zu haben glauben, betrachten unsre Sammlung. »Na«, sagen sie mitleidig, als ob sie einen Taschenspieler entlarvt hätten, »das haben Sie natürlich alles auf der Auer Dult erworben!«

Leider müssen wir sie enttäuschen, wie ja auch die Auer Dult, jener dreimal im Jahr abgehaltene Tandlmarkt, uns seit einem Menschenalter enttäuscht hat. Ganz im Vertrauen: Wir gehen schon gar nicht mehr hin!

Der Fetzenmarkt in Graz, der Flohmarkt in Paris, die Bouquinisten am Seine-Kai, sie leben genau wie die Auer Dult von einem alten Ruhm, von dem uralten Märchen: Es war einmal!

Ja, früher! Da hat es noch »mehr Sach und weniger Leut« auf der Dult gegeben, da konnte einer ganz große Treffer machen, wo heute bloß noch die Nieten übriggeblieben sind. Aber daß der Himmel voller Stradivarius-Geigen gehangen hätte, daß man aus dem Rembrandtdunkel die strahlendsten Dinge ans Licht gezogen und im Trübner gefischt hätte, ist auch stark übertrieben.

Zerrissene Schuch und verschwitzte Leibl, die gab es freilich schon immer; und daß einer auf der Herbstdult einen Haufen dürrer Blätter findet, aber keine Dürerblätter; daß sich Fohrzeichnungen meist als Nachzeichnungen herausstellen und mancher Schwind als Schwindel – das sind so die Kalauer, die wir kleinen Sammler und Händler miteinander austauschen.

Meinetwegen, gehen Sie im Walde der Zelte und Buden so für sich hin, haben Sie ja nicht im Sinn, irgendwas zu suchen, dann kann es sein, dann ist es nicht ausgeschlossen, daß Sie irgendeinen fröhlichen Schund finden, lächerlich in jeder Hinsicht, also auch im Preis. Den nehmen Sie mit, mit dem seien Sie acht Tage glücklich, denn das ist die große Erwerbung von der Auer Dult.

Graben Sie in wilder Verzweiflung ganze Berge von Notenblättern, Lichtdrucken, Zeitschriften, Büchern und ölbemalten Leinwänden um, es wird Sie der nackte Hohn angrinsen. Stellen Sie sich einen unvorstellbaren Schund vor – dann haben Sie's! Aber gehen Sie drei Schritte weiter, und Ihr scharfes Auge erkennt zwischen Hosenträgern, Bruchbändern, Liliennixen und Trompetern von Säckingen ein verstaubtes Rähmchen. »Kann i des Buidl amoi sehgn?!« fragen Sie harmlos (möglichst in Münchner Mundart!), schauen es kurz, aber gründlich an, lächeln, als ob Sie Zahnweh hätten: »Was soi nacha des kostn?« »Fünf Markl!« Dann legen Sie es hin und sagen: »Drei hätt i geb'n!« »Sag'n ma dreiufzge!« Geben Sie nach, lassen Sie sich's in einen Fetzen Zeitung einwickeln und erst, wenn Sie um die Ecke sind, schauen Sie es mit der ganzen Inbrunst Ihres Herzens an: Ein Fund!

Also doch!! Nur Geduld – es wird sich erst herausstellen, wenn Sie daheim sind. Der Rahmen fällt – wie eine Maske! Ihr Aquarell ist ein kolorierter Umrißstich, bei keinem Kunsthändler hätten Sie ihn sich aufhängen lassen. Aber Staub und Habgier trübten Ihren Blick, drei Mark (denn auch »Markln« sind Mark) und 50 Pfennige sind beim Teufel. Das Blättchen ist ganz nett, aber nicht mehr für Sie. Denn Sie macht es schamrot, es weiß, daß Sie es für was Besseres gehalten haben, es blinzelt Sie frechvertraulich an wie eine Zofe, die Sie im Dunkeln geküßt haben. Pfui! Dachten Sie wirklich, die launische Dame Fortuna selber ließe sich so einfach ...?

Was den Glauben an die Dult lebendig erhält, das sind

die aufreizenden *Gerüchte*; wie bei den Isarfischern nebenan, deren erlahmender Eifer auch durch die Meldung aufgeputscht wird, soeben habe einer einen siebenpfündigen Huchen aus den Fluten der rauschenden Karwendeltochter gezogen. Also muß *doch* was drin sein!
Da hört man zum Beispiel, daß der Herr Riggauer fernab von den Antiquitätenreihen bei einem Kleidertrödler einen Spiegel von Effner gefunden und gegen einen nagelneuen eingetauscht habe, der dem Ahnungslosen viel lieber war; daß der Herr Bayerlein mit der Zehe an einen Stein gestoßen sei, der nur zum Festhalten einer Blache dagelegen habe – haargenau das Eck, das an einem Relief der staatlichen Sammlungen fehlt; und daß der Hofrat Pachinger ein gotisches Panzerhemd aufgestöbert habe, eine Rarität ohnegleichen. Man müsse nur die Augen aufmachen, hat der Spitzbub gesagt und natürlich den lieben Kollegen nicht verraten, daß er das kostbare Stück vor Jahr und Tag auf einer Versteigerung in Wien teuer erworben und selber auf die Dult mitgenommen hat. Die Sammlerfreunde aber, grün vor Neid, rot vor Zorn und blaß vor Aufregung stürzen sich in die (Schlacht-) Reihen der Dult, vom Wahn beflügelt, es könne, wo einer das Hemd gefunden habe, die Hose nicht weit sein.

BEINAHE FAST GAR NICHT...

Man sollte es nicht glauben, wie reich der Sprachschatz des Kunsthandels werden kann, wenn es gilt, die Fehler zu verkleinern, die ohnehin schon so wunderklitzekleinen Fehlerleinchen, mit denen nun einmal alles Irdische behaftet ist, gar, wenn es schon ein paar hundert Jahre im Strom der Zeiten dahintreibt.

Die kaum störende Quetschfalte in der Mitte (gebügelt!), das unbedeutend beschnittene Rändchen, der winzige Einriß links oben (unterlegt!), der geringe Textverlust auf den völlig unwichtigen Bl. VI und VII, die beinahe fast ganz beseitigten Wurmlöcher, die geringfügigen Vergilbungen, die sauber geflickten Stellen, die kaum wahrnehmbaren Wasserränder, die schwachen Stockflecken, die nur leicht beriebenen, zart quadrierten Blätter, die späten, aber noch scharfen Abdrücke, die unbeträchtlich bestoßenen Pappbände – ist ja alles nebensächlich, von untergeordneter Bedeutung, kaum der Rede wert. – Außer, wir möchten die Sachen *ver*kaufen!
Ein Ungeheuer von anderthalb Quadratmetern ist natürlich ein repräsentatives Blatt, ein winziges Papier mit drei Bleistiftstrichen ein feines Blättchen.
Von den nahezu einwandfreien Zuschreibungen wollen wir gar nicht reden.

Das gute Blatt

Wenn wir ein Blatt für gut halten – und seien wir der gewiegteste Kenner –, so ist ein Blatt noch lange nicht gut.
Wenn ein Sammlerfreund mit kaum verhohlenem Neide, nach mehreren gescheiterten Angriffen einräumt, daß wir immerhin eine recht beachtliche Erwerbung gemacht hätten – so ist das Blatt schon besser, aber immer noch nicht gut.
Wenn die Freunde des Sammlers für eine Viertelstunde mit ihren Witzeleien aufhören und an Hand dieses Stückes über Kunst zu sprechen beginnen, dann darf der Besitzer fast schon überzeugt sein, daß das Blatt gut ist.

Wenn aber ein großer Händler, einer von den nichtswürdig eiskalten, unverfroren genug ist, dir ungefragt zuzumuten, ihm das Blatt (um die Hälfte dessen, was es dich gekostet hat) zu verkaufen: dann, erst dann weißt du, daß du ein gutes, ein außerordentliches, ein kapitales Blatt in Händen hast.

Fluch den Kunstbüchern!

Es gibt kaum einen Künstler von Bedeutung, über den nicht im Lauf der letzten dreißig Jahre ein schönes Bilderbuch herausgekommen wäre. Gescheite Männer haben sich hingesetzt und haben haarklein alles aufgeschrieben, was sie über Kobell oder Rottmann wußten – und das war ungeheuer viel. Aus den entlegensten Quellen haben sie Gemälde und Zeichnungen zusammengetragen und es ist heut kinderleicht, mit einem solchen Buch in der Hand zu vergleichen und nachzuschlagen, von wem die oder jene Studie ist.
Der Antiquar Füchsle, bei dem man früher so schöne unbekannte Blätter hat kaufen können, schmökert jetzt den ganzen Tag in solchen Büchern herum und schreibt dann auf die windigsten Aquarelle hinten hinauf: Josef Anton Koch, s. bei Lutterotti, S. 108.
Ich gebe ja zu, daß auch wir Sammler allerhand gelernt haben aus solchen Büchern; aber Vernunft wird Unsinn, Wohltat Plage ... Im Grund haben sie uns doch das Geschäft verdorben!

WANDLUNGEN

Ein kleiner Händler hat bei einem noch kleineren Händler einen Pappendeckel gekauft mit ein paar ölfarbenen Flecken drauf. Um zwei Mark. Umgehend begibt er sich zu einem größeren Händler, dem er, dunkler Ahnung voll, daß das was Gescheites sein könnte, die Skizze um zehn Mark überläßt. Der Handel ist gerade abgeschlossen, da betritt der Sammler den Laden. Der größere Händler hat bereits eine hellere Ahnung, was das sein könnte. Da der Sammler erwiesenermaßen Ölbilder nicht mag, aber vielleicht einen guten Rat geben kann, zeigt ihm der größere Händler die Neuerwerbung. Der Sammler, höchst verdächtig und überraschender Weise, gibt weder Rat noch Urteil, sondern fragt nur, was das Ding kosten soll. Der Händler windet sich, er möchte es nicht gern gleich hergeben. Zudem hat ja der Sammler gesehen, was er dem Kleinen bezahlt hat; gar zu viel darf er nicht aufschlagen.
Nach längerem Hin und Her erwirbt der Sammler, der nie Ölskizzen kauft, den Pappendeckel um dreißig Mark, die er auffallend schnell bezahlt. Fort ist er.
Der Sammler hat eine ganz helle Ahnung, ja geradezu die strahlende Gewißheit, daß er eine Studie von Marées gekauft hat, zu den rastenden Kürassieren.
Aber sowohl die Freunde des Sammlers wie auch seine Sammlerfreunde – was, wie wir wissen, zweierlei ist – dämpfen diese strahlende Gewißheit zu einer quälenden Zweifelsdämmerung. Ganz nett, sagen sie, aber kein Gedanke an einen Marées. Der Sammler trägt das Bild zu einem berühmten Fachmann, Museumsleiter, gutem Bekannten. Dieser, vielbeschäftigt, wirft einen kurzen Blick auf die Ölflecken und erklärt mit niederschmetternder Höflichkeit, daß er sich nicht entschließen könne, diese Flecken als von Marées

herrührend anzuerkennen. Und entfernt den Besucher mit herzlichen Wünschen für sein Wohlergehen aus den Amtsräumen.

Der Sammler greift auf seine bewährten Grundsätze zurück, daß man aus schnöder Berechnung nichts kaufen solle und stößt bei nächster Gelegenheit den Pappendeckel ab, heilfroh, ihn zum Einkaufspreis loszuwerden. Für die dreißig Silberlinge erwirbt er eine Handzeichnung, die er eigentlich nicht haben müßte – aber gegen das flüssige Geld ist er halt machtlos.

Gar nicht viel später betritt er den Laden des größeren Händlers (der beileibe kein großer Händler schlechthin ist) und wird mit einem geschmerzten Gruß empfangen, einem wehleidigen Glückwunsch zu dem guten Geschäft. Was für einem guten Geschäft? Erstaunen über Erstaunen: Der Herr Museumsleiter hat sich inzwischen doch zur Anerkennung der Urheberschaft der Farbflecken entschlossen, hat das Bild um achthundert Mark von einem großen Händler erworben und bereits in einer führenden Zeitschrift lichtvolle und unwiderlegbare Beweise dafür erbracht, daß es sich hier um den Entwurf zur ersten Fassung der rastenden Kürassiere handeln müsse.

Der Sammler greift, reuevoll und zu spät, auf seine noch bewährteren Grundsätze zurück, daß man seine ersten, genialen Erleuchtungen nicht in den Wind schlagen dürfe und erwirbt unbedenklich kurze Zeit später ein romanisches Bronzekreuz, spottbillig, um fünfzig Mark, von dem er wittert, daß es echt ist. Und *wenn* es echt ist, dann ist's ein Fund, gegen den der Marées ein ... aber es ist falsch, grundfalsch, und der Sammler besitzt es leider heute noch; er könnte es gradesogut wegwerfen.

Rachepläne

Ich werde dem Antiquar Füchsl, der meine Blätter, die ich ihm verkaufen wollte, noch schlechter gemacht hat, als sie sind, einen Streich spielen. Ich werde ihm eine alte Dame in den Laden schicken, eine tückische, listenreiche – wen denn gleich? Die ehemalige Hofschauspielerin Kuschelmaus, die versteht so was herrlich, die freut sich über jede Rolle, die sie noch spielen darf.

Ich werde ihr die erlesensten kleinen Dingerchen zusammensuchen, die ich besitze, Stammbuchblätter, Ahnenbildnisse auf Pergament und Elfenbein, ein Aquarell von Wilhelm Kobell und einen Blechen, bei dessen bloßem Anblick einer närrisch werden kann: Alles natürlich Familienbesitz, der wegen Erbschaftsteilung verkauft werden soll. Hern Füchsl wird es die Augen heraustreiben, das Wasser wird ihm im Mund zusammenlaufen. Die alte Dame wird bekümmert sagen, sie wisse schon, daß derlei Kram nicht viel wert sei, der Herr solle ihr einen Preis machen. Übrigens hätte sie zu Hause auch noch bessere Sachen, große Bilder und viele Bücher. Herr Füchsl wird sich winden wie ein Aal, er wird eindringlich fragen, was denn die Dame sich erwarte. Dann wird sie zögernd und verschämt lispeln, ob dreißig Mark für alles zuviel sei, und Herr Füchsl wird das mörderische Funkeln seiner Augen nicht verbergen können. Trotzdem wird er sich mit Gewalt noch einmal fassen und das Ungeheuerliche aussprechen, daß dreißig Mark ein schönes Geld wäre, aber er wolle es geben, in der Erwartung, daß er noch weitere Geschäfte machen werde. Und ob, wann, wie und wo er die Dame zu Hause besuchen könne oder ob er gleich mitgehen dürfe.

Die Dame wird aber höflich abwehren, ihre Schwester sei kränklich, sie dürfe gar nicht wissen, daß sie sich

mit einem Händler eingelassen habe, und überdies, sie selbst fürchte, man werde ihr das Haus einlaufen. Also – dreißig Mark, wird die alte Dame sagen, würden für die Sachen bezahlt werden? Und unter dem eifrigen Bejahen des Herrn Füchsl wird sie ihre Siebensachen wieder einpacken, wird bekümmert erklären, daß es sich, wie erwähnt, um eine Erbschaft handle und daß da erst noch andre Mitbesitzer gefragt werden müßten. Sie hoffe bestimmt, daß die einverstanden seien. Und dann komme sie natürlich wieder.
Nie wieder wird sie zu Herrn Füchsl kommen der sich verzehren wird in Sehnsucht. Ich aber werde ihm gelegentlich, vielleicht ein halbes Jahr später, erzählen, daß ich von einer alten Dame für fünfunddreißig Mark eine Reihe herrlicher Blätter erworben hätte.

*

Wer Mut zum Kitsch hat, versteht was von der Kunst.
Wilhelm Uhde

»Mit einem gerahmten Albumblatt von Scheffel, Geibel oder Wildenbruch stellt man jedes andre Verlobungs- oder Geburtstagsgeschenk in den Schatten.«
Akademische Meinung um 1880

Schäbige Gemüter freut in Anbetracht der ungeheuren Kriegsverluste ihr Besitz doppelt, edle Seelen nur noch halb.

Ein Kunstkenner muß nicht immer ein Sammler und ein Sammler muß nicht immer ein Kunstkenner sein.

Erdachter Nachruf

Die Münchner Händlerschaft beklagt aufrichtig den Hingang des Kunstsammlers Doktor Eusebius Traurig, eines unschätzbaren Kunden. Wir verdienten an ihm, als er, ein unwissender Anfänger unsere hoffnungslosesten Ladenhüter kaufte; wir verdienten an ihm, als er, zur Kennerschaft gelangt, seine Fehlerwerbungen um jeden Preis wieder losschlug. Wir verdienten an ihm, als er, von echter Leidenschaft ergriffen, kein Opfer scheute, barzahlend unsre Angebote zu ergreifen, und wir gedenken abermals an ihm zu verdienen, wenn nunmehr von seinen trauernden Erben der Nachlaß abgestoßen wird – wie wir hoffen, in dem unzerstörten, von dem Verblichenen unablässig gepredigten Glauben, es handle sich um Liebhabereien, die so gut wie keinen Geldwert besitzen. Er ruhe in Frieden!

Jungfräuliche Ware

Es sind keine moralischen Skrupel, die den Händler so großen Wert auf die »Jungfräulichkeit« seiner Ware legen lassen. Das tiefe Geheimnis, warum neue Sachen, soeben aus dem Dunkel des Privatbesitzes in das Licht des Kunstmarktes gerückt, auf den Käufer so großen Reiz ausüben, werden auch wir nicht entschleiern. Selbstverständlich, daß Überraschung, Hundsneid und Berechnung die Hand im Spiele haben. Das Gefühl, mit der Erwerbung auftrumpfen zu können, den Gegner, nämlich den lieben Sammlerfreund, zu süßsaurer Anerkennung zu zwingen, ist ein lebhafter Antrieb.
Aber auch die Gefahr reizt: Vor allem fremdem Urteil, auf sich selbst gestellt, Gewinn und Verlust als erster abzuwägen und sich zu entscheiden. Die Ware früher

zu sehen als jeder andere, die erste Wahl zu haben, ist von größter Wichtigkeit. Noch besteht die Aussicht, daß der Händler sich selber nicht ganz im klaren ist, er wartet ja auch oft genug auf den ersten Eindruck, den seine Ware auf den Käufer macht. Gewiß, ein Stück kann für den ersten Sammler teurer sein, als es für den vierten, nach drei Ablehnungen, sein wird. Aber schon für den zweiten ist das Abenteuer vertan, er hat das bittere Gefühl, nur noch Reste vorzufinden.

Auch der Händler weiß das zu würdigen. Nie wird er zugeben, daß diese Blätter schon ein anderer Kunde gesehen hat. Aber der gewandte Sammler wird im Lauf eines längeren Gesprächs schon eine Falle zu stellen wissen, auf die er hereinfällt.

Natürlich gibt es Ausnahmen: Ein alter Ladenhüter, von jedermann oft betrachtet, erliegt dem plötzlichen genialen Blick einer glücklichen Stunde. Wochenlang lag der vermeintliche Umrißstich in der Mappe; siehe da, es ist ein Aquarell. Seit Jahren hing ein verstaubtes Bild hoch oben an der Wand; es kommt der Tag, an dem es entdeckt wird.

Nicht immer muß es der erste sein, der zuerst mahlt. Er hat einen schlechten Tag, er sieht nichts, er ist unschlüssig, abgebrannt – der zweite, der dritte holt die Beute mit sicherem Griff.

Aber in der Regel ist es doch anders. Das veni vidi vici ist auch des Sammlers Stern.

Der kleine Kunsthändler etwa hat einen Fang gemacht; er weiß nicht viel, aber er hat das Gefühl, daß es »was Gescheites« ist. Er braucht Geld, er setzt Schusters Rappen in Trab, oder er schwingt sich aufs Rad. Zu dir kommt er zuerst. Aber du bist, schreckliches Unheil, nicht zuhause. An deiner Tür ist das Glück gestanden, eine Federzeichnung von Koch und ein Aquarell von Fries in der Mappe. Der Händler hätte die beiden

Stücke als unbekannte Romantiker dir für äußerst siebzehn Mark überlassen. Sie sind jetzt eine Hauptzierde der Sammlung Dr. Geyers; dem Händler kannst du nicht einmal böse sein.

Das Schicksal kann sich zu tragischer Wucht steigern: Der Antiquar Füchsle hat dir – und vermutlich zehn andern – eine Karte geschrieben »offeriere freibleibend ...« und du stehst im Morgengrauen, ungefrühstückt, unrasiert vor seinem Laden, obwohl du gar keine Zeit hast. Du hast die Klinke schon in der Hand, du spürst es, du bist der erste, gleich werden sich die Wunder der Entdeckungen vor dir auftun. Da ruft dich ein Bekannter an, quatscht dich an – nun, immerhin stehst du ja auf Posten, drei Schritt neben der Tür. Wenn der Dr. Geyer oder der Oberst Humpler wirklich kommen sollte – du läßt den Eingang nicht aus dem Auge. Die ganze Straße ist leer. Ein Auto fährt vor. Ein junger Mann steigt aus. Er wird sich Zigaretten – nein: »Bitte!« sagt er, nicht ohne Schärfe, drin ist er im Laden, du verabschiedest hastig und wütend den Schwätzer. Zu spät. Herr Füchsle hat dem Herrn soeben den Umschlag mit den Neuerwerbungen vorgelegt. Als Kiebitz kannst du zuschauen, wie er, leider nicht ohne Sachkenntnis, ein halbes Dutzend Blätter auf die Seite legt.

Du selbst hast manchen Sieg errungen, aber was bedeutet das gegenüber einer so vernichtenden Niederlage: Ein Anfänger, ein Neuer, ein Unbekannter hat sie dir beigebracht.

Die Jungfräulichkeit der Ware kann, in übertragenem Sinne natürlich, durch die Jungfräulichkeit des Käufers ersetzt werden. Ein Stück, das jahrelang in München herumfuhr, wird in Berlin am ersten Tag verkauft. Ja, selbst innerhalb einer Stadt genügt es oft, daß ein anderer Händler das Stück hat – er bringt es an, ja,

rätselhafterweise mitunter an einen Kunden, der es beim Vorbesitzer hatte liegenlassen, obwohl (oder weil?) es billiger war.
Schließlich aber gibt es jene unerträglichen, aufdringlichen Stücke, die allmählich den hellen Zorn des immer wieder damit genarrten Sammlers hervorrufen:
In einer größeren Kunsthandlung schlummert ein auf dem Untersatzbogen genau als Nachahmung Rottmanns bezeichnetes Aquarell. Es ist von allen Kennern abgelehnt. Ein halbes Jahr später finden wir einen Rottmann im Angebot eines Frankfurter Händlers. Wir lassen es kommen – es ist unser Freund, bereits ohne Untersatzbogen. Drei Wochen später stürzt unser kleiner Schlepper aufgeregt herbei, er hat was ganz Rares! Natürlich! – Auf dringendes Befragen merkt man, daß das Blatt in der kurzen Zeit eine ganze Odyssee hinter sich gebracht hat. Ein dämonischer Wille, sich durchzusetzen, steckt in dem Blatt – und es wird eines Tages, schön gerahmt im Salon eines – nein, ich will niemanden beleidigen, keinen Stand und keine Gegend – jedenfalls, es wird!

PREISE

Über nackte Zahlen redet der verschämte Sammler nicht gern; was er schon gar nicht mag, ist die Frage, was seine Kunstanhäufungen in bar wert seien – Sie könnten genau so gut erfahren wollen, wie hoch er seine Freundin einschätzt. Aber, unter uns gesagt, gar so unschuldig und weltfremd ist er nicht, er weiß meistens auf dem Kunstmarkt recht gut Bescheid.
Freilich, das ist's ja gerade: dieser Kunstmarkt schwankt, in unsern stürmischen Zeiten gar. Dabei ist die Sache so einfach: gute Ware wird immer mehr wert, schlechte

immer weniger – das ist das ganze Gefälle des Kunsthandels. (Natürlich müssen wir dabei von den Überraschungen absehen, wenn eine Gruppe plötzlich ausbricht wie beim Sechstagerennen und unter dem Gejohle eines halbverrückten Publikums sich an die Spitze setzt; ob sie sich dort auf die Dauer halten kann, ist eine andere Frage.)
Die Preise jedoch bestimmt die Mittelware. An ihr gemessen, dürften geringe Stücke nur Pfennige kosten, erlesene aber, mit dem Karat steigend, müßten Summen erzielen, die kein Händler mehr fordern kann. Deshalb hat man schon Diamanten zertrümmert, Skizzenbücher zerrissen, Folgen und Prachtwerke aufgelöst und im Ausschnitt verkauft.
Jeder Sammler wird uns zwei gleichwertige Bilder vorweisen können, von denen das eine nicht den zwanzigsten Teil des andern gekostet hat. Ohne den *Fund* (trouvaille) wird kein echter Sammler überhaupt leben mögen – *nur* zu höchsten Preisen kaufen, ist nicht bloß kostspielig, sondern auch langweilig.
Der Sammeltrieb, die Leidenschaft des Erwerbs, verführt auch einen hochgestochnen Kollegen, nach einem, sagen wir, *noch* ganz guten Blatt zu greifen, wenn die *ganz* guten Blätter nicht mehr auf dem Markte sind. Vor wenigen Jahren hätte sich der Herr Füchsl Sünden gefürchtet, einem guten Kunden so was überhaupt anzubieten – heut hängt er's schon in die Auslage. Uns, die wir so viel bei ihm gekauft haben, den Preis zu nennen, schämt er sich ein bißchen. Denn dieser Preis – nicht *er* – ist unverschämt, zu seinem eignen Leidwesen, wie er beteuert; aber durch Beteuerungen wird nichts billiger.
Jedenfalls: zu hohe Preise verschmerzt man im Laufe eines Sammlerlebens leichter, als zu billige Blätter!

Die sichere Anlage

»Na, hören Sie, eine *sichere* Anlage ist wohl so eine Sammlung auch nicht?« fragt unser Besucher im zweifelnden Ton unentschloßner Bankkunden; er würde sich, so klingt es durch, gern auch eine »anlegen«, wenn wir ihn über die geschäftliche Seite beruhigen könnten. Wir weichen aber aus und sagen lächelnd: »Eine bombensichere Anlage ist's auf keinen Fall!«
»Aber«, wird er gleichwohl neidischen Gemüts sagen, »Ihre Sammlung muß doch ein Vermögen wert sein!« Er überschätzt uns, er hält uns für einen heimlichen Millionär. Er rühmt die Größe, den Umfang unsrer Sammlung, in die wir ihn einen Blick haben werfen lassen. Wir fragen ihn, ganz banktechnisch, ob er schon einmal etwas von der Aufnahmefähigkeit des Marktes gehört habe? Natürlich! Ja, und der Kunstmarkt vermöchte gerade unsre große Sammlung nicht aufzunehmen. Die fünfzig, die hundert besten Stücke wären vielleicht leidlich zu verkaufen – auch Auktionen, übrigens, könnten schief gehen! – der Rest läge jedoch dann um so wertloser herum und die ihrer Spitzen beraubte Sammlung machte keinem mehr Freude. Erst neulich sei es einer Dame so gegangen, die ihres Vaters Schätze habe versteigern lassen. Die Händler und Sammler pickten die Rosinen heraus, die kleinen Stücke bekamen überhaupt kein Gebot. Von dem Erlös der guten Blätter konnte sie gerade die Spesen bezahlen.
Der Gegner gibt sich noch nicht geschlagen. Immerhin hätten wir, meint er, unsern Schnitt gemacht, da wir ja die Sammlung über den Währungsschnitt gerettet hätten.
Wir haben in unsre Sammlung weit mehr bares Geld hineingesteckt, als wir uns selber zugestehen wollen.

Unsre Fehlkäufe, besonders am Anfang, waren nicht unbeträchtlich, das Lehrgeld zahlt uns niemand zurück. Vor einem Menschenalter haben wir zu sammeln begonnen, Zins und Zinseszins müßten wir in Anschlag bringen. Daß Zeit Geld sei, dürfen wir nicht wahrhaben wollen, sonst würde allein der Aufwand an Leistungsstunden die ganze Überlegung hinfällig machen. Unsre Beschäftigung mit den Dingen, die oft genug der Ausbildung eines Fachmanns gleichkommt, müssen wir als reines Vergnügen buchen. Der Geschäftsmann wird also schon ein Haar in der Suppe finden, die wir uns eingebrockt haben.

SKRUPEL

Der Abbé Mazarin hat einem armen Amtsbruder ein kostbares Geschmeide abgeschwindelt – »natürlich Glas, mein Lieber, sonst wäre es ja ein Vermögen wert!« – Der Fall liegt klar: Er hat als ein Lump gehandelt. Dem Bekannten, dem Privatmann gegenüber ist der anständige Sammler zur Auskunft verpflichtet, auch wenn er dann, erfahrungsgemäß, das angebotene Stück auf Nimmerwiedersehen verschwinden sieht.

Wie aber, wenn wir den berühmten »Fund« beim *Händler* machen? Ein Blatt, wir vermuten es, wir wissens sogar, ist gut und gern hundert Mark wert, aber der Ahnungslose bietet es uns um fünf an. Wir nehmens natürlich. Ist das Fundunterschlagung? Ist es ein (ach, so seltner!) Glücksfall? Ist Wissen Macht, dürfen wir uns auf den alten Roßtäuscherspruch berufen: »Augen für Geld!«?

Viele Blätter haben wir überzahlt, oft sind wir hereingefallen, vielleicht bei demselben Händler. Ganz ohne

Fortuna möchte keiner sammeln – mehr Platz wenn ich hätte, zwanzig Seiten schriebe ich darüber – jeder Fall liegt anders. Redet euch die Köpfe heiß – ganz werdet ihr die Skrupel nie zerstreuen können!

Alte Schliche

»Herr Nagenrauft!« ruft der Gehilfe aufgeregt dem Chef zu, »in dem Pascal fehlen ja mindestens zehn Seiten!«
»Schreiben Sie in den Katalog: ›Nicht kollationiert!‹.«

»Von dem Staatshämorrhoidarius von Pocci haben wir vier Stück. Soll ich die alle...«
»I wo! Tragen Sie drei ins Lager, eins tun Sie in den Katalog und schreiben: ›Kommt im Handel nur ganz selten vor!‹«

Verstellungen

Will sich der Kunde einen guten Abgang verschaffen, dann sagt er, daß er wahrscheinlich auf die Sache (und in den Laden) zurückkommen werde.
Er kommt *nie* wieder. Der Händler weiß es. Er hört es an dem schlechten Gewissen, das aus der Stimme des Flüchtenden klingt, er fühlt es am freundlichen Übereifer oder an der rückzugsichernden Hast, mit der jener die Tür in die Hand und Abschied nimmt.
Will aber der Händler einen Kunden loswerden, beispielsweise nur für den unerwünschten Augenblick, jetzt gerade, wo er im geheimen Gelaß lieben Besuch hat oder Würstchen kocht oder ganz einfach unlustig ist, verstaubte Mappen herbeizuzerren: dann sagt er, überzeugend und mit strahlender Verheißung: »Wissen

Sie was, ich suche die Sachen zusammen und mache Ihnen eine Ansichtssendung!«
Der fremde, der auswärtige Kunde bekritzelt ein Stück Papier mit Namen, Anschrift und genauem Sammelgebiet – *keine* Druckgraphik setzt er dazu und unterstreicht es dick – und entfernt sich. *Nie* wird eine Ansichtssendung kommen.
Der Kunde weiß es. Er merkt es an der freundlichen Bereitwilligkeit, mit der dieser Vorschlag gemacht worden ist.
Aber es gibt eine stille Übereinkunft, an der beide Teile festhalten. Nur in ganz feinen Geschäften, die aber in Wirklichkeit keine sind, sondern einem Proleten gehören, wird dem ärmlich, aber sauber gekleideten Kunden auf den Kopf zugesagt, daß er ja doch nichts kaufe – und also hier auch nichts zu suchen, geschweige denn zu finden habe.
Die wirklich menschenkundigen Händler wissen, daß oft der Mann im schlichten Rock ungeheures Wissen, beispiellose Schätze besitzt und zu den unwahrscheinlichsten Opfern bereit ist.
Auch der kundige Kunde wird zu dem Antiquar nicht sagen: »Sie schicken mir ja doch nichts!« Denn er weiß, daß er's nicht erzwingen kann – und schließlich gibt er halt doch die Hoffnung nicht auf, daß er eines Tages ein gewichtiges Paket in Händen hält: es ist nichts unmöglich; denn nächst Gottes Wegen sind die des Kunsthandels die wunderbarsten.

Seltenheiten

Seltenheiten sind teuer. Was ist selten? Was nicht häufig vorkommt, gewiß; *aber* – und das erst ist entscheidend – von vielen begehrt wird. Was niemand sucht,

das kann so rar sein, wie es mag: Seltenheitspreise lassen sich nicht damit erzielen.
Der »Biedermeier-Kitsch«, den ich sammle, ist seltner als manches Dürerblatt; teuer ist er nicht – denn auch der Händler freut sich über den raren Kunden, den ihm der Himmel geschickt hat. Vier, fünf ernsthafte Nebenbuhler würden genügen, die Preise auf schwindelnde Höhen hinaufzutreiben.

Kataloge, Kataloge!

Angenommen, lieber Leser, Sie sind kein Sammler, dann ist es Ihnen wurscht, was das Antiquariat Herzl an alter Graphik auf Lager hat oder was an Nymphenburger Porzellan bei Ehrenmann und Lümple versteigert wird. Die Bücherlisten, die Ihnen unentwegte Optimisten ins Haus schicken, hoffend, in Ihnen einen geistig und finanziell »aufgeschlossenen« Mitmenschen zu finden, werfen Sie unbesehen in den Papierkorb, denn einen Brockhaus, einen Goethe und Schiller haben Sie schon, und die Bibliophilie zu übertreiben, ist nicht Ihre Absicht. Ich könnte mit Engelszungen reden, nie würde ich die Lust Ihnen begreiflich machen können, die andere Menschen an Katalogen empfinden.
Vielleicht gelingt's mir doch! Stellen Sie sich vor, der Sklavenhandel blühte noch und Sie bekämen eines Tages von der Firma Ibrahim ben Hur & Co. in Aleppo ein Verzeichnis der Neueingänge – mit Abbildungen natürlich – und fingen an, drin herumzublättern. Ja, solch ein Katalog, dem Leporello-Album verwandt, müßte doch wohl einen Mann reizen! Aber auch der Fachmann ist leicht zu entfachen, wenn wir ihm die richtige Berufslektüre vorsetzen. Ein Sportfischer liest mit Begierde ein ellenlanges Register sämtlicher Kunst-

fliegen durch, er ist imstande, Ihnen allein von der Schwarzen Palme eine Stunde lang vorzuschwärmen. Und selbst der biedere Landwirt schwelgt in einem Verzeichnis von Garten- und Ackerbaugeräten, das Sie nach fünf Minuten zum Gähnen bringt.
Bleiben wir bei den Kunst- und Bücherkatalogen, diesem göttlichen Lesestoff der Sammler, Antiquare und Versteigerer! Da müssen wir freilich streng unterscheiden zwischen den *alten* und den *neuen* Katalogen.
Was ein rechter Sammler ist, der hat vor allem auch die alten Kataloge gesammelt, die Märchenbücher voll süßer Bitternis. Da sind die Verzeichnisse uralter, verschollener Lagerbestände und berühmter Versteigerungen, wir könnten sie alle mit Namen nennen: Lanna und Figdor, Hirth und Cichorius...
Die Wehmut ergreift uns, wenn wir darin blättern wenn wir einen vierseitigen Brief Nietzsches noch 1901 um eine Mark unter Musikerautographen finden: »früherer Freund Richard Wagners«.
Nun, wir wollen nicht weich werden. Die alten Kataloge gehören zum Rüstzeug des Kenners; aber die *neuen* Kataloge, die uns nebst einer Zahlkarte auf drei Mark ins Haus geschickt werden, sind schon fast so was wie ein *Stellungsbefehl*.

NACHLÄSSE

Um es kurz und gut zu sagen: die Witwe des Enkels des Malers Knillhofer (1802–1874) ist gestorben und die Urenkel haben die Speicher ausgeräumt; jahrelang haben sie schon auf diesen Tod gewartet, haben dann sofort an Herrn Füchsle eine Karte geschrieben, von der wir nur träumen dürfen, jene Karte, von der Herr Füchsle oft in den Münchner, Augsburger und Ingolstädter Zeitungen erklärt hat, sie genüge, um ihn unverzüglich, ausgestattet mit jenem Bargeld, das auch Leidtragende zu lachenden Erben macht, auf den Plan treten zu lassen.

Die Erben verstehen von der Kunst nichts, Herr Füchsle immerhin so viel, daß er tausend Mark hinlegt, ohne sich lang aufzuhalten. Ein paar Stichproben haben genügt, um ihn jenen freudigen Stich im Herzen spüren zu lassen, der – aber eilen wir zur Sache: Herr Füchsle gräbt zu Hause den ganzen Mappenberg um, den Staub läßt er liegen. An die Ladentür schreibt er: »Wegen Krankheit geschlossen!« Und es ist keine Lüge, er ist wirklich ganz kreuzlahm vor lauter Wühlen und Sichbücken. Und dann schreibt er seinerseits ein Dutzend Karten oder zwei, die auch genügen, seine Stammkunden sofort mobil zu machen – nur der Doktor Geyer war diesmal verreist, er ärgert sich hinterher, als wäre er zur Hölle gefahren.

Wer aber zur rechten Zeit kommt, findet Hunderte von Blättern, lauter Knillhofer. Er kennt diesen Knillhofer nicht, aber den Herrn Füchsle kennt er. Und beschwört, ja, bedroht ihn, zuerst einmal die *guten* Sachen herzuzeigen. Und unter diesen findet er, wenn er Glück hat, ganz hervorragende Blätter, die er mit gutem Grund nicht für Knillhofers hält; aber er schweigt natürlich, legt an die zwanzig Blatt heraus und fragt nach dem Preis.

Herr Füchsle rechnet so: Meine tausend Mark muß ich aus den hundertünfzig besten Stücken herausschlagen; dann ist alles, was ich für den Rest von fünfhundert Blättern kriege, rein verdient. Er läßt aber, da es sich um einen Nachlaß handelt, auch über einen Preisnachlaß mit sich reden. Der Sammler geht und ist zufrieden. Er hat einen Fohr, zwei Rottmann, drei Fries und vierzehn Knillhofer erworben.

Drei Tage später schwimmt München in Knillhofer. Alle Händler, alle Sammler haben sich eingedeckt. Fürs nächste halbe Jahr wächst er einem zum Hals heraus – die guten Stücke sind natürlich weg, aber der Rest wäre an sich auch noch recht reizvoll, wenn er nur nicht von dem verfluchten Knillhofer stammte.
Bei dem oder jenem Händler erwirbt man trotzdem noch, aus zweiter Hand, ein gutes Blatt, ja, einmal erwischt man sogar noch einen Reinhold, der in Bausch und Bogen als Knillhofer mitgeschwommen ist. Dann aber wird es still; und ein Jahr später liegen bei Herrn Füchsle nur noch ein paar schäbige Reste herum, die wahrscheinlich nicht einmal Knillhofers Hauch gespürt haben.
Fünf Jahre darauf bekommt der Sammler einen Versteigerungskatalog von Köln. Und zwischen Kniep und Kobell findet er dreizehn Knillhofer angepriesen – und *wie* angepriesen! »Fast nicht im Handel!« steht da, und »Schöne Arbeiten des zu Unrecht verschollenen Künstlers«. Die italienische Ansicht aber, die im Katalog abgebildet ist, mein Gott, das ist ja das schäbige Blättchen, das vor drei Jahren noch beim Herrn Füchsle herumgefahren ist, weil es niemand mehr haben wollte. Wenn es einem in die Finger kam, lächelte Herr Füchsle wehmütig: »Wissen Sie noch?«
Übrigens kann einem dergleichen auch bei berühmteren Meistern unterkommen, es müssen keine Zeichnungen sein; auch von Autographen ist mitunter der Markt überschwemmt, oder von Bilderbogen und Steindrucken; dutzendweise taucht der und jener auf, in postfrischen Stößen liegen sie da – gar nicht mehr sehen kann man das Zeug. Aber der gewiegte Sammler macht es wie die Riesenschlange: Er würgt hinein, was er nur kann, denn er weiß: was heute wohlfeil ist, ist morgen teuer; und wenn Fortuna schon Perlen wirft, die vor

die Säue kommen, versuchen wir selber einige zu erhaschen.
Mit einem Wort – Nachlässe soll man nie nachlässig behandeln!

Versteigerungen

Kaum habe ich hingeschrieben, daß die Auktionen von heute nur noch Nachblüten der großen Zeiten sind, da (ver)steigert sich der »vent de folie«, der Wind der Narrheit zum Orkan: Ungeheuerlich dünken uns die Preise, die die jüngste »Sturm«-Versteigerung gebracht hat!
Was ist nun das alte Geheimnis der Versteigerung? Wenn ein Kind nicht recht essen will oder gar sich gegen den Lebertran sträubt, spielen ihm die Eltern was vor: Sie greifen begierig zum Löffel, schlagen sich vor Wonne auf den Bauch und schmatzen begeistert: »Gut!« Und Nachahmungstrieb, Neid und Habgier tun Wunder: Das Kind ißt!
Wenn man große Kinder, sogenannte Erwachsene, zum Zugreifen bringen will, veranstaltet man eine Auktion! Die Verlockung des »Auch-haben-wollens« bewährt sich fast immer: Einer treibt den andern hinauf. Verba movent, exempla trahunt. Die bewegenden Worte stehen im Katalog; aber erst die Beispiele reißen hin. Gelingt es gar, *Frauen* in eine Versteigerung zu locken, so ist das Spiel gewonnen: Sie wollen immer das letzte Wort haben!

SAMMELSURIUM

Wunderliche Geschichte

Ludwig I. erwirbt als Kronprinz im Jahr 1817 einen Acker auf der Insel Milo; der Freiherr von Haller will dort die Reste des Theaters ausgraben – soweit der Marmor nicht schon von den unwürdigen Nachfahren der alten Hellenen zu Kalk gebrannt worden ist. Der Freiherr stirbt am Fieber, über dem Trümmerfeld wächst Gras, aber ein Franzose hört es wachsen, schaut ein bißchen nach und zieht die Venus von Milo ans Licht, die dort zweitausend Jahre geschlafen hat; das herrliche Frauenzimmer ist also gewissermaßen aus einem bayerischen Bett entführt worden; es steht im Louvre in Paris und nicht in der Glyptothek in München.

Aber das Tollste kommt noch: Der Franzose, es ist der Konsul Brest, verdankte die Entdeckung der Venus von Milo einem Traum! In drei Nächten sah er sich selbst an einer bestimmten Stelle der Insel die wunderbare Figur ausgraben, ehe er sich wachend entschloß, es zu tun. Der kostbare Fund wurde durch ein Kriegsschiff entführt und nach Paris gebracht. Träume mögen Schäume sein, aber vielleicht wurde die Schaumgeborne gerade deshalb so gefunden ...

Zusammenhänge

»Dummer Kerl, kannst net grad schneiden?!« schimpfte am 8. April 1431 der Meister Jörg Huber seinen Lehrbuben, der einen nagelneuen, noch druckfeuchten Einblattholzschnitt so schief mit der Schere abgezwickt hatte, daß der Bildrand wie gerupft aussah.

Im Jahre 1931 aber erzielte das Blatt (Unicum eines anonymen Meisters um 1420) auf der Versteigerung in Berlin wegen des kleinen Fehlers (angesetzter Papierrand rechts oben!) statt der 4000 Mark, die ein tadelloses Stück gut und gern erreicht hätte, mit genauer Not 1135 Mark. Man kann auf die Lehrbuben nicht genug aufpassen!

*

»Ah, Sie sind's, Fräulein Rosa?« sagte der Herr Postmeister von Krattelfing und schaute weniger grantig als sonst aus seiner Schalterluke. »Was haben wir denn? Ein Brieferl, so, pressieren tut's? Ja, der Herr Schwager hat schon eingespannt. Aber Kruzitürken, die Sechskreuzermarken sind mir ausgegangen. No, nehmen wir halt ein paar Einser, des is nachher das gleiche, nach Adam Riese!«
So kam das Prachtstück zustande, das die Briefmarkensammlung des Reichspostministeriums ziert.

*

»Nächste Woche räume ich bestimmt den Speicher auf!« sagte die Burgfrau Ludmilla von Eichenfels im Jahre 1492, an einem regnerischen Septembertag. Sie wollte nur warten, bis das Wetter wieder besser würde. Es wurde aber noch schlechter, und mit dem Stöbern war es Essig. Inzwischen hatte, am 12. Oktober, Kolumbus Amerika entdeckt, die Neuzeit war damit offiziell angebrochen und unschätzbarer Hausrat des Mittelalters hatte sich in jene frische Epoche gerettet, in der es eine Lust zu leben war.
Das Zeug hat sich dann, von tausend Zufällen begünstigt, noch weiterhin an Rost und Motten, Feuers-

brünsten und Dachschäden vorbei ins neunzehnte Jahrhundert durchgeschlängelt, bis es ein Kunsthändler entdeckt (und versteigert) hat; es ist längst eine Zierde des Germanischen Nationalmuseums. Wir sehen – Sammeln ist kinderleicht: man braucht die Sachen nur aufzuheben!
Daß von hundert alten Rittern neunundneunzig ihre Panzerhemden zum alten Eisen geworfen haben, als sie sahen, daß man damit unmodern wird, ist dem hundertsten, der sie in einer Rumpelkammer aufhob, zum Segen geworden. Die Gefahr, daß *alle* alles aufheben, ist ja nicht groß, denn es gibt in der Mehrzahl leidenschaftliche Wegwerfer auf der Welt, was allein schon durch die Erfindung des Papierkorbs leicht zu beweisen wäre.
Aber das ist's ja gerade: Zu bestimmten Zeiten hat man altdeutsche Bildtafeln zu Kleinholz gehackt, hat Riedinger-Stiche zu Zetteln verschnitten, hat Daumiers in Bouchers eingewickelt und dann wieder Bouchers in Charivari-Makulatur. Die Leute, die das taten, hielten sich nicht für so dumm, wie der kluge Zeitgenosse sie heute hält, der seinerseits die ersten Lithographien unbedenklich als Untersatzbogen für Exlibris mißbraucht, ohne das vernichtende Urteil eines kommenden Sammlergeschlechts zu befürchten.
Einfach aufheben – wennn man nur wüßte, *was*! Das nämlich, wovon wir es ganz sicher wüßten, daß es sich lohnen würde, ist ja leider schon weggeworfen worden, gestern und vorgestern, das andere wird weggeworfen, heute, morgen und übermorgen!

Die Wettfahrt

Zwei Sammler, wütende Nebenbuhler auf dem Felde der Druckgraphik des neunzehnten Jahrhunderts, haben von ihrem Leibantiquarius die Nachricht erhalten, daß soeben eine wichtige Sendung aus Paris eingetroffen ist. Nun ist aber der eine Professor an der Universität und muß eine Vorlesung halten, der andere aber ist neugierig, was sein siebenkluger Freund zu sagen hat, und denkt, so lange er ihn unter den Augen hat, kann er ihm ja nicht auskommen. Er geht also auch in den Hörsaal. Er möchte natürlich fünf Minuten vor Schluß hinauswischen, aber der Freund Professor beäugt ihn so drohend, daß er »bis zum letzten Augenblick« dableiben muß.
Aber jetzt, hinaus und hinunter, einen kleinen Vorsprung hat er ja immerhin – und, um das Glück voll zu machen, steht gleich am Eingang ein Wagerl – »Holla Kutscher!« Aber der rührt sich nicht und auf eine ärgerliche Frage sagt er bloß, daß er b'stellt sei für den Herrn Professor. Und er läßt sich nicht erweichen, seinem Herrn untreu zu werden.
Kostbare Augenblicke sind verloren, ein anderer Fiaker muß von der nächsten Ecke herbeigewunken werden.
Fast gleichzeitig besteigen die Gegner ihr Gefährt, und es beginnt, wer wollte das glauben bei den gemütlichen Münchner Droschkenkutschern, eine Wettfahrt, gegen die ein römisches Wagenrennen nichts ist. In allen Fugen ächzen die alten Kaleschen, die braven Pferdlein müssen glauben, daß ihre Lenker verrückt geworden seien.
Der Professor ist um drei, vier Nasenlängen voran, als sie die Brienner Straße überqueren. Und da geschieht das Unglück – nein, lieber Leser, nicht, wie Sie denken, daß jetzt Mann und Roß und Wagen sich blutig

im Staube wälzen. Sondern – der Prinzregent fährt zweispännig nach Nymphenburg und während der erste, der Professor, noch grade durchwischt – der zweite muß warten, bis der hohe Herr vorüber ist.
Bis er dann vor dem Antiquariat vorfährt, ist der Professor schon lang drin, hat mit fliegenden Händen das Paket durchstöbert und das Wichtigste beschlagnahmt. Daß der andere daraufhin in die demokratische Partei eingetreten sei, ist eine Legende.

Tränen

Ein Sammler besuchte den Bezirksgeometer K. in einem oberbayerischen Städtchen; der war nicht daheim, aber seine zahnlose Frau. Die schimpfte gleich mächtig auf den tollen Hund, ihren Mann, der ihr kein Gebiß kaufe, dafür aber lauter so blöden Raritätenkram. Derweil kam der Herr Bezirksgeometer selber, ein vierschrötiger Mann, und führt den Gast in die Wohnung, die unaufgeräumt und schmutzig war. Ein paar helle Stellen an den Wänden – offenbar fehlen einige Bilder. »Haben Sie am Ende doch was verkauft?« argwöhnt der Besucher, obwohl er weiß, daß der andere lieber verhungern würde, als was hergeben. »Verkauft?« knurrt der Geometer nur, gesträubt wie ein Löwe. »Ja, um Gotteswillen, sind Ihnen Sachen gestohlen worden?« erkundigt sich teilnehmend der Gast. Dem Mordslackl laufen die hellen Tränen über die Backen: »Hergeliehen, für eine Ausstellung!« weint er. »Und dort – weggekommen, verbrannt? Wie?« »Nein!« »Ja, aber das versteh ich nicht, dann kriegen Sie die Sachen ja wieder!« »Ja«, schluchzt der Geometer, *»aber erst in sechs Wochen!«*

Der Teppich

Von einem bayerischen Fürsten wird erzählt, er habe erst durch den Brief eines Weltausstellungsleiters erfahren, daß sich in seinem Besitz ein kostbarer Teppich befinden müsse, der während der Türkenkriege nach Wien und von dort auf das Schloß des Fürsten gekommen sei. Seine Durchlaucht lassen Gewölbe und Speicher durchforschen, aber kein Teppich findet sich. Schon will er dies nach Amerika zurückschreiben, da hört der Gutsverwalter von der Sache und fragt schüchtern, ob vielleicht der große bunte Rupfen, oder was es sei, gemeint sein könne – und siehe, es stellte sich heraus, daß seit undenklichen Zeiten der Teppich zum Bergen des Viehfutters gedient hat – und diese Arbeit hat ihn überdies wunderbar frisch erhalten.
Der Fürst hat viele schöne Sachen, aber wenig bares Geld. Allein das dringend nötige Eindecken der Schloßdächer würde Hunderttausende kosten, die er nicht besitzt. Er schickt den Teppich nach Amerika, er läßt ihn für eine Million versichern. Und wenn er die Geschichte zum Besten gibt, schließt er sie mit den wehmütigen Worten: »Und meinen Sie, das Schiff wäre untergegangen?«

Historisches

»Als der Humanismus mit sanftem Flügelschlag auch an die Ritterburgen heranrauschte und dem eisengepanzerten Junker Buch und Feder in die Hand drückte, hatte er auf der Pietät gegenüber den Resten sowohl des klassischen Zeitalters wie auch der vaterländischen Vergangenheit im Hinblick auf die ersten sammlerischen Bemühungen Tür und Tor weit aufgetan.«
Solche Sätze sollte man so gut sammeln wie Brief-

marken-Sätze. Sie sind heute schon ziemlich selten geworden; vor fünfzig Jahren wurden sie von Hochschulprofessoren geschrieben; obiger stammt von einem solchen und ist goldecht. Er stellt, kürzer gesagt, fest, daß das zielbewußte Sammeln mit dem Humanismus einsetzt. Und so erspart er uns alle weiteren Ausführungen über die Geschichte ...

Museen

Ja, ja, Museen müssen sein! Es ist leicht, über die geistigen oder sogar ungeistigen Konservenfabriken zu spotten, über die Lagerhäuser, darinnen alles eingepökelt, eingemottet, einbalsamiert wird, was nicht mehr leben kann und noch nicht sterben soll. Die Sonne des wirkenden, freudigen Daseins umwölkt sich mit der Angst; und schon kommt es zu musealen Niederschlägen.

Wir wollen das alte Klagelied nicht neu anstimmen, wie im Museum die Götter zu Götzenbildern herabsinken, wie sie aus dem Ur-Kult zur Kultur werden, wie sie sich zu ästhetischen, schließlich nur zu wissenschaftlichen Werten wandeln. Ja, boshafte Menschen sprechen sogar von einer Neigung zum Klinischen – sie sehen in den stillen, hygienischen, weiß getünchten Räumen eine Art von Krankenhäusern, darinnen, von Restauratoren betreut, die schwereren oder leichteren Fälle von Wurmfraß, Erblindung und Hautleiden dahindämmern. Mit solchen Spöttern, die da behaupten, hinter den Museumsstücken stehe keine geistige Wirklichkeit mehr, sondern nur ein Aufseher, wollen wir gar nicht reden.

Übrigens – den meisten Leuten bleiben die Museen auch dann noch verschlossen, wenn sie hineingegangen sind.

Der Ring des Polykrates

Der Doktor Mauritius hat ein beispielloses Glück gehabt: an zwölf Stellen hat er seine Sammlung verlagert, nirgends ist etwas verbrannt, nirgends ist etwas geplündert worden. Kein Postpaket ist verloren gegangen, nicht Maus, nicht Motte hat etwas angenagt: sechs Wochen nach dem Zusammenbruch hat er alle seine Schätze wieder beisammen. Er hält das für selbstverständlich, aber ein Gastfreund warnt ihn, wie weiland Ägyptens König den Polykrates, vor dem Neid der Götter. Und wirklich, der Doktor nimmt ein Blatt, das der andere schon lange gern gehabt hätte, wickelt es in ein altes Packpapier, und nicht mit Grausen, sondern mit frohem Dank wendet sich der beschenkte Gast. Er fährt zeitgemäß auf einem Lastkraftwagen: heim, meint er, aber das Schicksal befiehlt: in den Straßengraben. Mehrere Leute sind tot, auch unser Mann ist tot; unter den Trümmern findet einer die Rolle, auf dem Packpapier steht die Anschrift, und vierundzwanzig Stunden später hat Doktor Mauritius sein Blatt wieder, von dem er sich so ungern getrennt hat wie Polykrates von seinem Ring. Er hat sich weiter nicht gewundert, außer darüber, wie er hatte so dumm sein können, das reizende Blatt herzuschenken. Es ist ihm auch bis jetzt nichts Ernstliches zugestoßen.

*

Der Professor Karl Voll, ein großer Kenner der Franzosen des 19. Jahrhunderts, beauftragte einen Münchner Händler, der grade nach Paris fuhr, ihm die erste Ausgabe der Contes drôlatiques von Balzac mit den Holzschnitten von Doré zu besorgen. Er bekommt das Buch zu einem mäßigen Preis; andern Tags aber erscheint er wütend bei dem Händler und poltert los: »Ich hätte nie gedacht, daß ein so gewiegter Antiquar wie Sie sich eine fünfte Ausgabe für eine erste aufhängen läßt« – und legt das Buch auf den Ladentisch. »Und ich hätte nie geglaubt«, ahmt ihn der andre höhnisch nach, »daß ein so profunder Kenner noch nichts davon gehört haben sollte, daß die fünfte Auflage des Buches die erste ist, die Doré illustriert hat.« Wie rasch da der beschämte Professor das Buch wieder nahm!

Die Spinne

In Schwabing war dort, wo bald darauf einer der wüstesten Trümmerhaufen lag, das weltberühmte Kaffeehaus »Größenwahn« – und ein paar Häuser weiter, schräg gegenüber, hatte der alte Antiquar Grünäugl sein düsteres Lädchen. Viele Jahre lang saß er darin, still wartend, wie eine Spinne, ob ihm nicht ein Kunde ins Netz ginge, nicht nur zur Sommerszeit, wo München von Fremden schwirrt, nein, auch im Winter, wenn es schneit; aber nur selten schneite es einen Käufer in den Laden, in dem es obendrein bitter kalt war.

Eines Tages kam Herr Grünäugl auf einen großartigen Gedanken. Er verließ seinen Laden am hellichten Tag, sperrte zu und hing ein Pappschild hin mit den klassischen Worten: »Komme gleich!« Er begab sich in das Kaffeehaus, bezog einen Fensterplatz, eine Tasse Kaffee, viele Zeitungen und vor allem Wärme. Er erlernte die Gabe des Zweiten Gesichts (jawohl, man kann Gaben erlernen!) und behielt damit sein Geschäft im Auge – mehr kann man von einem Münchner Antiquar älterer Ordnung nicht verlangen. Unverhofft, durch einen Leitartikel hindurch, erblickte er einen an der Tür rüttelnden Kunden: ernsthafte Kaufwillige rütteln trotz Pappschild! Er eilte im Sturmschritt herbei, er kam wirklich »gleich« – und kehrte nach getaner Arbeit auf seinen Spähposten zurück.

Die Wahl

Ein alter Sammler liegt schwer erkältet im Bett, als er eine Aufforderung erhält, eine besonders schöne Auswahl von Enghalskrügen zu besichtigen. Der Arzt macht den Kranken darauf aufmerksam, daß das sein sicherer Tod sei, wenn er jetzt das Bett verließe oder gar, bei diesem Wetter, außer Haus ginge. »Lieber stirb i!« sagt der Sammler, steht entschlossen auf, besucht den Händler, erwirbt drei auserlesene Krüge, legt sich wieder ins Bett und stirbt binnen vierundzwanzig Stunden an Lungenentzündung.

Histörchen

Meine Besucher, sagte gelegentlich ein hartnäckiger Sammler entarteter Kunst, zerfallen in zwei Teile: Die einen, die wegen meiner Beckmanns, und die andern, die trotz meiner Beckmanns zu mir kommen!

Caspar David *Friedrich* wurde eine Zeitlang täglich von einem kleinen Mädchen besucht. Einem wirklichen kleinen Mädchen, versteht sich, was andres wäre bei diesem Unpaarsten aller Unpaaren ja kaum vorstellbar. Er gab ihr auf ihre Bitten öfter Zeichnungen mit – bis er erfahren mußte, daß sie diese nur zum Einwickeln benutzte. Ihr Menschen, eine Brust her, daß ich weine!

Ein Würzburger Domkapitular liegt in den letzten Zügen. Der Beichtvater reicht, unter eindringlichen Worten, dem Sterbenden das Kruzifix. Der Todgeweihte ergreift es mit frommer Inbrunst, seine verlöschenden Augen durchdringen noch einmal matt die Nebel des Irdischen, und er sagt mit leiser Stimme: »Schlechte fränkische Arbeit um achtzehnhundert!«

Einer der vielen Enkel der Königin Viktoria bat seine Großmutter um Erhöhung seines Taschengeldes. Sie schrieb ihm: »Kleine Jungen müssen lernen, auszukommen!« Diese Antwort genügte dem geweckten Knaben. Er verkaufte das Autograph um dreißig Silberlinge an einen Kameraden.

Ein bayerischer Prinz, so geht die Sage, hat als Porzellansammler ein unwahrscheinliches Glück entwickelt. Bald fand er hier ein Täßchen, bald dort ein Schüsselchen, heute in Schwabing die Suppenterrine und morgen am Radlsteg den Deckel dazu. Nach Jahr und Tag hatte er ein Nymphenburger Gedeck für sechzig Personen beisammen – ohne daß der geringste Regiefehler unterlaufen wäre.

Ein Autographensammler könnte sich die Haare ausraufen, wenn er bedenkt, wie achtlos die Dichter mit ihren Handschriften umgegangen sind. Eine Pfeife mit einem Hundertfrankenbillet anzünden, ist noch schäbig gegen den Luxus, aus einem eigenhändigen Gedichtentwurf einen Fidibus zu drehen.

Unlauterer Wettbewerb

»Die Juden«, sagt der Antiquar Niebling von der Kreuzgasse, »die sind dran schuld; wenn wir am Abend ein Glas Bier trinken gehen, setzen sie sich bis tief in die Nacht hin und lesen die Bücher, wo das alles drin steht, und am andern Tag kommen sie und kaufen uns für ein Spottgeld unsere guten Sachen ab ...«

Verbrecher...

»Gestern nachmittag drang der Kunsthändler Vetter in die Wohnung eines bekannten Sammlers, um ihm nach kurzem Wortwechsel mehrere Stiche zu versetzen. Der Täter suchte sodann unter Mitnahme eines größeren Betrags das Weite ...«
Das ist natürlich eine Notiz aus unserer Faschingszeitung. Wir sehen aber, wie nahe der Kunsthandel an das Verbrechen grenzt. Und wer von uns hätte nicht schon geblutet?

Er versteht keinen Spass

Ein abgedankter Major im Schwäbischen hatte eine weitbekannte Sammlung von allerhand Kleinkram. Bleibinhaus besuchte ihn und fragte höflich, ob er die Schätze sehen könne. »Anschaue dürfe Sie's«, knurrte der alte Soldat, »aber wenn Se was kaufe wollet, schmeiß ich Sie die Stiege hinunter!« Der Gast hielt das für eine Redensart und fragte, vorsichtig genug, ob nicht doch ein Stück, das ihm sehr in die Augen stach, feil wäre. – Und schon flog er, höchst unsanft, aus der Tür und die Treppe hinunter.

Der Glaube des echten Sammlers vermag im wahrsten Sinne des Wortes Berge zu versetzen: *Berge* von Mappen und Büchern versetzt er, gräbt er um, durchstöbert er, im *Glauben*, etwas Wertvolles in dem Wust zu finden.

Der Balken im Auge...

»Wie kann einer nur so ein Narr sein und Schmetterlinge sammeln!?« dachte der Registrator und sah kopfschüttelnd dem Adjunkten nach: »Da sucht dieser Unselige jede Abart von Bläulingen oder Bären zu erhaschen und freut sich wie ein Kind – als ob er nicht eh schon genug von dem Zeug hätte!« Und der Registrator beugte sich über seine Briefmarken. Er stieß einen Freudenschrei aus, denn er hatte die blaßrosa Spielart des Dreiers entdeckt, eine Seltenheit ersten Ranges!

> Wie bald kann Reichtum dich verlassen,
> So bist du elend gnug daran.
> Kunst aber wird dich stets umfassen,
> Sie nähret treulich ihren Mann! *Simon Dach*

75 Jahre Münchner

Um die Jahrhundertwende, als München leuchtete, erblickte ich, am 24. Januar 1895, in dieser »Stadt des Volkes und der Jugend«, immerhin das Licht einer hellen (und vermeintlich heilen) Welt. Daß es der einzige Lichtblick war, will ich im Ernste nicht sagen, aber jeder Mitmensch wird zugeben, daß sich diese heile Welt seitdem oft genug bis zur Finsternis verdüstert hat, und daß auch das Zwielicht der Gegenwart wenig Glanz mehr aufkommen lassen will.

Ich soll nun zu meinem 75. Geburtstag mein Leben in all den Jahren beschreiben. Das ist nicht so einfach; denn das Dasein oder vielmehr Dagewesensein als Greis zu überblicken, richtig zusammenzusehen, ist uns wohl verwehrt, und das schöne Wort von Hofmannsthal bleibt ewig gültig, daß jeder Mensch das Geheimnis mit ins Grab nimmt, wie er eigentlich gelebt habe. Auch ich kann mich nur wundern – an die tausend Möglichkeiten, wie es, zum Glück oder Unglück, oft ums Haar hätte anders kommen können, darf keiner denken.

Im übrigen ist es schwer genug, allen Gedächtnistäuschungen zu entgehen; und auch wenn einer fest zu einem »schonungslosen Lebenslauf« entschlossen ist, ganz will er sein Licht doch nicht unter den Scheffel stellen, den die neidischen Zeitgenossen allzugern für ihn bereithalten.

Gottlob! Da sehe ich grade, wie ich die Feder ansetzen will, daß ich, erst vor fünf Jahren, zu meinem Siebzigsten, mich der Aufgabe, meinen Lebenslauf darzutun, bereits entledigt habe. Der Leser – ich selbst hätte es schon fast vergessen – erinnert sich vielleicht des kostenlos verteilten roten Werbeblättchens, darin meine Tage und Taten feinsäuberlich aufgeschrieben sind. Für die, die das Heftchen längst in den Papierkorb geworfen haben, möchte ich das Wichtigste kurz wiederholen, neues ist ja in den fünf Jahren nicht mehr dazu gekommen, außer daß ich älter und unbeweglicher, die Welt aber moderner und bewegter geworden ist. Dafür aber, weil ja zu sogenannten Jubiläen doch was gedruckt werden muß, damit man nicht ganz vergessen wird, will ich ausführlicher die fünfundsiebzigjährige Geschichte meiner Heimatstadt München beschreiben, oder wenigstens die ersten fünfzig Jahre bis 1945; denn das weitere wissen ja die meisten Leser ohnehin: daß der Bauch dieser »Weltstadt mit Herz« immer größer geworden ist, daß an Stelle der Gemütlichkeit die Dynamik getreten ist, daß es keine Dienstmänner mehr gibt, aber auch keine »Dienstmädchen«; daß es schon fast als ein Verbrechen gilt, in einem Einfamilien- statt in einem Hochhaus zu wohnen und daß es von München nach Pasing oder Solln nicht mehr so weit ist, weil der »Burgfrieden« – was für ein verschollenes, liebes Wort! – längst über diese Grenze hinausgewuchert ist. Autobahn-Knäuel und Elefantenherden von Hochhäusern sehen wir dort, wo die Schafe auf einsamer Heide weideten. »Feldmoching« war noch ein Spottwort unseres Großvaters.

Also, wie versprochen, ganz kurz vorweg mein Lebenslauf, wenn auch ein bißchen ausführlicher als der »DDR-Meyer« (Kenner mögen bestaunen, wie geschickt ich mich aus der leidigen Gänsefüßchen-Affäre gezogen habe!): »bürgerlicher Schriftsteller, bekannt durch besinnlich-humorvolle, politisch indifferente Gedichte (›Ein Mensch‹ usw.)«. – Recht viel mehr steht übrigens im Großen Brockhaus auch nicht. »Er lebte, nahm ein Weib und starb« – wäre ja schon zu viel, denn gestorben bin ich noch nicht.
Lehrjahre in Ettal und München, im Ersten Weltkrieg vor Ypern schwer verwundet, Student (Strich, Wölff-

lin, Kutscher). Jugendbewegter (»Werkschar«), 1922 Dr. phil., Dichter (1918 »Die Dinge, die unendlich uns umkreisen« – solche Titelungeheuer waren damals noch im Schwang) in der Reihe »Der Jüngste Tag«, im Kurt-Wolff-Verlag. Nebenbei, vielmehr hauptsächlich Journalist, ab 1927 Schriftleiter des Lokalen (das dümmste – weil unbedankteste –, was man werden kann!) bei den »Münchner Neuesten Nachrichten«; 1933 fristlose Entlassung, 1935 das große Los gezogen: »Ein Mensch« (seither mein eigentlicher Name!). 1938 die Buchbindermeisterin Klotilde Philipp geheiratet, zwei Söhne, Thomas (1944), jetzt Germanist, und Stefan (1948), Jurist. 1945 die Wohnung (samt großen Teilen meiner Sammlungen) in der Widenmayerstraße ausgebrannt. Stadtrat nur für drei Wochen (nachträglich als Glücksfall zu werten). Mühsame – und doch schöne – Jahre in Gern, im überfüllten Haus der Schwiegereltern. 1957 das Haus in Nymphenburg bezogen. 1960 drei schwere Operationen hintereinander, aber noch einmal davongekommen. 1965 Feier des 70. Geburtstages – Ende der Nachrichten.
Lexikalischer Nachtrag: Münchner Dichterpreis 1952 (1499 Mark, da grad in jenem Jahr die Stadt besonders sparsam war und ich mir obendrein das Geld durch die Post zustellen ließ; trotzdem beglückwünschten mich mehrere Leser zum sorgenlosen Lebensabend), Bayr. Verdienstorden, Großes Bundesverdienstkreuz, Plakette »München leuchtet«, Mitglied der bayr. Akademie der Schönen Künste – also alles, was geboten werden kann. Früher wäre ich noch Hofrat geworden.

DAS ALTE MÜNCHEN

Und nun, wie versprochen, ein paar Blicke auf das alte München, wie ich es erlebt habe. Natürlich gibt es noch ältere Münchner; wenn auch die ältesten, manch berühmter Bekannter, schon gestorben sind, leben doch noch fast hundertjährige, die sich an Ludwig II. erinnern und meiner spotten, weil ich auch schon mitreden will. Durchschnittliche Lebensläufe, wie ja auch dieser einer werden soll, bewegen uns eigentlich nur, wenn ihr Verfasser noch auf Erden weilt, der Bogen also noch gespannt ist. Von Toten, die noch Tötere schildern, erwarten wir Gewichtigeres. Der Reiz liegt darin, als Lebendiger von verschollenen Zeiten zu erzählen, von Urgreisen etwa, die über ein Jahrhundert hinweg dem Kinde noch die Hand gereicht haben. So ist, nur eines von vielen Beispielen, mein ältester »Zeitgenosse«, ein Benediktinerpater von Sankt Bonifaz, um 1810 geboren. Es gibt auch münchnerischere Münchner als mich; schon ihre Vorfahren etwa haben in der Löwengrube gewohnt, und ich habe es nur zum »Maxvorstadtler« gebracht.

Immerhin, ein Altbaier bin ich, ein Oberpfälzer und Niederbaier; lang ist meine Ahnenreihe nicht, sie endet bald bei Bauern in Saal und in Pfreimd. Nur meines Vaters Mutter, mit leicht schwäbischem Einschlag, reicht erwiesenermaßen bis zu Karl dem Großen zurück, über eine natürliche Tochter eines Grafen von Styrum.

Vor mir liegt eine Karte, die die Stadt in meinem Geburtsjahr 1895 zeigt. Wer sie nicht mit leibhaftigen Augen betrachtet, der glaubts nicht, wie klein München damals war. Und doch wars genau so ein Gernegroß wie heute; es fraß die dichtbesiedelten Vorstädte und, über meilenweite Felder hinweg, die Dörfer, in dreißig Jahren wuchs die Stadt fast ums Dreifache; gebaut wurde und gebaut, an allen Fenstern klebten Streifen: »Zu vermieten!«; um vierzig Mark im Monat bekam man eine moderne Dreizimmerwohnung, ein Bauplatz im damaligen Vorortbereich kostete samt Hochwald dreißig Pfennig für den Quadratfuß – freilich waren auch Gehälter und Löhne (bei zwölfstündiger Arbeit!) gering.

Wenn man gar an die öffentlichen Gebäude denkt, die damals, rund um die Jahrhundertwende, entstanden sind, dann ist unser heutiges Olympia samt Untergrundbahn nicht aufwendiger, wenn auch a) wegen des Verkehrs, b) wegen der Verkehrsstörung einschneidender. Die St. Annakirche, die Paulskirche, die Bennokirche, die Maximilianskirche, der Wittelsbacher Brunnen, das Haus für Handel und Gewerbe (Börse), die Deutsche Bank, Stuckvilla, Theresiengymnasium, Bahnpost, Armeemuseum, Waisenhaus, Krankenhäuser, Friedhöfe, das Stadtarchiv, die Hackerbrücke, das Künstlerhaus, das Hofbräuhaus, der Nordfriedhof, die Kaimsäle, die Prinzregentenbrücke, der Friedensengel, das Nationalmuseum, das Müllersche Volksbad, der Justizpalast, das Prinzregententheater, das Rote Kreuz, die Kaufhäuser – all das wurde in den paar Jahren um 1900 errichtet oder in Angriff genommen, und oft stand ich mit dem grollenden Großvater an einer der Baustellen, und ich kann versichern, daß keiner der heutigen alten Münchner ärger über die jetzigen Zustände schimpfen kann als es die damaligen alten Münchner über die narrisch gewordene Stadt getan haben. Dabei ist zu bedenken, daß all die Bauten (einschließlich der Privatunternehmen, die ganze Straßenzüge, zum Beispiel das »steinerne Schwabing«, schufen) noch mit den herkömmlichen Mitteln errichtet wurden, und daß es von Maurern, Zimmerleuten, Mörtelweibern, Ziegelträgern und Brotzeitholern nur so wimmelte.

Trotzdem – noch standen die meisten der Adelspaläste wie der Herbergen, viel Grün war überall; wo heute die Technische Hochschule sich ausbreitet, sahen wir noch Neureuthers schönen Bau und gingen, wenn wir die »andere Großmutter«, nämlich die Mutter meines Vaters in der Gabelsbergerstraße besuchten, an einem langen Bretterzaun entlang, dahinter Flieder und Hollunder blühten. Der weite Weg nach Nymphenburg führte an Getreidefeldern und Gärtnereien vorbei, Menzing oder gar der Herzogpark waren eine unerforschte Wildnis, wo sich heute, in Holzapfelskreuth, der Waldfriedhof dehnt, pflückten wir noch lange Erdbeeren, und die jetzt so durchsiedelte Gegend um Allach war ein Paradies mit Orchideen und Türkenbund, Segelfaltern und Hirschkäfern, Fasanen und Eulen – zwei einsame Waldschenken waren, bis zum ersten Krieg, die einzigen Häuser bis Karlsfeld, wo sich der sagenhafte Millionenbauer sein Schlößchen ins dunkle Dickicht stellte. Das Dachauer Moos aber gar war ein Abenteuer, mit Hunderten von Kiebitzen, deren Eier wir suchten.
So weit und weiter kamen wir aber nur, wenn uns der Hausfreund Doktor Billinger, ein unermüdlicher Wanderer, mitnahm. Der Großvater Mauerer ging Sonntag für Sonntag mit uns zwei Buben auf das noch unabsehbare Oberwiesenfeld, wo wir uns die Hosentaschen mit den Hülsen der Platzpatronen füllten.
Des Bauens war kein Ende – 1899 das Neue Rathaus, Schulen und Gymnasien, ab 1906 auch das Deutsche Museum – ein Höhepunkt wurde wohl 1908 mit dem Ausstellungspark erreicht, der zugleich zeigte, wie modern München geworden war, wie nobel, wie zukunftsbewußt. Der Jugendstil feierte seine Triumphe; über die neuen Hausgeräte und die Moden sind schon Bände geschrieben worden. Gigerlanzug und Reformkleid,

Humpelrock und Wespentaille und vor allem die Rodlerinnen und Radlerinnen in Pumphosen – wie viele Wandlungen hat auch der Münchner erlebt, wenn er alt geworden ist. Noch sahen wir die Hochräder und die Tandems, ja, die sechssitzigen Fahrräder mit Vereinsstandarte.

Vieles davon ist natürlich uns Buben um 1900 kaum bewußt geworden, wenn ich auch früh, durch meinen stadtbekannten Vater, die Ereignisse und Gestalten jener Zeit mit erlebte, so daß ich von Pettenkofer, Hermann Lingg oder Lenbach einen lebendigen Begriff habe. Wir lebten in der Augustenstraße, wo sich das »Glasscherbenviertel« mit den Ausläufern der vornehmen Briennerstraße kreuzte, meist bei den Großeltern von der Mutterseite in einer noch ganz und gar biedermeierlichen Welt, gingen später in die nahe Luisenschule, waren keine kontaktarmen Kinder, denn aus allen Mietshäusern und Hinterhöfen quollen die Buben und Mädeln; zwischen Mülltonnen, Teppichklopfstangen und Lumpenballen spielten wir. Auch die Straßen waren noch ungefährlich. Die Bierwagen, oft noch mit Ochsen bespannt, fuhren langsam, die Droschken zottelten gemütlich, die Autos, selten genug, rasten noch nicht (ein Unfall am Stiglmayerplatz wurde dem rasenden Tempo von 12 Stundenkilometern zugeschrieben); später schlich die Linie 2 der Elektrischen (ich kenne noch die Pferde- und die Dampftrambahn!) so sanft dahin, daß der Großvater abends seine drei Windhunde durch die leeren Straßen neben der »Ringlinie« laufen lassen konnte; der Schaffner stand stramm und legte die Hand an die Mütze, wenn er sein Fünferl Trinkgeld bekam.

Da fallen sie mir alle ein, die unvergeßlichen, längst verschollenen Gestalten des alten Münchens: der Dienstmann an der Ecke, geduldig wartend, das Holzhacker-

Ehepaar, die Trambahnritzen-Reinigungsdamen, die Scherenschleifer, die Laternenanzünder, die Postillone, trompetenblasend, die Milchmänner, die Eismänner (sowohl für die Eiskästen als auch die fürs Eisschlekken), die »Rumfahrer« mit Obst, die Krenweiberln in der fränkischen Tracht, die Kartoffel- und Krautbauern, die Hofsänger, die Stamm-Bettler, die »atonalen« Ausrufer und Ausruferinnen aller Art (»Leut, gehts raus, aus'n Haus, scheene, neue Erdäpfel ...«), die Beerenfrauen (»Erdbeer, Mehlbeer, Taubeer!« ...), die Tonnenfrauen mit Kratzeisen und Sack, die Schuster- und Bäckerbuben; sogar die erst viel später erschienenen »Roten Radler«, ein Triumph der Neuzeit, sind schon wieder verschwunden. Nur die braven Postboten gibts noch, die Tonnenmänner (freilich nicht mehr mit den zweirädrigen Pferdekarren) und, welch ein Wunder!, die Zeitungsfrauen, die uns, oft schon um vier Uhr früh, unser Leibblatt in den Postschlitz stekken.
Daß die herrlichen Hartschiere, die bunten Offiziere und Soldaten im Stadtbild fehlen, sei auch nicht vergessen. Die Kasernen waren ja fast alle im nächsten Umgriff.

Noch kenne ich die Finsternis der Straßen, die Bogenlampen in besseren Gegenden gabs erst später, uns Buben zur Gaudi, wenn die Männer kamen, die Lampen von ihrer luftigen Höhe herunterzulassen – oft zischte es gewaltig, blendendes Licht blitzte auf. Die Petroleumlampen, die heute für teures Geld in den Altertumsläden verkauft werden, haben unsere Eltern auf den Speicher gestellt; das Gas, als offene Flamme oder die gefährlichen Spirituslampen mit dem empfindlichen Auer Glühstrumpf, waren eine große Errungenschaft.
Ich habe alles viel genauer in meinem Buch: »Mün-

chen so wie es war« beschrieben, da sind auch viele rare Bilder drin, die mehr als Worte aussagen können.
Die gewaltige Lichtverschwendung ist vielleicht die größte Wandlung des Stadtbildes, beispielhaft auch auf der »Wiesn«, dem Oktoberfest, das plötzlich elektrifiziert wurde. Unvergeßlich die erste, märchenhafte Glitzerfront der orgelbrausenden »Biographen« – daß wir auf der »Wiesn« auch noch bei der »Völkerschau« die »Wilden« bestaunen konnten, deren Enkel heute als Staatsbesucher kommen, sei am Rande bemerkt.
Von 1904 an gingen wir, mein älterer Bruder und ich, in das weit entfernte Theresiengymnasium, durch den Poststall (verbotenerweise!) an der Dachauer Straße, am Maffei-Anger vorbei, auf dem bald das riesige Verkehrsministerium stehen sollte, durch die eben erst freigestellte Unterführung oder über den Bahnhof (alten Stils) und die Goethe- oder Schillerstraße, die auch damals schon häßlich, aber wenigstens nicht gefährlich waren. Der Bavariaring, er ist es längst nicht mehr, war als Viertel der Kommerzienräte gerade im Ausbau. Im Winter wurde dort das »Schillereis« aufgespritzt, einmal hatten mein Bruder und ich gegen Hingabe eines Zehnerls uns die Schlittschuhe so fest anschrauben lassen, daß wir sie nicht mehr herunterbrachten und auf eisernen Hufen heimtraben mußten. Das nur eins von hundert Erlebnissen, die ich erzählen könnte.
Damals wie heute lebten ein altes und ein neues München mehr oder minder friedlich nebeneinander (wie in den Bierhallen oder im Hirschgarten immer noch!), freilich vollzog sich der Wandel, besonders auch der Zuzug von Fremden, langsamer als jetzt, wo es ganze Stadtviertel gibt, aus denen kein bayrisches Wort mehr zu hören ist.
Das kleine München hatte noch keinen »Untergrund«. Der »Raubmörder« Kneißl war Gesprächsstoff für

ein Jahr, die großen Ereignisse, die China-Expedition, den Burenkrieg, den russisch-japanischen Krieg lasen wir heimlich in der scheußlich bebilderten »Neuen freien Volkszeitung«, beim Untergang der »Titanic« und bei den Balkankriegen waren wir ja schon erwachsen.

Der Einfluß der Technik wird, so meine ich, doch überschätzt. Die echten Münchner vor dem Ersten Weltkrieg änderten ihre Gewohnheiten nicht ohne weiteres mit dem elektrischen Licht, den ersten Autos und den bald weitverzweigten Trambahnen, an vielem nahmen sie einfach nicht teil; leben doch auch heute, trotz Fernsehantenne auf dem Dach, viele Münchner »in der Etappe« und nicht an der Front des 20. Jahrhunderts. Selbst den Mond halten sie noch für ein himmlisches Gestirn.

Auch ich, der Mittelklasse angehörend, bin vor 1914 nicht ins Café Luitpold oder ein besseres Restaurant gekommen, ins Hoftheater höchstens zum »Wilhelm Tell«; nur einmal betrat ich das Prinzregententheater; um eine Freikarte (Wert: 20 Goldmark!) nicht verfallen zu lassen, schickte mich mein Vater hin, wie ich grad verschwitzt und im Radlerdress heimkam; und ich saß höchst freudlos zwischen Frackträgern und übereleganten Damen, um »Die Feen« von Richard Wagner zwangszuhören. Wer heute das verlassene Festspielhaus im Vorüberfahren betrachtet, muß sich als alter Münchner mühsam des Glanzes erinnern, der von dieser Stätte aus über ganz München gestrahlt hat – und wenn er weiter denkt, stellt er fest, daß, auf den Kopf der Einwohner gerechnet, München weitaus reicher an Kultur war als heute, wo ja im Zeitalter der Massenbeförderung nicht nur die Stadt, sondern der weiteste Umgriff Oberbayerns an dem, was München zu bieten hat, teilnehmen will – womit freilich nicht gesagt sein soll, daß etwa das Nationalmuseum, der Botanische Garten oder der Tierpark dem Andrang des Volkes nicht mehr gewachsen wären.

Eines Vorkriegserlebnisses muß ich eigens gedenken: des Fürstentages in Kelheim, im Sommer 1913. Als Hilfsberichterstatter sah ich ganz aus der Nähe in die harfendurchtönte Befreiungshalle sämtliche Bundesfürsten, den Kaiser an der Spitze, einziehen – welch eine Vielfalt von Uniformen und glanzvollem Prunk –, es werden nur noch wenige Augenzeugen dieses Tages leben.

Ein Jahr später gingen in Europa die Lichter aus. Als wir Absolventen am 28. Juni 1914 harmlos vergnügt von einem Ausflug zurückkehrten, war die Nachricht vom Mord von Sarajewo an allen Straßenecken angeplackt. Gewiß hat nie ein Blitz aus heiterem Himmel eingeschlagen; aber nur, wer es selber erlebt hat, kann sich das lang hinziehende Donnergrollen, das Schwanken zwischen Furcht und Hoffen vorstellen, bis dann, am 2. August erst, die Flammen des Weltkrieges auflohderten. Den ganzen Juli hindurch verlebten selbst wir nächstbetroffenen jungen Männer die schönsten Sommerferien, höchstens, daß wir den angekündigten russischen Autos auflauerten, die Gold über die Grenze schaffen sollten. Dann freilich, nach der Mobilmachungserklärung, entlud sich die gestaute Spannung in wilden Massenszenen, die bei näherem Zusehen nicht durchwegs so erhebend waren, wie sie vielleicht in die Geschichte eingehen. Der Mordgier der außer Rand und Band Geratenen, der Weiber besonders, wäre auch ich beinahe zum Opfer gefallen: als Berichterstatter machte ich mir in der Nähe des Glaspalastes ahnungslos Notizen für ein Stimmungsbild des Truppenausmarsches, als ich mich plötzlich von einer Horde von Wütenden umringt sah, die mit dem Gebrüll: »Ein

Spion, ein Spion!« auf mich eindrang. Schnellen Fußes durchbrach ich den Ring meiner Verfolger und flüchtete zu den Soldaten – zu meinem Glück traf ich auf einen mir wohlbekannten Leutnant, der, natürlich schallend lachend, mich in den Schutz der Truppe nahm; aber zwei Stunden oder länger dauerte es, bis sich die mit Stöcken und Steinen drohende Schar verlaufen hatte und ich wieder, ängstlich genug, meines Weges gehen konnte.

Ich habe das so ausführlich erzählt, um einen Gesamtblick auf das jäh wechselnde Volksgefühl zu tun, auch im gemütlichen München. Es sind ja im Grunde dieselben Leute, die da als Statisten großer Ereignisse mitwirken: die etwa bei den schönsten Faschingszügen nur »stadlustig« die Straßen säumten, die, wenn bei den großen Feiern der Schützen- und Turnerfeste oder gar des Deutschen Museums die ganze Stadt in eine Woge von Fahnen, Fichtengrün und Blumen aufwallte, kaum in sichtbarer Lebensfreude mitschäumten, ja, der einst so mächtigen und prächtigen Fronleichnamsprozession nur in stiller Andacht beiwohnten: dieselben Leute – oder wenigstens ein Teil von ihnen – waren es, die 1918 und 19, die 1924, beim Hitlerprozeß, 1933 und 1938 in eine dumpfdrohende oder gar wutspeiende Raserei verfielen. Ich, der ich solchen Wandel des Stadtbildes ein halbes Jahrhundert lang miterlebt habe, kann es meinen Söhnen nicht erklären, wie es war; weder die wirkliche Märchenpracht des vorkriegs-festlichen München (die einzige spätere Ausnahme des Tages der deutschen Kunst wollen wir aus dem Spiel lassen) noch die beängstigende Ballung der Massen, sei es die ungezügelte, wilde des Aufruhrs oder die fast noch bedrohlicher wirkende, gedrillte der Aufmärsche auf dem Königsplatz, den ja die älteren Münchner als eine löwenzahn-übersäte, friedliche Wiese kennen, auf der niemand zu fürchten war als der Aufseher, der darüber wachte, daß wir Buben die Grünflächen nicht betraten oder auf den Eisenstangen der Einfriedung herumturnten.

Um im münchnerischen Lebenslauf fortzufahren: nicht als Kriegsmutwillige, sondern als überzeugte Verteidiger des bedrohten Vaterlandes eilten wir zu den Fahnen (die es, bis zu den Lehren der ersten Sturmangriffe noch wirklich gab!), wurden in den Brauereien (Menage aus den Maßkrügen!), Altersheimen und Schulen behelfsmäßig untergebracht – wenige Wochen, nachdem ich, mit Band und Mütze geziert, das Wittelsbacher Gymnasium verlassen hatte, mit dem Schwur, es nie wieder zu betreten, lag ich auf Stroh in meinem alten Klassenzimmer, der »Konschuß« lief noch herum, fassungslos über die Entweihung seiner geheiligten Räume.

Auch der Krieg ließ mich, kühn gesprochen, nicht aus meiner Münchner Wiege fallen. Mit lauter Münchnern, freilich auch zusammen mit Adolf Hitler, rückte ich im Herbst 1914 mit dem »List«-Regiment ins Feld – und schon am letzten Oktobertag wurde ich vor Ypern durch einen Bauchschuß schwer verwundet. Nachträglich kann ich von Glück sagen, denn so rasch – wenn auch nicht schmerzlos – haben sich nur wenige den Ruhmestitel eines jungen Helden erworben. Auf einem Umweg über Hamburg, kam ich nach München zurück, um in meiner alten Luisenschule, die noch warm war von Kindheitserinnerungen, Dienst als Schreiber zu tun, bis ich zeitweise zur Zeitung entlassen wurde.

Damals an der Universität, begann eine Zeit der Freundschaften, vorwiegend im Kutscherkreis. Den später so berühmten Theaterprofessor hatte ich schon 1913, noch im vollen Schmuck schwarzen Haupthaars, in Bogenhausen kennengelernt, der Schiller-Herausgeber hatte mich, auf Bitten meines Vaters, für einen Aufsatz über »die moralische Schuld der Jungfrau von Orleans« beraten, ohne verhindern zu können, daß auch diese Arbeit als ungenügend bewertet wurde.

Ein Zweig der Jugendbewegung, die »Werkschar«, wurde mir zur geistigen Heimat. Ich verfaßte einen Aufruf gegen die Herrschaft der Alten, der an Schärfe gegen die heutigen Umtriebe nicht zurücksteht. Einer meiner nächsten Freunde war Ernst Toller, aber diese Begegnungen zu schildern, wäre ein weites Feld. Auch über die Räterepublik, die Fluten von Flugblättern, die Schießereien vor unserem Haus, die wütende weiße Garde kann ich nur andeutend berichten. Wie alles nebeneinander läuft: während die Maschinengewehre knatterten, standen wir um Karten für die Matthäuspassion im Odeon an.

Von der Literatur an andrer Stelle – 1927 trat ich, der Not gehorchend, in die Redaktion der »Kuhhaut« ein. Rasch verdüsterte sich die Lage, die Nazis gewannen erst langsam, dann immer schneller an Boden, die »Münchner Neuesten« wehrten sich noch, aber 1933 wurden sie gleichgeschaltet. Am 24. April ging, von einem schwerbewaffneten SA-Mann begleitet, ein angstschlotternder Bote durchs Haus und verteilte die blauen Briefe. Binnen einer Stunde mußte ich meinen Schreibtisch geräumt haben. Im Augenblick war es zum Verzweifeln – hinterher sehe ich, daß ich dem »Führer« den Weg in die Freiheit verdanke. Leider wurde ich 1943 auf höhern Befehl wieder als kleiner Mitarbeiter dienstverpflichtet; als ich 1945, gegen meinen Widerspruch, von Oberbürgermeister Scharnagl in den Stadtrat gewählt wurde, rächte sich diese Pressezugehörigkeit bitter – Geschichten über Geschichten, die ich ein andermal erzählen will.

Das größte Ereignis während meiner Schriftleiterzeit war – von den schweren Eisenbahnunglücksfällen und dergleichen abgesehen – der Brand des Glaspalastes im Juni 1931. Da ich nur hundert Schritte weit weg wohnte, war ich der erste Augenzeuge der Katastrophe, bei der die wundervollen, unersetzlichen Bilder der deutschen Romantiker in Flammen aufgingen. Schon damals hielten viele Münchner den Brand für ein Fanal – und wirklich war, vierzehn Jahre später, die halbe Stadt in Schutt und Asche gesunken – auch meine herrliche Wohnung hoch über der Isar, samt meinen Barockmöbeln, Büchern und dem größten Teil meiner Graphiksammlungen.

Das Sammeln – um hier gleich ein Plätzchen für ein Einschiebsel zu finden – habe ich wieder angefangen; aber die alten Zeiten waren es nicht mehr; nicht zuletzt hatten die Zerstörungen des Kriegs die Bestände gelichtet, und nun seit Jahren ist es kaum noch möglich, ein gutes Blatt zu einem vernünftigen Preis zu erwerben. Da freut's einen alten Mann nicht mehr, auf die Jagd zu gehen oder auch nur das Gesammelte zu betrachten, denn nicht der Besitz, sondern der Erwerb ist das Glück.

Schmeichler sagen mir immer wieder, wie rüstig, wie lebendig ich mit meinen fünfundsiebzig Jahren noch sei – aber da verstell ich mich bloß. Auch ich muß, obendrein durch viele Krankheiten geschwächt, dem Alter meinen Zoll zahlen; geruhsam kann man mein Leben nicht nennen, noch habe ich viele Verpflichtungen, als alter und stadtbekannter Münchner und durch eigene Pläne als Schriftsteller.

Natürlich möchte auch ich nirgends anders leben als in München. Mehr als die Umluft der Gemütlichkeit ist es der Hauch von Freiheit, der immer noch die Stadt durchweht; mein viel zitierter Spruch: »Vom Ernst des Lebens halb verschont ist der schon, der in München wohnt« verliert zwar mehr und mehr an Gültigkeit, das, oder vielmehr die »volle Maß« wird nicht mehr geschenkt; aber zu den berühmten »drei Quarteln« reichts grad noch für einen wie mich, der just selber drei Viertel Jahrhundert hinter sich gebracht hat, so unheimlich sich die heimliche Hauptstadt auch entwickelt.

Einförmiger gehen die Tage dahin, beklagen kann ich mich nicht, im Kreis meiner Familie, im stillen, gartenumblühten Haus, mitten in München – wenn man bedenkt, was heute der Rand von München ist. Und immer wieder habe ich auf meinen Vortragsreisen übervolle Säle, erreichen mich Grüße meiner Leser, die beweisen, daß ich noch da bin, während so vieles hoch Gerühmte versunken ist. München hat sich verändert – ich bin eigentlich der gleiche geblieben durch alle die Jahrzehnte, deren Gewicht nur die wägen können, die so alt sind wie ich – oder noch älter. Allerdings, wir Greise sind nicht mehr so (unternehmungs-)lustig wie einst; aber auch der Jugend von heute scheint der Sinn für tolldreiste Streiche verlorengegangen zu sein; trotz sex und happening – der echte Humor ist rar geworden. Von langer Hand vorbereitete Feste, zu deren Gelingen die Künstler gratis das ihre beitrugen, waren Münchens Ruhm. Wenn wir, selten genug, einander unsere »Viechereien« erzählen, klingt es wie Märchen: es war einmal ...

Literarische Entwicklung

Wer immer hört, mein Vater sei Schriftsteller gewesen, der meint, viele Bücher hätten mich von Kindesbeinen an begleitet. Nichts da – außer einem verstaubten Lexikon gabs kein Buch, erst später bekam ich einen Karl May oder die »Deutschen Heldensagen«; diese wurden von der ganzen Familie – ausgenommen mein Vater – gelesen und mit Tränen benetzt. Mein Großvater besaß drei Bücher: eins über Münzen, einen Prachtband über China, den ihm ein Vertreter aufgeschwätzt hatte, und die Kulturgeschichte von Otto Henne am Rhyn, die wir aber nur an Sonntagen feierlich betrachten durften.

Hingegen gab es Berge von Zeitungen, eine Kopierpresse und einen »Schapirographen«, auf dem wir die Blätter mit Notizen abzogen, die ich dann schnellfüßig in die finsteren Höhlen der Redaktionen trug. Nichts hat sich in siebzig Jahren, auch in München, unter der Hand so geändert wie die Presse und ihre Mitarbeiter – besonders das »Lokale«, das noch weithin ein freies Jagdrevier war.

Als Kind schon war ich fest entschlossen, ein Zeitungsmann zu werden, und früh war ich tätig; sei es, daß ich eilig meinem Vater meldete, daß ein Droschkenpferd gestürzt war (was damals noch ausführlich gedruckt wurde), sei es, daß er mich in eine Veranstaltung schickte, bei deren Leiter ich erkunden sollte, ob alles programmgemäß verlaufen sei.

Furchtlos stieg ich, als Münchner Kindl verkleidet, aus einem Riesenkrug, um, in meines Vaters Versen, eine oft tausendköpfige Versammlung zu begrüßen. Zehn Jahre später, das sei hier vorauserzählt, war ich zu schüchtern, auch nur ein paar Worte öffentlich zu sprechen, weitere zehn Jahre später begann ich, angstvoll an den Text geklammert, meine Dichterlesungen, inzwischen sind es, Tischreden und dergleichen mit einbezogen, tausend und mehr geworden; sie haben mich durch das ganze deutsche Sprachgebiet bis hinunter zu den Siebenbürger Sachsen geführt, sie waren reich an

Erfolgen, aber im Krieg und Nachkrieg noch reicher an beängstigenden Abenteuern.

Nach diesem Vorgriff wieder zurück in die Kindheit und Jugend. In Ettal dichtete ich den durchreisenden Prinzregenten an, verfaßte zu jedem Schulschluß eine – gottlob verschollene – Ballade und füllte ein liebliches Album mit lyrischen Gedichten. Einen »Sängerkrieg«, im Grünen ausgetragen, hätte ich beinah verloren, wenn nicht dem Sieger ein glattes Plagiat nachgewiesen worden wäre.

Kurz vor dem Krieg, noch als Pennäler in München, verdiente ich mit einem bestellten Lobspruch mein erstes Goldstück. 1915 bekam ich für eine Anekdote vom »Berliner Tagblatt« bare siebzig Mark, das verhältnismäßig höchste Honorar meines Lebens. Im übrigen waren die Honorare teils schäbig (zwei Pfennige für die Zeitungszeile!) teils fürstlich (hundert Goldmark für ein Gedicht in den »Fliegenden«, falls es ganzseitig illustriert wurde).

Während des Krieges und noch ein paar Jahre weiter – den ohnehin fragwürdigen Begriff der »goldenen Zwanziger« kann man freilich auf München nicht anwenden – gab es noch für einen jungen Dichter viele Möglichkeiten, sich bekannt zu machen. Im Hofgarten – aber nur am frühen Nachmittag im zweiten Café – versammelte sich vom Frühjahr bis zum Herbst fast alles, was Rang und Namen hatte; aber auch, wer nur im Verdacht stand, zu schreiben, wurde freundlich geduldet, falls er verstand, sich zwischen den feindlichen Klüngeln (etwa Bruno Frank – Alfred Wolfenstein) zu behaupten. Dankbar gedenke ich des liebenswerten Klabund, der als einziger sich ernsthaft meiner annahm und in meinem ersten, im »Jüngsten Tag« erschienenen Lyrikbändchen die »Hoffnung auf einen kommenden Stern« sah. Nicht ohne Wehmut kann ich daran denken, wie wenige der damals zukunftsfrohen Dichter heute auch nur dem Namen nach mehr bekannt sind.

In der »Jugend« erschien im Mai 1915 mein erstes Gedicht – es ist also die eigentliche Geburtsstunde des Schriftstellers. Eine Reihe weiterer Lyrik-»Veröffentlichungen« aber erreichten die Öffentlichkeit kaum. Dramen und Prosa sind, ungedruckt, 1945 verbrannt, einige erhielten den Erzählerpreis der Neuen Linie – ohne daß das zu weiteren (Er-)Folgen geführt hätte.

In der Galerie Caspari konnte man Berühmte, wie Hugo von Hofmannsthal, kennenlernen; auch die Kutscher-Abende vermittelten Beziehungen zu Großen, unvergeßlich ist mir ein Nachtgespräch mit dem furchtsamen Riesen Theodor Däubler, der mich jungen Mann immer wieder fragte, ob seine Lesung gut angekommen sei; bei Papa Steinicke kamen die Jüngeren (auch ich) zum Zuge. Viele gastfreie Häuser gab es, der Urenkel Schillers, Freiherr von Gleichen-Rußwurm, lud zu großartigen Tafelrunden wie zu sehr ästhetischen Tees sein, dort bekam auch ich Fühlung zu Wedekind, Heinrich Mann und vielen andern – freilich, so unbekümmert wie die späteren jungen Leute fiel ich nicht den Meistern ins Haus. Trotzdem, wollte ich alle aufzählen, die ich kennenlernte (von Valentin bis Giraudoux), müßte ich ein eigenes Buch schreiben. Vor allem kam ich ja dann als Redakteur mit vielen Weltberühmten ins Gespräch, aber die Begabung, solche Beziehungen auszubauen, hat mir seit je gefehlt, ein »Genie der Freundschaft« bin ich nie gewesen.

Ein geistiger Schwerpunkt war die Jugendbewegung, einer der vielen Kreise war die »Werkschar« – Stefan George, zu dem wir durch Karl Wolfkehl Verbindung hatten (gesehen habe ich den »Meister« nur flüchtig), war unser Idol. Nächtelang redeten wir mit

einer im nachhinein kaum noch begreiflichen Begeisterung in den Studentenbuden: »Wer je die Flamme umschritt, bleibe der Flamme Trabant!« – und wo sind wir geblieben? Auch Buddha und Oswald Spengler waren unsere Leitsterne; »Der Untergang des Abendlandes« sollte dann allerdings ganz anders kommen!
Bedeutend wurde für die jungen Autoren die Gründung der literarischen Gesellschaft »Die Argonauten« durch Ernst Heimeran, unvergeßlich ist das Kerzenbankett zu Hans Carossas fünfzigstem Geburtstag – aber auch sonst fehlte kaum ein berühmter Name in der Vortragsreihe.
Als Hitler kam, war alles zu Ende, bis auf unseren »Stammtisch unter den Fischen« um Georg Britting, Paul Alverdes, Carl Hanser und Max Unhold – auch diese Geselligkeit ist vorbei, wie ja auch der einst so großartige »Münchner Mittagsklub« zu einer kleinen Schar zusammengeschmolzen ist. Noch lebt der »Tukan-Kreis« als das letzte Licht des einst auch literarisch so leuchtenden München. Die »Bayerische Akademie der Schönen Künste«, nach dem Zweiten Weltkrieg gegründet, hat weltweiten Rang – aber wer die Liste ihrer Toten aufschlägt, der sieht mit Schmerz, wie viele Große dahingegangen sind.
Kurz muß ich meines Onkels Gege freundlich gedenken, des Dichters Gerhard Oukama Knoop, der, aus Rußland heimgekehrt, leider schon 1913 starb; er war mit Rilke, Thomas Mann und Ricarda Huch befreundet, nur diese habe ich wirklich erlebt; welche Möglichkeiten hätte ich haben können, »literarisch« zu werden.
Ganz kurz nur, weils alle Leser immer wieder wissen wollen: wie kam ich darauf, die Gedichte »Ein Mensch« zu verfassen, die das »Große Los« meines Lebens geworden sind? Um 1930 begann ich, fast zufällig, das eine oder andre nur so hinzuschreiben – noch war ich

ja hauptberuflich ein Zeitungsmann. 1933, fristlos entlassen, bot ich die »heiteren Verse« herum, nur der »Simplicissimus« wagte, einen Verfemten zu drucken. Zehn Verleger lehnten ab, ein elfter in Weimar brachte das Buch heraus, schon bis 1944 erreichte es, vorwiegend durch die Soldaten, die Auflage von einer halben Million, jetzt hat es die ganze überschritten.

Weiter ist nicht viel zu melden; die literarische Presse hat, im wahrsten Wortsinn, kaum von mir »Notiz« genommen, aber »unzählige Dankschreiben«, meist wieder in der Form von »Menschgedichten«, auch aus dem Osten von Deutschland, beweisen mir, daß ich mich nicht vergeblich bemüht habe. Der sechzigste und der siebzigste Geburtstag (dieser mit hundert Hausgästen, Karl Richters herrlichem Cembalospiel und, mitten im Winter, Faßbier im Freien) zeigten, daß man in München noch Feste feiern kann. Seitdem ist es stiller geworden, wer so alt wird, soll sich nicht beklagen. Tempora mutantur et nos mutamur in illis – wir wandeln uns mit den Zeiten – aber sie tun das so schnell, daß ein Greis Mühe hat, noch ganz mitzukommen.

Wem dies alles zu langatmig scheint – er muß es ja nicht lesen –, dem sei gesagt, daß es nur ein winziger Bruchteil dessen ist, was ich zu erzählen hätte; vielleicht tu ichs noch, wenn ich dazu komme.

Inhaltsverzeichnis

Lebenslauf in Anekdoten (1962)

Vorwort 7

Urfrieden

Der neue Schirm	9
Bismarck	12
Eine Straßenszene	13
Der Haustyrann	13
Umgang mit Tieren	19
Der Mäuseprinz	23
Beim Bügeln	26
Schwammerlsuppe	28
Kindliche Erwerbsquellen	30
Tante Möli	33
Die Kanone	34
Der fremde Herr	38
Erinnerungsblatt	39
Unverhoffte Antwort	42
Die Stimme	42
Die Braut	43
Bairische Geschichte	44
Die Schweinsblasen	44
Die Leberknödel	48
Gute alte Zeiten	49
Der Lotterie-Weinkeller	51
Die Freundin des Malers	54
Sparsame Leute	59
Später Dank	60
Ein Unvergessener	62
Ludwig Thoma	65
Damals...	66

Zwischen den Kriegen

Milch	67
Geglückte Kur	68
Rigorosum	71
Das Silbenrätsel	79
Das Postauto	80
Verspielte Sekunde	83
An einer Straßenecke	87
Die vergessene Mappe	91
Ein Hilferuf	95
Die Memoiren	96
Der Ruhm	101
Die Rivalin	105
Straßenbahn	105
Zeppelin	108
Reformen	111
Mißverständnis	114
Der Zwischenruf	114
Valentins Gruselkeller	116
Der verwandelte Felix	118
Böse Erinnerung	120
Fleisch	121
Zufall	126
Die Plünderer	128

Und seither...

Ein Erlebnis	134
Schlechtes Beispiel	134
Der Mongole	135
Mißverständnis	139
Der Besuch	140

Wunderlicher Abend	141	Glück muß man haben	159
Der Namensgleiche	147	Unter falschem Verdacht	162
Wiedersehen mit dem Jugendfreund	151	Wunderlicher Zufall	166
		Schabernack	168
Altbairische Wirtshäuser	153	Bange Augenblicke	170
Zuviel verlangt	157	Der Regenwurm	173

Erinnerungen eines Vergeßlichen (1972)

Vorrede 179

Zwischen den Kriegen

Urfrieden

		Ernst Toller	234
		Reisegeld	246
Frühe Dienste	181	Inflation	248
Die Begegnung	184	Ein Strauß Rosen	248
Heiratsanträge	185	Unverhoffte Bekanntschaft	250
Erstes Ahnen	186		
Hoftheater-Erinnerungen	189	Der Brand des Glaspalastes	251
Ein Schulerlebnis	193	Alex Braun	258
Ein alter Lehrer	195	Die Postmeisterin	259
Spicken	198	Muncker	261
Ettaler Jahre	199	Gedächtnis	263
Literarische Anfänge	203	Fräulein Asta	264
Verfehlte Drohung	207	Die Wirtin	266
Nachhilfe-Unterricht	207	Verwünschtes Glück	266
Zauberer	208	Vergeßlichkeit	270
Auf dem Eise	212	Der Bergführer	271
Eine Storchengeschichte	216	Hüttengeschichte	272
Der Kelheimer Fürstentag	219	Stein vom Herzen	272
		Der Harmlose	273
Georg Queri	224	Ein Erinnerungsblatt	274
Bayrische Anekdote	226	Peinliche Verwechslungen	276
Als Spion verhaftet	227		
Parzifal	230	Ein Schicksal	278
Amundsens Neffe	232	Das grüne Tischlein	280
Ein Glücksfall	233	Sammelsurium	282

Enttäuschungen	283	Enoch Arden	313
Fehlleistung	284	Böser Streich	316
Vergeblich	285	Der Mörder	317
		Reicher Fischfang	318

Und seither ...

		Unverhoffte Gönnerschaft	320
Beinah ein Abenteuer	286	Wunderlicher Lacherfolg	321
Wunderlicher Lesestoff	289	Der Taucher	321
Treue Anhänger	290	Händedrücke	322
Im Künstlerhaus	292	Berta	325
Kleine Geschichten	293	Dichter unterwegs	327
Schwarzer Tee	296	Das Haus	331
Trügerischer Glücksfall	299	Rätselhafter Anruf	331
Der Käse	301	Zusammenstoß	333
Schwarzer Markt	302	Dichterpreis	335
Ein Teller Suppe	305	Nur ein Zufall?	336
Rekorde	307	Herzhafter Trost	336
Isarfischer	311	Vorsicht, Presse!	337

Alltag und Abenteuer (1974)

Vorwort	343	Das Weinbeerl	379
		Der Gast	381
Urfrieden		Der Glaser	384
		Der happige Schneider	385
Wandel der Welt	345	Renoir	388
Die Lebkuchen	350	Die Feen	390
Der Zuchthäusler	358	Lysistrata	392
Erfahrungen	359		
Die »Fliegenden«	360	*Zwischen den Kriegen*	
Der Einbruch	362		
Pech	364	Eine Verwechslung	394
Die Brücke	365	Sommerfrische, 1917	395
Ein Münchner Ehepaar	368	Reiseerlebnis	399
Lehrer	370	Eine Schaffner- Geschichte	400
Macht des Gesangs	372		
Nachhilfe	373	Die Münze	403

Schlimme Nächte	412	Kiem Pauli	453
Siebenbürgen	414	Glück im Unglück	
Hannover	419	Noch eine Koffer-	
Eine Überraschung	422	geschichte	458
Bedenkliche Texte	424	Eine spaßige Geschichte	460
Eine Erinnerung	425	Ein Alptraum	463
Der schlaue Vermieter	426	Reiseerlebnis	466
Glück gehabt	427	Erfahrungen	467
Fast eine Erbschaft	428	Der Wunderarzt	469
Polen	429	Vorsicht!	471
Umbruch	433	Hamburg	472
Bestrafte Eitelkeit	434	Kohlen	479
In der Fremde	435	Ein Aprilscherz	481
Bezahlter Scherz	436	Emir von Waldhagen	483
Professor Cossmann	439	Erleichterung	486
Der Unglückskoffer	440	Spaßiges Erlebnis	487
Lohnende Nächstenliebe	445	Der gute Onkel	490
		Die Anekdote	493
		Bildnis eines Sammlers	495
Und seither ...		Über die Erfahrung	500
		Kraepelin	503
Theodor Däubler	448	Heiterer Ausklang	506
Ein Wintervergnügen	449	In der Fremde	509

Unter Brüdern (1958)

Zuerst eine Anekdote	513	Der Retter	537
Der Schwur	515	Tausend Ermahnungen	540
Das Weihnachtslied	518	Nikolaus	543
Flunkereien	519	Schneerausch	545
Des Sängers Fluch	520	Das Geheimnis	549
Kleines Nachtstück	522	Kleines Tierleben	551
Buchstabengetreu	524	Zivilcourage	557
Technik	527	Fleisch	559
Das Affenhaus	530	Hauskind und Streuner	561
Das Wettermännchen	536	Theologie	564

Traktat über Erziehung	566	Poetisches Mittagessen	598
Mundart und Hochsprache	571	Bachauskehr	601
		Unter Brüdern	602
Spaziergänge mit Hindernissen	573	Eine freundliche Person	605
		Der Dichter als Maler	606
Strenge Bräuche	576	Fürchtet Euch nicht!	609
Aufklärung	580	Wolkenkuckucksheimlichkeiten	610
Schulgang	581		
Das Lotterielos	582	Hoffnungsloser Fall	612
Eulenspiegeleien	586	Wetterwendisches Gemüt	615
Der Erbe	592	Anfang der Wissenschaft	618
Uraltes Spiel	592	Der Weinkenner	621
Bubenstreiche	594	Haarschneiden	622
Es war einmal ...	596	Ein Irrtum	623

Sammelsurium (1955)

Zum Geleit	627	Tauschen	642
		Schwanengesang	646
		Erwägungen	648
Die Sammler		Fachleute	649
		Kleine Ratschläge	651
Steckenpferd	629	Stolzer Gedanke	652
Der entscheidende Anstoß	629	Der alte Sammler	653
		Sammlers Ende	654
Die Sammlerfreunde	631		
Freunde des Sammlers	632		
Der Nichtsammler	634	*... und ihre Welt*	
Schnöde Besitzgier	635		
Üben, Üben!	636	Was wird gesammelt?	657
Lichtscheues Handwerk	636	Was soll man?	659
Versand	637	Der rechte Augenblick	660
Der Zweite	638	Leidenschaft	661
Wechselwirkung	640	Wenn Freude tötet ...	662
Endsieg	640	Non olet	663
Der Glückspilz	641	Trost	665
Die ganz Großen	642	Der Glücksfall	666

Besitz	668	Erdachter Nachruf	702
Das Heimatlose	668	Jungfräuliche Ware	702
Ein Schreckschuß	670	Preise	705
Liebe Gäste	672	Die sichere Anlage	707
Transport	673	Skrupel	708
Ehrenvolle Trennung	674	Alte Schliche	709
Montage	675	Verstellungen	709
Ordnung	677	Seltenheiten	710
Stilkunde	679	Kataloge, Kataloge	711
Kriminalistik	680	Nachlässe	712
Keine Druckgraphik!	681	Versteigerungen	715
Nichtige Wichtigkeiten	682		
Zwei Seiten	684		
Bessere Zeiten	684	*Sammelsurium*	
Wiedersehen	686		
Kopfrechnen schwach	687	Wunderliche Geschichte	716
Der alte Kulturboden	689	Zusammenhänge	716
		Die Wettfahrt	719
		Tränen	720
Handel und Wandel		Der Teppich	721
		Historisches	721
Der Laden	690	Museen	722
Die Auer Dult –		Der Ring des Polykrates	723
eine Legende	693	Die Spinne	724
Beinahe fast gar nicht...	695	Die Wahl	725
Das gute Blatt	696	Histörchen	725
Fluch den		Unlauterer Wettbewerb	727
Kunstbüchern!	697	Verbrecher ...	727
Wandlungen	698	Er versteht keinen Spaß	727
Rachepläne	700	Der Balken im Auge	728

75 Jahre Münchner (1970)

Das alte München	734	Literarische Entwicklung	746